教育部哲学社会科学系列发展报告
MOE Serial Reports on Developments in Humanities and Social S

U0573874

中国农村教育
发展报告2016

Rural Education Development in China:
An Annual Report

邬志辉　秦玉友　等著

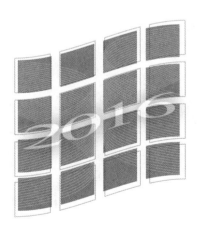

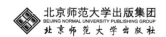

北京师范大学出版集团
BEIJING NORMAL UNIVERSITY PUBLISHING GROUP
北京师范大学出版社

图书在版编目(CIP)数据

中国农村教育发展报告 2016/邬志辉，秦玉友等著. —北京：北京师范大学出版社，2017.9
（教育部哲学社会科学系列发展报告）
ISBN 978-7-303-22869-0

Ⅰ．①中… Ⅱ．①邬… ②秦… Ⅲ．①乡村教育—研究报告—中国—2016 Ⅳ．①G725

中国版本图书馆 CIP 数据核字(2017)第 221297 号

营 销 中 心 电 话　010-58805072　58807651
北师大出版社高等教育与学术著作分社　http：//xueda.bnup.com

ZHONGGUO NONGCUN JIAOYU FAZHAN BAOGAO 2016
出版发行：北京师范大学出版社　www.bnup.com
　　　　　北京市海淀区新街口外大街 19 号
　　　　　邮政编码：100875

印　　刷：保定市中画美凯印刷有限公司
经　　销：全国新华书店
开　　本：730 mm×980 mm　　1/16
印　　张：31.75
字　　数：600 千字
版　　次：2017 年 9 月第 1 版
印　　次：2017 年 9 月第 1 次印刷
定　　价：98.00 元

策划编辑：陈红艳　　　　　　　责任编辑：鲍红玉
美术编辑：袁　麟　　　　　　　装帧设计：袁　麟
责任校对：陈　民　　　　　　　责任印制：马　洁

　　本报告得到教育部哲学社会科学发展报告项目资助，得到中国教育学会农村教育分会大力支持，谨此致谢！

中国农村教育发展报告
顾问委员会

顾问委员会主任

  史宁中（东北师范大学）

顾问委员会成员（按姓氏笔画排序）

王嘉毅	甘肃省教育厅
叶敬忠	中国农业大学
孙绵涛	沈阳师范大学
张乐天	南京师范大学
杨东平	北京理工大学
范先佐	华中师范大学
袁桂林	北京师范大学
袁振国	华东师范大学
裴娣娜	北京师范大学
廖其发	西南大学

中国农村教育发展报告

编 委 会

前言

2016 年，是"十三五"规划开局之年，是《国家中长期教育改革和发展规划纲要（2010—2020 年）》（以下简称《规划纲要》）第二个五年的开始。对表《规划纲要》，农村教育发展目标进展情况如何？取得了怎样的成绩？还面临着怎样的问题？着眼"十三五"规划与《规划纲要》提出的未来任务，农村教育下一个五年应着力破解哪些重点难点问题？这是全社会普遍关注的焦点问题。《中国农村教育发展报告 2016》综合利用国家统计数据和东北师范大学中国农村教育发展研究院在全国 12 个省份的调研数据，对五年来农村教育发展状况与问题进行系统梳理。

一、现状与成就

（一）学前教育持续快速发展，五年努力即超过《规划纲要》2020 年目标 5 个百分点

2011 年以来，各级政府积极贯彻落实《规划纲要》、"国十条"与学前教育三年行动计划，农村学前教育事业取得了前所未有的重大发展。

1. 学前三年毛入园率快速增长，乡村幼儿受教育机会大幅度提高

"入园难"是"十二五"之初社会普遍关注的热点问题。2011 年幼儿在园人数只有 3 424.45 万人，学前三年毛入园率为 62.3%，到 2015 年幼儿在园人数猛增到 4 264.83 万人，五年增加了 840.38 万人，学前三年毛入园率达到 75.0%，只用五年时间即超过《规划纲要》2020 年目标任务 5 个百分点。

2. 幼儿园数量不断增加，农村学前教育资源增幅显著

2011 年全国仅有幼儿园 16.68 万所，到 2015 年增至 22.37 万所，增幅达34.14%。城区增加了 15 474 所，占 27.18%；镇区增加了 22 883 所，占40.19%；乡村增加了 18 576 所，占 32.62%。其中，教育部门办普惠性幼儿园城区增加了 2 953 所，占 11.17%；镇区增加了 8 675 所，占 32.81%；乡村增加了 14 813 所，占 56.02%，近九成普惠性幼儿园投放在了乡镇及以下。

3. 幼儿园教师队伍不断壮大，专任教师学历水平不断提高

全国幼儿园教师队伍不断壮大，专任教师数量由 2011 年的 131.56 万人增加到 2015 年的 205.10 万人，新增 73.54 万人；在新增专任教师中，城区占40.20%，镇区占 40.79%，乡村占 19.01%。

保育员数量由 2011 年的 34.48 万人增加到 2015 年的 63.28 万人，新增 28.8 万人；在新增保育员中，城区占 43.61%，镇区占 39.44%，乡村占 17.08%。

幼儿园生师（教职工）比不断下降。幼儿园生师比由 2011 年的 15.53 下降到 2015 年的 12.20，五年下降了 3.33。

幼儿园专任教师学历水平不断提高。具有大专及以上学历的教师比例由 2011 年的 62.48% 提高到 2015 年的 73.80%，提高了 11.32 个百分点。其中城区由 2011 年的 70.85% 提高到 2015 年的 80.16%，提高了 9.31 个百分点；镇区由 2011 年的 59.13% 提高到 2015 年的 72.26%，提高了 13.13 个百分点；乡村由 2011 年的 42.61% 提高到 2015 年的 59.40%，提高了 16.79 个百分点，乡村幼儿园专任教师学历提升幅度最大。

4. 学前教育经费投入大幅增长，农村学前教育受益高于城市

实证研究表明，早期教育投资的回报率是最高的。我国政府越来越重视学前教育投入，2011 年总投入为 1 018.58 亿元，2014 年增长到 2 048.76 亿元，增长了 1.01 倍，年均增长速度为 25.28%；学前教育经费占我国教育经费总投入的比例由 2011 年的 4.27% 增加到 2014 年的 6.24%，增加了 1.97 个百分点。其中，城市由 2011 年的 676.10 亿元增长到 2014 年的 1 145.78 亿元，增长了 69.47%；农村（镇区＋乡村）则由 2011 年的 342.48 亿元增长到 2014 年的 902.98 亿元，增长了 1.64 倍，高出城市 95 个百分点。

国家财政性学前教育经费投入由 2011 年的 415.70 亿元增加到 2014 年的 934.05 亿元，增加了 1.25 倍；财政性学前教育经费投入占全国财政性教育经费总投入的比例由 2011 年的 2.24% 增加到 2014 年的 3.54%，增加了 1.3 个百分点。其中，城市国家财政性学前教育经费总投入由 2011 年的 274.84 亿元增加到 2014 年的 472.68 亿元，增加了 71.98%；农村（镇区＋乡村）由 2011 年的 140.86 亿元增加到 2014 年的 461.37 亿元，增加了 2.28 倍，农村学前教育受益远远大于城市。

(二)农村义务教育均衡水平提高，向农村倾斜力度不断加大

1. 农村义务教育呈"乡村小规模学校、乡镇寄宿制学校、县城大规模学校"基本格局

乡村小学五成以上为小规模学校。2015 年，全国共有小学与教学点 283 560 所，其中乡村地区有 200 199 所，占全国小学和教学点总数的 70.6%。全国共有不足 100 人的小规模学校 126 751 所，占小学和教学点总数的 44.7%，其中乡村小规模学校有 111 420 所，占乡村小学和教学点总数的 55.7%，占全国小规模学校总数的 87.9%。全国有无人校点 9 667 个，不足 10 人的乡村校点达 3.39 万个。

农村学生寄宿率处于较高水平。随着农村学生向城镇流动，农村寄宿生数量不断增加。截至 2015 年年底，我国农村地区（镇区＋乡村）义务教育寄宿生人数达到 2 636.5 万人，占农村地区在校生总数的 27.8%。小学阶段，农村寄宿生总数达 955.2 万人，寄宿率为 14.4%，西部农村地区达到 21.1%。初中阶段，农村寄宿生总数达 1 681.3 万人，寄宿率达 58.6%，西部农村地区高达 67.1%。初中寄宿率远远高于小学，西部高于全国。

义务教育城镇化率不断提高。由于学龄人口不断向城镇聚集，2015 年小学教育城镇化率达到 69.40%，初中教育城镇化率达到 83.71%，分别比 2011 年提升了 10.35 和 6.66 个百分点。镇区小学校均规模由 2011 年的 630.58 人增加到 2015 年的 655.30 人，而乡村小学校均规模由 2011 年的 176.73 人减少到 2015 年的 148.15 人。2011 年镇区初中校均规模为 1 103.40 人，到 2015 年减少到 906.73 人，2011 年乡村初中校均规模为 553.88 人，到 2015 年减少到 413.45 人。

城镇班级规模得到有效控制。小学平均班级规模由 2011 年的 38.49 人下降到 2015 年的 37.72 人，其中城区由 47.09 人下降到 46.22 人，镇区由 45.63 人下降到 43.71 人，乡村学校由 30.98 人下降到 27.74 人；初中平均班级规模由 2011 年的 51.83 人下降到 2015 年的 47.72 人，其中城区、镇区和乡村的平均班级规模分别由 50.27 人、53.70 人、50.04 人下降到 47.17 人、49.20 人、44.65 人。

2. 义务教育阶段随迁子女数量增加且在流入地公办学校就读率较高，留守儿童数量下降

进城务工人员随迁子女数量增加，公办学校就读率达八成以上。2015 年，进城务工人员随迁子女数量为 1 367.10 万人，比 2011 年增加了 8.42%，占城市在校生比例达到 30.30%。其中，小学阶段有 1 013.56 万人，占城市在校生的 33.01%；初中阶段有 353.54 万人，占城市在校生的 24.53%。进城务工人员随迁子女在公办学校就读的比例达到 84.4%。

农村留守儿童数量不断减少，但占农村学生的比例相对稳定。2015 年，我国留守儿童数量为 2 019.34 万人，比 2011 年减少了 180.98 万人，减少了 8.23%。其中，小学阶段有留守儿童 1 383.66 万人，比 2011 年减少了 3.84%；初中阶段有 635.57 万人，比 2011 年减少了 20.13%。就留守儿童所占比例来看，留守儿童占农村（镇区＋乡村）学生的比例均相对稳定，均保持在 27%～30%，初中略高于小学。

3. 乡村教师职业吸引力大幅提升，生师比不断下降，乡村教师队伍整体素质改善

为乡村教师提供生活补助与改善生活条件，职业吸引力大幅提升。从 2013 年对在连片特困地区工作的乡村教师给予生活补助以来，到 2015 年 12 月底，全国 22 个省份的 699 个连片特困地区县中，实施乡村教师生活补助的县达 573 个，县覆盖率为 82%。在这些实施县中共有乡村学校 7.4 万所，享受补助学校 7.1 万所，学校覆盖率达到 96%。在这些实施县中共有乡村教师 113.1 万人，享受补助教师 104.4 万人，人群覆盖率达 92%。从 2013 年到 2015 年年底，中央财政已下达乡村教师生活补助资金 73.7 亿元，其中 2015 年共投入补助资金 34.4 亿元，乡村教师人均月补助标准为 262 元。各实施县人均补助标准存在一定差异，人均月补助标准在 200 元以下、200 到 400 元、400 元以上的县所占比例分别为 30%、56%、14%。一些非集中连片地区也出台了针对乡村教师的补助政策。为改善乡村教师生活条件，"十二五"期间，中央财政投入 160 多亿元用于边远艰苦地区乡村学校教师周转宿舍建设，建成 28 万套，惠及 34 万名农村教师。

尽管乡村教师职业吸引力不断增强，但是调查发现，城乡教师当班主任"意愿低""工作量大""津贴少"。目前，仅有 39.01% 班主任愿意担任班主任工作，乡村教师担任班主任意愿最高。除了与其他教师一样承担教学工作任务外，中小学班主任平均每天花在班级工作上的时间分别为 4.89 和 3.56 小时。但初中和小学的班主任津贴平均每月只有 351 元和 173.90 元，总体水平偏低，且乡村显著低于城镇。

完善乡村教师补充机制，乡村学校生师比①不断下降。国家先后实施免费师范生政策、农村义务教育阶段学校教师特岗计划、农村学校教育硕士师资培养计划等，有效缓解了农村义务教育师资短缺问题。乡村学校生师比持续下降，乡村小学生师比由 2011 年的 16.64 下降到 2015 年的 14.57，乡村初中生师比由 2011 年的 13.58 下降到 2015 年的 10.89。乡村小学师班比由 2011 年的 1.86 上升到 2015 年的 1.90，乡村初中师班比由 2011 年的 3.69 上升到 2015 年的 4.10。

但是，农村小规模学校稀释了教师增长的作用。调查发现，农村小规模学校多学科教师比例大、专业对口率低、教学压力大。乡镇和村屯小学任教两门及以上学科教师比例分别为 54.63% 和 53.39%，均超过一半以上。教师第一学历非对口率从城市到乡村呈现递增趋势，乡镇和村屯学校比例分别为 34.33%、30.17%，城市和县城分别为 23.01%、27.55%。乡镇和村屯分别有 86.37% 和 84.08% 小学教师认为，任教多门学科会带来更大压力。

---

① 生师比是指在校生与专任教师之比，教育部教育事业发展统计公报采用该口径。

同时，教师补充机制也存在改进空间。调查发现，城乡教师交流率低、教师对交流认同度低、交流津贴发放率低。在所调查的 12 个样本省份中，教师参与交流比例符合国家政策规定的比例仅为 55.6%。有 62.1% 的教师认为教师交流效果一般或没有效果。约有 62.7% 的交流教师没有享受到经济补贴。

教师队伍学历水平不断提高。农村教师提高幅度快于城市，城乡差距在逐步缩小。2015 年，全国小学教师中拥有大专及以上学历教师比例为 91.89%，比 2011 年的 82.05% 提高 9.84 个百分点；其中农村（镇区＋乡村）为 89.7%，城乡差距为 7.6 个百分点，比 2011 年 14.22 个百分点的城乡差距缩小了 6.62 个百分点。全国初中教师拥有本科及以上学历的比例达到 80.23%，比 2011 年的 68.22% 提高了 12.01 个百分点；城乡差距为 13 个百分点，比 2011 年 19.15 个百分点的城乡差距缩小了 6.15 个百分点。

农村教师培训机会增加，但高层次培训机会相对较少。为提高义务教育教师素质，2010 年教育部、财政部启动实施"国培计划"。"国培计划"实施以来，中央财政累计投入 85.5 亿元，先后有 1 006 万中小学教师接受培训。但是调查发现，农村教师高层次培训机会相对较少，城市教师参加市级以上培训的比例为 81.30%，而农村只有 62.23%，两者相差 19.07 个百分点。

中小学教师职称制度不断完善，收入水平不断提高。调查发现，乡村教师高职称比例依然较低、收入较少、工作量较大。城市学校高级和一级教师所占比例达 65.04%，而县镇和乡村学校分别只有 59.96% 和 54.44%，乡村比城市低 10.6 个百分点。城市教师月工资收入为 3 583.40 元，而农村教师仅为 3 041.02 元。但是，农村教师平均周课时数为 13.33 节，而城市教师仅为 12.37 节。

4."两免一补"政策持续发力，农村学生营养改善计划深入推进

国家全面实施"两免一补"政策。2015 年，全国享受国家免费教科书政策学生约 1.24 亿，覆盖率为 89.85%；享受地方免费教科书政策学生为 5 697.9 万，覆盖率约 41.21%；享受家庭经济困难寄宿生生活费补助政策学生 1 476.78 万，覆盖率为 51.84%。国家免费教科书，中央财政资金投入 109.65 亿元，地方各级财政投入 53.31 亿元；地方免费教科书，地方各级财政投入 24.08 亿元。家庭经济困难寄宿生生活费补助，中央财政资金投入 71.80 亿元，地方各级财政投入 101.41 亿元。

2011 年《国务院办公厅关于实施农村义务教育学生营养改善计划的意见》（国办发〔2011〕54 号）提出，从 2011 年秋季学期起，国家在集中连片特困地区的 699 个县实施农村义务教育学生营养改善计划，同时，中央支持地方试点。实施之初，中央财政补助标准为 3 元/生/天，2014 年 11 月提高到 4 元/生/天。中央财政累计安排 1 256 亿元资金用于农村义务教育学生营养改善计划。截至 2016 年 2

月，全国共有 29 个省的 1 360 个县实施了农村义务教育学生营养改善计划，受益学校 13.6 万所、受益学生 3 352 万人，一定程度上改善了学生的营养状况。

5. 县域义务教育均衡有序推进，全面改薄工程深入实施，农村学校办学条件达标率大幅提升

2012 年《国务院关于深入推进义务教育均衡发展的意见》提出："到 2015 年，全国实现基本均衡的县（市、区）比例达到 65%；到 2020 年，全国实现基本均衡的县（市、区）比例达到 95%。"截至 2015 年年底，全国共有 1 302 个（其中 2013、2014、2015 年分别有 293、464、545 个）县（市、区）通过义务教育均衡发展督导评估认定，通过比例仅为 45.62%，比预期低了 19.38 个百分点。

近年来，国家先后实施了贫困地区义务教育工程、农村中小学危房改造工程、西部地区农村寄宿制学校建设工程、农村义务教育薄弱学校改造计划等一系列重大工程，着力改善农村学校办学条件。2015 年乡村小学、初中体育运动场（馆）面积、体育器械配备、音乐器械配备、美术器械配备、教学自然实验仪器达标率分别在 26%～30% 与 50%～65% 之间，与 2011 年相比，小学提升 5～10 个百分点，初中提升 17～26 个百分点。2015 年乡村小学接入校园网、互联网学校的比例分别达到 20.78% 和 47.42%，乡村初中分别达到 58.70% 和 96.31%，较之前有了大幅提升。但与城市学校相比，仍存在一定的差距。

6. 教育经费投入不断增长，生均公共财政预算教育事业费和公用经费支出不断提高

2015 年，全国教育经费总投入为 36 129.19 亿元，比 2011 年的 23 869.29 亿元增长了 51.36%；其中，国家财政性教育经费为 29 221.45 亿元，占到全国教育经费总投入的 80.88%，比 2011 年的 18 586.70 亿元增长了 57.22%。

2015 年全国普通小学生均公共财政预算教育事业费支出达到 8 838.44 元，比 2011 年增长了 77.98%，其中，农村达到 8576.75 元，比 2011 年增长了 80%；全国普通小学生均公共财政预算公用经费支出达到 2 434.26 元，比 2011 年增长了 78.15%，其中农村为 2 245.30 元，比 2011 年增长了 75.02%。

2015 年全国普通初中生均公共财政预算教育事业费支出达到 12 105.08 元，比 2011 年增长了 85.04%，其中，农村达到 11 348.79 元，比 2011 年增长了 82.84%；全国普通初中生均公共财政预算公用经费支出达到 3 361.11 元，比 2011 年增长了 64.36%，其中农村为 3 093.82 元，比 2011 年增长了 58.12%。

（三）高中阶段教育资源投入不断提高，贫困学生资助体系不断完善，中等职业教育不断发展

高中阶段教育向下要完成对义务教育阶段学生的普职分流，向上要为高等教育发展提供合格生源，高中阶段教育本身普职结构也非常复杂。高中阶段教育在整个教育体系中具有承上启下的重要作用，对推进我国人力资源强国建设、跨越中等收入陷阱具有重大价值。

1. 高中阶段教育实现基本普及，职业教育招生保持在40％以上

高中阶段普及率接近发达国家。《国民经济和社会发展第十三个五年规划纲要》提出"普及高中阶段教育，率先从建档立卡的家庭经济困难学生实施普通高中免除学杂费，高中阶段教育毛入学率达到90％以上"的发展目标。2015年高中阶段毛入学率达到87％，超过了85％的基本普及标准，远超中上收入国家75.86％的水平，已经非常接近英国(87.59％)和美国(89.48％)等发达国家。高中毕业升学率由2011年的86.5％增长到2015年的92.5％。

普职结构相对均衡。《规划纲要》提出"今后一个时期总体保持普通高中和中等职业学校招生规模大体相当"。2015年全国普通高中1.32万所，在校生2 374.40万人，招生796.61万人；中等职业教育共有学校1.12万所，中等职业教育在校生1 656.70万人，在校生占整个高中阶段在校生的41.0％；中等职业教育招生601.25万人，占高中阶段教育招生总数的43.0％。

2. 普通高中生均教育资源状况不断改进，贫困生资助体系日益完善，农村学生上大学机会显著增加

高中教育资源投入水平不断提高。师资上，普通高中生师比由2011年的15.77下降到2015年的14.01。经费上，2015年全国普通高中生均公共财政教育预算教育事业费支出达到10 820.96元，比2011年增长了80.36％；生均公共财政预算公用经费支出达到2 923.09元，比2011年增长了73.22％。

普通高中办学条件不断改善。普通高中体育运动场(馆)面积、体音美器械、理科实验仪器达标率均高达80％以上。建立校园网和接入互联网的学校比例分别为87.48％和98.52％。

普通高中建立起了贫困生资助体系。党的十八届五中全会审议通过的《第十三个五年规划建议》提出普及高中阶段教育，率先从建档立卡的家庭经济困难学生中实施普通高中免除学杂费。目前已形成了以政府为主导、国家助学金为主体、学校减免学费为补充、社会力量积极参与的普通高中学生资助政策体系。2010年，国家实行普通高中国家助学金政策，规定普通高中国家助学金平均资助标准为每生每年1 500元，2015年春季学期开始提高到每生每年2 000元。2015年，全国共投入普通高中学生资助资金139.28亿元，资助普通高中学生达790.12万人次。

实施国家农村贫困地区定向招生专项计划，重点高校招收农村学生比例继续扩大。从2012年起，教育部等部门在普通高校招生计划中专门安排本科一批为主的招生计划，面向贫困地区实行定向招生。2012年在680个连片特困县招生，

招生 1 万人，2016 年扩大到 832 个贫困县，招生人数增加到 6 万人。专项计划招生高校覆盖所有"211 工程"学校和中央部属高校。到 2015 年，国家农村贫困地区定向招生专项计划累计招生 18.3 万人，近两年贫困地区农村学生上重点高校的人数每年增长 10% 以上。

3. 面向农村的中等职业教育经费投入不断增加，教育免学费、受资助面持续扩大

中等职业学校的生均公共财政预算教育事业费和生均公共财政预算公用经费不断提高。2015 年，全国中等职业学校生均公共财政预算教育事业费支出达到 10 961.07 元，比 2011 年增长了 78.28%；生均公共财政预算公用经费支出达到 4 346.94 元，比 2011 年增长了 96.44%。

中等职业教育资助体系逐步完善。在国家助学金补助政策方面，2007 年，国家实施中等职业学校国家助学金政策，规定国家助学金补助标准为每年生均 1 500 元，2015 年春季学期提高到 2 000 元。在免学费政策方面，2009 年秋季学期起，中等职业学校农村家庭经济困难学生和涉农专业学生开始享受免学费政策；2010 年免学费政策范围扩大至城市家庭经济困难学生；从 2012 年秋季学期起，范围再次扩大到所有农村（含县镇）学生、城市涉农专业学生和家庭经济困难学生。2015 年，享受国家助学金政策的学生有 264.90 万名，资助金额达 52.98 亿元。享受免学费政策的学生有 1 050.30 万名，资助金额达 210.05 亿元；目前，全国中职助学金政策惠及近 40% 的学生，免学费政策覆盖近 90% 的学生。

二、问题与挑战

"十二五"期间，我国农村教育事业发展成绩显著。但是，与农村百姓日益增长的教育需要和国家发展对人力资本的强烈需求相比，农村教育发展面临着时代的挑战。

首先，县域义务教育均衡问题依然没有彻底解决，当非均衡遇上城镇化时，问题变得异常复杂和艰巨。目前，仍有 54% 的县（市、区）没有通过义务教育均衡发展督导评估认定。在城镇化背景下，县域义务教育的不均衡发展，使大量学龄儿童进入县镇上学，引发县镇大班额现象，加剧了乡村学校的小规模化。

其次，农村基础教育质量问题成为当前突出矛盾，当小规模加上寄宿制时，准备变得十分不足和困难。在城镇化背景下，农村寄宿学生不断增加，但教育策略和资源准备十分不足，面临严峻质量挑战；乡村小规模学校剧增，小班教学、多科（全科）教学、复式教学广泛存在，但是相关学术研究和实践经验严重不足，影响了教育质量提升。

最后，农民工子女教育问题亟待进一步深入关注，当随迁率逼进留守率时，

城乡压力日益增大和突出。尽管 2015 年农民工子女随迁率只有 40.37％（小学 42.28％，初中 35.74％），但随着城镇化进程的不断推进，城镇日益增长和乡村日益减少的学龄人口，会给城乡教育带来土地、资金和师资的多重压力，进而引发教育资源供给的结构性矛盾和困境，以及关爱和融入新需求。

三、应答与展望

展望"十三五"时期农村教育发展，我们要通过体制机制创新，破解农村教育发展难题，释放农村教育改革红利。

1. 建立农村教育自信

虽然农村教育发展面临系列难题与挑战，但也形成了大量成功经验与典型。我们发现，在相似的外界支持与资源配置的条件下，一些地区的农村教育或农村学校明显好于其他地区和其他学校。这些成功典型的共同特点是，他们能用真情发展农村教育、用真心发掘农村优势，对农村教育充满信心，充分彰显了农村教育人的主体性与开放性。

2. 鼓励地方大胆创新

创新推动公平、创新促进发展、创新塑造未来。未来二十年是农村教育的快速变化期。面对新变化，农村教育人需要以创新的态度和精神积极投身变革，特别是通过低成本创新和机制性创新，释放农村教育发展红利，让创新惠及广大农村学生、农村家庭、农村社会。

3. 大力推进城乡一体

城乡一体、重在农村、体现积极差异的"新非均衡"战略是未来一段时期城乡教育发展的重要方向。城乡教育一体化涉及结构性调整，涉及城乡多方教育利益的再分配。切实可行、积极稳健的城乡教育一体化发展政策，是促进城乡教育公平、彰显社会公平正义的政治保障。

东北师范大学
中国农村教育发展研究院　秦玉友　邬志辉

目　录

经典个案报告

参考文献

后　记

年度进展报告

2016 年是国家"十三五"的开局之年，也是《国家中长期教育改革和发展规划纲要（2010—2020 年）》第二个五年的起始之年，国家发布了《国民经济和社会发展第十三个五年规划纲要》，提出"建立城乡统一、重在农村的义务教育经费保障机制，加大公共教育投入向中西部和民族边远贫困地区的倾斜力度。科学推进城乡义务教育公办学校标准化建设……努力消除城镇学校'大班额'，基本实现县域校际资源均衡配置……加强教师队伍特别是乡村教师队伍建设，落实乡村教师支持计划……改善乡村教学环境……加强农村普惠性学前教育……率先从建档立卡的家庭经济困难学生实施普通高中免除学杂费"。国家在总体教育发展思路上由传统的"非均衡发展"、现在的"均衡发展"向未来的"新非均衡发展"战略转变，其核心就是向教育发展的短板领域和薄弱环节倾斜，向民族边远贫困等地区倾斜，实施"教育扶贫工程"。仅 2016 年，国家就先后出台了《国务院关于加强农村留守儿童关爱保护工作的意见》《国务院办公厅关于加快中西部教育发展的指导意见》《国务院关于统筹推进县域内城乡义务教育一体化改革发展的若干意见》等重要文件，为切实推进城乡义务教育一体化发展奠定了重要的制度基础。

　　"年度进展报告"以 2015 年 8 月至 2016 年 8 月为时间点，以党的十八届三中、四中、五中、六中全会和国家《国民经济和社会发展第十三个五年规划纲要》提出的农村教育改革发展目标为旨归，运用国家公布的统计数据、政策文本以及公开发表的学术文献，从大事记、事业发展、政策发展、学术发展、实践发展五个维度关注农村学前教育、义务教育、普通高中教育和职业教育改革发展的总体情况，关注年度发展中的重点、难点、热点问题，全景式探讨与分析，并努力做出政策回应。

第一章 农村学前教育年度进展报告

概 要

2011—2013 年，各地通过实施学前教育三年行动计划，取得显著成效，"入园难"问题初步缓解。但是由于底子薄、欠账多，学前教育仍是教育体系中的薄弱环节，城乡普惠性资源依然短缺。2015 年是国家实施第二期学前教育三年行动计划的第二年，对顺利完成第二期学前教育三年行动计划的主要目标起着关键性的作用。本报告将主要从学前教育大事记、事业发展、政策进展等几个方面对2015 年我国农村学前教育发展情况进行综合论述，全面呈现农村学前教育的进展与问题，以期为第二期学前教育三年行动计划的实施提供依据，指明方向。

从事业发展状况来看，2015 年我国学前教育发展有如下特点：第一，学前教育规模持续增长，农村的拉动作用依然较弱；第二，经费投入增长迅速，农村所占比例偏低；第三，学前教育教师配置水平持续提升，城乡差距依然较大；第四，幼儿园硬件设施继续改善，农村地区依然比较薄弱。从总体上来说，近些年我国学前教育成就的取得主要是城镇地区拉动的，农村地区的发展相对缓慢，城乡学前教育发展不均衡状况明显。

从政策进展情况来看，2016 年，我国发布了《国民经济和社会发展第十三个五年规划纲要》，提出十三五期间，鼓励普惠性幼儿园发展，加强农村普惠性学前教育，实施学前教育三年行动计划，学前三年毛入园率提高到 85%。坚持公益普惠基础上的普及依然是十三五期间农村学前教育发展的核心任务。因此，本年度我们着眼于农村学前教育普及中的难题，对一系列核心问题进行探讨。

一、农村学前教育大事记

2015 年 8 月 11 日，为了加快推进少数民族和民族地区教育发展，实现国家长治久安和中华民族繁荣昌盛，国务院制定《关于加快发展民族教育的决定》，提出到 2020 年，民族地区学前两年、三年毛入园率分别达到 80%、70%。

2015 年 8 月 18 日，为进一步加强中小学幼儿园消防安全管理工作，全面落实各项消防安全措施，切实保障广大师生生命安全，教育部、公安部制定了《关于加强中小学幼儿园消防安全管理工作的意见》。

2015 年 8 月 25 日，教育部、财政部发布《关于改革实施中小学幼儿园教师国家级培训计划的通知》，计划从 2015 年起，"国培计划"集中支持中西部乡村教师校长培训。继续实施"国培计划"——中西部项目和幼师国培项目，采取顶岗置换、送教下乡、网络研修、短期集中、专家指导、校本研修等方式，对中西部地区乡村中小学幼儿园教师进行专业化培训。继续实施"国培计划"——示范性项目，加强培训团队建设，探索培训新模式，为各地开展乡村教师培训培养"种子"、打造"模子"、探索"路子"。

2015 年 9 月 8 日，教育部召开全国教书育人楷模及优秀乡村教师代表座谈会，并为 2015 年度全国教书育人楷模颁奖。教育部党组书记、部长袁贵仁出席会议并讲话。同日，中共中央政治局常委、国务院总理李克强在北京会见全国教书育人楷模及优秀乡村教师代表并作重要讲话。

2015 年 10 月 11 日，为深入贯彻党的十八大和十八届三中、四中全会精神以及习近平总书记系列重要讲话精神，落实教育规划纲要，积极发挥家庭教育在少年儿童成长过程中的重要作用，促进学生健康成长和全面发展，教育部发布《关于加强家庭教育工作的指导意见》，要求各地教育部门和中小学幼儿园要从落实中央"四个全面"战略布局的高度，不断加强家庭教育工作，进一步明确家长在家庭教育中的主体责任，充分发挥学校在家庭教育中的重要作用，加快形成家庭教育社会支持网络，推动家庭、学校、社会密切配合，共同培养德、智、体、美、劳全面发展的社会主义建设者和接班人。

2015 年 10 月 21 日，第四届反贫困与儿童发展国际研讨会在京召开，本届研讨会以"投资儿童发展、促进社会公平"为主题，国务院副总理刘延东出席开幕式并致辞。刘延东说，儿童是人类的未来，重视儿童发展，是促进社会公平发展的重要基础，是消除贫困代际传递、培育未来人力资本的治本之策。多年来，中国坚持儿童优先原则，千方百计为儿童成长创造更好条件，儿童健康状况持续改善，受教育机会更加公平，成长环境不断优化。中国坚持把儿童发展与扶贫攻坚统筹推进，颁布了国家贫困地区儿童发展规划，实施重大工程项目，健全对口援助机制，出台教育医疗等专项政策，贫困地区儿童的学习和生活条件不断得到改善。中国将继续把儿童发展置于优先战略位置，探索一条符合本国国情的儿童发展之路，使每一个孩子都有实现梦想、人生出彩的机会，为中国的未来发展奠定坚实基础。

2015 年 11 月 10 日，为深入学习贯彻党的十八届五中全会精神，落实《中共中央关于制定国民经济和社会发展第十三个五年规划的建议》提出的提高教育质量等各项任务，全面深化综合改革，全面推进依法治教，全面加强教育系统党的建设，加快推进教育现代化，中共教育部党组发布《关于认真学习贯彻党的十八届五中全会精神的通知》。

2015 年 12 月 29 日，教育部党组书记、部长袁贵仁主持召开党组会，传达学习中央农村工作会议精神，研究部署贯彻落实工作。会议强调，要深入领会习近平总书记关于做好"三农"工作重要讲话精神，认真贯彻落实中央农村工作会议部署，扎实做好农村教育工作，为加快推进农业现代化、夺取全面建成小康社会决胜阶段的伟大胜利做出新贡献。会议对贯彻落实工作提出七点要求，其中包括加快发展农村学前教育，扩大农村普惠性学前教育资源。

2015 年 12 月 31 日，中共中央、国务院制定《关于落实发展新理念加快农业现代化 实现全面小康目标的若干意见》，提出要加快发展农村学前教育，坚持公办民办并举，扩大农村普惠性学前教育资源。

2016 年 1 月 5 日，教育部发布新的《幼儿园工作规程》，自 2016 年 3 月 1 日起施行。新《幼儿园工作规程》包括总则，幼儿入园和编班，幼儿园的安全，幼儿园的卫生保健，幼儿园的教育，幼儿园的园舍、设备，幼儿园的教职工，幼儿园的经费，幼儿园、家庭和社区，幼儿园的管理，附则等内容。

2016 年 1 月 7 日，为贯彻落实党的十八大和十八届三中、四中、五中全会精神，进一步落实《国家中长期教育改革和发展规划纲要（2010—2020 年）》提出的工作任务，落实《法治政府建设实施纲要（2015—2020 年）》要求，全面推进依法治教，教育部印发了《依法治教实施纲要（2016—2020 年）》，要求各地结合本地区、本学校实际，认真组织学习宣传、贯彻落实，切实转变观念，以法治思维和法治方式推进教育综合改革，加快构建政府依法行政、学校依法办学、教师依法执教、社会依法支持和参与教育治理的教育发展新格局，全面推进教育治理体系和治理能力现代化。

2016 年 1 月 12 日，为扎实推进中小学幼儿园教师国家级培训计划（以下简称"国培计划"）改革实施工作，提升乡村教师培训质量，教育部办公厅、财政部办公厅发布《关于做好 2016 年中小学幼儿园教师国家级培训计划实施工作的通知》，对做好 2016 年国培工作提出一系列要求。

2016 年 1 月 13 日，为贯彻落实《乡村教师支持计划（2015—2020 年）》，推动各地变革乡村教师培训模式，提升乡村教师培训实效，在总结各地经验基础上，教育部印发了《送教下乡培训指南》《乡村教师网络研修与校本研修整合培训指南》《乡村教师工作坊研修指南》《乡村教师培训团队置换脱产研修指南》等乡村教师培训指南，要求各地在"国培计划"和乡村教师全员培训组织实施工作中参照执行。

2016 年 1 月 15 日，2016 年全国教育工作会议在京召开。会议强调，要全面贯彻党的十八大和十八届三中、四中、五中全会精神，以邓小平理论、"三个代表"重要思想、科学发展观为指导，深入贯彻习近平总书记系列重要讲话精神，按照"五位一体"总体布局和"四个全面"战略布局，牢固树立和贯彻落实"创新、协调、绿色、开放、共享"的发展理念，全面贯彻党的教育方针，紧紧围绕提高教育质量这一战略主题，以立德树人为根本任务，以促进公平为基本要求，以优化结构为主攻方向，以深化改革为根本动力，以加强法治为可靠保障，以党的领导为坚强保证，加快推进教育现代化，为全面建成小康社会发挥关键支撑作用。

2016 年 2 月 2 日，教育部办公厅公布了国家学前教育改革发展实验区名单，确定北京市顺义区等 36 个地区为国家学前教育改革发展实验区。

2016 年 2 月 4 日，为进一步加强农村留守儿童关爱保护工作，为广大农村留守儿童健康成长创造更好的环境，国务院制定了《关于加强农村留守儿童关爱保护工作的意见》，提出加强农村留守儿童关爱保护工作、维护未成年人合法权益是各级政府的重要职责，也是家庭和全社会的共同责任。要以促进未成年人健康成长为出发点和落脚点，不断健全法律法规和制度机制，强化家庭监护主体责任，加大关爱保护力度，逐步减少儿童留守现象，确保农村留守儿童安全、健康、受教育等权益得到有效保障。

2016 年 2 月 4 日，教育部印发《教育部 2016 年工作要点》。其中指出：发展普惠性学前教育。全面推进实施第二期学前教育三年行动计划和国家学前教育重大项目；推进学前教育改革国家实验区建设，完善普惠性幼儿园发展机制；实施新修订的《幼儿园工作规程》；研究制订第三期学前三年行动计划。

2016 年 3 月 4 日，为做好春夏季传染病防控工作，教育部办公厅印发《关于做好春夏季传染病防控工作的通知》，提出一系列工作要求。

2016 年 3 月 17 日，新华社授权发布《中华人民共和国国民经济和社会发展第十三个五年规划纲要》，其中第五十九章"推进教育现代化"中指出，鼓励普惠性幼儿园发展，加强农村普惠性学前教育，实施学前教育三年行动计划，学前三年毛入园率提高到 85%。

2016 年 3 月 25 日，为加强对农村留守儿童关爱保护工作的组织领导和统筹协调，强化部门间协作配合，及时研究解决工作中面临的重大问题，经国务院同意，建立农村留守儿童关爱保护工作部际联席会议制度。

2016 年 3 月 28 日，教育部办公厅印发《关于开展 2016 年全国学前教育宣传月活动的通知》，要求各地在 5 月 20 日至 6 月 20 日开展好第五个全国学前教育宣传月，主题是：幼小协同 科学衔接。

2016 年 4 月 21 日，为进一步推动学校体育改革发展，促进学生身心健康、体魄强健，国务院办公厅印发《关于强化学校体育促进学生身心健康全面发展的意见》，就推动学校体育改革发展和强化学校体育工作做出全面部署。

2016 年 5 月 11 日，为更好地统筹现有政策、措施和项目，深入实施西部大开发、中部崛起战略，积极服务"一带一路"建设，全面提升中西部教育发展水平，国务院办公厅制定了《关于加快中西部教育发展的指导意见》。其中指出，要积极发展农村学前教育，到 2020 年，中西部地区农村学前三年毛入园率达到 70%；扩充公办幼儿园资源；支持普惠性民办幼儿园发展；补充学前教育师资队伍；改革学前教育管理体制。

二、农村学前教育事业发展

（一）学前教育规模持续增长，农村的拉动作用依然较弱

1. 幼儿数与入园率的发展

根据《国家中长期教育改革和发展规划纲要（2010—2020 年）》（简称《规划纲要》）制定的学前教育的事业发展目标，到 2015 年我国学前三年毛入园率达到 60%，在园（班）人数达到 34 000 000 人；2020 年学前三年毛入园率达到 70%，在园（班）人数达到 40 000 000 人。2014 年，我国学前三年毛入园率已达到了 70.5%，提前 6 年完成《规划纲要》所规定的 2020 年学前三年毛入园率达到 70% 的目标。2014 年，教育部、国家发展改革委、财政部发布《关于实施第二期学前教育三年行动计划的意见》，提出到 2016 年，全国学前三年毛入园率达到 75% 左右。2016 年，《中华人民共和国国民经济和社会发展第十三个五年规划纲要》又提出，鼓励普惠性幼儿园发展，加强农村普惠性学前教育，实施学前教育三年行动计划，到 2020 年，学前三年毛入园率提高到 85%。我们可以根据这些标准来衡量我国在园（班）幼儿数与入园率的发展和目标达成情况。

如表 1.1、表 1.2 所示，2015 年，全国新入园（班）幼儿为 2 008.8 万人，比上年增加 21.0 万人，增长了 1.06%。学前教育毛入园率达到 75%，比上年提高 4.5 个百分点，已远远超过《规划纲要》所规定的 2020 年学前三年毛入园率达到 70% 的目标，也提前一年完成第二期学前教育三年行动计划提出的到 2016 年全国学前三年毛入园率达到 75% 左右的目标。从增速上来看，随着近几年连续的高速增长和入园率的不断提高，速度有所放缓，不管是从年均变化值还是从年均

增长率上来看,都比 2010—2014 年有了较大幅度的下降。从分城乡看,由于城镇化及人口流动速度的增加,城市新入园(班)幼儿增长较快,而县镇和农村则增长较慢。2015 年,城市新入园(班)幼儿为 583.8 万人,比上年增长 3.13%;县镇和农村为 1 425.5 万人,比上年增长 0.23%。

表 1.1 中国 2010—2015 年入园(班)人数情况统计 (单位:万人)

	总计	城市	县镇与农村
2010 年	1 700.4	315.2	1 385.2
2011 年	1 827.3	480.5	1 346.8
2012 年	1 911.9	508.7	1 403.2
2013 年	1 970.1	528.6	1 441.5
2014 年	1 987.8	565.6	1 422.2
2015 年	2 008.8	583.8	1 425.5
2010—2014 年均变化值	71.9	62.6	9.3
2014—2015 年变化值	21.0	17.7	3.3

表 1.2 中国 2010—2015 年入园(班)人数增长速度及城乡所占比例(单位:%)

	全国	城市	县镇与农村
2010—2014 年均增长率	3.98	15.74	0.66
2014—2015 年增长率	1.06	3.13	0.23
2011 年城乡所占比例	100.00	26.30	73.70
2012 年城乡所占比例	100.00	26.61	73.39
2013 年城乡所占比例	100.00	26.83	73.17
2014 年城乡所占比例	100.00	28.45	71.55
2015 年城乡所占比例	100.00	29.04	70.96

如表 1.3、表 1.4 所示,2015 年,全国在园(班)幼儿为 4 264.8 万人,比上年增加 214.1 万人,增长了 5.29%,也远远超过了《规划纲要》所规定的 2020 年在园(班)人数达到 4 000 万人的目标。从增速上来看,与前几年相比,速度有所放缓,不管是从年均变化值还是从年均增长率上来看,都比 2010—2014 年有了较大幅度的下降。从分城乡看,2015 年,城市学前教育在园(班)幼儿数为 1 489.8 万人,比上年增长 5.96%;县镇和农村学前教育在园(班)幼儿数为 2 775.0 万人,增长 4.93%。

表 1.3　中国 2010—2015 年在园(班)人数情况统计　　(单位：万人)

	全国	城市	县镇与农村
2010 年	2 976.7	752.6	2 224.1
2011 年	3 424.4	1 147.1	1 283.5
2012 年	3 685.8	1 250.8	1 395.2
2013 年	3 894.7	1 317.7	2 577.0
2014 年	4 050.7	1 406.0	2 644.7
2015 年	4 264.8	1 489.8	2 775.0
2010—2014 年均变化值	268.5	163.4	105.2
2014—2015 年变化值	214.1	83.8	130.3

表 1.4　中国 2010—2015 年在园(班)人数增长速度及城乡所占比例(单位：%)

	全国	城市	县镇与农村
2010—2014 年均增长率	8.01	16.91	4.43
2014—2015 年增长率	5.29	5.96	4.93
2011 年城乡所占比例	100.00	33.50	66.50
2012 年城乡所占比例	100.00	33.94	66.06
2013 年城乡所占比例	100.00	33.83	66.17
2014 年城乡所占比例	100.00	34.71	65.29
2015 年城乡所占比例	100.00	34.93	65.07

2. 幼儿园园数、班数的发展

从幼儿园园数变化来看，2010—2014 年幼儿园园数由 150 420 所增加到 209 881所，年均增长 8.68%。其中城市幼儿园园数由 35 845 所增加到 65 834 所，年均增长 16.41%；县镇幼儿园园数由 42 987 所增加到 71 464 所，年均增长 13.55%；农村幼儿园园数由 71 588 所增加到 72 583 所，年均增加 0.35%。① 而

---

① 造成这种现象的原因也可能是统计口径的变化，2011 年之前的分城乡统计是按城市、县镇和农村来划分的，而 2011 年的统计指标发生了变化，分城乡统计变成了城区、镇区和乡村，其中城区包括城乡接合区，镇区包括镇乡接合区。但是，对比 2011 年与之前的统计指标解释，指标解释是完全一致的。下同。

从 2014—2015 年的增长情况来看，全国幼儿园园数的增长值和增长率分别为
13 802所和 6.58%，相比 2010—2014 年的平均增长率有所下降。从 2014—2015
年分城乡情况来看，县镇的增长情况是最快的，增幅达到了 8.31%，农村达到
了 6.44%，城市最慢，为 4.84%。从 2015 年城乡幼儿园园数所占比例来看，城
市幼儿园园数占到了全国幼儿园总数的 30.86%，县镇为 34.60%，农村占
34.54%。（见表 1.5、表 1.6）

　　从幼儿园班数变化来看，2010—2014 年幼儿园班数由 971 525 个增加到
1 382 248 个，年均增长 9.22%。其中城市幼儿园班数由 254 172 个增加到
486 994个，年均增长 17.65%；县镇幼儿园班数由 297 586 个增加到 483 700 个，
年均增长 12.91%；农村幼儿园班数由 419 767 个减少为 411 554 个，年均减少
0.49%。而从 2014—2015 年的增长情况来看，全国幼儿园班数的增长值和增长
率分别为 78 221 个和 5.66%，相比 2010—2014 年的平均增长率有所下降。从
2014—2015 年分城乡情况来看，县镇的增长情况是最快的，增幅达到了 8.63%，
城市达到了 5.37%，农村最慢，仅为 2.50%。从 2015 年城乡幼儿园班数所占比
例来看，城市幼儿园班数占到了全国幼儿园班数的 35.14%，县镇为 35.98%，
农村占 28.89%，农村是最低的。（见表 1.5、表 1.6）

表 1.5　2010—2015 年幼儿园园数、班数的变化情况　　　　（单位：个）

	园数				班数			
	总计	城市	县镇	农村	总计	城市	县镇	农村
2010 年	150 420	35 845	42 987	71 588	971 525	254 172	297 586	419 767
2011 年	166 750	53 547	54 519	58 684	1 255 816	411 873	420 164	423 779
2012 年	181 251	57 677	60 483	63 091	1 266 496	433 113	434 595	398 788
2013 年	198 553	61 239	67 436	69 878	1 343 042	471 208	463 356	408 478
2014 年	209 881	65 834	71 464	72 583	1 382 248	486 994	483 700	411 554
2015 年	223 683	69 021	77 402	77 260	1 460 469	513 148	525 459	421 862
2010—2014 年均变化值	14 865	7 497	7 119	249	102 681	58 206	46 529	−2 053
2014—2015 年变化值	13 802	3 187	5 938	4 677	78 221	26 154	41 759	10 308

表 1.6　2010—2015 年幼儿园园数、班数增长速度及城乡所占比例（单位：%）

	园数				班数			
	全国	城市	县镇	农村	全国	城市	县镇	农村
2010—2014 年均增长率	8.68	16.41	13.55	0.35	9.22	17.65	12.91	−0.49
2014—2015 年增长率	6.58	4.84	8.31	6.44	5.66	5.37	8.63	2.50
2011 年城乡所占比例	100.00	32.11	32.70	35.19	100.00	32.80	33.46	33.75
2012 年城乡所占比例	100.00	31.82	33.37	34.81	100.00	34.20	34.31	31.49
2013 年城乡所占比例	100.00	30.84	33.96	35.19	100.00	35.09	34.50	30.41
2014 年城乡所占比例	100.00	31.37	34.05	34.58	100.00	35.23	34.99	29.77
2015 年城乡所占比例	100.00	30.86	34.60	34.54	100.00	35.14	35.98	28.89

（二）经费投入增长迅速，农村所占比例偏低

充足的经费是保障学前教育发展的基础，学前教育要想获得良好发展，必须要有稳定的经费保障机制。从经费来源构成看，学前教育经费包括国家财政性教育经费，民办学校中举办者投入，社会捐赠经费，事业收入（包括学杂费）及其他教育经费。2010—2014 年，我国学前教育经费以年均 29.52% 的速度递增，大大超过了其他教育类型每年最高不到 16% 的增长速度，也超过了教育总经费年均 13.80% 的增幅，反映了我国对学前教育重视的不断增强。（见表 1.7）

表 1.7　2010—2014 年各类教育经费总收入增长情况　（单位：千元）

年份	经费总收入	普通高校	普通中学	普通小学	幼儿园	幼儿园经费所占比例
2010	1 956 184 707	549 786 489	541 649 552	488 707 190	72 801 425	3.72%
2011	2 386 929 356	688 023 164	666 071 513	601 208 408	101 857 606	4.27%
2012	2 865 530 519	780 190 644	794 329 946	726 310 443	150 392 846	5.25%
2013	3 036 471 815	797 576 578	838 291 150	795 089 406	175 805 370	5.79%
2014	3 280 646 093	850 985 515	881 913 004	868 063 629	204 875 714	6.24%

从最能体现学前教育公益性程度的国家财政性教育经费的增长情况来看，其增长也表现出了与各类教育经费总收入同样的增长态势。2010—2014 年，学前教育的国家财政性经费年均增幅达到了 39.83%，远远高于普通高等学校，普通中小学 15% 左右的增长速度。（见表 1.8）

表 1.8　2010—2014 年各类教育国家财政性教育经费增长情况　（单位：千元）

年份	财政性教育经费总收入	普通高校	普通中学	普通小学	幼儿园	幼儿园财政性经费所占比例
2010	1 467 006 696	290 180 256	447 420 437	464 259 842	24 435 264	1.67%
2011	1 858 670 092	402 349 892	570 236 276	575 965 419	41 569 861	2.24%
2012	2 314 756 979	486 663 122	698 651 601	697 201 404	74 765 045	3.23%
2013	2 448 821 774	479 687 633	738 194 579	764 184 749	86 237 156	3.52%
2014	2 642 058 205	514 487 636	775 571 915	831 446 920	93 405 194	3.54%

　　但是，学前教育总经费与国家财政性经费快速增长的状况并不能掩饰学前教育公益性弱化的现实。首先，全社会对学前教育经费投入的基数和起点很低，学前教育经费占国家教育经费总投入的比例一直很低，即便是比例最高的 2014 年也不过 6.24%（见表 1.7），与义务教育等其他类型的教育相比还有很大差距；学前教育财政性经费更是少得可怜，其所占国家财政性教育经费总收入的比例直到 2014 年也只有 3.54%（见表 1.8），不仅远远低于其他类型教育的水平，也低于世界发达国家 7% 的平均水平。特别是与我国国情较为接近的巴西、墨西哥、蒙古等发展中国家，这一比例均达到或超过了 8%，其中巴西为 8%，墨西哥为8.9%，蒙古更是达到了 18%。[①]　其次，非财政性经费尤其是由公民个人承担的学前教育经费也呈现出了快速的增长态势。从表 1.9 我们可以看出，由公民个人直接承担的学前教育经费（学杂费）在 2010—2014 年的平均增长速度达到了26.44%，三年间增长近 1.5 倍。这远远超过了其他教育类型学杂费的增长速度。

表 1.9　2010—2014 年各类教育学杂费增长情况　（单位：千元）

年份	学杂费总收入	普通高校	普通中学	普通小学	幼儿园	幼儿园学杂费所占比例
2010	301 555 934	167 607 559	53 543 707	8 960 423	38 419 749	12.74%
2011	331 697 419	181 210 260	57 690 611	11 410 063	49 272 630	14.85%
2012	350 483 008	186 607 486	57 686 209	14 379 475	62 816 042	17.92%
2013	373 768 686	199 999 161	61 878 950	15 762 870	75 565 996	20.22%
2014	405 303 926	198 087 097	70 035 886	21 650 910	98 208 554	24.23%

---

　　① 　庞丽娟：《学前教育经费占同级财政性教育经费比例应不低于 7%》，《人民政协报》2011 年 3 月 2日第 B06 版。

从分城乡情况来看，2014 年，在县镇和农村地区 3～5 岁适龄入园儿童占全国 3～5 岁适龄入园儿童的比例还有 70％左右的情况下，全国幼儿园经费投入约为 2 048.76 亿元，其中城市地区约为 1 145.78 亿元，县镇和农村地区约为902.98 亿元，城市地区与县镇、农村地区所占比例分别为 55.93％、44.07％；全国幼儿园财政性经费投入约为 934.05 亿元，其中城市地区约为 472.68 亿元，县镇和农村地区约为 461.37 亿元，城市地区和县镇、农村地区所占比例分别为50.61％、49.39％；全国幼儿园学杂费投入约为 982.09 亿元，其中城市地区约为 587.02 亿元，县镇和农村地区约为 395.06 亿元，城市地区和县镇、农村地区所占比例分别为 59.77％、40.23％。县镇和农村地区处于全面落后的境地。（见表 1.10）

表 1.10　2014 年分城乡幼儿园经费投入比较

	金额（千元）			比例（％）		
	总投入	财政性投入	学杂费	总投入	财政性投入	学杂费
全国	204 875 714	93 405 194	98 208 554	100.00	100.00	100.00
城市	114 577 809	47 268 479	58 702 455	55.93	50.61	59.77
县镇和农村	90 297 905	46 136 715	39 506 099	44.07	49.39	40.23

（三）学前教育[①]教师配置水平持续提升，城乡差距依然较大

1. 学前教育教师队伍规模增加情况

从幼儿园教师的数量变化来看，2010—2014 年幼儿园专任教师数由1 144 225 增加到 1 844 148 人，年均增长 12.67％。其中城市专任教师数由462 844 增加到 884 373 人，年均增长 17.57％；县镇专任教师数由 405 535 增加到 659 023 人，年均增长 12.91％；农村专任教师先降后升，由 275 846 人下降到2013 年的 268 327 人再上升到 2014 年的 300 752 人，年均增加 2.18％。2014—2015 年，全国幼儿园专任教师数的年均增长值和增长率分别为 206 873 人和11.22％，年均增长率和 2010—2014 年相比有所降低。从分城乡情况来看，城市的增幅为 8.13％，县镇为 14.31％，农村为 13.53％，县镇的增幅是最大的。但是从 2015 年城乡幼儿园专任教师数所占比例来看，城市幼儿园专任教师占到了全国幼儿园专任教师总数的 46.62％，县镇为 36.73％，农村只占 16.65％，农村教师所占的比例是最低的。（见表 1.11、表 1.12）

---

①　学前教育的教师数仅指幼儿园口径统计的教师数。

表 1.11　2010—2015 年幼儿园专任教师数变化情况　（单位：人）

	总计	城市	县镇	农村
2010 年	1 144 225	462 844	405 535	275 846
2011 年	1 315 634	660 689	453 224	201 721
2012 年	1 479 237	737 289	512 385	229 563
2013 年	1 663 487	802 174	592 986	268 327
2014 年	1 844 148	884 373	659 023	300 752
2015 年	2 051 021	956 261	753 314	341 446
2010—2014 年均变化值	174 981	105 382	63 372	6 227
2014—2015 年变化值	206 873	71 888	94 291	40 694

表 1.12　2001—2015 年幼儿园专任教师数增长速度及城乡所占比例（单位：%）

	总计	城市	县镇	农村
2010—2014 年均增长率	12.67	17.57	12.91	2.18
2014—2015 年增长率	11.22	8.13	14.31	13.53
2011 年城乡所占比例	100.00	50.22	34.45	15.33
2012 年城乡所占比例	100.00	49.84	34.64	15.52
2013 年城乡所占比例	100.00	48.22	35.65	16.13
2014 年城乡所占比例	100.00	47.96	35.74	16.31
2015 年城乡所占比例	100.00	46.62	36.73	16.65

　　幼儿园教职工数变化也呈现出了与专任教师类似的状况。2010—2014 年幼儿园教职工数由 1 849 301 增加到 3 142 226 人，年均增长 14.17%。其中城市教职工数由 796 127 增加到 1 578 160 人，年均增长 18.66%；县镇教职工数由 620 669增加到 1 067 708 人，年均增长 14.52%；农村教职工数由 432 505 增加到 496 358 人，年均增长 3.50%。2014—2015 年，全国幼儿园教职工数的年均增长值和增长率分别为 353 565 人和 11.25%，年均增长率和 2010—2014 年相比有所降低。从分城乡情况来看，城市的增幅为 8.23%，县镇为 14.81%，农村为 13.21%，县镇的增幅是最大的。但是从 2015 年城乡幼儿园教职工数所占比例来看，城市幼儿园教职工数占到了全国幼儿园教职工总数的 48.86%，县镇为 35.07%，农村只占 16.07%，农村教师所占的比例是最低的。（见表 1.13、表 1.14）

表 1.13　2010—2015 年幼儿园教职工数变化情况　　　（单位：人）

	总计	城市	县镇	农村
2010 年	1 849 301	796 127	620 669	432 505
2011 年	2 204 367	1 165 407	713 631	325 329
2012 年	2 489 972	1 298 693	817 647	373 632
2013 年	2 826 753	1 423 614	958 790	444 349
2014 年	3 142 226	1 578 160	1 067 708	496 358
2015 年	3 495 791	1 708 000	1 225 876	561 915
2010—2014 年均变化值	323 231	195 508	111 760	15 963
2014—2015 年变化值	353 565	129 840	158 168	65 557

表 1.14　2010—2015 年幼儿园教职工数增长速度及城乡所占比例　（单位:%）

	总计	城市	县镇	农村
2010—2014 年均增长率	14.17	18.66	14.52	3.50
2014—2015 年增长率	11.25	8.23	14.81	13.21
2011 年城乡所占比例	100.00	52.87	32.37	14.76
2012 年城乡所占比例	100.00	52.16	32.84	15.01
2013 年城乡所占比例	100.00	50.36	33.92	15.72
2014 年城乡所占比例	100.00	50.22	33.98	15.80
2015 年城乡所占比例	100.00	48.86	35.07	16.07

　　2. 学前教育教师生师比进一步下降，城乡仍有明显差距

　　从 2015 年生师比的情况来看，幼儿与专任教师的比例为 18.1：1，比 2014 年下降 0.6。其中城市为 15.1：1，比 2014 年下降 0.2；县镇和农村为 20.8：1，比 2014 年下降 1.0。同样为 2015 年，幼儿与教职工的比例为 10.6：1，比 2014 年下降 0.4。其中城市为 8.5：1，比 2014 年下降 0.1；县镇和农村为 12.7：1，比 2014 年下降 0.7。从分城乡情况来看，城市的生师比状况要比县镇和农村地区好得多。（见表 1.15、表 1.16）

表 1.15　2015 年全国幼儿园生师比情况　　　　　　（单位：万人）

	总计	城市	县镇与农村
幼儿园专任教师数	205.1	95.6	109.5
幼儿园教职工数	349.6	170.8	178.8
在园幼儿数	3 712.3	1 443.6	2 277.6
幼儿与专任教师比	18.1：1	15.1：1	20.8：1
幼儿与教职工比	10.6：1	8.5：1	12.7：1

表 1.16　2014 年全国幼儿园生师比情况　　　　　　（单位：万人）

	总计	城市	县镇与农村
幼儿园专任教师数	184.4	88.4	96
幼儿园教职工数	314.2	157.8	156.4
在园幼儿数	3 448.6	1 353.1	2 092.3
幼儿与专任教师比	18.7：1	15.3：1	21.8：1
幼儿与教职工比	11.0：1	8.6：1	13.4：1

3. 学前教育教师学历水平持续提升，农村增幅明显

从学前教育教师的学历水平来看，2010—2014 年全国学前教育专任教师中大专及以上学历教师比例由 60.30％上升到 70.89％，年均增长 2.65％。其中城市专任教师中大专及以上学历教师比例由 71.50％上升到 77.70％，年均增长 1.55％；县镇专任教师中大专及以上学历教师比例由 60.13％上升到 68.81％，年均增长 2.17％；农村专任教师中大专及以上学历教师比例由 41.76％上升到 55.43％，年均增长 3.42％。2014—2015 年，全国学前教育专任教师中大专及以上学历教师比例由 70.89％上升到 73.80％，增长幅度为 2.91％，超过 2010—2014 年的年均增长幅度。从分城乡情况来看，城市的增幅为 2.46％，县镇为 3.45％，农村为 3.97％，农村的增幅是最大的。再从 2015 年分城乡学前教育专任教师中大专及以上学历教师所占比例来看，城市为 80.16％，县镇为 72.26％，农村只占 59.40％，农村大专及以上学历专任教师的比例是最低的。（见表 1.17）。

表 1.17　2010—2015 年幼儿园专任教师中大专及以上学历比例变化（单位：％）

	总计	城市	县镇	农村
2010 年	60.30	71.50	60.13	41.76
2011 年	62.48	70.85	59.13	42.61
2012 年	65.13	72.92	62.31	46.42
2013 年	68.15	75.81	65.42	51.25
2014 年	70.89	77.70	68.81	55.43
2015 年	73.80	80.16	72.26	59.40
2010—2014 年均变化值	2.65	1.55	2.17	3.42
2014—2015 年变化值	2.91	2.46	3.45	3.97

4. 学前教育教师中未评职称教师比例占比偏高，农村地区更为突出

从学前教育教师的职称情况来看，2010—2014 年全国学前教育专任教师中未评职称教师比例由 64.94％上升到 72.27％，年均增长 1.83％。其中城市专任教师中未评职称教师比例由 61.57％上升到 71.62％，年均增长 2.51％；县镇专任教师中未评职称教师比例由 61.29％上升到 70.69％，年均增长 2.35％；农村专任教师中未评职称教师比例由 75.96％上升到 77.63％，年均增长 0.42％。2014—2015 年，全国学前教育专任教师中未评职称教师比例由 72.27％上升到 73.38％，增长幅度为 1.11％，相比 2010—2014 年的年均增长幅度有所降低。从分城乡情况来看，城市的增幅为 1.26％，县镇为 1.38％，农村为 0.04％。再从 2015 年分城乡学前教育专任教师中未评职称教师所占比例来看，城市为 72.88％，县镇为 72.07％，农村为 77.67％，县镇的情况最好，城市次之，农村专任教师中未评职称教师的比例是最低的。（见表 1.18）

表 1.18　2010—2015 年幼儿园专任教师中未评职称比例变化　（单位：％）

	总计	城市	县镇	农村
2010 年	64.94	61.57	61.29	75.96
2011 年	67.57	66.07	65.91	76.19
2012 年	69.65	68.21	68.18	77.53
2013 年	71.48	70.13	70.19	78.36
2014 年	72.27	71.62	70.69	77.63
2015 年	73.38	72.88	72.07	77.67
2010—2014 年均变化值	1.83	2.51	2.35	0.42
2014—2015 年变化值	1.11	1.26	1.38	0.04

5. 学前教育教师中代课教师[①]比例有所下降，农村幼儿园代课教师比例高于城市

从学前教育代课教师比例来看，2011—2014 年全国学前教育代课教师比例由 8.11% 下降到 6.48%，年均下降 0.54%。其中城市学前教育代课教师比例由 4.47% 下降到 3.40%，年均下降 0.36%；县镇学前教育代课教师比例由 11.13% 下降到 9.05%，年均下降 0.69%；农村学前教育代课教师比例由 13.35% 下降到 9.89%，年均下降 1.15%。2014—2015 年，全国学前教育代课教师比例由 6.48% 下降到 5.62%，下降幅度为 0.86%，超过 2011—2014 年的年均下降幅度。从分城乡情况来看，城市的降幅为 0.24%，县镇为 1.82%，农村为 0.84%，县镇的下降幅度是最大的。再从 2015 年分城乡学前教育代课教师比例来看，城市为 3.16%，县镇为 7.23%，农村只占 9.05%，城市的情况最好，县镇次之，农村学前教育代课教师比例是最高的。（见表 1.19）

表 1.19   2011—2015 年幼儿园代课教师所占比例状况   （单位：%）

	总计	城市	县镇	农村
2010 年	—	—	—	—
2011 年	8.11	4.47	11.13	13.35
2012 年	7.50	3.89	10.63	12.07
2013 年	7.08	3.73	9.80	11.02
2014 年	6.48	3.40	9.05	9.89
2015 年	5.62	3.16	7.23	9.05
2011—2014 年均变化值	−0.54	−0.36	−0.69	−1.15
2014—2015 年变化值	−0.86	−0.24	−1.82	−0.84

(四) 幼儿园硬件设施继续改善，农村地区依然比较薄弱

1. 幼儿园校舍建筑总面积增长较快，生均校舍面积继续上升

2012—2014 年全国幼儿园校舍建筑面积由 171 794 977 平方米增加到 229 985 220 平方米，年均增长 15.70%。其中城市幼儿园校舍建筑面积由 81 561 374 平方米增加到 104 055 633 平方米，年均增长 12.95%；县镇幼儿园校舍建筑面积由 59 919 968 平方米增加到 83 453 917 平方米，年均增长 18.02%；农村幼儿园校舍建筑面积由 30 313 635 平方米增加到 42 475 670 平方米，年均增长 18.37%。2015 年，全国幼儿园校舍建筑总面积为 258 436 366 平方米，比

---

① 代课教师的比例指代课教师数占专任教师数、保育员数和代课教师数之和的比例。

2014 年增加 28 451 146 平方米，增长 12.37%。县镇地区校舍建筑总面积增长速度最快，为 96 626 116 平方米，比 2014 年增加 13 172 199 平方米，增幅为15.78%，城市和农村的增幅分别为 8.67% 和 14.73%。从 2015 年城乡幼儿园校舍建筑面积所占比例来看，城市幼儿园校舍建筑面积占到了全国幼儿园校舍建筑面积总数的 43.76%，县镇为 37.39%，农村只占 18.86%，农村幼儿园校舍建筑面积所占的比例是最低的。（见表 1.20、表 1.21）

表 1.20　2012—2015 年幼儿园校舍建筑面积变化情况　（单位：平方米）

	总计	城市	县镇	农村
2012 年	171 794 977	81 561 374	59 919 968	30 313 635
2013 年	201 842 763	91 763 492	72 995 278	37 083 993
2014 年	229 985 220	104 055 633	83 453 917	42 475 670
2015 年	258 436 366	113 079 962	96 626 116	48 730 288
2012—2014 年均变化值	29 095 122	11 247 130	11 766 975	6 081 018
2014—2015 年变化值	28 451 146	9 024 329	13 172 199	6 254 618

表 1.21　2012—2015 年幼儿园校舍建筑面积增长速度及城乡所占比例　（单位：%）

	总计	城市	县镇	农村
2012—2014 年均增长率	15.70	12.95	18.02	18.37
2014—2015 年增长率	12.37	8.67	15.78	14.73
2012 年城乡所占比例	100.00	47.48	34.88	17.65
2013 年城乡所占比例	100.00	45.46	36.16	18.37
2014 年城乡所占比例	100.00	45.24	36.29	18.47
2015 年城乡所占比例	100.00	43.76	37.39	18.86

2015 年，幼儿园生均校舍面积为 6.96 平方米，比 2014 年提升 0.29 平方米。从分城乡情况看，城市幼儿园生均校舍建筑面积仍高于县镇和农村。2015 年，全国县镇和农村幼儿园生均校舍面积为 6.38 平方米，比城市低 1.45 平方米。但城市生均校舍面积仍低于《城市幼儿园建筑面积定额（试行）》规定的 8.8 平方米的最低标准。（见表 1.22）

表 1.22　2013—2015 年幼儿园生均校舍建筑面积变化情况　（单位：平方米）

	总计	城市	县镇和农村
2013 年	6.22	7.29	5.58
2014 年	6.67	7.69	6.02
2015 年	6.96	7.83	6.38
2013—2014 年变化值	0.45	0.40	0.44
2014—2015 年变化值	0.29	0.14	0.36

2. 幼儿园占地面积稳步增长，生均占地面积县镇和农村好于城市

2012—2014 年全国幼儿园占地面积由 345 445 818 平方米增加到 431 969 423 平方米，年均增长 11.82%。其中城市幼儿园占地面积由 128 865 934 平方米增加到 153 618 199 平方米，年均增长 9.18%；县镇幼儿园占地面积由 123 600 613 平方米增加到 159 769 820 平方米，年均增长 13.69%；农村幼儿园占地面积由 92 979 271 平方米增加到 118 581 404 平方米，年均增长 12.93%。2015 年，全国幼儿园占地总面积为 477 021 986 平方米，比 2014 年增加 45 052 563 平方米，增长 10.43%。县镇地区幼儿园占地面积增长速度最快，为 179 973 815 平方米，比 2014 年增加 20 203 995 平方米，增幅为 12.65%，城市和农村的增幅分别为 6.45% 和 12.60%。从 2015 年城乡幼儿园占地面积所占比例来看，城市幼儿园占地面积占到了全国幼儿园占地面积总数的 34.28%，县镇为 37.73%，农村只占 27.99%，农村幼儿园占地面积所占的比例是最低的。（见表 1.23、表 1.24）

表 1.23　2012—2015 年幼儿园占地面积变化情况　（单位：平方米）

	总计	城市	县镇	农村
2012 年	345 445 818	128 865 934	123 600 613	92 979 271
2013 年	392 967 185	140 052 343	144 485 657	108 429 185
2014 年	431 969 423	153 618 199	159 769 820	118 581 404
2015 年	477 021 986	163 519 672	179 973 815	133 528 500
2012—2014 年均变化值	43 261 803	12 376 133	18 084 604	12 801 067
2014—2015 年变化值	45 052 563	9 901 473	20 203 995	14 947 096

表 1.24 2012—2015 年幼儿园占地面积增长速度及城乡所占比例 （单位：%）

	总计	城市	县镇	农村
2012—2014 年均增长率	11.82	9.18	13.69	12.93
2014—2015 年增长率	10.43	6.45	12.65	12.60
2012 年城乡所占比例	100.00	37.30	35.78	26.92
2013 年城乡所占比例	100.00	35.64	36.77	27.59
2014 年城乡所占比例	100.00	35.56	36.99	27.45
2015 年城乡所占比例	100.00	34.28	37.73	27.99

　　2015 年，幼儿园生均占地面积为 12.85 平方米，比 2014 年提升 0.32 平方米。从分城乡情况看，县镇和农村幼儿园生均占地面积高于城市。2015 年，全国县镇和农村幼儿园生均占地面积为 13.76 平方米，比城市高出 2.43 平方米。（见表 1.25）

表 1.25 2013—2015 年幼儿园生均占地面积变化情况 （单位：平方米）

	总计	城市	县镇和农村
2013 年	12.11	11.12	12.82
2014 年	12.53	11.35	13.30
2015 年	12.85	11.33	13.76
2013—2014 年变化值	0.42	0.23	0.48
2014—2015 年变化值	0.32	−0.02	0.46

　　3. 幼儿园图书册数继续以较高速度增长，生均图书册数城乡还有一定差距

　　2012—2014 年全国幼儿园图书册数由 182 233 569 册增加到 254 067 994 册，年均增长 18.08%。其中城市幼儿园图书册数由 86 428 274 册增加到 116 559 148 册，年均增长 16.13%；县镇幼儿园图书册数由 65 100 317 册增加到 93 761 813 册，年均增长 20.01%；农村幼儿园图书册数由 30 704 978 册增加到 43 747 033 册，年均增长 19.36%。2015 年，全国幼儿园图书总册数为 294 672 988 册，比 2014 年增加 40 604 994 册，增长 15.98%。农村地区幼儿园图书册数增长速度最快，为 53 337 246 册，比 2014 年增加 9 590 213 册，增幅为 21.92%，城市和县镇的增幅分别为 10.74% 和 19.72%。从 2015 年城乡幼儿园图书册数所占比例来看，城市幼儿园图书册数占到了全国幼儿园图书册数的 43.81%，县镇为 38.09%，农村只占 18.10%，农村幼儿园图书册数所占的比例是最低的。（见表 1.26、表 1.27）

表 1.26　2012—2015 年幼儿园图书册数变化情况　　　　（单位：册）

	总计	城市	县镇	农村
2012 年	182 233 569	86 428 274	65 100 317	30 704 978
2013 年	218 970 675	100 194 643	80 781 764	37 994 268
2014 年	254 067 994	116 559 148	93 761 813	43 747 033
2015 年	294 672 988	129 082 547	112 253 195	53 337 246
2012—2014 年均变化值	35 917 213	15 065 437	14 330 748	6 521 028
2014—2015 年变化值	40 604 994	12 523 399	18 491 382	9 590 213

表 1.27　2012—2015 年幼儿园图书册数增长速度及城乡所占比例　（单位：%）

	总计	城市	县镇	农村
2012—2014 年均增长率	18.08	16.13	20.01	19.36
2014—2015 年增长率	15.98	10.74	19.72	21.92
2012 年城乡所占比例	100.00	47.43	35.72	16.85
2013 年城乡所占比例	100.00	45.76	36.89	17.35
2014 年城乡所占比例	100.00	45.88	36.90	17.22
2015 年城乡所占比例	100.00	43.81	38.09	18.10

　　2015 年，全国幼儿园生均图书为 7.94 册，比 2014 年增加 0.57 册。从分城乡情况看，城市幼儿园生均图书高于县镇和农村。2015 年，全国城市幼儿园生均图书为 8.94 册，比县镇和农村多出 1.67 册。（见表 1.28）

表 1.28　2013—2015 年幼儿园生均图书册数变化情况　　　　（单位：册）

	总计	城市	县镇和农村
2013 年	6.75	7.96	6.02
2014 年	7.37	8.61	6.57
2015 年	7.94	8.94	7.27
2013—2014 年变化值	0.62	0.65	0.55
2014—2015 年变化值	0.57	0.33	0.70

　　4. 幼儿园数字资源增长急剧放缓，城乡生均数字资源差距很大

　　2012—2014 年全国幼儿园数字资源由 18 191 527.39GB 增加到 39 399 685.22GB，年均增长 47.17%。其中城市幼儿园数字资源由

11 885 584.99GB 增加到 25 236 355.69GB，年均增长 45.71%；县镇幼儿园数字资源由 4 049 972.77GB 增加到 9 700 017.02GB，年均增长 54.76%；农村幼儿园数字资源由 2 255 969.63GB 增加到 4 463 312.52GB，年均增长 40.66%。2015 年，全国幼儿园数字资源为 74 427 352.53GB，比 2014 年增加 35 027 667.31GB，增长 88.90%。城市地区幼儿园数字资源增长速度最快，为 56 060 696.21GB，比 2014 年增加 30 824 340.52GB，增幅为 122.14%，县镇和农村的增幅分别为 28.82% 和 31.55%。从 2015 年城乡幼儿园数字资源所占比例来看，城市幼儿园数字资源占到了全国幼儿园数字资源的 75.32%，县镇为 16.79%，农村只占 7.89%，农村幼儿园数字资源所占的比例是最低的。（见表 1.29、表 1.30）

表 1.29 2012—2015 年幼儿园数字资源变化情况　　（单位：GB）

	总计	城市	县镇	农村
2012 年	18 191 527.39	11 885 584.99	4 049 972.77	2 255 969.63
2013 年	38 352 308.24	23 472 420.88	10 316 227.46	4 563 659.90
2014 年	39 399 685.22	25 236 355.69	9 700 017.02	4 463 312.52
2015 年	74 427 352.53	56 060 696.21	12 495 151.06	5 871 505.26
2012—2014 年均变化值	10 604 078.92	6 675 385.35	2 825 022.13	1 103 671.45
2014—2015 年变化值	35 027 667.31	30 824 340.52	2 795 134.04	1 408 192.74

表 1.30 2012—2015 年幼儿园数字资源增长速度及城乡所占比例　（单位：%）

	总计	城市	县镇	农村
2012—2014 年均增长率	47.17	45.71	54.76	40.66
2014—2015 年增长率	88.90	122.14	28.82	31.55
2012 年城乡所占比例	100.00	65.34	22.26	12.40
2013 年城乡所占比例	100.00	61.20	26.90	11.90
2014 年城乡所占比例	100.00	64.05	24.62	11.33
2015 年城乡所占比例	100.00	75.32	16.79	7.89

2015 年，全国幼儿园生均数字资源为 2.00GB，比 2014 年增加了 0.86GB。从分城乡情况看，城市幼儿园生均数字资源远远高于县镇和农村。2015 年，全国城市幼儿园生均数字资源为 3.88GB，县镇和农村只有 0.81GB，城市比县镇和农村高出近 5 倍。（见表 1.31）

表 1.31　2013—2015 年幼儿园生均数字资源变化情况　（单位：GB）

	总计	城市	县镇和农村
2013 年	1.18	1.86	0.75
2014 年	1.14	1.87	0.68
2015 年	2.00	3.88	0.81
2013—2014 年变化值	−0.04	0.01	−0.07
2014—2015 年变化值	0.86	2.01	0.13

三、农村学前教育普及中的几个核心问题探讨

《国家中长期教育改革和发展规划纲要（2010—2020 年）》指出，到 2020 年，我国基本普及学前教育。《中华人民共和国国民经济和社会发展第十三个五年规划纲要》进一步提出，十三五期间，我国学前三年毛入园率提高到 85％。2015 年，我国学前三年毛入园率为 75％，其中城市地区已接近甚至超过 100％，而农村地区（镇区和乡村）大约只有 60％，乡村地区还要更低。因此，未来我国学前教育的发展和普及重点在农村地区。但是从现实情况来看，学前教育在农村地区的普及还有一系列核心问题需要解决。

（一）谁来投资：公办模式还是民办模式？

学前教育普及遇到的首要问题就是经费问题。从世界各国普及学前教育的经验来看，在投资问题上一般有两种模式：政府主导的公办模式和市场主导的民办模式。北欧国家一般采取的是政府主导的公办模式。例如瑞典，其毛入园率达到了 95％，学前教育财政性经费占总经费的比例为 100％，完全由政府投资。作为社会回报率最高的一种教育投资，世界上完全由市场来发展学前教育的国家是不存在的。但在一些市场经济国家，以市场为主导来普及学前教育的国家是存在的，例如日本，其学前教育毛入园率接近 90％，但是其财政性经费占学前教育总经费的比例只有 45％左右，其余 55％的经费是由市场来提供的。

一个国家学前教育普及是采取政府主导的公办模式还是市场主导的民办模式，受多种因素的影响。一般来说，政府对学前教育作用的认识越重要，国家的经济发展和财政收入水平越高，这个国家就越倾向于采用政府主导的公办模式。相反，一个国家的市场发展越充分，公民个人的学前教育需要越旺盛，家庭的教育支付能力越强，这个国家就越有利于采取市场模式来发展学前教育。

从我们国家的现实状况来看，虽然城市地区经济发展和财政收入水平比农村地区更高，更有利于政府采用公办模式来发展学前教育。但是，城市家庭对学前

教育作用的认识更充分，教育需求也更旺盛，并且城市居民的收入水平更高，再加上城市人口集中，办幼儿园的规模效益明显，营利空间更大，因此更有利于学前教育市场的发展。相对于农村来说，不管是财政投资还是民间投资，城市学前教育的投入水平更高，发展也更好。农村地区恰恰相反，学前教育的投入水平不高，发展相对落后。特别是农村家庭普遍对学前教育的作用认识不足，父母或祖辈照看学前幼儿的情况比较普遍，教育需求比较低下。再加上农村家庭的收入水平不高，农村人口居住相对分散，办幼儿园的规模效益较低，营利空间较小，因此不利于学前教育市场的发展，民办幼儿园发展较弱。

根据 2014 年的数据显示，我国共有幼儿园 209 881 所，其中民办幼儿园 139 282所，占幼儿园总数的 66.36％。其中，城市幼儿园 65 834 所，民办幼儿园 49 769 所，民办幼儿园占 75.60％；县镇和农村幼儿园 144 047 所，民办幼儿园 89 513 所，民办幼儿园占 62.14％。从在园幼儿情况来看，2014 年我国在园幼儿共有 40 507 145 人，其中民办幼儿园在园幼儿 21 253 781 人，占在园幼儿总数的 52.47％。其中，城市在园幼儿 14 059 534 人，民办幼儿园在园幼儿 8 778 561 人，民办幼儿园在园幼儿占 62.44％；县镇和农村在园幼儿 26 447 611 人，民办幼儿园在园幼儿 12 475 220 人，民办幼儿园在园幼儿占 47.17％。不管是民办幼儿园数所占比例，还是民办在园幼儿数所占比例，农村都比城市低得多，显示农村民办幼儿园发展动力不足。（见表 1.32）

表 1.32　2014 年幼儿园数与在园（班）幼儿数情况　　（单位：所/人）

	合计	城市	县镇	农村
幼儿园总数	209 881	65 834	71 464	72 583
非民办幼儿园数	70 599	16 065	22 247	32 287
民办幼儿园数	139 282	49 769	49 217	40 296
在园（班）幼儿总数	40 507 145	14 059 534	15 549 049	10 898 562
非民办幼儿园在园幼儿数	19 253 364	5 280 973	7 441 258	6 531 133
民办幼儿园在园幼儿数	21 253 781	8 778 561	8 107 791	4 367 429

因此，未来几年要想实现学前教育普及目标，必须坚持学前教育的公益普惠性质，建立政府主导、社会参与、公办民办并举的办园体制。对于广大农村地区来说，由于上述谈到的原因，民办幼儿园发展的潜力有限，因此更应该发挥政府的主导作用，加大政府投资，促进公办幼儿园或者普惠性民办幼儿园的优先发展，这既是坚持农村学前教育公益普惠性质的需要，更是迅速普及农村学前教育的需要。

(二)在哪儿普及：集中化普及还是分散化普及？

学前教育普及面临的第二个重要问题就是在哪儿普及的问题。这实际上涉及的是幼儿园的空间选择和布局问题。一般来说，教育普及有两种方式：集中化普及和分散化普及。在教育普及的初级阶段，一般是通过分散化模式来实现的，近代以来世界义务教育的普及都遵循了这一历程。至于教育完全普及后的适度集中，那是基于对办学成本和教育质量的价值考量。但就普及这一目标取向来说，分散办学与就近入学是最有效的方式。对于我国来讲，义务教育的普及就经历了一个分散化办学的过程，这其中的经验非常值得学前教育借鉴。

旧中国，我国农村教育发展极度落后，绝大多数农民都不识字，全国儿童的入学率只有 20%左右。新中国成立后，为满足广大人民的受教育的要求，党和国家提出了"村村设校"的办学思路，1958 年后又进一步提出"村村办小学，社社办中学"的口号。到 1978 年，我国已实现村村有初级小学，公社有完全小学、中心小学的局面，小学学龄儿童入学率已达到 95.50%。20 世纪 80 年代以后，"县办高中、乡办初中、村办小学"的办学模式逐渐形成。20 世纪末，我国利用这一办学模式基本实现"普九"的教育目标。

与义务教育一样，学前教育要想在农村迅速普及，把学前教育三年毛入园率由 2015 年的 75%提高到 2020 年的 85%，必须采取分散化的普及模式。首先，就近入园最为便利。世界各国之所以把就近入园作为普及学前教育的优先选择，就是因为这一办学模式对学生入学来说是最便利的。一般来说，学校离家越近就越有利于教育的普及，学校离家越远儿童就越倾向于不入学。对乡村未入园幼儿家长的调查显示，在幼儿未入园的原因当中，幼儿园离家较远占到了 28.80%。当家园距离超过 5 公里，家长则对于送幼儿入园感到困难。其次，就近入园有利于降低家庭教育成本。由于学前教育阶段幼儿年龄较小，一般都需要家长专门接送。如果家园距离较远，幼儿家庭则会付出更多的人力、时间和物质成本。在目前农村家庭的教育支付能力较低，人口结构以留守老人和妇女为主的背景下，对各种成本的考量就成为制约家长是否送孩子入园的重要因素。再次，就近入园更少安全隐患。家园距离越远，交通、自然环境等方面所产生的安全隐患越多。对于农村家长来说，由于对幼儿园的教育功能和价值认识存在偏差，他们往往更关注幼儿的安全问题。就近入园把上学途中的安全隐患降到最低，更有利于学前教育在农村地区的普及。

正是由于这些原因，就近入园也成为国家在农村普及学前教育的政策选择。2010 年发布的《国务院关于当前发展学前教育的若干意见》就提出，必须坚持因地制宜，从实际出发，为幼儿和家长提供方便就近、灵活多样、多种层次的学前教育服务。2012 年，由国务院发布的《校车安全管理条例》也指出，县级以上地方人民政府应当合理规划幼儿园布局，方便幼儿就近入园。因此，就近入园是未来农村学前教育普及的必然选择。

但是，从各地学前教育三年行动计划的实施来看，各地都把学前教育的工作重点放在乡镇中心幼儿园方面，村屯层面的幼儿园偏少。从2014年的数据来看，我国大约有32 900多个乡镇，59万个行政村，270多万个自然村。在乡镇层面，全国已普遍建立了乡镇中心幼儿园，而在村屯层面，全国2014年大约有11万所幼儿园。如果按自然村计算，平均24.5个自然村才有一所幼儿园，即使按行政村计算，也是5.4个行政村才有一所幼儿园。这种状况是非常不利于学前教育在农村地区普及的。

因此，尽管加强乡镇中心幼儿园尤其是公办园建设，是普及农村学前教育的必要和重要一环，但却绝不是最终目标和最佳方案。由于农村村屯中的幼儿数量众多，且分布分散，村屯学前教育普及不可能像有些地方的中小学那样在乡镇中心区域得到解决。因此，加强村屯层面的农村学前教育投入和政策支持，才是普及农村学前教育的关键所在。为了切实实现普及学前教育的目标，我们必须把谋划的眼光从乡镇中心区域延伸至更遥远的广大村屯，对学前教育的投入和发展重点有所调整。

(三)体制框架：幼儿园独立模式还是小学附设模式？

学前教育普及面临的第三个重要问题是在什么体制框架下进行。对于我国来讲，农村地区学前教育的普及在很长一段时期内是在小学的体制框架下进行的，集中体现在小学附设学前班及附设幼儿园的发展方面。

学前班是一种主要附设在小学内，为入学前儿童（5～6岁）提供入学准备的学前一年教育，在办学形式上大多是由小学利用富裕校舍举办的。它大约出现于20世纪70年代末期，是在农村经济社会发展水平较低，无力举办和城市一样的幼教机构，而广大农民又有较高送子女接受学前教育意愿的历史背景下产生的。20世纪80年代以后，国家先后出台的《关于发展农村幼儿教育的几点意见》《国家教育委员会关于进一步办好学前班的意见》等文件，促进了农村学前班的大发展。据统计，1989年乡村学前班幼儿占乡村在园（班）幼儿总数的60％。进入20世纪90年代，国家又发布了《关于改进和加强学前班管理的意见》《学前班工作评估指导要点》等文件，促进了农村学前班的进一步发展。1996年，全国入学前班接受教育的儿童占接受学前教育儿童总数的比例在乡村平均占72.50％，"学前班"成为农村学前教育普及的主导形式。

由于这一时期国家以普及初等或者九年义务教育为主，在资源有限的状况下，学前教育没有列入国家教育工作的主要议事日程。在这种背景下，农村学前教育不管是在管理、投资还是在教师方面都没有获得自己的独立地位。从管理上来看，许多地方缺乏管理学前教育的专门机构和人员，依附于中小学管理体制；从经费上来看，许多地方学前教育没有单独列入财政预算，资金和中小学混在一块；从师资队伍来看，幼儿教师身份和地位不明确，从属于"中小学教师"。可以说，这一时期农村学前教育的普及框架是在中小学尤其是在小学的体制框架下展开的。

进入 21 世纪，随着国家经济社会发展水平的迅速提高以及义务教育的基本普及，学前教育越来越受到国家、社会和家庭的关注，作为经济文化相对落后时代产物的"学前班"的存在价值受到人们的质疑，以学前三年教育为目标的完全幼儿园取代学前一年教育为目标的学前班成为国家政策的新取向，重庆、山东、北京等地相继颁布政策来限制和取消学前班。例如，2006 年 4 月，北京市教委出台了《关于取消小学附设学前班的通知》，规定自 2006 年 6 月起，北京市各区县小学取消所开设的学前班。

此后，乡村学前班幼儿人数占学前教育儿童总数的比例开始下降，2010 年农村地区（镇区和乡村）入学前班接受教育的儿童占接受学前教育儿童总数的比例下降到 18.76％，乡村地区也下降到 27.11％。随着 2010 年《国家中长期教育改革和发展规划纲要（2010—2020 年）》的颁布实施，近些年农村幼儿园发展迅速，在学前班接受教育的儿童进一步减少。但是，在国家鼓励"采取多种形式扩大农村学前教育资源，改扩建、新建幼儿园，充分利用中小学布局调整富余的校舍和教师举办幼儿园（班）"的大背景下，农村小学附设幼儿园又成为学前教育发展的重要形式。并且，农村学前教育不管是在管理、投资还是在教师方面依然没有获得完全的自主地位。可以说，农村学前教育在相当大程度上依然是在中小学尤其是小学的体制框架内发展普及的。

未来在农村学前教育普及的过程当中，到底是采取幼儿园独立发展模式还是继续小学附设模式呢？由于中国地域广大，各地经济发展水平有差异，人口分布稠密不均，很难笼统地说什么体制框架更好。从质量的角度来看，在管理、资金、师资等方面建立一套自己独立的体制，对农村学前教育发展是有利的。但从节约资源和实现就近入学的角度来看，小学附设模式有一定的优势。因此，最好的方式就是实事求是，因地制宜，采取灵活多样的办学体制来促进学前教育在农村的普及。

结　语

公益普惠是农村学前教育发展必须坚持的主导方向，就近入园是未来农村学前教育普及的必然选择，以政府为主导的多元、灵活的办园体制则是根本保障。在农村学前教育发展重心由乡镇中心园向村屯层面转移，以就近入园来实现农村学前教育普及的过程当中，有几个难题是必须要解决的。第一，数量与投入难题。农村地域广大，幼儿数量众多，就近入园意味着要建设更多数量的幼儿园，对人力、物力、财力资源的需求是巨大的。第二，布局难题。中国地域广大，区域发展极不均衡，农村人口密度也有很大差异。在资源有限的情况下，幼儿园的空间选择和合理布局就成为实现就近入园的重要课题。第三，质量难题。在教育快速普及阶段，教育质量往往受到忽视。分散化办园稀释了有限的教育资源，导致幼儿教育质量整体不高，数量普及和质量提升成为一对矛盾。在实现农村学前教育普及的过程当中，需要采取针对性的措施应对上述难题。

首先，多种形式扩大农村学前教育资源，增加学前教育机构数量。要想尽快实现学前教育就近入园的目标，必须建立政府主导、社会参与、公办民办并举的办园体制。一是要增加学前教育投入。为保证农村学前教育的公益普惠性质，政府应该成为农村学前教育投入的主渠道。各级政府要建立稳定的学前教育经费保障机制，根据国际经验，财政性学前教育经费在同级财政性教育经费中所占比例应不低于7%。同时通过多种优惠政策引导社会力量投资举办幼儿园。二是在办园形式上要不拘一格。由于农村特殊的地理环境和人口分布，单一规模化的幼儿园不可能完全实现就近入园的目标，所以在办园形式上必须不拘一格。这不仅要强调公办民办幼儿园并举，还要允许正规和非正规幼儿园并存，以及探索幼小结合甚至一体化的办园模式，实现农村小学（教学点）与幼儿园（班）的双赢发展。同时还要根据村屯人口规模，鼓励其他灵活多样的幼儿教育形式，包括家庭作坊式幼儿园、家庭辅导站、大篷车流动园、游戏小组、亲子活动中心等。

其次，科学规划，对幼儿园进行合理布局。目前以乡镇中心幼儿园建设为重点的农村学前教育发展模式不利于农村幼儿就近入园，也不利于学前教育的普及。政府规划部门必须要担负起幼儿园合理规划的重任，必须把缩小入园半径作为幼儿园规划的主要原则，坚决避免超大规模的幼儿园，尽量避免幼儿园校车接送。在具体规划方面，可按照乡镇和3～6岁幼儿人数超过90人（平均大、中、小各一个班级）的大村独立建园，3～6岁幼儿人数低于90人的村屯设分园或联合办园，人口分散地区可以举办流动幼儿园、季节班等，配备专职巡回指导教师，逐步完善县、乡、村布局合理的三级学前教育网络。

最后，加强管理，提升幼儿园办园质量。高质量是学前教育普惠性的重要内涵，要提升幼儿园质量，最大程度降低幼儿园数量普及和质量提升之间的矛盾，就必须建立幼儿园保教质量评估监管体系，加强对幼儿园保教工作的指导。为此，要建立公办幼儿园和民办幼儿园统一的学前教育质量基本标准和幼儿培养目标，健全相应的学前教育质量督导、监测、评估机制，努力为幼儿的健康成长创造良好环境。同时还要不断提高农村幼儿园教师的专业素质，维护他们的地位和待遇，全面提高农村学前教育的质量。

　　【本报告撰写人：杨卫安、张琳琳。孙颖参与本报告的校对。作者单位：教育部人文社会科学重点研究基地东北师范大学中国农村教育发展研究院】

第二章　农村义务教育年度进展报告

概　要

　　2015 年既是"十二五"规划收官之年，也是《国家中长期教育改革和发展规划纲要(2010—2020 年)》实施的承前启后之年。2010—2015 年，我国义务教育事业持续发展，具体体现在：办学条件逐步改善，教师素质进一步提升，教育经费投入持续增长，资源配置更趋合理，教育质量稳步提高。本报告主要从农村义务教育大事记、事业年度进展、政策年度关键词、学术研究进展、典型经验五个方面，对我国义务教育阶段尤其是农村义务教育发展的相关政策、学术研究、发展状况以及相关议题进行了综合论述，全面呈现我国义务教育发展问题与状况、发展趋势，为促进义务教育均衡发展，促进农村义务教育质量提升提供参考和方向。

　　从事业发展状况看，我国义务教育在校生人数仍在持续减少，学校规模也在不断缩小。但是，农村学校办学条件逐步改善，师资配备更为合理，城乡差距进一步缩小。从政策关注和学术进展状况看，农村教师支持、城乡教育一体化、城镇大班大校以及乡村小规模学校仍然是关注的焦点问题。与此同时，虽然县域义务教育均衡发展取得了较大进展，但是，乡村教育作为农村义务教育的最末端和最短板，仍然需要大力发展和持续关注。因此，本报告选取全国东中西部地区五个典型案例，以期为农村小规模学校的发展改进提供参考。总之，"十三五"期间，继续贯彻实施《国家中长期教育改革和发展规划纲要(2010—2020 年)》，实现城乡义务教育均衡发展以及着力提升乡村教育质量则是义务教育事业发展的重要目标之一。

一、农村义务教育大事记

2015 年 6 月 23—27 日，为推动各地进一步做好农村义务教育学生营养改善计划实施工作，国务院教育督导委员会办公室组织 9 个专项督导组，对河北、山西、内蒙古、吉林、黑龙江、安徽、江西、河南、湖北、湖南、广西、重庆、四川、贵州、云南、陕西、甘肃、青海等 18 个省（区、市）营养改善计划实施情况进行为期一周的实地督导检查。

2015 年 6 月 18 日，教育部、工商总局、质检总局、国家标准委四部门联合发布《关于进一步加强中小学生校服管理工作的意见》，这是第一个国家层面系统构建校服治理体系的指导性文件。

2015 年 6 月 29 日，教育部印发了《严禁中小学校和在职中小学教师有偿补课的规定》，并就有偿补课专项治理工作进行安排部署。教育部指出，治理有偿补课是全面贯彻党的教育方针，落实立德树人根本任务的必然要求，是进一步加强中小学师德师风建设，规范中小学校办学行为，大力推进素质教育，切实减轻学生学业负担，坚决纠正人民群众反映强烈的教育行风问题的有力举措。

2015 年 7 月 20 日，为严把教师队伍入口关，教育部办公厅印发《关于进一步扩大中小学教师资格考试与定期注册制度改革试点的通知》，决定在浙江、湖北等 15 个省（区、市）试点基础上，新增 13 个省（区、市）为试点省份，新增试点省份原则上选择 1～2 个地级市开展中小学教师资格定期注册试点。

2015 年 7 月 29 日，为切实发挥心理辅导室在提高全体学生心理素质，预防和解决学生心理行为问题中的重要作用，教育部印发《中小学心理辅导室建设指南》，明确心理辅导室至少应配备一名专职或兼职心理健康教育教师，并逐步增大专职人员配比。

2015 年 7 月 31 日，教育部办公厅发布关于开展农村留守儿童教育关爱情况自查工作的通知，定于 2015 年 8—10 月组织开展义务教育阶段农村留守儿童教育关爱情况自查工作。规定各市、县级教育行政部门普遍开展一次义务教育阶段农村留守儿童教育关爱情况自查工作，自查工作要覆盖每所农村义务教育阶段中小学校（含教学点）。

2015 年 8 月 3 日，国家新闻出版广电总局、教育部、国家发展改革委联合印发关于《中小学教辅材料管理办法》的通知，要求中小学教科书发行不得搭售教辅材料。

2015 年 8 月 10 日，教育部印发关于《中国教育监测与评价统计指标体系》的通知。教育部组织专家对 1991 年发布的《中国教育监测与评价统计指标体系（试行）》进行了修订和完善。修订后的监测评价指标体系分为综合教育程度、国民接受学校教育状况、学校办学条件、教育经费、科学研究等 5 类 102 项指标，涉及各级各类教育。与修订前的 4 类 77 项指标体系相比，保留指标 9 项、修订指标 18 项、新增指标 75 项。其中，有 12 项为国际组织常用指标。

2015 年 8 月 27 日，教育部对外发布《中小学生守则(2015 年修订)》，《守则》共 9 条，282 字，涵盖学生德、智、体、美、劳全面发展的基本要求，充分体现以学生为本的教育理念。这是自 2004 年以来，中小学生守则的首次修改。

2015 年 9 月 21 日，教育部在京召开了农村留守儿童教育关爱工作座谈会，分析当前留守儿童教育关爱工作面临的形势和任务，听取有关专家学者和部分地区教育部门的意见建议，研究下一步加强留守儿童教育关爱工作的思路和举措。

2015 年 9 月 23 日，全国学生营养办召开农村义务教育学生营养改善计划 2015 年视频调度会议。会议指出，营养改善计划实施三年多成效显著。一是基本消除了农村学生"饿肚皮"现象。二是明显改善了学生在校"没地儿吃"的状况，新建学生食堂 2 538 万平方米，全国有超过 66％的试点学校实现食堂供餐。目前，营养改善计划覆盖了 29 个省份的 13.4 万所学校，全国受益学生达到 3 209 万人。其中，国家试点实现连片特困地区全覆盖，699 个连片特困县所有农村义务教育学校全部纳入实施范围，所有农村义务教育学生全部享受营养膳食补助。

2015 年 10 月 9 日，教育部、国家统计局、财政部联合发布 2014 年全国教育经费执行情况统计公告。公告显示：2014 年国家财政性教育经费为 26 420.58 亿元，比上年的 24 488.22 亿元增长 7.89％，占国内生产总值（GDP）比例为 4.15％，比上年的 4.16％降低了 0.01 个百分点。

2015 年 10 月 16—18 日，由教育部人文社会科学重点研究基地东北师范大学农村教育研究所、北京师范大学教育学部和中国农村教育发展协同创新中心等部门主办的"2015 农村教育国际学术研讨会暨中、加、澳三国教育研讨会"在吉林省长春市东北师范大学举办。会议的主题是"城镇化与教育变革的国际经验与本土实践"。来自加拿大、澳大利亚、美国、德国等教育专家，国内多所大学和研究机构的学者，共计 150 多人参加会议。

2015 年 10 月 20 日，教育部印发《关于加强家庭教育工作的指导意见》，就加强家庭教育工作提出：充分认识加强家庭教育工作的重要意义；进一步明确家长在家庭教育中的主体责任；充分发挥学校在家庭教育中的重要作用；加快形成家庭教育社会支持网络；完善家庭教育工作保障措施。

2015 年 11 月 13 日，全国学生营养办发布《关于切实解决好当前营养改善计划实施中食品安全突出问题的通知》，为切实解决好这些食品安全突出问题，进一步提升营养改善计划食品安全保障水平，提出以下要求：加强学校食品安全检查；严格落实食品安全管理制度；进一步改善学生就餐条件。

2015 年 11 月 18 日，国务院总理李克强主持召开国务院常务会议，会议指出，要统一城乡义务教育经费保障机制，推进教育领域公共服务均等化。

2015 年 11 月 25 日，国务院印发关于进一步完善城乡义务教育经费保障机制的通知，主要内容包括：统一城乡义务教育"两免一补"政策、统一城乡义务教育学校生均公用经费基准定额、巩固完善农村地区义务教育学校校舍安全保障长效机制、巩固落实城乡义务教育教师工资政策。同时，国家继续实施农村义务教育薄弱学校改造计划等相关项目，着力解决农村义务教育发展中存在的突出问题和薄弱环节。

2015 年 11 月 26 日，教育部在安徽省合肥市召开义务教育学校管理标准实验暨学校品质提升经验交流会，义务教育学校管理标准各实验区、提升学校品质项目各试点地区及所在省份教育行政部门有关负责同志参会。会议指出，落实义务教育学校管理标准、提升学校品质，是提高教育质量、推进均衡发展、提升治理能力、规范办学行为的需要。实验区和试点运行一年来，取得了积极成效，积累了丰富经验，为全面深化基础教育改革提供了有益借鉴。

2015 年 11 月 30 日，全国基础教育装备工作会议在南京召开。会议系统总结了一个时期以来基础教育装备工作，深入分析了面向 2020 年教育改革发展形势，部署了"十三五"期间基础教育装备工作主要目标和重点任务。

2015 年 12 月 7 日，教育部教师工作司司长许涛表示，明年将全面推进中小学教师定期注册制度，成为教师管理的制度，并根据试点情况细化相关条件和要求，目标是让教师队伍有很好的"源头活水"，对个别不符合要求的教师能够清除出去。

2015 年 12 月 7 日，《中共中央国务院关于打赢脱贫攻坚战的决定》出台。提出，要着力加强教育脱贫，加快实施教育扶贫工程，让贫困家庭子女都能接受公平有质量的教育，阻断贫困代际传递。

2015 年 12 月 7 日，国务院教育督导委员会办公室印发《全面改善贫困地区义务教育薄弱学校基本办学条件工作专项督导办法》的通知，明确提出专项督导的主要内容包括：保障基本教学条件；改善学校生活设施；办好必要的教学点；解决县镇学校大班额问题；推进农村学校教育信息化；提高教师队伍素质等方面。

2015 年 12 月 7 日，国务院教育督导委员会办公室印发了《全面改善贫困地区义务教育薄弱学校基本办学条件工作专项督导办法》。指出：偏远农村必要的教学点须保留。

2015 年 12 月 20 日，由教育部人文社会科学重点研究基地东北师范大学农村教育研究所承担完成的《中国农村教育发展报告 2015》新闻发布会在北京举行。教育部基础教育一司司长王定华、东北师范大学党委副书记李忠军教授、中国教育学会秘书长杨念鲁以及来自全国 10 余所高校、科研院所的领导和专家学者出席了发布会。会议由东北师范大学党委副书记兼纪委书记李忠军、中国教育学会秘书长杨念鲁先后致辞。项目首席专家、农村教育研究所所长邬志辉教授发布了《中国农村教育发展报告 2015》，这是农村教育研究所承担的首批唯一教育类教育部哲学社会科学研究（发展）报告建设项目连续第五年的研究成果。

2015 年 12 月 29 日，刘利民同志在全面改善贫困地区义务教育薄弱学校基本办学条件工作交流会上的讲话，主要议题有三项：一是总结交流各地典型经验，研究讨论工作中存在的主要困难和突出问题；二是学习领会和贯彻落实中央深改组第十五次会议审议通过的《全面改善贫困地区义务教育薄弱学校基本办学条件工作专项督导办法》；三是研究部署 2016 年重点工作。

2016 年 1 月 22 日，第二次全国教育信息化工作会议召开，主要任务是全面贯彻落实五中全会精神和国务院决策部署，总结第一次全国教育信息化工作会议以来的成绩和经验，部署"十三五"教育信息化工作，巩固成果、开拓创新，以教育信息化推动教育现代化，加快我国从教育大国向教育强国迈进。

2016 年 1 月 26 日，教育部办公厅发布《关于做好 2016 年城市义务教育招生入学工作的通知》，通知对做好 2016 年城市义务教育招生入学工作提出要求：各地要科学确定划片方式、合理确定片区范围、完善划片工作机制，严控特殊招生比例、方便随迁子女入学、健全应急协作机制、加强政策宣传引导、抓好各项政策落实。

2016 年 1 月 26 日，国务院教育督导委员会办公室印发关于 2016 年工作要点的通知，明确提出 12 项工作要点，包括：继续推进义务教育均衡发展工作；推进全面改善贫困地区义务教育薄弱学校基本办学条件工作；加强农村义务教育学生营养改善计划监管；加强农村义务教育学生营养改善计划监管；开展幼儿园督导评估；开展中小学校督导评估；推进中小学校责任督学挂牌督导工作；开展义务教育质量监测；开展职业院校评估；开展普通高校本科质量评估；做好研究生教育质量保障工作；加强教育督导制度和督学队伍建设。

2016 年 3 月 5 日，在第十二届全国人民代表大会第四次会议上，李克强总理代表国务院作《政府工作报告》，指出：发展更高质量更加公平的教育。公共教育投入要加大向中西部和边远、贫困地区倾斜力度。统一城乡义务教育经费保障机制，改善薄弱学校和寄宿制学校办学条件。落实提高乡村教师待遇政策。加快推进远程教育，扩大优质教育资源覆盖面。继续扩大重点高校面向贫困地区农村招生规模，落实和完善农民工随迁子女在当地就学和升学考试政策。支持和规范民办教育发展。从家庭到学校、从政府到社会，都要为孩子们的安全健康、成长成才担起责任，共同托起明天的希望。

2016 年 3 月 9 日，国家发展改革委发布消息要编制出台《国家教育事业发展第十三个五年规划》，并推动多项重点项目，包括：出台新型城镇化背景下统筹城乡义务教育一体化发展的意见；研究制定《中国教育现代化 2030》；出台和实施《加快中西部教育发展行动计划（2016—2020 年）》；制定加强教育脱贫的实施意见；全面改善贫困地区义务教育学校基本办学条件，改善农村学校寄宿条件；深入实施农村义务教育学生营养改善计划；健全留守儿童教育关爱体系，加强留守儿童控辍保学；进一步完善进城务工人员随迁子女平等接受义务教育政策，落实和完善在当地参加中考、高考政策。

2016 年 3 月 17 日，两会授权新华社发布《国民经济和社会发展第十三个五年规划纲要》，纲要在第五十九章"推进教育现代化"中提出，全面贯彻党的教育方针，坚持教育优先发展，加快完善现代教育体系，全面提高教育质量，促进教育公平，培养德智体美全面发展的社会主义建设者和接班人。

2016 年 3 月 21 日，教育部召开全国义务教育招生入学工作现场会，进一步研究部署今年义务教育免试就近入学工作。中纪委驻教育部纪检组组长、党组成员王立英主持会议，教育部副部长、党组成员刘利民讲话。会议还研究了面临的形势和工作难点，部署了当前及下一阶段工作。

2016 年 3 月 21 日，教育部办公厅、财政部办公厅发布关于做好 2016 年农村义务教育阶段学校教师特设岗位计划实施工作的通知，2016 年的工作重点是：切实加强乡村学校教师补充，优先满足连片特困地区和国家扶贫开发工作重点县村小、教学点的教师补充需求，县城学校不再补充新的特岗教师；进一步优化教师队伍结构，加强体音美、外语、信息技术等紧缺薄弱学科教师的补充；向本地生源倾斜。

2016 年 3 月 25 日，全国中小学校责任督学挂牌督导创新县（市、区）工作推进会在京举行。目前全国已有 99％的中小学校实现挂牌督导。北京市朝阳区、海淀区、顺义区、大兴区和怀柔区等 5 个区首批通过责任督学挂牌督导国家创新区（市、县）核查验收。

2016 年 3 月 29 日，国家发展改革委发布《关于废止教材价格和部分服务收费政策文件有关问题的通知》，教材价格等在内的收费项目下放至省级管理，由省级价格主管部门会同同级政府有关部门制定教材价格和相关服务收费标准，自 2016 年 5 月 1 日起执行。

2016 年 4 月 21 日，国务院办公厅发布《关于强化学校体育促进学生身心健康全面发展的意见》，就推动学校体育改革发展和强化学校体育工作作出全面部署。

2016 年 4 月 24—26 日，中共中央政治局委员、国务院副总理刘延东在宁夏调研时强调，要落实党中央、国务院部署，实施好农村义务教育学生营养改善计划，推动贫困地区教育和医疗卫生事业发展，促进基本公共服务均等化，提升广大学生及群众的生活水平和健康素质，增强人民群众的获得感和幸福感。

2016年4月27日，国务院总理李克强主持召开国务院常务会议，部署加快中西部教育发展补"短板"，夯实发展基础、促进社会公平。

2016年5月10日，国务院教育督导委员会办公室向各地印发《关于开展校园欺凌专项治理的通知》，要求各地各中小学校针对发生在学生之间，蓄意或恶意通过肢体、语言及网络等手段，实施欺负、侮辱造成伤害的校园欺凌进行专项治理。

2016年5月24日，《中国教育报》报道：中央财政下达2016年城乡义务教育补助经费1 345亿元，比2015年增长3%。财政部表示，今年将统一城乡义务教育生均公用经费基准定额。中西部地区普通小学、普通初中每生每年分别为600元、800元，东部地区普通小学、普通初中每生每年分别为650元、850元。对城乡义务教育学校（含民办学校）按照不低于基准定额的标准补助公用经费。同时，要求地方在安排资金时向寄宿制学校、规模较小学校、接受农民工子女较多学校和薄弱学校倾斜，并与学校规划布局相结合，集中资金解决最突出、最急需的问题。

2016年5月26日，教育部在贵州省福泉市召开了农村留守儿童教育关爱集中调研工作座谈会。会议交流了各地推进农村留守儿童教育关爱工作取得的进展成效和经验做法，分析了当前面临的新形势和新问题，明确了下一步推进工作的主要举措，实地考察了福泉市乡镇寄宿制学校和村小、教学点留守儿童教育关爱工作开展情况。会议还就加强控辍保学提高义务教育巩固水平工作征求了意见建议。

2016年5月26日，按照《国家义务教育质量监测方案》和国务院教育督导委员会办公室《关于开展2016年全国义务教育阶段学生语文、艺术学习质量监测的通知》的部署要求，2016年国家义务教育质量监测测试工作在全国进行并顺利完成。此次义务教育质量监测是我国第二次在国家层面开展的教育质量监测，由国务院教育督导委员会办公室统一部署开展，各省、自治区、直辖市和新疆生产建设兵团的教育行政和教育督导部门具体组织实施，教育部基础教育质量监测中心提供相应的技术支持、业务指导和专业培训。

2016年6月7日，教育部印发《教育信息化"十三五"规划》的通知，明确提出：到2020年，基本建成"人人皆学、处处能学、时时可学"、与国家教育现代化发展目标相适应的教育信息化体系；基本实现教育信息化对学生全面发展的促进作用、对深化教育领域综合改革的支撑作用和对教育创新发展、均衡发展、优质发展的提升作用；基本形成具有国际先进水平、信息技术与教育融合创新发展的中国特色教育信息化发展路子。

2016 年 7 月 2 日，国务院公开发布《关于统筹推进县域内城乡义务教育一体化改革发展的若干意见》，明确提出：适应全面建成小康社会需要，合理规划城乡义务教育学校布局建设，完善城乡义务教育经费保障机制，统筹城乡教育资源配置，向乡村和城乡接合部倾斜，大力提高乡村教育质量，适度稳定乡村生源，增加城镇义务教育学位和乡镇学校寄宿床位，推进城镇义务教育公共服务常住人口全覆盖，着力解决"乡村弱"和"城镇挤"问题，巩固和均衡发展九年义务教育，加快缩小县域内城乡教育差距，为到 2020 年教育现代化取得重要进展和全面建成小康社会奠定坚实基础。

2016 年 7 月 2 日，全国义务教育均衡发展推进会暨对广东省义务教育发展督导检查反馈会在广州召开。广东省省长朱小丹，教育部副部长、总督学刘利民出席会议并讲话。教育部部长助理陈舜主持会议。刘利民对广东推进义务教育均衡发展的做法和经验给予了充分肯定。他指出，此次广东省全面接受义务教育发展基本均衡县的督导评估认定，标志着广东省即将整体实现县域义务教育均衡发展，成为全国第六个整体通过评估认定的省份，对推进全国义务教育均衡发展工作起到重要示范引领作用。

2016 年 7 月 6 日，教育部发布 2015 年全国教育事业发展统计公报，全面总结 2015 年全国教育事业发展状况。

2016 年 7 月 13 日，教育部办公厅发布关于开展治理中小学有偿补课和教师违规收受礼品礼金问题自查工作的通知，决定自 2016 年 7 月中旬起，开展为期 3 个月的治理中小学有偿补课和教师违规收受礼品礼金问题自查工作。

2016 年 7 月 29 日，教育部印发关于《督学管理暂行办法》的通知，明确督学受教育督导机构指派，对各级各类学校教育教学工作情况、师生或群众反映的教育热点难点等问题实施教育督导时，可进入相关部门和学校开展调查。

2016 年 8 月 29 日，教育部、国家发改委、财政部三部委发布《关于进一步扩大学生营养改善计划地方试点范围实现国家扶贫开发重点县全覆盖的意见》，提出今年启动扩大地方试点工作，2017 年实现营养改善计划国家扶贫开发重点县全覆盖。

二、农村义务教育事业年度进展

2015 年是"十二五"规划收官之年，是《国家中长期教育改革和发展规划纲要（2010—2020 年）》实施的承前启后之年。2015 年，我国义务教育事业持续发展，办学条件逐步改善，教师素质进一步提升，教育经费投入持续增长，资源配置更趋合理，教育质量稳步提高。与此同时，虽然县域义务教育均衡发展取得了较大进展，但是，乡村教育作为农村义务教育的最末端和最短板，仍然需要大力发展和持续关注。"十三五"期间，在追求公平的同时，提升质量仍然是义务教育事业发展的重要主题。因此，未来一段时期实现城乡义务教育均衡发展以及着力提升乡村教育质量则是义务教育事业发展的重要目标之一。

(一)全国义务教育事业稳定发展

2015 年全国普通小学（含教学点）校舍建筑面积 67 352.04 万平方米，比 2014 年增加 2 654.85 万平方米；小学体育运动场（馆）面积达标学校比例 64.5%，比 2014 年的 56.82% 提高了 7.68 个百分点；小学体育器械配备达标学校比例 68.9%，音乐器材配备达标学校比例 67.9%，美术器材配备达标学校比例 67.6%，数学自然实验仪器达标学校比例 69.0%，分别比 2014 年提高了 9.01 个百分点、9.38 个百分点、9.18 个百分点、7.94 个百分点。2015 年全国初中校舍建筑面积 55 042.07 万平方米，比 2014 年增加 2 478.52 万平方米；初中体育运动场（馆）面积达标学校比例 78.7%，比 2014 年的 73.33% 提高了 5.37 个百分点；初中体育器械配备达标学校比例 83.6%，音乐器材配备达标学校比例 82.3%，美术器材配备达标学校比例 82.0%，理科实验仪器达标学校比例 85.9%，分别比 2014 年提高了 5.88 个百分点、6.24 个百分点、6.13 个百分点、4.57 个百分点。

2015 年全国小学专任教师 568.51 万人，比 2014 年增加 5.12 万人。小学专任教师学历合格率 99.9%，比 2014 年提高 0.03 个百分点。小学生师比 17.05，比 2014 年的 16.78 进一步改善。2015 年全国初中专任教师 347.56 万人，比 2014 年减少 1.28 万人。初中专任教师学历合格率 99.7%，比 2014 年提高 0.13 个百分点。初中生师比 12.41，与 2014 年的 12.57 基本持平。

2015 年全国普通小学生均公共财政预算教育事业费为 8 838.44 元，比 2014 年的 7 681.02 元增长 15.07%。其中，农村为 8 576.75 元，比 2014 年的 7 403.91 元增长 15.84%。普通小学增长最快的是西藏自治区（43.81%）。2015 年普通初中生均公共财政预算教育事业费为 12 105.08 元，比 2014 年的 10 359.33 元增长 16.85%。其中，农村为 11 348.79 元，比 2014 年的 9 711.82 元增长 16.86%。普通初中增长最快的是西藏自治区（43.37%）。2015 年全国普通小学生均公共财政预算公用经费为 2 434.26 元，比 2014 年的 2 241.83 元增长 8.58%。其中，农村为 2 245.30 元，比 2014 年的 2 102.09 元增长 6.81%。普通小学增长最快的是湖北省（71.97%）。2015 年全国普通初中生均公共财政预算公用经费为 3 361.11 元，比 2014 年的 3 120.81 元增长 7.70%。其中，农村为 3 093.82 元，比 2014 年的 2 915.31 元下降 6.12%。普通初中增长最快的是湖北省（68.88%）。

（二）全国县域义务教育均衡发展态势分析

2011 年 3 月—2012 年 9 月，教育部先后与全国 31 个省（区、市）和新疆生产建设兵团签署了义务教育均衡发展备忘录，决定建立县域义务教育均衡发展督导评估制度，开展义务教育发展基本均衡县（市、区）的评估认定工作。2012 年 9 月 5 日颁布的《国务院关于深入推进义务教育均衡发展的意见》提出，推进义务教育均衡发展的基本目标是：率先在县域内实现义务教育基本均衡发展，县域内学校之间差距明显缩小。到 2015 年，实现基本均衡的县（市、区）比例达到 65%；到 2020 年，实现基本均衡的县（市、区）比例达到 95%。

2013—2015 年，各省份通过国家督导评估认定实现义务教育均衡发展的县（区、市）数逐年增加，我国县域义务教育均衡发展取得明显成效。2013 年，国务院教育督导委员会办公室对 22 个省份申报的 325 个县（市、区）进行了材料审核，其中，首批 293 个县（市、区）通过义务教育均衡发展评估认定。2014 年 2 月 21 日，国务院教育督导委员会公布 293 个义务教育发展基本均衡县（市、区）名单。2014 年，全国共有 26 个省（区、市）491 个县级单位申报了义务教育发展基本均衡县（市、区）。其中，有 464 个县（市、区）通过国家督导评估认定。2015 年，全国共有 30 个省（区、市）545 个县级单位申报并通过了义务教育发展基本均衡县（市、区）的国家督导评估认定。2016 年 10 月 16 日，国家义务教育发展基本均衡县福建督导检查反馈会在福建省福州市举行。督导检查组认为，福建省所有县（市、区）均达到国家规定的评估认定标准。截至 2016 年 11 月，全国实现义务教育发展基本均衡的县（市、区）累计达到 1 456 个。

从通过评估县区的总体数量看，到目前为止，有 1 456 个县区通过义务教育均衡评估认定，也就是说，全国有 49.95% 的县区实现了县域内义务教育基本均衡发展，尚未达到 2015 年实现基本均衡的县（市、区）比例达到 65% 的目标，距离 2020 年实现基本均衡的县（市、区）比例达到 95% 的目标还有较大距离。从通过评估县区的分布情况看，达标县区的地区分布并不均衡，东部地区通过评估县区数量最多，东部地区通过评估县区数为 688 个，完成承诺任务的 84.11%，占东部地区县区总数的 68.18%，占全国通过评估认定县区总数的 47.25%。其中，江苏、浙江、北京、上海、天津、福建 6 省市共 331 个县区全部通过义务教育均衡评估。而中西部达标县区数量较少，中部地区通过评估县区数为 382 个，完成承诺任务的 55.52%，占中部地区县区总数的 36.87%，占全国通过评估认定县区总数的 26.24%。西部地区通过评估县区数为 386 个，完成承诺任务的 94.84%，占西部地区县区总数的 44.37%，占全国通过评估认定县区总数的 26.51%。（见表 2.1）

据全国义务教育均衡发展督导评估工作报告显示，目前仍有 1 400 多个县区尚未通过国家督导认定评估。上海、北京、天津、江苏、浙江、福建6省（市）所有县级单位全部通过国家督导评估认定，广东、吉林、湖北、安徽、山东5省通过认定的县区比例超过65％。2015年被监测复查的757个均衡县的义务教育均衡发展水平总体上稳步提高。国务院教育督导委员会办公室还对尚未通过国家评估认定的1600多个县均衡发展情况进行过程性监测。结果显示，未通过评估认定县区的教育均衡水平明显低于国家标准，更低于已通过评估认定的1456个县区。因此，就目前来看，2020年全面实现均衡发展目标难度较大。进一步分析显示，中西部地区均有65％左右的县区尚未通过国家评估认定，将是县域义务教育均衡发展攻坚重点难点地区；小学不达标比例较高，占未通过评估认定县区总数的63％，将是县域义务教育均衡发展攻坚重点难点学段。

表2.1　全国义务教育均衡发展达标县分布情况

地区	县区总数（个）	承诺达标数（个）	通过评估数（个）	完成承诺任务比例（％）	占县区总数比例（％）
全国	2 915	1 913	1 456	76.11	49.95
东部	1 009	818	688	84.11	68.18
中部	1 036	688	382	55.52	36.87
西部	870	407	386	94.84	44.37
北京	16	16	16	100.00	100.00
天津	16	16	16	100.00	100.00
上海	17	17	17	100.00	100.00
江苏	100	100	100	100.00	100.00
浙江	90	90	90	100.00	100.00
河北	172	102	63	61.76	36.63
辽宁	111	84	70	83.33	63.06
福建	92	81	92	113.58	100.00
山东	140	140	93	66.43	66.43
广东	123	119	121	101.68	98.37
广西	110	38	13	34.21	11.81
海南	22	15	10	66.67	45.45
山西	119	96	52	54.17	43.70
内蒙古	101	68	27	39.71	26.73
吉林	60	10	49	490	81.67
黑龙江	144	83	14	16.87	9.72

地区	县区总数 （个）	承诺达标数 （个）	通过评估数 （个）	完成承诺任务 比例（%）	占县区总数 比例（%）
安徽	105	80	70	87.50	66.67
江西	115	17	22	129.41	19.13
河南	158	100	57	57.00	36.08
湖北	112	112	90	80.36	80.36
湖南	122	122	28	22.95	22.95
四川	181	94	95	101.1	52.49
重庆	41	41	15	36.59	36.59
贵州	88	11	19	172.73	21.59
云南	129	38	9	23.68	6.98
陕西	107	61	70	114.75	65.42
甘肃	87	30	44	146.67	50.57
宁夏	22	17	13	76.47	59.09
青海	46	15	15	100.00	32.61
新疆	95	38	30	78.95	31.58
西藏	74	62	36	61.29	48.64

（三）农村义务教育事业发展状况分析

农村义务教育是基础教育事业发展的重中之重，是扶贫攻坚的基础性工作。在当前新型城镇化不断深入发展的关键时期，农村义务教育的办学条件和教育质量标准也在不断发生变化，我们对于农村义务教育事业发展也在不断提出新的要求。从 2015 年 12 月 7 日国务院教育督导委员会办公室印发《全面改善贫困地区义务教育薄弱学校基本办学条件工作专项督导办法》的通知，到 2016 年 7 月 12 日国务院公开发布的《关于统筹推进县域内城乡义务教育一体化改革发展的若干意见》，均把"科学推进城乡义务教育公办学校标准化建设、全面改善贫困地区义务教育薄弱学校基本办学条件"等方面作为重要内容。2016 年 1 月 26 日，国务院教育督导委员会办公室关于印发 2016 年工作要点的通知，明确提出 12 项工作要点，其中包括：继续推进义务教育均衡发展工作；推进全面改善贫困地区义务教育薄弱学校基本办学条件工作；加强农村义务教育学生营养改善计划监管；开展义务教育质量监测等内容。由此可见，国家对于改善农村尤其是贫困地区义务教育办学条件与学校标准化建设的重视程度一直持续不减，既表明了当前农村义务教育事业发展的重大问题所在，也表明了农村义务教育事业未来的发展重心。

1. 农村义务教育学校和学生基本状况分析

(1) 乡村小学和初中学校数量均在减少，教学点数量持续增加

从学校数量看，小学阶段，2011—2015 年，小学学校数逐年持续减少。其中，城区和镇区小学学校数量基本稳定，没有较大变化，乡村小学学校数量则持续减少，五年间乡村小学减少 5.06 万所，减幅达 29.94％；2011—2015 年，教学点数量逐年持续增加。无论是城区、镇区还是乡村教学点数量均呈逐年递增的趋势，五年间城区、镇区、乡村教学点数量分别增加 0.07 万所、0.41 万所、2.08 万所，增幅分别是 87.50％、73.21％、34.10％。（见表 2.2）

初中阶段，2011—2015 年，初中学校数呈逐年持续减少的趋势。其中，城区和镇区初中学校数呈逐年递增的趋势，乡村初中学校数则逐年递减，五年间乡村初中减少 0.4 万所，减幅达 19.05％，镇区初中增幅最大，为 7.17％，城区初中其次，增幅为 6.48％（见表 2.3）。由数据分析可知，自 2012 年以来，国家对于学校布局调整进行了规范和控制，并取得了较好的效果。同时，随着城镇化进程的不断加速，乡村小学和初中数量仍在不断减少，但是，教学点的数量却在不断增加并会长期存在。因此，未来一段时期提升教学点的办学质量则是义务教育事业发展面临的重大问题之一。

表 2.2　2011—2015 年分城乡小学学校数、教学点数　　（单位：万所）

年份	普通小学				教学点			
	合计	城区	镇区	乡村	合计	城区	镇区	乡村
2011	24.12	2.62	4.60	16.90	6.74	0.08	0.56	6.10
2012	22.86	2.61	4.74	15.50	6.98	0.08	0.64	6.25
2013	21.35	2.60	4.72	14.03	8.28	0.12	0.81	7.36
2014	20.14	2.63	4.64	12.87	8.90	0.14	0.90	7.86
2015	19.05	2.61	4.61	11.84	9.30	0.15	0.97	8.18

表 2.3　2011—2015 年分城乡初中学校数　　（单位：万所）

年份	普通初中（含九年一贯制学校）			
	合计	城区	镇区	乡村
2011	5.41	1.08	2.23	2.10
2012	5.32	1.09	2.29	1.94
2013	5.28	1.11	2.28	1.85
2014	5.26	1.15	2.34	1.77
2015	5.24	1.15	2.39	1.70

（2）城镇小学在校生数持续增加，乡村初中在校生数持续减少

从在校生人数看，小学阶段，2011—2015 年，小学在校生数呈现先减后增的趋势。2013 年是一个时间节点，2011—2013 年，小学在校生数呈逐年递减的趋势，2013—2015 年，小学在校生数呈逐年递增的趋势。其中，城区、镇区小学在校生数呈逐年递增的趋势，五年间分别增加 463.92 万人、401.19 万人，增幅分别是 17.80%、12.33%；乡村小学在校生数则呈逐年递减的趋势，五年间减少 1 099.30 万人，减幅达 27.04%（见表 2.4）。初中阶段，2011—2015 年，初中在校生数呈逐年递减的发展趋势。其中，城区初中在校生数略有增加，镇区和乡村初中在校生数则呈逐年减少的趋势。其中，乡村初中减幅最大，为 39.59%，镇区初中减幅达 12.12%（见表 2.4）。从绝对数据看，无论是小学阶段还是初中阶段，镇区在校生数最多，其次是城区。究其原因，一方面与国家近年来实施的生育政策有关；另一方面也与城镇化的大背景密不可分。

表 2.4　2011—2015 年分城乡普通中小学在校生数　（单位：万人）

年份	普通小学（含教学点）				普通初中			
	合计	城区	镇区	乡村	合计	城区	镇区	乡村
2011	9 926.37	2 606.96	3 254.21	4 065.20	5 066.80	1 436.40	2 467.42	1 162.98
2012	9 695.90	2 688.43	3 354.98	3 652.49	4 763.06	1 441.03	2 347.94	974.10
2013	9 360.55	2 772.97	3 370.54	3 217.04	4 440.12	1 430.02	2 195.57	814.53
2014	9 451.07	2 943.25	3 457.96	3 049.86	4 384.63	1 468.70	2 167.48	748.46
2015	9 692.18	3 070.88	3 655.40	2 965.90	4 311.95	1 441.01	2 168.44	702.50

（3）进城务工随迁子女数量有所增加，农村留守儿童数量有所减少

进城务工随迁子女与农村留守儿童是农村社会的弱势群体，与此同时，进城务工随迁子女的受教育权利保障以及农村留守儿童的关爱体系构建也是农村教育研究领域的热点问题。从进城务工人员随迁子女数量看，2011—2015 年，进城务工随迁子女数总体呈增长的趋势。截至 2015 年，中小学共有进城务工人员随迁子女 1 367.10 万人。其中，小学阶段有 1 013.56 万人，占小学在校生数的 10.46%，初中阶段有 353.54 万人，占初中在校生数的 8.20%。2011—2015 年，中小学共增加进城务工人员随迁子女 105.57 万人，其中，小学增幅 8.66%，初中增幅 7.71%，小学阶段增幅高于初中阶段（见表 2.5）。2011—2015 年，无论是小学阶段还是初中阶段，本省外县迁入随迁子女数均多于外省迁入随迁子女数，初中阶段这一特征尤为明显。

从农村留守儿童数量看，2011—2015 年，农村留守儿童数总体呈减少的趋

势，五年间减少 181.09 万人，减幅达 8.23%。截至 2015 年，中小学共有农村留守儿童 2 019.23 万人，其中，小学阶段 1 383.66 万人，占小学在校生数的 14.28%，初中阶段有 635.57 万人，占初中在校生数的 14.74%。小学阶段，2011—2015 年，农村留守儿童数除 2012 年有所增加外，均呈逐年减少的趋势，五年间减少 53.15 万人，减幅为 3.70%。初中阶段，2011—2015 年，农村留守儿童数均呈逐年递减趋势，五年间减少 127.94 万人，减幅为 16.76%。初中阶段减幅高于小学阶段(见表 2.6)。一方面，由数据分析可知，农村小学留守儿童数占农村留守儿童总数的 68.52%，是农村儿童的主要群体；另一方面，从儿童身心发展特点看，小学阶段是儿童身心发展的关键时期。因此，农村小学留守儿童是留守儿童问题关注的主要群体，小学阶段是留守儿童问题解决的主要学段。

表 2.5　2011—2015 年进城务工人员随迁子女数　　　　(单位：万人)

年份	合计	普通小学			普通初中		
		合计	外省迁入	本省外县迁入	合计	外省迁入	本省外县迁入
2011	1 260.97	932.74	457.24	475.50	328.23	120.51	207.72
2012	1 393.87	1 035.54	498.68	536.86	358.33	134.36	223.97
2013	1 277.16	930.85	433.48	497.37	346.31	129.70	216.62
2014	1 294.73	955.59	444.51	511.08	339.14	131.01	208.13
2015	1 367.10	1 013.56	460.81	552.75	353.54	137.56	215.98

表 2.6　2011—2015 年农村留守儿童数　　　　(单位：万人)

年份	合计	普通小学	普通初中
2011	2 200.32	1 436.81	763.51
2012	2 271.07	1 517.88	753.19
2013	2 126.75	1 440.47	686.28
2014	2 075.42	1 409.53	665.89
2015	2 019.23	1 383.66	635.57

2. 农村义务教育学校规模和班级规模状况分析

(1)城区和镇区小学规模持续扩大，乡村学校规模持续缩减

从学校规模看，小学阶段，2011—2015 年，学校规模整体呈扩大的趋势，但增长幅度不大。从分城乡数据看，城区和镇区小学规模呈逐年增大的趋势，且城区增长幅度较大，五年间平均学校规模增长 149.62 人，增长幅度达 15.52%。乡村小学规模则呈逐年缩小的发展趋势，且缩减幅度较大，五年间平均学校规模

缩减 28.58 人,缩减幅度达 16.17%(见表 2.7)。初中阶段,2011—2015 年,学校规模整体呈缩小的趋势,且缩减幅度较大,五年间平均学校规模减少约 114.04 人,减幅达 12.17%。从分城乡数据看,无论是城区、镇区还是乡村,初中学校规模均呈逐年缩减的发展趋势,且缩减幅度较大,五年间城区、镇区、乡村初中平均学校规模分别减少 82.20 人、197.62 人、140.82 人,减幅分别为 6.15%、17.89%、25.40%(见表 2.7)。

　　由数据分析可知,当前存在两个大问题:一是城区学校"超级大校"现象凸显,小学阶段尤其明显。自 2013 年开始,城区小学学校规模开始突破 1 000 人,并在不断增长;初中阶段,尽管城区学校规模呈缩减趋势。但是,直到 2015 年,城区初中学校规模仍在 1 200 人以上,这一现象值得我们警醒,并加以关注和解决。二是乡村学校规模持续缩减,乡村小规模学校这一学校形态未来将会继续并长期存在。2011—2015 年,乡村小学和初中学校规模均在持续缩减,且缩减幅度较大。尤其是乡村小学,自 2013 年开始,学校平均规模更是缩减到 150 人以下。因此,未来一段时期大力建设乡村小规模学校,提升乡村小规模学校的办学质量将是农村义务教育发展的重要内容。

表 2.7　2011—2015 年分城乡普通中小学平均学校规模　　(单位:人)

年份	普通小学(含教学点)				普通初中			
	合计	城区	镇区	乡村	合计	城区	镇区	乡村
2011	321.58	963.86	630.58	176.73	937.20	1 335.69	1 104.73	554.49
2012	324.95	997.27	622.78	167.89	895.87	1 318.65	1 027.54	502.40
2013	315.92	1 019.47	610.45	150.41	841.51	1 285.99	962.55	441.00
2014	325.51	1 063.47	624.18	147.15	833.63	1 279.02	925.60	422.93
2015	341.80	1 113.48	655.30	148.15	823.16	1 253.49	907.11	413.67

　　(2)城镇大班额现象凸显,初中阶段更为突出

　　从班级规模看,小学阶段,2011—2015 年,学校规模整体呈缩减的趋势,但缩减幅度不大。从分城乡数据看,无论是城区、镇区还是乡村,小学班级规模均呈缩减的趋势。初中阶段与小学阶段学校规模变化态势基本相同。从绝对数据看,小学阶段,2011—2015 年,城区、镇区、乡村小学学校规模均呈城区>镇区>乡村的梯级分布,其中,城区小学学校规模五年间均超过 45 人,大班额现象较为突出。初中阶段,2001—2015 年,学校规模均呈镇区>城区>乡村的态势分布,镇区初中大班额现象尤为突出。城镇初中学校规模不仅大于乡村初中,还大于城镇初中,尽管自 2013 年以来镇区初中学校规模降到 50 人以下,但是,直到 2015 年镇区初中平均学校规模仍然高达 49.20 人(见表 2.8)。总之,由数据

分析可知，我国中小学班级规模整体上呈逐渐缩小的趋势。但是，城区小学和镇区初中大班额现象仍然比较严重，尤其是初中阶段表现更为突出。

表 2.8 2011—2015 年分城乡普通中小学平均班级规模　　　　（单位：人）

年份	普通小学（含教学点）				普通初中（含九年一贯制）			
	合计	城区	镇区	乡村	合计	城区	镇区	乡村
2011	38.49	47.09	45.63	30.98	51.83	50.27	53.70	50.04
2012	37.78	46.45	44.61	29.56	50.27	49.52	51.77	47.99
2013	37.46	46.53	44.09	28.25	48.82	48.65	50.17	45.77
2014	37.42	46.23	43.65	27.81	48.30	48.06	49.65	45.20
2015	37.72	46.22	43.71	27.74	47.72	47.17	49.20	44.65

3. 农村义务教育学校师资配置状况分析

（1）从生师比看，城镇学校师资较为短缺，乡村小学师资最为充裕

生师比是指每个专任教师负担的在校学生数。生师比是反映教师配置状况的一个基本指标。从生师比看，2011—2015 年，无论是小学阶段还是初中阶段，生师比整体均呈逐渐减小的趋势，表明中小学教师数量逐渐增加，师资配置趋于合理。从分城乡数据看，2011—2015 年，小学阶段，城区、镇区、乡村的生师比呈梯形分布，城区＞镇区＞乡村，城区小学师资最为紧张，其次是镇区，乡村小学师资最为充裕。并且，城区和镇区小学生师比均高于全国平均水平，乡村小学则低于全国平均水平；初中阶段，与小学阶段分布态势大致相同，城区、镇区、乡村的生师比大致呈梯形分布，城区＞镇区＞乡村，且城区和镇区初中生师比均高于全国平均水平，乡村初中则低于全国平均水平（见表 2.9）。总之，由数据分析可知，从生师比指标看，城区和镇区学校师资较为短缺，乡村学校师资最为充裕。但是，与小学阶段相比，初中阶段生师比水平普遍低于小学阶段，表明初中阶段师资配置更为合理。

表 2.9 2011—2015 年分城乡普通中小学生师比情况

年份	普通小学				普通初中			
	合计	城区	镇区	乡村	合计	城区	镇区	乡村
2011	17.71	19.09	18.12	16.64	14.38	14.48	14.73	13.58
2012	17.36	18.99	17.94	15.88	13.59	14.11	13.80	12.12
2013	16.76	18.91	17.56	14.63	12.76	13.67	12.89	11.14
2014	16.78	18.88	17.65	14.41	12.57	13.39	12.70	10.93
2015	17.05	18.96	18.01	14.57	12.41	12.96	12.62	10.89

（2）从师班比看，城区初中和乡村小学师资较为短缺，乡村初中师资较为充裕

师班比是指负担一个班级的专任教师数，师班比是反映教师配备状况的另一重要指标。从师班比看，2011—2015 年，小学和初中阶段师班比总体均呈提高的趋势，且初中阶段的师班比水平高于小学阶段。从分城乡数据看，2011—2015年，小学阶段，城区和镇区小学师班比水平总体呈降低的趋势，乡村小学师班比水平则呈提高的趋势，但是，乡村小学师班比水平低于城区和镇区小学，并且低于全国小学平均水平，呈乡村＜镇区＜城区的分布态势。初中阶段，城区、镇区和乡村初中师班比水平均呈提高的趋势，乡村初中师班比水平高于城区和镇区初中，并且高于全国初中平均水平，大致呈城区＜镇区＜乡村的分布态势（见表2.10）。总之，由数据分析可知，从师班比指标看，小学阶段，城区和镇区教师资源比较充裕，而乡村小学师资最为短缺。初中阶段，乡村和镇区教师资源比较充裕，而城区师资相对短缺。这与按照生师比指标得出的结论并不完全一致。

表 2.10　2011—2015 年分城乡普通中小学师班比情况

年份	普通小学				普通初中			
	合计	城区	镇区	乡村	合计	城区	镇区	乡村
2011	2.17	2.47	2.52	1.86	3.61	3.47	3.65	3.69
2012	2.18	2.45	2.49	1.86	3.70	3.51	3.75	3.85
2013	2.23	2.46	2.51	1.93	3.83	3.56	3.89	4.11
2014	2.23	2.45	2.47	1.93	3.84	3.59	3.91	4.14
2015	2.21	2.12	2.43	1.90	3.85	3.64	3.90	4.10

（3）小学和初中普遍缺乏"小科"教师，美术和音乐教师尤其紧缺

国家课程开齐、开全的前提需要有相应专业背景的学科教师作保证。当前，音乐、体育、美术、英语等"小科"教师紧缺现象几乎成为所有农村学校的通病。农村学校教师结构性缺编现象严重，农村教师大多身兼多科，普遍存在多学科教学、教学工作量大、外出培训受限等问题，严重阻碍教师的专业发展，使农村学校的教育教学处于低水平状态。

从"小科"的生师比看，小学阶段，2011—2015 年，"小科"教师数量在不断增加，各学科生师比保持持续减少的态势。其中，英语、音乐、体育、美术学科的生师比分别减少了 43.61、97.07、77.42、114.60。尽管各学科生师比减少幅度较大，但是，截至 2015 年，"小科"教师仍然极为缺乏，尤其是美术和音乐教师不足现象尤为突出（见表 2.11）。初中阶段，2011—2015 年，"小科"教师数量

在不断增加，各学科生师比保持持续减少的态势。其中，英语、音乐、体育、美术学科的生师比分别减少了 12.39、110.01、55.32、118.65。尽管各学科生师比减少幅度较大，但是，截至 2015 年，"小科"教师仍然极为缺乏，尤其是美术和音乐教师不足现象尤为突出。从分城乡数据看，2011—2015 年，无论是城区、镇区还是乡村，各学科生师比均呈不断减少的发展态势。但是，从生师比的绝对数据看，城区和镇区各学科生师比水平要高于乡村。也就是说，与乡村相比，城区和镇区"小科"教师更为紧缺（见表 2.12）。由此可见，无论是小学阶段还是初中阶段普遍缺乏"小科"教师，尤其是美术和音乐教师不足现象尤为突出；初中阶段，城区和镇区"小科"教师更为紧缺。

农村教师数量少以及专业教师下不去是造成这些问题的根本原因。我国统一的生师比教师编制标准是基于理想的学校规模假设制定的，因此，只有当学校达到一定规模，才能保证有充足的教师教学，但是对于农村小规模学校来说，统一师生比的教师编制标准根本无法满足教学实际需求。此外，由于国家统计数据没有各学科教师的专业背景情况统计，然而，从以往的大量调研数据可以得知，农村学校普遍存在多学科教学甚至全科教学的现象，教师所教非所学成为常态，很多农村学校根本没有专业的小科教师。针对以上问题，要想解决农村学校教师结构性缺编问题，一方面要从师资配置标准上考量，另一方面则要从农村教师的培养方向和培养模式上进行变革。

表 2.11 2011—2015 年普通小学各学科生师比状况

年份	英语	音乐	体育	美术
2011	282.33	574.01	404.06	627.01
2012	264.97	541.27	382.08	588.18
2013	245.67	508.94	354.80	549.26
2014	240.40	485.63	336.18	523.11
2015	238.72	476.94	326.64	512.41

表 2.12 2011—2015 年普通初中分城乡各学科生师比状况

年份	城乡	英语	音乐	体育与健康	美术
2011	全国	92.11	587.41	285.43	617.60
	城区	86.79	563.45	254.59	606.48
	镇区	95.05	612.34	301.13	637.38
	乡村	93.02	568.19	297.03	592.03

续表

年份	城乡	英语	音乐	体育与健康	美术
2012	全国	87.02	545.67	264.80	569.12
	城区	84.51	546.26	244.96	582.02
	镇区	89.18	560.53	277.69	581.00
	乡村	85.80	512.14	266.94	525.97
2013	全国	81.61	508.49	244.10	530.11
	城区	81.83	530.09	235.62	563.00
	镇区	83.35	518.52	255.09	539.77
	乡村	76.90	452.54	231.81	460.63
2014	全国	80.91	490.28	236.46	512.06
	城区	80.76	514.54	228.44	547.84
	镇区	82.72	501.37	248.37	520.84
	乡村	76.38	423.91	221.02	435.07
2015	全国	79.72	477.40	230.11	498.95
	城区	78.30	493.33	219.23	524.16
	镇区	82.12	490.72	242.98	511.16
	乡村	75.70	415.11	216.74	425.60

4. 农村义务教育学校办学条件状况分析

学校办学条件的建设和改善是实现义务教育均衡发展的物质基础，学校标准化建设工程的实施是实现义务教育均衡发展的必要条件，是学校办学的最基本保障。2013 年 12 月 31 日，教育部、国家发展改革委、财政部《关于全面改善贫困地区义务教育薄弱学校基本办学条件的意见》明确提出：经过 3～5 年的努力，使贫困地区农村义务教育学校教室、桌椅、图书、实验仪器、运动场等教学设施满足基本教学需要。2014 年 4 月 23 日，教育部办公厅、国家发展改革委办公厅、财政部办公厅关于制定《全面改善贫困地区义务教育薄弱学校基本办学条件实施方案的通知》，就各地制定全面改善贫困地区义务教育薄弱学校基本办学条件的实施方案有关事项及要求发出通知。2014 年 7 月 18 日，教育部办公厅、国家发展改革委办公厅、财政部办公厅关于印发《全面改善贫困地区义务教育薄弱学校基本办学条件底线要求的通知》，提出 20 条底线要求，纳入农村义务教育学校基本办学条件专项督导，并加强督导检查。由以上一系列政策可知，国家对于改善农村义务教育学校基本办学条件的决心和力度。因此，结合国家统计数据，我们主要从学校的基础建设状况、设施设备状况、标准化建设达标状况三个方面，对2011—2015年农村义务教育学校的办学条件状况加以分析。

（1）农村义务教育学校基础建设取得明显成效，"消除危房"成为未来主要任务

从基础建设指标看，小学阶段，2011—2015年，除生均危房面积指标外，生均教学及辅助用房面积、生均运动场馆面积、师均周转房面积指标均呈逐年增加的发展态势。其中，生均运动场馆面积、师均周转房面积增长幅度较大。从分城乡数据看，2011—2015年，生均教学及辅助用房面积、生均运动场馆面积、生均危房面积、师均周转房面积各项指标均呈乡村＞镇区＞城区的分布态势（见表2.13）。初中阶段，2011—2015年，除生均危房面积指标外，生均教学及辅助用房面积、生均运动场馆面积、师均周转房面积指标均呈逐年增加的发展态势。其中，生均运动场馆面积、师均周转房面积增长幅度较大。从分城乡数据看，2011—2015年，生均教学及辅助用房面积、生均运动场馆面积、生均危房面积、师均周转房面积各项指标均呈乡村＞镇区＞城区的分布态势（见表2.14）。初中阶段与小学阶段学校基础建设状况基本保持一致。由以上分析可知，2011—2015年，农村义务教育学校基础建设状况得到了较大改善，取得了明显的成效。农村中小学校在校舍、运动场地等指标上甚至高于城区和镇区。教师周转房面积指标则体现了国家对于吸引和留住优秀农村教师做出的努力。但是，生均危房面积也反映了当前农村义务教育学校仍然存在较多的危房，"消除危房"成为下一阶段农村中小学基础建设的重要任务。

表2.13　2011—2015年分城乡普通小学基础建设状况　（单位：平方米）

年份	城乡	生均教学及辅助用房面积	生均运动场地面积	生均危房面积	师均周转宿舍面积
2011	全国	3.25	6.57	0.58	0.98
	城区	2.80	4.05	0.20	0.50
	镇区	2.81	5.23	0.42	1.09
	乡村	3.88	9.26	0.94	1.18
2012	全国	3.44	6.78	0.42	1.13
	城区	2.98	4.26	0.14	0.51
	镇区	3.00	5.44	0.29	1.28
	乡村	4.19	9.85	0.74	1.40

续表

年份	城乡	生均教学及辅助用房面积	生均运动场地面积	生均危房面积	师均周转宿舍面积
2013	全国	3.73	7.23	0.32	1.41
	城区	3.18	4.49	0.09	0.45
	镇区	3.22	5.83	0.21	1.54
	乡村	4.73	11.04	0.62	1.93
2014	全国	3.79	7.17	0.21	1.83
	城区	3.23	4.59	0.06	0.52
	镇区	3.31	5.88	0.15	2.02
	乡村	4.88	11.12	0.44	2.51
2015	全国	3.82	7.08	0.13	2.18
	城区	3.27	4.56	0.05	0.59
	镇区	3.35	5.88	0.09	2.47
	乡村	4.98	11.15	0.26	3.30

表 2.14　2011—2015 年分城乡普通初中基础建设状况 （单位：平方米）

年份	城乡	生均教学及辅助用房面积	生均运动场地面积	生均危房面积	师均周转宿舍面积
2011	全国	3.76	7.68	0.64	1.81
	城区	3.91	5.95	0.25	0.77
	镇区	3.45	7.41	0.62	2.05
	乡村	4.22	10.38	1.18	2.54
2012	全国	4.20	8.26	0.48	2.12
	城区	4.27	6.33	0.17	0.87
	镇区	3.89	8.10	0.46	2.41
	乡村	4.85	11.53	0.97	3.12
2013	全国	4.74	9.11	0.38	2.56
	城区	4.69	6.88	0.12	0.86
	镇区	4.43	9.04	0.38	2.99
	乡村	5.67	13.19	0.83	4.00

续表

年份	城乡	生均教学及辅助用房面积	生均运动场地面积	生均危房面积	师均周转宿舍面积
2014	全国	5.00	9.41	0.26	3.24
	城区	4.94	7.30	0.08	1.15
	镇区	4.69	9.35	0.27	3.76
	乡村	6.01	13.72	0.61	5.28
2015	全国	5.30	9.78	0.18	3.76
	城区	5.26	7.67	0.07	1.25
	镇区	4.97	9.77	0.18	4.31
	乡村	6.37	14.13	0.41	6.60

（2）乡村学校信息化水平较低，并存在较大的城乡差距

图书、教学仪器设备、计算机、校园网等指标直接反映一个学校办学条件的质量状况，其中图书册数、教学仪器设备拥有量的差异，反映了校际在保障学校教育质量方面教育教学设施设备的差距；而计算机台数、建立校园网比例的差异，则反映了学校信息化建设方面的不同状况。

从设施设备指标看，小学阶段，2011—2015 年，生均图书册数、生均教学仪器设备值、生均计算机数以及建立校园网比例等指标均呈逐年增长的发展态势。从分城乡数据看，2011—2015 年，除生均图书册数指标外，其余指标均呈城区＞镇区＞乡村的分布态势，尤其是建立校园网学校比例这一指标，城乡差距最为明显。截至 2015 年，城区、镇区、乡村建立校园网学校比例分别为 76.26、56.13、35.14，与城区和镇区相比，乡村分别低了 41.12 和 20.99 个百分点。2011—2013 年，生均图书册数指标呈城区＞镇区＞乡村的分布态势，2013 年以后，则乡村与城区基本持平，镇区学校生均图书册数最低（见表 2.15）。初中阶段，2011—2015 年，生均图书册数、生均教学仪器设备值、生均计算机数、建立校园网比例等指标均呈逐年增长的发展态势。从分城乡数据看，2011—2015 年，生均教学仪器设备值、生均计算机指标基本呈城区＞乡村＞镇区的分布态势；建立校园网学校比例指标则呈城区＞镇区＞乡村的分布态势，且城乡差距最为明显，这与小学阶段保持一致；初中阶段生均图书册数指标呈乡村＞镇区＞城区的分布态势，这与小学阶段并不一致（见表 2.16）。从以上分析可以看出，2011—2015 年，农村义务教育学校的设施设备状况在不断改善，且初中阶段设施设备状况要好于小学阶段。但是，乡村学校的信息化水平仍然较低，存在较大

的城乡差距。

对于学校设施设备的具体标准，有的仅仅是在国家政策中提及但并未做出明确规定，有的则在国家政策中做出了明确规定，如《关于全面改善贫困地区义务教育薄弱学校基本办学条件的意见》中对图书做出明确规定："配备适合学生身心发展特点的图书，激发和培养学生阅读兴趣，有条件的地方逐步达到小学生均图书不低于 15 册，初中生均图书不低于 25 册。"按照这一标准，无论是城区、镇区还是乡村，中小学生均图书拥有量均远远超过了这一标准，并且，城乡差距已经完全消除，甚至出现乡村反超城镇的现象。但是，从以往大量调研数据可知，农村学校图书虽然在数量上不断增加，但新增图书仍然存在不符合学生年龄特点、复本多、盗版图书多的现象，图书质量有待提升。

表 2.15　2011—2015 年分城乡普通小学设施设备状况

年份	城乡	生均图书册数（册）	生均教学仪器设备值（万元）	生均计算机数（台）	建立校园网学校比例（％）
2011	全国	15.28	0.05	0.06	17.08
	城区	17.11	0.08	0.09	54.17
	镇区	14.66	0.05	0.05	26.68
	乡村	14.61	0.04	0.04	8.71
2012	全国	17.12	0.06	0.07	21.32
	城区	18.65	0.10	0.10	60.45
	镇区	16.33	0.05	0.06	30.71
	乡村	16.72	0.04	0.04	11.84
2013	全国	18.92	0.08	0.08	25.52
	城区	19.81	0.12	0.11	62.42
	镇区	17.82	0.06	0.07	34.94
	乡村	19.30	0.05	0.06	15.50
2014	全国	19.71	0.09	0.09	39.10
	城区	20.44	0.13	0.11	73.05
	镇区	18.45	0.07	0.08	50.67
	乡村	20.43	0.07	0.08	28.00
2015	全国	20.44	0.08	0.08	45.84
	城区	21.18	0.10	0.10	76.26
	镇区	19.01	0.09	0.08	56.13
	乡村	21.44	0.04	0.08	35.14

表 2.16 2011—2015 年分城乡普通初中设施设备状况

年份	城乡	生均图书册数（册）	生均教学仪器设备值（万元）	生均计算机数（台）	建立校园网学校比例（%）
2011	全国	21.14	0.08	0.09	46.73
	城区	19.40	0.11	0.11	68.19
	镇区	20.09	0.07	0.08	48.69
	乡村	25.52	0.07	0.09	33.66
2012	全国	24.70	0.10	0.10	52.89
	城区	22.49	0.14	0.12	73.50
	镇区	23.72	0.08	0.09	55.09
	乡村	30.34	0.09	0.11	38.69
2013	全国	28.23	0.13	0.12	55.91
	城区	25.61	0.17	0.14	75.33
	镇区	27.05	0.11	0.11	58.88
	乡村	36.02	0.12	0.13	41.66
2014	全国	30.19	0.15	0.14	67.87
	城区	28.19	0.19	0.15	81.67
	镇区	28.80	0.15	0.12	69.79
	乡村	38.14	0.15	0.15	56.37
2015	全国	32.42	0.17	0.13	69.85
	城区	30.97	0.22	0.14	83.41
	镇区	30.92	0.14	0.11	71.23
	乡村	40.01	0.17	0.14	58.73

（3）乡村小学成为农村义务教育学校标准化建设达标的薄弱环节

学校标准化建设的达标情况主要反映了农村义务教育学校标准化建设的实施状况。从达标情况看，小学阶段，2011—2015 年，体育器械配备达标率、音乐器械配备达标率、美术器械配备达标率、教学自然实验仪器达标率各项指标均呈逐年增长的发展态势，并且增长幅度较大。2013 年各项指标达标率均超过 50%，2015 年则均超过 65%，发展态势良好。从分城乡数据看，2011—2015 年，无论是城区、镇区还是乡村，各项指标均呈逐年增长的趋势。但是，城区、镇区、乡村呈明显的梯形分布，即城区＞镇区＞乡村，城乡之间存在较大的差距（见表 2.17）。其中，音乐器械配备达标率和美术器械配备达标率城乡差距最大，截至 2015 年，与城区相比，乡村分别低了 27.36 和 27.31 个百分点；与镇区相比，乡村分别低了 14.76 和 14.69 个百分点。初中阶段，与小学阶段的变化趋势基本保持一致，2011—2015 年，体育器械配备达标率、音乐器械配备达标率、美术器械配备达标率、教学自然实验仪器达标率各项指标均呈逐年增长的发展态势，并且增长幅度较大。2011 年各项指标达标率均达到 60% 左右，2015 年则均超过 80%。由此可见，初中阶段学校标准化建设达标状况明显好于小学阶段。从分城乡数据看，2011—2015 年，无论是城区、镇区还是乡村，各项指标均呈逐年增长的趋势，并且呈城区＞镇区＞乡村的分布态势，城乡之间存在差距。但是，初中阶段学校标准化达标状况的城乡差距小于小学阶段（见表 2.18）。

表 2.17　2011—2015 年分城乡普通小学标准化建设达标状况　（单位：%）

年份	城乡	体育器械配备达标率	音乐器械配备达标率	美术器械配备达标率	教学自然实验仪器达标率
2011	全国	45.15	42.85	42.41	47.52
	城区	69.89	68.80	67.99	70.38
	镇区	52.87	50.46	49.64	55.27
	乡村	39.21	36.76	36.47	41.87
2012	全国	48.17	44.78	46.28	50.75
	城区	75.13	73.49	73.72	75.40
	镇区	57.06	53.66	54.80	59.42
	乡村	40.89	37.21	39.04	43.94
2013	全国	52.13	50.13	50.09	54.19
	城区	78.48	77.61	77.37	78.10
	镇区	61.35	59.56	59.16	63.02
	乡村	44.14	41.87	41.98	46.78
2014	全国	59.89	58.52	58.42	61.06
	城区	83.93	83.53	83.34	83.42
	镇区	68.52	67.37	66.96	69.40
	乡村	51.88	50.23	50.26	53.49
2015	全国	68.90	67.85	67.62	69.03
	城区	88.11	87.90	87.64	87.23
	镇区	76.15	75.30	75.02	76.32
	乡村	61.84	60.54	60.33	62.18

表 2.18　2011—2014 年分城乡普通初中标准化建设达标状况　（单位：%）

年份	城乡	体育器械 配备达标率	音乐器械 配备达标率	美术器械 配备达标率	理科实验 仪器达标率
2011	全国	63.99	60.28	59.55	70.98
	城区	75.78	73.46	72.80	79.43
	镇区	66.18	62.13	61.41	73.83
	乡村	55.61	51.55	50.78	63.61
2012	全国	69.14	64.62	65.85	75.12
	城区	80.57	77.98	78.32	83.14
	镇区	71.18	66.25	67.53	77.77
	乡村	60.29	55.17	56.85	67.49
2013	全国	72.90	70.39	70.10	77.63
	城区	83.16	81.92	81.52	84.60
	镇区	76.01	73.25	73.03	81.50
	乡村	64.32	61.30	60.98	70.18
2014	全国	77.76	76.10	75.91	81.37
	城区	86.52	85.31	85.06	87.09
	镇区	79.40	77.91	77.64	83.64
	乡村	69.90	67.71	67.67	74.66
2015	全国	83.58	82.37	82.07	85.91
	城区	90.20	89.03	88.79	89.82
	镇区	84.66	83.55	83.24	87.58
	乡村	77.59	76.21	75.88	80.92

三、农村义务教育政策年度关键词

（一）农村特岗教师政策与支持计划的进一步推进实施

2016 年 3 月 21 日，教育部办公厅颁布《教育部办公厅　财政部办公厅关于做好 2016 年农村义务教育阶段学校教师特设岗位计划实施工作的通知》①，为了贯

---

①　《教育部办公厅 财政部办公厅关于做好 2016 年农村义务教育阶段学校教师特设岗位计划实施工作的通知》，教师厅〔2016〕5 号，2016 年 3 月 21 日。

彻落实 2015 年出台的《乡村教师支持计划(2015—2020 年)》,建立并完善农村教师补充的新机制,吸引更多优秀的人才到农村学校从教,通知就做好 2016 年农村义务教育阶段学校教师特设岗位计划实施工作做出计划。计划确定了 2016 年中国特岗教师实施的范围与 2015 年相同,特岗计划设岗县(市)必须是教师总体缺编、结构性矛盾突出的县(市)。2016 年全国计划招聘特岗教师约 7 万名,中央财政继续对特岗教师给予工资性补助。通过特岗教师政策切实加强乡村学校教师补充,优先满足连片特困地区和国家扶贫开发工作重点县的村小、教学点的教师补充。针对县城学校不再补充新的特岗教师。进一步优化农村学校教师的队伍结构,并加强对体音美、外语、信息技术等学科教师的补充。通过提升教育服务质量,鼓励特岗教师扎根农村为农村教育服务。特岗教师在服务农村教育的过程中,在提升农村学校文化活力上发挥了重要作用,在执行特岗教师政策与乡村教师支持计划的过程中,要充分考虑各地区的实际情况,为特岗教师排忧解难,使特岗教师安心工作,更好地为农村教育服务。

(二)统筹推进县域内城乡义务教育一体化改革发展

2016 年 7 月 11 日,国务院颁布《国务院关于统筹推进县域内城乡义务教育一体化改革发展的若干意见》的通知,通知指出,当前我国已进入全面建成小康社会的决胜阶段,正处于新型城镇化深入发展的关键时期,这对于整体提升义务教育办学条件和教育质量提出了新的要求。在义务教育以及农村义务教育的发展中,户籍制度改革、计划生育政策调整、人口及学生流动给城乡义务教育的学校规划布局和城镇学位供给带来了巨大挑战。乡村优质教育资源紧缺,城镇教育资源配置不适应新型城镇化发展等问题严重。为了落实全面建成小康社会要求,促进义务教育事业的持续健康发展,就统筹推进县域内城乡义务教育一体化改革发展提出意见。通知要求为了适应全面建成小康社会需要,要"合理规划城乡义务教育学校布局建设,完善城乡义务教育经费保障机制,统筹城乡教育资源配置,向乡村和城乡接合部倾斜,大力提高乡村教育质量,适度稳定乡村生源,增加城镇义务教育学位和乡镇学校寄宿床位,推进城镇义务教育公共服务常住人口全覆盖,着力解决'乡村弱'和'城镇挤'问题,巩固和均衡发展九年义务教育,加快缩小县域内城乡教育差距,为到 2020 年教育现代化取得重要进展和全面建成小康社会奠定坚实基础。"[①]

2016 年 10 月 9 日,教育部办公厅发布了《教育部办公厅关于农村义务教育学校布局调整有关问题的通报》,指出从 2012 年以来出台了要求规范农村学校布局

---

① 《国务院关于统筹推进县域内城乡义务教育一体化改革发展的若干意见》,国发〔2016〕40 号,2016 年 7 月 11 日。

调整的文件发布以后，各地能够严格执行专项规划，促进了农村教育的健康发展。但针对布局调整中出现的一些问题，进一步要求要切实"统筹考虑当地农村地理环境及交通状况、学生家庭经济负担等因素，充分考虑学生年龄特点、成长规律和家长意见，进一步完善农村义务教育学校布局规划，严格规范学校撤并程序和行为，坚决制止盲目撤并和强行撤并，避免引发群众不满和学生辍学。"①文件进一步强调了要严格规范撤并条件和撤并程序。按照统筹推进县域内城乡义务教育一体化的要求，加快构建与人口增长和空间布局相适应的城乡义务教育学校布局的建设机制，正确处理当前学校布局与中长期布局规划、群众当下利益与教育长远发展之间的关系，优先保障学生就近上学的需要，对于确需撤并的学校和教学点，要坚持实事求是和先建后撤的原则，妥善解决寄宿学生住宿、就餐和上下学交通等问题。对于需要保留的小规模学校和教学点，要切实办好必要的乡村小规模学校和教学点。在农村中小学校布局调整的撤并程序上，要求必须严格履行撤并方案的制定、论证、公示、报批等程序，广泛地听取学生家长、学校师生、村民自治组织和乡镇人民政府的意见。在学校撤并后学生上下学不便、交通安全得不到保障、并入学校住宿和就餐条件不能满足需要的情况下，以及撤并后可能导致超大规模学校或"大班额"问题的情况下，不得强行撤并现有学校或教学点。

（三）进一步做好全面改善贫困地区义务教育薄弱学校基本办学条件

2015 年 5 月 11 日，教育部颁布了《教育部关于进一步做好全面改善贫困地区义务教育薄弱学校基本办学条件有关工作的通知》，指出在落实《关于全面改善贫困地区义务教育薄弱学校基本办学条件的意见》的基础上，继续加强学校薄弱环节的条件改善，包括进一步明确学校办学标准。标准提出了学校类别上的以及内容维度上的要求，要"充分考虑当地基本办学要求和经济社会发展水平，以及城镇化进程对义务教育布局的影响。""各地确定的义务教育学校基本办学标准应经省级人民政府审定后报教育部备案。"②进一步完善项目规划，要求凡纳入规划的项目，要"优先解决最贫困地区、最薄弱学校存在的突出问题，优先建设、购置教学和学生生活最需要的基本设施和设备，确保底线目标都能实现。"对于条件差、基础弱的省份的主要任务是补足短板，对于有一定基础的省份主要任务是达标，针对不同发展程度的省份提出分层次的目标，避免资金集中用于优质学校，对促进各地区区域内均衡提出了一些资金使用上的保障，对政策落实的程序及规

---

① 《教育部办公厅关于农村义务教育学校布局调整有关问题的通报》，教基一厅〔2016〕5 号，2016 年 10 月 9 日。

② 《教育部关于进一步做好全面改善贫困地区义务教育薄弱学校基本办学条件有关工作的通知》，教督函〔2015〕1 号，2015 年 5 月 11 日。

范性提出了要求，加强省级对改善义务教育地区薄弱学校的督导和提高义务教育质量的省级统筹。针对我国中西部地区教育基础差，教育保障能力弱，农村及贫困地区优秀师资、优质资源少的情况，2016 年 6 月 15 日，国务院办公厅发布了《国务院办公厅关于加快中西部教育发展的指导意见》①，指出中西部经济社会发展落后，教育质量总体不高，难以满足人民群众接受良好教育的需求。根据国家"十三五"规划纲要，为了积极服务"一带一路"建设，提好中西部教育质量，文件从总体思想、基本原则、总体目标、重点任务等方面做了规定，为中西部教育的长远发展奠定了基础。

（四）进一步完善了留守儿童和随迁子女的政策保障体系

2015 年 7 月 31 日，教育部办公厅针对农村留守儿童教育关爱工作的执行情况，发布了《教育部办公厅关于开展农村留守儿童教育关爱情况自查工作的通知》，对农村留守儿童的关爱情况要求全面落实相关的工作措施，进一步提升教育关爱的工作水平，对教育关爱的自查工作要覆盖到农村义务教育阶段包含教学点在内的每一所中小学校；通过改善教育条件来落实教育关爱工作，主要包括：优先满足留守儿童的寄宿需求、用餐需求、交通需求等。通过加强和规范对留守儿童的管理，包括摸清底数、建立档案、规范学籍管理、控辍保学、对留守儿童进行心理健康教育和法制安全教育，通过家校联动等落实关爱工作。构建支持家庭教育、社区关爱服务、社会关爱活动等关爱服务机制。② 通过建立这些保障措施以促进农村留守儿童健康快乐地成长。2016 年 3 月 25 日，国务院办公厅针对农村留守儿童颁布了《国务院办公厅关于同意建立农村留守儿童关爱保护工作部际联席会议制度的函》③，强调要加强对农村留守儿童关爱保护工作的组织领导和统筹协调，强化各级部门之间的协作与配合，并及时地研究解决在留守儿童工作中面临的重大问题，经国务院批准，同意建立农村留守儿童关爱保护工作部际联席会议制度。联席会议的主要职能是在国务院领导下，统筹协调全国农村留守儿童关爱保护工作。联席会议由民政部、中央综治办、中央农办、中央网信办、发展改革委、教育部、公安部、全国妇联、中国残联、关工委等共 27 个部门和单位组成。主要研究拟订针对农村留守儿童关爱保护工作的政策措施和年度工作计划，向国务院提出建议；组织协调、指导和推动农村留守儿童关爱保护工作，加强政策衔接和工作对接，健全救助保护机制；督促、检查农村留守儿童关爱保

---

① 《国务院办公厅关于加快中西部教育发展的指导意见》，国办发〔2016〕37 号，2016 年 6 月 15 日。

② 《教育部办公厅关于开展农村留守儿童教育关爱情况自查工作的通知》，教基一厅函〔2015〕38 号，2015 年 7 月 31 日。

③ 《国务院办公厅关于同意建立农村留守儿童关爱保护工作部际联席会议制度的函》，国办函〔2016〕30 号，2016 年 3 月 25 日。

护工作的落实和执行。建立了对农村留守儿童的工作进一步保障的机制。

在家庭教育方面，2015 年 10 月 11 日，教育部颁布了《教育部关于加强家庭教育工作的指导意见》，指出要充分加强家庭教育的重要性，要不断提升家庭教育质量和水平，要求广大家长要全面学习家庭教育知识，系统掌握家庭教育的科学理念和方法，要用正确的思想、方法、正确的行动教育引导孩子；家长要不断提高自身素质，重视以身作则和言传身教，要时时处处给孩子做榜样，以自身健康的思想、良好的品行影响和帮助孩子养成好思想、好品格、好习惯。通过构建家庭教育社区支持体系，为家长提供公益性家庭教育指导服务。① 对随迁子女及留守儿童，在学籍管理方面，2016 年 6 月 6 日，教育部办公厅颁布了《教育部办公厅关于进一步规范中小学生学籍管理相关问题处理的通知》，对学生学籍进行了进一步的规范管理，针对各地学籍管理出现的状况，学籍管理问题亟待解决和规范。要求全面落实中央的"简政放权、放管结合、优化服务"精神，规范办理程序，提升治理水平。通知定位了学籍管理的功能与执行秩序，通过规范学籍管理，实现"人籍一致"，对确定留守儿童和随迁子女，及保障随迁子女就学等起到了相应的规范作用。②学籍管理的规范为随迁子女就学提供了保障。

（五）进一步做好中小学节粮教育和管理工作

2016 年 5 月 30 日，教育部颁布了《教育部关于切实做好中小学节粮教育和管理工作的通知》③，对中小学生养成节约粮食的传统美德和习惯做出了规范。要求将通过定期的评价和交流等方式，加强对学校节粮教育工作的指导和管理。针对中小学生生活习惯养成，提倡中小学生要珍惜粮食、实施不留剩饭剩菜的"光盘行动"。要求学校要结合实际，针对学生的情况进行合理的科学营养配餐、提高学生餐的质量，在营养餐供应上，对主食的供应提出了"小份多次管饱、按需供应"的节约供餐方式。要求加强统一供餐的管理，学生自我教育和管理，通过实行"学生文明就餐监督员"的措施，以改进学生在就餐过程中的浪费现象，使中小学生养成勤俭节约、爱惜粮食的美德。

（六）加强优秀传统文化教育，建设优秀传统文化传承体系

党的十七届六中全会提出要建设优秀传统文化传承体系。党的十八大报告第六部分着重提出："文化是民族的血脉，是人民的精神家园。全面建成小康社会，实现中华民族伟大复兴，必须推动社会主义文化大发展大繁荣，兴起社会主义文

---

① 《教育部关于加强家庭教育工作的指导意见》，教基一〔2015〕10 号，2015 年 10 月 11 日。

② 《教育部办公厅关于进一步规范中小学生学籍管理相关问题处理的通知》，教基一厅〔2016〕2 号，2016 年 6 月 6 日。

③ 《教育部关于切实做好中小学节粮教育和管理工作的通知》，教基一函〔2016〕4 号，2016 年 5 月 30 日。

化建设新高潮，提高国家文化软实力，发挥文化引领风尚、教育人民、服务社会、推动发展的作用。"①2014 年 3 月 26 日发布的《完善中华优秀传统文化教育指导纲要》（以下简称《指导纲要》），对这一问题进一步做出了战略部署，将"文化"这个命题郑重地提上"扎实推进社会主义文化强国建设议事"日程，提出了开展中华优秀传统文化教育的主要内容，包括民族语言习惯、文化传统、思想观念、情感认同的中华优秀传统文化，凝聚着中华民族普遍认同和广泛接受的道德规范、思想品格和价值取向，具有极为丰富的思想内涵。

1. 着力完善青少年学生的道德品质，培育理想人格

《指导纲要》提出要加强对青少年学生的中华优秀传统文化教育，培养青少年具有爱国主义精神、家国情怀、关爱他人的人格修养，着力完善青少年学生的道德品质，培育理想人格。主要包含以下内容②：第一，开展以天下兴亡、匹夫有责为重点的家国情怀教育。着力引导青少年学生深刻认识中国梦是每个人的梦，以祖国的繁荣为最大的光荣，以国家的衰落为最大的耻辱，增强国家认同，培养爱国情感，树立民族自信，形成为实现中华民族伟大复兴的中国梦而不懈努力的共同理想追求，培养青少年学生做有自信、懂自尊、能自强的中国人。第二，开展以仁爱共济、立己达人为重点的社会关爱教育。着力引导青少年学生正确处理个人与他人、个人与社会、个人与自然的关系，学会心存善念、理解他人、尊老爱幼、扶残济困、关心社会、尊重自然，培育集体主义精神和生态文明意识，形成乐于奉献、热心公益慈善的良好风尚，培养青少年学生做高素养、讲文明、有爱心的中国人。第三，开展以正心笃志、崇德弘毅为重点的人格修养教育。着力引导青少年学生明辨是非、遵纪守法、坚韧豁达、奋发向上，自觉弘扬中华民族优秀道德思想，形成良好的道德品质和行为习惯，培养青少年学生做知荣辱、守诚信、敢创新的中国人。

针对这些内容将中华优秀传统文化教育系统从小学到大学分阶段地融入其课程和教材体系当中，提出不同阶段的培养要求，并推进落实。

2. 明确提出要"打造一支中华优秀传统文化教育骨干队伍"，全面提升中华优秀传统文化教育的师资队伍水平

《指导纲要》提出要全面提升中华优秀传统文化教育的师资队伍水平，明确提出要"打造一支中华优秀传统文化教育骨干队伍"，在中小学教师资格考试内容中增加中华优秀传统文化的比重，增加传统文化教学和研究人才比重，培养和造就一批中

---

① 胡锦涛：《坚定不移沿着中国特色社会主义道路前进为全面建成小康社会而奋斗——在中国共产党第十八次全国代表大会上的报告》，2012 年 11 月 8 日。

② 《教育部关于印发〈完善中华优秀传统文化教育指导纲要〉的通知》，教社科〔2014〕3 号，2014 年 3 月 26 日。

华优秀传统文化教学名师和学科领军人才等。在各级各类教师培训上，要求"加强面向全体教师的中华优秀传统文化教育培训。在哲学社会科学教学科研骨干研修、高校思想政治理论课骨干教师研修、高校辅导员骨干培训中加大中华优秀传统文化内容比重。在中小学教师国家级培训计划、义务教育学校校长和农村幼儿园园长研修培训计划、职业学校教师和校长素质提高计划中增加中华优秀传统文化培训内容，提高各级各类学校教师开展中华优秀传统文化教育的能力。"①

3. 着力增强中华优秀传统文化教育的多元支撑，有力推进"文化强国"的进程

2016 年 1 月 19 日，教育部党组又颁布了《中共教育部党组关于教育系统深入开展爱国主义教育的实施意见》的通知，在实施意见中，习近平总书记强调，弘扬爱国主义精神，要从青少年做起，这方面工作是管长久的、管根本的。要求在各级各类学校中深入开展爱国主义教育，是落实立德树人、深化教育领域综合改革的重要内容和培养社会主义建设者和接班人的内在要求。②《完善中华优秀传统文化教育指导纲要》《中共教育部党组关于教育系统深入开展爱国主义教育的实施意见》文件的颁布，使我国传统文化教育活动措施有了有力的政策保障。

四、农村义务教育研究年度学术话语

根据本年度学术研究热点及持续一贯关注的焦点，自 2015 年以来到 2016 年度，报告主要对农村学校布局调整的阶段性特征与后布局调整，农村学校布局调整背景下的大班额问题与农村小规模学校及教学点问题进行了综述。

(一)学校布局调整的概念、发展历程及其相关政策

1. 学校布局调整的概念

所谓"学校布局调整"是指教育行政部门根据当地经济社会发展水平、学龄人口数量变化与流动状况等，对一定空间范围内的学校布局进行重新规划的过程，它包括撤销学校、合并学校、新建学校、扩建学校、改变学校功能(如由"学校"改为"教学点")、改变学制结构(如由"小学六年制"改变为"学前三年与小学前三年一校制"、小学后三年一校制等)，以及由于学校空间和结构的改变所引发的教育要素资源的重新配置。③

① 《教育部关于印发〈完善中华优秀传统文化教育指导纲要〉的通知》，教社科〔2014〕3 号，2014 年 3 月 26 日。

② 《中共教育部党组关于教育系统深入开展爱国主义教育的实施意见》，教党〔2016〕4 号，2016 年 1 月 19 日。

③ 史宁中等著：《新农村建设与城镇化推进中农村教育布局调整研究》，北京：经济科学出版社 2014 年版，第 94 页。

农村义务教育学校布局调整，是在我国城镇化深入发展和建设社会主义新农村背景下，伴随着农村人口出生率下降、农村劳动力向城镇转移而进行的，总体上优化了农村教育资源配置，改善了学校办学条件，提高了教学质量和办学效益，为巩固提高义务教育水平发挥了积极作用。[①]

农村学校布局调整不仅包括撤并学校，而且包含根据不同地方的实际情况有计划地通过撤掉、合并、新增、扩建等合理规划学校布局等方式改进学生的上学环境。在布局调整的前期工作上，地方政府一味把布局调整当作撤并学校来操作，致使后期在地方上出现许多问题。农村学校布局调整是追求城乡教育均衡发展的重大举措，关系到千千万万的农村学生、教师、家庭和学校的利益，因此，政策执行过程成为重中之重。

2. 学校布局调整政策的发展历程

2001 年 5 月，国务院办公厅颁布《国务院关于基础教育改革与发展的决定》，提出了"因地制宜调整农村义务教育学校布局"。[②] 开始较大规模地进行农村中小学布局调整的工作。

2006 年 6 月，教育部颁布《教育部关于实事求是地做好农村中小学布局调整工作的通知》，提出了"将农村中小学布局调整纳入当地教育发展规划，充分论证，统筹安排，稳妥实施"。[③]

2010 年 1 月，教育部颁布《教育部关于贯彻落实科学发展观进一步推进义务教育均衡发展的意见》，提出了"地方各级教育行政部门在调整中小学布局时，要统筹考虑城乡经济社会发展状况、未来人口变动状况和人民群众的现实需要，坚持实事求是，科学规划，既要保证教育质量，又要方便低龄学生入学，避免盲目调整和简单化操作"。[④]

至此，对农村学校的布局调整开始进入理性思考阶段。

2012 年，国内新闻媒体首次提出"后撤点并校时代"，即自 2012 年 9 月国务院颁布《关于规范农村义务教育学校布局调整的意见》起，标志着农村基础教育进入后撤点并校时代，之后"后撤点并校时代"被引进到学术界当中，并引起研究者的关注。李向东认为"后撤点并校时代"的基本要求是要以人为本，纠正偏激的做

---

① 王定华：《关于我国农村义务教育学校布局调整的调查与思考》，《华中师范大学学报（人文社会科学版）》2012 年第 6 期，第 141～146 页。

② 《国务院关于基础教育改革与发展的决定》，国发〔2001〕21 号，2001 年 5 月 29 日。

③ 《教育部关于实事求是地做好农村中小学布局调整工作的通知》，教基〔2006〕10 号，2006 年 6 月 9 日。

④ 《教育部关于贯彻落实科学发展观进一步推进义务教育均衡发展的意见》，教基一〔2010〕1 号，2010 年 1 月 4 日。

法。同样，在恢复村校时，必须避免走入另一个极端，即政府从政绩的角度来建校。恢复村校一定要科学决策，只有教育政策的价值选择满足和符合绝大多数社会成员的利益和要求时，教育政策才能获得合法性。在政策的实行过程中，要善待"沉默的大多数"，让学校跟着居民转，而不是居民跟着学校转！①

2012 年之后农村义务教育学校简单的撤点并校基本叫停，部分农村形成了几个村庄共有一个学校的布局结构。农村学校的教育质量在一定程度上有所提升，但不合理布局调整引发的问题依然存在，给学生和家长带来了物质和精神上的负担。

3. 后布局调整时期的相关政策

搜索 2015—2016 年教育部网站，关于农村学校布局调整的政策有如下几项。

《国家教育督导检查组对广东省义务教育均衡发展督导检查反馈意见》中提到，要合理布局，努力破解教育资源结构性矛盾。一方面，应对人口增速快、向中心城区和珠三角地区集中的趋势，大力实施城区义务教育学校扩容工程，通过新建改扩建一批义务教育学校、扩大原有公办学校容量等方法，努力增加学位供给。另一方面，积极做好农村中小学校布局调整，在保证学生就近入学前提下，适度整合，调整中小学服务区范围，提高义务教育学校资源配置有效性。②

《城乡一体 均衡发展——教育部有关负责人就统筹推进县域内城乡义务教育一体化改革发展答记者问》中提到，要使城乡学校布局更加合理，大班额基本消除，农村完全小学、初中或九年一贯制学校、寄宿制学校标准化建设取得显著进展，农村小规模学校（含教学点）达到相应要求；城乡师资配置基本均衡，农村教师待遇稳步提高、岗位吸引力大幅增强，农村教育质量明显提升，教育脱贫任务全面完成。③

《青海省农村义务教育学生营养改善计划 2015 年工作总结和 2016 年工作要点》中提到，实施中小学布局调整后，按照"州办高中、县办初中、乡办小学、村办学前教育"的总体要求，各地撤并学校力度大，农村转移学生多，致使因中小学布局调整而转移到主城区和镇中心区（即县政府所在地）新建学校就读的大批农牧区生源学生享受不到营养改善计划补助政策。④ 青海撤并学校力度之大，导致

① 李向东：《"后撤点并校时代"的应对路径》，《教育评论》2013 年第 5 期，第 6～8 页。

② 教育部：《国家教育督导检查组对广东省义务教育均衡发展督导检查反馈意见》[EB/OL]. http：//www. moe. edu. cn/jyb＿xwfb/gzdt＿gzdt/s5987/201607/t20160711＿271464. html，2016-07-11。

③ 教育部：《城乡一体 均衡发展——教育部有关负责人就统筹推进县域内城乡义务教育一体化改革发展答记者问》[EB/OL]. http：//www. moe. edu. cn/jyb＿xwfb/s271/201607/t20160711＿271473. html，2016-07-12。

④ 全国学生营养办：《青海省农村义务教育学生营养改善计划 2015 年工作总结和 2016 年工作要点》[EB/OL] . http：//www. moe. edu. cn/jyb＿xwfb/xw＿zt/moe＿357/s6211/s6329/s6466/201606/t20160629＿270097. html，2016-06-29。

城镇学生人数过多，从而使营养餐不能顾及每位学生。《青海：15 年免费教育覆盖所有贫困区》中提到，在县域内义务教育均衡发展方面，青海优化调整中小学的布局结构，合理布局村小学和教学点，改善教学点和寄宿制学校的办学条件，下大气力解决好义务教育学校特别是城市学校的"择校热"和"大班"的现象，实现生源分布均衡，控制农牧区辍学情况。①②

《应对城镇化提速，湖口县调优网点布局，适度集中办学——打造农村次中心学校》中提到，湖口县是个人口仅有 28.5 万的农业县，外出务工的农民很多。伴随着城镇化步伐的加快，湖口教育曾经露出"城里学校人满为患，农村学校门前冷落"的端倪。面对城镇化新局，湖口县从容应对，以调整教育布局为切入点，整合教育资源，在农村打造辐射力强的区域次中心学校。③"城里学校人满为患，农村学校门前冷落"是每一个地方都有的现象，湖口县选择了在农村建立辐射力强的区域次中心学校是他们的一个特色，把学生集中到一个存在于农村里的中心学校，家校距离不会太远，为农村学生提供便利。《江苏省泰州市创新教育公共服务供给机制》中提到，继续扩大优质资源覆盖面，坚持优化存量、放大增量的原则，持续推进全市学校布局调整，全面完成义务教育"改薄"和现代化学校创建任务。④ 为了促进县域内义务教育均衡发展，青海省更多地从生源均衡分布入手，避免城镇出现大班现象。

从以上的新政策可以看出，自从 2012 年国务院办公厅颁布《关于规范农村义务教育学校布局调整的意见》后，国家、地方政府、学校在面对布局调整时都有了全方位的思考，既有对以往布局调整带来严重后果的承认、分析、解决，又有面对新时代、新环境的积极的应对方法。从各个省、市、县（区）的情况来看，各个地区根据自身的实际情况，制定了不同的应对策略，更多地从以学生为本的角度来适当撤并、新增、重建校舍等。

（二）后布局调整时期农村义务教育发展状况

经过十多年的实践，我国农村义务教育学校布局调整已经取得了显著的成果，基本解决了农村中小学布局分散、规模过小、办学效益低下、基础设施薄弱等一系列问题。通过对农村中小学开展布局调整工作以来，大部分农村学校的教

---

① 何聪、王梅：《青海：15 年免费教育覆盖所有贫困区》，《人民日报》2016 年 4 月 7 日第 018 版。
② 全国学生营养办：《青海省农村义务教育学生营养改善计划 2015 年工作总结和 2016 年工作要点》[EB/OL].http://www.moe.edu.cn/jyb_xwfb/xw_zt/moe_357/s6211/s6329/s6466/201606/t20160629_270097.html，2016-06-29。
③ 雷杰能：《应对城镇化提速，湖口县调优网点布局，适度集中办学——打造农村次中心学校》，《江西教育》2016 年第 Z2 期，第 38～39 页。
④ 江苏省教育厅：《江苏省泰州市创新教育公共服务供给机制》[EB/OL].http://www.moe.edu.cn/jyb_xwfb/s6192/s222/moe_1741/201604/t20160408_237208.html，2016-04-08。

学质量得到了提高，教育资源的分配更趋于合理化，在一定程度上促进了整个区域的义务教育发展。但是也仍然存在许多问题和矛盾亟待改进，主要表现在地方政策执行偏差、农村文化发展停滞、学校资源配置不合理、学生健康发展难以保障等方面。

1. 后布局调整时期地方政策执行偏差

（1）盲目追求功利主义

范先佐认为地方政府奉行功利主义的逻辑，因为"以县为主"的财政体制的建立使某些县财政能力薄弱问题凸显，开始面对有限资源与财政困境，这样县级政府对办学效益最大化的追求就成为农村学校布局调整的初始动力。① 王树涛认为在促进农村地区中小学教育总体质量提升、促进城乡教育均衡化的"幌子"下，许多地方政府开始大肆、盲目地缩减学校。② 岳伟认为在农村中小学布局调整政策的执行过程中，一些地方政府很自然地将"效率优先，兼顾公平"主观解读为"效益至上"，背离教育政策的本质与初衷，造成对教育公平关注较少，甚至是置若罔闻。③ 曹晶认为县级政府基于自身利益的考量和政绩考核的需要，不断地迎合上级政府的命令和要求，完成甚至超额完成上级政府下达的任务，着力发展上级政府关注的领域，以使自己用最少的成本换取最大的政绩。④

地方政府盲目追求功利主义，一味寻求效率，致使布局调整政策在地方执行中畸形发展，不仅没有解决问题，反而引发新的问题，这是政策制定者始料未及的。因此，应做好对地方政府的监督工作，适当控制地方的权力。在利益驱动下的社会，各行各业为了追求效益而想尽办法，政府也不例外。那么对于县级政府来说，为了追求政绩，而极少考虑处于政策中的那些人的需求，更不用说追求教育公平、缩小城乡教育差距等一系列理论。

（2）无视政策灵活性，一味撤校

范先佐、郭清扬认为在屡次的中央政策文件中均明确提出，要"因地制宜""实事求是，稳步推进，方便就学"进行布局调整，然而，在县级政府执行的实践中却无视政策的灵活性，一味地撤销学校，造成学生上学路途遥远、家长负担加重、教师工作负担增加。⑤ 刘善槐提出布局调整的过程面临社会效用、经济效用

① 范先佐：《农村中小学布局调整的原因、动力及方式选择》，《教育与经济》2006年第1期，第26～29页。

② 王树涛：《农村学校布局调整政策逻辑的反思与重构》，《教育发展研究》2015年第10期，第1～19页。

③ 岳伟：《农村中小学布局调整的公正性反思》，《湖南师范大学教育科学学报》2015年第3期，第11～16页。

④ 曹晶：《农村学校布局调整政策执行偏差及改进对策研究——以县级政府为执行主体的视角》，《教育理论与实践》2015年第19期，第27～31页。

⑤ 范先佐、郭清扬：《我国农村中小学布局调整的成效、问题及对策——基于中西部地区6省区的调查与分析》，《教育研究》2009年第1期，第31～38页。

和教育效用之间的冲突和协调，也面临当前最优布局与未来最优布局的冲突和协调，因此，布局决策的过程并不是简单地寻求空间地理上的最优布局，而是要寻求价值上的最优布局。基于布局调整的多维价值目标，学校布局调整应有一致认可的底线标准。①

刘善槐通过计算得出一组底线标准：①学龄人口覆盖率与学校服务半径标准：小学合理的单程交通时间应不超过 30 分钟，初中合理的单程交通时间应不超过 45 分钟。②班级规模：小学阶段每个班级少于 45 人是班级规模的合理区间，如果学生数达到标准的 1.5 倍～68 人时，应折分成两个班级；初中阶段每个班级少于 50 人是班级规模的合理区间，如果学生数达到标准的 1.5 倍～75 人时，应折分成两个班级。③学校规模：小学班额少于 45 人，每个年级少于 4 个班级，全校学生少于 1 080 人是学校规模的合理区间；当学校学生人数达到上述人数的 1.5 倍～1 620 人时，应折分成两个学校。初中班额度少于 50 人，每个年级少于 8 个班级，全校学生少于 1 200 人是学校规模的合理区间；当学生数达到上述人数的 1.5 倍～1 800 人时，应拆分成两个学校。

不同的地区有不同的特点，例如中原地区与云贵高原。中原地区较为平坦，学生上学相对容易，但对于云贵高原的学生来说，崎岖、陡峭的山路，无疑对学生的上学安全带来了巨大的隐患。因地制宜一方面指的是寻求地理环境上的最适化，要根据不同的地形、地貌而制定相应的布局标准；另一方面，也要考虑到当地学生、教师、村民的意愿，听取他们的意见等。

（3）忽视少数人的利益

王树涛谈到功利主义认为分配正义惠及的是社会中的大多数人，公正就是增进"最大多数人的最大幸福"，政府要为"最多数人"谋求"最大利益"，但最多数人的最大利益不能补偿少数人为此失去的自由、权利及所造成的痛苦，经济与社会资源也不构成与自由、权利等基本的"善"的交易资格。② 葛孝亿认为办好农村教育，是全体社会成员或大部分成员共有的利益所在，而不只是某些个人或某些群体的利益要求。同时，农村教育与城市教育以及其他社会发展事业的紧密联系，也决定了我们必须从公共利益的立场去制定农村学校布局调整政策。③ 布局调整所忽视的正好是那些最需要得到帮助的群体，布局调整是为了追求城乡资源配置均衡发展，使部分小规模学校教学点处于被边缘化的状态。由于乡镇学生数量不

---

① 刘善槐：《我国城镇义务教育学校布局调整研究》，《教育研究》2015 年第 11 期，第 103～110 页。

② 王树涛：《农村学校布局调整政策逻辑的反思与重构》，《教育发展研究》2015 年第 10 期，第 1～19 页。

③ 葛孝亿：《农村学校布局调整的政策选择：公共理性的视角》，《教育发展研究》2013 年第 15 期，第 45～50 页。

断上升，教学点学生生源逐年流失，按照学生比例分配资源，教学点从总体规模效应上缺乏竞争力，需要在优质资源分布上给教学点等更多的关注，使布局调整更加合理和完善，照顾到少数学生的利益。

2. 后布局调整时期的农村文化发展

（1）农村"离农"倾向的过度

赵贞、邬志辉谈到，教育离乡，学生离村，没有了学校的农村逐渐走向"文化空核"状态，农村人民失去了文化引领，农村社会失去了应对城市文化冲击的强大内在支撑。[①] 董树梅认为随着居于乡间的教学点、村小的撤并，合并后的学校多坐落于乡镇，这些乡镇在生活方式、处事态度等很多方面都已经"离农"，而更深刻的是他们强烈的"离农"心理和价值取向。这样的外部环境，自然会对学校文化产生潜移默化的影响。[②] 汪卫平认为撤点并校后实行的寄宿制学校远离农村，它们以标准化和城市化为核心的教育观念，比如标准化全国课程与教材、严格的宿舍管理制度、封闭化的学习环境等。这种"离农"情怀的教育将城市生活价值灌输给孩子，培养的是渴望离开农村的人才。少数能够通过教育实现社会流动的人进入城市，而"学业失败者"则留下来重回黄土地，农村文化发展陷入恶性循环。[③]

目前在农村中小学课本中，大部分篇幅都是来描绘城市生活的美好，引导学生对城市生活的向往。并且，农村老师、家长也纷纷鼓励孩子好好读书，将来能去城市里面上学、工作。在我们的传统观念里面，一个人成功的象征就是在城里扎根，并且枝繁叶茂，为自己的后代创造了一个坚实的平台。尤其对于农村学生来说，从小生活在相对封闭的农村，非常渴望外面的世界，想去探寻一个新奇的世界。而教育为他们打开了这扇门，课本上的高楼大厦，教师口中的秀丽风景，都吸引着他们探索城市生活的美好。因此，对于农村学生来说，向城倾向与离农倾向无疑是愈发严重。没有优质人才愿意到农村去，导致农村的教育、经济、卫生、文化发展滞后，不利于新一代的农村学生发展。

（2）农村文化传播载体的丢失

梁漱溟认为"教育的功用不外为延续文化而求其进步。换句话说，就是不使

---

① 赵贞、邬志辉：《撤点并校带来的农村文化危机》，《现代中小学教育》2015 年第 1 期，第 11～15 页。

② 董树梅：《"后撤点并校时代"农村文化困境突围中农村学校的担当》，《河北师范大学学报（教育科学版）》2014 年第 1 期，第 109～112 页。

③ 汪卫平：《后撤点并校时代的农村义务教育的困境及其治理》，《现代中小学教育》2016 年第 5 期，第 6～11 页。

文化失传，不使文化停滞不前。"①董树梅谈到撤点并校后，寄宿成为学生上学路途太远问题的解决之道，寄宿制学校大都采取全封闭式的管理模式，这就使学校俨然成为隔离于农村社会之外的"国家单位"，紧闭的校门限制了学生与家庭、农村社会的文化交互，切断了学生与生活的本真联系，学校文化俨然成为一座"文化孤岛"，孤独地演绎着主流文化，毫无额外的补给。②汪卫平认为新文化内嵌的脱落，也就是文化教化场所的消失，意味着原先学校起到的教化乡民的功能现在消失了，这对于本就文化贫困的农村地区来说，无疑是文明的荒漠化。③

学校在农村作为一个传播文化的载体，是农村文体活动的中心。从古至今，学校是促进一个地方政治、经济、文化发展的重要桥梁，学校在给学生传递知识的同时，也将知识传递给每一位村民。而且在相对封闭的农村地区，学校承担着连接外界与农村的责任，新的知识、新的技能都由教师作为领头人传递给各家各户。虽然现在互联网飞速发展，村民可以在网上了解各种新闻，但是学校生动形象地传播文化的作用是无可取代的。学校的消失导致文化传播载体的丢失，村庄与外界的联系更加微弱，对偏远地区的农村来说是弊大于利。

（3）农村活力建设的"凋零"

陈茜认为村校是农村地区信息共享的服务平台；村校为村民开展体育活动提供了便利；村校为传统村落文化活动开展提供了便利。④董树梅认为学校撤并后普遍存在学生人数增加的现象，出于安全或可操作等因素的考虑，学校文化活动的频率和质量普遍下降，更遑论开展具有浓郁农村学校特色的文化活动，从而导致农村文化熏陶作用甚微，倒是全国统一的各科课程不断重复着"离农"的曲调，不断渲染、强化以升学、逃离乡土社会、进入主流社会为主的强势价值。⑤汪卫平谈到撤点并校使得学生与家庭相互之间的文化影响作用减弱，代际交流匮乏影响农村文化的创生机制，即学生从学校学习到的知识与村落文化之间的融合作用消失。⑥

---

①　宋恩荣：《梁漱溟教育文集》，南京：江苏教育出版社 1987 年版，第 262 页。

②　董树梅：《"后撤点并校时代"农村文化困境突围中农村学校的担当》，《河北师范大学学报（教育科学版）》2014 年第 1 期，第 109～112 页。

③　汪卫平：《后撤点并校时代的农村义务教育的困境及其治理》，《现代中小学教育》2016 年第 5 期，第 6～11 页。

④　陈茜：《村校消失后的农村文化建设研究——浙江省 L 村的个案研究》，金华：浙江师范大学 2015 年硕士学位论文，第 15～16 页。

⑤　董树梅：《"后撤点并校时代"农村文化困境突围中农村学校的担当》，《河北师范大学学报（教育科学版）》2014 年第 1 期，第 109～112 页。

⑥　汪卫平：《后撤点并校时代的农村义务教育的困境及其治理》，《现代中小学教育》2016 年第 5 期，第 6～11 页。

教师离场导致文化建设失去精英指导，学生离场导致农村失去活力。学校本身就是农村活力的创造者，在上课的时候，可以听到学生琅琅的读书声；下课的时候，可以听到学生爽朗的笑声；放学的时候，可以看到学生在路上嬉闹。村民在田间地头工作，听到学校里面传来的阵阵读书声对他们的工作也有激励的作用。学生是农村的新生命，学校是农村的希望，但是学校撤并把农村活力带走，教师、学生、学校的集体离场给农村带来了一片沉寂，让原本较封闭的农村失去活力。

3. 后布局调整时期学校资源配置的不合理

王宁认为农村义务教育学校布局调整后，出现校舍、土地等资源缺乏合理利用而浪费严重，大量教师转岗流失等一系列教育资源利用不合理的现象，这些问题都严重影响了农村中小学学校布局调整工作的顺利进行。[①]

(1)难以保障教师的数量与质量

王宁在调研中谈到，湖北省 H 市，布局调整之后教师的流动和转岗幅度较大，教师学科转移的有 1 707 人，工作(任教)地转移的达 5 129 人，教师转任工勤人员的有 487 人，科任教师转为生活教师的有 234 人，闲置留岗的有 15 人，离岗教师达 2 245 人，完全脱离教育岗位的有 3 339 人。[②] 陶行知认为农村教师"足迹所到之处，一年能使学校气象生动，二年能使社会信仰教育，三年能使科学农业著效果，四年能使村自治告成，五年能使活的教育普及，十年能使荒山成林，废人生利。"[③] 刘善槐认为教师是教育资源中最为核心的要素。在教师质量上，由于在收入水平、发展平台和晋升机会诸多方面存在显著差异，致使层级越低的地区的学校教师岗位的吸引力越低。这在市场化的教师劳动力初次筛选机制中发挥着主导的作用，最终使农村偏远地区学校难以招聘到优秀的教师。[④] 刘欣认为农村进行大规模撤点并校后，教师资源受到了严重的冲击和影响。一方面，农村基础教育尤其是义务教育阶段学校缺乏合格的教师；另一方面，撤点并校后，又产生了不少相对"富余"的教师，这部分教师相继被安排到合并后的学校工作，有的高位低就，有的转科任教，有的成为生活教师、后勤人员，还有的教师由于确实在学校没有合适的工作安排，干脆脱离当地教育系统去另谋职业，造成

① 王宁：《后布局调整时期农村教育资源的重组与合理利用》，武汉：华中师范大学 2015 年硕士学位论文，第 3 页。

② 王宁：《后布局调整时期农村教育资源的重组与合理利用》，武汉：华中师范大学 2015 年硕士学位论文，第 21 页。

③ 陶行知：《中国教育改造》，北京：人民出版社 2008 年版，第 68 页。

④ 刘善槐：《我国城镇义务教育学校布局调整研究》，《教育研究》2015 年第 11 期，第 103～110 页。

农村教师的严重流失。[①]

在农村地区，由于物质条件的艰苦，很难吸引到年轻教师前来任教。对于绝大多数人来说，不愿到农村任教的最大原因是农村地区教师待遇太低。对于刚刚离开校园的大学毕业生来说，一方面，他们习惯了城市生活，并且自己也渴望能够在城市扎根，为自己创造良好的生活环境；另一方面，即使有人有深深的乡土情怀，但是迫于家长的压力也不会选择到农村任教。而且对于年轻教师来说，尤其是女教师，在农村任教很难解决自己的婚姻问题，所以很难保证农村教师的数量。农村学校的这种境况，在不能保证教师数量的基础上，要想保证教师的质量，简直难以实现。

(2)难以解决校舍资源短缺与闲置并存情况

王宁认为在布局调整之后，不少被撤并的农村中小学学校的校园校舍、土地等固定资产长期处于无人管理的状态，校舍因年久失修而逐渐破损甚至倒塌，学校资产被私分、占用、乱用的现象屡见不鲜，有的甚至被乡镇村组处置变卖，造成大量宝贵而有限的农村教育资源因缺乏合理利用而导致浪费，流失严重。[②] 王爱民认为由于过快的撤并，使得城区周边和乡镇原有的部分学校如校舍、运动场等因无法搬迁而被闲置，而被政府定为集中办学的中心校却因基础设施条件有限而无法容纳更多的师生。这样，一方面是被撤并学校的原有教育资源废弃和浪费；而另一方面则是集中办学的学校人满为患，从而造成新的校点在学习、生活、管理上的混乱。[③] 刘欣调查发现，2002 年，郧西县小学数量最多时有 230 所，至 2012 年年底学校布局调整后只剩下 108 所，小学的数量减少了一半多。撤点并校后，大量学生被并入其他小学，又造成这些学校的教学设施紧张。这就出现以下两种情况：一是闲置的教育资源浪费；二是合并后的学校教育资源紧缺。[④]

经过了这几年的布局调整，出现很多闲置校舍。原本一所完全小学，缩减到只有一两个年级，学生数量也由原来的几百人急剧缩减到几十人，甚至几个人，那么这样就会出现大量闲置的教室。在布局过程中，有的学校由于没有生源而自然消亡，继而也就出现大量的闲置校舍。由于废弃的校舍没有专人监管，便造成

---

① 刘欣：《"后撤点并校"时期农村教育资源的重组与利用——基于对湖北省郧西县的调查》，《中国教育学刊》2013 年第 10 期，第 17～20 页。

② 王宁：《后布局调整时期农村教育资源的重组与合理利用》，武汉：华中师范大学 2015 年硕士学位论文，第 19 页。

③ 王爱民：《农村学校布局合理化路径研究——以江苏为例》，《教育导刊》2015 年第 7 期，第 18～21 页。

④ 刘欣：《"后撤点并校"时期农村教育资源的重组与利用——基于对湖北省郧西县的调查》，《中国教育学刊》2013 年第 10 期，第 17～20 页。

了大量的浪费。并且，在合并的学校里面，由于学生过于集中，又出现校舍资源的短缺情况。责任划分的不明确，使校舍固定资产难以管理，造成既缺乏资源又严重浪费。

（3）难以管理教育经费

汪卫平认为虽然 2007 年实施的农村义务教育经费保障机制（简称新机制）、教育财政的转移支付制度都是对以县为主的教育管理体制下教育投入体制的改革，也一定程度上缓解了县级政府教育投入的压力。但因为以县为主的教育管理体制并没有从根本上解决教育财政责任与教育事权错配的问题，所以当前我国农村义务教育经费投入的压力仍然不减。①

新机制的实施虽然在一定程度上提高了农村义务教育公用经费，但是从总体上来看依然偏低。在布局调整的背景下，尤其在贫困地区，地方政府为了追求经济效益，不惜过度撤并学校，减少教育投入以支持区域经济建设。地方政府不能最大效用地管理教育经费，致使学校不能发挥其应有的职能。

4. 后布局调整时期不利于学生健康发展

布局调整后亲情教育的缺失，对学生健康成长带来了不利的影响。李向东认为大规模的撤并使农村教育出现"城挤、乡弱、村空"的现象，由于寄宿生的大量存在，亲情教育被淡化甚至缺失，对孩子的身心发育极为不利。②

（1）道德成长的不确定性

王树涛认为由于远距离入学导致低龄寄宿的现象增加，儿童在其心理发展的关键期离开父母，其最重要的情感支持遭到阻隔，许多儿童早早地出现抑郁、孤僻等心理与行为障碍。③ 汪卫平谈到学生承受道德风险的成本增加，例如，加重儿童的心理危机和身体健康问题、孩子生活自理问题，以及寄宿制将儿童与农村社会文化隔离、自我认同感丧失等。④

家长长期不在身边，不利于学生道德的发展。由于布局调整之后，学校集中于乡镇当中，鉴于路途遥远，学生不得不采取住宿的方式，也因此而远离自己的家。每天在学校这个大环境当中生活，没有了父母的监管，有些孩子便不受约束，开始做一些违反学校管理制度的事情，比如打架斗殴等。

① 汪卫平：《后撤点并校时代的农村义务教育的困境及其治理》，《现代中小学教育》2016 年第 5 期，第 6～11 页。

② 李向东：《后撤点并校时代的应对路径》，《教育评论》2013 年第 5 期，第 6～8 页。

③ 王树涛：《农村学校布局调整政策逻辑的反思与重构》，《教育发展研究》2015 年第 10 期，第 1～19 页。

④ 汪卫平：《后撤点并校时代的农村义务教育的困境及其治理》，《现代中小学教育》2016 年第 5 期，第 6～11 页。

（2）安全保障的不稳定性

王树涛认为远距离穿梭于学校与家庭之间则可能导致儿童身心俱疲、安全风险增大，引发其厌学甚至对上学的恐惧。[①] 汪卫平认为上学时间增加更增添学生上学的难度，甚至有生命危险，年幼的孩子则在悠长上学路上尝尽辛酸。[②] 王定华认为学校撤并后，很多学生需要乘坐交通工具上学，虽然少数地区通过多种渠道和方式解决了部分学生上学的问题，但受车辆数量、经费、线路、时间等诸多因素的限制，绝大多数农村学生只能自行解决上学交通工具等问题。农村学生上学乘坐农用车、三轮车、拼装车等无客运营运资质的车辆和接送学生车辆超载超速等交通违法行为时有发生，给学生上学交通安全带来很大的隐患。[③]

关于农村学校布局调整之后的学生安全问题已经屡见不鲜。对于高原地区的学生，每天上学要翻山越岭，甚至四川大凉山为学生搭建"天梯"……仅仅是上学，对于高原地区的学生来说已经精疲力竭。对于平原地区学生来说，地势平坦，学生自己上学，或者有校车接送。但是，近年来校车事故频频发生，大多是因为司机非专业人员，而学校只是为了省钱才会雇佣他们。上学路上、乘坐的校车均存在较大的安全隐患，但是由于各种原因，这些隐患一直未能消除，给学生上学带来极大的不便。

（3）文化汲取的不长久性

王树涛认为由农村并入城镇学校的学生还可能会遭受原校学生甚至家长的歧视，引发其内心对学校的排斥。[④] 秦玉友认为学校撤并后，被撤并学校的孩子不得不离开自己原来熟悉的学校到陌生学校就读，而且他们普遍会面临对新学校的适应与融入问题。被撤并学校学生需要熟悉与适应新教师、新同学、新环境，融入新学校的文化和同伴群体。这个适应过程往往不可避免地会面临心理上的冲击，一些学生往往长期处于被动适应状态，难以真正融入新学校的文化与同伴群体，会产生严重的心理不适感，甚至可能产生自卑、排斥、逆反等情绪。[⑤]

布局调整使部分学生涌入乡镇读书，与之前接受教育的村小、教学点相比，硬件、软件方面都有很大的改善，而且增加了许多小伙伴。但是面对新的环境，

① 王树涛：《农村学校布局调整政策逻辑的反思与重构》，《教育发展研究》2015 年第 10 期，第 1～19 页。

② 汪卫平：《后撤点并校时代的农村义务教育的困境及其治理》，《现代中小学教育》2016 年第 5 期，第 6～11 页。

③ 王定华：《关于我国农村义务教育学校布局调整的调查与思考》，《华中师范大学学报（人文社会科学版）》2012 年第 6 期，第 141～146 页。

④ 王树涛：《农村学校布局调整政策逻辑的反思与重构》，《教育发展研究》2015 年第 10 期，第 1～19 页。

⑤ 秦玉友：《农村学校撤并的社会代价反思》，《教育发展研究》2014 年第 10 期，第 39～44 页。

有的学生适应能力较弱，不能充分地利用现有的资源，也不能快速地和新同学交朋友，甚至可能由于不适应而影响身心情绪。对原本在村小、教学点接受教育的学生来说，原来班级规模很小，学生成绩排名都比较靠前；但是进入乡镇学校之后，学生人数急剧变多，学生成绩排名可能会有大幅度变化，从而造成心理上的落差。如果长此以往，会导致学生厌学，情况不容乐观。

（三）城镇化进程中大班额现状

所谓大班额其实就是指班级规模超过了法律规定和教育规律允许的人数。我国教育部明确规定了中小学的班额标准，即小学为 40～45 人，中学为 45～50 人，超出此范围的就可算为大班额。大校的现象伴随大班额同时出现，当班级人数达到或超过规定人数时学校由于能够正常开展教学工作等原因而建立更多的班级来承载学生，班级数目的增长导致学校规模的不断扩大，逐渐超出学校管理的承载能力。

1. 大班额问题日益严重且屡见不鲜

教育部网站 2015 年年底公布的《义务教育第三方评估情况》显示：随着我国城镇化进程加快，一些地方城镇教育资源紧张、农村教育资源闲置；中西部地区县镇大班额问题突出，农村学校生源则出现迅速流失的局面。[①] 城镇化进程中学校大班额的问题明显，已逐渐成为社会及教育领域内广泛关注的问题。近年来，随着我国城镇化进程的不断加快，大多数地区城镇义务教育阶段的大班额问题日益严重，成为制约城镇义务教育发展的瓶颈。[②] 西北地区城镇化进程加快，城镇人口迅速增长，城镇中小学生源压力增大。然而西北诸多省市的教育建设落后于城镇发展，且教育资源分布不均衡，"择校"现象严重，引发了较为严重的大班额问题。[③] 大班额现象普遍存在于全国各个省市中，在人口大省表现则更为突出。统计显示：山东省普通中小学共有班级 27.6 万个左右，其中大班额大约有 11 万个；超大班额 2 万多个。城镇大班额占到全省大班额总数的 81%，全省 17 个市都不同程度地存在大班额问题，有 11 个市存在超大班额问题，有的县（市、区）大班额比例高达 90%，有的学校一个班超过百人，最大的班额达 117 人。山东菏泽市牡丹区实验小学一间教室里 87 人，课桌已经安排到讲台的两侧紧贴黑板，

---

① 葛新斌：《关于我国农村教育发展路向的再探讨》，《中国农业大学学报（社会科学版）》2015 年第 2 期，第 99～105 页。

② 刘越：《浅析我国城镇义务教育阶段学校大班额问题的现状及对策》，《教育观察》2016 年第 4 期，第 45～47 页。

③ 翟雪辰、汪露露、巨琛琛：《西北地区大班额问题的成因与对策分析》，《基础教育研究》2016 年第 13 期，第 7～9 页。

该校班均学生近 80 人。① 据相关调查数据发现，第一，小学阶段农村的小班额较多，农村在校学生数量明显下降；第二，大班额、超大班额主要集中在县镇与中小城市，以县镇居多；第三，从小学到高中，大班额、超大班额呈现逐步递增的趋势。②

国家教育咨询委员会委员、21 世纪教育研究院院长杨东平介绍，一些地方大班额可谓触目惊心。国家教育咨询委员会 2015 年 5 月在河南调研发现，信阳市息县某小学最大班额达 150 人，最小的也达 70 余人；周口市商水县某中学，平均班额超过 100 人。部分超大班额班级，后排的学生甚至只能站着听讲，三四名学生共用一张课桌现象十分普遍，学生只能单肘支在桌上写字。③ 据山东省 2015 年的调查，全省普通中小学大班额占比超过 40%；超过 66 人的大班额约占 10%。"我们班有 70 多人，老师上课都是带耳麦的。他们只能站在讲台上讲课，不能走到学生中间"。④ 山东省主管教育的领导在一次会议上痛心地说，七八十上百人的班级，还能叫"班"吗？而且，有数据表明，大规模学校正越来越集中于几所民众认可的小学里，大规模学校的生均占地面积也比较小，虽然家长们对这一点有一定的认识，但他们并没有因为生均面积小而降低认同感，反而出现了"越拥挤越认同"的现象。⑤ "江西省城乡基础教育资源配置调查研究"课题组调查发现，2015 年江西省城区小学阶段班级总数为 27 260 个，其中班级规模"61～70人"大班额 4 102 个，占班级总数的 27.9%；班级规模 71～80 人以上超大班额和班级规模 80 人以上的特大班额 1 930 个，占班级数的 13.5%。⑥ 江西省城区小学的大班额问题已经非常严重。

一些学校产生"大班大校"现象的同时，一些学校由于学生转出或流失逐渐"萎缩"。在地方，生源呈现"往上走"趋势，乡村学生更愿意趋向县镇，县镇学生则趋向城市流动。每年中考，大量高分学生填报志愿时优先考虑城市和省会优质学校，很多孩子把上县城的学校作为跳板。因此，县城学校大班大校的现象尤为明显，而生源流出地的学校则出现"萎缩"的现象。

---

①　胡娇：《义务教育均衡发展关键在于教师发展——基于教育供给侧改革的研究》，《中国教育学刊》2016 年第 10 期，第 90～96 页。

②　毕诚：《小班化是教育现代化的必经之路》，《中国德育》2016 年第 8 期，第 25～28 页。

③　周华：《大班额"瘦身"良方何在》，《发明与创新（大科技）》2016 年第 6 期，第 27～29 页。

④　胡娇：《义务教育均衡发展关键在于教师发展——基于教育供给侧改革的研究》，《中国教育学刊》2016 年第 10 期，第 90～96 页。

⑤　胡娇：《义务教育均衡发展关键在于教师发展——基于教育供给侧改革的研究》，《中国教育学刊》2016 年第 10 期，第 90～96 页。

⑥　曾水兵、万文涛：《农村小微学校面临的困境与出路》，《教育发展研究》2015 年第 24 期，第 24～29 页。

工业化和城镇化加速了农村社会的阶层分化，使农村精英向城市流失的速度加快，家境殷实的家长一般会选择让孩子到县级甚至更高一级的学校就读，比如越来越多的农村家庭子女因为教学质量问题而送孩子到乡镇或者县城就读，举家搬迁或者到城镇租房陪读的现象已经非常普遍，留下的学生大多来自缺乏优势社会资本与经济资本的家庭。[①] 另有统计数据表明，16～19 岁农村人口在 2014 年达到了峰值，随后将进入负增长。[②] 这表明，未来十年，乡村的受教育人口也会随之进入负增长状态。一方面是为了解决大班大校问题，而不断增加教育投入；一方面是为了提供平等的教育机会而坚持保留但仍在不断"萎缩"的小规模学校，这一矛盾现象是目前亟须解决的社会和教育问题。

2. 国家积极出台相应政策应对大班额问题

2016 年 7 月 11 日，国务院印发《国务院关于统筹推进县域内城乡义务教育一体化改革发展的若干意见》，省级人民政府要结合本地实际制定出缓解大班额的专项规划，明确工作任务、时间表、路线图，到 2018 年基本消除 66 人以上超大班额，到 2020 年基本消除 56 人以上大班额。[③] 山东省政府 2015 年 9 月下发《山东省人民政府办公厅关于解决城镇普通中小学大班额问题有关事宜的通知》，山东决定采用清退机关办公用房来破解中小学大班额问题，并明确了解决城镇中小学大班额问题的时间表和路线图。根据规划，山东省将于 2017 年年底之前，全面解决大班额问题，将建设中小学 2 963 所，新增 5.5 万个班、253 万个学位，增加教职工 11 万名，总投入 1 220 亿元。[④]

(四)城镇化进程中出现大班额的原因

大班大校现象产生的原因是多方面的，比如农村义务教育阶段学校布局调整带来的影响、城乡教育不均衡带来的学生流动、城镇化进程中人口流动带来的教育移民等原因均是导致大班大校现象产生的主要因素。

1. 农村义务教育阶段学校布局调整派生了城镇学校大班额问题

20 世纪 90 年代末期，我国大规模的"撤点并校"使农村小学数量从 1997 年的 51.30 万所下降至 2010 年的 23.42 万所，农村教学点从 18.70 万个下降至 7.10 万个。"撤点并校"对农村学生的流动产生极大影响，越来越多的农村学生和家庭

① 曾水兵、万文涛：《农村小微学校面临的困境与出路》，《教育发展研究》2015 年第 24 期，第 24～29 页。

② 吴敬琏：《供给侧改革：经济转型重塑中国布局》，北京：中国文史出版社 2016 年版，第 64 页。

③ 《国务院关于统筹推进县域内城乡义务教育一体化改革发展的若干意见》，国发〔2016〕40 号，2016 年 7 月 11 日。

④ 《山东省人民政府办公厅关于解决城镇普通中小学大班额问题有关事宜的通知》，鲁政办字〔2015〕152 号，2015 年 9 月 6 日。

为求学而迁移至县城。由于学生流的涌入，县城内原有的学校需要承载更多的学生，农村学生也随之构成了"求学移民"的主体，并且对原有城镇学校造成极大的影响，班级学生人数也随之不断增长。从数据中可以看出，撤点并校之后大班额现象明显增多，对学校教育用地面积和其他硬件设施的承载能力构成极大挑战。[①]

2. 城乡教育不均衡，择校热引发城镇学校大班额问题

《国家中长期教育改革和发展规划纲要（2010—2020 年）》实施以来，对教育公平的追求越发急迫，2014 年我国义务教育普及率已经达到发达国家水平，小学净入学率达到 99.81%，初中毛入学率达到 103.5%，九年义务教育巩固率达到 92.6%，至此我国教育已经进入巩固成绩促进均衡发展的阶段。[②] 农村与城镇教育教学环境相比有着先天的不足，学生来源与数量、学校硬件设施建设、师资队伍的培养都面临很大困难。城乡教育的均衡问题一直是社会和学术界关注的问题，农村教学的硬件条件可以依靠国家政策和资金的投入得以提升，但农村教师的数量及质量却很难与城镇学校相比较。尽管国家制定众多对农村教师的扶持政策，但仍然很难吸引优质教师向农村转移，与此同时，却不断有农村教师向城镇转移的现象发生。由于农村教育水平的限制，越来越多的学生和家庭为了能够追求更好的教育资源而选择城镇学校，这种追求优质教育资源的"求学移民"群体也成为城镇学校大班大校的主体之一。

3. 人口流动带来的教育移民导致城镇学校大班额问题

随着城镇化建设的推进，越来越多的农村人口转化为城镇人口或迁移至城镇生活，从 2013 年的数据来看，城镇常住人口 73 111 万人，比上年增加 1 929 万人，乡村常住人口 62 961 万人，比上年减少 1 261 万人。[③] 城镇常住人口的增多势必带来入学适龄儿童的数量增加，原有的城镇学校数量不变的情况下，很难面对不断增长的适龄儿童数量，原有的软硬件设施很难满足现有需求。国家规定新建居民区必须配套建设学校，而新建学校的规模与质量和人口增长的速度与对教育的需求又成为新的矛盾。从调查中可以看出，人口城镇化的速度远超新学校的建设，经常出现学校刚刚成立就已经人满为患。学校学生数量的增加使得班级学生人数超过国家标准的现象屡见不鲜，大班大校对学生、教师和学校的负面影响也越来越明显。

---

①　单丽卿：《"强制撤并"抑或"自然消亡"——中西部农村"撤点并校"的政策过程分析》，《河北学刊》2016 年第 1 期，第 171～176 页。

②　王定华：《我国义务教育均衡发展之进展》，《课程·教材·教法》2015 年第 11 期，第 3～12 页。

③　杨卫安：《当前我国城市义务教育承载力现状与解困之策》，《现代教育管理》2016 年第 4 期，第 25～29 页。

4."择校"现象的增加导致个别学校出现大班大校现象

《国家中长期教育改革和发展规划纲要(2010—2020 年)》强调"义务教育阶段不得设置重点学校和重点班。"要求"切实缩小校际差距,着力解决择校问题"。我国义务教育阶段入学要求"就近入学",而越来越多的学生和家长为了能够获得更优质的教育而寻找各种途径进入更优质的学校,这种违反"就近入学"原则的"择校"行为使得个别学校学生数量超过自身承载能力,学生数量和班级数量逐渐增多,构成了大班大校的现象。

择校风气由来已久,家长在选择学校时首先考虑的是学校的教学质量,可能是因为学校的某一名知名教师而进行择校,也可能是因为学校整体的教学水平和升学率高而进行择校;其次,部分家长比较看重学校的软硬件建设和地理位置,对一些新建规模较大、设备较先进的学校尤为向往,或者是因为学校距离居住地较近而进行择校;最后,另外一些家长可能更加重视学校的校园文化和风气,希望孩子能够在一个良好的文化氛围中成长而进行择校。[①] 此外,有一些家长为了让孩子不输在"起跑线",攀比其他家庭进行择校,或者跟随其他家长而选择知名度较高的学校,以此来取得"同一起跑线"的资格。

综上所述,造成大班大校现象的主要原因可归结为两大类,一是政府行为和教育改革所带来的不可抗拒因素,比如:农村学校布局调整和城镇化建设所带来的人口流动。二是学生和家庭对优质教育的追求所带来的"教育移民"和择校,比如:由于城乡教育水平差异带来的"教育移民"现象和追求知名学校的"择校"现象。无论上述哪一类原因,大班大校的形成是一个漫长的过程,它所带来的影响却越发明显,无论学生还是学校都因为人数过多而受到极大影响。

(五)城镇化进程中大班额引发的问题

1. 大班额授课对学生身心发展造成负面影响

(1)教室内人满为患,空气质量变差,二氧化碳含量增加,氧气含量降低,使人体新陈代谢速度变慢,学生精神状态不好,难以集中精神,甚至昏昏入睡,不仅大大影响学习效率,而且容易滋生细菌,诱发各种疾病,是学生身体健康的隐形杀手。(2)教室拥挤不堪,课桌之间间距小,过道也窄,即使下课学生也很难出去活动,使得学生运动量大大减少。而少年期正是长身体的关键期,缺乏运动,不仅会使生长激素分泌减少,影响身高,而且会影响到成年后的习惯,我国很多人不喜欢健身,或难以坚持运动,就是因为少年时没有养成习惯所致。(3)前排与黑板距离近、最后排离黑板距离远,排两端与墙壁间隔小,导致学生

---

① 齐原:《固始县义务教育阶段区域内择校问题研究》,《学理论》2015 年第 7 期,第 135~136 页。

近视、斜视率大大提升。[①]

在山东省菏泽市牡丹区实验小学，一间教室里 87 张单人课桌把教室挤得满满当当，两个走道被挤成两条"缝"。因为实在安置不下，还有两个孩子坐在讲台两侧紧靠黑板的位置。"我常常担心，万一出现突发事件，孩子们连跑都跑不了。"一位教师说。该校校长王振中告诉记者，学校共有 5 000 多名学生，班均学生近 80 人。[②] 大班额班级的体育课也是一个很大的问题，无论室内还是室外体育课，对体育老师的组织与控制能力要求都很高，同样是进行分组训练，大班额班级的体育老师同时需要关注的小组更多，发生意外的可能性更高。由于学生数量的增多，学生在课堂上的注意力更容易被分散，展示自己的机会也会越来越少。与正常人数的班级相比，大班额班级的学生更容易产生自卑和散漫的现象。[③] 由于教师的能力所限，很难做到对所有学生的关注，必然有一些不善于表现自己的学生会被忽视，长此以往，将对学生的心理造成消极影响。由于学生人数的增加，学生注意力被分散的可能性也在增加，对于自控能力差的学生而言更容易将注意力转移至课堂之外。

2. 大班额授课影响教学效率

与正常人数班级相比较，大班额对教学效率的影响更加明显，课堂提问和互动很难顾及所有同学，每一学期，每名同学被提问和与教师互动的机会随着班额增大而不断降低。个别学科需要背诵的内容很难在课堂内实现，只能将背诵的检查留在课后甚至交给家长完成。

3. 大班额授课易增大教师压力、制约教师的专业发展

由于班额过大，课堂组织工作的难度越来越高，教师需要花费大量的时间和精力去控制课堂纪律，打乱了正常的课堂进度。大班额，对不堪重负的教师来讲，也无法追求个人教学水平的提升，只能埋没于过量的教学任务、过量的作业批改中。[④] 基于教师能力的限制，很难做到对每一名学生都关注有加，为了追求平等对待每一名学生，大班额班级的教师需要花费更多的精力和时间去熟悉和观察学生，因此占用了大量备课时间，为了保证教学质量和进度，教师又需要占用休息时间去准备课程，如此循环使教师疲惫不堪，不仅威胁到了教师的身体健康，也对教师心理的成长以及职业的发展造成了很大影响。

---

① 秦俊巧、朱雅琴、赵斌：《河北城镇小学大班额状况调查与分析》，《教育实践与研究（A）》2015 年第 10 期，第 5～9 页。

② 周华：《大班额"瘦身"良方何在》，《发明与创新（大科技）》2016 年第 6 期，第 27～29 页。

③ 秦俊巧、朱雅琴、赵斌：《河北城镇小学大班额状况调查与分析》，《教育实践与研究（A）》2015 年第 10 期，第 5～9 页。

④ 张正中：《中小学班额超负问题的初步研究》，《云梦学刊》2015 年第 5 期，第 111～115 页。

4. 大班额是导致大规模学校产生的根本原因

为了避免过大班额的产生，只能成立更多的班级来均化学生数额，由于班级数量的增多使学校规模不断扩大，原有的软硬件几乎达到甚至超出饱和状态，对学校的管理造成了极大影响。由于班级增加，班主任的数量和任课教师数量也随之增加，形成了一个庞大的待管群体，原有的管理结构是否能够满足现阶段学校需求成为问题。与此同时，为了能够在固定编制的前提下尽可能开设完整的学科内容，很多教师由单一学科教师转化为多学科教师，对于多学科教师的培训和进修也成为一个有待解决的问题。随着学校规模的扩大，教师承担的任务越来越重，而教师待遇却未发生改变，对教师队伍的稳定也造成了很大的影响。[①] 学校规模越大，管理难度越高，学校管理层需要花费更多的精力去协调各种关系，如：教师与学生的关系、教师与家长的关系、学校与家长的关系等。原本可以将更多精力用于提高学校教学水平，由于学校规模的扩大，学校领导只能在协调好各种关系之后再去关注学校教学水平的提高。原有的管理机构可能无法满足现有的需求，管理层的规模也会随着学校规模扩大而膨胀，管理者与管理者之间的配合也成为新的挑战。

大班大校的存在推动了教育不公平的发展，由于"择校"和"教育移民"的存在，越来越多的学生涌入名校，造成了教育资源的过度集中，社会的关注点也逐渐从学校的教学质量转移到学校的知名度上，这与追求教育平等的社会环境构成了鲜明的对比。学生家长为了能够将孩子送入"名校"选择"名师"，想尽办法寻找各种渠道去实现愿望，因此滋生了很多非法现象。原本应当是最为公平的学校教育却成了人人谈之色变的灰色地带。[②] 解决大班大校的问题并非易事，简单的建立更多的学校来稀释现有的大班大校仅仅是一种治标的方法，无法治本。应当从大班大校产生根源着手，将两种不同因素导致的大班大校进行区别对待，有针对性地解决问题。

(六)城镇化进程中大班额问题解决与对策

大班额问题的解决应当从两个角度进行分析，首先应当解决眼前问题，大班额已经存在而且将会延续一段时间，如何保证此类班级和学校的运行是目前迫切需要解决的问题。其次，应当寻求出路，针对不同原因导致的大班额问题制定方案。2016 年 3 月 10 日，十二届全国人大四次会议新闻中心举行记者会，教育部部长袁贵仁就"教育改革和发展"相关问题回答记者提问时，他提出要通过精准对

---

① 单大圣：《更加注重公平，切实办好人民满意的教育》，《延安大学学报(社会科学版)》2015 年第 4 期，第 116～119 页。

② 齐原：《固始县义务教育阶段区域内择校问题研究》，《学理论》2015 年第 7 期，第 135～136 页。

接、精准帮扶、精准发力，合理配置教育资源，使贫困地区、困难群体得到更多的帮助和关爱。要推进义务教育均衡发展。落实好统一城乡义务教育生均公用经费基准定额、统一城乡"两免一补"政策。加快城乡义务教育学校标准化建设，优化学校布局，努力消除城镇"大班额"，逐步实现区域内校际资源均衡配置。启动"全面改薄"专项督导工作，对项目进展不力、出现严重问题的地区进行问责，确保 2018 年年底前全面完成改造任务。充分发挥优质教育资源辐射带动作用，推广中小学集团化办学、对口帮扶、学校联盟、学区化管理、九年一贯制等形式。①

国务院日前印发《关于统筹推进县域内城乡义务教育一体化改革发展的若干意见》（以下简称《若干意见》）。国务院新闻办公室举行新闻发布会，教育部副部长刘利民介绍《若干意见》有关情况，并答记者问。在发布会上，有记者问：对于推进县域内城乡义务教育一体化改革，对大班额有没有一个标准或者说"一刀切"，或者说按照怎样的步骤，让其逐步回归到国家规定的标准？刘利民介绍，这次《若干意见》要求坚持标本兼治、科学规划、均衡发展、规范管理的思路，要积极消除大班额。一是要确保足够的学位供给，编制城镇义务教育学校布局规划的时候，要根据学龄人口变化的趋势、中小学建设标准，预留足够的义务教育学校用地，纳入城镇规划，并严格执行。实行教育用地联审联批制度，实施"交钥匙"工程，加强小区配套学校建设，提供足够的学位。二是要促进生源的合理均衡，避免大量学生集中在少数热点学校，造成大班额问题。通过城乡一体化，实施学区化、集团化办学或者学校联盟，均衡配置师资等方式，加大对薄弱学校和乡村学校的扶持力度，促进均衡发展，限制班额超标学校招生人数，合理的分流学生。三是要努力办好乡村的教育。适度稳定乡村生源，从源头上减少城镇大班额现象。要办好小规模学校、乡村学校、老百姓家门口的学校。②

1. 大班额普遍存在，要努力从当下解决

解决大班大校的问题是一个漫长的过程，对于已经存在的大班大校，首要解决的便是如何保证学校的正常运转和教学工作的开展。在大额班级中，首要解决的问题便是如何有效利用空间来安排学生的座位，确保学生座位的合理与科学。其次，由于班级人数众多，班级的管理工作需要做到民主，保证学生之间的平等关系。最后，教师需要考虑每名学生的特点，归纳总结不同类型学生并为其制定个性化发展路线。③

---

① 袁贵仁：《以新的发展理念为引领 全面提高全国教育质量 加快推进教育现代化——袁贵仁部长在 2016 年全国教育工作会议上的讲话》，《人民教育》2016 年第 Z1 期，第 8～21 页。

② 刑星：《用"一体化"回应新型城镇化教育热点难点问题——教育部就统筹推进县域内城乡义务教育一体化改革发展等答记者问》，《人民教育》2016 年第 15 期，第 36～43 页。

③ 浦桂华：《超大班额中学生编排座位的方法》，《文学教育（下）》2015 年第 8 期，第 149 页。

2. 强基固本，反补农村

如山西省晋中市、湖北省黄梅县、吉林省通榆县等通过强基固本，反哺农村学校：教师职称聘任、新增教育资源、青年教师等方面优先向农村学校倾斜，实行城乡之间校长、教师的流动机制，规定只有在本乡镇就学才能享受优质高中下放的指标等措施，改变了农村学生盲目进城上学和大班额的弊病，解决大班额问题的同时，促进了城乡教育的均衡发展。[①]

3. 重视小规模学校，实行小班化教学

与我们追求大规模学校相反，小班小校是世界各国现代教育的基本特征。在后工业社会，教育正在告别以效率和规模取胜的"教育工厂"，重新回归人的尺度。西方流行的名言是"小的是美好的"。小规模学校不仅可以方便学生就近入学，而且实行小班化教学，师生关系密切，从而实行善待儿童的人性化管理，真正关注每一个学生，有利于学生情感和性格的培养，有利于实施参与式的教学和个性化教育，有效地提高教育品质。[②]

4. 加大教育资源投入，提高义务教育配置效率

加大教育资源总投入，提高中央和省级政府对农村义务教育经费的负担比重；加强省级统筹，落实各级政府的责任；加强薄弱地区的教育经费转移支付，不断加强农村教育资源配置力度，弥补义务教育资源的不足，有利于实现义务教育资源配置规模效率，也可以通过招聘高水平师资和教师培训来提高教学水平，从而促进技术效率的提高。[③]

5. 加强制度建设和监督，提高制度运行效率和管理水平，降低资源的无效利用

物质性教育资源投入不能直接转化为教育质量的全面提升，管理不当和无效利用导致资源闲置或者资源产出率不高的情形依然存在。只有加强制度建设，提高学校的管理水平，才能在某种程度上提高教育资源配置效率。[④] 一些欠发达地区的偏远学校意识到在教育投入方面不具有优势，通过加强学校管理，提高教育资源的使用效率，努力做到"人尽其才，物尽其用，财尽其力"，实现了教育资源配置的高效率。因此，督促学校加强制度建设，提高管理水平，能够提高教育资源配置效率。

（七）农村小规模学校的学术研究进展

2012 年 9 月，国务院办公厅下发《国务院办公厅关于规范农村义务教育学校

① 杨东平：《未来农村教育的新图景》，《思想者》2015 年第 22 期，第 32～35 页。
② 杨东平：《未来农村教育的新图景》，《思想者》2015 年第 22 期，第 32～35 页。
③ 张亚丽、徐辉：《我国义务教育资源配置效率初探》，《教育评论》2016 年第 6 期，第 8～11 页。
④ 张亚丽、徐辉：《我国义务教育资源配置效率初探》，《教育评论》2016 年第 6 期，第 8～11 页。

布局调整的意见》的通知，提出"坚决制止盲目撤并农村义务教育学校"，"在完成农村义务教育学校布局专项规划备案之前，暂停农村义务教育学校撤并。"[①]这标志着国家布局调整政策的第三次转变的发生，由起始的强调撤并到中期的适度保留，再到当前的暂停撤并，换句话说我国靠政策力量推动的"撤点并校"运动正进入"后撤点并校"时代。文件同时指出："要办好村小和教学点，对保留和恢复的村小学和教学点，要采取多种措施改善办学条件，着力提高教学质量。"因此，村小和教学点的发展问题则成为"后撤点并校"时代最为突出的问题。2015 年 11 月，国务院颁布《国务院关于进一步完善城乡义务教育经费保障机制的通知》，提出"加快探索建立乡村小规模学校办学机制和管理办法，建设并办好寄宿制学校，慎重稳妥撤并乡村学校，努力消除城镇学校'大班额'，保障当地适龄儿童就近入学"。[②] 这是"乡村小规模学校"第一次出现在中央文件中，过去提出的是教学点、村小，这说明"小规模学校"的概念进入了国家的政策体系。

而当前关于小规模学校的概念界定尚未清晰，在我国，众多学者倾向于将学生在校人数多寡作为判断依据。即农村小规模学校主要指教学点和村小，它是为适应偏远农村地区适龄学生人数较少的现实情况而设置的规模较小的学校。学者张旭认同将学生人数少于 100 名的学校称为小规模学校的观点，后根据 2008 年颁布的《农村普通中小学校建设标准》第二章第九条第一款提出的将农村小学班额的长期目标定位为 40 人每班的提法，将农村小规模学校定义为："每年级学生人数不多于 40 人且为单班教学的农村小学及教学点，即把在农村地区的学生规模不多于 240 人的学校定义为农村小规模学校。"[③]刘秀峰重新审视农村小规模学校的价值，分类处理农村学校面临的困境。研究者认为"农村小规模学校"，一般指的是 100 人以下的农村学校，包括农村教学点、不完全小学和一部分完全小学，它们主要分布在经济落后、交通不便、人口密度小的农村地区。[④]

2016 年国内学术界对于"农村小规模学校"的发展问题研究的讨论持续专注、细致、深入地论述了农村小规模学校当前的现状与问题，试图从政治、经济、文化等方面入手，探索一条适合农村小规模学校的发展路径。且大部分学者认为小规模学校将会长期存在，不是一个过渡形态，不是随着教育现代化将要消失的落

① 《国务院办公厅关于规范农村义务教育学校布局调整的意见》，国办发〔2012〕48 号，2012 年 9 月 6 日。

② 《国务院关于进一步完善城乡义务教育经费保障机制的通知》，国发〔2015〕67 号，2015 年 11 月 25 日。

③ 张旭：《农村小规模学校师资队伍建设的成效与困境——基于全国 1 032 名农村小规模学校教师的调查》，《苏州大学学报（教育科学版）》2015 年第 2 期，第 85～92 页。

④ 刘秀峰：《论新型城镇化背景下我国基础教育均衡发展的四大命题》，《教育与教学研究》2015 年第 1 期，第 1～5 页。

后形态。这在一定程度上启发我们对于农村小规模学校的认识应当更加深入。总体而论，2016 年的关于"农村小规模学校"的学术研究，试图再一次进行的"农村包围城市"的教育运动，对往后的深入探析具有一定的参考价值与建设意义，对其相关文献进行全面整理，农村小规模学校的未来发展之路的主要论点如下。

1. 农村小规模学校政策思考的研究进展

（1）垂直式分包分管教育模式的欠缺性

当前村小和教学点经历过兜兜转转的政策转变后，如何在城镇化进程中取得独有的发展之路，受到相关人士的密切关注。2015 年中央一号文件再次强调："要因地制宜保留并办好村小学和教学点"。针对这些政策，学者储朝晖则提出农村小规模学校的重振需走简政的道路，从教育生态角度看，目前形成的垂直式分包分管模式，虽然便于行政管理，但也给基层学校和教师带来了中心校截留农村小规模学校的生均公用经费，借调村小和教学点教师等问题。中心校采取"集中记账、分校核算"的方式，有些中心校并不按规定标准足额拨付给农村小规模学校，截留村小、教学点的经费用于自我发展，导致一些农村小规模学校难以充分享受到全国性政策的全部。① 由于目前各地普遍实行的"县教育局—乡镇中心校—农村小规模学校"的垂直式分包分管教育模式，对小规模学校的发展造成诸多困扰和问题。吴宏超提出："建立区域校际均衡发展组合体。认为农村学校发展不均衡既有资源总量短缺的原因，也有资源共享通道不畅的原因。农村小规模学校在管理上从属于当地某一中心学校或者完全小学。在很多地区，地方政府盲目追求学校规模效益，把有限的资金都集中投入中心校的建设中，不少地区只着眼于扶持中心学校，使中心学校独享优质教育资源，对小规模学校却放任自流。"②

由于小规模学校在经费分配上受制于上级中心学校，加上位置偏远等客观因素，垂直式分包分管教育模式之下的农村小规模学校获得的教育资源往往最少，教育质量也难以保证。整体来说，农村小规模学校本身的自主权非常有限，学校需要更大、更广阔的发展空间，学生、教师需要更多的自主权。因此，提升农村小规模学校的办学品质，必定需要学校更多的办学自主权与教育管理权，让小规模学校独放异彩，也期望能够减少学校间的行政层级，当然，这不仅仅在于降低教育的行政成本，关键也能够进一步缓解原有模式下的紧张状态，让农村小规模学校有宽阔的发展途径。

① 储朝晖：《重振农村小规模学校需走简政之道》，《中国农村教育》2016 年第 3 期，第 14 页。
② 吴宏超：《农村教学点的发展之路》，《教育发展研究》2015 年第 12 期，第 1 页。

（2）农村小规模学校联盟建设的先进性

农村小规模学校的发展问题一直是国内研究者谈论的重要话题，国内几乎没有特别适合我国的经验可以借鉴，且我们的民风与民俗大有不同，地方发展特点不一，很难找寻一条极具共性的道路。因此，这就需要当地政府联合小规模学校自主探索与创新，找出适合地区发展的路径。2014 年，四川省广元市利州区十四所农村小规模学校结成联盟，率先走入了发展创新之路。随即 2015 年 12 月 13 日，由 21 世纪教育研究院、北京感恩公益基金会主办的"底部攻坚，聚力农村小规模学校建设"第一届中国农村小规模学校联盟年会在四川广元利州区举行。陈国华、袁桂林明确了小规模学校联盟的价值在于小规模学校联盟是名校与薄弱学校捆绑发展的有益补充，且小规模学校联盟能为自下而上的教育改革提供条件，以及小规模学校联盟改变了小规模学校"孤立无援"的发展状态。着重强调农村学校的固有缺陷，农村小规模学校联盟如何达到"1＋1＞2"的效果，还需要地方政府和小规模学校继续探索符合农村学校和地方实际的教育教学模式。[①] 赵亮则根据联盟办学的启示倡导小幼一体化，小学办好幼儿园既是对国家倡导普惠性幼儿园的回应，也是积极稳定小学生源的举措；废除小学统一考试，将小学阶段的学业考评下放到学校，学校自主办学，自主考评，坚决抵制应试教育；严厉打击以应试教育为主的超级学校，促进学校向育人功能的复归；积极尝试以新的方式解决农村小规模学校面临的困境，如隔年招生、复式教学等。[②]

我国农村小规模学校存在问题经历过兜兜转转的政策转变后，引发教育界的广泛关注。此时，小规模学校联盟建设无疑是一条具有创新的道路，小规模学校结盟求发展，求进步，共同寻找办学动力和方向，能够在平静中掀起波澜就算是一种成功。学校的联盟建设需要面对的问题即是如何做到有效联盟，而不只是一个形式。学校联盟建设最大的特点在于结合当地文化，能够有效建设学校特色文化，让学校持续发展。

（3）农村小规模学校内外制度的滞后性

农村学校布局调整等一系列相关政策的颁布实施，部分学者认为"后撤点并校"时代已经到来，并且期望着这些政策在实施过程中不断产生新的作用，使得小规模学校得到恢复与发展，能够摆脱落后的困境。吴宏超论及政府主导的"教育创强""教育现代化"和"义务教育基本均衡"的评估政策中，对学校生均教育资源、师生比、场室建设提出了较高的要求。在农村总体教育资源"捉襟见肘"的情

---

① 陈国华、袁桂林：《学校联盟：农村小规模学校发展的新探索》，《中国教育学刊》2016 年第 6 期，第 54～57 页。

② 赵亮：《后撤点并校时代：重振农村小规模学校》，《中国教育学刊》2015 年第 12 期，第 36～39 页。

况下，最经济有效的办法就是对农村学校进行撤并，大规模学校将带来更齐全的师资、更完备的设施和更直接的政绩成果，这样才有利于实现节约办学的目标，导致教学点被排除在扶持发展的范围之外。① 曾水兵、万文涛提出在当前"以县为主"的农村教育管理体制下，农村教育经费主要依靠县级财政投入。故而应当理顺管理体制，确立小微学校的独立办学身份，在资源调配中得有同等的制度安排，小微学校才有可能真正享受到国家的普惠政策，获得长足发展。②

在农村学校布局调整等因素的影响下，小规模学校的发展充满希望又充满挑战，农村小规模学校一方面需要立足于自身的优势与长处，一方面也不可忽视自身存在与发展的局限性，必须综合顾及。当然，如何在当前不完善的制度之下获得长足发展，将会是学界一直努力研究的问题。

（4）农村小规模学校不可替代的价值性

李涛强调"效率优先"的农村学校布局结构调整，下一步需要加快内在价值战略重心的转移，确定以"底层"为先的价值目标，真正凸显"差异补偿"和"个体关照"。针对于此，乡村小规模学校（教学点）建设已迫在眉睫，对其探索实施专项化的援助发展项目也已刻不容缓。③ 然而当前对于农村小规模学校本身存在的价值尚不明晰。储朝晖认为："农村小规模学校，是中国曾经的自然村办小学布局经历城市化进程和人口出生率下降后，共同造成的学校形态。小规模学校的出现是自在而非人为的，因而普遍处于被动弱势状态，对待小规模学校，首先必须明确其价值定位。办好农村小规模学校的最终目的是维护村民的孩子与市民的孩子平等的教育权利。小规模学校的存在，是维护平等教育权利的体现。"④ 杨东平也提出关于小规模学校的建设，要确立新的认识。一个基本的判断是小规模学校将会长期存在，不是一个过渡形态，不是随着教育现代化将要消失的落后形态。办好农村小规模学校，不仅是一种救急行为，而且体现底部攻坚的价值，体现前瞻性，具有教育创新性。因为只有在小班小校的状态下，我们才有可能进行人性化教育，才可能实行个性化教学。⑤

农村小规模学校是顺应我国的国情与发展形势而存在的，促进农村小规模学校的长足发展，必须要正视农村小规模学校的本身价值。农村小规模学校的存在，并不是经济发展落后的产物，更不是评判教育能力与水平低下的代名词。它

① 吴宏超：《农村教学点的发展之路》，《教育发展研究》2015年第12期，第1页。

② 曾水兵、万文涛：《农村"小微学校"面临的困境与出路》，《教育发展研究》2015年第24期，第24~29页。

③ 李涛：《农村学校布局调整须加速重心转移》，《中国民族教育》2015年第1期，第12页。

④ 储朝晖：《农村小规模学校亟须改善和发展》，《中国教育报》2016年第5期，第1~2页。

⑤ 杨东平：《农村小规模学校的价值和建设》，《中国教师》2016年第3期，第9~12页。

的存在，应当是符合我国教育发展的规律，承担多样的角色。一方面，农村小规模学校是以小班小校的状态而存在，最有可能实现教育的社区化、生活化和乡土化，也就是发达国家所强调的教育模式；另一方面，在教育现代化的道路中，小班小校的教育形势也将成为我国未来学校的发展方向。

2. 农村小规模学校师资建设的研究进展

(1)农村小规模学校师资建设的现状与问题

义务教育均衡发展中，促进农村小规模学校发展的关键在于为农村小规模学校提供保质保量的师资，作为提升教育质量最关键的因素，师资的结构均衡为重中之重。然而当前我国农村小规模学校中师资建设面临无数的挑战，也是一个难点问题。主要问题在于以下几个方面。

①教师结构分布不均衡

赵忠平、秦玉友提出农村小规模学校的"小"和"农村"使其师资建设面临多维困境，主要体现在城乡小学的差序师资配置政策，使县域内除县城外其他地区的师资配置明显不足。且在师资相对宽裕的农村学校，小科课程的教学通常由大科教师在能有效完成大科任务的基础上兼顾进行，课程的对口化教学难以实现。以及招收新教师缺乏编制合理性，师资老龄化逐渐形成。[①] 亓昕、姚晓迅提出师资结构不合理首先表现在师资类型分布的不均衡。乡村学校除了正式教师、特岗教师外，还常常聘请代课教师弥补师资不足。村完全小学和中心校基本上是由正式教师组成，几乎没有代课教师，但小微学校却集中几乎全部的代课教师，而正式教师相对很少，并且教师年龄老化严重，严重地影响了小微学校的发展。[②] 随着教育现代化的发展，教师结构的分布很大程度上取决于地区经济发展水平，导致师资类型问题、师资配置问题、师资资源问题突出。

②教师素质提升空间大

体现教师教学水平的标准之一是教师的教学质量，直接表现形式是学生的成绩。农村小规模学校教师素质整体水平低，基于农村当前的生活水平低、工作环境差，难以吸引优质教师任教。赵丹、闫晓静通过对河南省西部山区两所小学的研究发现，小规模学校的教育质量特别是教师水平远远落后于大规模学校，教师学历水平低、知识结构陈旧等问题突出。尤其是小规模学校教师学历与中心学校差距显著，且一位教师往往承担一个年级的全部课程，包括语文、数学、美术、

---

① 赵忠平、秦玉友：《农村小规模学校的师资建设困境与治理思路》，《教师教育研究》2015 年第 6 期，第 34～36 页。

② 亓昕、姚晓迅：《边缘化的农村小微学校：现状与反思》，《南京农业大学学报(社会科学版)》2015 年第 5 期，第 48～50 页。

音乐、体育、自然等科目，教师的专业水平根本达不到多数课程的要求。① 如何促进教师专业成长，提升教师素质与能力是当前大力关注的问题，专业成长与教育素质的提高有着必然的联系。对于农村小规模学校的教师来说，在农村小规模学校整体素质水平低下的情况下，提升教师素质显得尤为重要。采取更多的措施在于增加乡村教师培训，保障其继续教育的机会，然而在具体的落实中不免有所欠缺。赵鹏程、赵智兴论及山区农村小学属于国家重点支持对象，学校财务得到了有效保障，问题最为突出的是学校内部管理、教师学习与成长层面。在教师学习与成长层面，教师继续教育不到位、城乡教师流动渠道不畅是山区农村小学教师"低质"问题形成的主要原因，他们认为"客观、公正、针对性强"的学校管理将会极大地改善山区农村教学点的管理随性问题，从而提升山区农村小学教师教学水平，推动山区农村小学管理的民主化。②

③教师工作量负担过重

农村小规模学校地处偏远，生活艰苦，待遇、培训和发展机会都远不及其他学校，因此大部分教师不愿意去农村小规模学校任教，导致少量教师留任农村小规模学校，也意味着他们将承担更多的教学任务。复式教学也是当前农村小规模学校常见的教学形式，大部分人认为复式教学，不同年级同时上课的学生容易互相干扰，难以保持独立的状态，导致学生学习效率低下。任春荣则提出复式教学的积极作用，认为质量高低关键在于运用它的人有无能力用好，并且在很大程度上取决于对教学点的支持帮助机制是否有效。教学点不仅要求教师能够同时应对不同年龄的学生和不同年级的课程，还要求教师能够承担多个学科的教学，这有利于落实课程改革一直倡导的综合课程理念，尊重知识的自然形态特征，培养学生综合运用知识的能力。③

④教师培训过于形式化

教师培训是提高教师质量的重要手段之一，国家也为此投入了相当的人力、物力、财力，但教师培训的效果却差强人意。张旭提出就农村小规模学校教师培训而言，各种培训"形式化"倾向严重，主要表现为以下两点：第一，职前培训理论与实践脱节严重；第二，教师职后培训学习动力不足，更深层次原因在于绩效工资不合理。农村小规模学校教师职前、职后培训收效甚微，对于农村小规模学

① 赵丹、闫晓静：《农村小规模学校教师资源的现实困境与均衡配置策略——基于河南西部山区两所小学的个案研究》，《教育学术月刊》2015年第3期，第63～64页。

② 赵鹏程、赵智兴：《山区农村小学"撤点并校"之思——以四川省通江县麻石学区为例》，《教育发展研究》2016年第4期，第17页。

③ 任春荣：《城镇化进程中教学点问题与建设策略》，《华中师范大学学报（人文社会科学版）》2015年第4期，第151页。

校师资队伍的专业化发展、教师职业幸福感的提升都将造成不利影响。[1] 根据教师反馈，乡村教师的培训大多针对理论知识的讲解，没有很好地结合实际进行教育，教师本身就不具备大量的理论知识的储备，更多的知识培训，使得乡村教师云里雾里、更加迷茫，也掺杂尽快完成、敷衍任务的心理，这样的培训既浪费人力，又浪费物力，效果更无从谈起。而赵忠平、秦玉友通过调查发现，农村小规模学校教师参加高层次培训的机会更匮乏。县城、乡镇和村屯小学教师近三年来参加过省级及以上培训的比例分别为 16.8％、13.1％ 和 0％。村屯小学教师基本不能获得更高层次培训的机会，大部分村屯学校教师只能参加层次相对较低的县级培训。这可以从农村小规模学校在高层次培训机会竞争上呈现出的相对弱势和行政链条中的末端地位获得解释。[2]

（2）农村小规模学校师资建设的有效路径

①加强农村小规模学校教师特殊津贴制度建设

农村小规模学校的存在和发展关系着我国农村弱势群体受教育权利的保障，关系着教育公平和社会正义。因此，全力加强农村小规模学校教师队伍建设，理应成为我国义务教育学校教师政策制定的首要目标。魏冬月提出为确保教学点师资力量，为农村孩子提供良好的教育条件，需加强支教教师特殊津贴制度建设，为确保特殊津贴能够及时发放给教师，还要将津贴纳入地方财政预算，并且优先进行津贴的安排。此外，一些偏远农村地区的教学点是由代课教师支撑的，所以国家也应该妥善解决农村代课教师的工资待遇问题。[3] 农村小规模学校的发展面临的问题还在于教师稀缺，能否留住任教老师，薪资问题又无疑是教师最为关注的方面。加强小规模学校教师特殊津贴制度建设，建立义务教育学校教师工资保障机制，保证教师工资的稳定来源，为教师扎根农村学校免除后顾之忧。

②注重农村小规模学校教师内生发展培养模式

曾新、付卫东提出内生发展模式，以提升区域内部自我发展能力为目的，以当地人为发展主体，通过对本地区资源、技术和文化等的开发和利用，激发和培育本地区自我发展能力，并在强调提升本地区内部发展能力的同时，注重本地区自治和多元文化的保护。注重定向培养适应小规模学校特殊需求的本土优秀教师，提升农村小规模学校在岗教师的教学和专业水平，吸引优秀年轻教师去那里

---

① 张旭：《农村小规模学校师资队伍建设的成效与困境——基于全国 1 032 名农村小规模学校教师的调查》，《苏州大学学报(教育科学版)》2015 年第 2 期，第 90 页。

② 赵忠平、秦玉友：《农村小规模学校的师资建设困境与治理思路》，《教师教育研究》2015 年第 6 期，第 35 页。

③ 魏冬月：《义务教育均衡发展与农村教学点的建设研究》，《西部素质教育》2016 年第 8 期，第 18 页。

长期任教。① 同样，刘善槐提出推动农村师资供给侧改革，改变传统的农村师资培养方式和招聘方式，根据农村学校和农村学生的特定需求定向培养一批了解农村实际并且具有农村情怀的优秀教师。地方师范院校定向为农村小规模学校培养了解农村实际的"一专多能"全科教师，破解小规模学校教师总量少、课程门类多的矛盾。

③完善农村小规模学校教师编制资源配置标准

褚宏启提出教育人力资源供给的基本要求是提供"足够数量"的教师。解决农村地区教师的缺编问题，关键是要完善农村教师配置标准。完善农村教师配置标准、解决农村教师数量不足的改革方向是：在以"生师比"为主的基础上，引入"班师比"和"科师比"作为辅助配置方式。引入"班师比"有助于缓解小规模学校教师数量不足问题；引入"科师比"有助于缓解大部分农村学校教师结构性短缺问题。② 赵忠平、秦玉友提出在当前阶段需要利用好这些战略机遇，通过系统化的政策设计解决农村小规模学校师资建设问题。做到基于区域内教师工作量相等原则核算小规模学校教师编制；注重小规模学校多学科教师培养和利用；建立高专业性学科教师小规模学校走教制度；构建农村小规模学校教师岗位补偿机制；创新农村小规模学校优质师资补充机制。③教师编制对于教师而言，就是一种保障。而农村小规模学校教师，教师编制是十分缺乏的，所以更应该做到完善农村教师编制配置标准，在一个合理的标准之下使教师编制得到保障，一方面，可以一定程度上激励教师工作，另一方面，可以缓解教师心理的不安感。

3. 农村小规模学校教育经费的研究进展

2013年9月《关于落实2013年中央1号文件要求对在连片特困地区工作的乡村教师给予生活补助的通知》颁布落实后，2013年12月《教育部关于进一步做好村小学和教学点经费保障工作的通知》和《教育部关于加强乡村教师生活补助经费管理有关工作的通知》等一系列政策密集的发布，为农村小规模学校师资队伍建设提供了有力保障。通过对农村小规模学校教师队伍现状的调研发现，农村小规模学校教师队伍建设成效显著。④ 2015年11月，国务院颁布《关于进一步完善城乡义务教育经费保障机制的通知》，提出"在整合农村义务教育经费保障机制和城

---

① 曾新、付卫东：《内生发展视域下农村小规模学校教师队伍建设》，《教育发展研究》2014年第6期，第75～79页。

② 褚宏启：《新型城镇化与教育行政职能转变——城镇化进程中的教育行政改革》，《教育学报》2015年第6期，第32～41页。

③ 赵忠平、秦玉友：《农村小规模学校的师资建设困境与治理思路》，《教师教育研究》2015年第6期，第37～38页。

④ 《教育部关于加强乡村教师生活补助经费管理有关工作的通知》，教财函〔2013〕153号，2013年12月30日。

市义务教育奖补政策的基础上，建立城乡统一、重在农村的义务教育经费保障机制，是教育领域健全城乡发展一体化体制机制的重大举措"。① 教育经费是办学的基本保障，经费也是制约农村小规模学校发展的重要因素，因此，我国不断调整与完善农村义务教育经费，给予农村小规模学校建设强有力的保障。

（1）农村小规模学校经费投入的不均衡性

储朝晖提出要从源头上改善农村小规模学校，主要是解决它们经费短缺的发展障碍。在学生、学校、资金这三者的配置关系中，如果重视的是学生，那么钱就跟着人走；而如果重视的仅仅是学校，那么钱就跟着学校走。相应地，学生也要反过来跟着钱走。正是这种不合理的资源配置，导致在教育上出现农村学生的"进城化"，学校的高度集中，让教育经费和资源配置出现严重失衡。②

张旭论述我国经济发展相对落后、县级财政主要依靠省和中央的贫困县，特别是在连片特困地区等国家级贫困县，自身财力的缺乏导致农村小规模学校资金有效供给不足等成为摆在农村小规模学校发展面前的一大难题。提出如何为农村小规模学校募集到基本发展的教育经费，成为继调动以县为主的地方政府发展农村小规模学校积极性、为农村小规模学校补充师资之后的第三个需要解决的问题。③ 农村小规模学校教育经费的投入面临严重的失衡，相对于其他类型学校的经费投入来说，面临更大的挑战。除了经费投入的问题，经费的有效利用也是重中之重。如何对有限的教育经费最大化地利用，是当前应该着重注意的。

（2）农村小规模学校办学成本的实效性

单丽卿阐述"撤点并校"通过取消村小的方式节省资源，从而达到集中力量办大事的效果。目前发展路径的悖论在于，在缺乏足够财力支撑的情况下，采用投入导向的发展模式，过于强调硬件设施的投入、师资的年轻化以及专业化。这种发展路径选择实际强化了其所面临的资源困境。教育发展不仅仅在于资源配置效率，也就是说有效率的资源配置方式未必能导向更为合理的结果。④ 秦玉友同时提出要制定符合乡村小规模学校实际的教育投入原则和标准，以保证乡村小规模学校能够健康发展。首先，要建立以班级数量为基础，充分考虑各年级应教科目数量的师资配置模式；其次，建立以班级数量为基础，适当考虑学生数量的教育

---

① 《国务院关于进一步完善城乡义务教育经费保障机制的通知》，国发〔2015〕67 号，2015 年 11 月 28 日。

② 储朝晖：《农村小规模学校亟须改善和发展》，《中国教育报》2016 年第 5 期，第 1 页。

③ 张旭：《悖论边缘的界定：农村小规模学校发展路径探析》，《中国人民大学教育学刊》2015 年第 2 期，第 131～132 页。

④ 单丽卿：《"强制撤并"抑或"自然消亡"——中西部农村"撤点并校"的政策过程分析》，《河北学刊》2016 年第 1 期，第 53 页。

经费配置模式;再次,推进小规模学校办学硬件条件标准化建设。[①]

农村小规模学校办学成本的有效利用,应当最大可能地克服学校的教育劣势,避开问题。教育劣势就是地处偏僻,交通不便,导致与外部交流成本高,这种情形必须做到合理开支,增加额外补偿来解决,还需要最大可能地利用学校的教育优势。

(3)农村小规模学校经费管理的措施

旭红认为:可以探索尝试村级完全小学开设独立公用账户的财务管理模式;在师资队伍建设方面,需为农村小规模学校教师提供特殊岗位津贴,津贴额度参照基本工资、当地物价等因素进行综合考虑确定,需具备一定的激励效应;制定专项政策,使"国培计划"等教师培训计划惠及农村小规模学校的教师;在有办学积极性的社区,应开放群众的参与渠道,吸纳社区资金到学校的办学中来。[②] 贾勇宏详尽地阐述了找回农村教学点的必要性和可行性,认为可以避免社会教育资源的严重浪费,维持乡村文明的生态,节约新农村建设的社会治理成本。在偏远山区和低龄学生相对集中的地区,采用恢复必要教学点的做法既可以充分利用当地原有闲置校舍和校产,也可以用相对较小的新增经济代价去解决学生上学远、上学难和上学贵等问题。[③] 在农村地区,出现了三类特别值得关注的学校,就是城区的大班额、大规模学校,乡镇的寄宿制学校,以及乡镇以下的村小、教学点——小规模学校。农村小规模学校满足了农村后 20% 没有能力进城上学的弱势家庭的教育需求,由于小规模学校过于分散和偏僻,所以这类学校的改造和提升非常困难,是三类农村学校中面临困难最大的。[④]

可见,农村小规模学校的发展是曲折的,必然要求保障其基本需求——经费问题。学校经费的管理,每所学校有其管理方式。一方面,必须要正视经费管理所面临的问题,综合这些问题的特点,来采取相应的解决措施;另一方面,也要着手解决小规模学校改造的一系列阻碍。任何管理问题都需要制度建设,坚持以制度管人、管事、管物,设立一个规范化、民主化的经费管理制度。

4. 农村小规模学校地方经验研究

李跃雪、邬志辉总结多个国家的经验,认为支持与发展乡村教育的主要策略有:增加教育投入,完善乡村学校办学条件;共享教育资源,实现乡村学校协同发展;开展非正规教育,提供灵活化的乡村教育;健全激励机制,提高乡村教师

① 秦玉友:《乡村小规模学校办学成本解决之道》,《中国教育报》2015 年第 5 期,第 1~2 页。

② 旭红:《农村小规模学校不能突破底线要求》,《中国教育学刊》2015 年第 11 期,第 108 页。

③ 贾勇宏:《找回农村教学点的必要性与可行性——基于全国九省(区)教师和家长的调查》,《华中师范大学学报(人文社会科学版)》2016 年第 1 期,第 153 页。

④ 杨东平:《农村小规模学校彰显教育创新性》,《社会科学报》2016 年 1 月 14 日第 001 版。

队伍质量；重视学生资助，让乡村学生获得充足发展。同时，应当大力改善乡村小规模学校的办学条件，全方位支持乡村学校教师发展，有针对性地为乡村学生提供帮助。[①] 孙艳霞总结台湾小规模学校特色发展中，主要采取内生性的发展策略，小规模学校的定位由经济效能和社会正义（教育公平）转向以实现学校的主体价值为主导。整体来看，台湾小规模学校"内生性"的增长过程呈现两个重要的特点：强调从大教育观的层面来界定学生的发展以及注重以地方性的文化资源为基础，形成独特的教育内容和教学方式。[②] 学校的存在是为了培养学生，促进学生的全面发展，农村教育也是为了学生的长足发展。因此，发展农村小规模学校的教育，必须从多方面入手，以教育发展为主题，教学改革为动力，深入落实到学校教育细节，让农村小规模学校的发展能够跟随教育的步伐，大步向前，促进农村教育的发展。

杨东平提出要在教育现代化维度上看小规模学校，认为随着农村人口减少和城市化进程，农村学校的规模将会逐渐缩小，小规模学校有可能成为主流的学校样式。小班小校还可能是未来学校的发展方向，真正需要改变的是大规模学校、巨型学校。最终改善农村小规模学校需要政府发力，需要政府在办学条件、教育经费保障、管理模式、教师配置、评价考核等方面加以区别对待。[③] 农村小规模学校的发展之路，在国际上其他国家乡村教育发展的主要经验和做法中，可以得到一些启示和借鉴，但终究需要我国农村小规模学校结合实际，探索一条切合本土特色的发展道路。

五、农村小规模学校改进典型经验

截至 2015 年，全国共有 118 381 所乡村小学和 81 818 个教学点。正是这些农村义务教育薄弱学校，使得大量生活在艰苦边远农村地区的学龄儿童得以"有学上"，将这些农村薄弱学校办好，是教育公平的底线所在。目前这些村小学和教学点的生存和发展面临着一系列的困境：学校分散；学生人数不断下降、规模日益缩小；办学成本高、教育教学质量差；学校和教师封闭、处于孤立落后状态等。因此，在现阶段如何为这些村小学和教学点搭建更为多元的发展平台，如何寻求更为符合农村学校自身特点的学校改进创新模式显得尤为重要。

---

① 李跃雪、邬志辉：《城镇化背景下乡村教育发展策略：国际经验与启示》，《比较教育研究》2016 年第 3 期，第 15～19 页。

② 孙艳霞：《我国台湾小规模学校价值定位与特色发展研究》，《课程·教材·教法》2014 年第 9 期，第 126～127 页。

③ 杨东平：《建设小而优、小而美的农村小规模学校》，《人民教育》2016 年第 2 期，第 36～37 页。

（一）山东省济宁市"信息化建设促发展"学校改进模式

山东省济宁市是人口大市，也是教育大市，所辖县有全国百强县，也有省级财政困难县，县域之间、城乡之间经济条件和办学水平差距较大，全市现有农村教学点 229 个，大部分地处偏远湖、滩区、山区，硬件设施、师资力量较为薄弱，推动教育均衡发展的任务艰巨而繁重。近年来，济宁市把农村教学点信息化建设作为加速推动教育均衡发展的现代化手段，纳入县域义务教育均衡发展、标准化学校建设总体布局，围绕"配备标准化、管理专业化、投入经常化、应用全员化"的目标，扎实推进"基础设施建设、网络资源共享、教师业务培训"三项工作，建立了覆盖城乡、布局合理、功能完善、与教育教学深度融合的农村教学点信息化服务体系，有力提高了城乡教育均衡的现代化水平。

1. 高标准推进教育信息化基础设施建设

济宁市委、市政府高度重视教育信息化工作，2008 年和 2011 年先后出台了两个教育信息化行动计划，并于 2014 年出台了《关于加快推进县域义务教育均衡发展的意见》，将教育信息化纳入城乡学校规划布局，以教育网为依托，以"三通两平台"建设为主线，按照省定办学条件标准，大投入、高标准完善信息基础设施。一是建网络。全面推动市、县、乡、校网络共建、资源共享，全市累计投入1.7 亿元，建成涵盖 12 个教育信息中心、613 个教育网站、联通所有中小学与农村教学点，名列全市第一、全国 50 强的行业第一大网——"济宁教育网"，全市中小学全面实现了"宽带网络校校通"。二是抓配备。连续六年实施统一招标、集中采购的"阳光配备工程"，推进"优质资源班班通"。全市累计投入 6.2 亿元，为中小学配备微机 14 万台、多媒体 1.8 万套，生机比达到 12：1，教师实现人手一机，70% 的教室安装了多媒体，876 所学校实现了"班班多媒体"。目前，济宁市正在开展多种形式的"家校通""人人通"试点，力争 2014 年年底全面实现"班班通"，2015 年年底基本实现"人人通"，为推动教育均衡发展提供现代信息技术支撑。

2. 尽快补齐农村教学点信息化短板

多年来，农村教学点办学条件一直是济宁市教育的薄弱环节。为尽快补齐短板，让农村偏远山区、湖区、滩区教学点的孩子都能通过网络接受优质教育，济宁市先后高标准实施了"农远工程"和"教学点资源全覆盖工程"。2011 年，济宁市政府下发了《关于改善农村教学点办学条件的实施意见》，确定利用 3 年时间，按照"市级统筹、以县为主、科学规划、分步实施"的原则，集中推进农村教学点办学条件改善工程，重点加强教育信息化建设。为推进工程顺利实施，济宁市成立了分管副市长为组长，发改、教育、财政等 8 部门为成员的领导小组，建立了经费保障长效机制，教学点生均公用经费标准按省定标准上浮 30%，所需资金按农村义务教育保障机制比例实行市县分担，仅此一项，就增加教学点公用经费1 154 万元。三年来，济宁市累计投入 1.5 亿元用于教学点改造，其中教育信息化投入 2 707 万元，为教学点配备微机 8 844 台、多媒体教室 425 个，所有教学点全部实现了光纤宽带接入。2012 年以来，济宁市投入 1 887 万元用于教学点数字教育资源全覆盖项目，采取"集中政府采购、集中支付资金、集中配送安装"的方式，为每个教学点配备了路由器、交换机、液晶电视、微机、多媒体讲台、《小学教学数字资源》光盘等设备。

3. 多渠道促进农村教学点网络资源共享

推进农村教学点信息化建设，基础设施提供硬件支撑，软件资源必须同步跟进，才能真正发挥信息化作用，促进优质资源普及共享。近年来，济宁市坚持"建网、建库、建队伍"三建并举，注重"平台支撑、资源扩充、名师引领"，有效提升了教学点网络资源建设应用水平。济宁教育信息中心挂接了 10T 资源库和50 万册数字图书馆，县市区网络资源实施分层建设、分布存储，教学资源增至48.8 万件，供全市教学点与中小学共享。为改进教学点教师教学手段，拉长优质资源应用链，济宁市以教育科学研究院牵头，整合齐鲁名师、杏坛名师、特级教师等力量，成立了网上"名师工作室"，利用网络、微博等平台，开展网上教研，每年安排新招考小学教师到教学点任教，城镇优秀教师到教学点支教，组建"传帮带"教学团队。

4. 大面积加强农村教学点信息技术培训

济宁市坚持把教学点教师信息技术培训作为必备项目，并纳入全市教师培训规划，采取"市级培训骨干、县级培训全员、全部免费培训"的方式，全面开展了教学点教师专题培训。济宁市教育局对骨干教师进行了多媒体应用管理、网络资源搜索运用等培训，共培训骨干教师 450 人次，各县市区积极组织全员培训，累计培训 2 500 人次。

2014 年，济宁"农村小学教学点数字资源全覆盖项目"高标准通过国家验收。目前，济宁网络教研平台已注册用户 1.4 万个，农村教学点实现了与城市名优学校网络课堂同步、图文并茂的多媒体教学，教学点的学生与城市学校的学生一样，享受到了网络科技带来的学习快乐。济宁市几乎全部教学点教师都能熟练使用多媒体设备，上网获取国家和省、市网络教育资源，部分年轻教师还可以利用设备自制课件进行教学，大幅度提升了教师自身信息素养和现代化技术教学能力，有效提高了教学点的课程实施水平和教育教学质量。

(二)浙江省淳安县"微班教育教学变革"学校改进模式

淳安地处浙西山区，全县 45 万人中约有 12 万人常年外出务工，许多家长将孩子带到工作地入学，当地很多学校被"掏空"。全县 100 名学生以下的超小规模学校就有 25 所，很多班级人数都在 10 人以下。在这一大背景下，淳安县致力于探索农村小规模学校微型班级教育教学管理策略，建设小而精的班级文化（亲课堂），开展小而美的学习活动（活学习），开发小而真的特色课程（微课程），打造小而强的集体组织（乐生活），形成了"聚焦细微、关注个体，整合优化、张扬个性，活动多元、彰显活力"的小规模学校发展共识。

1. 变更教师的教育观念

思想决定行为，教育发展和变革根本在于教师，而教师的变革真正还在于教育观念的变更。由于淳安县农村小规模学校大部分教师年龄偏大，他们的教育思想里大班教育思想根深蒂固，陈旧的教育管理和思想难以转变。因此，淳安县积极组织微班教育专题培训会和微班教育教学管理策略研讨会，注入新的教育思想，以求这部分教师尽早适应微班教学的管理理念和方法。

2. 变换班级的空间布局

由于人数少几乎是所有农村小规模的共同特点。因此，对于微班教育来说，班级的空间布局就显得尤为重要了。微班教育变革对部分班级大教室进行了小班级分隔设置，改变了以往几张桌椅、一张讲台空荡荡的局面。经过班主任的精心布置，班级布局更加紧凑，育人氛围更加浓厚，班级文化更加温馨。未来，有的学校还计划废除讲台，任课教师进班级办公；更换学生课桌椅形式和座位排列，采用圆桌式教学，一班一桌等。

3. 变革课堂教学模式

教学模式的变革，是微班教育的重中之重。随着班级人数的减少，微班教育主要是从教师的教和学生的学做出相应的变革。例如，有的学校推出了"班级联通"课堂，整合课程资源，编排教学体系，将不同年龄的学生编排在一起开展学习；有的学校推行了实行学习共同体，推行"小先生制"，学生成为学习的主人。在这样的共同体中，合作学习的作用得到充分发挥，既不偏离既定的学习目标，脱离教师的指导，又不束缚学生的思维火花、扼杀学生的个性，教师的主导作用和学生的主体地位得到很好的发挥，更促成了学生的深度学习发展。还有的学校把课堂 40 分钟设定为"基础教学 30 分钟＋自由拓展 10 分钟"，自由拓展 10 分钟可由任课教师因人而异、合理安排，如优秀生的思维训练、后进生的个别辅导、其他学科的有机渗透等。

4. 创新整合课程资源

课堂资源整合是微班教育管理中的疑难杂症，课程资源的有效整合，能够真正提高课堂效率。淳安县主要推行三种做法：一是在实验班采取了 1～2 人包班制，可由 1 位教师根据任教学科，对所有学科内的资源进行有效整合，并利用课堂后 10 分钟进行有效渗透。也可两位合作，对分教学科进行资源重组，两人合作教学。二是根据学段特点和学生认知水平，分段式学科统整教学，音乐、美术、体育等实施公共课。三是课堂资源综合化，以综合实践活动课程为基本理念，教学主题式，归并主题内语文、数学、信息、美术、音乐等所有相关资源。

5. 打造温馨的微班文化

为了让孩子在空荡荡的教室里找回温馨，学校从显性文化和隐性文化两个层面入手。在显性（物质）文化层面，通过划分区块，分设栏目，使整个教室成为学生学习、活动、体验的天地；在隐性文化层面，着重营造师生间、生生间平等、和谐的人际环境，通过撤除三尺讲台、用好体态语言、保障心理自由等，实现亲密式教学相长，进一步激发学生的求知欲和创造欲。同时，也张扬了学生的个性，使学生感受到安全、幸福和温馨。这种以知识化、个性化、温馨化、童趣化为一体的微班文化，使教室成为学习知识的海洋、发展个性的舞台，也让教育回归温馨，趋向本真。淳安县基于当地农村学校的现实状况，通过对农村小规模学校进行教育教学变革，来提升农村小规模学校的教育教学质量的创新做法值得借鉴。淳安县探索微班教育教学改革的实践不仅促进了当地农村小规模学校的发展，也为全国其他地区相同类型学校的发展提供了鲜活的经验。

（三）湖北省咸安区"一体双核四驱"学校改进模式

咸安区，隶属于湖北省咸宁市，位于湖北省东南部。湖北省教学点总数为3 538个，班级数为11 273个，学生人数为259 873人，教师仅有21 789名，平均每个教学点约有6名教师。同时，各地区教学点之间的师资和办学条件存在较大差距，多数教学点仅有1或2名教师，其中代课教师占很大比例，教学点师资匮乏且高龄化问题严重。"一体双核四驱"的"咸安模式"，即依托虚实一体的咸安数字学校，创新政府、高校和企业多方协同机制，以主干学科建设、多层次教师全员培训、数字化教师打造、云环境下的学生成长观测记录四大工程为驱动，实现信息技术与教学的创新应用，形成了可持续发展与改进的教学新常态，全面促进了区域义务教育的均衡发展。

1. 一体

"一体"指的是咸安数字学校的建设，即依托咸安数字学校开展信息技术促进农村教学点开齐课、开好课的实践探索。经过一年多的努力，目前的咸安数字学校已形成县域整体、县城中心、镇点结体、体体联片的形式，即以县域为整体，以县城为中心，通过一个城镇中心校与对接教学点形成一个教学共同体，多个教学共同体联成片，共同组成县域内的双轨数字学校。从咸安数字学校的建设来看，学校规模也从最初以咸安碧桂园外国语小学、浮山中小学和二号桥小学为中心校的三个教学共同体发展成现在的十余个教学共同体，覆盖全区所有农村教学点。在这里设有专门的决策机构——理事会，校长由咸安区教育局局长担任，总体负责数字学校的整体管理工作，下设教务管理部、教学管理部、学生管理部、师资培训部和后勤保障部等共同管理相关事务，保证了城市中心校与农村教学点活动的正常开展。

2．双核

"双核"指的是多方协同与应用创新，即"政府主导、高校合作、市场推动、学校参与"的协同机制建设和"体制机制、应用创新"的创新机制发展。一方面，引入高校的先进理论、公司的先进技术，并通过政府的资金与管理支持以及城乡一线教师的主动参与，构建了高校、政府、企业、中小学多方协作的有效模式。另一方面，制定《咸安数字学校章程》等多项规章制度，创设了负责咸安区教育信息化推进的"专家咨询委员会"，为区域内相关方案的制订、应用的推进等提供专业建议，确保了咸安数字学校的常态化运行，促进了跨越城乡的同步课堂与专递课堂的有效开展，实现了城乡教师、学生的共同发展。在探索信息技术促进区域义务教育均衡发展的实践过程中，咸安以此为核心突破口，为地方主干课程建设、同步课堂开展及城乡教师专业发展等方面工作的开展提供了重要保障。

3．四驱

"四驱"即地方优质主干课程建设、全员教师多层次培训、数字教师培养和学生成长跟踪观察。首先，在驱动信息技术与学科教育深度融合方面，研究团队与咸安区一线教师共同研讨，建设本地化数字教育资源。实现了资源汇聚、资源征集与自主开发的有机结合。其次，在驱动区域内教师队伍整体信息化素养提高方面，咸安区开展了包括中小学校长、城区骨干教师和乡镇全员教师在内的多层次培训，促进了全区教师及相关领导者的信息化意识与信息化教学和管理能力。再次，在驱动信息化环境下教师课堂教学行为的整体性变革方面，咸安通过集中培训、案例探讨、现场观摩、总结反思与课例设计等多种形式，打造了一支在全区范围内具有示范引领作用的数字教师骨干团队。最后，在对全区范围内不同年级、不同层次的500名学生进行长期跟踪观察的基础上，不断调整实施方案，逐步改进教与学的模式与方法。在四大工程的驱动下，咸安区教育信息化工作稳步推进，城乡师生、生生之间的活动持续展开，区域教育尤其是农村教学点和薄弱学校的教学质量得到了有效提升。

"一体双核四驱"模式实施以后，在不到两年的时间里，咸安区教学点学生回流现象明显，乡村学校恢复了活力。从2014年秋到2016年春，咸安区25个农村教学点，除2个教学点各减少1人外，其他23个教学点人数均大幅增长，从352人增长到481人，共增长129人，增长了36％。在很多农村地区教学点学生人数普遍减少的情况下，咸安农村教学点学生的大幅回流，显示了咸安农村学校改进实践探索的成效。

（四）吉林省宽城区"村小联盟"学校改进模式

农村学校由于地处偏远、经济水平落后，教育质量也远远落后于城市，农村教育中存在着很多问题，如师资流失、教师素质低下、教育经费严重缺乏、教学设施陈旧等，吉林省长春市宽城区的 11 所农村学校亦是如此。宽城区外来务工人口较多，生源参差不齐，进一步加大了农村义务教育质量提升的难度。为了更好地解决农村义务教育发展中存在的问题，缩小城乡教育差距、推进区域教育均衡发展，2012 年宽城区教育局启动了"种子计划"，即选派城里校长、老师去村校任教，以期用校长、教师的先进理念带动农村小学的发展，提高农村学校的办学质量。小南小学、自强小学、小城子小学、第三实验小学四所农村小学就这样迎来了四位城市女校长。当四位校长真正走进村小时，发现四所小学存在许多相同的问题，即相同的地理环境——远离市区，培训条件受限，缺少交流条件；相仿的学校现状——学校规模小，办学目标模糊，缺少远景规划；相近的教师队伍——平行班少，研讨氛围淡漠，缺乏专业助推；相似的学生状况——自卑胆怯，教育活动匮乏，缺少适切教育；相悖的家庭教育——家长缺少正确的角色认知。在"想为农村孩子做些实事"教育情怀的推动下，四位女校长携起手来，由"孤军奋战"走向了"协同作战"、由"画地为牢"的原有发展模式走向了"抱团取暖"的交流合作模式，四所农村小学组成的"追梦联盟"便应运而生。

由于四所学校人数较少，总共加起来不足 1 000 人，最小的学校学生才 100 余人。因此，最初的主要联盟活动就是四所学校一起组织集体活动，如 2012 年四所学校的联合运动会，不仅是四所学校合作的第一次大型活动，更是为孩子们提供了一个开阔眼界、表现自己的舞台。联盟成立后的四年时间里，经历了牵手、融合、发展，学校不仅发展了自身的特色理念，联盟亦形成了独特的发展文化和路径。"建构研修文化，唤醒发展潜力，追求联盟共赢"是联盟发展的核心理念，为了让这一理念落地生根，联盟主要通过"一个策略、一个机制"来实现。

1. 项目推进策略

为了使理念有效转化为行动，目前，联盟有四个正在运营的项目，即课程研发项目、网络研修项目、师生心灵成长项目和教学工具项目。

（1）课程研发项目。课程研发的着力点是国家课程校本化的处理，即按照国家课程标准将课程打破顺序重新排列，以更好地适应孩子的发展需求。如语文课，在重新排列后形成精读课、泛读课、拼音认读课等。这一过程分为三个方面：首先，各家"补洞"，如小南小学在集体备课中进行教学目标的梳理，开展新课程标准解读，实施了课堂教学亮化工程，对长春版语文教材和人教版语文教材、北师大版数学教材和人教版数学教材进行了对比分析，并提炼了可以融合的知识点。其次，各个学校的教师在"补洞"阶段后针对四所学校共同存在的问题，坐在一起讨论归纳出第一阶段的课程研发内容。再次，为了更好地完善课程研发内容、增强其科学性，四所学校定期举行课程研发的反思研讨会，力图及时发现问题、解决问题、优化实施。

（2）网络研修项目。联盟间进行沟通的渠道主要有两个——"线下"和"线上"。网络研修即是"线上"，通过开展网络课程，利用网络资源这种载体，开展主题式的网络研讨，网络视频碎片化的集体备课、听课、汇课，打破校际限制，实现教师网络学习、研讨、交流快捷化、便利化。

（3）师生心灵成长项目。即开展的对教师心灵成长的引领及关注的一系列活动。如通过沙盘关注教师心理健康、排解情绪；四所学校教师共同参加的拉练活动；各个学校组织的系列活动。

（4）教学工具项目。这个项目主要通过学习使用一些教学工具，使课程更有趣味性、教学效果更佳。目前正在进行的有小班化教学策略、思维导图、微课制作。如微课制作，就是教师在正规学习、培训的基础上，在某些课程上针对某些重要却难以记忆的知识点进行梳理、制作短视频或者PPT，加深学生的理解和记忆力，从而使学生学得更扎实。

2. 分合研修机制

为了实现四校共同研修、共同发展，联盟突破了四校联合发展存在的时间和空间的问题，突破了人员统一和推进进度的问题。每个项目在运行过程中都能做到合与分的有效整合：合即四合，整合人力——四校成员整合在一起组成一个项目组；整合任务——统一布置任务或启动同一主题的研究项目，共同研究；整合时间——项目组定期举行例会或线上线下研讨；整合地点——例会或集体活动时统一地点，或线上或线下。分即四分，分校组队——每校都有自己项目研究的小团队；分散研究——成员在统一思想和任务的引领下，分别在自己工作中开展研究或落实任务；分层管理——每个项目都有联盟总负责人到学科负责人到校负责人再到具体实施人员；分工作业——有的任务可能涉及具体分工，如在课程研发时，各个小组分到的是不同单元的开发内容，然后再整合在一起推敲。

通过联盟，四所学校在整合校际力量的过程中，取长补短，实现了校际真正的合作与共赢。每所学校在这一过程中都形成并完善了自身的发展理念与特色，使学校的发展有了核心价值的引导。同时，各个学校通过联盟提升了在区域内的影响力，从而吸引了更多优秀青年教师到四所学校任教，优化了教师的年龄结构和学历结构，使教师队伍充满活力；在共同的培训和活动中也提升了教师的业务水平，教师的干劲也比以前足了。四年来，学生们的学业成绩不仅得到了大幅度提高，联盟活动的开展也为孩子们提供了更多展示自己的平台和机会，他们在参与活动中锻炼了自身的能力、增强了自信，在人际交往方面也较之前提升了很多。联盟活动也为家长提供了参与的机会，家长们对学校有了更多的信任和支持，也对联盟活动的开展提供了更多的帮助，家校关系更加和谐。

(五)四川省成都市"名校领办＋委托管理"学校改进模式

2013年7月，成都市出台了《关于推进名校进县城托管到乡镇 深化教育圈层融合的意见》(以下简称《意见》)政策文件。根据《意见》，成都市教育局倡导各区(市)县按照"名校进县城""托管到乡镇"两种方式来推进圈层间的教育融合，发挥优质学校的辐射、带动作用，推进教育资源的高位均衡。《意见》表示，到2017年，力争全市接受领办和托管的二三圈层市县薄弱学校达到50所左右，实现每对区(市)县教育联盟之间，有1～2所学校接受名校领办，3～5所学校通过委托接受优质学校管理。

成都市名校领办与委托管理这两种制度设计，是以政府为主导，采取"政府购买服务、契约式管理"的方式推进的。在具体执行上，《意见》提出了细化要求，各区(市)县在教育联盟框架下，采取紧凑型方式跨区域组建"一对一"名校集团，一方学校领办对方县域所在地薄弱学校、新建学校。此外，也可采取"政府购买服务、契约式管理"的方式跨区域开展"一对一"学校委托管理，一方委托对方的优质学校管理县镇学校。为了真正实现名校的一个团队派驻到薄弱学校，全面提升薄弱学校的办学水平的名校集团化发展的核心意义，《意见》专门提出了"一对一"模式，要求在一对一的区县联盟的框架下，一所名校仅领办一所薄弱学校，并且结盟后派驻到对方学校的管理干部、骨干教师不低于对方学校教职工总数的5％(不足3人的，按3人派出)，原则上领办和托管都以3年为一个周期，中间不能间断。名校派遣老师不低于对方学校教职工总数的5％。此外，《意见》还着重强调了"名校进县域""托管到乡镇"的公益性，要求"成员学校、乡镇学校不得因名校领办和优质学校管理改变性质、类别，不得增加收费项目、提高收费标准"。

三年来，名校领办和学校委托管理这两种跨区域办学模式取得了较为明显的成效，主要体现在以下四个方面。

1. 促进了管理理念传播

近年来，名校领办和委托管理办学模式在实践中，名校和优质学校积极派驻了执行校长、骨干教师等管理团队到被领办和被管理的学校，如青羊区向蒲江县寿安小学派驻了5人的管理团队，成华区向大邑县城西小学和四川省成都列五中学大邑分校分别派驻6人的管理团队等，这不仅有利于促进学校由内而外的管理制度等根本性改变，打破学校管理旧体制、升级改造学校管理模式，而且将促进先进管理理念伴随人员的输入而被引进和加以利用，进而完善学校机制体制建设。同时，派出的执行校长由派驻地教育局任命，这样确保了在校长负责制下，名校和优质学校先进管理理念的顺利输出，也实现了学校内部管理办学行为的充分自主。

2. 加强了教师队伍建设

教师队伍建设是提高学校教育教学质量的关键。实施名校领办和委托管理跨区域办学模式以来，试点学校通过各种方式方法，如蒲江县金钥匙学校与青羊区金沙小学的师徒结对、名师下乡和换岗学习等方式，来促进优质教育资源的跨区域流动与共享。在教师队伍建设方面，双方学校已初步形成了一种双赢的态势。一方面，名校和优质学校通过优质教育资源的输出进一步辐射了教育影响力，提升了教师教学能力；另一方面，被领办和被管理的学校通过引进教育资源，在保障了基本办学条件的同时，提升了师资队伍的教学管理水平，储备了管理团队人才。

3. 提升了教育教学质量

被领办和被管理的学校抓住机遇，整合多方资源，借助优质教育资源促改变，学校原有的粗放、低效的管理方式得到了彻底的改变，取而代之的是学校管理趋于规范和细化。在管理体制得到优化的基础上，学校文化得到了初步改造，学生成长模式更趋多样，学习兴趣和学习成绩都显著提高。如被成都泡桐树小学领办的蒲江县寿安小学学生学业质量连续三年实现大幅度提高，从领办之初的全县末位到2016年全县前列，小升初毕业升入县中人数逐年增加，2016年比2014年增长70％。学校办学水平获广泛认可，学生从900多人增长到近1 300人，学校成为当地的品牌学校。

4. 稳定了农村学校生源

随着社会经济的持续发展，广大农民在生活水平得到显著提升的前提下，已不再满足于"有学上"的需求，日益增长的对优质教育的诉求，促使他们纷纷逃离农村，农村学校日渐萎缩。为他们提供更多的优质教育资源，不仅有利于教育公平，而且有利于实现农村社会内部资源要素的良性循环，带动当地区域教育发展。在名校领办和委托管理模式实践之前，每年农村地区的外流学生均达到几百人，但在实施名校领办和委托管理跨区域办学模式后，被领办和被管理的学校吸引了远郊区大量生源，部分学校出现了学生回流的现象。这证明名校领办和委托管理办学模式给被领办和被管理的学校带来了良性影响，甚至对当地区域的教育发展产生了深远的辐射作用。

总之，名校领办和委托管理办学模式是成都市积极推进城乡教育互动发展、促进教育圈层融合的创新举措。但是，由于名校领办与委托管理跨区域办学模式还处在探索阶段，尚存在办学自主权不足、学校文化冲突、长效发展机制缺乏等问题。因此，在探索名校领办与委托管理跨区域办学模式的推进过程中，应及时总结经验和分析存在的问题，根据各地区和各学校的具体情况，因地制宜，及时调整，才能有助于实现这两种办学模式的常态化、可持续健康发展。

结　语

2015—2016 年度，我国在农村义务教育上通过农村特岗教师政策与支持计划的进一步推进实施，统筹推进县域内城乡义务教育一体化改革发展，进一步做好全面改善贫困地区义务教育薄弱学校基本办学条件，进一步完善了留守儿童和随迁子女的政策保障体系，进一步做好中小学节粮教育和管理工作等政策的落实，进一步优化农村学校教师的队伍结构，并加强对体音美等学科教师的补充。通过提升教育服务质量，鼓励特岗教师扎根农村，为农村教育服务。为了适应全面建成小康社会需要，推进城镇义务教育公共服务常住人口全覆盖，着力解决"乡村弱"和"城镇挤"问题，继续加强学校薄弱环节的条件改善，包括进一步明确学校办学标准，要求优先解决最贫困地区、最薄弱学校存在的突出问题，对中西部地区教育重点任务等方面做了规定。通过对农村留守儿童的关爱情况要求全面落实相关的工作措施，进一步提升教育关爱的工作水平，对教育关爱的自查工作要覆盖到农村义务教育阶段包含教学点在内的每一所中小学校。本年度也通过发布一系列加强优秀传统文化教育的政策和措施，进一步加强建设优秀传统文化传承体系。着力完善青少年学生的道德品质，培育理想人格；明确提出要"打造一支中华优秀传统文化教育骨干队伍"，全面提升中华优秀传统文化教育的师资队伍水平；着力增强中华优秀传统文化教育的多元支撑，有力推进"文化强国"的进程。

【本报告撰写人：安晓敏、姜荣华、刘亚峰、李伟叶、汤贝。曹学敏、徐笛、王欣承担部分资料收集和数据录入工作。作者单位：教育部人文社会科学重点研究基地中国农村教育发展研究院】

第三章　农村普通高中教育年度进展报告

概　要

　　《国家中长期教育改革和发展规划纲要(2010—2020 年)》明确提出，到 2020 年普及高中阶段教育。作为教育体系中承上启下的层次，普通高中教育关系到我国人才培养的整体性和连贯性。在教育公平的诉求与素质教育的呼吁下，加快普通高中阶段教育的均衡化、多样化发展成为当今一个时期教育发展的核心和导向。本报告以农村生源为关注重点，从大事记、政策议题、发展态势以及学术热点四个方面展开，客观呈现 2015 年以来我国普通高中教育事业进展，进一步把握普通高中教育改革发展中的问题。

　　宏观数据显示，我国普通高中教育在 2015 年获得了全面的发展。普通高中总体办学条件不断改善，中央财政下拨普通高中办学条件补助资金 40 亿元，要求各省级教育、财政部门因地适宜，切实改善连片特困地区尤其是民族地区普通高中学校办学条件，优先支持县及县以下薄弱普通高中学校。2015 年，普通高中共有校舍建筑面积 47 135.96 万平方米，比上年增加了 3.95%；生均校舍面积 19.85 平方米，比上年增加 0.96 平方米；生均仪器设备值达 2 999 元，比上年增长 9.67%；每百名学生拥有教学用计算机台数为 19 台；普通高中体育运动场(馆)面积达标校率、体育器械配备达标校率、音乐器械配备达标校率、美术器械配备达标校率、理科实验仪器达标校率和建立校园网比率已高达 87.06%、88.79%、87.48%、87.61%、89.80%和 86.05%。全国普通高中教师数量保持增长态势，师资配置水平明显提高。2015 年，专任教师总数为 169.5 万人，比上年增长 2.0%；生师比从上年 14.4 下降到 14.01；专任教师学历合格率为 97.7%，研究生毕业教师比例进一步提升，达到了 7.154%。升学率逐年增加，全国普通本科、专科生升学比例已经达到了 92.5％，比上年的 90.22％提高了 1.92％。

当前的政策热点主要集中于以下三个方面。一是进一步扩大普通高中教育资源，分类、分步全面普及高中阶段教育。2015 年 10 月，中国共产党第十八届中央委员会第五次全体会议审议了"十三五规划"，明确了今后 5 年经济社会发展的目标和任务。会议提出：提高教育质量，普及高中阶段教育，逐步分类推进中等职业教育免除学杂费，率先从建档立卡的家庭经济困难学生实施普通高中免除学杂费，实现家庭经济困难学生资助全覆盖。这是党的全会中第一次提出普及高中阶段教育，与《教育规划纲要》提出的"2020 年实现高中阶段毛入学率 90％"的目标一脉相承。二是各地出台高考改革方案，考试招生制度改革全面推进。继 2014 年，国务院发布《国务院关于深化考试招生制度改革的实施意见》，提出全国高考改革方案的框架以来，至今，包括上海、浙江两个高考综合改革试点在内，全国已有 19 个省份先后出台本地区招考改革实施方案。各省具体实施方案与全国总体改革方向大体一致，着重于高考科目设置、学生素质评价方式、考试组织形式、高校录取机制等几个方面的革新。三是改进招生计划分配方式，支持中西部地区教育。近年来，为了保障和促进教育公平，国家在优化高等教育资源布局的同时，抓住考试招生制度这一"牛鼻子"，不断探索和推进高校考试招生制度改革，维护好高校招生的公平正义，让更多的人共享高等教育改革发展成果。教育部、国家发展改革委日前印发《国家发展改革委关于做好 2016 年普通高等教育招生计划编制和管理工作的通知》，加大对普通高校生源计划存量安排的宏观引导和调控，并首次公布各省高校生源计划调剂具体人数，要求高等教育资源丰富、2016 年升学压力较小的地区在上年常规跨省生源计划和 2016 年协作计划的基础上，进一步增加面向部分中西部省（区）的生源计划。

我国普通高中在发展中也面临一些问题和困惑，学术界正在积极探索，以期能够不断突破。如普通高中的办学模式与机制、普通高中生评价制度改革（如综合素质评价与高中学业水平考试）、异地高考政策、普通高中课程改革等，学术界对这些问题已经获得了较为一致的认识，并寻找到了破解的基本路径。

一、农村普通高中教育大事记

2015 年 7 月 18 日，新疆双语教育将获国家总额达 4.59 亿元资金支持，预算用于新疆双语师资培训基地建设、新疆民汉合校普通高中建设、新疆农村义务教育双语寄宿制学校建设。

2015 年 8 月 13 日，深圳福田区自 2015 年秋季学期开始对高中阶段学生免收学费。该政策不论户籍，不分公办民办学校，实行普惠制。据福田区财政局负责人介绍，今年秋季新学期开始，福田将以发放学生就学补贴的方式实行高中教育免学费，预计 2015 年秋季政府补贴资金将达 1 691 万元，惠及全区高中阶段在校生 14 945 人。从 2016 年起，区财政将根据高中学籍人数及学费缴交标准将补贴经费编入部门预算，由各校据实发放。

2015 年 8 月 31 日，江西省为全面深入了解家庭贫困学生状况，有针对性地做好资助工作，将于 9 月下旬开始为普通高中家庭贫困学生建档，重点是新增高一年级家庭贫困新生信息。档案库数据将成为家庭贫困学生享受各类资助政策的主要依据。

2015 年 9 月 26 日，浙江省为适应全省深化普通高中课程改革和高考招生制度改革的需求，教育厅启动实施资助公办普通高中创新实验室建设项目，该项目以信息技术引领教育变革，促进教学创新，由省级专项资金投入 3 600 万元，资助全省公办普通高中建设 100 个具有引领示范作用的创新实验室，为分层分类走班教学和学生自主学习提供支撑，满足学生个性化发展需要，促进学生创新精神和实践能力的培养。

2015 年 9 月 30 日，财政部和教育部联合制定《改善普通高中学校办学条件补助资金管理办法》，从当年 11 月 1 日起施行。依据规定，中央财政设立改善普通高中学校办学条件补助资金，通过一般公共预算安排，用于支持改善中西部省份（含新疆生产建设兵团）贫困地区普通高中学校基本办学条件。

2015 年 10 月 10 日，按照《四川省教育与就业扶贫专项方案》，2015 年至 2020 年，四川省将筹措教育与就业扶贫资金 56.97 亿元，实施基础教育巩固提升计划、就业创业能力培育计划、民族地区 15 年免费教育计划、乡村教师专项支持计划、藏区千人支教 10 年计划五大专项计划。将从 2016 年春季学期起，全面免除民族自治州、民族自治县（共 51 个县）公办普通高中 3 年学费，并为所有普通高中在校学生免费提供教科书，到 2017 年贫困地区高中阶段毛入学率达 80％。

2015 年 10 月 16 日，广西壮族自治区教育厅正式下发《广西壮族自治区普通高中学生综合素质评价实施办法（试行）》。将建立全区普通高中学生综合素质评价信息管理系统，于 2017 年秋季全面运行。未来，普通高中学生综合素质评价将作为高校录取的参考。普通高中学生综合素质评价包括 5 个方面内容：思想品德、学业水平、身心健康、艺术素养、社会实践。这次试行办法做的一大调整就是，由学生自己来记录自己的综合素质评价内容。

2015 年 10 月 17 日，黑龙江省教育扶贫全覆盖行动启动，拟建普通高中结对帮扶，安排区域内优质高中分别对口帮扶贫困县普通高中，在区域内建立"省—县"和"市—县"的"二对一"结对帮扶关系；贫困家庭学生结对帮扶，依托大学生志愿者服务西部计划、暑期三下乡社会实践活动等，动员志愿者与贫困地贫困学生建立"一对一"长期结对帮扶关系，县级教育行政部门统筹，建立校长、教师"一对一"对口帮扶农村留守儿童。

2015 年 11 月 4 日，南京市将在两年内投入 4.5 亿元，全面提升普通高中办学条件，提升资金主要用于学校硬件设施设备改造更新、校园校舍维修和校园文化建设，包括教室、实验室（功能教室）、图书馆、阅览室、运动场所设施、报告厅、学生宿舍等设备设施，着重提升硬件水平。

2015 年 11 月 4 日，江苏省财政厅和教育厅联合下发通知，分区域大幅提高公办普通高中学校年生均公用经费财政拨款标准，进一步提高普通高中教育的经费保障力度。通知明确提出，从 2016 年春季学期起，省定公办普通高中年生均公用经费财政拨款标准由原来的全省范围不低于 500 元，调整为苏南地区不低于 1 000 元、苏中地区不低于 900 元、苏北地区不低于 800 元。

2015 年 11 月 8 日，湖南省委会议审议通过了《湖南省教育综合改革方案（2015—2020 年）》。2020 年湖南高考考生的总成绩将由语、数、外 3 门全国统一考试科目成绩，以及考生从理、化、生、政、史、地 6 个高中学业水平考试科目中任选 3 个科目的考试成绩构成。将建立优质学校集群式发展模式，推动不同层次学校之间联合办学、组建学校联盟、试行集团化办学。建立为贫困家庭免费培养技能技术人才制度，采取"9＋3"模式，保障贫困地区未能升入高中的初中毕业生免费接受中职教育。

2015 年 11 月 12 日，广西壮族自治区上思县对外公布，从 2016 年春季学期起，上思县开始实施高中阶段免费就读，全面实施 12 年义务教育。实行 12 年义务教育后，预计今后每年净增普通高中学生约 250 人，三年一个周期净增约 750 人。2017—2018 学年度将实现招生 1 050 人，扩招 250 人。上思中学在校生总人数约为 3 000 人，该学年度计划投入资金约 878 万元，其中免学费约 354 万元。

2015 年 11 月 17 日，广东省教育厅等五部门近日联合下发《关于做好 2016 年进城务工人员随迁子女在广东省参加高考有关工作的通知》，主要在社会保险、居住证和完整学籍年限计算截止时间，以及办理居住证、合法稳定住所、三年完整学籍等方面，适度放宽了随迁子女在广东省高考报考条件的要求。如对合法住所的界定把城中村也纳入其中，居住证三年期限若有中断也同样有效等，这些举措被媒体称为"全面开放异地高考"。

2015 年 12 月 22 日，四川省下发调整规范高考加分项目和分值的通知，通知要求，从明年起逐步取消两项加分项目，继续保留两项地方性加分项目和五项国家加分项目。将调整规范高考加分工作纳入教育考试安全管理目标责任书，进一步落实政府责任和部门职责，完善工作机制，强化监督管理，严防和依法惩处高考加分资格造假，维护正常的招生秩序。

2015年12月2日，内蒙古严查高考报名工作违规行为，除了严守"高考移民"的禁令，也对高中学校"不作为"行为进行严惩。对提供虚假报名信息、以虚假报名材料取得报名资格、查实的高考移民等考生，考试前查实的要取消其报名资格和考试资格，考试后查实的要取消其高考成绩和录取资格，录取以后查实的要取消其入学资格，已经入学的要取消其学籍。

2016年1月8日，四川省财政厅、省教育厅印发《关于健全我省公办普通高中学校经费保障机制的指导意见》，明确从2016年起，对公办普通高中学校实行综合预算保障制度，按照"核定收支，差额补助"办法安排财政拨款。该项制度涉及全省629所公办普通高中学校。至此，四川省已全面建立起从学前教育到高等教育的财政经费保障体系，走在全国前列。

2016年1月14日，上海出台《关于加强高中生志愿服务管理工作的实施意见》，为了对接高考综合改革，提出高中生志愿服务将纳入课程计划，高中生在三年内参加志愿服务（公益劳动）不少于60学时；学校是责任主体，校长是第一责任人；市、区县文明办协调整合区域资源，依托街道乡镇，建立与学校的对接机制。2016年1月5日，青岛市正式发布《关于深化中小学课程改革的意见》，提出要开展好中职学校与普通高中学分互认、学籍互转试点工作。这意味着青岛市中小学课程改革全面启动，将在落实办学自主权、课程资源整合、课堂教学改革等方面实现突破。

2016年2月25日，广西研究出台了《关于高中阶段教育突破发展的若干意见》《广西普通高中学校常规管理规定》等一系列配套政策措施，对高中教育改革发展进行系统化设计、制度化安排、长效化推进。

2016年2月25日，宁夏回族自治区财政厅、教育厅共同下发了《关于实施普通高中生均公用经费保障奖补机制的通知》，确定普通高中学校生均公用经费基准定额为每生每年400元，所需资金由当地财政承担。高中公用经费可用于教学业务和管理、教师培训、文体活动、水电、取暖等支出，但不得用于发放人员经费、基本建设投资、偿还债务等方面的开支。

2016年2月25日，贵州省福泉市委常委会决定免除全市高中阶段学生学费，所免学费纳入市级财政预算，由财政部门统一核算后据实拨付。对属建档立卡范围内的贫困学生，原享受的各类贫困补助不变。同时，每年安排一定名额采取适当方式接收市外学生进入福泉市高中学校就读，并同等享受免除学费及贫困补助待遇。

2016年2月29日，河北省公布《关于深化考试招生制度改革实施方案》，明确提出，从2018年秋季入学的高一年级学生开始，将实行外语一年两考、不再分文理科、考生可自主选择 3 个考试科目等；高校招生将更加注重对考生日常学习和综合素质的考量，从今年起本科第三批录取院校与第二批合并，且今后逐步取消录取批次；高职院校加快分类招生进程，2017 年实现所有专业按类联合考试招生。

2016 年 3 月 4 日，教育部、公安部近日联合下发了《关于做好综合治理"高考移民"工作的通知》，明确了各级教育行政部门、公安机关、招生考试机构和高中阶段学校综合治理"高考移民"的主体责任和主要任务。各级教育部门要加强监管，督促高中阶段学校强化内部管理、规范办学行为，重点发现和纠正人籍分离、空挂学籍、学籍造假的现象。采取有效措施标本兼治，综合治理"高考移民"投机行为，营造公平有序的高校考试招生环境。

2016 年 3 月 9 日，教育部印发《关于做好 2016 年普通高校招生工作的通知》，指出针对农村和贫困地区学生的高考，教育部将继续实施国家、地方、高校三个定向招生专项计划，国家专项计划从 5 万人增加到 6 万人。同时确保符合条件的进城务工人员及其他非户籍就业人员随迁子女都能在流入地参加高考。

2016 年 3 月 11 日，新疆出台《自治区高考移民问题专项整治工作实施方案》，将自治区普通高中学籍电子管理系统与普通高中学业水平考试报名信息系统实现对接，并建立"高考移民"终身追查制度，对涉及高考移民的公职人员进行查办、曝光。

2016 年 4 月 1 日，北京东城区教委发布 2016 年深化教育综合改革举措。该区提前兑现改革成果，小学对口直升中学比例大大增加，而实行登记入学的"小升初"学生三年后升入优质高中的机会不低于 70%。

2016 年 4 月 14 日，浙江省召开全省普通高校招生工作视频会议，已确定并公布三位一体招生的 46 所省内高校，比去年增加 35%。由我省院校承担的地方专项计划，今年相关政策将作调整：一是扩大地方专项计划和生源范围。二是在原有条件基础上，进一步明确高校专项计划的考生须为农业户口户籍，实行教育、公安联合审核机制。

2016 年 4 月 28 日，福建省印发《福建省"十三五"教育发展专项规划》，确定未来五年将以深化改革为主轴，以提升质量为核心，"推动高中教育优质特色发展"的目标任务。要求巩固提高普通高中发展水平；优化普通高中布局，适度扩大高中学校办学规模；实施普通高中改造提升计划，支持薄弱高中达标建设；健全以政府为主的普通高中发展投入机制；着力推进优质高中建设；鼓励民办学校争创省级达标高中。

2016 年 5 月 13 日，山西省政府公布《山西省深化考试招生制度综合改革实施方案（试行）》及部分配套方案，此次改革主要任务包括改进招生计划分配方式、完善中小学招生办法破解择校难题、改革考试形式和内容、改革招生录取机制、改革监督管理机制、推进高考综合改革六个方面，其中，推进高考综合改革是这次改革最核心的部分。改革从 2015 年启动，2018 年全面推进，2021 年整体实施。

2016 年 5 月 21 日，湖北省正式发布《湖北省考试招生制度改革实施方案》。该方案涵盖考试制度、招生制度和管理制度三个层面。内容主要包括：改革招生计划分配方式，扩大省属高校地方专项计划招生规模，增加农村学生上重点高校的人数和比例；中职教育和高中教育逐步建立基于初中学业水平考试、参考综合素质评价的招生制度，完善省级示范高中招生计划分配办法，完善进城务工人员随迁子女接受义务教育后在居住地参加升学考试的配套政策。

2016 年 5 月 25 日，山东省教育厅发布《中小学德育课程一体化实施指导纲要》，旨在全面推进中小学德育课程一体化，建立了"德育课程、学科课程、传统文化课程、实践课程"四位一体的中小学德育实施体系。推行了全员育人导师制，每个老师负责 10 个左右的孩子，担任他们的成长导师，在对教师进行考核时把德育工作作为重要考核内容。加大德育在考核评价中的权重和地位。

2016 年 6 月 15 日，国务院办公厅下发《国务院办公厅关于加快中西部教育发展的指导意见》，特别指出，要办好乡村高中，各地要根据人口变化趋势和城镇化建设规划，合理布局普通高中，优先保障乡村高中，严禁建设超标准豪华学校。加快改善乡村高中办学条件，到 2020 年，乡村高中全部达到基本办学标准。

2016 年 6 月 15 日，国务院印发《全民健身计划（2016—2020 年）》，明确提出"将青少年作为实施全民健身计划的重点人群，大力普及青少年体育活动，提高青少年身体素质"。加强学校体育教育，将提高青少年的体育素养和养成健康行为方式作为学校教育的重要内容，保证学生在校的体育场地和锻炼时间。

2016 年 7 月 13 日，海南省出台《海南省教育精准扶贫行动计划（2016—2020 年）》，按照"定点帮扶，不落一户；困难资助，不落一生"的工作要求，确定全省教育精准扶贫的工作范围，明确工作目标，提出健全家庭经济困难学生资助政策体系、继续实施普通高中基础能力建设、加大农村教师培养培训、实施乡村教师定向培养计划、大力推进"互联网＋教育扶贫"等系列措施。成立教育精准扶贫工作领导小组，统筹协调全省教育精准扶贫工作。

二、农村普通高中教育发展的政策议题

2015 年以来，我国普通高中阶段教育最受关注的政策议题是高中阶段教育普及、普通高中考试招生制度改革和招生计划分配方式改进。

(一)进一步扩大普通高中教育资源，分类、分步全面普及高中阶段教育

2015 年 10 月，中国共产党第十八届中央委员会第五次全体会议审议了"十三五规划"，明确了今后 5 年经济社会发展的目标和任务。会议提出：提高教育质量，普及高中阶段教育，逐步分类推进中等职业教育免除学杂费，率先从建档立卡的家庭经济困难学生实施普通高中免除学杂费，实现家庭经济困难学生资助全覆盖。这是党的全会中第一次提出普及高中阶段教育，与《教育规划纲要》提出的"2020 年实现高中阶段毛入学率 90％"的目标一脉相承。① 教育部副部长刘利民在普及高中阶段教育座谈会上强调：普及高中阶段教育是一项重大的民生工程，是党中央立足我国全面建成小康社会决胜阶段、为实现新的发展理念做出的重大战略决策，为高中教育的发展进一步指明了方向。

实现全面普及高中阶段的教育目标，难点还是在中西部贫困地区，国家将进一步扩大普通高中教育资源覆盖，为各地区提供有质量的高中教育奠定基础。2011 年以来，教育部与国家发改委、财政部共同组织实施民族地区教育基础薄弱县普通高中建设项目和普通高中改造计划，支持中西部集中连片特殊困难地区新建、改扩建校舍，改善办学条件，提高普及水平。各地特别是中西部地区也实施了一系列重大工程项目，加大经费投入，努力扩大普通高中教育规模，为更多初中毕业生提供了接受普通高中教育的机会。② 2015 年《国务院关于加快发展民族教育的决定》要求，提高普通高中教学质量。继续支持民族地区教育基础薄弱县普通高中建设，扩大优质教学资源，按国家规定标准配齐图书、实验室、教学仪器设备。2016 年 5 月 11 日，国务院办公厅印发《关于加快中西部教育发展的指导意见》，强调加快普及高中阶段教育，新建和改扩建一批普通高中，提升乡村高中办学条件，加快实现宽带接入，率先对贫困家庭学生实施普通高中免除学杂费。

回顾高中阶段的教育发展目标，我们将发现我国高中教育遵循着从部分普及、基本普及到全面普及的目标升级路径。从 20 世纪 90 年代开始，国家在教育改革和发展纲要中提及高中阶段教育普及：要在保证必要的教育投入和办学条件的前提下，大城市市区和沿海经济发达地区积极普及高中阶段教育。至 1999 年，《中共中央国务院关于深化教育改革，全面推进素质教育的决定》中表示：要在确保"两基"的前提下，积极发展包括普通教育和职业教育在内的高中阶段教育，为初中毕业生提供多种形式的学习机会。在城市和经济发达地区要有步骤地普及高

---

① 柴葳：《普及高中阶段教育意味着什么》，《中国教育报》2015 年 10 月 31 日第 001 版。
② 刘利民：《普及高中阶段教育是一项重大民生工程》，云南教育(视界时政版)2015 年 12 期，第 13 页。

中阶段教育。《教育部关于积极推进高中阶段教育事业发展的若干意见》则表述为"积极发展高中阶段教育事业……适应普及九年义务教育后人民群众对高中阶段教育日益增长的需求，缓解初中升学压力"。直到 2010 年《教育规划纲要》提出"90％毛入学率"的目标，普及高中教育的政策意图愈加明显。尤其是 2012 年，教育部公布《国家教育事业发展第十二个五年规划》，对高中阶段教育的表述是"基本普及高中阶段教育，毛入学率达到 87％"。根据 2014 年的数据，我国高中阶段教育毛入学率达到 86.5％，比 2009 年提高 7.3 个百分点，比 2000 年提高 43.7 个百分点，已经基本普及了高中阶段教育。① 为了顺应经济社会发展对劳动力素质提升的新需求，为我国实现教育现代化、全面建成小康社会提供充足的人力资源和劳动力保障，五中全会公报提出普及高中阶段教育的目标。专家预测，2020 年之前，我国高中毛入学率将达到 90％以上，届时中国将在高中阶段教育普及率这一指标上达到中等发达国家水平。②

早在国家统一提出普及高中阶段教育之前，许多中东部地区已在省级层面形成了促进高中阶段教育全方位发展的政策体系，并且已经率先普及了高中阶段教育。近年来，广东省通过实施"提升 500 所普通高中办学水平"民生实事工程、"薄弱普通高中改造提升工程"、普通高中优质多样特色发展专项计划等一系列措施，促进了普通高中优质内涵发展，高中阶段教育初步实现规模、结构、质量、效益协调发展。③ 山东省近年来出台《关于推进基础教育综合改革的意见》等文件，联合省教育厅同步下发 20 个配套文件，连续出台 45 项政策文件，建立 28 项制度，将高中阶段教育工作纳入经济社会发展的总体规划统筹考虑，推进教育综合改革。同时，加大经费保障力度，山东省普通高中生均预算内教育经费支出从 2010 年的 5 077 元，提高到 2014 年的 9 060 元；推进中等职业教育免除学费，从 2009 至 2014 年，各级财政安排资金 26.6 亿元，免除了 182 万名学生的学费；加大教育资助力度，从 2009 年至 2014 年，各级财政对高中阶段学生累计安排国家助学金 38 亿元，资助学生 277.37 万人次。④ 截至 2014 年，广东省高中阶段教育毛入学率达到 95.90％，普职比保持大体相当，已提前实现高中阶段教育全面普及；山东省高中阶段毛入学率达到高出全国近 10 个百分点的水平。

我国实行的是九年义务教育，具有强制性、免费性、普及性三个基本性质。高中阶段教育的普及工作已经被提上日程，然而，根据目前的情况，如果要求初

① 刘利民：《普及高中阶段教育座谈会发言摘登》，《中国教育报》2015 年 11 月 12 日第 003 版。
② 柴葳：《普及高中阶段教育意味着什么》，《中国教育报》2015 年 10 月 31 日第 001 版。
③ 刘盾：《广东提前实现高中阶段教育全面普及》，《中国教育报》2015 年 11 月 25 日第 003 版。
④ 张志勇：《改革体制机制促进高中阶段教育健康发展》，云南教育（视界时政版）2015 年第 12 期，第 17 页。

中毕业生在完成初中学业后必须接受高中阶段教育，也就是将高中阶段纳入义务教育，延长义务教育年限，实现高中阶段教育的强制性，还不现实。[①] 但是，免费的高中教育将成为发展趋势。教育部原部长袁贵仁在就"教育改革和发展"的相关问题回答中外记者提问时表明：目前我国中等职业教育免费已经达到了 90%，有二十几个省份已经全部实现了中职免费，也就是说中职的免费全面完成为期不远。政府工作报告和规划里也提出，要率先在普通高中建档立卡的家庭困难的学生中免学杂费，这说明尽管我们是九年义务教育，但是，高中阶段也会逐步地实现免费教育。就各地政策发布情况来看，广州、深圳、珠海、佛山等地已经提前试水"十二年免费教育"；四川、贵州、青海、新疆等多个省份的民族地区开始逐步实行十五年免费义务教育。

(二) 各地出台高考改革方案，考试招生制度改革全面推进

2014 年 9 月 4 日，国务院发布《国务院关于深化考试招生制度改革的实施意见》，提出全国高考改革方案的框架，这标志着新一轮考试招生制度全面启动。此次改革选择上海和浙江"一市一省"作为高考综合改革试点地区，两地将率先探索基于统一高考和普通高中学业水平考试成绩、参考高中学生综合素质评价的多元录取机制，并从 2017 年起逐渐采用"两依据、一参考"办法，为国内高校招生录取制度改革积累经验。

2016 年 4 月 18 日，四川省政府印发《四川省深化考试招生制度改革实施方案》，至此，包括上海、浙江两个高考综合改革试点在内，全国已有 19 个省（市、区）先后出台本地区招考改革实施方案，分别为北京、上海、广东、江苏、江西、浙江、山东、辽宁、河北、贵州、湖南、海南、广西、甘肃、宁夏、西藏、安徽、福建、四川。全国范围内各省（市、区）启动高考综合改革的时间集中于 2016 年到 2019 年，这意味着此次高考改革已经进入实际操作阶段，考试招生制度改革正在全面推进（见表 3.1）。

表 3.1　各地区考试招生改革实施方案

地区	执行时间	方案内容	文件名及颁布日期
上海	2016 年	1. 合并一本、二本招生批次，扩大综合评价录取试点范围 2.2017 年起，推动综合素质评价信息在自主招生等环节中开始使用 3.2017 年起，实施"3+3"考试科目 4. 推行"两依据、一参考"的考试招生模式	《上海市深化高等学校考试招生综合改革实施方案》，沪府发〔2014〕57 号

① 　熊丙奇：《"普及高中阶段教育"并非延长义务教育》，《中国教育报》2015 年 11 月 3 日第 001 版。

续表

地区	执行时间	方案内容	文件名及颁布日期
广东	2016 年	1. 合并高考二本 AB 线 2. 采用全国统一卷 3. 全面开放异地高考	《广东省人民政府关于深化考试招生制度改革的实施意见》,粤府〔2016〕17 号
浙江	2016 年	1. 考试不分文理科,实行统一高考,高中学考相结合 2. 实行"7 选 3"模式 3. 外语和选考科目可报考两次,选用一次成绩 4. 实行"专业＋学校"志愿,按专业(类)平行投档	《浙江省深化高校考试招生制度综合改革试点方案》,浙政发〔2014〕37 号
辽宁	2016 年	1. 一本不再分 AB 段,三批次合并到二批本科	《辽宁省深化考试招生制度改革实施方案》,辽政发〔2016〕23 号
甘肃	2016 年	1. 不分文理科,外语科目有两次考试机会 2. 高考科目为 6 选 3,3＋3 模式	《甘肃省深化教育考试招生制度改革实施方案》,甘政发〔2016〕29 号
江西	2017 年	1. 统考语数外,文理不分科 2. 分步合并,减少录取批次	《江西省深化考试招生制度改革实施方案》,赣教办字〔2016〕13 号
山东	2017 年	1. 推行"两依据、一参考"的考试招生模式 2. 统考科目减少为语数外三科 3. 将高中学业水平考试的六门学科自选三科纳入高考成绩	《山东省深化考试招生制度改革实施方案》,鲁政发〔2016〕7 号
湖南	2017 年	1. 2016 年采用全国统一卷 2. 2017 年推行"两依据、一参考"的考试招生模式 3. 将高中学业水平考试的六门学科自选三科纳入高考成绩	《湖南省深化考试招生制度改革实施方案》,湘政发〔2016〕5 号
四川	2017 年	1. 全部使用全国统一卷 2. 不分文理科,考试科目为"3 必考＋3 选考" 3. 英语考两次择优计成绩 4. 推行平行志愿投档。逐步取消录取批次	《四川省深化考试招生制度改革实施方案》,川府发〔2016〕20 号

续表

地区	执行时间	方案内容	文件名及颁布日期
江苏	2018 年	1. 选考科目由"6 选 2"调整为"6 选 3" 2. 分值比 480 高，接近 700 分 3. 英语分值提高，听力口语一年两考 4. "小高考"，13 个科目均可考两次	《江苏省深化考试招生制度改革实施方案》
河北	2018 年	1. 2016 年合并二三本录取批次，推行"两依据、一参考"招考模式 2. 2017 年建立普通高中考试招生综合素质档案，自主招生中使用 3. 选课科目调整为"6 选 3" 4. 2018 年外语一年两次考试	《关于深化考试招生制度改革的实施方案》，冀政发〔2016〕5 号
海南	2018 年	1. 选考科目调整为"6 选 3" 2. 合并一、二本录取批次，仅设本科和专科	《海南省深化考试招生制度改革实施方案》，琼府〔2016〕29 号
西藏	2018 年	1. 选课科目 A 类调整为"4＋X"，B 类调整为"3＋X" 2. 外语科目一年两考 3. 推行"两依据、一参考"的考试招生模式 4. 建立"文化素质＋职业技能"的录取制度，实行"学校＋专业"的平行志愿投档	《西藏自治区深化考试招生制度改革实施方案》，藏政发〔2016〕4 号
福建	2018 年	1. 不分文理科，实行"3＋3"模式，水平考试分为合格考＋等级考 2. 英语有两次考试机会，选高分计入总分 3. 推行"两依据、一参考"的评价方式 4. 高招逐步推行按专业"一档多投"的录取模式 5. 2020 年起，高职实行"文化素质＋职业技能"的评价方式	《福建省深化考试招生制度改革实施方案》，闽政〔2016〕20 号
广西	2019 年	1. 选课科目调整为"6 选 3" 2. 外语科目（含听力）一年两考 3. 将高中学业水平考试的六门学科自选三科纳入高考成绩	《广西深化考试招生制度改革实施方案》，桂政发〔2016〕11 号
宁夏	2019 年	1. 2017 年建立普通高中考试招生综合素质档案，在自主招生中使用 2. 2019 年逐步取消录取批次，推行"两依据、一参考"的招考模式 3. 选考科目调整为"6 选 3" 4. 外语考试一年两考	《自治区人民政府办公厅关于印发宁夏回族自治区深化考试招生制度改革实施方案的通知》，宁政办发〔2016〕33 号

续表

地区	执行时间	方案内容	文件名及颁布日期
北京	2020 年	1. 2017 年实施高中学业水平考试 2. 调整统一高考科目，多元录取机制 3. 选考科目调整为 6 选 3	《北京市深化考试招生制度改革实施方案》，京教计〔2016〕15 号
贵州	2018 年	1. 取消文理分科，"3＋3"高考模式，"两依据、一参考"录取机制 2. 外语科目有两次考试机会 3. 2016 年，合并二、三批次录取 4. 分类考试招生，高职(专科)实行"文化素质＋职业技能"录取方式	《贵州省深化考试招生制度改革实施方案》，黔府发〔2016〕9 号
安徽	2018 年	1. 选考科目调整为"6 选 3"或者"7 选 3"，由考生在思想政治、历史、地理、物理、化学、生物 6 个科目中自主选择 3 科，不分文理科	《安徽省深化考试招生制度改革实施方案》，皖政〔2016〕84 号

　　我们通过梳理各地已经公布的改革方案后发现，全国总体改革方向大体一致，着重于高考科目设置、学生素质评价方式、考试组织形式、高校录取机制等几个方面的革新。多数省份已经给出了具体改革项目的实施计划，具体情况可以从三个方面来看。

　　在高考新方案中，文理不分科已经成为各地高考改革的趋势，高考科目"3＋3"设置也是众多省份未来高考的新模式。"3＋3"模式指的是，报考普通本科院校的考生，其高考成绩将由语、数、外 3 门统一高考成绩和考生选考的 3 门普通高中学业水平考试等级性考试科目成绩构成。学生不再分文理科，可以自主选择选考科目。就 3 门选考科目而言，各地多采用"6 选 3"模式，即从政、史、地、物、化、生 6 个科目中自主选择 3 科作为考试科目。值得注意的是，浙江采取的是"7 选 3"模式，除了以上提到的 6 科，还多了"技术(含通用技术和信息技术)"这项科目。[①] 著名科学家钱学森曾说过："科学和艺术是相通的。人为地搞文理分科，对培养面向未来的人才，可以说有百害无一利。"现代科学技术正在向综合性、整体化的方向发展，这都更加需要文理兼修的复合型人才，需要他们掌握不同学科的学习方法以应对未来的无限挑战。[②] 如此调整考试科目，既可以增强考试的综合性，从而达到对学生综合素质进行培养与提升的目的，也可以使学生们根据自

　　① 万玉凤：《19 省市高考新方案落地，都有哪些门道？》，《中国教育报》2016 年 4 月 26 日第 004 版。
　　② 王婷：《新高考选考：打破壁垒文理兼容》，《浙江日报》2015 年 10 月 30 日第 006 版。

己的特长和兴趣进行学习和选择，充分尊重学生的个体差异，使学生的专业指向更加明确。

改革方案另一个突出特点是力求破除"一考定终身"，高考的部分科目最终将实现多次考试，多地表示会给考生提供两次外语考试的机会，将得分较高的一次计入高考总分。其中浙江方案提供"外语和选考科目考生每科可报考 2 次"。江苏方案是，英语的听力与口语改革后将执行一年两考，学业水平测试中开齐 13 门必考科目，可以考两次。除此之外，将进一步改革高中学业水平考试形式，分为合格性考试和等级性考试两类，合格性考试成绩将提供给高校招生使用，等级性考试成绩计入高校招生录取总成绩，不少省份已经公布了具体的改革实施时间表，明确了各科目分值与考试流程，高考一考定终身将成为历史。

与"怎么考试"配套出台的招录新政决定了"怎么评价"，显著特征是打破过往"唯分数论高低"的单一评价机制，实施"两依据、一参考"的多元评价机制。该评价机制强化了高校和考生的选择性和自主性，有利于综合素质评价的实施，是具有突破性的改革举措。"两依据"是指统一高考成绩和学业水平考试成绩，"一参考"是指考生在高中阶段的综合素质。对此，各地区出台一系列配套政策与措施，并积极推行试点建设。上海市出台的《综合素质评价办法》指出，从 2017 年起，上海在推动高等学校自主招生过程中，将试行把综合素质评价信息作为高等学校自主招生的参考。为保障评价方式的客观性，本市将启用全市统一的高中学生综合素质评价信息管理系统，明确高中学校作为信息录入主体，采用客观数据导入、高中学校和社会机构统一录入、学生提交实证材料相结合的方式，客观记录学生的学习成长经历。山东省教育厅张志勇介绍，山东省夏季高考招生录取"两依据、一参考"是基本模式，是招生录取的主要方式。除此之外，经教育部批准，自 2016 年开始，山东省将在部分中央部属和省属本科高校，选择部分专业作为开展综合评价招生改革的试点，探索"统一高考＋学业水平考试＋学校考核"的招生方式。这种招生录取方式，是高校人才选拔方式的一种创新，目前只在部分学校试点。2016 年福建将公布《福建省深化考试招生制度改革实施方案》，研究制定高考综合改革方案。为了配合改革，将进行普通高中学生综合素质评价改革试点，做好高中阶段学校学业水平考试的准备。同时，2016 年还将首次试点现代学徒制招生考试。从各地公布的方案来看，实施"既看分、又看人"的综合评价录取模式，是未来高校招录的大势所趋。[1]

(三)改进招生计划分配方式，支持中西部地区教育

教育部、国家发展改革委日前印发《国家发展改革委关于做好 2016 年普通高

---

[1]　万玉凤：《19 省市高考新方案落地，都有哪些门道？》，《中国教育报》2016 年 4 月 26 日第 004 版。

等教育招生计划编制和管理工作的通知》，加大对普通高校生源计划存量安排的宏观引导和调控，并首次公布各省高校生源计划调剂具体人数。通知要求高等教育资源丰富、2016年升学压力较小的地区在上年常规跨省生源计划和2016年协作计划的基础上，进一步增加面向部分中西部省（区）的生源计划。2016年"支援中西部地区招生协作计划"实施方案显示，生源计划调出地为河北、内蒙古、辽宁、吉林、黑龙江、上海、江苏、浙江、福建、湖北、陕西、青海12省（市、区），调出总数为160 000人，其中湖北省调出最多，达40 000人。生源计划调入地则包括山西、江西、河南、湖南、广东、广西、四川、贵州、云南、西藏10省（区），其中贵州调入最多，达38 200人。通知同时规定，地方重点高校招收农村学生专项计划由各省（区、市）在本科一批招生的本地省属高校承担，招生计划原则上不少于有关高校本科一批招生规模的3%。重点高校农村学生单独招生计划由教育部直属高校和其他自主招生试点高校承担，招生计划不低于有关高校年度本科招生规模的2%。通知要求各地各部门按照统一部署，组织有关高校足额落实上述招生计划。

近年来，为了保障和促进教育公平，国家在优化高等教育资源布局的同时，抓住考试招生制度这一"牛鼻子"，不断探索和推进高校考试招生制度改革，维护好高校招生的公平正义，让更多的人共享高等教育改革发展成果。[①] 2008年，教育部会同国家发改委开始启动实施支援中西部地区招生协作计划，此外还有国家贫困地区定向招生专项计划、地方重点高校招收农村学生专项计划，以促进高等教育区域和城乡入学机会公平。2014年9月3日，国家发布《国务院关于深化考试招生制度改革的实施意见》（以下简称《实施意见》），明确了以下几点任务：①提高中西部地区和人口大省高考录取率。②增加农村学生上重点高校人数，继续实施国家农村贫困地区定向招生专项计划，由重点高校面向贫困地区定向招生。③完善中小学招生办法，破解择校难题；改进高中阶段学校考试招生方式；实行优质普通高中和优质中等职业学校招生名额合理分配到区域内初中的办法；进一步落实和完善进城务工人员随迁子女就学和升学考试的政策措施。《实施意见》颁布以来，国家循序渐进地调整相关制度，推进综合改革，包括改进招生计划分配方式、改革考试形式和内容、改革招生录取机制、改革监督管理机制，特别是提出了继续提高中西部地区和人口大省录取率、减少和规范考试加分、完善和规范自主招生等具体要求。2016年4月25日，国家在《2016年各地各部门普通高等教育招生计划和相关工作方案》中配套发布了"支援中西部地区招生协作计划"实施方案，这是进一步深入贯彻实施意见的重大举措。2016年5月11日，

---

① 田慧生：《推进考试招生制度改革保障教育公平》，《中国教育报》2016年6月23日第001版。

《国务院办公厅关于加快中西部教育发展的指导意见》进一步强调，国家继续实施中西部高等教育振兴计划、面向贫困地区定向招生专项计划和支援中西部地区招生协作计划，扩大中西部学生公平接受优质高等教育的机会。

教育部原部长袁贵仁在全国教育工作会议上表示，截至 2015 年，重点高校招收农村学生比例得以提高，定向录取贫困地区农村学生 7.5 万名，比 2014 年增长 10.5％。2016 年，中西部地区高考录取率继续提高，重点大学面向农村贫困地区定向招生工作将实现民族自治县全覆盖，比 2015 年增加 1 万人。

为响应和贯彻国家关于高校招生计划分配的意见和规定，各地区出台并实施了一系列举措。江苏、浙江、福建、湖北、山西、青海等多地进行了高考招生政策调整，对中西部地区和随迁子女做出特殊政策安排和名额划分。例如，江苏省教育厅公布《关于 2016 年江苏高等学校跨省招生计划的说明》，表示江苏省将调出 3.8 万个招生计划安排到中西部省份。2016 年江苏省承担国家专项计划 66 450 个，比 2015 年增加 26 350 个。其中本科 29 950 个，比 2015 年增加 9 350 个；专科 36 500 个，比 2015 年增加 17 000 个。按照国家专项计划，主要安排在河南、广西、贵州、甘肃等 10 多个中西部省份和录取率较低的人口大省招生。2016年，湖北调出 4 万个高招计划，面向山西、江西、河南等地，并明确在该省参加录取的外省籍随迁子女，享受教育部统一规定且该省实施的全国性优录加分政策，不享受该省地方性优录加分政策。《海南省深化考试招生制度改革实施方案》指出，海南将改进招生计划分配方式，将增加农村学生上重点高校人数，尽快实现优质普通高中招生"指标到校生"计划比例达到 50％并不断提高。2016 年，支援中西部地区招生协作计划安排 5 300 人，并于 2015 年 4 月编制出台《海南省普通高等院校招生计划编制实施办法》。根据教育部有关提高重点高校招收农村学生比例的相关精神，北京市属部分本科高校在城市发展新区和生态涵养发展区投放"农村专项计划"，该计划只招收户籍和学籍均在上述区（进城务工人员随迁子女只能参加高等职业学校招生考试）的农业户口考生。陕西省表示，对于贫困地区，陕西所属普通高等教育招生计划为 134 000 人。其中，本科国家专项计划16 300 人。计划 2016 年，支援中西部地区招生协作计划安排 5 600 人。

对于各地区的招生政策调整和全面铺开的高考招生制度改革，中国教育科学研究院研究员储朝晖表示，高校招生指标向贫困地区倾斜是在现有招生体制下更好地实现教育公平的手段之一，各地指标的增减考虑到各地高校生源余缺及基础教育发展状态，实质上是为了不同地区居民获得更加均等的教育机会，从过去几年实施情况看，总体效果是积极的。① 厦门大学教育研究院院长刘海峰认为，取消地域限制很难做到，分省定额录取是长期以来形成的一项制度。在中国这样一个幅员辽阔、人口众多、各地经济文化差异比较大的国家，这一制度具有调控国家人才培养结构和培养总量的作用。

支援中西部地区，进而促进教育公平是一个需要全方位跟进的工作，各地区、高校在保证定向招生指标的同时，也要做好监督和管理工作，减少改革推行的阻碍。熊丙奇认为，调整了 38 000 个计划，是对中西部地区的贡献，从推进教育公平来说是积极的作为，在涉及多方考生利益的时候，政府一定要公布政策的细节，而不是仅仅公布一些粗略的数据。教育部高校学生司王建国表示，在高校考试招生制度改革上，要改进招生计划分配方式；配合有关司局，完善高校招生来源计划编制办法，督促高校严格执行招生计划，提高中西部地区和人口大省高考录取率，缩小省际高考录取率差距；与此同时改革监督管理机制；加强信息公开，完善教育部阳光高考平台，指导地方和高校落实信息公开职责，强化对特殊类型招生信息的公开公示。②

三、农村普通高中教育发展的基本态势

我国普通高中总体发展态势良好，师资与办学条件不断改善，升学率逐年提高。同时，普通高中发展也存在一些问题，区域间发展差距较为明显。

（一）普通高中学校数量变化不大

从普通高中的学校数量来看，全国变化幅度很小，2015 年比 2014 年共减少了 13 所，减少了 0.1%；城区普通高中学校数量略有增加，共增加了 3 所，增加的比例为 0.05%；镇区共减少了 17 所，减少了 0.28%；乡村普通高中增加了 1 所，共增加了 0.15%。（见表 3.2）

表 3.2　全国分城乡普通高中学校数量变化情况

地区	2014 年学校数（所）	2015 年学校数（所）	数量变化（所）	变化幅度
全国	13 253	13 240	−13	−0.10%
城区	6 422	6 425	3	0.05%
镇区	6 164	6 147	−17	−0.28%
乡村	667	668	1	0.15%

① 孟庆伟：《高招指标调出省份本地生源不足家长诉求太高》，http://news.qq.com/a/20160516/003843.htm，2016 年 5 月 16 日。

② 王建国：《狠抓落实做好高考改革和高校毕业生就业创业工作》，《中国教育报》2015 年 11 月 28 日第 002 版。

全国各地区普通高中学校数量总体在减少，其中，有 14 个省份数量在减少，北京和广西等 2 个省份数量不变，15 个省份在增加。其中，安徽省的普通高中学校数量减少的幅度大于 4%，云南和江西普通高中的学校数量增加的幅度大于 4%。（见表 3.3）

表 3.3　全国各地区普通高中学校数量变化情况

地区	2014 年学校数（所）	2015 年学校数（所）	变化（所）	变化幅度
全国	13 253	13 240	−13	−0.10%
云南	446	465	19	4.26%
江西	442	460	18	4.07%
山东	544	555	11	2.02%
河北	567	578	11	1.94%
上海	246	253	7	2.85%
广东	1 012	1 019	7	0.69%
内蒙古	278	284	6	2.16%
山西	499	505	6	1.20%
重庆	258	261	3	1.16%
海南	104	106	2	1.92%
江苏	567	569	2	0.35%
浙江	561	563	2	0.36%
西藏	29	30	1	3.45%
宁夏	61	62	1	1.64%
北京	306	306	0	0.00%
广西	445	445	0	0.00%
黑龙江	378	377	−1	−0.26%
福建	542	540	−2	−0.37%
吉林	240	239	−1	−0.42%
青海	102	101	−1	−0.98%
天津	181	180	−1	−0.55%
辽宁	415	412	−3	−0.72%
河南	774	770	−4	−0.52%
湖南	580	575	−5	−0.86%
四川	732	726	−6	−0.82%

续表

地区	2014 年学校数（所）	2015 年学校数（所）	变化（所）	变化幅度
新疆	363	357	−6	−1.65%
贵州	438	430	−8	−1.83%
湖北	541	532	−9	−1.66%
甘肃	402	386	−16	−3.98%
陕西	506	488	−18	−3.56%
安徽	694	666	−28	−4.03%

（二）普通高中招生规模基本不变，地域与城乡招生比例存在较大差距

2015 年我国普通高中的招生人数为 7 966 066 人，比 2014 年的招生人数 7 965 960 人增加了 106 人，基本无变化。从全国各地区的招生人数来看，减少幅度最大的是湖北，减少了 5.64%，陕西和重庆紧随其后，减少幅度分别为 5.55% 和 5.38%。有 16 个地区的招收人数有所增加，增加幅度最大的是新疆，达到了 7.94%，其次是河北和西藏，增加的幅度分别为 6.65% 和 6.52%。（见表 3.4）

表 3.4　全国各地普通高中招生情况

地区	2014 年招生数（人）	2015 年招生数（人）	招收人数变化（人）	变化幅度
全国	7 965 960	7 966 066	106	0.00%
新疆	173 862	187 672	13 810	7.94%
河北	382 253	407 691	254 38	6.65%
西藏	18 398	19 598	1 200	6.52%
河南	644 935	679 812	34 877	5.41%
湖南	365 462	380 349	14 887	4.07%
福建	208 637	215 655	7 018	3.36%
浙江	251 727	259 850	8 123	3.23%
北京	55 184	56 743	1 559	2.83%
云南	268 066	274 510	6 444	2.40%
青海	39 188	40 030	842	2.15%
吉林	132 338	135 162	2 824	2.13%
广西	304 639	310 448	5 809	1.91%
江西	316 232	320 383	4 151	1.31%
上海	52 857	53 439	582	1.10%
海南	56 947	57 353	406	0.71%

续表

地区	2014 年招生数（人）	2015 年招生数（人）	招收人数变化（人）	变化幅度
辽宁	208 916	209 790	874	0.42％
江苏	319 780	319 487	－293	－0.09％
黑龙江	181 627	180 950	－677	－0.37％
山东	559 235	553 698	－5 537	－0.99％
天津	54 656	53 822	－834	－1.53％
四川	497 717	489 960	－7 757	－1.56％
贵州	349 047	343 484	－5 563	－1.59％
安徽	370 649	363 302	－7 347	－1.98％
山西	255 585	248 426	－7 159	－2.80％
宁夏	52 909	50 825	－2 084	－3.94％
甘肃	208 136	199 426	－8 710	－4.18％
内蒙古	155 257	148 389	－6 868	－4.42％
广东	696 807	664 376	－32 431	－4.65％
重庆	209 843	198 552	－11 291	－5.38％
陕西	279 795	264 270	－15 525	－5.55％
湖北	295 276	278 614	－16 662	－5.64％

2015 年，我国初中毕业生升入普通高中的学生比例为 56.19％，比 2014 年的 56.36％下降了 0.16％。从全国各地的初中毕业生升入普通高中的比例来看，增加幅度最大的是新疆和西藏，增加的比例分别为 5.11％和 4.96％。除了云南、西藏和广西外，其余省份升学比例均大于 50％。（见表 3.5）

表 3.5　全国各地初中毕业生升普通高中情况

地区	2014 年初中毕业生数（人）	2014 年普高招生数（人）	2015 年初中毕业生数（人）	2015 年普高招生数（人）	2014 年初中升学比例	2015 年初中升学比例	变化幅度
全国	14 135 127	7 965 960	14 175 941	7 966 066	56.36％	56.19％	－0.16％
新疆	299 942	173 862	297 520	187 672	57.97％	63.08％	5.11％
西藏	41 873	18 398	40 083	19 598	43.94％	48.89％	4.96％
吉林	210 257	132 338	201 437	135 162	62.94％	67.10％	4.16％
海南	110 257	56 947	107 664	57 353	51.65％	53.27％	1.62％
四川	917 996	497 717	881 394	489 960	54.22％	55.59％	1.37％
河南	1 146 583	644 935	1 236 178	679 812	56.25％	55.00％	1.25％

续表

地区	2014 年初中毕业生数（人）	2014 年普高招生数（人）	2015 年初中毕业生数（人）	2015 年普高招生数（人）	2014 年初中升学比例	2015 年初中升学比例	变化幅度
山西	448 689	255 585	427 587	248 426	56.96%	58.10%	1.14%
安徽	666 342	370 649	640 927	363 302	55.62%	56.68%	1.06%
广东	1 382 995	696 807	1 292 909	664 376	50.38%	51.39%	1.00%
陕西	407 328	279 795	379 476	264 270	68.69%	69.64%	0.95%
甘肃	351 673	208 136	332 350	199 426	59.18%	60.00%	0.82%
重庆	348 076	209 843	325 094	198 552	60.29%	61.08%	0.79%
黑龙江	269 594	181 627	267 059	180 950	67.37%	67.76%	0.39%
云南	567 672	268 066	577 192	274 510	47.22%	47.56%	0.34%
广西	618 574	304 639	627 520	310 448	49.25%	49.47%	0.22%
江西	551 153	316 232	556 499	320 383	57.38%	57.57%	0.19%
江苏	614 553	319 780	612 060	319 487	52.03%	52.20%	0.16%
北京	90 140	55 184	92 773	56 743	61.22%	61.16%	−0.06%
辽宁	335 469	208 916	337 313	209 790	62.28%	62.19%	−0.08%
浙江	460 597	251 727	478 305	259 850	54.65%	54.33%	−0.33%
山东	994 028	559 235	991 225	553 698	56.26%	55.86%	−0.40%
上海	92 226	52 857	94 274	53 439	57.31%	56.68%	−0.63%
宁夏	91 222	52 909	88 836	50 825	58.00%	57.21%	−0.79%
福建	343 066	208 637	363 155	215 655	60.82%	59.38%	−1.43%
内蒙古	227 594	155 257	222 399	148 389	68.22%	66.72%	−1.49%
湖北	477 114	295 276	461 384	278 614	61.89%	60.39%	−1.50%
湖南	652 448	365 462	699 791	380 349	56.01%	54.35%	−1.66%
青海	61 677	39 188	65 338	40 030	63.54%	61.27%	−2.27%
贵州	674 032	349 047	702 389	343 484	51.78%	48.90%	−2.88%
河北	602 528	382 253	691 895	407 691	63.44%	58.92%	−4.52%
天津	79 429	54 656	83 915	53 822	68.81%	64.14%	−4.67%

升学率的差距主要体现在城乡这一维度上。从城区、镇区和乡村来看，高中招生数与初中毕业生之比差距较大，这一方面体现了农村生源升入高中的比例较低，另一方面体现了农村初中生源在不断向城市流动，无论是哪一方面，均表示城乡普通高中的教育差距较大。（见表 3.6）

表 3.6   分城乡初中升普通高中情况

生源类别	2014 年初中毕业生（人）	2014 年高中招生数（人）	2015 年初中毕业生（人）	2015 年高中招生数（人）	2014 年升学比例	2015 年升学比例
全国	14 135 127	7 965 960	14 175 941	7 966 066	56.36%	56.19%
城区	4 521 922	3 648 727	4 663 670	3 648 655	80.69%	78.24%
镇区	7 102 417	4 046 834	7 158 941	4 046 934	56.98%	56.53%
乡村	2 510 788	270 399	2 353 330	270 477	10.77%	11.49%

（三）普通高中教师相对数量稳步增加，教师素质不断提高

2015 年我国普通高中的教师数量比 2014 年增加了 32 654 人，除江苏、湖北、福建和黑龙江外，其余地区教师数量均有所增加。除新疆、河北和福建外，其他地区的生师比在减小，教师的相对数量在不断增加。（见表 3.7）

表 3.7   分地区普通高中教师数量状况

地区	2014 年专任教师（人）	2014 年生师比	2015 年专任教师（人）	2015 年生师比	生师比变化
全国	1 662 700	14.44	1 695 354	14.01	−0.43
新疆	37 780	12.25	38 877	12.81	0.56
河北	83 426	13.23	85 356	13.57	0.34
福建	50 923	12.35	50 463	12.41	0.06
河南	110 759	17.11	114 037	17.04	−0.07
湖南	68 459	15.44	70 019	15.34	−0.10
上海	16 981	9.27	17 398	9.09	−0.18
江西	51 197	17.67	53 156	17.48	−0.19
黑龙江	42 543	13.32	42 314	13.10	−0.22
西藏	4 403	12.64	4 679	12.39	−0.25
广西	48 357	17.33	50 733	17.06	−0.27
云南	49 494	15.53	51 491	15.20	−0.33
天津	15 964	10.62	16 162	10.24	−0.38
浙江	65 596	12.06	66 379	11.65	−0.41
湖北	68 126	13.49	67 017	13.07	−0.42
江苏	96 540	10.71	95 387	10.25	−0.46
北京	21 107	8.41	21 322	7.95	−0.46
吉林	28 368	14.66	28 788	14.11	−0.55

续表

地区	2014年 专任教师(人)	2014年 生师比	2015年 专任教师(人)	2015年 生师比	生师比 变化
山东	121 613	14.08	125 209	13.51	−0.57
贵州	52 365	18.00	56 198	17.42	−0.58
四川	92 099	16.18	94 333	15.59	−0.59
宁夏	10 274	15.92	10 463	15.26	−0.66
辽宁	48 924	13.34	50 054	12.68	−0.66
青海	7 998	14.19	8 664	13.46	−0.73
山西	60 931	13.59	61 946	12.81	−0.78
海南	12 204	14.46	12 604	13.67	−0.79
广东	148 361	14.43	150 861	13.62	−0.81
内蒙古	33 610	14.40	34 108	13.58	−0.82
陕西	56 924	14.95	57 078	14.10	−0.85
甘肃	43 761	14.95	44 764	14.06	−0.89
重庆	38 376	16.88	39 153	15.92	−0.96
安徽	75 237	15.97	76 341	14.87	−1.10

从城乡维度来看，2014年城区(含城乡接合部)低于乡村生师比，分别为13.88、14.32，镇区(含镇乡接合部)生师比较大，达到15.00。2015年城区、镇区和乡村生师比均有下降，分别为13.42、14.59和13.98，城区教师相对数量最多，镇区最少。(见表3.8)

表3.8　分城乡普通高中教师数量状况

地区	2014年 学生数(人)	2014年 教师数(人)	2015年 学生数(人)	2015年 教师数(人)	2014年生 师比	2015年生 师比
全国	24 004 723	1 662 700	23 743 992	1 695 354	14.44	14.01
城区	11 139 584	802 471	10 987 760	818 567	13.88	13.42
镇区	12 079 068	805 347	11 986 174	821 705	15.00	14.59
乡村	786 071	54 882	770 058	55 082	14.32	13.98

2015年我国普通高中教师具有研究生学历的教师比例在不断增加，达到7.15%，比2014年增加了0.79%，本科、专科、高中阶段毕业和高中阶段毕业以下学历的教师比例在逐步下降。目前，本科学历教师的比例为90.548%，成为普通高中教育的主体。2015年，普通高中教师的学历合格率达到了97.702%，

比 2014 年增加了 0.425％。（见表 3.9）

表 3.9　各学历教师比例基本状况

学历	2014 年教师数（人）	2014 年各学历教师比例	2015 年教师数（人）	2015 年各学历教师比例	变化状况
合计	1 662 700	100.000％	1 695 354	100.000％	——
研究生毕业	105 740	6.360％	121 289	7.154％	0.794％
本科毕业	1 511 153	90.890％	1 535 109	90.548％	−0.342％
专科毕业	44 840	2.700％	38 103	2.247％	−0.453％
高中阶段毕业	913	0.050％	829	0.049％	−0.001％
高中以下毕业	54	0.003％	24	0.001％	−0.002％

　　2015 年各年龄段的教师比例变化并不明显，34 岁及以下的年轻教师比例稍有降低，降低了 2.13％；35～39 岁的教师比例有所增加，增加了 0.58％；40～44 岁的教师比例有所降低，降低了 0.15％，45～54 岁的教师比例有所增加，增加了 1.7％；55～59 岁的教师比例略有降低，降低了 0.01％。绝大部分普通教师年龄在 26～50 岁，也即普通高中绝大多数教师为中青年骨干教师。2015 年教师年龄结构与 2014 年相比整体变化不大，逐渐趋于合理。（见表 3.10）

表 3.10　各年龄段教师比例基本状况

年龄段	2014 年教师数（人）	2014 年各年龄段教师比例	2015 年教师数（人）	2015 年各年龄段教师比例
合计	1 662 700	100.00％	1 695 354	100.00％
24 岁及以下	66 791	4.02％	62 181	3.67％
25～29 岁	261 512	15.73％	257 731	15.20％
30～34 岁	384 357	23.12％	370 730	21.87％
35～39 岁	316 561	19.04％	332 677	19.62％
40～44 岁	258 839	15.57％	261 404	15.42％
45～49 岁	227 869	13.70％	237 363	14.00％
50～54 岁	111 792	6.72％	137 684	8.12％
55～59 岁	33 174	2.00％	33 758	1.99％
60 岁及以上	1 805	0.11％	1 826	0.11％

从 2014 年到 2015 年普通高中教师的职称状况来看,中学一级、中学高级职称有所提高,中学二级、中学三级职称教师比例在下降,普通高中整体的职称略微提升。(见表 3.11)

表 3.11　各职称教师比例基本状况

职称	2014 年各职称教师(人)	2014 年各职称教师所占比例	2015 年各职称教师(人)	2015 年各职称教师所占比例
合计	1 662 700	100.00%	1 695 354	100.00%
中学高级	447 196	26.90%	460 246	27.15%
中学一级	606 313	36.47%	620 948	36.63%
中学二级	480 323	28.89%	481 659	28.41%
中学三级	12 141	0.73%	11 204	0.66%
未定职级	116 727	7.02%	121 297	7.15%

(四)普通高中整体办学条件不断改善,区域与城乡差距依然明显

2014 年普通高中共有校舍建筑面积 45 346.02 万平方米,比 2013 年增加 1 785.88万平方米。普通高中设施设备配备达标的学校比例情况分别为:体育运动场(馆)面积达标学校比例 84.38%,体育器械配备达标学校比例 86.25%,音乐器械配备达标学校比例 84.49%,美术器械配备达标学校比例 84.70%,理科实验仪器达标学校比例 87.63%。①

2015 年普通高中共有校舍建筑面积 47 135.96 万平方米,比 2014 年的 45 346.02万平方米增加了 1 789.94 万平方米,增加了 3.95%。与 2014 年相比,体育场馆面积、体育器械、音乐器械、美术器械及理科实验仪器达标率、建立校园网和接入互联网学校比例皆有所增加。普通高中体育运动场(馆)面积达标学校比例 87.06%,体育器械配备达标学校比例 88.79%,音乐器械配备达标学校比例 87.48%,美术器械配备达标学校比例 87.61%,理科实验仪器达标学校比例 89.80%,建立校园网学校比例 87.48%,接入互联网学校比例 98.52%。②

从办学条件来看,整体上,全国范围内 2015 年比 2014 年均有所改善,尤其是乡村,各项办学条件均有所改善。其中城区在生均图书、生均计算机数和生均固定资产总值等方面要明显好于镇区,而由于学生人数较多,镇区办学条件相对较差。(见表 3.12)

---

① 教育部:《2014 年全国教育事业发展统计公报》,http://www.moe.edu.cn/,2015 年 7 月 30 日。
② 教育部:《2015 年全国教育事业发展统计公报》,http://www.moe.edu.cn/,2016 年 7 月 6 日。

表 3.12　2015 年各区域办学条件基本状况

办学条件	全国	城区	镇区	乡村
生均校舍面积（m²）	19.85(18.89)	21.63(20.65)	17.78(16.86)	26.71(25.19)
生均占地面积（m²）	40.79(39.72)	40.16(39.03)	39.80(38.79)	65.25(63.79)
生均图书（册）	35.21(32.80)	40.18(37.30)	30.44(28.40)	38.33(36.83)
生均计算机数（台）	0.19(0.18)	0.24(0.22)	0.15(0.14)	0.21(0.19)
生均固定资产总值（万元）	2.86(2.62)	3.38(3.13)	2.33(2.09)	3.72(3.37)

注：括号内为 2014 年各区域办学条件基本状况

　　从体育场馆、音体美教学器械达标率和建立互联网校园比例来看，比起 2014 年，2015 年全国均有所提升，其中城区的达标率最高，建立校园网比例最大，达到 91.55%；乡村学校达标率最低，建立校园网比例最小，仅有 80.54%。（见表 3.13）

表 3.13　2015 年各区域办学条件达标状况　　　　　　（单位：%）

办学条件达标率	合计	城区	镇区	乡村
体育运动场（馆）面积达标校率	87.06(84.38)	88.62(87.09)	85.54(81.75)	86.08(82.61)
体育器械配备达标校率	88.79(86.25)	91.39(89.85)	86.38(82.79)	85.93(83.66)
音乐器械配备达标校率	87.48(84.49)	90.30(88.34)	84.92(80.86)	83.83(81.11)
美术器械配备达标校率	87.61(84.70)	90.60(88.60)	84.81(80.92)	84.73(82.01)
理科实验仪器达标校率	89.80(87.63)	91.86(90.31)	87.78(85.14)	88.47(84.71)
建立校园网比率	87.48(86.05)	91.55(90.73)	83.98(81.99)	80.54(78.41)
接入互联网比率	98.52(97.83)	98.46(98.07)	98.67(97.79)	97.75(95.95)

注：括号内为 2014 年各区域办学条件达标状况

　　从全国各地区的办学条件来看，办学条件在逐年改善，但区域间差距较大，北京、上海在生均校舍面积、占地面积、图书、计算机及固定资产总值上遥遥领先于其他地区，2014 年北京市生均校舍面积、占地面积、图书、计算机及固定资产总值是全国平均水平的 2.64 倍、1.92 倍、3.20 倍、5.59 倍和 4.12 倍，上海市的以上指标分别是全国平均水平的 2.14 倍、1.55 倍、2.63 倍、3.99 倍和 3.85 倍。2015 年北京市生均校舍面积、占地面积、图书、计算机及固定资产总值是全国平均水平的 2.78 倍、2.00 倍、3.25 倍、5.89 倍和 4.32 倍，上海市以上指标分别是全国平均水平的 2.12 倍、1.58 倍、2.55 倍、3.94 倍和 3.87 倍。

（见表 3.14）

表 3.14　2015 年各地区办学条件基本状况

地区	生均校舍面积（m²）	生均占地面积（m²）	生均图书（册）	生均计算机数（台）	生均固定资产总值（万元）
全国	19.85(18.89)	40.79(39.72)	35.21(32.80)	0.19(0.18)	2.86(2.62)
北京	55.12(49.95)	81.52(76.11)	114.30(105.09)	1.12(0.99)	12.36(10.77)
天津	27.30(25.93)	51.28(50.00)	66.08(62.85)	0.38(0.34)	4.11(3.62)
河北	18.12(18.23)	38.29(39.16)	32.88(30.79)	0.17(0.17)	2.16(2.09)
山西	21.2(19.49)	41.76(38.59)	28.12(26.12)	0.17(0.15)	2.71(2.50)
内蒙古	19.83(18.17)	48.65(44.94)	27.34(25.39)	0.16(0.15)	3.78(3.18)
辽宁	16.44(15.91)	35.70(34.57)	25.21(23.91)	0.19(0.18)	2.41(2.14)
吉林	13.87(13.48)	30.32(29.41)	25.08(22.10)	0.14(0.13)	1.96(1.79)
黑龙江	14.75(13.85)	37.88(36.37)	15.44(13.87)	0.15(0.14)	2.02(1.91)
上海	42.16(40.33)	64.42(61.65)	89.65(86.39)	0.75(0.71)	11.07(10.06)
江苏	28.69(27.09)	55.31(52.44)	53.07(50.26)	0.31(0.29)	5.59(5.07)
浙江	29.55(28.26)	57.33(56.13)	50.99(48.82)	0.31(0.30)	4.72(4.52)
安徽	20.66(18.78)	45.18(43.35)	29.47(27.04)	0.16(0.14)	2.66(2.36)
福建	28.58(27.29)	58.37(56.61)	71.49(68.92)	0.29(0.28)	3.80(3.36)
江西	17.59(17.22)	40.08(41.31)	30.15(27.54)	0.15(0.15)	1.99(1.82)
山东	16.79(15.92)	37.11(35.68)	33.28(31.67)	0.17(0.17)	2.63(2.37)
河南	14.55(14.52)	29.82(30.18)	17.01(17.19)	0.08(0.08)	1.46(1.35)
湖北	20.42(19.45)	42.86(40.88)	23.96(21.94)	0.13(0.12)	2.90(2.66)
湖南	21.10(21.04)	41.19(42.22)	27.01(26.50)	0.14(0.14)	2.47(2.47)
广东	23.29(21.85)	43.67(41.54)	55.15(50.17)	0.28(0.24)	3.25(3.05)
广西	16.50(16.18)	34.25(35.02)	27.59(26.76)	0.12(0.12)	1.53(1.42)
海南	24.89(22.33)	54.08(52.27)	44.13(33.89)	0.22(0.18)	4.19(3.57)
重庆	20.65(19.10)	35.28(32.78)	27.92(23.15)	0.18(0.16)	2.51(2.18)
四川	18.25(17.17)	33.50(32.04)	37.95(33.74)	0.17(0.15)	2.71(2.38)
贵州	14.65(13.40)	31.35(31.02)	29.42(27.82)	0.11(0.10)	2.40(2.00)
云南	17.97(17.00)	45.70(44.66)	30.33(27.15)	0.17(0.15)	2.65(2.35)
西藏	20.85(19.55)	54.42(53.85)	27.80(26.58)	0.12(0.12)	3.29(3.20)
陕西	17.25(15.34)	31.67(29.07)	40.38(34.50)	0.19(0.17)	2.70(2.29)
甘肃	14.40(12.98)	29.51(28.13)	27.64(25.08)	0.14(0.13)	2.04(1.77)
青海	17.81(15.99)	45.34(43.31)	42.40(38.51)	0.22(0.20)	2.53(2.26)
宁夏	15.89(15.12)	47.15(45.28)	32.87(30.89)	0.20(0.19)	3.09(2.69)
新疆	20.98(20.57)	55.47(57.79)	28.13(27.64)	0.20(0.20)	3.08(3.12)

注：括号内为 2014 年各地区办学条件基本状况

（五）普通高中的升学率逐年增加，重点大学区域间招生差距依然很大

2015 年，全国普通本科、专科招生数为 7 213 987 人，而普通高中毕业人数为 7 996 189 人，升学比例达到了 90.22％；2015 年，全国普通本科、专科招生数为 7 378 495 人，而普通高中毕业人数为 7 976 535 人，升学比例达到了 92.50％，比 2014 年的 90.22％提高了 2.28％，普通高中的大学升学率在逐年提升。"211"高校在各地区的招生差距很大，从 2015 年"211"高校在各地的招生数与考生数之比可以看出，北京、天津和上海等经济发达地区升入"211"高校的比例最大。（见表 3.15）

表 3.15　2015 年"211"高校在各地区的招生状况

地区	2015 考生数（万人）	"211"高校招生数（人）	"211"高校招生比例	经济发展水平（GDP 总量：亿元）
广东	75.40	23 175	3.07％	72 812.55
山东	69.62	21 820	3.13％	63 002.30
甘肃	30.38	10 270	3.38％	6 790.32
安徽	52.70	19 320	3.67％	22 005.60
河南	77.20	28 963	3.75％	37 010.25
湖南	39.00	15 034	3.85％	29 047.20
云南	27.21	10 613	3.90％	13 717.88
四川	57.00	22 300	3.91％	30 103.10
浙江	31.79	13 216	4.16％	42 886.50
江西	35.46	15 061	4.25％	16 723.80
河北	40.48	17 398	4.30％	29 806.10
山西	34.23	14 756	4.31％	12 802.58
贵州	33.06	14 392	4.35％	10 502.56
重庆	25.55	12 380	4.85％	15 719.72
陕西	34.46	17 416	5.05％	18 171.86
湖北	36.84	19 086	5.18％	29 550.19
内蒙古	18.95	10 155	5.36％	18 032.79
广西	31.00	17 051	5.50％	16 803.12
江苏	39.29	22 556	5.74％	70 116.38
福建	18.93	11 305	5.97％	25 979.82
辽宁	22.52	13 483	5.99％	28 700.00
西藏	2.26	1 413	6.25％	1 026.39

续表

地区	2015 考生数（万人）	"211"高校招生数（人）	"211"高校招生比例	经济发展水平（GDP 总量：亿元）
海南	6.20	3 965	6.40%	3 702.80
黑龙江	19.80	12 924	6.53%	15 083.70
宁夏	67.71	5 296	7.82%	2 911.77
新疆	16.05	13 156	8.20%	9 324.80
吉林	13.77	12 152	8.83%	14 274.11
青海	4.27	3 826	8.96%	2 417.05
天津	6.20	7 445	12.01%	16 538.19
北京	6.78	8 531	12.58%	22 968.60
上海	5.10	7 098	13.92%	24 964.99

　　各地"985"高校的升学比例与这些学校的地理分布有着密切的联系，"985"高校偏向于从本地招收较多比例的生源，尤其是浙江、福建、广东、山东和重庆市等几个省份，本省"985"高校招生数比例均大于30%。（见表 3.16）

表 3.16　2015 年"985"高校在各地区的分布及在所在地的招生情况

地区	"985"高校数（所）	本省（市、自治区）招生数（人）	非本省（市、自治区）招生数（人）
北京	8	1 402	14 644
天津	2	1 240	4 934
河北	0	0	0
山西	0	0	0
内蒙古	0	0	0
辽宁	2	2 329	6 848
吉林	1	2 150	7 328
黑龙江	1	840	2 135
上海	4	1 371	6 916
江苏	2	1 487	3 885
浙江	1	2 077	1 744
安徽	1	198	987
福建	1	1 095	2 295
江西	0	0	0

地区	"985"高校数（所）	本省（市、自治区）招生数（人）	非本省（市、自治区）招生数（人）
山东	2	2 644	4 943
河南	0	0	0
湖北	2	2 483	7 779
湖南	3	1 026	10 268
广东	2	5 661	7 349
广西	0	0	0
海南	0	0	0
重庆	1	1 405	3 021
四川	2	2 647	8 017
贵州	0	0	0
云南	0	0	0
西藏	0	0	0
陕西	3	3 050	7 807
甘肃	1	818	2 774
青海	0	0	0
宁夏	0	0	0
新疆	0	0	0

注：招生数不包含自主招生，艺体生，保送生、专项计划和国防生等名额

各地区的一本录取率差异巨大，最高的为北京、天津和上海，分别达到 24.81%、24.25% 和 21.92%，最低的是四川省，仅达 5.46%，前者是后者的 4 倍多。（见表 3.17）

表 3.17　2014 年各地区考生数与一本录取率状况

地区	考生数（万人）	一本录取率
北京	7.05	24.81%
天津	6.40	24.25%
河北	41.82	10.23%
山西	34.16	6.17%
内蒙古	18.80	16.38%
辽宁	23.90	6.30%

续表

地区	考生数（万人）	一本录取率
吉林	16.02	10.33％
黑龙江	20.40	9.17％
上海	5.20	21.92％
江苏	42.57	9.38％
浙江	30.86	13.61％
安徽	52.70	11.38％
福建	25.50	14.10％
江西	32.50	8.92％
山东	55.80（夏）	12.05％
河南	72.40	6.93％
湖北	40.27	10.66％
湖南	37.80	10.37％
广东	75.60	8.07％
广西	32.00	7.19％
海南	6.10	9.49％
重庆	25.05	8.74％
四川	57.17	5.46％
贵州	28.50	7.45％
云南	25.59	11.79％
西藏	1.96	6.45％
陕西	35.30	13.33％
甘肃	29.70	6.30％
青海	3.97	17.97％
宁夏	6.00	18.74％
新疆	16.26	12.80％

四、农村普通高中教育的学术热点

（一）我国普通高中办学模式与机制相关研究

1. 全面普及高中教育

2015 年 10 月，中国共产党第十八届中央委员会第五次全体会议审议了"十三五规划"，明确了今后 5 年经济社会发展的目标和任务。会议提出：提高教育质量，普及高中阶段教育，逐步分类推进中等职业教育免除学杂费，率先从建档立卡的家庭经济困难学生实施普通高中免除学杂费，实现家庭经济困难学生资助全覆盖。这是党的全会中第一次提出普及高中阶段教育，与《教育规划纲要》提出的"到 2020 年实现高中阶段毛入学率 90％"的目标一脉相承。[①]

江苏省是经济发达地区，基础教育虽然一直有较好的基础，但需要超越经济，先行发展。为此，《江苏省中长期教育改革和发展规划纲要（2010—2020年）》提出了"高水平普及 15 年基础教育"的目标，要求提高基础教育的整体水平，实现义务教育优质均衡发展，学前教育和高中教育全面普及，基础教育公平程度显著提高，城乡、区域、学校之间的教育资源配置、教育质量和办学水平等差距明显缩小，使每个儿童少年都能接受适合自身发展的良好教育。有学者以江苏省发展基础教育战略选择为例，对高水平普及 15 年基础教育进行了实证研究。他指出，江苏省从量的角度看已经普及了 15 年基础教育，目前应以率先基本实现基础教育现代化为中心，以基本保障教育公平、全面提高教育质量、实现义务教育学校办学标准化为基本任务，高水平普及 15 年基础教育。[②]

在普及化进程中，有学者对高中精英教育的合理性及出路进行了探索。从理论和实践两个层面来看，高中教育普及化都是包含精英教育在内的高中教育形态的整体变革，精英教育在高中教育普及化阶段仍具有其存在的合理性。然而，我国旧有的高中阶段的精英教育实际是在特殊历史时期形成的应试主义教育。片面从毛入学率的角度理解高中教育普及化并不利于应试主义教育问题的破解。只有树立面向大众的精英教育理念，正视业已形成的应试主义教育和校际差距问题，构建"特色学校群"，才能真正实现高中教育的普及化。[③] 有学者基于现代善治的分析，对普及高中阶段视域下普通专门高中的建构进行了论述。普通专门高中是在普通高中多样化发展中，基于普职高中背景与我国教育传统、未来发展需求而创生的、立足于某些领域高层次专门人才早期培育奠基的高中。普通专门高中的建构贯穿了教育善治的原则，有着结构之善与发展之善的追求，其结构要素体现在目标结构、课程结构、师资结构、教学结构、文化结构与评价结构六个方面；发展之善是分区域、分类型发展，分领域、分步骤发展，分层次、分阶段发展。[④]

---

① 柴葳：《普及高中阶段教育意味着什么》，《中国教育报》2015 年 10 月 31 日第 001 版。

② 朱卫国：《高水平普及 15 年基础教育实证研究——以江苏省发展基础教育战略选择为例》，《中国教育学刊》2015 年第 10 期，第 41～45 页。

③ 段治冬、王泰宇：《废止抑或转型——普及化进程中高中精英教育的合理性及其出路》，《当代教育科学》2016 年第 10 期，第 14～17 页。

④ 刘茂祥、何精华：《论普及高中阶段教育视阈下普通专门高中的建构——基于现代教育善治的分析》，《教育科学》2016 年第 2 期，第 73～79 页。

在家庭教育支出上，有学者运用济南市高中生的家庭教育支出调查数据，对高中家庭教育成本及其影响因素进行了分析。他指出，教育支出是评价教育公平的一个重要方面，家庭教育支出作为教育支出的重要组成部分，应对其进行恰当的引导，如政府通过公共财政补助农村背景的学生、为成绩较差的学生提供免费的学业辅导、家长树立理性的教育消费观等措施有助于我国教育的均衡发展。①

随着我国普通高中学生资助政策体系的建立健全，普通高中阶段的学生资助政策的贯彻落实情况成为政府的关注点之一。有学者基于 2014 年全国 38 个省级单位的实证分析，对我国普通高中学生资助政策执行效果进行了评估，提出了加强我国普通高中学生资助政策执行力度应当出台专门的贫困学生管理办法、修改国家助学金资助金额与比例、完善家庭经济困难学生数据库的个人经济信息并及时报送资助信息、定期开展政策宣传与诚信、感恩教育活动等对策建议。② 在具体实施上，有学者对福建省普通高中国家资助政策实施现状进行了研究，发现虽然福建省普通高中国家资助政策已实施五年多，但其在实施过程中仍存在政策宣传效果不佳、资助对象认定标准科学性不强、资助标准与资助面存有调整空间等问题。③

2. 高中—大学合作

21 世纪以来，日本为了加强高中与大学在教育上的全面衔接，开展了丰富多彩的高中与大学教育互动活动。广岛县是"高大合作"先进地区，它努力进行的县教育委员会、高中、大学"三位一体"的"高大合作"更是全国闻名。"高大合作"是一项高中与大学之间双向连接的教育实践活动，其广泛开展对于培养高中生升学的适应性，提高大学新生的基础学习能力，确保高等教育的质量都具有深远的意义，因此不仅受到高中的青睐，也受到大学的欢迎。④

江苏省天一中学通过"高中—高中"合作、"高中—高校"合作、"高中—高新企业"合作等方式，积极开发并合理使用校内外各种优质教育资源，实现教育资源共建共享，提高教育资源内在品质，推进教育资源向社会延伸。"三高合作"是一种立体式、互补型、开放性的合作，既有横向合作共享，又有纵向有效衔接，

---

① 周雪涵、张羽：《高中阶段家庭教育成本及其影响因素分析》，《清华大学教育研究》2015 年第 5 期，第 110～117 页。

② 范晓婷、曲绍卫、纪效珲、周哲宇：《我国普通高中学生资助政策执行效果评估——基于 2014 年全国 38 个省级单位的实证分析》，《教育科学》2015 年第 4 期，第 69～74 页。

③ 胡晓娟：《福建省普通高中国家资助政策实施现状及对策研究》，《教育评论》2016 年第 5 期，第 67～71 页。

④ 王丽燕、王星晨：《21 世纪以来日本推进"高大合作"的经验及其启示——以广岛县为例》，《外国中小学教育》2016 年第 3 期，第 5～10 页。

既有教育领域内的共建共赢，又有教育领域外的社会支持。①

高中与大学的有效衔接需要其他措施的配合，从美国"高考"、大学录取方式及其与高中课程的关系，了解美国高中与大学的衔接。美国"高考"通过标准化测试（SAT、ACT），对学生的学习兴趣、潜能等品质进行考核；美国大学的录取，积极回应高中教育的内容与方法。考录中多元化的考核内容与方式，与高中课程评价内在合一的理念，不仅有助于中学生在学习方法、思维习惯等方面实现向大学阶段的过渡，更为学生在大学阶段的发展做了很好的铺垫，对我国中等教育改革具有借鉴作用。②

3. 普职融合与分流

根据《国家中长期教育改革和发展规划纲要（2010—2020 年）》对促进普通高中多样化发展的要求，部分地区开展高中特色发展试验，以创新人才培养模式，满足高中学生的个性发展需求与学校自主发展需求，实现普通教育和职业教育的融合发展。③

以美国为代表的完全的普职教育高中后分流体系，美国社区学院已成为高等教育的一部分，主要承担职业教育功能，可颁发副学士学位。社区学院的生源主要是高中毕业生。社区学院提供的课程有两类：一类为过渡性文理课程，相当于四年制大学的前两年，学生可转入四年制大学继续深造；另一类为终止性职业技术课程，帮助学生就业做好准备，使学生习得一技之长，毕业后直接就业。由此可以看出，美国在经济社会发展的初期，职业教育更多以层级较低的技工学校等类型出现，而随着经济社会的高度发达，职业教育层级也随之演变发展成高等教育形态。可以说，美国的职业教育体系发展走的是一条与经济社会人才培养规格需求高度契合的道路。

在瑞典，高中教育只有一种，没有职业高中、普通高中或其他类别高中的区别，称为统合高中，集就业与升学教育职能为一身。凡初中毕业生都可以入学，没有入学考试。统合高中的学生在学习结业时，按照自己的意愿选择升学或就业，机会会有很多。统合高中之所以能够兼具升学和就业教育功能，主要在于其打破文理分界，注重学科整合的课程设计。瑞典综合高中在课程设计、教学模式等方面的具体实践颇具启发意义。

多途径提升中职校人才培养层次。为了适应当地经济发展与产业结构特征、

---

① 朱卓君：《"三高合作"学校优质教育资源开发的实践探索》，《中小学管理》2016 年第 2 期，第 26～28 页。

② 郭志明：《从美国"高考"看高中与大学的衔接》，《外国中小学教育》2015 年第 8 期，第 11～16 页。

③ 崔玉婷：《北京市普通高中学校的特色类型——以 70 所特色项目学校为例》，《教育科学研究》2016 年第 3 期，第 38～42 页。

满足当地人力市场对各类专业人才的需求，各城市需要对高中以及职业教育的发展模式做好提前规划，特别是北京、上海、天津、广东、江苏、浙江、山东等一些东部沿海、发达地区，可以结合"十三五"教育改革发展规划，科学确定本地发展现代职业教育的整体框架、路径与保障，率先提升普职分流层级，逐步稳妥地调整教育体制结构，从初中后普职分流转变为高中后分流。将一部分中职转变为综合高中：保留一部分有特色、有行业背景和就业前景的中职学校：停办办学水平较低的中职学校。①

4. 高中学校管理与实践

学习评价政策是学校评价工作实施的重要制度保障，制定和实施科学合理、具体的学习评价政策是推进普通高中学校评价发展、促进其质量提升的根本保证。有学者就改革开放以来我国普通高中学校评价政策进行了回顾与分析，结合发展性评价的理念和目标，提出改进学校评价应当转变政府职能，实现普通高中管、办、评三权分离；应该以发展性评价为导向，构建我国普通高中学校评价体系和制度。② 在高考综合改革的背景下，有学者进一步对校本评价进行了策略研究。从实施维度、主体维度和目标等方面提出了校本评价的实践困境，分析了校本评价的理论内涵，就校本形成性反馈评价实施提出了建议。首先，以形成性反馈为手段，促进校本评价的均衡发展。其次，评价视角由"定量方法"逐步转向"综合方法"。最后，需要关注形成性反馈评价的准确性和适切性。③

在教师专业发展上，自 2010 年起，国家组织实施"国培计划"，培训一批"种子"教师，使他们在推进素质教育和教师培训方面发挥骨干示范作用。学科带头人能够在教学、科研上影响、引领、带动整个地域的发展。他们的存在可以带动一个区或者一个市学科的发展，能够带动青年教师的成长。有学者对高中学科带头人培训需求进行了调查分析，提出了教师培训效果的若干建议：加强前期调研，重视参培教师需求；基于学科开发培训内容，提高培训针对性；采取灵活多样的培训形式，鼓励学员积极参与；强化培训师资，确保培训效果。④ 同时，有学者就区域性高中跟进式学科研训进行了实践探索，为区域性高中学科研训的工作创新提供了借鉴和启示。有学者提出应该着眼整体规划，科学统筹区域性学科

① 赵慧：《发达地区提升普职分流层级的路径探析》，《教育发展研究》2015 年第 19 期，第 14～20 页。

② 李文静、徐赟：《改革开放以来我国普通高中学校评价政策的回顾与分析》，《现代教育管理》2016 年第 3 期，第 80～84 页。

③ 傅欣：《面向高考综合改革的校本评价认识和策略研究》，《全球教育展望》2016 年第 3 期，第 120～128 页。

④ 吴绚灿、李国强：《高中学科带头人培训需求调查分析》，《教学与管理》2015 年第 36 期，第 58～60 页。

研训的年段安排；完善研训载体，不断丰富学科研训活动的组织形式；依托专题活动，不断强化高三学科教师的能力提升；聚焦课堂教学，跟进服务学科阶段备考的问题补偿；立足质量监测，拓宽学科质量提升的空间；优化备考策略，充分发挥质量评价标准的导向作用。[①] 在教师工作上，有学者对中美高中教师工作进行了比较研究，他指出中国高中教师更重视基本技能，美国教师更重视复杂问题解决；中国高中教师更重视人际导向和实践智力，美国高中教师更重视社会影响；中国高中教师更重视主动学习和利用科学的规则和方法去解决问题，而美国高中教师更重视指导和系统分析；中国高中教师更重视创新，而美国高中教师更重视领导能力和可靠性。[②]

(二)我国普通高中生评价制度的改革研究

1. 完善高中学业水平考试

高中学业水平考试成绩与高考硬挂钩一直是深化考试招生制度的必然结果。2015 年，我国学术界对高中学业水平考试的研究热度依然不减，有学者从高中学业水平考试当前面临的困境以及改善措施两大方面进行了阐述。

2014 年，国务院颁布了《关于深化考试招生制度改革的实施意见》，标志着新一轮考试招生制度改革全面启动。此次考试招生制度改革提出将学业水平考试(简称学考)纳入高考，此举措引起了很多人士的注意，不少人表示赞赏，也有人指出实施过程中面临诸多困境。

有学者认为学考纳入高考会导致学考定位模糊，根据《关于普通高中学业水平考试的实施意见》，学考是衡量学生学业水平、监测并提升教学质量的绝对性评价，而将学考纳入高考之后，其成为高考的一个部分，由绝对性评价成为相对性评价，学考定位易被异化；此外，水平性原意为考查学生的基础知识与基本技能，一旦纳入高考，就具有选拔性特征，区分度应该得以体现，对考试试题的命制加大了难度；将学考纳入高考，意味着各省每年将要多组织两次大型考试，除去考试成本的增加，对考试的组织实施与监考管理也带来了挑战；最后，在高考录取的操作上，学考的纳入也增加了高考的难度，高考采取的分数制计分与学考采用的等级制计分两种记分体制导致高考成绩无法合成。[③]

此外，在新一轮考试招生制度改革开始之后，我国高中学业水平考试在制度

---

① 丁玉祥、李雪梅：《区域性高中跟进式学科研训的实践与探索》，《教学与管理》2016 年第 7 期，第 37～38 页。

② 黎光明、牛端：《中美高中教师工作的比较研究》，《上海教育科研》2015 年第 11 期，第 28～30 页。

③ 罗祖兵、秦利娟：《将学业水平考试纳入高考的困境与对策》，《课程·教材·教法》2015 年第 8 期，第 99～104 页。

化过程中遭遇认同困境、制度动力不足和实施效率低下等问题。有学者基于社会学制度主义的"合理性"机制理论、历史制度主义的"路径依赖"理论和理性选择制度主义的"博弈论"三大观点，认为新制度的"合法性"危机、原有体制的路径依赖以及制度变革中的权力与利益博弈是产生我国高中学业水平考试制度化难题的原因。①

也有学者指出，高中学业水平考试作为一种新型教育评价制度，在具体实施过程中，不仅会遭到如上述学者提到的价值阻力、制度阻力，同时也存在有考试方案本身产生的不公平和操作困难等实际阻力以及因认知偏差和新要求带来的心理阻力。具体表现为学考的公平性理念难以落实（农村与城市的教育质量的差距所带来的农村与城市高中学业水平成绩的差异、不同地区学考科目及计分方式的差异带来的成绩不可比性）以及学考方案操作性不强（评价标准表述模糊、"学生自主选择权"实施困难、学考区分度困难）。②

在应对措施方面，针对将学考纳入高考面临的困难，有学者指出应该理性应对。第一，明确学业水平考试的定位，虽然学业水平考试纳入高考成为其中的一部分，但它的水平性功能应该是基础，其次才是选拔性功能的体现，也就是说学考只是为高考成功录取提供候选人依据，高考才是高校录取的主要参考；第二，要实现学业水平考试的专业化，成立专业的学考机构，最好是有公共财政支持的全国性的第三方机构，配备专业、专职的学考工作人员，包括试题命制人员和考试研究人员；第三，改革学考成绩的表征方式，为了更好地合并高考总成绩，在不改变等级赋分的原则下，应该将等级制学考计分体制转换为分数；第四，加强问责制度的建设，对学考中违规的学生，应当加大处罚力度，予以重要警戒，对学考中违规的工作人员，包括教师及相关领导等，无论严重与否，一律开除公职。此外，应当建立科学、合理、严格、公正的程序机制。③

面对高中学业水平考试的制度化困境，有学者提出我们应营造与高中学业水平考试制度相适应的内外部环境，解除其合法性危机；实现强制性变迁和诱致性变迁模式的整合，突破路径依赖的锁定效应；完善制度设计，改变博弈双方的支付结构，实现高中学业水平考试制度的利益共享。④

---

　　① 李宝庆、吕婷婷：《高中学业水平考试的制度化困境及应对策略：新制度主义的视角》，《教育发展研究》2015 年第 20 期，第 1～9 页。

　　② 李宝庆、吕婷婷、樊亚峤：《高中学业水平考试的阻力与化解》，《中国教育学刊》2016 年第 3 期，第 57～64 页。

　　③ 罗祖兵、秦利娟：《将学业水平考试纳入高考的困境与对策》，《课程·教材·教法》2015 年第 8 期，第 99～104 页。

　　④ 李宝庆、吕婷婷：《高中学业水平考试的制度化困境及应对策略：新制度主义的视角》，《教育发展研究》2015 年第 20 期，第 1～9 页。

有学者指出，要化解高中学业水平考试阻力，必须寻找到阻力背后的合理动机和积极意义。首先，转变传统的价值观，树立"为了教学、促进发展"的新型考试观，尊重不同群体的多元价值观，加强个体与群体的相互理解。其次，要突破路径依赖，促进强制性制度变迁和诱致性制度变迁模式的整合，完善高中学业水平考试的实施机制和制度环境。再次，要完善高中学业水平考试方案，保证考试的公平性，建立以"课程标准"为依据的学业水平标准，提高评价方案的可操作性。最后，要加大高中学业水平考试的宣传力度，建立适应学考的新观念，构建多层次对话机制，适时调整参与者心态。①

2. 规范高中学生综合素质评价

自普通高中学生综合素质评价提出以来，其发展历程已有十年。随着其评价理念与思路的转型与嬗变，我国政府陆续出台了多个关于加强我国高中学生综合素质评价制度的政策文件。我国高中学生综合素质评价制度的价值取向、内容以及实现模式都有了进一步的完善与确认。2015—2016 年间，不少学者从本质定位、内容实现、发展困境与对策等角度对规范我国高中学生综合素质评价进行了研究。

从综合素质评价的本质定位上，有学者指出，它应该是鉴赏性的评定，而非等级评价。② 有学者则认为综合素质评价的价值取向是个性发展而非全面发展，而当前的综合素质评价以全面发展为价值取向，结果导致评价指标难周全、观测点赋值困难、评价结果难合成、评价工作组织困难等一系列困境。综合素质评价不能只停留在促进全面发展这个基础之上，应该更进一步，促进学生的个性化发展。以个性发展为价值取向的综合素质评价，应该将鉴赏性评价作为基本的评价方法、将优势领域作为评价的基本内容、将"两端"作为评价结果呈现的重点。③ 有学者指出，综合素质评价面对的是整体的人，是对学生的整体发展状况进行观察、记录与分析，而所谓全面并不是指每个方面都要争"优"，而是为了把各方面的情况综合起来，进行比较分析，从中把握其优势、潜能和特点，将其个性特点揭发出来，引导其找到真正适合自己的学业、生活道路的目标。④ 也有学者指出，学生综合素质评价的功能迷失，校领导和教师对其评价目标认识不清，认为评价仅仅是为了高等学校选拔和录取人才而做；综合素质评价不应仅停留在"考

① 李宝庆、吕婷婷、樊亚峤：《高中学业水平考试的阻力与化解》，《中国教育学刊》2016 年第 3 期，第 57～64 页。
② 王洪席：《高中学生综合素质评价：误读与澄清》，《中国教育学刊》2016 年第 3 期，第 65～67 页。
③ 罗祖兵：《突出个性：普通高中综合素质评价的应然价值取向》，《中国教育学刊》2015 年第 9 期，第 16～20 页。
④ 柳夕浪：《综合素质评价引导学生成为他自己》，《人民教育》2016 年第 1 期，第 64～67 页。

试招生制度中的学生综合素质评价",而应是"学生成长中的学生综合素质评价"。①② 相比较,美国公立学术性高中关注"人"的培养和学生的学习力的培养,注重核心素养的养成,关注外部环境对学生发展的影响,注重学生的职业生涯规划教育,这与我国综合素质评价关注对高中学生过去学习过程的成绩不同,美国高中学校的目光一直放在未来。③

关于综合素质评价的内容研究,我国有学者聚焦于新一轮的高考改革。有学者指出,新一轮高考改革取消鼓励性加分项目,并将取消的鼓励性加分项目转入综合素质评价的一部分参考内容,这种变迁在一定程度上减弱了鼓励性加分项目引起的越来越强烈的公平性质疑,同时也可以保护学生的兴趣与特长,为特殊人才的继续深造创造条件。④ 有学者把综合素质评价发展10年以来的评价内容进行了梳理,发现其评价内容趋同,不仅体现在时间发展跨度上,而且也体现在不同区域上,不同省份的评价内容并没有根据地方特色加以突出表现。⑤

综合素质评价政策在近十年虽然得到了不小的完善与改进,却依然存在不少问题。有学者认为综合素质评价的工作意义与责任主体不清,很多人容易把高校招生的综合评价与高中生综合素质评价混淆,唯分数至高的评价标准导致高中教育功利主义盛行,评价工作细致烦琐,教师工作压力大。⑥ 有学者指出,高中综合素质评价方案中存在着缺少综合的情况,主要体现在用板块组合式的评价内容代替全面综合,对不同板块内容分别评价以及单独陈列的评价结果处理方式。⑦ 有学者从高中生综合素质评价的监督机制着手,发现其存在不少问题:首先,监督主体不明确,综合素质评价倡导的多维主体相互交流一定程度上造成了监督机制"群龙无首"的局面;其次,监督内容模糊,在我国应试高考政策"分数至上"的传统考试观念的影响下,象征"非学术能力"的高中生综合素质评价的关注度远不

① 王小明、丁念金:《历史与嬗变普通高中学生综合素质评价改革十年》,《现代教育管理》2015年第11期,第74~79页。

② 施洪亮:《"综合素质评价"改革朝哪里去?——关于"综合素质评价"的冷思考》,《教育科学研究》2016年第4期,第22~26页。

③ 熊万曦:《美国公立学术性高中使命陈述的文本分析——基于对〈美国新闻与世界报道〉排名前100位高中的研究》,《教师教育研究》2016年第2期,第111~117页。

④ 朱沛沛:《高考鼓励性加分项目转入综合素质评价析论》,《上海教育科研》2015年第12期,第13~16页。

⑤ 王小明、丁念金:《历史与嬗变:普通高中学生综合素质评价改革十年》,《现代教育管理》2015年第11期,第74~79页。

⑥ 施洪亮:《"综合素质评价"改革朝哪里去?——关于"综合素质评价"的冷思考》,《教育科学研究》2016年第4期,第22~26页。

⑦ 程龙:《高中综合素质评价综合性的缺及其矫正》,《教育理论与实践》2015年第29期,第12~14页。

及其正常的课程学习,监督内容出现形式化、模糊化倾向;再次,信息公开机制缺位,综合素质评价自身具有主观性、过程性和生成性等特殊属性,评价工作的透明化就显得极其重要,但是少有的网络信息平台以及内容贫乏的电子平台使得综合素质评价过程中出现失控行为;最后,社会的诚信文化建设失位,主观性特点使得其结果很难逃脱客观性、公正性弱化的窠臼。[①]

面对我国高中生素质评价的改革困境,不少学者提出了建议。有学者认为可以借助互联网,搭建学生自主记录的网络平台,加强社会监督和教育督导。[②] 有学者提出建立综合化监督机制:第一,明确监督主体,开展政府部门主导下的联合监督;第二,落实监督内容,对综合评价各级指标体系分别设置监督,明确监督对象;第三,革新监督方式,建立信息公开机制,将价值判断内容公开化、透明化;第四,加强诚信文化建设,增进社会理解;第五,完善自身,制定并健全章程。[③] 有学者则对目前各省市的高中综合素质评价综合性的缺失进行了矫正,提出应该在素质评价内容上注重与课堂教学、生活相融合,在质性评价基础上实现量化,在评价参与者的培训上以教师和学生为主体。[④] 有学者对《上海市普通高中学生综合素质评价实施办法(试行)》进行解读,指出其体现了上海特色,重视学习经历的发展动态,突出了学生的创新精神与实践能力,引导学生发现自己的潜能和发展目标,是其他地区实施综合素质评价的示范。[⑤]

(三)异地高考政策相关研究

教育资源分配不均与随迁子女数量的持续增长在一定程度上促成了异地高考政策的形成。有学者指出,一直以来,高考户籍制是中国高考制度的重要属性,随着异地高考制度的发展,高考户籍制呈现一定的松动,但在未来相当长的一段时间内难以发生根本性变化。[⑥] 也有学者认为,异地高考在大城镇化进程中、在人口大规模流动的背景下将会成为流动人口的利益诉求,成为教育政策、教育实践与教育理论界的热点问题,是促进教育公平的重要手段,必须积极推进。截至

① 王润、周先进:《高中生综合素质评价监督机制的构建——基于新一轮高考改革的思考》,《教育理论与实践》2015年第26期,第9～11页。

② 施洪亮:《"综合素质评价"改革朝哪里去?——关于"综合素质评价"的冷思考》,《教育科学研究》2016年第4期,第22～26页。

③ 王小明、丁念金:《历史与嬗变:普通高中学生综合素质评价改革十年》,《现代教育管理》2015年第11期,第74～79页。

④ 程龙:《高中综合素质评价综合性的缺及其矫正》,《教育理论与实践》2015年第29期,第12～14页。

⑤ 陆璟:《综合素质评价推动学校深度变革——上海市普通高中学生综合素质评价试点解读》,《上海教育科研》2015年第12期,第5～8页。

⑥ 刘希伟:《"高考移民"的新动向与治理策略》,《教育发展研究》2015年第15期,第7～12页。

2014 年 8 月，有 30 个省份明确了随迁子女在当地参加高考的政策。①

异地高考的执行过程颇为复杂，有学者从复杂性视角对一定高考政策的执行框架进行分析，指出，从本体论方面，异地高考政策执行的组成杂而多；从认识论方面，异地高考政策实行难以理解与解释，不容易处理，不清楚。② 有学者则从利益相关者视角对异地高考政策执行进行研究，认为"异地高考"政策是政府打破户籍地高考的制度安排，重构随迁子女、当地考生教育利益格局的过程，中央政府、地方政府、随迁子女、当地考生作为主要的利益相关者，为了自身利益最大化而进行利益博弈。③ 有学者分析了我国"异地高考"问题的网络舆情格局，发现对于异地高考的态度，普通网民内部呈现势均力敌的对抗，新闻媒体和专家有学者呈现压倒性的支持态势；相应的，三大舆情主体对异地高考制度各有不同主张，具体政策建议与解决方案依赖于专家、学者；理性经济人假设下，责任承担者、问题解决者、政策阻碍者多重矛盾角色共存。④ 也有学者表示我国高考户籍制度的限制、各地教育资源配置不均衡以及地方保护主义盛行等原因使得我国异地高考政策在实施过程中面临了许多困境。⑤

作为有正当需求的异地高考，对高考制度造成了一种前所未有的冲击，带来一系列问题。首先，高考户籍制度遭遇合法性危机，呈现松绑态势；其次，被高考移民伪装成外衣，引发投机性的高考移民问题。⑥⑦

当前的异地高考政策需要进一步深化改革。有学者认为应该取消根据考生户籍的高考报名招生方式，以学籍代户籍，使高考与学籍捆绑、与户籍分离；取消根据考生户籍分省定额指标的招生录取方式，以高考报名人数为基本依据确定招生名额；取消分省命题的考试方式，实行全国统一命题考试；不能把权力下放给各省政府，中央政府统筹力度加大，制定全国性政策。⑧ 有学者提出要建立有效

① 褚宏启：《城镇化进程中的户籍制度改革与教育机会均等——如何深化异地中考和异地高考改革》，《清华大学教育研究》2015 年第 6 期，第 9～16 页。

② 蒋园园：《构建一个分析异地高考政策执行的新框架：复杂性视角》，《现代教育管理》2016 年第 6 期，第 43～48 页。

③ 曹晶：《利益相关者视角下的"异地高考"政策执行研究》，《教育理论与实践》2016 年第 11 期，第 9～12 页。

④ 刘惠：《我国"异地高考"问题的网络舆情格局分析》，《上海教育科研》2016 年第 6 期，第 46～53 页。

⑤ 张宇：《我国异地高考面临的困境及政策选择》，《教学与管理》2015 年第 9 期，第 71～73 页。

⑥ 褚宏启：《城镇化进程中的户籍制度改革与教育机会均等——如何深化异地中考和异地高考改革》，《清华大学教育研究》2015 年第 6 期，第 9～16 页。

⑦ 刘希伟：《"高考移民"的新动向与治理策略》，《教育发展研究》2015 年第 15 期，第 9～12 页。

⑧ 褚宏启：《城镇化进程中的户籍制度改革与教育机会均等——如何深化异地中考和异地高考改革》，《清华大学教育研究》2015 年第 6 期，第 9～16 页。

的监督机制，及时响应异地高考执行过程中的变化。[①] 有学者指出国家应支持重点高校扩大对高等教育资源相对贫乏地区的招生规模，同时政府应该加大对经济欠发达地区的高校的财政投入与支持。[②] 要建构有序和活力间距的整合机制，基于户籍制度和高考录取政策的同步改革，中央政府有必要建立一系列保障机制，将政策推进的不确定性降到最低。[③] 有学者指出，有效推进"异地高考"政策，中央政府要完善政策执行的监督机制，切实保障随迁子女的教育利益；地方政府要建立利益相关者沟通协商机制，整合各方利益诉求；尽快制定相关配套措施，扩大利益供给，实现多方利益均衡。[④]

(四)我国普通高中课程改革相关研究

1. 高中课程设置与体系建设

高中文理分科导致学生知识结构不完整，是新一轮的教育综合改革把取消文理分科作为其中一项重点政策予以推行的基本原因。[⑤] 在新课程改革的时代背景下，高中教育开始实施文理合科。高中文理合科是作为基础教育的高中教育课程的应然状态，为了适应未来社会需要，有必要进行高中文理合科操作。高中文理合科实质就是课程设置问题，是在保证不增加学生学业负担的前提下的文理课程设置，目的是提高学生的整体素质，其操作过程需要高中考试保驾护航。要想有效实施文理合科，首先就是考试科目的调整。调整考试科目就会影响高中教育的课程设置，只有考试科目按文理合科才能存在下去。第二就是课程的重新设置。高中的课程设置 80% 受高考导向控制，"考什么，教什么，学什么"，不在于政府的限制，这是当前高中课程设置的现实。因此，文综和理综应仅限于个别高效招生，高中尽量不设文综和理综，使学生有时间开展动手时间和社会调查活动，为学生的创新能力培养提供活动时间和空间。[⑥] 我国的基础教育事实上还存在着一个更大的分科制度，那就是高中阶段的普职分科。在当前时代背景下，继续实行刚性的普职分科表现出越来越明显的不可持续性。针对这一趋势，有学者从高阶技术技能型人才早期培育的视角，对示范性普高与中职示范校沟通的课程建构

---

① 蒋园园：《构建一个分析异地高考政策执行的新框架：复杂性视角》，《现代教育管理》2016 年第 6 期，第 43～48 页。

② 张宇：《我国异地高考面临的困境及政策选择》，《教学与管理》2015 年第 9 期，第 71～73 页。

③ 蒋园园：《随迁子女就地高考政策执行复杂性再分析——以北京市为例》，《教育科学研究》2016 年第 5 期，第 24～30 页。

④ 曹晶：《利益相关者视角下的"异地高考"政策执行研究》，《教育理论与实践》2016 年第 11 期，第 9～12 页。

⑤ 柯政：《构建统一高中课程体系初论》，《全球教育展望》2016 年第 6 期，第 17～28 页。

⑥ 李静、王秀兰：《以考试改革与课程设置助推高中"文理合科"》，《教学与管理》2015 年第 22 期，第 76～78 页。

进行了初探。两类学校沟通的课程建构，强调立足于"人文素养与知识准备"的学校课程沟通，立足于"人格特质与通用能力"的学校统整，立足于"专业志趣与专业能力"的学校课程创生。两类学习沟通的课程建构动力系统，包含以校长与管理为动力源的课程改革自创生系统，以项目与活动为动力源的课程改革自适应系统，以教师与教学为动力源的课程改革自组织系统和以环境与评价为动力源的课程改革自动机系统。① 有学者从课程实施的角度，对香港新高中课程的设计进行了分析。香港的新高中课程由精英制转变为普及教育。课程力求宽广、均衡与多元，使所有学生都能学习，学有所成。但在实施时也面临新的问题。首先在教学上，个别学科的设计与实施问题，还有校本评核的争议问题。其次是学生方面，包括学生个别差异的增加；课程分量重，补课压力大。面对问题，也提出了集体的改进建议。在学科课程设立上，应设立两种水平：一般水平和高级水平。同时大学的招生要求呈现相应的弹性。所以说，设计和实施一个新学制的课程不是易事，要考虑的层面很多，也要在具体实施中提出改进建议。②

在课程建设上，高中特色课程理论是高中特色化办学的基础。从理论高度看高中特色课程应切合人本主义的教育目标、多元智能的教育内容、建构主义的教育评价；从实践角度看，高中特色课程有助于改变高中同质化办学倾向，实现高中多样化办学及学生个性化发展，有助于完善现行的高中课程评价系统，改变一考定终身的弊端；有助于建立高中三级课程融合并与高效课程接轨；有助于建立灵活多变的课程实施方案，发挥教师的创造性。③ 以广州市普通高中特色课程建设为例，来看特色课程建设推动学校特色化发展。每一所高中背后，都有不可复制的地域文化、办学传统，这些独特的自然资源和人文资源是形成学校文化的重要内容，也是特色课程建设的重要依据。所以，要依据学校文化重塑学校办学思想，建设特色课程，同时以特色课程建设为平台设置人才培养模式。人才培养模式包括：融入文化育人的模式；个性化项目育人的模式；分层次育人的模式；与高校联手育人的模式。④

2. 课程基地建设的实践探索

江苏省为深入推进高中课程改革，在全省掀起建设普通高中课程基地项目

① 刘茂祥：《示范性普高与中职示范校沟通的课程建构初探：高阶技术技能型人才早期培育的视角》，《教育发展研究》2015 年第 18 期，第 35～42 页。

② 林智中、张爽：《从课程实施看香港新高中课程的设计》，《全球教育展望》2016 年第 2 期，第 24～31 页。

③ 王建：《论普通高中特色课程建设的理论依据及实践意义》，《教育探索》2015 年第 8 期，第 33～37 页。

④ 朱华伟、李伟成：《特色课程建设推动学校特色化发展——以广州市普通高中特色课程建设实践为例》，《中国教育学刊》2015 年第 9 期，第 42～46 页。

（以下简称"课程基地"）建设，实施五年来，在课程设计方面颇有建树，真正在面上实现了课程的多样化；同时，也呈现出我国课程改革推进过程中的一个普遍性问题，即课程结构整体性设计的相对缺乏，须以办学理念为统领，关注各类课程的结构比例，从宏观、中观及微观三个层面对课程的功能结构进行整体设计。①课程基地的建设主要围绕创设具有鲜明特色的教学环境、突出核心教学内容的模型建构、建设促进自主学习的互动平台、开发丰富而有特色的课程资源、构建教师专业成长的发展中心、形成学生实践创新的有效路径这六大任务展开，其核心是为了促进学生学习方式的变革和全面发展。②

在课程结构上，"课程基地"对课程结构转变做出了贡献。"课程基地"拓展了理论与实践之间的张力；拉近了课程理论和实践之间的互动转化；还促进了三级课程的和谐共生。当然，我们也看到了"课程基地"的实践问题：课程基地整体设计不足；重视课程要素间的组织化程度和一致性水平；实施走样，影响了"课程基地"的目标达成。"课程基地"在推进过程中，课程结构是撬动学校课程特色的支点，一所特色高中学校的课程结构一定有其特点，相反，如果课程结构没有发生改变，那么，很难讲这所高中学校的课程能真正影响到孩子的特色发展。因此，课程结构的设计研究有待加强。应当研究宏观、中观及微观三个层面的课程结构。③

在课程设计上，"课程基地"学校"课程"则以"短小精悍"的特点赢得了充分的校本化改革的空间。在这几年的实践中，"课程基地"分头试验，形成以下五类渐趋成熟的课程形态：基于"服务性学习"的社会综合实践活动课程的设计；基于"融合与衔接"的职业与技术教育类课程的设计；基于"生活中心"的跨学科课程的设计；基于"地域文化"的校本化的课程设计；基于"学科知识"的国家课程的校本化。当然，江苏省在实践中也发现了在课程设计中该注意的问题，如课程设计领域的深广度问题、跨学科策略问题、课程结构的整体性设计问题等。④

在学习方式的变革中，学校充分利用了化虚为实、以点带面、主动借力、突出关键问题等行为策略，为同类学校的教学变革提供了具有现实性的实践思路和实践范例。"课程基地"的核心是通过新型"课堂"和"教学平台"的建设，促进学生

---

① 倪娟、马斌：《课程设计："课程基地"实践视域下的反思——以江苏省为例》，《课程·教材·教法》2015 年第 9 期，第 24～28 页。

② 万伟：《普通高中课程基地建设中学习方式变革策略分析》，《全球教育展望》2016 年第 2 期，第 50～59 页。

③ 倪娟、马斌：《"课程结构"与"课程管理"转变的相关思考——"江苏省普通高中课程基地"研究》，《教育研究与实验》2015 年第 4 期，第 61～67 页。

④ 倪娟、马斌：《课程设计："课程基地"实践视域下的反思——以江苏省为例》，《课程·教材·教法》2015 年第 9 期，第 24～28 页。

学习方式乃至思维方式、生活方式的变革。各高中学校在实践中结合学科特点，通过创设凸显学科特点与文化的教学情境，以"项目""问题"为核心进行教学设计，通过教学组织形式的变革、现代化教育技术翻转课堂教学模式的推进，运用各种思维可视化技术手段，引领学生进行体验学习、探究学习、"E"学习、右脑学习、社会实践学习。①

江苏省高中课程基地以综合性教学平台建设为目标，追求新型学校课程文化的创生，让我们看到了地方教育管理部门及每一所高中学校积极投入课程变革的创造性努力，同时也启发我们对高中课程建设基于学生立场、高中走进教学与学科教室、教师课程意识及能力生成等问题的进一步思考。②

3. 新形势下的教学转型

应新一轮高考改革之需，高中教学将以增加"选择性"为改革基本逻辑，以帮助学生为未来学习、工作和生活做准备为基本目标，以满足学生个性化需求为基本旨趣，凸显其"全面育人"的价值取向；但线性简单思维主导下的教学整体割裂、全科"走班制"教学与教育成本"瓶颈"、"储蓄式"教学根深蒂固等现实困境阻碍着育人目标达成。据此，高中教学需摒弃机械训练模式，其路径取向为：秉持"非线性"复杂思维重构教学认识，基于"跨学科"方法建构主题探究式教学，创设"协作式问题解决"环境促学习转型。③

章丘五中，从经验走向科学，在高中教学改进中做出了探索与实践。在不断学习、实践、反思、总结的基础上，逐渐总结凝练了集科学性、系统性和操作性于一体的学校"SCE项目教学系统"，为普通高中科学地开展"有效教学"的探索提供了有益的借鉴。所谓"SCE项目教学系统"，是以项目管理的方式构建的，集共享式备课、建构式学堂和嵌入式评价于一体的教育教学计划实施和管理系统，是一个贯穿教学准备、教学实施和教学评价全程的，以学生的学习过程为基础的，各教育教学要素相互作用、相互依赖、相互开放、和谐共生的统一整体。共享式备课是对整个教学过程的计划和准备。其一般流程是以项目合作组为单位，在课标分析、教材分析、学情分析的基础上，进行教学目标的确定与叙写、教学材料的组织、教学策略的选择、教学评价的设计，并最终形成教学计划。④ 但是，正

① 万伟：《普通高中课程基地建设中学习方式变革策略分析》，《全球教育展望》2016 年第 2 期，第50～59 页。

② 何善亮：《江苏省高中课程基地建设的实践探索与理论思考》，《教育科学研究》2015 年第 12 期，第 57～63 页。

③ 张紫屏：《论高考改革新形势下高中教学转型》，《课程・教材・教法》2016 年第 4 期，第 89～95页。

④ 许爱红、彭其斌、李永东：《从经验走向科学：普通高中教学改进的探索与实践——以章丘五中"SCE"项目教学系统为例》，《当代教育科学》2016 年第 8 期，第 35～39 页。

如学者何仁毅所说，集体备课有助于统一教学目标、教学进度，便于开展有效检测，从而提升总体教学质量。但在学校具体的实施过程中却遭遇尴尬，面临实施难的问题。所以，唯有深入研究集体备课，立足校本、生本和课本，关注学生、关注教学模式、关注教育整体，从根本上解决当前学校集体备课中存在的"形式大于内容、集体备课绩效不彰显"的现象，推动集体备课在高中课堂教学中落地生根。①

在高考制度改革的新形势下，传统的班主任模式管理学生的体制可能出现动摇，高中导师制得到了进一步的深化探究。导师制就是导师对学生的学习、品德及生活等方面进行个别指导的一种教导制度。② 目前全国高中学校实施的导师制多数是指在班级管理班主任制的同时，任课教师（即导师）与学生在双向选择与班主任统筹协调的基础上结成"导与学"的关系，导师制是对学生进行学业辅导、思想引导、心理疏导和生活指导的一种有效的辅助班级授课制的个性化教育管理制度。导师制的指导思想就是从重视教师的"导"到尊重学生个体主体性。③ 学者王欣宇从导师制出发，结合学生管理的实际情况，对高中全面导师制模式进行了探索。通过全面导师制，试图构建一个新的学生管理体系，希望能够促进学生管理体系的发展，使学生得到个性化的、全面的指导，最终促进学生更好的发展。④ 同时，有学者基于浙江省部分高中的实践，对普通高中必修课程实施分层教育进行了思考。分层教育是指针对学生的个性特点与个体差异，设置不同的课程层次，通过自主选课和走班制度，以促进学生科学获知、健康成长的试行教育模式。⑤ 课程改革能否取得效果，取决于教师能否对新课程的理念有深刻的认识，更重要的是教师能否把新课程的理念和目标转化为教师最终的教学行为。有学者基于甘肃省普通高中研究性学习实施现状的调查研究，将课程改革对教师观念与教学行为的影响进行了探析。调查研究表明：一方面，多数教师通过课程培训和自主探索实现了教育观念的转向；另一方面，教育改革的复杂性及其教师的现实处境，使多数教师的教学行为与新课程的要求有一定距离。课堂管理者需不断提升对于课程改革的认识，帮助教师解决课程实践问题，使教师真正成为课程变革的动力，促使教师积极主动地改善教学行为，推动课程改革的深入发展。⑥

①　何仁毅：《高中集体备课实施难的原因与对策》，《教学与管理》2015 年第 34 期，第 37～38 页。

②　顾明远：《教育大辞典》（第三册），上海：华东师范大学出版社 1991 年版，第 19 页。

③　沈之菲：《高中导师制进一步深化探究》，《上海教育科研》2016 年第 2 期，第 57～61 页。

④　王欣宇：《高中全面导师制模式探索》，《教学与管理》2015 年第 28 期，第 25～28 页。

⑤　张永久、孙玉丽、陈洁琼：《普通高中必修课程实施分层教育的思考——基于浙江省部分高中的实践》，《教育理论与实践》2016 年第 11 期，第 13～15 页。

⑥　胡红杏、陈琳：《课程改革对教师观念与教学行为的影响探析——基于甘肃省普通高中研究性学习实施现状的调查研究》，《当代教育与文化》2015 年第 4 期，第 71～77 页。

在全面深化课程改革的背景下，强化学生的核心素养，就成为未来高中课程改革的顶层理念。有学者也对高中课程如何强化学生的核心素养提出了建议。要充分发挥核心素养理念在高中课程改革中的指导作用，需要清楚核心素养对课程改革的指导意义，需要走课程文化自觉的路径，需要注意核心素养理念的转化，需要树立涵盖并超越课程知识观的核心素养观，需要提升教师的核心素养，需要从整体上把握核心素养的丰富内涵，不可把学生核心素养狭隘化，需要强调和重视语言文字的素养。① 课堂教学改革需要理论指导和实践探索，只有不断地对理论进行诠释，对实践进行审视，才能科学、扎实地将教学改革推向深入。课堂教学改革应坚守教育规律，以教学问题为切入点，厘清课堂教学与高考的关系，并全面了解学情，以创新教学模式，推动教学改革。②

4. 分学科课程的多维探讨

高考语文改革，不仅是语文教学的改革，更是对语文教育目标的重新反思。高考语文应有综合改革的思维，即在语文的教育教学实践过程中，强调工具作用与人文作用的统一。在具体的教学实践中，加强字词句段训练、听说读写训练，加强仁义礼智教育。要注重均衡，既不能重视人文性而忽视工具性，也不能重视工具性而忽视人文性。同时要做到第一课堂与第二课堂的结合。语文的课堂教学是它的第一课堂，语文的课外活动就是它的第二课堂。第一课堂与第二课堂要相辅相成，不可偏废。在写作上，实现作文引领与阅读跟进的协调。阅读和写作是相得益彰、不可分割的。要提高写作水平，应当尽可能提高阅读水平、尽可能地扩展阅读面。③ 学者杨培明从语境变迁与视觉反思的角度就高中作文教学进行了反思。《普通高中语文课程标准》指出，"高中语文课程应进一步提高学生的语文素养，使学生具有较强的语文应用能力和一定的语文审美能力、探究能力"。在一个视觉媒体占据主导地位的时代，高中作文教学训练学生"表情达意"需要应对如下两种趋势。首先，在文字表述上，应重视与视觉形象的结合，将现代传媒手段引入文字训练之中。其次，在写作内容上，要突出视觉想象的作用，通过视觉来重构高中生的生活经验。充分发挥视觉文化在当前高中生作文训练中的重要作用，尤其借助视觉美学的相关研究，促使学生在写作中找到回应社会语境变迁的

① 刘启迪：《高中课程改革如何强化学生的核心素养》，《当代教育科学》2016 年第 12 期，第 24～27 页。

② 常虎温：《对课堂教学改革理论与实践的认识》，《教育理论与实践》2015 年第 35 期，第 51～52 页。

③ 王绍林、彭金祥：《从考试语文到素质语文——试论高考改革背景下的语文综合改革》，《教育探索》2015 年第 9 期，第 42～45 页。

方式。①

在数学课程的教学改进中，有学者更注重通过与国外的比较研究得出启发，并提出了改进建议。在高中数学教材的建设上，有学者通过十国若干比较研究，在定量分析的同时，也对十国教材编写特色进行了定性诠释。研究发现，所选韩国、日本、俄罗斯、新加坡、法国、德国、英国、美国、澳大利亚、中国的高中数学教材版本具有诸多共性特色。

借用几何直观学习概念，章节体例设计精良，"学材"特征鲜明。同时注重数学应用价值，充分体现了数学与经济、科技和现实的密切关联，体现信息技术的工具价值。在习题上，构建系统严密的习题体系，实现与正文的协调统一。通过与九国高中数学教材的比较研究，我国高中数学课程教材也应进一步完善。关注基本活动经验的教材呈现，适度提升教材的个性化。两个知识团的难度也需微调，进一步完善章节体例设计，凸显学材特征，提高可读性。在数学概念设计上，应呈现抽象，数学命题呈现过于形式化，亟待优化。与此同时，适度调整我国高中数学教科书之中面向全体学生的"必需的材料""更难的材料"与提供给学生独立学习使用的"困难的材料"之间的比例，更好地满足学生个性化的学习需求，是可行之路。② 数学文化是指数学与人类其他知识领域之间的联系。在教科书的编写上，有学者通过中、法、美三个国家的四套高中数学教科书的考察、分析和比较，发现其中的数学文化内容可分成数学史、数学与生活、数学与科技、数学与人文艺术四类，各教科书在数学史的内容和运用水平上大体相近，但在数学文化的其他方面则存在差异。美国教科书更注重数学与生活的联系，法国教科书更注重数学与人文艺术之间的联系，中国教科书则在数学史的运用方面有一定优势。通过比较研究，在编写教科书时也应当注意，将数学史融入教科书中，而不是硬生生地直接加到教科书中，增加数学史、数学与科学技术、数学与人文艺术等数学文化，加强数学与其他学科的联系。加强对校园文化和娱乐生活的关注力度，各栏目的数学文化总量尽可能均衡，提供更高运用方式的文化内容，使之成为数学问题的一个有机组成部分。③ 在课程标准的制定上，有学者以微积分内容标准为例，对中、新、韩、日四国高中数学课程标准进行了比较分析，从内容设置、基本内容以及内容要求三个维度进行研究，进而提出了一些建议。如注重课

---

① 杨培明：《高中作文教学的语境变迁与视觉美学反思》，《中国教育学刊》2015 年第 11 期，第 78～81 页。

② 史宁中、孔凡哲、严家丽、崔英梅：《十国高中数学教材的若干比较研究及启示》，《外国教育研究》2015 年第 10 期，第 106～116 页。

③ 王建磐、汪晓勤、洪燕君：《中、法、美高中数学教科书中的数学文化比较研究》，《教育发展研究》2015 年第 20 期，第 28～32 页。

程的广度和深度，我国微积分内容应在高中数学课程体系中适当增加，加深认知水平要求，适当增加其中积分学内容。① 通过各国的比较发现，数学课程标准的差异性主要表现在对数学能力的认识、对学生数学能力目标的层次水平要求和各国对数学能力可操作性要求三个方面。因此，基于课程标准的不同，有学者对中、德两国高中生数学能力进行了分析及比较。数学能力是衡量学生数学学习质量的核心指标。通过比较发现，首先，在对数学能力的认识上，德国不仅关注学生的知识掌握，还关注学生知识掌握的过程和能力达到的水平。其次，在对数学能力目标的层次水平的要求上德国要求更高。最后，在标准的可操作性上，德国在数学教育标准中建构了完整且层次分明的数学能力模型，具有很强的可操作性。通过比较研究，我国应当尽早建构适合我国高中数学教育的数学能力模型。正确认识知识掌握与能力发展的关系。注重在数学教学中培养学生的批判精神。②

在学习能力上，有学者指出，高中时期是学生空间思维能力培养的重要时期，培养高中学生的空间思维能力可从以下几方面着手：通过基础知识的教学，培养高中学生的直觉思维能力，奠定空间思维能力的基础；通过图形与数学符号之间的转换，培养高中学生的抽象思维能力；通过建立系统的思维转换，培养和锻炼高中学生的空间想象能力；通过处理模型与图形的关系，培养学生的空间观念。③

在高中英语的学习上，有学者也做出了相关的研究。如通过实证调查与模型研究，对高中英语学科关键能力进行了调查与分析。有学者指出，英语学科的关键能力不是一项或多项具体的语言知识和语言技能，而是一种独立于它们之外而又通过它们体现出来的能力。也就是说英语学科的关键能力不是词汇、语法、听力能力、说的能力、阅读能力与写作能力中的某一种或某一个，而是为完成今后不断变化的语言任务而应具备的一种综合能力。④ 在高中英语课堂评价上有学者进行了有效性的探索。课堂评价在高中英语教学中具有重要的作用，是英语教学的重要组成部分，正确运用评价会提高学生学习英语的兴趣，增强学生的自信心，挖掘出高中生潜在的能力，也会直接影响到教师的教学质量。据此，有学者提出了提高英语课堂评价有效性的策略。评价必须从实际出发，进行分层评价，

---

① 严虹：《中、新、韩、日四国高中数学课程目标的比较研究》，《外国中小学教育》2015 年第 1 期，第 60～64 页。

② 李颖、谢思诗：《中德两国高中生数学能力的分析及比较》，《教育探索》2015 年第 12 期，第 153～157 页。

③ 刘园园：《浅谈高中学生空间思维能力的培养》，《教育理论与实践》2015 年第 35 期，第 63～64 页。

④ 宋德龙：《高中英语学科关键能力的实证调查与模型研究》，《上海教育科研》2015 年第 7 期，第 78～82 页。

注重人性化，评价方法要具备全面性和多样性。同时课堂评价要简练自然，促进高效课堂的形成。[①]

在高中英语写作教学上，有学者指出要培养的三种意识，即生活意识、自由意识和生长意识。记忆生活、积累生活和感悟生活能培育生活意识；生活中自由写情、多样化练笔能培育自由意识；立足写作"原点"、放眼写作"原点"能发展生长意识。[②]

在高中信息技术课程的学习上，有学者对课程所蕴含的计算思维进行了分析。计算思维可以让学生以一个多元化的视角用信息技术的学科思维方式理解信息世界，解决目前信息技术课程发展所面临的学生学习积极性不足等突出问题，进一步推动信息技术课程的改革与重构。计算思维体现了信息技术课程的一种内在价值，实际上，现有的高中信息技术课程蕴含了丰富的计算思维，只是现有的课程标准未能聚焦到它身上。计算思维的充分挖掘是有效实施计算思维教育的关键和前提，希望更多的研究者能给予关注。[③]

从 2004 年普通高中课程改革正式推行至今，作为高中课程改革的亮点，综合实践活动在实施的过程中被寄予厚望的同时，也存在着诸多问题。有学者基于十五位高校专家的访谈报告，对高中综合实践活动课程进行了问题透视与路径选择。研究指出，综合实践活动是高中新课程改革的亮点，但在实践中成为"空无课程"。综合实践活动关键在于落实。因此，与社会形成联动，使得综合实践活动的实施有强大的资源支持；与高考形成联动，使得综合实践活动的实施有强大的评价支持；与教师教育形成联动，使得综合实践活动的实施有强大的师资支持。[④]

如今，在素质教育背景下，随着高考体制的改革，竞争日趋激烈，学生们必然会遇到各种各样的困扰。心理活动课是学校心理健康教育的主要手段，心理活动课的实效性又是所有心理教师关注的焦点。有学者通过研究，对当前优质高中心理活动课存在的问题进行了分析，并提出了改进建议。他们指出，当前心理活动课自习化、活动化、随意化、课堂化。心理活动课要有针对性，并注重课后延伸，及时反馈改进。应当提高心理教师的专业素养，提高学校心理活动课的实

---

① 张建东：《高中英语课堂评价的有效性再探》，《教学与管理》2016 年第 13 期，第 51～52 页。

② 王海兵、胡德刚：《高中英语写作教学需培养的三种意识》，《教学与管理》2016 年第 7 期，第 34～36 页。

③ 张学军、郭梦婷、李华：《高中信息技术课程蕴含的计算思维分析》，《电化教育研究》2015 年第 8 期，第 80～86 页。

④ 汪明帅：《高中综合实践活动的问题透视与路径选择——基于十五位高校专家的访谈报告》，《全球教育展望》2015 年第 10 期，第 41～49 页。

效。学校领导及教师，应当树立正确的心理健康教育理念，认识到学生的心理健康是学生学习、发展的基础，没有健康的心理，学生的发展就会受到影响。①

在高中生涯教育的指导原则上，有学者指出，实施学生生涯教育与指导是全面提高学生综合素质的需求，是普通高中多样化发展的需要，是深化改革与发展的具体措施。在以人为本科学发展观的指导下，生涯教育与指导必须以全面深化教育领域综合改革为前提，以教育创新、人才培养创新的新思维而实施。② 有学者基于中美生涯技术教育的比较，指出了普通高中推行生涯技术教育的瓶颈及其突破。生涯技术教育主要包括生涯规划指导和职业技术教育这两个紧密联系的部分。然而，普通高中推行生涯技术教育，缺乏"持续、整合的生涯发展"理念、有力政策以及适宜资源。面对生涯技术教育瓶颈，应当普及先进、务实的生涯技术教育观念，制定刚性的生涯技术教育政策，研制出规范的生涯技术教育课程方案和国家标准来激励专业人员开发生涯技术教育资源。总之，全面、有效地开展生涯技术教育，是未来普通高中教育改革的重点之一，也是赋予普通高中办学活力，从根本上改变普通高中应试教育取向，使普通高中教育与大学教育对接、与经济社会发展需要吻合的重要举措。③

5. 国外课程改革的新趋势

在精英制课程背景下，新加坡和美国采用了不同的课程设置形式。培养精英是新加坡的国家教育战略。为了推进这一战略，新加坡教育部陆续推出了一系列项目制课程，先后确定了社会文化类、语言类、人文类、艺术类等领域的项目制课程。这些课程不但在促进国家未来精英的成长和满足不同学生个性化的发展之间实现了双赢，而且对于学生的未来选择具有积极的引导性。项目制课程也带给了我们启示。在教育观念上，"精英教育"也可规避"片面应试"。在课程建设上，看重课程的引导性。④ 有学者以西德威尔友谊学校为例，对美国精英高中课程架构进行了个案研究。在其高中课程方案中，英语、数学、科学等核心课程体现了关注高深知识的理性主义价值取向，以历史为核心的人文课程体现了文化基础主义价值取向，神学和伦理学理论主导下的独立课程和实践课程不仅体现了实现自我、拯救人类的学校教育目标，还揭示出学生的实践和体验是课程实施的必由之

① 时利民、孟金萍、王宋芳：《优质高中心理活动课存在的问题及其改进》，《教学与管理》2016年第19期，第31～33页。

② 朱益明：《论我国高中生涯教育与指导的原则立场》，《基础教育》2015年第5期，第17～21页。

③ 刘华：《普通高中推行生涯技术教育的瓶颈及其突破——基于中美生涯技术教育比较的启示》，《中国教育学刊》2015年第10期，第63～66页。

④ 周序、莫丽娟：《精英教育战略背景下新加坡高中项目制课程政策探析》，《比较教育研究》2016年第5期，第76～81页。

路。无论在实践、理论还是政策上，精英教育与教育公平都不应是矛盾对立的两方，没有了教育质量，教育公平就失去了存在的意义，精英教育是卓越教育的典范，是个人禀赋和人类不断进步的需要。①

AP 课程是在美国高中普遍开设并在世界快速发展的大学先修课程。它包含两层含义，一是"先修"，即在大学水平的初级课程在高中阶段开设，学生可以在高中阶段预先学习有挑战性的大学课程；二是"大学层次"，即学生学习 AP 课程并参加考试评估，考试成绩优异者，其课程成绩可能获得大学认可，并作为大学入学参考或兑换大学课程学分的依据，进而在大学学习时间和学费方面获得一定的优势。AP 课程发展呈现国际化态势，它注重学生学术研究基础素质的培养。体现了大学水平的课程内容，具有博雅教育与精英教育的显著特征。② 有学者进一步分析，对美国大学先修课程考试性别差异进行了研究。研究发现美国大学先修课程考试的女生人次总体上多于男生，但男生在得分率、及格率、优秀率三个指标上呈现出明显的优势；男生考试成绩在难度大的科目、数学与自然科学类科目上更是体现出统治性的优势，女生仅在部分世界语言类科目上具备优势。研究认为，这种明显的男生倾向之所以没有引起性别不公的质疑，主要是因为美国大学先修课程考试遵循了大学招生价值取向与考生拥有自主选择权两个制度设计原则，考试成绩反映的是真实的社会性差异，而非性别歧视导致的结果。对比我国高考越来越明显的女生倾向，具有明显男生倾向的美国大学先修课程考试对我国高考改革具有鲜明的启示价值。③

结　语

随着九年义务教育的不断完善，高中阶段教育的普及也随即提上日程。2015年，国家在第十八届中央委员会第五次全体会议上第一次提出普及高中阶段教育，并对建档立卡的家庭经济困难学生实施普通高中免除学杂费。这意味着顺利进入高中阶段的学生比例将进一步提高，学生有望获得更多学校教育，提升自身素质。此外，随着高考招生制度改革的进一步推进，全国各省也陆续出台招考改革实施方案，对其所在地区的高考科目设置、学生素质评价方式及高校录取机制进行革新。同时，为了保障和促进教育公平，国家在普及高中阶段教育、改革高

---

① 刘翠航：《美国精英高中课程架构个案研究——以西德威尔友谊学校为例》，《比较教育研究》2015年第 12 期，第 73～78 页。

② 张婷婷：《美国高中大学先修课程的发展及启示》，《教育科学研究》2015 年第 11 期，第 60～66页。

③ 吴根洲、刘菊华：《美国大学先修课程考试性别差异研究》，《教育学术月刊》2016 年第 3 期，第45～51 页。

考招生制度之外，也对高校招生名额的分配进行了地域性的倾斜，首次公布各省高校生源计划调剂具体人数，要求高等教育资源丰富、2016 年升学压力较小的地区在上年常规跨省生源计划和 2016 年协作计划的基础上，进一步增加面向部分中西部省（区）的生源计划。

然而，高中阶段的普及刚刚起步，在实施过程中面临着巨大的挑战，而高考制度的改革虽然已经进行了多年，但一涉及关于教育公平的层面，就存在诸多疑问。因此，我国高中阶段教育的发展仍然还有很长一段路要走。制定高中阶段教育普及的配套制度，确保普及政策落到实处，尊重家长及学生意愿的同时必要时也采取强制性手段。此外，加强普通教育与职业教育融通是对农村生源高中生未来发展的双重保障，改变目前比较单一的升学预备教育模式，促进高中与大学教育的接轨能够提高农村高中学生升入大学的机会。各地在实施招考改革方案的同时，应当对当地高中课程设置与评价进行同步改革，成立有力的监督机制，确保招考改革产生时效。国家在对高校招生名额的分配中应当做到公正公开、及时解释，以免引起公众的疑问。

【报告撰写人：刘善槐、朱秀红、赵丹、刘娟。姜荣华、郑鹏娟、李昀赟、武佳丽参与了文稿校对工作。作者单位：教育部人文社科重点研究基地东北师范大学中国农村教育发展研究院】

第四章　农村职业教育年度进展报告

概　要

　　本报告从大事记、事业发展、政策观察、研究进展四个方面，全面呈现2015—2016年度我国农村职业教育的发展情况。研究显示，这一时期我国农村职业教育主要围绕农村扶贫建设、县级职教中心改革试点、职教集团创新、涉农专业升级、新型职业农民培育、职业教育对口援助等方面开展工作。研究发现，农村职业教育在社会地位"边缘化"、职业教育经费投入不足、涉农专业规模和从业人员素质与现代农业发展不匹配等问题上亟待解决。这一时期的农村职业教育研究主要围绕发展现状、模式及对策，并且结合一定的时代背景以及国内外的相关经验展开，相关研究成果在数量上的递减趋势应引起重视。在下一阶段，我国农村职业教育需要继续落实国家精准扶贫的政策，保障农村职业教育的经费来源，同时在构建现代农业体系和培育新型职业农民上下功夫。建议继续扩大农村职业教育及涉农专业招生规模，改善农村中等职业教育办学条件，提高面向农村的职业培训能力，提升农村实用技术人才及农村劳动力转移培训质量，扶持农村民族地区的职业教育发展。

一、农村职业教育大事记

　　2015 年 8 月 27 日，教育部与甘肃省人民政府签署协议，共建国家职业教育助推城镇化建设改革试验区。这是国家职业教育改革第 12 个试验区。甘肃省发展面向农村的职业教育，以 58 个集中连片特困县为重点，每年招收 10 万名初中毕业生接受中职教育，免除学费，年补助 2 000 元生活费，毕业后推荐就业，带动 10 万个家庭脱贫。

2015 年 9 月 14 日，教育部在黑龙江哈尔滨举办全国涉农职业院校干部培训班，来自全国各地的涉农职业院校干部近 300 人参加了为期 5 天的培训。培训围绕农村农业职业教育改革发展重点难点问题，学习现代职业教育理论、方针、政策；关注我国农村经济及农业发展的新形势，推动农业职业教育人才培养模式创新；研讨交流新型职业农民培养培训工作；部署首批职业教育与成人教育示范县创建验收工作。

2015 年 10 月 16 日，习近平总书记在出席减贫与发展高层论坛时强调："扶贫必扶智，让贫困地区的孩子们接受良好教育，是扶贫开发的重要任务，也是阻断贫困代际传递的重要途径。"要求将发展教育脱贫作为重要举措，强调国家教育经费要继续向贫困地区倾斜、向基础教育倾斜、向职业教育倾斜。

2015 年 10 月 26 日至 29 日，中国共产党第十八届中央委员会第五次全体会议在京举行。中央委员会总书记习近平做了重要讲话，会议审议通过了《中共中央关于制定国民经济和社会发展第十三个五年规划的建议》。为扎实推进"三严三实"，职教所组织党员干部一行 23 人赴河北省阜平县顾家台村和骆驼湾村，深入了解农村发展和职教扶贫情况；到阜平县职教中心参观了汽车制造与检修等实训基地，认真调研农村职业教育发展情况和存在的问题。

2015 年 11 月 25 日，中国都市农业职业教育集团成立大会在京举行。这是农业部会同教育部共同组建的中国现代农业校企联盟中第三个成立的集团。集团下设都市农业研究中心、休闲农业专业工作委员会、宠物专业工作委员会等机构，将着重培养都市农业技术技能型人才，开展应用性研究、服务都市农业发展。

2015 年 11 月 27 日，中国现代农业装备职业教育集团在安徽芜湖成立。据农业部科技教育司司长唐珂介绍，这是农业部、教育部加快推进现代农业职业教育体系建设，促进现代农业发展的创新举措，旨在进一步促进全国农业院校之间、校企之间、中等与高等职业教育之间全方位合作，实现优势互补。

2015 年 11 月 27 日至 28 日，中央扶贫开发工作会议在京召开。习近平总书记在会议上强调精准扶贫的关键是要找准路子、构建好的体制机制，在精准施策上出实招、在精准推进上下实功、在精准落地上见实效。坚决打赢脱贫攻坚战，确保到 2020 年所有贫困地区和贫困人口一道迈入全面小康社会。

2015 年 12 月 2 日，教育部对《国家中长期教育改革和发展规划纲要（2010—2020 年）》发布中期评估报告，提出加强面向农村农业的职业教育，提升农村实用技术人才及农村劳动力转移培训质量，扶持农村、民族和贫困地区职业教育，发挥职业教育在扶贫、脱贫中的作用。

2015 年 12 月 10 日，在教育部主导下，援疆南疆四地州的北京市教委、天津市教委、安徽省教育厅、山东省教育厅、上海市教委、广东省教育厅、江西省教育厅、江苏省教育厅、浙江省教育厅和深圳市教育局分别与新疆教育厅、新疆生产建设兵团教育局签署了《南疆职业教育对口支援全覆盖协议书》，开启职教援疆新模式。

2015 年 12 月 22 日，教育部党组书记、部长袁贵仁主持召开党组会，传达学习中央经济工作会议和中央城市工作会议精神。提出进一步完善助学资助体系，对于建档立卡家庭经济困难学生，率先免除普通高中和中等职业教育学杂费；继续扩大重点大学面向农村地区定向招生规模，提高农村学生比例；继续落实大学生就业促进计划和创业引领计划，加快发展面向农村的职业教育，大力培养新型职业农民。

2015 年 12 月 24 日至 25 日，全国农业工作会议在京召开。会议总结了"十二五"农业农村经济工作，研究"十三五"发展思路，部署 2016 年工作。会议提出了推动产业转型升级、构建现代农业科技创新推广体系、加快发展现代种业、进一步提高农业机械化水平等 20 项重点工作。

2015 年 12 月 29 日，教育部党组书记、部长袁贵仁主持召开党组会，传达学习中央农村工作会议精神。要求逐步分类推进中等职业教育免除学杂费，实现家庭经济困难学生资助全覆盖；深入实施农村贫困地区定向招生等专项计划，落实和完善农民工随迁子女在当地参加中考、高考政策；加强涉农专业全日制学历教育，引导有志于投身现代农业建设的农村大中专毕业生加入职业农民队伍；将职业农民培育纳入国家教育培训发展规划；依托高等教育、中等职业教育资源，鼓励农民就地就近接受职业教育；开展农村贫困家庭子女、未升学初高中毕业生免费接受职业培训行动。

2015 年 12 月 31 日，中共中央、国务院发布《关于落实发展新理念加快农业现代化实现全面小康目标的若干意见》（中发〔2016〕1 号），要求将职业农民培育纳入国家教育培训发展规划，将全日制农业中等职业教育纳入国家资助政策范围。依托高等教育、中等职业教育资源，鼓励农民通过"半农半读"等方式就地就近接受职业教育。开展新型农业经营主体带头人培育行动，通过 5 年努力使他们基本得到培训。加强涉农专业全日制学历教育，支持农业院校办好涉农专业，健全农业广播电视学校体系，定向培养职业农民。引导有志投身现代农业建设的广大人民加入职业农民队伍。优化财政支农资金使用，把一部分资金用于培养职业农民。总结各地经验，建立健全职业农民扶持制度，相关政策向符合条件的职业农民倾斜。鼓励有条件的地方探索职业农民养老保险办法。

2016 年 1 月 12 日，教育部副部长朱之文一行走访民进中央，并就职业教育与农村扶贫问题座谈。朱之文介绍了当前我国在农村职业教育、中等职业教育和教育扶贫等领域的现状、工作进展及存在的问题，以及今后在农村职业教育上的发展计划。他表示，职业教育和农村扶贫仍然是教育扶贫的薄弱环节，希望民进中央能继续为教育事业发展提出宝贵建议。

2016年2月24日，在第十二届全国人民代表大会常务委员会第十九次会议上，国务院发布《关于落实职业教育法执法检查报告和审议意见的报告》，指出要坚持分类指导，促进西部地区、民族地区和农村地区职业教育协调发展。开展国家级农村职业教育和成人教育示范县创建工作，提升职业教育服务"三农"水平。指导地方按照教育部、农业部联合印发的《中等职业学校新型职业农民培养方案（试行）》出台相关落实文件。组建现代农业、现代畜牧业、现代渔业、都市农业、现代农业装备五大涉农职业教育集团，推进农业领域的校企对接，创新农学结合、弹性学制模式。研究制订县级职教中心综合改革方案，推动其优化布局、强化内涵、拓展功能。

2016年3月6日，国务院出台《国民经济和社会发展第十三个五年规划纲要（草案）》，提出有序推进农业转移人口市民化，以农业转移人口为重点，兼顾高校和职业技术院校毕业生、城镇间异地就业人员和城郊农业人口，政府和企业共同承担包括农业转移人口的劳动就业等公共成本，鼓励农民工参加职业教育和技能培训。

2016年3月21日，中共中央发布《关于深化人才发展体制机制改革的意见》，提出破除人才流动障碍。打破户籍、地域、身份、学历、人事关系等制约，促进人才资源合理流动、有效配置。建立高层次人才、急需紧缺人才优先落户制度。

2016年3月21日，教育部职业教育与成人教育司印发《职业教育与继续教育2016年工作要点》，提出加强农村、西部和民族地区职业教育。推动创建国家级农村职业教育和成人教育示范县，开展县级职教中心综合改革试点。探索培养新型职业农民的多种途径。协调推动东西部合作办学。推进南疆职业教育对口支援全覆盖。加强职教集团对口支援滇西、西藏和四省藏区工作。配合办好内地新疆、西藏中职班。做好定点扶贫县和对口支援县有关工作。继续实施华夏基金会职教项目。

2016年3月28日，农业部发函同意将山东、安徽、江西、河南四省列为新型职业农民培育整体推进示范省。以整省推进示范为契机，强化统筹协调，加强政策扶持，出台专门意见，加大经费投入，完善农民教育培训体系，建立健全教育培训、规范管理和政策扶持"三位一体"的新型职业农民培育制度，加快构建新型职业农民队伍。

2016年5月18日，教育部党组书记、部长袁贵仁主持召开党组会，传达学习习近平总书记在农村改革座谈会上重要讲话精神。一是着力加强教育扶贫。二是扎实做好农村教育工作。三是加强新型职业农民培养培训。四是为"三农"工作提供人才支撑，办好农村职业教育，加强涉农专业全日制学历教育，实施农科教协同育人行动计划、卓越农林人才教育培养计划，引导高校开展农技服务。

2016 年 6 月 27 至 28 日，农业部在苏州召开全国新型职业农民培育经验交流会。农业部部长韩长赋批示强调，新型职业农民是现代农业建设的主力军，是新农村建设的中坚力量，各级农业部门要强化政策扶持、完善培育制度、健全培训体系，认真组织实施新型职业农民培育工程，加快培育形成一支高素质的农业生产经营者队伍。

2016 年 7 月 7 日，农业部制定了《农业系统法治宣传教育第七个五年规划（2016—2020 年）》。要求深入开展"农业法律进村户入企社"活动，将农业法律法规作为职业农民培训的重要内容，加大对农业投入品生产经营企业、农业生产企业、农民专业合作社、家庭农场等农业经营主体，以及乡村干部、农民群众的法律知识培训。

2016 年 7 月 15 日，全国高职高专校长联席会议委托上海市教育科学研究院和麦可思研究院共同编制的《2016 中国高等职业教育质量年度报告》在京发布，指出高等职业教育已成为农村孩子接受高等教育的重要途径，高职院校农家子弟的比重逐年上升，目前已达到 53%。

2016 年 7 月 28 日，农业部在宁夏银川组织召开全国农村实用人才工作座谈会，学习贯彻中央《关于深化人才发展体制机制改革的意见》精神，要健全以职业农民为主体的农村实用人才培养机制，开展农村实用人才带头人和大学生村官示范培训，实施农村实用人才"学历提升计划"，切实为产业扶贫提供人才支撑，大力推进外向型农业企业人才培养，进一步完善农村实用人才队伍建设工作格局，扎扎实实地推进农村实用人才队伍建设。

2016 年 8 月 4 日，人力资源社会保障部印发《关于在打赢脱贫攻坚战中做好人力资源社会保障扶贫工作的意见》。提出"十三五"时期，通过帮助有就业意愿的建档立卡农村贫困劳动力（以下简称贫困劳动力）实现转移就业，解决 1 000 万人脱贫。使每个有参加职业培训意愿的贫困劳动力每年都能接受至少 1 次免费职业培训。

二、农村职业教育事业发展

农村职业教育事业发展状况研究的研究范围包括各层次学历教育以及社会培训中涉及农村职业教育的相关数据指标，时间范围为 2005—2015 年，指标的基础数据来源于《中国统计年鉴》（2006—2015）、《中国教育统计年鉴》（2005—2014）、《中国劳动统计年鉴》（2006—2015）、《中国教育经费统计年鉴》（2008—2015）和《中国教育事业发展统计简况》（2015）。

(一)农村职业教育机构与资源配置状况

1. 农村职业教育机构降幅显著

农村职业教育机构呈现减少趋势。职业技术培训机构数量从 2005 年的 198 566 所下降至 2015 年的 98 958 所,降幅为 50.16%,其中农村成人文化技术培训学校(机构)数量从 2005 年的 166 601 所下降至 2015 年的 76 244 所,降幅为 54.24%,降幅高于总体水平。农村成人文化技术培训学校(机构)数占职业技术培训机构数的比例,从 2005 年的 83.90% 上升至 2007 年的 85.69% 之后,就迅速下降至 2015 年的 77.05%(见图 4.1)。

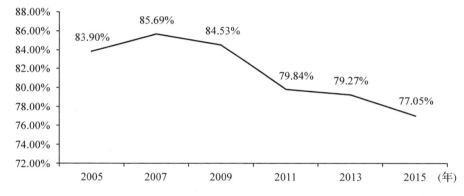

图 4.1 农村成人文化技术培训学校(机构)数占职业技术培训机构数的比例

2. 农村职业教育生均办学条件低于总体水平

2006—2014 年农村成人文化技术培训学校(机构)各项生均办学条件均低于职业技术培训机构生均办学条件水平(见表 4.1)。截至 2014 年,各项指标的差距都在 1 倍以上,生均教学实习仪器设备资产值的差距已经达到 6.99 倍,亟须加大投入力度。

表 4.1 农村职业技术培训机构生均办学条件状况

指标	比较维度	2006 年	2008 年	2010 年	2012 年	2014 年
生均占地面积(平方米)	总体	2.79	2.87	2.65	2.69	2.50
	其中农村	2.28	2.52	2.61	1.87	1.75
生均教学行政用房建筑面积(平方米)	总体	0.83	0.88	0.91	1.00	0.95
	其中农村	0.57	0.71	0.76	0.53	0.50
生均图书藏量(册)	总体	3.05	3.01	2.26	3.09	3.52
	其中农村	0.98	1.28	1.26	1.40	1.48

续表

指标	比较维度	2006 年	2008 年	2010 年	2012 年	2014 年
生均教学用计算机数（台）	总体	0.01	0.01	0.01	0.02	0.01
	其中农村	0.00	0.01	0.01	0.01	0.01
生均固定资产值（万元）	总体	0.10	0.17	0.09	0.10	0.44
	其中农村	0.07	0.05	0.03	0.05	0.34
生均教学实习仪器设备资产值（万元）	总体	0.03	0.04	0.03	0.03	0.17
	其中农村	0.02	0.01	0.01	0.01	0.02

3. 农村职业教育经费低于全国水平

农村职业高中生均预算内教育经费支出从 2007 年的 2 338.84 元上升至 2014 年的 8 463.89 元，绝对值连年提高，但仍低于全国职业高中生均预算内教育经费支出水平；农村职业高中生均预算内教育经费支出水平与农村普通高中生均预算内教育教育经费支出水平的差距保持平稳趋势，至 2014 年农村职业高中生均预算内教育经费支出水平已经高于农村普通高中生均预算内教育经费支出水平（见表 4.2）。

表 4.2　农村职业高中与农村普通高中、全国职业高中生均教育经费支出比较

指标	比较对象与基准	2007 年	2014 年
生均教育经费	农村职业高中/农村普通高中（以农村普通高中为100）	104.86	103.23
	农村职业高中/全国职业高中（以全国职业高中为100）	76.90	79.88
生均预算内教育经费	农村职业高中/农村普通高中（以农村普通高中为100）	110.57	107.71
	农村职业高中/全国职业高中（以全国职业高中为100）	77.86	87.58

4. 农村职业教育师资存量严重不足

农村职业教育生师比基本为总体职业教育生师比的 2 倍以上（见表 4.3）。(1)中等职业学校（机构）(不含技工学校)专任教师数从 2005 年的 588 694 人上升至 2015 年的 652 447 人，其中中等职业学校（机构）(不含技工学校)农林牧渔类专任教师数从 2005 年的 17 610 人上升至 2015 年的 22 137 人。中等职业学校（机构）(不含技工学校)生师比在 2005—2015 年有所下降，而农林牧渔类生师比在 2005—2015 年升幅达到 1.57 倍，可见农林牧渔类专任教师的配套引进工作是中等职业教育中的薄弱环节。(2)职业技术培训机构专任教师数从 2005 年的 256 004 人上升至 2015 年的 284 217 人，其中农村成人文化技术培训学校（机构）专任教师数从 2005 年的 108 821 人下降至 2015 年的 80 696 人。职业技术培训机

构生师比在 2005—2015 年下降了 22.18%，农村成人文化技术培训学校（机构）生师比在 2005—2015 年上升了 3.78%，农村成人文化技术培训学校（机构）生师比与职业技术培训机构生师比之差上升了 36.37%，可见农村成人文化技术培训学校（机构）专任教师资源较整体水平存在较大差距。

表 4.3 各类职业学校生师比

职业学校类别	比较维度	2005 年	2007 年	2009 年	2011 年	2013 年	2015 年
中等职业学校（机构）（不含技工学校）	总体	22.50	24.75	26.09	25.75	22.97	20.47
	其中农村	30.11	34.43	65.95	104.06	75.50	47.33
职业技术培训机构	总体	190.73	192.09	198.60	168.31	164.63	148.42
	其中农村	342.70	368.37	384.04	370.15	337.70	355.67

2014 年，中等职业学校（机构）（不含技工学校）专任教师各级职称所占比例排序为中级（40.14%）、初级（26.30%）、副高级（24.21%）、无职称（8.92%）、正高级（0.44%），农林牧渔类专任教师各级职称所占比例排序为中级（41.46%）、副高级（29.53%）、初级（22.96%）、无职称（5.24%）、正高级（0.81%）；中等职业学校（机构）（不含技工学校）农林牧渔类专任教师正高、副高和中级职称比例均高于全国水平（见表 4.4），职称结构持续优化。

表 4.4 全国和农村中等职业学校专任教师职称结构对比

年份		正高级职称	副高级职称	中级职称	初级职称	无职称
2005	全国	0.75%	17.15%	40.80%	32.56%	8.73%
	农村	0.43%	18.85%	46.09%	31.31%	3.33%
2007	全国	0.80%	18.20%	40.72%	31.30%	8.98%
	农村	0.62%	22.18%	47.76%	25.75%	3.69%
2009	全国	0.74%	19.62%	40.18%	30.40%	9.06%
	农村	0.65%	24.03%	45.23%	25.23%	4.86%
2011	全国	0.71%	21.34%	40.36%	28.87%	8.72%
	农村	0.82%	26.04%	43.81%	23.72%	5.62%
2013	全国	0.51%	23.25%	40.17%	27.30%	8.78%
	农村	0.72%	27.41%	42.70%	23.58%	5.59%
2015	全国	0.44%	24.21%	40.14%	26.30%	8.92%
	农村	0.81%	29.53%	41.46%	22.96%	5.24%

（二）农村职业教育招生、在学与就业情况

　　1. 农村职业教育招生保持增长

　　各类高等学校农学科招生数均呈增长态势，其中网络高等学校增幅高于总体水平。(1)全国高等学校招生数从 2005 年的 7 865 877 人上升至 2015 年的 11 779 982 人，增幅为 49.76%，其中农学科招生数从 2005 年的 137 004 人上升至 2015 年的 232 766 人，增幅为 69.90%，增幅高于总体水平，2015 年占总数的 1.98%。全国高等学校专科招生数从 2005 年的 4 346 428 人上升至 2015 年的 6 122 463 人，增幅为 40.86%，其中农学科专科招生数从 2005 年的 79 077 人上升至 2015 年的 138 038 人，增幅为 74.56%，增幅高于总体水平，2015 年占总数的 2.25%。(2)全国普通高等学校招生数从 2005 年的 5 044 581 人上升至 2015 年的 7 378 495 人，增幅为 46.27%，其中农学科招生数从 2005 年的 97 188 人上升至 2015 年的 129 115 人，增幅为 32.85%，增幅低于总体水平，2015 年占总数的 1.75%。全国普通高等学校专科招生数从 2005 年的 2 680 934 人上升至 2015 年的 3 484 311 人，增幅为 29.97%，其中农学科专科招生数从 2005 年的 51 514 人上升至 2015 年的 59 024 人，增幅为 14.58%，增幅低于总体水平，2015 年占总数的 1.69%。(3)全国成人高等学校招生数从 2005 年的 1 930 250 人上升至 2015 年的 2 367 455 人，增幅为 22.65%，其中农学科招生数从 2005 年的 28 706 人上升至 2015 年的 39 958 人，增幅为 39.20%，增幅高于总体水平，2015 年占总数的 1.69%。全国成人高等学校专科招生数从 2005 年的 1 183 054 人上升至 2015 年的 1 352 780 人，增幅为 14.35%，其中农学科专科招生数从 2005 年的 17 980 人上升至 2015 年的 23 001 人，增幅为 27.93%，增幅高于总体水平，2015 年占总数的 1.70%。(4)全国网络高等学校招生数从 2005 年的 891 046 人上升至 2015 年的 2 034 032 人，增幅为 128.27%，其中农学科招生数从 2005 年的 11 110 人上升至 2015 年的 63 693 人，增幅为 473.29%，增幅高于总体水平，2015 年占总数的 3.13%。全国网络高等学校专科招生数从 2005 年的 482 440 人上升至 2015 年的 1 285 372 人，增幅为 166.43%，其中农学科专科招生数从 2005 年的 9 583 人上升至 2015 年的 56 013 人，增幅为 484.50%，增幅高于总体水平，2015 年占总数的 4.36%。（见表 4.5）

表 4.5　各类高等教育中农学科招生情况　　　　（单位：人）

高校	学历	类别	2005 年	2007 年	2009 年	2011 年	2013 年	2015 年
普通高校	本科	总体	2 363 647	2 820 971	3 261 081	3 566 411	3 814 331	3 894 184
		其中农学科	45 674	53 755	58 940	60 835	68 658	70 091
	专科	总体	2 680 934	2 838 223	3 133 851	3 248 598	3 183 999	3 484 311
		其中农学科	51 514	49 802	59 971	57 103	55 578	59 024
成人高校	本科	总体	747 196	820 858	815 795	897 241	1 038 158	1 014 675
		其中农学科	10 726	13 573	10 419	14 300	16 774	16 957
	专科	总体	1 183 054	1 090 274	1 198 981	1 287 900	1 526 776	1 352 780
		其中农学科	17 980	14 760	15 156	26 044	26 878	23 001
网络高校	本科	总体	408 606	497 993	551 287	643 993	804 378	748 660
		其中农学科	1 527	2 262	3 371	4 267	6 936	7 680
	专科	总体	482 440	736 392	1 074 400	1 227 526	1 396 351	1 285 372
		其中农学科	9 583	10 950	22 923	62 403	61 434	56 013
总计	本科	总体	3 519 449	4 139 822	4 628 163	5 107 645	5 656 867	5 657 519
		其中农学科	57 927	69 590	72 730	79 402	92 368	94 728
	专科	总体	4 346 428	4 664 889	5 407 232	5 764 024	6 107 126	6 122 463
		其中农学科	79 077	75 512	98 050	145 550	143 890	138 038

　　高中阶段农村职业教育招生水平优于总体。（1）中等职业学校（机构）（不含技工学校）招生数从 2005 年的 5 372 922 人下降至 2015 年的 4 798 174 人，降幅为 10.70%，其中招收的初中毕业生数从 2005 年的 5 090 379 人下降至 2015 年的 4 273 824 人，降幅为 16.04%，降幅高于总体水平，其中招收的应届初中毕业生数从 2005 年的 4 922 138 人下降至 2015 年的 4 125 112 人，降幅为 16.19%，降幅高于总体水平。中等职业学校（机构）（不含技工学校）农林牧渔类招生数从 2005 年的 210 063 人上升至 2015 年的 343 258 人，增幅为 63.41%，其中招收的初中毕业生数从 2005 年的 189 905 人上升至 2015 年的 222 786 人，增幅为 17.31%，增幅低于总体水平，其中招收的应届初中毕业生数从 2005 年的 175 762 人上升至 2015 年的 213 484 人，增幅为 21.46%，增幅低于总体水平（见表 4.6）。（2）技工学校招生数从 2005 年的 1 183 693 人上升至 2014 年的 1 244 065 人，增幅为 5.10%，其中农业户口学生从 2005 年的 760 442 人上升至 2014 年的 927 241 人，增幅为 21.93%，增幅高于总体水平。

表 4.6　中等职业学校(机构)(不含技工学校)招生情况　　　(单位：人)

指标	类别	2005 年	2007 年	2009 年	2011 年	2013 年	2015 年
招生数	总计	5 372 922	6 514 754	7 117 770	6 499 626	5 412 624	4 798 174
	其中农林牧渔类	210 063	246 993	749 386	854 314	467 279	343 258
招收初中毕业生数	总计	5 090 379	6 078 414	6 279 411	5 624 185	4 631 934	4 273 824
	其中农林牧渔类	189 905	229 376	561 274	605 606	296 524	222 786
招收应届初中毕业生数	总计	4 922 138	5 816 666	5 467 998	5 292 530	4 446 788	4 125 112
	其中农林牧渔类	175 762	198 020	317 822	548 340	278 289	213 484

2. 非学历农村职业教育在校生数呈下降态势

各类高等学校农学科在校生数均呈增长态势，其中网络高等学校增幅高于总体水平。(1)全国高等学校在校生数从 2005 年的 22 631 151 人上升至 2015 年的 38 896 991 人，增幅为 71.87%，其中农学科在校生数从 2005 年的 410 256 人上升至 2015 年的 768 771 人，增幅为 87.39%，增幅高于总体水平，2015 年占总数的 1.98%。全国高等学校专科在校生数从 2005 年的 11 259 531 人上升至 2015 年的 18 041 982 人，增幅为 60.24%，其中农学科专科在校生数从 2005 年的 210 294 人上升至 2015 年的 430 591 人，增幅为 104.76%，增幅高于总体水平，2015 年占总数的 2.39%。(2)全国普通高等学校在校生数从 2005 年的 15 617 767 人上升至 2015 年的 26 252 968 人，增幅为 68.10%，其中农学科在校生数从 2005 年的 308 107 人上升至 2015 年的 450 165 人，增幅为 46.11%，增幅低于总体水平，2015 年占总数的 1.71%。全国普通高等学校专科在校生数从 2005 年的 7 129 579 人上升至 2015 年的 10 486 120 人，增幅为 47.08%，其中农学科专科在校生数从 2005 年的 133 324 人上升至 2015 年的 174 872 人，增幅为 31.16%，增幅低于总体水平，2015 年占总数的 1.67%。(3)全国成人高等学校在校生数从 2005 年的 4 360 705 人上升至 2015 年的 6 359 352 人，增幅为 45.83%，其中农学科在校生数从 2005 年的 69 523 人上升至 2015 年的 107 389 人，增幅为 54.47%，增幅高于总体水平，2015 年占总数的 1.69%。全国成人高等学校专科在校生数从 2005 年的 2 749 565 人上升至 2015 年的 3 565 998 人，增幅为 29.69%，其中农学科专科在校生数从 2005 年的 47 026 人上升至 2015 年的 62 128人，增幅为 32.11%，增幅高于总体水平，2015 年占总数的 1.74%。(4)全国网络高等学校在校生数从 2005 年的 2 652 679 人上升至 2015 年的 6 284 671人，增幅为 136.92%，其中农学科在校生数从 2005 年的 32 626 人上升至 2015 年的 211 217 人，增幅为 547.39%，增幅高于总体水平，2015 年占总数的 3.36%。全国网络高等学校专科在校生数从 2005 年的 1 380 387 人上升至 2015 年的 3 989 864 人,增幅为 189.04%,其中农学科专科在校生数从 2005 年的 29 944 人上升至 2015 年的193 591 人,增幅为 546.51%,增幅高于总体水平,2015 年占总数的 4.85%。(见表 4.7)

表 4.7 各类高等教育中农学科在校生情况 (单位:人)

高校	学历	类别	2005 年	2007 年	2009 年	2011 年	2013 年	2015 年
普通高校	本科	总体	8 488 188	10 243 030	11 798 511	13 496 577	14 944 353	15 766 848
		其中农学科	174 783	197 269	213 986	235 342	259 837	275 293
	专科	总体	7 129 579	8 605 924	9 648 059	9 588 501	9 736 373	10 486 120
		其中农学科	133 324	153 701	171 409	172 439	169 938	174 872
成人高校	本科	总体	1 611 140	2 227 218	2 256 662	2 336 132	2 654 596	2 793 354
		其中农学科	22 497	35 711	34 516	34 674	40 527	45 261
	专科	总体	2 749 565	3 014 332	3 156 851	3 138 830	3 609 549	3 565 998
		其中农学科	47 026	41 959	38 416	60 931	60 889	62 128
网络高校	本科	总体	1 272 292	1 369 091	1 572 642	1 754 760	2 175 100	2 294 807
		其中农学科	2 682	4 290	7 472	10 618	13 698	17 626
	专科	总体	1 380 387	1 735 709	2 600 079	3 170 073	3 971 306	3 989 864
		其中农学科	29 944	28 187	48 695	189 416	213 440	193 591
总计	本科	总体	11 371 620	13 839 339	15 627 815	17 587 469	19 774 049	20 855 009
		其中农学科	199 962	237 270	255 974	280 634	314 062	338 180
	专科	总体	11 259 531	13 355 965	15 404 989	15 897 404	17 317 228	18 041 982
		其中农学科	210 294	223 847	258 520	422 786	444 267	430 591

各类高中阶段农村职业教育在校生数均呈增长态势,增幅均高于总体水平。(1)中等职业学校(机构)(不含技工学校)在校生数从 2005 年的 13 247 421 人上升至 2015 年的 13 352 414 人,增幅为 0.79%。中等职业学校(机构)(不含技工学校)农林牧渔类在校生数从 2005 年的 530 306 人上升至 2015 年的 1 047 703 人,增幅为 97.57%,增幅高于总体水平。(2)技工学校在校生数从 2006 年的 3 208 150 人上升至 2014 年的 3 389 696 人,增幅为 5.66%,其中农业户口学生从 2006 年的 1 925 786 人上升至 2014 年的 2 484 985 人,增幅为 29.04%,增幅高于总体水平。

非学历农村职业教育在校生数呈下降态势。职业技术培训机构注册学生数从

2005 年的 48 827 147 人下降至 2015 年的 42 183 931 人，降幅为 13.61％。农村成人文化技术培训学校（机构）注册学生数从 2005 年的 37 293 423 人下降至 2015 年的 28 701 386 人，降幅为 23.04％，降幅高于总体水平（见图 4.2）。

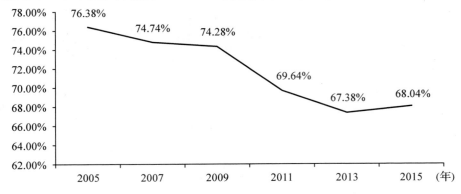

图 4.2　农村成人文化技术培训机构注册学生数占职业技术培训机构注册学生数的比例

3. 学历农村职业教育毕业生规模持续增长

各类高等学校农学科毕业生数均呈增长态势。（1）全国高等学校毕业生数从 2005 年的 5 495 472 人上升至 2015 年的 10 971 216 人，增幅为 99.64％，其中农学科毕业生数从 2005 年的 104 779 人上升至 2015 年的 215 793 人，增幅为 105.95％，增幅高于总体水平，2015 年占总数的 1.97％。全国高等学校专科毕业生数从 2005 年的 3 081 577 人上升至 2015 年的 5 773 695 人，增幅为 87.36％，其中农学科专科毕业生数从 2005 年的 63 004 人上升至 2015 年的 134 138 人，增幅为 112.90％，增幅高于总体水平，2015 年占总数的 2.32％。（2）全国普通高等学校毕业生数从 2005 年的 3 067 956 人上升至 2015 年的 6 808 866 人，增幅为 121.93％，其中农学科毕业生数从 2005 年的 69 531 人上升至 2015 年的 117 235 人，增幅为 68.61％，增幅低于总体水平，2015 年占总数的 1.72％。全国普通高等学校专科毕业生数从 2005 年的 1 602 170 人上升至 2015 年的 3 222 926 人，增幅为 101.16％，其中农学科专科毕业生数从 2005 年的 34 112 人上升至 2015 年的 56 327 人，增幅为 65.12％，增幅低于总体水平，2015 年占总数的 1.75％。（3）全国成人高等学校毕业生数从 2005 年的 1 667 889 人上升至 2015 年的 2 362 593 人，增幅为 41.65％，其中农学科毕业生数从 2005 年的 24 141 人上升至 2015 年的 38 409 人，增幅为 59.10％，增幅高于总体水平，2015 年占总数的 1.63％。全国成人高等学校专科毕业生数从 2005 年的 1 112 090 人上升至 2015 年的 1 400 098 人，增幅为 25.90％，其中农学科专科毕业生数从 2005 年的

18 992 人上升至 2015 年的 23 103 人，增幅为 21.65％，增幅低于总体水平，2015 年占总数的 1.65％。（4）全国网络高等学校毕业生数从 2005 年的 759 627 人上升至 2015 年的 1 799 757 人，增幅为 136.93％，其中农学科毕业生数从 2005 年的 11 107 人上升至 2015 年的 60 149 人，增幅为 441.54％，增幅高于总体水平，2015 年占总数的 3.34％。全国网络高等学校专科毕业生数从 2005 年的 367 317 人上升至 2015 年的 1 150 671 人，增幅为 213.26％，其中农学科专科毕业生数从 2005 年的 9 900 人上升至 2015 年的 54 708 人，增幅为 452.61％，增幅高于总体水平，2015 年占总数的 4.75％（见表 4.8）。

表 4.8　各类高等教育中农学科毕业生情况　（单位：人）

高校	学历	类别	2005 年	2007 年	2009 年	2011 年	2013 年	2015 年
普通高校	本科	总体	1 465 786	1 995 944	2 455 359	2 796 229	3 199 716	3 585 940
		其中农学科	35 419	43 270	46 847	51 148	58 752	60 908
	专科	总体	1 602 170	2 481 963	2 855 664	3 285 336	3 187 494	3 222 926
		其中农学科	34 112	45 060	50 545	59 580	56 295	56 327
成人高校	本科	总体	555 799	674 890	865 421	755 402	811 159	962 495
		其中农学科	5 149	8 358	14 506	10 885	13 162	15 306
	专科	总体	1 112 090	1 089 510	1 078 472	1 151 238	1 186 570	1 400 098
		其中农学科	18 992	22 401	15 650	17 907	24 920	23 103
网络高校	本科	总体	392 310	377 161	405 549	460 149	536 702	649 086
		其中农学科	1 207	707	1 542	2 335	3 493	5 441
	专科	总体	367 317	451 064	577 972	839 104	1 024 060	1 150 671
		其中农学科	9 900	6 362	8 224	59 936	57 671	54 708
总计	本科	总体	2 413 895	3 047 995	3 726 329	4 011 780	4 547 577	5 197 521
		其中农学科	41 775	52 335	62 895	64 368	75 407	81 655
	专科	总体	3 081 577	4 022 537	4 512 108	5 275 678	5 398 124	5 773 695
		其中农学科	63 004	73 823	74 419	137 423	138 886	134 138

高中阶段农村职业教育毕业生数量呈现增长态势，质量有所提高。（1）中等职业学校（机构）（不含技工学校）毕业生总数从 2005 年的 3 491 921 人上升至 2015 年的 4 732 654 人，增幅为 35.53％，其中获得职业资格证书毕业生数从 2005 年的 1 864 778 人上升至 2015 年的 3 813 336 人，增幅为 104.49％。中等职业学校（机构）（不含技工学校）农林牧渔类毕业生数从 2005 年的 173 862 人上升至 2015

年的 538 412 人，增幅为 209.68％，增幅高于总体水平，其中获得职业资格证书毕业生数从 2005 年的 89 301 人上升至 2015 年的 396 586 人，增幅为 344.10％，增幅高于总体水平。中等职业学校（机构）（不含技工学校）农林牧渔类毕业生数占其毕业生总数比例呈现提高趋势，2015 年比例较 2005 年比例提高 6.40％。农林牧渔类获得职业资格证书毕业生数占毕业生总数比例呈现上升趋势，2015 年比例较 2005 年比例上升 22.30％。(2)技工学校培训社会人员结业人数从 2005 年的 2 701 429 人上升至 2014 年的 3 722 944 人，增幅为 37.81％，其中农村劳动者人数从 2005 年的 481 611 人上升至 2014 年的 936 692 人，增幅为 94.49％，增幅高于总体水平。经技工学校培训结业农村劳动者占结业人员总数比例呈现提高趋势，2014 年比例较 2005 年比例提高 7.33％(见图 4.3)。

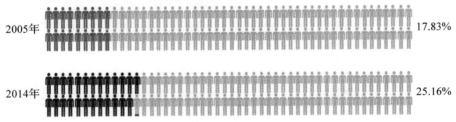

2005年 ⋯⋯⋯⋯⋯⋯⋯⋯⋯⋯⋯⋯⋯⋯⋯⋯⋯⋯⋯ 17.83%

2014年 ⋯⋯⋯⋯⋯⋯⋯⋯⋯⋯⋯⋯⋯⋯⋯⋯⋯⋯⋯ 25.16%

图 4.3　经技工学校培训结业农村劳动者占结业人员总数的百分比

非学历农村职业教育毕业生数量呈现萎缩态势。(1)职业技术培训机构结业学生数从 2005 年的 59 341 880 人下降至 2015 年的 43 794 966 人，降幅为 26.20％，其中农村成人文化技术培训学校（机构）结业学生数从 2005 年的 47 931 805 人下降至 2015 年的 31 125 154 人，降幅为 35.06％，降幅高于总体水平。农村成人文化技术培训学校（机构）结业学生数占职业技术培训机构结业学生数的比例也从 2005 年的 80.77％下降至 2015 年的 71.07％。(2)经就业训练中心训练结业人员数从 2005 年的 7 971 643 人下降至 2014 年的 5 023 349 人，降幅为 36.98％，其中农村劳动者数从 2005 年的 2 626 633 人下降至 2014 年的 2 354 587 人，降幅为 10.36％，降幅低于总体水平，经就业训练中心训练结业农村劳动者占结业人员总数的百分比从 2005 年至 2014 年上升了 13.92％(见图 4.4)。(3)经民办职业培训机构培训结业人数从 2006 年的 8 931 684 人上升至 2014 年的 10 299 046人，增幅为 15.31％，其中农村劳动者人数从 2006 年的 3 723 628 人上升至 2014 年的 3 996 997 人，增幅为 7.34％，增幅低于总体水平。经民办职业培训机构培训结业农村劳动者占结业人员总数的百分比呈下降态势，从 2006 年至 2014 年下降了 2.88％(见图 4.5)。

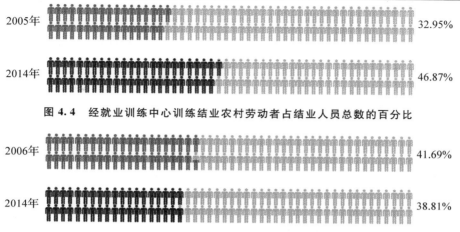

2005年 32.95%

2014年 46.87%

图 4.4　经就业训练中心训练结业农村劳动者占结业人员总数的百分比

2006年 41.69%

2014年 38.81%

图 4.5　经民办职业培训机构培训结业农村劳动者占结业人员总数的百分比

三、农村职业教育政策观察

2015—2016 年我国农村职业教育政策，主要聚焦于精准扶贫、现代农业体系、新型职业农民培养和对口援助等。

（一）办好农村职业教育，落实精准扶贫政策

贫困一直是困扰全球发展并且亟须攻克的一个难关。无论是联合国发布的《千年发展目标》，还是《2030 年可持续发展议程》，都将消除贫困提上议程。根据联合国数据统计，全球有 8.36 亿人仍处于极端贫穷，就我国而言，截至 2014 年，我国农村仍有 7 071 万贫困人口，贫困地区发展滞后的问题没有得到根本改变。确保到 2020 年我国农村贫困人口实现脱贫，尤其是连片特困地区人口脱贫，是全面建成小康社会最艰巨的任务。党的十八大以来，短短五年时间，习近平总书记就对贫困地区脱贫致富提出了许多建设性的观点，"精准扶贫"这个命题已被多次提及并且不断完善。

2015 年 11 月 27 日至 28 日，中央扶贫开发工作会议在京召开，这是党的历史上规格最高的一次扶贫工作会议，体现了党中央对扶贫开发工作的高度重视。习近平总书记在会议上强调："精准扶贫是为了精准脱贫。要坚持精准扶贫、精准脱贫，重在提高脱贫攻坚成效。关键是要找准路子、构建好的体制机制，在精准施策上出实招、在精准推进上下实功、在精准落地上见实效。坚决打赢脱贫攻坚战，确保到 2020 年所有贫困地区和贫困人口一道迈入全面小康社会。"

精准扶贫，"精"在精密部署，统筹安排，在精准施策上出实招。"精准扶贫"是 2013 年 11 月习近平总书记在考察湖南湘西时首次提出。此后，中央就对精准

扶贫工作统筹安排，整体规划。2015 年 10 月 16 日，在出席减贫与发展高层论坛时，习近平主席向全世界庄严宣告："中国将大幅增加扶贫投入，出台更多惠及贫困地区、贫困人口的政策措施，在扶贫攻坚工作中实施精准扶贫方略，坚持中国制度的优势。"在这次全国扶贫工作会议上，习近平总书记又对扶持谁、谁来扶、怎么扶做出了统筹安排。可以说，这一系列制度安排和全面统筹规划，充分体现了一个"精"字。

精准扶贫，"准"在准确判断，瞄准扶贫对象，进行重点施策。在 2015 减贫与发展高层论坛上习书记强调要通过准确计算脱贫标准，设定脱贫时间，落实六个精准，坚持分类实施，坚持分类施策，因人因地施策，因贫困原因施策，因贫困类型施策。扶贫大数据平台建设，对贫困村、贫困户进行准确识别，逐一建档立卡，建立扶贫信息网络系统，推动了精准脱贫工作上了一个新台阶。

精准扶贫，"扶"在"扶贫先扶志""扶贫必扶智"。2014 年 3 月，习近平总书记在参加两会代表团时就提出："扶贫先扶智，绝不能让贫困家庭的孩子输在起跑线上。"2015 年 6 月在贵州考察时，他充分肯定了贵州省机械工业学校重点招收贫困学生入学支持农村脱贫的实践，要求进一步办好职业教育。同年 9 月，习总书记在给"国培计划（2014）"北师大贵州研修班参训教师的回信中，明确提出"扶贫必扶智，让贫困地区的孩子们接受良好教育，是扶贫开发的重要任务，也是阻断贫困代际传递的重要途径"。此次全国扶贫工作会议要求将发展教育脱贫作为重要举措，强调国家教育经费要继续向贫困地区倾斜、向基础教育倾斜、向职业教育倾斜，对农村贫困家庭幼儿特别是留守儿童给予特殊关爱。多年来的贫困经验告诉我们，只有实现从"输血"到"造血"的有机转变，进而科学规划，建立长效机制，才能推动精准扶贫更加有效、可持续，实现精准脱贫的历史性任务。在国家大力开展"精准扶贫"政策的同时，各个省份也根据自身实际开展了一系列职业教育发展政策，以实现精准脱贫。

教育部在认真学习贯彻习近平总书记关于扶贫开发的重要战略思想的同时，紧紧围绕精准扶贫、精准脱贫的关键词，先后组织实施了 20 项教育惠民政策措施，2015 年 10 月 15 日，教育部举行发布会，介绍我国教育扶贫政策全覆盖的有关情况。其中就职业教育而言，主要有以下三条政策。其一，中等职业教育免学费、补助生活费政策。其二，四川藏区"9＋3"免费教育计划。其三，职业教育团队式对口支援。2016 年 1 月 12 日，教育部副部长朱之文一行在走访民进中央时介绍了当前我国在农村职业教育、中等职业教育和教育扶贫等领域的现状、工作进展及存在的问题，以及今后在农村职业教育上的发展计划。他表示，职业教育和农村扶贫仍然是教育扶贫的薄弱环节，需要得到包括民主党派在内的社会广泛支持。他希望民进中央发挥教育界别优势，开展深入调研，继续为教育事业发展提出宝贵意见和建议。

为推动精准扶贫工作的进一步展开，2016年8月4日，人力资源社会保障部印发《关于在打赢脱贫攻坚战中做好人力资源社会保障扶贫工作的意见》，提出目标："十三五"时期，通过帮助有就业意愿的建档立卡农村贫困劳动力（以下简称贫困劳动力）实现转移就业，解决1 000万人脱贫。使每个有参加职业培训意愿的贫困劳动力每年都能接受至少1次免费职业培训。引导建档立卡农村贫困人口（以下简称贫困人口）积极参保续保，实现法定人员参加基本养老、医疗保险全覆盖。强化贫困地区人事人才支撑服务。力争实现贫困地区县级劳动就业和社会保障服务平台基本覆盖。在加强贫困劳动力职业培训方面，该《意见》主要提出了两大措施：一是加大职业技能提升计划实施力度。根据贫困劳动力的培训需求和就业意愿，大力开展劳多种培训模式，提高培训质量和就业效果。引导和支持用人企业在贫困地区建立劳务培训基地。提高培训补贴标准，确保贫困家庭劳动力至少掌握一门致富技能，确保符合条件的贫困劳动力和用人单位都能享受到职业培训补贴和职业技能鉴定补贴政策。二是开展技能脱贫千校行动。对于接受技工教育的贫困家庭学生，各地落实国家助学金、免学费政策。落实2015年6月印发的《关于加强雨露计划支持农村贫困家庭新成长劳动力接受职业教育的意见》，对建档立卡贫困家庭子女就读技工院校的，按照每生每年3 000元左右的标准给予补助。鼓励东西部扶贫协作的帮扶省市加大对受帮扶省市贫困家庭就读技工院校的学生给予生活费补助。

（二）开展职业教育对口援助，创新区域合作办学模式

职业教育对口支援作为对口援助政策的一个重要方面，在推动职业学校区域合作办学的过程中发挥着越来越重要的作用。无论是东、中、西部合作，抑或省域内职业教育城乡统筹合作等模式，均是以发展相对较快的地区将优势教育资源与欠发达地区共享，实现资源利用效率最大化来促进各区域职业教育协调发展，这与对口支援政策的指导精神高度契合。

国家近年来在实施普惠性政策的同时，多次提出要加强对农村、贫困和民族地区的职业教育扶持力度。2015年8月11日，国务院下发《关于加快发展民族教育的决定》，提出到2020年，民族地区高中阶段教育全面普及，普职比大体相当，中职免费教育基本实现的发展目标。鼓励支持职业院校加强与文化企事业单位合作，开展教学和研究。适应培养创新创业人才和培育新型职业农牧民要求，合理布局民族地区中等职业学校，保障并改善基本办学条件。加强校企合作，推进产教融合，择优扶持发展民族优秀传统文化、现代农牧业等优势特色专业。推进招生和培养模式改革，扩大中、东部地区职业院校面向民族地区招生规模，提高民族地区中等职业学校毕业生升入高等职业院校比例，实现初高中未就业毕业生职业技术培训全覆盖。

教育部在组织实施 20 项教育惠民政策时就明确提出了职业团队式对口支援的举措。2012 年，东部地区 10 个职业教育集团与滇西 10 市州签署战略合作协议，对口帮扶滇西职业学校发展，并协助对口合作市州制定重点产业发展规划、打造高端技术技能人才队伍等。2014 年，建立 17 个东、中部职教集团与西藏和四省藏区 17 个地州的职业教育对口帮扶机制。

以新疆地区为例，从 2010 年开始实施的全方位援疆涉及东、中部 19 个省市和新疆 12 个地（州）市的 82 个县（市）。东、中部援疆省市开展"就业优先、产业拉动、职教支撑"的三位一体援疆建设。其中，"职教支撑"是帮助新疆地区增加当地青少年受教育机会、提升劳动力质量、减少社会不稳定因素的重要实践工作之一，是落实"对口支援"政策的重要途径。区域职业教育合作发展的重点帮扶合作既符合政策的要求，使得国家战略决策得到有效落实，又合乎人道主义精神，能够有效推动各地区和谐、均衡发展。

2015 年 12 月 10 日，在教育部主导下，援疆南疆四地州的北京市教委、天津市教委、安徽省教育厅、山东省教育厅、上海市教委、广东省教育厅、江西省教育厅、江苏省教育厅、浙江省教育厅和深圳市教育局分别与新疆教育厅、新疆生产建设兵团教育局签署了《南疆职业教育对口支援全覆盖协议书》。来自内地十省市的 50 所职业院校分别与新疆南疆四地州的 50 所职业院校签署了对口支援协议。这不是一份普通的协议，这份协议的背后是职教援疆新模式的开启。与过去相比，南疆职业教育对口支援全覆盖机制有了从"自主行动"到"高位推动"、从"分散援助"到"全方位援助"、从"硬件建设"到"增强软实力"的重大变化。

2016 年 2 月 24 日，在第十二届全国人民代表大会常务委员会第十九次会议上，国务院发布《关于落实职业教育法执法检查报告和审议意见的报告》，再次指出要坚持分类指导，促进西部地区、民族地区和农村地区职业教育协调发展。通过建立职业教育对口支援机制，可以有效统筹城乡职业教育发展，推动东西部学校合作办学。要加强面向"三农"的职业教育。开展国家级农村职业教育和成人教育示范县创建工作，截至目前已入围 112 个县（区）。研究制订县级职教中心综合改革方案，推动其优化布局、强化内涵、拓展功能。发挥职业学校的示范引领作用，建立职业学校互帮互助机制，帮助培训农村职业学校师资队伍，帮助改进教育教学方法，带动农村地区职业教育发展。

2016 年 3 月 21 日，中共中央发布《关于深化人才发展体制机制改革的意见》，提出要破除人才流动障碍。打破户籍、地域、身份、学历、人事关系等制约，促进人才资源合理流动、有效配置。建立高层次人才、急需紧缺人才优先落户制度。此举，为人才跨地区、跨行业、跨体制流动提供便利条件，为对口支援人才的发展提供了政策保障和支持。

在教育部职业教育与成人教育司同日印发的《职业教育与继续教育2016年工作要点》中，也提出职业教育和继续教育要向西部地区、民族地区和农村地区倾斜。进一步推动创建国家级农村职业教育和成人教育示范县，开展县级职教中心综合改革试点，探索培养新型职业农民的多种途径，协调推动东西部合作办学，推进南疆职业教育对口支援全覆盖，加强职教集团对口支援滇西、西藏和四省藏区工作，配合办好内地新疆、西藏中职班，做好定点扶贫县和对口支援县有关工作，继续实施华夏基金会职教项目。

（三）加快培育新型职业农民，构建现代农业教育体系

大力培育职业农民是解决"谁来种地""如何种好地"问题的根本途径，是深化农村改革、壮大新型农业经营主体、推进农业现代化的重大举措。职业农民的培养，一方面在于加强对原住地农民的教育和培训，另一方面在于新职业农民的加入，其中包括涉农专业的大学生和广大返乡青年，这两部分人共同组成了新型职业农民群体，为农业现代化的建设贡献力量。此外，现代农业职业教育体系的建设需要加强对涉农专业教育的重视，支持职业院校办好涉农专业，与职业农民的培养相呼应，共同形成现代农业教育体系。

2015年12月31日，中共中央、国务院发布《关于落实发展新理念加快农业现代化实现全面小康目标的若干意见》（中发〔2016〕1号），要求加快培育新型职业农民。将职业农民培育纳入国家教育培训发展规划，使其成为建设现代农业的主导力量。办好农业职业教育，将全日制农业中等职业教育纳入国家资助政策范围。依托高等教育、中等职业教育资源，鼓励农民通过"半农半读"等方式就地就近接受职业教育。开展新型农业经营主体带头人培育行动，通过5年努力使他们基本得到培训。加强涉农专业全日制学历教育，支持农业院校办好涉农专业，健全农业广播电视学校体系，定向培养职业农民。引导有志投身现代农业建设的农村青年、返乡农民工、农技推广人员、农村大中专毕业生和退役军人等加入职业农民队伍。优化财政支农资金使用，把一部分资金用于培养职业农民。总结各地经验，建立健全职业农民扶持制度，相关政策向符合条件的职业农民倾斜。鼓励有条件的地方探索职业农民养老保险办法。

2016年5月18日，教育部部长袁贵仁主持召开党组会，传达学习习近平总书记在农村改革座谈会上重要讲话精神，会议对新型职业农民的培训提出新要求。

早前，2015年9月14日，教育部就曾在黑龙江哈尔滨举办全国涉农职业院校干部培训班，对来自全国各地的涉农职业院校干部近300人进行培训。培训通过教育部专题部署、各地专题讲授、案例教学、现场教学、研讨交流等多种形式，围绕农村农业职业教育改革发展重点难点问题，重点学习现代职业教育理论、方针、政策；关注我国农村经济及农业发展的新形势，加大推进面向农村的职业教育改革的统筹力度，推动农业职业教育人才培养模式创新；研讨交流新型职业农民培养培训工作。此次会议提出，要加快建设新型职业农民培养对象信息库和教学资源库，运用现代信息技术手段实现精准培养。依托中等职业教育、高等教育资源，鼓励农民就地就近接受职业教育和培训。办好农村职业教育，加强涉农专业全日制学历教育，支持农业院校办好涉农专业，实施农科教协同育人行动计划、卓越农林人才教育培养计划，引导高校开展农技服务。

除此之外，新型职业农民的培育一直也是农业部门在实现农业现代化，解决"三农"问题过程中的重点推进任务。2015 年 12 月 24 日至 25 日，在京召开的全国农业工作会议提出了推动种植业、畜牧业、渔业转型升级，构建现代农业科技创新推广体系，加快发展现代农业等 20 项重点工作，其实现的关键在于新型职业农民。为此农业部后续出台了一系列措施来保障新型职业农民的发展。主要有以下几个方面。

——加强新型职业农民培训教材建设。2015 年 10 月 14 日，农业部办公厅发布《关于加强新型职业农民培育教材建设的通知》。要求从高度重视新型职业农民培育教材建设、加强规划指导和精品教材开发、规范教材使用管理、建立教材建设机制四个方面来加强教材建设，发挥其在农民教育培训中的基础作用。

——加强农业职教集团效应。2015 年 11 月 27 日，中国现代农业装备职业教育集团在安徽芜湖成立，旨在进一步促进全国农业院校之间、校企之间、中等与高等职业教育之间全方位合作，从而实现彼此间优势互补和资源共享。现代农业装备职教集团目标是要把握农业装备行业发展规律，提升服务现代农业的能力水平，深化产教融合、校企合作，加快培养现代农业装备高技能人才，探索职教集团体制机制，打造农业职教集团品牌。

——加强推进新型职业农民示范省建设。2016 年 3 月 28 日，农业部发函同意将山东、安徽、江西、河南四省列为新型职业农民培育整体推进示范省。其试图以整省推进示范为契机，强化统筹协调，加强政策扶持，出台专门意见，加大经费投入，完善农民教育培训体系，建立健全教育培训、规范管理和政策扶持"三位一体"的新型职业农民培育制度，加快构建新型职业农民队伍。同时，在整省推进实践过程中，注重机制创新、规律探索、经验总结和典型宣传，充分发挥示范带动效应，为全国全面深入推进新型职业农民培育工作做出积极有益的探索。

——加强实用人才队伍建设。2016 年 6 月 27 日至 28 日，农业部在苏州召开全国新型职业农民培育经验交流会暨农广校工作会议。充分发挥农广校定向培养职业农民的主体作用，使农广校成为新型职业农民培育的专门机构。时隔一月，农业部于 7 月 28 日在宁夏银川组织召开全国农村实用人才工作座谈会，学习贯彻中央《关于深化人才发展体制机制改革的意见》精神，回顾总结近年农村实用人才队伍建设成效，研究部署"十三五"农村实用人才队伍建设任务。会议强调，要坚持抓人才促生产、靠实践育人才、抓高端带全局、既见物又见人，健全以职业农民为主体的农村实用人才培养机制，开展农村实用人才带头人和大学生村官示范培训，实施农村实用人才"学历提升计划"，切实为产业扶贫提供人才支撑，大力推进外向型农业企业人才培养，进一步完善农村实用人才队伍建设工作格局，扎扎实实地推进农村实用人才队伍建设。

——加强新型职业农民法律培训。2016 年 7 月 7 日，农业部制定了《农业系统法治宣传教育第七个五年规划（2016—2020 年）》。要求深入开展"农业法律进村户入企社"活动，将农业法律法规作为职业农民培训的重要内容，加大对农业投入品生产经营企业、农业生产企业、农民专业合作社、家庭农场等农业经营主体，以及乡村干部、农民群众的法律知识培训。

——加强返乡创业行动计划。农业部把支持农民工和大学生返乡创业作为重点工作，联合有关部门开展系列行动，大力培训返乡创业人员，构建返乡创业服务体系。开展了开发农业农村资源支持返乡创业行动计划、推进农民创业创新行动计划、农村青年创业富民行动、现代农村青年农场主等多项计划。实施农民工等人员返乡创业培训五年行动计划（2016—2020 年），力争到 2020 年让所有有意愿返乡创业人员都能参加一次培训。

（四）评估农村职业教育近期发展，绘制 2030 新态势蓝图

《国家中长期教育改革和发展规划纲要（2010—2020 年）》（以下简称《教育规划纲要》）自出台以来就备受瞩目，各个省市也根据实际出台了相应的落实文件。2015 年 12 月 2 日，教育部对《教育规划纲要》发布中期评估报告，对五年工作成果进行总结和展望。

就职业教育而言，《教育规划纲要》明确指出，要继续"加快发展面向农村的职业教育，把加强职业教育作为服务社会主义新农村建设的重要内容"。五年来，各级政府致力于加强基础教育、职业教育和成人教育，促进农科教结合；强化省、市（地）级政府发展农村职业教育的责任，扩大农村职业教育培训覆盖面；强化职业教育资源的统筹协调和综合利用，推进城乡、区域合作，增强服务"三农"能力；加强涉农专业建设，加大培养适应农业和农村发展需要的专业人才力度，使得农村职业教育取得明显成效。

评估报告指出当前农村职业教育发展仍然面临的五个方面的困境。一是面向农村的职业教育被"边缘化"，二是经费投入保障机制不健全，三是涉农专业规模和质量与当前农业发展需求不匹配，四是农村职业教育结构不协调，五是农村职业教育和培训的质量有待提升。据此，报告也针对性地提出了五方面对策。一是扩大农村职业教育及涉农专业招生规模，二是改善农村中等职业教育办学条件，三是提高面向农村的职业培训能力，四是提升农村实用技术人才及农村劳动力转移培训质量，五是扶持农村民族地区职业教育。

回顾 2010 年以来五年农村职业教育发展历程，不难发现，服务新型城镇化建设是时代趋势。展望 2030 年，在接下来的 15 年，积极促进农业转移人口市民化，以克服我国城镇化过程中存在的半城镇化问题，是关键之举。

2015 年 12 月 31 日，中央发布《关于落实发展新理念加快农业现代化实现全面小康目标的若干意见》（中发〔2016〕1 号），为应对新型城镇化形势下，推进农村劳动力转移就业创业和农民工市民化提供政策保障。该《意见》强调，要健全农村劳动力转移就业服务体系，大力促进就地就近转移就业创业，稳定并扩大外出农民工规模，支持农民工返乡创业。大力发展特色县域经济和农村服务业，加快培育中小城市和特色小城镇，增强吸纳农业转移人口能力。加大对农村灵活就业、新就业形态的支持。鼓励各地设立农村妇女就业创业基金，加大妇女小额担保贷款实施力度，加强妇女技能培训，支持农村妇女发展家庭手工业。实施新生代农民工职业技能提升计划，开展农村贫困家庭子女、未升学初高中毕业生、农民工、退役军人免费接受职业培训行动。依法维护农民工合法劳动权益，完善城乡劳动者平等就业制度，建立健全农民工工资支付保障长效机制。进一步推进户籍制度改革，落实 1 亿左右农民工和其他常住人口在城镇定居落户的目标，保障进城落户农民工与城镇居民有同等权利和义务，加快提高户籍人口城镇化率。全面实施居住证制度，建立健全与居住年限等条件相挂钩的基本公共服务提供机制，努力实现基本公共服务常住人口全覆盖。落实和完善农民工随迁子女在当地参加中考、高考政策。将符合条件的农民工纳入城镇社会保障和城镇住房保障实施范围。健全财政转移支付同农业转移人口市民化挂钩机制，建立城镇建设用地增加规模同吸纳农业转移人口落户数量挂钩机制。维护进城落户农民土地承包权、宅基地使用权、集体收益分配权，支持引导其依法自愿有偿转让上述权益。

2016 年 3 月《国民经济和社会发展第十三个五年规划纲要（草案）》出台，同样对新型城镇化的发展提出了新要求，主要体现为：一是推进农业转移人口享有城镇基本公共服务，完善公共就业创新服务体系，有序推进农业转移人口市民化；二是整合职业教育和培训资源，实现就业信息全国联网，为农民工提供免费的就业信息和政策咨询；三是针对在城镇化过程中以农业转移人口为重点，兼顾高校和职业技术院校毕业生、城镇间异地就业人员和城区城郊农业人口，政府承担包括农业转移人口的劳动就业等公共成本，企业加大职工技能培训，鼓励农民工参加职业教育和技能培训。

四、农村职业教育研究进展

（一）研究文献总体概况

1. 论著

以"农村职业教育"为题名检索词，在"中国知网"上检索，时间截取 2015 年 8 月 16 日至 2016 年 7 月 31 日，共获得 91 篇相关文献。进一步通过内容筛选，获取相关文献 74 篇，硕士学位论文 6 篇，期刊学术论文 68 篇。在当当网、亚马逊、京东商城三大网站，分别以"农村职业教育"和"农职教"为关键词，选取 2015 年 8 月 16 日至 2016 年 7 月 31 日出版的相关书籍，发现该阶段未出版该类著作。

2. 立项课题

2016 年国家社科基金年度项目立项中，共有 2 857 项课题，2016 年国家社科基金青年项目立项中，共有 1 062 项课题，均未有与农村职业教育相关的课题。在全国教育科学"十三五"规划 2016 年度课题中，共有 479 项，关于"农村职业教育"的课题仅有一项，设为教育部重点课题，课题名称是《西南农村地区的职业教育反贫困问题研究》（王永莲，四川交通职业技术学院）。

（二）研究主要内容分类

2015—2016 年度时间内，研究者的主要关注点集中在以下几个方面。

1. 发展现状、模式及对策研究

近些年来，很多研究者的关注点仍在农村职业教育发展现状及对策的研究上。2015—2016 年度，这一研究角度的热度依然不减。同时，不少研究者开始着力农村职业教育发展模式的探讨。无论以何种方式，研究者们的出发点均是为了促进农村职业教育更好、更快地发展。

有部分研究者以某一地区或区域的农村职业教育发展为代表，运用文献法、调查法等对该地区或区域进行深度分析。并且，在 6 篇硕士论文中，研究者们均是针对农村职业教育发展现状及对策研究。该类研究首先提出该地区或区域发展的现状，其次根据现状发现问题，最后针对问题提出适合该地区或区域发展的策略。以《黑龙江省农村职业教育发展影响因素及对策研究》为例，张晓东以黑龙江省农村职业教育为代表，首先阐明黑龙江省农村职业教育发展的历史过程及现状，表明黑龙江省农村职业教育的规模日渐扩大以及体系逐步完善的现状。其次，研究者提出了在发展过程中存在的主要问题，主要包括外部环境问题和自身发展问题。最后，通过一系列的调查研究及国内外经验的借鉴，研究者提出发展

启示。① 也有研究者针对历年来有关"农村职业教育"研究的文献、课题等进行梳理，得出我国农村职业教育发展现状。例如尹阳红和张建荣利用可视化分析，对我国农村职业教育研究文献进行统计分析。研究者首先对 2010—2014 年间发表的农村职业教育相关的期刊论文进行数据分析，得出研究领域的重点和热点。其次，对其研究重点和热点进行分析。最后提出农村职业教育研究的展望。②

另有研究者针对目前我国产业结构调整等现状提出对农村职业教育发展模式的探析。该类研究主要以某一发展形势为背景，如经济新常态、新型城镇化推进等背景，探讨目前我国农村职业教育存在的困境，并寻求适应在新形势背景下农村职业教育的发展模式。例如李佳和袁艳平在《我国农村职业教育发展模式和对策探析》中，首先明确了我国经济新常态下产业结构和就业结构双转型的背景，其次分析我国农村职业教育发展存在的困境，如招生难、经费不足、交互性差、校企合作起步晚等。然后对我国农村职业教育发展模式进行研究，构建了产业和就业"双转型"的农村职业教育发展模式，并提出创新模式的六个关键要素，分别为生源拓展、投入分担、职业教育与普通教育互动发展、农民就业转型、校企合作制度化和法制化、管理体制创新等。最后得出结论，农村职业教育的发展作为职业教育体系的重要组成部分，在我国经济发展新常态的今天尤其值得探讨。③

2. 时势动态的研究

近几年来，研究者们的研究焦点与当今社会经济的发展结合密切，像以新型城镇化或信息化发展为背景进行探讨的研究者不在少数，并有研究者根据当前我国发展新形势和新任务对新型职业农民培养问题进行探讨。

一些研究者探讨新型城镇化建设背景下的农村职业教育发展问题。该类研究首先分析新型城镇化背景对农村职业教育的影响；其次明确了农村职业教育对新型城镇化建设的推进作用，分析了在该背景下发展农村职业教育的必要性；最后提出基于新型城镇化的农村职业教育发展对策。如文康在《新型城镇化进程中农村职业教育发展研究》中，首先对新型城镇化及农村职业教育进行文献综述，其次表明两者之间的关系，阐述了新型城镇化对农村职业教育产生了什么样的影响，以及农村职业教育对新型城镇化起到了什么样的作用。然后对我国农村职业教育发展背景、现状及原因分析。通过总结国外农村职业教育的发展经验与启

---

①　张晓东：《黑龙江省农村职业教育发展影响因素及对策研究》，哈尔滨：东北农业大学 2016 年硕士学位论文。

②　尹阳红、张建荣：《我国农村职业教育研究文献统计分析》，《成人教育》2016 年第 2 期，第 31～35页。

③　李佳、袁艳平：《我国农村职业教育发展模式和对策探析》，《继续教育研究》2016 年第 5 期，第38～40 页。

示，最后得出新型城镇化进程中农村职业教育发展对策，即转变教育思想，调整服务方向，坚持协同发展，加强政府统筹，注重内涵发展以及推动校企合作。①

还有部分研究者以信息化的发展为背景，进行农村职业教育的研究。有研究者提出，针对农村教育教学不足和职业学校教育输出困难两个问题，提出将互联网更加广泛地运用到农村的职业教育之中。有研究者以京津冀地区的农村职业教育为例，提出通过互联网将职业学校的职业技术教育送到农村，为农民的教育服务，开展现代农业技术和农村富余劳动力的转移培训，同时将职业学校办成面向农村的无校门的大职业教育。基于此，研究者首先提出农村职业教育发展的对策，需建立健全完善的农村职业教育法律法规体系，大力发展面向农村的高等职业教育，改革招生制度和办学体制，做好学生就业问题，加强师资队伍建设。然后利用网络进行异地教学，利用大数据等先进技术打造智能化学习模式，目的就是将职业技术教育与农民的更好的谋生联系起来，拓宽办学思路，把职业教育延伸到农村的各个角落。②

2015年12月，中共中央、国务院发布《关于落实发展新理念加快农业现代化实现全面小康目标的若干意见》（中发〔2016〕1号），明确要求加快培育新型职业农民。许多研究者将目标锁定在新型职业农民培养的研究上。对于新型职业农民的研究，主要集中在解决新型职业农民与农村职业教育关系的问题上。如崔丽莉和陈明昆在《农村职业教育适应新型职业农民培育对象之论》中提到，农村职业教育需要以大思路、大格局指引，使得农村职业教育的对象跨越学校的围墙之界，将新型职业农民作为培育对象，充分尊重新型职业农民的主体地位。研究者首先对新型职业农民进行释义。其次说明新型职业农民培育的可能性及必要性，分别是产业结构升级的需要以及自身发展的蜕变的迫切要求。最后是培育新型职业农民的道路选择，一是要转变观念，对乡土知识再认知；二是城乡联动再教育；三是构建农村职业教育体系。③

3. 国际比较研究

在2015—2016年间，研究者们开始注重国外农村职业教育的研究。他们研究的焦点均是对国外农村职业教育发展的经验进行分析梳理，并总结出对我国农村职业教育发展的经验。

有研究者通过文献综述的方法对国外部分代表性的农村职业教育进行研究，

① 文康：《新型城镇化进程中农村职业教育发展研究》，南昌：东华理工大学2016年硕士学位论文。
② 王红光、王红、王彦光：《互联网时代背景下京津冀地区农村职业教育发展模式》，《民营科技》2016年第2期，第247页。
③ 崔丽莉、陈明昆：《农村职业教育适应新型职业农民培育对象之论》，《职教通讯》2015年第34期，第67～69页。

分析发达国家和欠发达国家农村职业教育发展的经验，以此提出改善并能更好发展我国农村职业教育的途径和建议。如肖汉在《浅议国外农村职业教育问题》中，首先分析在当今社会背景下开展农村职业教育研究的意义，有助于开发农村人力资源、加快农村现代化进程等。其次以美国、韩国、澳大利亚三个发达国家为例，分别阐释其农村职业教育发展中的问题。然后以亚洲的孟加拉国和非洲不发达的国家为例，分析阻碍其农村职业教育发展进程的原因。最后对发达国家和欠发达国家农村职业教育问题的总结和梳理，得出对我国发展农村职业教育的启示，如提高社会认可度，提高政府的支持参与力度，鼓励社会各界参与办学，关注社会需求以及提高教师待遇。[1]

也有研究者将农村职业教育经费投入进行国际比较，运用定量研究的方法，结合前人定性的研究成果，得出发展我国农村职业教育经费投入可资借鉴的经验。王凤羽在《农村职业教育经费投入国际比较》中首先对澳大利亚、德国、英国、美国、法国、日本、韩国等主要发达国家在农村职业教育经费筹集、投入、保障方面的研究进行一系列的文献综述。其次，根据 OECD（经济合作与发展组织）的统计数据定量分析，进行国际比较。然后根据比较得出经验借鉴，即职业教育生均教育经费是体现国家对农村职业教育重视和努力程度的国际标准，政府是职业教育经费的主要提供者，需要通过立法保证职业教育的投入。最后，研究者得出的对策建议一是要落实好当前农村职业教育财政优惠政策，二是要制定农村职业教育经费投入的科学标准，三是健全农村职业教育经费筹措机制，四是完善农村职业教育经费法律保障。[2]

（三）研究的特点及评价

1. 研究成果递减趋势明显

以"农村职业教育"为题名检索词，在"中国知网"上高级检索，发现近几年与其相关主题的研究呈现递减的趋势。2011 年共获得 429 篇文献，2012 年共获得 339 篇文献，2013 年有 312 篇文献，2015 年有 212 篇文献，而 2016 年研究的文献数量仅为 74 篇。在立项课题方面，今年仅有一项教育部重点课题。农村职业教育及其相关研究的成果递减趋势较为明显。

2. 研究主题创新度有待加强

通过分析 2015—2016 年文献，我们可以发现大多数研究者的关注点依然是农村职业教育发展现状及对策，尤以某一地区或区域为例居多。这类研究很大部分是根据当前我国社会经济发展的形势，依据出台的各种政策，来探讨我国农村

---

① 肖汉：《浅议国外农村职业教育问题》，《新疆职业教育研究》2015 年第 4 期，第 22～25 页。

② 王凤羽：《农村职业教育经费投入国际比较》，《会计之友》2016 年第 3 期，第 2～7 页。

职业教育面临的机遇和挑战，继而提出应对策略。而通过对比前几年的研究特点，可以看出，在该方面的研究长久以来一直存在，并没有推陈出新之处，对于研究者们提出的对策相对来说也缺少新意。

3. 研究方法的运用上不够系统和规范

近一年研究者们关注的领域和区域比较广泛，但是在研究方法的运用上不够系统和规范。该年有关农职教的文章大多采用定性研究方法，极少的文章运用定量的方法进行分析。而从我国职业教育发展趋势看，定量研究呈上升态势。在大多数文章中，主要采用调查法、文献法、个案法等，运用跨学科的方法研究农职教的意识较弱。并且，来自实地调查研究一手资料较弱，研究不够深入。

4. 发表期刊较为分散

在发表的 74 篇文献中，除去硕士论文 6 篇，剩余 68 篇，其中仅有 6 篇发表在 CSSCI 与 CA 期刊，另有 31 篇发表在北大核心期刊，主要为教育类期刊，其中还包括像《会计之友》这样的非教育类期刊。而其他非核心类期刊发表较分散，如《时代农机》《中国市场》《理论观察》等。在刊源分布上，该年度农职教成果较为分散。

结　语

职业教育和农村扶贫是教育扶贫的薄弱环节，农村职业教育的发展是实现农村地区脱贫致富的关键。2015—2016 年度我国农村职业教育进展，主要围绕农村扶贫建设、县级职教中心改革试点、职教集团创新、涉农专业升级、新型职业农民培育、职业教育对口援助等方面开展各项工作。但是我国目前仍然存在农村职业教育社会地位相对较低、经费投入严重不足、涉农专业规模和从业人员素质与现代农业发展不匹配等问题。

根据对《国家中长期教育改革和发展规划纲要（2010—2020 年）》的评估报告和《中共中央国务院关于落实发展新理念加快农业现代化实现全面小康目标的若干意见》（中发〔2016〕1 号）文件要求，今后农村职业教育的发展要注重以下几个方面。

一是推进政策的落实。借助国家精准扶贫政策的东风，加快农村职业教育发展的步伐。各省区市和县级政府要建立监督检查考核奖惩和问责机制，确保大力发展农村职业教育的各项举措落到实处并取得实效。继续落实中等职业教育免费政策，进一步完善助学资助体系，率先免除建档立卡的农村家庭经济困难学生学杂费，实现资助全覆盖。

二是拓宽农村职业教育经费的来源。目前我国农村职业教育生均经费不足，师资力量薄弱。农村职业教育的经费是提高农村职业教育基础建设能力、加强师资建设力量和提高生均办学条件的物质基础。无论是东、中、西部还是城乡之间，抑或是政府和企业学校之间，都应该开展定点或对口援助机制，保障对农村职业教育的财政支出，实现对农村地区、贫困地区和民族地区的倾斜。

三是关注现代农业教育体系的建设。农村学历职业教育毕业生规模持续增长，涉农专业建设有所成效。要继续积极引导农业院校办好涉农专业，实现农科教协同育人，并且引导各类有志于投身现代农业建设的人民加入职业农民队伍，培育形成一支高素质的农业生产经营者队伍。

四是要顺应农村经济发展的新形态。结合时代和地方背景，必须不断更新农村职业教育内容。新型城镇化快速发展，对农村劳动力转移人员的就业创业以及农民工市民化提出了新要求。大数据、信息化的发展，对如何运用现代信息技术手段，实现农村职业教育现代化和实用人才的智能培养提出了新的要求。

【本报告撰写人：陈衍、徐梦佳、郭珊、房巍。倪建雯对本章进行了校对。李跃雪制作了图表。前三位作者单位：浙江工业大学职业教育发展研究中心、中国职业教育发展与评价研究院，最后一位作者单位：吉林省职业教育研究中心】

2016

专题研究报告

《教育部 2016 年工作要点》明确提出要"始终贯彻落实立德树人根本任务，着力提高教育质量"。教师是第一教育资源，是影响学生健康成长的关键人物，是提高教育质量的能动因素，是促进教育公平的重要保证，是一切重大教育变革的核心力量。在专题报告部分，本年度重点围绕"第一教育资源——教师"这一主题，分别从班主任工作、教师职称、教师交流、乡村多学科教师、农村幼儿园教师生存状态等进行了专题调查研究，力图较为全面地回应《乡村教师支持计划（2015—2020 年）》实施一年来的总体进展情况，彰显教师在落实立德树人根本任务过程中取得的成就、遇到的困惑及期待的方向。

随着城镇化进程的快速推进，县域教育总体上呈现出城镇大规模学校、乡镇寄宿制学校、乡村小规模学校格局，"城挤、乡弱、村空"成为当下农村教育的显著特征。2015 年全国不足 100 人的小学和教学点达 126 751 个，其中 87.9％在乡村。全国有无人学校 9 667 个，不足 10 人的小规模学校 28 108 所。与此同时，乡村寄宿制学校在快速发展，西藏、云南、青海、内蒙古、贵州五省（区）小学寄宿比例分别达到 62.3％、35.5％、30.7％、24.4％和 20.6％。乡镇寄宿制学校和乡村小规模学校已经成为我国教育事业发展的"最薄弱环节"，是教育贫困的"重灾区"。为此，我们专门邀请挂职锻炼的专家对云南省楚雄州农村寄宿制学校和乡村小规模学校发展状况进行专题诊断研究，为国家消除教育贫困、补齐教育短板、阻断贫困代际传递、全面推进教育现代化提供事实依据和智力支持。

第五章 城乡义务教育学校班主任工作状况调查

概　要

　　班主任是中小学(这里主要指义务教育学校，下同)的重要岗位，是学校德育工作的主要力量，从事班主任工作是中小学教师的重要职责。据估算，我国目前义务教育学校约有班主任347.34万。那么，当前中小学班主任岗位的吸引力如何？中小学教师愿不愿意担任班主任？目前在岗班主任是一群什么样的人？他们的工作状况和津贴待遇如何？什么样的津贴待遇能够吸引优秀教师当班主任？针对以上问题，我们对全国12个省市23个区县的246所学校共7 463名教师(其中班主任3 032名)进行了问卷调查。调查结果如下。

　　1. 在班主任任职意愿上，第一，仅有三分之一的教师愿意担任班主任，60.99%的在岗班主任并不情愿从事这一工作；第二，教师担任班主任的意愿受到班主任岗位内在特点和外部激励等多重因素影响，提高班主任津贴或能成为吸引教师担任班主任的潜在力量；第三，小学教师愿意担任班主任的比例高于初中教师，学段越高教师越不愿意担任班主任；第四，城镇化水平越高的地区，教师越不愿意担任班主任，乡村学校教师愿意担任班主任的比例最高；第五，随着班级规模的增大，教师愿意担任班主任工作的比例在降低；第六，班级有学生寄宿，会降低教师从事班主任工作的意愿；第七，无留守儿童班级教师愿意担任班主任的比例比有留守儿童的高5.37个百分点；第八，班级有随迁子女，会降低教师从事班主任工作的意愿。

　　2. 在班主任群体特征上，第一，班主任群体的性别比例不协调，女性化现象明显，并且城镇化水平越高，女性班主任群体的比例越高，小学阶段尤为明显；第二，中青年教师是班主任群体的主力军，40 岁成为担任班主任工作的分水岭，其中小学班主任较为年轻，乡镇中学班主任出现 30 岁现象，乡村小学班主任中间年龄塌陷；第三，班主任群体的教龄结构相对合理，教龄在 11～20 年的班主任最多，农村地区班主任教育教学经验相对不足，乡村小学班主任教龄出现两极化现象；第四，有两轮以上完整带班经验的班主任约占一半，工作未到一个周期的约占 20％。其中初中班主任的任职年限集中在 6～12 年，小学班主任的任职年限集中在 18 年以上，农村班主任的管理经验少于城市，乡村小学班主任较为缺乏管理经验；第五，超九成以上的班主任群体为师范专业毕业，班主任群体的毕业院校属性存在城乡差别，班主任师范院校出身比例农村低于城市及县城；第六，班主任群体的学科分布呈现初中主科化、小学语文化现象，小学班主任中艺术类、实践类教师比例略高；第七，本校在编教师是班主任的主体，乡村学校代课教师、特岗教师担任班主任比例最高。

3. 在班主任工作状况上，（1）从班级管理角度来看：第一，中小学班主任平均每天花在班级工作上的时间分别为 4.89 和 3.56 个小时，城乡学校班主任所花时间差异不显著；第二，35 人以上班额和寄宿生数量增多增加了班主任的工作时间，而随迁子女和留守儿童对班主任工作时间的影响并不显著；第三，班主任平均每周花 3.59 个小时组织学生活动，四成以上班主任觉得任务繁重。（2）从学科教学角度来看：第一，初中班主任大多任教 1 门学科，小学班主任平均任教 2.6 门学科，其中乡村小学班主任高于城镇；第二，初中班主任基本能够胜任目前被安排的学科门数，小学班主任能够胜任 2 门以内学科教学，近三分之二的教学点班主任承担了超过胜任能力的学科门数；第三，中小学班主任平均每周课时数分别为 13.11 节和 14.75 节，略高于其他科任教师；第四，中小学班主任平均每周能够胜任 13.02 节和 13.96 节课，分别有 39.36％和 46.56％的班主任承担了超承受能力的课时量，乡村小学和县城中学尤为严重。（3）从工作状态角度来看：第一，学生安全、心理和学习问题是班主任日常管理中最难的三项；第二，几乎所有的班主任都能胜任教育教学，70.80％的班主任能够胜任班级管理；第三，42.37％的班主任不满当下的工作量安排，虽然压力大但工作状态依然积极；第四，班主任比其他科任教师更容易感到"非常累"，班级规模、寄宿学生、留守儿童和随迁子女都会影响班主任的疲劳程度。

4. 在班主任的津贴待遇上，（1）从班主任津贴的实际发放情况看：第一，初中和小学班主任津贴平均为 351.00 元、173.90 元，分别占基本工资的 15.11％、7.82％，总体水平偏低；第二，班主任津贴的地区差异显著，东部地区班主任津贴水平最高；第三，班主任津贴城乡差异显著，县城中学班级规模最大，津贴最低，教学点的班主任津贴垫底；第四，班主任津贴的发放并没有体现班级规模差异；第五，班主任津贴的发放并没有体现所带学生群体的差异。(2)从班主任对津贴的期望程度来看：第一，班主任群体对津贴的期望值远高于现有的津贴水平，约是基本工资的三分之一；第二，东、中、西部班主任期望的津贴水平呈梯度分布，其中东部最高，西部最低；第三，县城学校班主任对津贴的期望程度最高，乡村学校班主任对津贴的期望程度高于乡镇学校，教学点班主任对津贴的期望程度最高；第四，班级规模在35人以上的班主任期望津贴水平高于平均水平；第五，班级有寄宿学生、留守儿童、随迁子女的初中、小学班主任分别希望津贴能够提高550元以上和300元以上。

基于此，本报告提出：适度提高津贴标准，体现班主任的工作价值；完善培训和发展机制，提升班主任专业化水平；加强教育法治建设，依法保护班主任合法权益。

班主任是中小学(这里仅指义务教育阶段的小学和初中，下同)教师队伍的重要组成部分，是中小学日常思想道德教育和学生管理工作的主要实施者，是实现立德树人教育根本任务的重要力量。从事班主任工作是每个中小学教师的重要职责，教师在担任班主任期间应将班级工作作为主业。那么，在现实中，中小学班主任岗位的吸引力如何？中小学教师愿不愿意担任班主任？目前在岗班主任是一些什么样的人，他们在结构上有什么样的特征？他们在班级工作和教学工作上的负担大不大？能否胜任目前的工作量？班级工作的"主业"地位有没有得到落实？班主任是否满意现在的津贴待遇？什么样的津贴水平能够吸引优秀教师当班主任？有没有办法让班主任成为一个有吸引力的岗位(即优秀教师愿意当班主任、能够当好班主任而且当得有尊严)？这些都是本报告试图回答的问题。

一、研究背景

(一)立德树人根本任务对班主任素养提出客观要求

党的十八大报告指出："要坚持教育优先发展，全面贯彻党的教育方针，坚持教育为社会主义现代化建设服务、为人民服务，把立德树人作为教育的根本任务，培养德智体美全面发展的社会主义建设者和接班人。"立德树人是发展中国特色社会主义教育事业的核心所在，科学有效贯彻落实立德树人根本任务对学校教育提出了客观要求，学校应当始终把德育作为工作之首。班主任作为学校日常思想道德教育和学生管理工作的主要实施者，作为学生健康成长的引领者，是学校德育工作的重要力量，他们的能力素养将直接影响到1.40亿[1]义务教育学生能否

---

① 教育部：《2015年全国教育事业发展统计公报》，2015年7月6日。

"扣好人生的第一粒扣子"。2009 年教育部颁发的《中小学班主任工作规定》（教基一〔2009〕12 号）中指出，"加强班主任队伍建设是坚持育人为本、德育为先的重要体现"，落实好立德树人这一根本任务，需要高度重视班主任工作，进一步完善班主任制度，建立一支专业化的班主任队伍。所以，我们需要了解当前我国义务教育学校都是什么教师在做班主任，作为学生的重要人生导师，他们的工作和身心状况如何，他们需要什么样的专业支持和发展，这是提高班主任工作质量的前提和基础。因此，调查了解城乡义务教育阶段学校班主任工作状况，提出切实有效的改进建议，对于培育和践行社会主义核心价值观，落实立德树人根本任务，培养德智体美全面发展的社会主义建设者和接班人有重要意义。

（二）社会结构深刻变化使班主任工作面临现实挑战

当前我国社会正处于一个激烈的转型期，经济社会深刻变化、文化价值多元复杂、教育改革深入推进，新问题、新情况、新特点层出不穷，叠加交融，深刻影响着班主任工作的内容、形式和方法，这给班主任工作提出了巨大挑战。具体而言，随着城镇化的不断推进，越来越多的农民工携带子女进城读书，中小学班主任需要面对教育领域新出现的两个边缘化群体——1 367.10 万随迁子女和2 019.24 万留守儿童。① 一方面，这些学生家长的流动，导致家校关系发生变化；另一方面，由于监护和亲情缺失或者面临新环境的适应，他们在生活、学习、心理等方面也更需要班主任的引导。同时，伴随新世纪以来农村学校布局调整的不断推进和日益广泛的人口流动，农村寄宿制学校成为一种重要的办学形式，城镇学校大班额现象较为突出，这也直接影响到班主任的工作。此外，在信息化社会里，学生获取信息的渠道日益增多，甚至在某些领域所掌握的信息比班主任更丰富、更系统，这对班主任素养提出了更高要求；但信息化、网络化使用不当，也会带来一些负面影响，容易导致青少年儿童沉迷网络、交流减少、价值扭曲和道德冷漠。由于社会结构变化和教育转型所形成的一系列新形势，使青少年成长出现了新问题、新情况、新特点，直接挑战着班主任的工作，可能意味着班主任工作内容的增加、工作时间的延长、工作责任的加重以及工作风险的扩大，直接影响着班主任的工作积极性和生活满意度。所以，在不断变迁的社会中，班主任应当承担什么样的责任，又能够承担什么样的责任，如何保证他们有效地履行职责，都是教育理论和实践界需要思考的问题。

（三）幸福感弱、吸引力低让班主任岗位难以令人羡慕

据教育部统计，2015 年全国义务教育阶段共有 3 473 411 个班，按照"中小学每个班级应当配备一名班主任"的规定，全国大概有 347.34 万名中小学班主

---

① 教育部：《2015 年全国教育事业发展统计公报》，2015 年 7 月 6 日。

任，占义务教育阶段专任教师总数（916.08 万人）的 37.92％，即三分之一以上。①
作为中小学教师队伍的重要组成部分，在现实中，班主任责任重大与吸引力不足
并存。《中小学班主任工作规定》（教基一〔2009〕12 号）中明确了班主任的工作职
责和待遇，如"班主任是中小学的重要岗位，从事班主任工作是中小学教师的重
要职责"，"班主任工作量按当地教师标准课时工作量的一半计入教师基本工作
量"，"班主任津贴纳入绩效工资管理。在绩效工资分配中要向班主任倾斜。对于
班主任承担超课时工作量的，以超课时补贴发放班主任津贴。"2016 年出台的《国
务院关于统筹推进县域内城乡义务教育一体化改革发展的若干意见》（国发〔2016〕
40 号）中也提出要健全班主任工作激励机制，坚持绩效工资分配向班主任倾斜。
但是，有研究指出，除一部分中小学班主任是由任课教师自愿选择应聘外，大部
分教师都是服从学校分配做班主任工作的，如果完全由任课教师自由选择，有一
半以上的任课教师是不愿意当班主任的。究其原因，教师们普遍反映班主任工作
任务重，心理压力大，物质待遇低，缺少职业幸福感。② 甚至有些地方，自 1979
年以来，教师工资普遍增长了 8 至 10 倍，唯独班主任津贴二十年不变，仍以月
补 14 元的标准执行。③ 一直以来，国家和社会较多强调班主任的责任和义务，却
很少关注他们的工作待遇和精神需求；较多重视他们的工作质量，却很少关注他
们的生活质量，这导致班主任岗位的吸引力非常低。因此，目前迫切需要制定更
加有效的政策，提高班主任精神激励和物质待遇，让班主任成为一个令人羡慕且
有竞争力的岗位，吸引优秀教师做班主任，并且愿意做好班主任工作。

二、理论探讨

（一）关于中小学班主任工作职责的探讨

撰诸班主任制度变迁，厘清班主任工作职责是研究班主任问题的前提和基
础。班主任的工作职责是什么？责任的边界在哪里？这些问题只有在对班主任制
度的历史考察和现实分析中才能逐渐明朗。

1. 中小学班主任的职责变迁

在弄清楚"中小学班主任的工作职责是什么"的过程中，我们需要从根源上思
考：班主任这一岗位是何时产生的？缘何产生？岗位设置的初衷是什么？岗位职
责又是什么？这些工作职责发生了怎样的变迁？以上都与班主任制度的产生和演

---

① 根据教育部发展规划司编著的《中国教育事业发展统计简况（2015）》中相关数据计算而得。
② 邱伟光：《以爱与责任践行〈中小学班主任工作规定〉》，《思想理论教育》2009 年第 22 期，第 4～7
页。
③ 张晓震：《二十年不变的班主任津贴》，《教育》2008 年第 16 期，第 24～25 页。

变息息相关。

班主任是与"班级"相联系的一个概念，没有"班级授课制"的产生，也就没有班主任角色的产生。1862 年，京师同文馆创立，首次采用编班分级的教学组织形式，班级授课制自此传入我国。同文馆内设"正提调"与"帮提调"，对生员进行管理。[①] 正提调"均系总办兼充"，具有一定的兼职性质，事务繁忙，不能"逐日到馆"，而帮提调则必须"轮流在馆管理一切"。就学生管理而言，凡是学生画到、请假、住馆、功课等事务，均由帮提调具体负责和直接处理。[②] 虽然帮提调管理的对象是同文馆的全体学生，但其职责与今天的班主任岗位职责已有一些交叉之处。[③] 清末，现代学制传入我国，设置班主任角色的思想开始萌芽。1902 年，《钦定学堂章程·钦定小学堂章程》规定："学生每一班应置教习一人，其教法则每一教习将所认定专教之一班学生按日分门教授"。[④]"教习"相当于今天的教师，根据其配置方式，"教习"暗含了今天班主任的角色意义，不过其职责主要偏重教学，指导学生学习。1904 年，《奏定学堂章程·初等小学堂章程》规定："凡初等小学堂各学级，置本科正教员一人"，"正教员任教授学生之功课，且掌所属之职务"。[⑤]"正教员"即全盘管理学生思想、学习、生活的教员，其职责范围与今天的班主任有些相似，但不如后者明确、细致。[⑥]"民国"时期二十二年（1933 年），国民政府教育部颁布《中学规程》，规定中学实行级任制，要求"中学每一学级设级任一人，择该级一专任教员担任，掌理该级之训育及管理事项。"[⑦]当时的学校规模较小，一个学级往往只有一个班。因此，级任教师和班主任在岗位职责上交

① 王立华、李增兰：《我国中小学班主任工作的历史考察与当代发展》，《当代教育科学》2007 年第 5～6 期，第 74～77 页；范忠有、蔺素琴编著：《班主任工作概论》，太原：山西教育出版社 2012 年版，第 2 页。

② 陈向阳：《京师同文馆组织结构探析》，《华东师范大学学报（教育科学版）》2005 年第 2 期，第 77～86、95 页；高时良、黄仁贤：《中国近代教育史资料汇编——洋务运动时期教育》，上海：上海教育出版社 2007 年版，第 53～56 页。

③ 王立华、李增兰：《我国中小学班主任工作的历史考察与当代发展》，《当代教育科学》2007 年第 5～6 期，第 74～77 页；范忠有、蔺素琴编著：《班主任工作概论》，太原：山西教育出版社 2012 年版，第 2 页。

④ 璩鑫圭、唐良炎编：《中国近代教育史资料汇编——学制演变》，上海：上海教育出版社 2007 年版，第 284 页。

⑤ 璩鑫圭、唐良炎编：《中国近代教育史资料汇编——学制演变》，上海：上海教育出版社 2007 年版，第 310、313 页。

⑥ 王立华、李增兰：《我国中小学班主任工作的历史考察与当代发展》，《当代教育科学》2007 年第 5～6 期，第 74～77 页；付辉：《我国中小学班主任工作职责变迁研究》，南昌：江西师范大学 2012 届硕士学位论文，第 11 页。

⑦ 贾馥茗总编纂、国立编译馆主编：《教育大辞书 6》，台北：文景书局 1989 年版，第 115 页。

又更多。① 1938 年，《中等以上学校导师制纲要》颁发，规定"各校应将全校每一学级学生分为若干组，每组人数以五人至十五人为度，每组设导师一人，由校长指定专任教师充任之"，② 自此，将中等以上学校的级任制改为导师制。1944 年，导师制在中等学校实施。《中等学校导师制实施办法》规定："各校应于每级设导师一人，由校长聘请专任教员充任之，各校专任教员皆有充任导师之义务"，③并具体规定了导师的职责：利用各种机会，对学生的思想、行为、学业进行训导，并关心学生的身心状况；组织学生开展各类活动，在活动中进行训导；要和家长进行交流和沟通。可见，导师的职责同今天班主任的职责有诸多相似，可以说，导师的工作职责是今天班主任工作职责的萌芽。④ 但在我国的教育实践中，最早使用"班主任"这一名称，是在中国共产党领导的老解放区。⑤ 1934 年《中华苏维埃共和国小学制度暂行条例》中规定："每班设主任教员一人，一班学生在四十名以上者，得增设助教员一人。"⑥1942 年，在绥德专署教育科编制的《小学训导纲要》中，首次提出"班主任"这一名称："实行教导合一制，必须加强班主任的责任，否则教导主任就忙不过来"，⑦ 强调了班主任在学生思想教育方面上的责任，自此，"班主任"这一名称沿用至今。

新中国成立后，1952 年教育部颁布《小学暂行规程（草案）》和《中学暂行规程（草案）》，分别规定"小学各班采教师责任制，各设班主任一人，并酌设科任教师"，"中学每班设班主任一人，由校长就各班教员中选聘，在教导主任和副教导主任领导下，负责联系本班各科教员指导学生生活和学习。"⑧文件中关于班主任

① 王立华、李增兰：《我国中小学班主任工作的历史考察与当代发展》，《当代教育科学》2007 年第5～6 期，第 74～77 页。

② 宋恩荣、章咸选编：《中华民国教育法规选编（修订版）》，南京：江苏教育出版社 2005 年版，第142 页。

③ 宋恩荣、章咸选编：《中华民国教育法规选编（修订版）》，南京：江苏教育出版社 2005 年版，第364 页。

④ 付辉：《我国中小学班主任工作职责变迁研究》，南昌：江西师范大学 2012 届硕士学位论文，第13 页；宋恩荣、章咸选编：《中华民国教育法规选编（修订版）》，南京：江苏教育出版社 2005 年版，第364 页。

⑤ 范忠有、蔺素琴编著：《班主任工作概论》，太原：山西教育出版社 2012 年版，第 2～3 页。

⑥ 江西省教育学会编：《苏区教育资料选编（1929—1934）》，南昌：江西人民出版社 1981 年版，第100 页。

⑦ 王立华、李增兰：《我国中小学班主任工作的历史考察与当代发展》，《当代教育科学》2007 年第5～6 期，第 74～77 页；陕西师范大学教育研究所编：《陕甘宁边区教育资料（小学教育部分）》上册，北京：教育科学出版社 1981 年版，第 278～279 页。

⑧ 《中国教育年鉴》编辑部编：《中国教育年鉴（1949—1981）》，北京：中国大百科全书出版社 1984 年版，第 728 页；《中国教育年鉴》编辑部编：《中国教育年鉴（1949—1981）》，北京：中国大百科全书出版社1984 年版，第 731 页。

工作职责的规定，即"负责联系本班各科教员指导学生生活和学习"，成为今后制定班主任工作职责的重要起点和原点。[①] 1988 年，原国家教育委员会颁布了《小学班主任工作暂行规定（试行）》和《中学班主任工作暂行规定》，明确规定了班主任的地位与作用、任务与职责、原则与方法、任免条件、待遇与奖励、领导与管理等。2006 年教育部颁发的《教育部关于进一步加强中小学班主任工作的意见》（教基〔2006〕13 号）中规定："中小学班主任是中小学教师队伍的重要组成部分，是班级工作的组织者、班集体建设的指导者、中小学生健康成长的引领者，是中小学思想道德教育的骨干，是沟通家长和社区的桥梁，是实施素质教育的重要力量。"2009 年的《中小学班主任工作规定》（教基一〔2009〕12 号）中指出："班主任是中小学日常思想道德教育和学生管理工作的主要实施者，是中小学生健康成长的引领者，班主任要努力成为中小学生的人生导师"，并规定了班主任的思想道德教育，班级管理，组织活动，评价学生，和科任教师、家长和社区沟通等的责任。

　　从上述班主任制度的萌芽、产生和演变来看，最初班主任角色只是专任教师在学科教学外的一种自然延伸和职责扩展，只是在教学之余充当班级管理者，[②]相关文件如《钦定学堂章程》《奏定学堂章程》，以及 1979 年的《教育部、财政部、国家劳动总局关于在全国普通中学和小学公办教师中试行班主任津贴的通知》（〔1979〕教计字 489 号）等，都明确规定强调了他们所应承担的教学任务，而班主任角色只是类似学科教师的一种兼业。随着国家对青少年思想道德教育的重视，班主任的重要性也越来越凸显。2006 年《教育部关于进一步加强中小学班主任工作的意见》（教基〔2006〕13 号）中指出，班主任教师应当把班级工作作为主业。随后，《教育部办公厅关于启动实施全国中小学班主任培训计划的通知》（教师厅〔2006〕3 号）下发，首次系统地阐述了全国中小学班主任培训的目标、原则和内容，这标志着班主任工作由"业余化"向"专业化"转变。[③] 2009 年的《中小学班主任工作规定》（教基一〔2009〕12 号）进一步强调了教师在担任班主任期间应将班级工作作为主业。

　　此外，通过对班主任制度变迁的回溯可以看出，班主任的工作职责，随着时代的变迁也在不断扩展和丰富，但基本内容趋于稳定，主要集中在五个方面：①对学生进行政治教育和思想道德教育；②组织和管理班集体，尤其是班级的日

---

　　① 付辉：《我国中小学班主任工作职责变迁研究》，南昌：江西师范大学 2012 届硕士学位论文，第 42 页。

　　② 范忠有、蔺素琴编著：《班主任工作概论》，太原：山西教育出版社 2012 年版，第 31 页。

　　③ 王立华：《中小学班主任工作改革三十年的回顾与展望》，《班主任之友》2009 年第 1 期，第 7～10 页。

常管理；③与科任老师、家长和社区沟通，形成教育合力；④对学生进行操行评定；⑤关注学生的多方面发展。①

2. 中小学班主任的职责边界

尽管国家政策文件对班主任工作职责做出了明确规定，并要求教师在担任班主任期间将班级工作作为主业，但由于班主任工作处于"教育与社会其他系统""学校与社会（社区）"以及"班主任与科任教师、家长和学生"等多重关系的影响中，所以，在现实中，班主任工作并不像政策文本规定的那样清晰、简单，而是具有内容的多重性、关联的广泛性、问题的复杂性与责任的重大性等特点。张聪、于伟在研究中指出，身份扩展必然带来功能的偏移，每种身份背后都附着着一定的责任，班主任的多重身份导致其职能与功能扩展，他们在无形中承担了很多并不属于班主任的工作，并在其基本功能的履行过程中掺杂了国家的关注、社会的期待以及学校的任务。② 也就是说，班主任不仅担负着他们作为中小学日常思想道德教育和学生管理工作主要实施者的分内之责，还承载着家长、学校和社会对班主任的期望和要求。付辉梳理了新中国成立以来班主任工作职责内容的变迁，发现班主任工作职责的变迁与社会变迁的性质和内容息息相关，班主任的工作职责服务于社会变迁，社会重视什么，在班主任的职责中就会体现出来。比如，2004 年，中共中央、国务院印发《中共中央、国务院关于进一步加强和改进未成年人思想道德建设的若干意见》（中发〔2004〕8 号），全国上下积极贯彻落实，在 2006 年出台的《教育部关于进一步加强中小学班主任工作的意见》（教基〔2006〕13 号）中就得到充分体现；又如针对一些学校出现安全事故，2009 年的《中小学班主任工作规定》（教基一〔2009〕12 号）在班主任工作职责中就明确要求班主任做好"安全防护工作"。③ 教育要适应社会发展，社会变迁在学校教育包括班主任工作职责中得以体现，合情合理，无可厚非。然而，这样做势必会无限制地增加班主任的工作职责、工作难度和工作风险，甚至可能引发班主任职业倦怠，导致班主任不作为，只尽管理甚至看管之责，将精力放在学生的安全上，而忽视班主任应尽的教育之责，从而影响到班主任的工作质量。这就使得我们不得不从原点上进行思考，班主任工作在内容上有没有边界？他们应该做什么？又能够做什么？从责任主体来看，他们承担的是有限责任还是无限责任？

① 付辉：《我国中小学班主任工作职责变迁研究》，南昌：江西师范大学 2012 届硕士学位论文，第 41 页。

② 张聪、于伟：《高中班主任的教育责任及其限度——责任伦理的视角》，《基础教育》2014 年第 6 期，第 62、63~68 页。

③ 付辉：《我国中小学班主任工作职责变迁研究》，南昌：江西师范大学 2012 届硕士学位论文，第 45 页。

　　大多数研究认为，固然班主任是中小学生成长过程中的重要引路人，但这并不意味着班主任工作职责的无边界和责任的无限化。班主任工作职责应当具有质的规定性，而不能无限扩充。付辉认为，班主任的功能其实很有限，班主任做不了那么多的事情，要守住班主任工作职责的核心和底线，不能将本来需要班主任、科任老师、家长、社区等一起努力完成的教育责任武断地压在班主任的肩上，[①] 班主任一人之力难以做到整全性的教育。为此，一些研究者开始呼唤班主任本体职责的回归。刘福国教授认为，对学生进行思想品德教育反映了班主任工作的性质，体现了班主任工作的特殊性，这是班主任工作的重点和首要任务。[②]但班华教授认为，班主任的职责不仅仅只是德育或者只管学生成绩（智育），"班主任的职责，是对学生的思想品德、学业成绩、身体健康、心理素质等全面关心、全面负责，进行身心全面发展的教育"。[③] 陈桂生教授指出，"班主任工作归结起来便是组织班级教师集体和培养班级学生集体"。[④] 付辉认为，"组织和发展班集体"是班主任区别于其他教师的核心职责。[⑤] 张聪、于伟等进一步指出，从班级管理转向集体发展，是班主任核心责任的本体重构。[⑥] 因此，从职责内容的角度而言，班主任的职责应当是有限的，坚持做好本体责任。

　　从责任主体的角度，班主任应当是有限责任主体。在现实中，随着班主任的职责扩展，他们承担着社会、学校和家长赋予的责任，承担着这些责任背后的压力和风险，班主任几乎成为学生生活、学习和安全的第一责任人，一旦学生出现问题，首先会追问和追责班主任。然而，一方面，学生的健康成长需要家长、学校、社会的协同用力；另一方面，班主任工作受到前面所述的"教育与社会其他系统""学校与社会（社区）"以及"班主任与科任教师、家长和学生"等多重关系的影响，他们的工作在很大程度上由社会、政府和学校所规定和安排，所以，班主任承担的责任应当是有限的，如果出现问题，应当由学校，甚至家长、社区共同承担，明确主体责任和连带责任，强调班主任在责任承担上不应当无限化，减少班主任的工作风险。所以，有研究者提出班级应由单一的班主任负责制发展为

---

　　① 付辉：《我国中小学班主任工作职责变迁研究》，南昌：江西师范大学 2012 届硕士学位论文，第46 页。

　　② 刘福国编：《班主任工作概论》，重庆：重庆出版社 1991 年版，第 20 页。

　　③ 班华：《论班主任的职责与德育的关系》，《小学德育》2009 年第 18 期，第 7～9 页。

　　④ 陈桂生著：《中国德育问题》，福州：福建教育出版社 2006 年版，第 104 页。

　　⑤ 付辉：《我国中小学班主任工作职责变迁研究》，南昌：江西师范大学 2012 届硕士学位论文，第41 页。

　　⑥ 张聪、于伟：《高中班主任的教育责任及其限度——责任伦理的视角》，《基础教育》2014 年第 6期，第 62、63～68 页。

"以班主任为核心的任课教师集体负责制"。①

（二）关于中小学班主任津贴的探讨

班主任津贴是对班主任工作的物质奖励，也是班主任工作的重要价值体现形式。自班主任角色在中小学校出现之后，国家和地方层面对班主任津贴进行了不同层面的探索，但随着社会经济发展水平以及人们物质生活追求的提高，现有的班主任津贴对教师担任班主任的吸引力遭遇危机。因此，明晰班主任津贴的政策脉络，洞见班主任津贴的现实挑战是解决班主任津贴实际问题的重要前提。

1. 中小学班主任津贴的政策变迁

1952 年，我国中小学校开始普遍实行班主任制，但此时并没有正式的关于班主任津贴的政策。直到 1979 年，教育部、财政部、国家劳动总局才颁布了《关于在全国普通中学和小学公办教师中试行班主任津贴的通知》（教计字〔1979〕489号），班主任津贴第一次以正式文件的形式出现。该文件中对中小学校班主任津贴发放的标准和办法做出了具体规定："中学每班学生人数在 35 人以下发 5 元，36 人至 50 人发 6 元，51 人以上发 7 元，小学每班学生人数在 35 人以下发 4 元，36 人至 50 人发 5 元，51 人以上发 6 元。每班人数在 20 人以下的，可酌情减发。"这份文件中规定的班主任津贴是以班级规模为分类标准按平均主义的分配方式发放的。

之后，1988 年 8 月，国家教育委员会颁布了《小学班主任工作暂行规定（试行）》和《中学班主任工作暂行规定（试行）》提出，"班主任任职期间，享受班主任津贴。各地可根据财力实际情况，对国家原规定的津贴标准适当提高。"该文件虽然没有明确指出班主任津贴的发放标准和办法，但却进一步强调了班主任任职期间享有津贴的权利，并在津贴的发放主体和发放标准方面鼓励地方因地制宜采取相应措施。1988 年 9 月 8 日，国务院下发《国务院关于提高部分专业技术人员工资的通知》（国发〔1988〕60 号），再次重申了"国家应提高中小学班主任津贴标准"的问题。随后，1988 年 12 月，人事部、国家教委、财政部联合下发的《关于提高中小学班主任津贴标准和建立中小学教师超课时酬金制度的实施办法》（人薪发〔1988〕23 号）规定："中小学班主任津贴标准提高的幅度和教师超课时酬金的具体数额，均由各省、自治区、直辖市结合实际情况自行确定。""提高班主任津贴标准和建立超课时酬金制度所需经费，按单位的隶属关系，分别由中央和地方财政负担。"该文件使班主任津贴发放的责任主体逐渐转为由中央和地方共同分担，但班主任津贴的调整标准依旧按照班级规模进行分类定额。据了解，当时全国各

---

① 谢明辉、李学红、史峰等：《纲举则目张——关于〈中小学班主任工作规定〉的讨论》，《思想理论教育》2009 年第 22 期，第 22～28 页。

地基本上按 1979 年的国家标准增加了一倍。即不同班额分别为中学 10 元、12 元、14 元，小学 8 元、10 元、12 元。[①]

2006 年颁布的《教育部关于进一步加强中小学班主任工作的意见》（教基〔2006〕13 号）指出："班主任工作是中小学教育中特殊重要的岗位，中小学校要在教师中营造以从事班主任工作为荣的氛围。要将班主任工作计入工作量，并提高班主任工作量的权重。各地要根据实际，努力改善班主任的待遇，完善津贴发放办法。"该文件在肯定班主任工作重要性的基础上，再一次重申要改善班主任待遇，鼓励各地完善津贴发放办法。这一政策话语暗含着班主任津贴的提升需要更加科学合理的津贴发放办法，并首次提出了将班主任工作计入工作量的思想。2008 年《国务院办公厅转发〈人力资源社会保障部 财政部 教育部关于义务教育学校实施绩效工资指导意见〉的通知》（国办发〔2008〕133 号）中规定："根据实际情况，在绩效工资中设立班主任津贴、岗位津贴、农村学校教师补贴、超课时津贴、教育教学成果奖励等项目"，并指出"原国家规定的班主任津贴与绩效工资中的班主任津贴项目归并，不再分设，纳入绩效工资管理。"自此文件颁布后，班主任津贴纳入绩效工资管理。这一政策打破了过去以班级规模为分类指标的定额发放标准，扩大了班主任津贴发放的空间。2009 年，教育部印发《中小学班主任工作规定》（教基一〔2009〕12 号）指出："班主任工作量按当地教师标准课时工作量的一半计入教师基本工作量"，并将"班主任津贴纳入绩效工资管理。在绩效工资分配中要向班主任倾斜。对于班主任承担超课时工作量的，以超课时补贴发放班主任津贴。"这一政策首次建立了班主任工作量与教师基本工作量，班主任津贴与超课时补贴之间的联结。2016 年 7 月《国务院关于统筹推进县域内城乡义务教育一体化改革发展的若干意见》（国发〔2016〕40 号）中再次提到"坚持绩效工资分配向班主任倾斜，班主任工作量按当地教师标准课时工作量一半计算。"

从 1979 年第一次在中小学班主任群体中设置班主任津贴至 2016 年班主任津贴纳入绩效工资管理，近四十年的时间里，班主任津贴相关政策发生了渐进式的变化，主要表现为：其一，班主任津贴的发放标准由班级规模转向工作量。1979 年的《关于在全国普通中学和小学公办教师中试行班主任津贴的通知》（教计字〔1979〕489 号）中规定的班主任津贴是按照不同班级规模进行分类定额发放的，而 2009 年的《中小学班主任工作规定》（教基一〔2009〕12 号）则对班主任的工作量进行规定，并按照超课时工作量发放班主任津贴。这一政策转变实现了班主任津贴发放由以班级规模为分类指标的定额发放标准向以超课时工作量为指标的绩效发放标准的转变。但在实践中执行效果如何，仍需进一步考察。其二，班主任津

---

① 翟帆、赵秀红：《提高中小学班主任津贴》，《中国教育报》2006 年 3 月 14 日第 001 版。

贴发放的地方自主权逐渐扩大。透过班主任津贴的相关政策文本可以看到，教育部逐渐将班主任津贴发放的责任主体转移到地方，同时也扩大了地方对班主任津贴发放的自主权，地方可依据实际情况自行确定津贴的发放办法以及标准。其三，班主任津贴的发放逐渐体现激励性。从1979年教育部颁布的班主任津贴文件以及1988年地方执行的班主任津贴标准，这一时期的政策是一种基于班级规模的相对平均主义的做法，而随着政策的发展逐渐将班主任津贴纳入奖励性绩效工资的一部分，班主任津贴不再是同等班级规模下的平均分配，而是依据工作量的按劳分配方式，这一改变在一定程度上体现了班主任津贴的激励性。

虽然班主任津贴随着政策的推进在发放标准、发放主体以及发放方式等方面发生了一定的改变，但从政策推进与时代发展的衔接来看，班主任津贴的实际效价减弱，日益提升的社会经济发展水平以及工资水平与国家制定的班主任津贴标准的比例存在极度不平衡现象，在三十年的时间里，班主任津贴的上涨幅度十分有限，造成了班主任津贴政策的时代断裂。

2. 中小学班主任津贴的现实考察

通过政策梳理，关于班主任津贴的政策脉络已经逐渐明晰。但沿着班主任津贴相关政策的推进路径可以发现，继1979年之后，关于班主任津贴的其他相关政策中均未涉及具体的发放标准以及操作办法。从政策的承续、发展以及科学的角度来看，班主任津贴相关政策文本的时代断裂以及我国地区之间、学校之间的发展不平衡性使得班主任津贴的推行在实践中衍生了很多现实问题，同时，不同地区和学校在完善班主任津贴方面也积累了一些地方经验。

（1）中小学班主任津贴的现实挑战

①班主任津贴的政策设计缺乏科学性。第一，没有统一的标准，没有专项经费支撑，津贴的经费来源主要为地方财政或学校自筹，地方财政和学校经费的充足程度直接决定着班主任津贴的多寡，导致县域、城乡及校际中小学班主任津贴差异较大。[①] 这种方式对于农村学校班主任津贴的发放来说是没有保障的。[②] 第二，津贴发放的方式方法缺乏科学性。虽然自2009年之后，班主任津贴纳入绩效工资管理，但是地方上多采取整齐划一的方式进行班主任津贴发放，如2008年呼和浩特市将全市中学班主任津贴上调至300元，小学班主任津贴上调至240元[③]，2010年张家口市宣化区将中小学班主任津贴统一调整为200元[④]等，班主

① 何琳娣、王子阳：《提高中小学班主任津贴标准》，《吉林日报》2015年3月16日第004版。
② 冲碑忠：《期待专项经费保障班主任工作》，《中国教育报》2013年7月29日第002版。
③ 郝文婷：《呼和浩特增加中小学班主任津贴》，《中国教育报》2008年10月22日第001版。
④ 耿建扩：《张家口班主任津贴提高13倍》，《光明日报》2010年10月25日第001版。

任津贴发放并未体现年级、班额等工作量方面的差异。[①]

②班主任津贴的践行效果缺乏实效性。第一，班主任津贴标准偏低，付出与回报严重不成比例，难以体现班主任的劳动价值，导致班主任工作积极性不高[②]，教师担任班主任工作的意愿不高。有教师表示："打我 30 多年前第一天当班主任起，就拿 12 元班主任津贴，那个时候我的工资是几十元。如今要退休了，我的工资也已达到了 3 000 多元，可班主任津贴还是 12 元，这实在与当今社会的经济发展不相适应啊！虽然我要退休了，可教育的路还长，我希望班主任津贴能够达到合适的标准，让班主任的付出真正得到经济上的合理回报。"有校长也表示，"当不当班主任全凭教师们的觉悟，没有相应的鼓励刺激手段，谁都不愿意干。"[③]第二，津贴发放的差异性无形之中衍生了同教不同酬的不公平现象[④]，同一地区，名校办学经费充足，给班主任的津贴偏高，弱校给班主任的津贴相对偏低，结果造成弱校优秀班主任流失，影响学校班主任队伍的稳定。有教育局人员表示："到省会的名校任教，仅班主任津贴就可以达到每月 1 000 元甚至更多，和在这里的 12 元钱怎么能比？我们好不容易培养出来的优秀教师都外流了，长此下去，何谈教育均衡？"[⑤]由此可见，由于班主任津贴政策设计缺乏科学性，带来了津贴践行效果缺乏实效性。

(2)中小学班主任津贴的地方经验

根据上面的政策梳理可以看到，目前班主任津贴的发放多是地方行为。据了解，目前国内大多数地区班主任津贴的发放采用的是统一标准：或是某一市、区级教育行政部门按照经费支付能力统一规定中小学班主任津贴标准，或是学校依据经费情况统一津贴标准。但目前国内也有一些相对成熟的关于班主任津贴发放方式的探索。

职级津贴制。随着班主任专业化呼声的升高，地方上逐渐探索出班主任职级制，并将班主任职级与班主任津贴挂钩，实行职级津贴制。例如，江苏扬州市出台的《市直学校班主任职级评定办法(试行)》，将班主任分为四个等级，根据不同等级享受不一样的班主任职级津贴，优绩优酬，特级班主任享受特级教师待遇，高级班主任享受学科带头人待遇，一级班主任享受教学骨干待遇，二级班主任享

① 何琳娣、王子阳：《提高中小学班主任津贴标准》，《吉林日报》2015 年 3 月 16 日第 004 版。
② 胡彦辉：《要提高义务教育阶段学校班主任津贴标准》，《红河日报》2009 年 2 月 8 日第 A01 版。
③ 刘文彧：《12 元班主任津贴令学校很"囧"》，《中国教育报》2013 年 7 月 17 日第 003 版。
④ 黄会清、吴晶：《人大代表建议提高中小学班主任津贴》，《中国教育报》2007 年 3 月 7 日第 011 版。
⑤ 刘文彧：《12 元班主任津贴令学校很"囧"》，《中国教育报》2013 年 7 月 17 日第 003 版。

受教坛新秀待遇。① 河南汤阴县第一中学、温州市梧田第二中学则将班主任津贴分为两部分，一部分是基础津贴，另一部分是职级津贴，按照职级的差别，享受差别津贴待遇。② 四川宜宾县于 2008 年出台《班主任职级星级制管理方案》，细化了班主任津贴的来源主体，将班主任津贴分为三个组成部分：现行财政补贴（基本津贴）；学校经费补贴（考核津贴）；星级政府津贴（星级专项津贴）。其中基本津贴是指 1988 年国家调整的班主任津贴标准；考核津贴由学校根据自身财力筹集；星级专项津贴由县政府出钱。③ 总的来看，职级津贴制是将班主任津贴结构化，一方面使得津贴构成多元化，另一方面体现了班主任工作质量的差异性，是一种富有激励性、竞争性的班主任津贴制度。

班龄津贴制。班龄津贴制是指根据班主任任职年限的长短，给予班主任一定经济报酬的津贴制度。例如成都市第十四中学《班主任班龄奖金制度》规定，除去班主任正常的工作奖金外，每月再按照班主任的班龄长短，另计发班主任班龄奖金。从班龄的第 4 年起计算（学校的青年教师必须担任 3 年的班主任），可分为 3 个档次。连续担任班主任工作 4 年至 6 年的教师，班龄奖金为 20 元/月；工作 7 年至 9 年的教师，班龄奖金为 40 元/月；而班主任班龄在 10 年及以上的教师，班龄奖金就以班龄×10元/月，也就是在百元以上，奖金幅度大大提高。④ 该津贴制度体现了班主任岗位津贴的生长性，是对教师长期从事班主任工作的一种鼓励性行为。

绩效津贴制。绩效津贴制是一种浮动式津贴制度，通过对班主任工作的考核，实行差异性津贴。例如广东东莞市班主任津贴设为"岗位职务补贴"和"绩效奖金"两部分，岗位职务补贴占班主任津贴总额的 35%，绩效奖金占班主任津贴总额的 65%。班主任"岗位职务补贴"按照班级人数多少来确定。而绩效考评采用量化方式进行，一般由思想品德（占 20%）、工作能力（占 30%）、出勤情况（占 10%）、工作实绩（占 40%）和加分五个板块组成。两部分相加，班主任每月可领 200 元至 600 元不等的津贴。⑤ 绩效津贴制响应了国家政策文件的号召，理论上是对班主任工作表现的一种激励制度，但实际上，量化考核的评价制度，无形之中增加了班主任工作的烦琐性，同时抹杀了班主任工作的情感性和教育性，存在让班主任工作变得机械化的风险。

① 杨时：《特级班主任享受特级教师待遇》，《江苏教育报》2009 年 11 月 16 日第 003 版。
② 马玉芳：《基于职级管理的班主任激励机制探索》，《中国教育学刊》2014 年第 1 期，第 49~51 页；浙江省温州市梧田第二中学：《班主任职级制实施方案的案例》，《河南教育（基教版）》2009 年第 6 期，第 10 页。
③ 毕婷：《宜宾县班主任津贴"新政"》，《教育》2009 年第 22 期，第 29~30 页。
④ 张婷、杨学杰、李海燕：《激励机制激热班主任岗位》，《中国教育报》2009 年 4 月 17 日第 008 版。
⑤ 陈杰：《增加班主任津贴的探索》，《教育》2008 年第 16 期，第 29 页。

三、研究方法

(一)调查对象的选择与调查样本的确定

本报告所用数据来自于教育部人文社科重点研究基地东北师范大学中国农村教育发展研究院 2015 年进行的全国农村教育大调查。此次调查采用分层抽样、随机抽样与整群抽样相结合的方法,对全国义务教育阶段公办学校教师进行了问卷调查。原则上,课题组依次对"省(自治区/直辖市)—区县—学校"进行了三级抽样。首先在全国范围内抽取调研省(自治区/直辖市),然后从抽取的省(自治区/直辖市)中抽取区和县各 1 个,并从抽取的区县中抽取不同类型的学校,最后,对学校内的教师进行整群抽样。本次调查共涉及 12 个省(自治区/直辖市),23 个区县,246 所中小学校,7 463 名教师。

1. 省级样本的选择

课题组依据经济区划、人均 GDP、城镇化水平、地理环境、学校布局等指标对全国 31 个省(自治区/直辖市)(不含台湾、香港、澳门)进行聚类分析,选择调研省份。

从经济发展水平看,课题组依据经济区划和人均 GDP,合理选取东、中、西部不同经济发展水平的省(自治区/直辖市)。具体来看,东部地区选取了浙江、广东、山东 3 省,中部地区选取了湖北、湖南、河南、江西 4 省,西部地区选择了重庆、广西、云南、贵州、甘肃 5 省(自治区/直辖市)。按照 2014 年各省人均 GDP 指标进行排序,12 个省市人均 GDP 分别处在全国的第 5、9、10、12、13、17、22、25、27、29、30、31 位,分布较为合理。

从城镇化水平看,浙江、广东、山东、湖北、重庆 5 省市城镇化率均高于全国平均水平 54.77%,其中广东省城镇化率最高,达到 68.00%;湖南、河南、江西、广西、云南、贵州、甘肃 7 省城镇化率均低于全国平均水平,其中甘肃省城镇化率最低,仅为 41.68%。(见表 5.1)

表 5.1　12 个样本省市 2014 年人均 GDP、全国排名以及城镇化水平

区域	省份	人均 GDP(元)	人均 GDP 全国排名	城镇化率(%)
东部地区	浙江	73 002	5	64.87
	广东	63 469	9	68.00
	山东	60 879	10	55.01

续表

区域	省份	人均 GDP(元)	人均 GDP 全国排名	城镇化率(%)
中部地区	湖北	47 145	13	55.67
	湖南	40 271	17	49.28
	河南	37 072	22	45.20
	江西	34 674	25	50.22
西部地区	重庆	47 850	12	59.60
	广西	33 090	27	46.01
	云南	27 264	29	41.73
	贵州	26 437	30	40.01
	甘肃	26 433	31	41.68

资料来源：中华人民共和国国家统计局编：《中国统计年鉴 2015》，北京：中国统计出版社 2015 年版。

从地理环境看，所选省市基本涵盖了我国主要的地貌类型与气候类型。以"山地"和"丘陵"地貌类型为主的地区有浙江、广东、湖北、湖南、江西、重庆、广西、贵州 8 省市；以"平原"地貌类型为主的地区有山东和河南 2 省，二者的差异在于山东以平原和丘陵为主，河南以平原和盆地为主；云南和甘肃的地貌类型则以山地和高原为主。

从气候类型看，浙江、广东、湖北、湖南、江西、重庆、贵州属于典型的亚热带季风性湿润气候；山东属于暖温带季风气候；河南属于大陆性季风气候；云南属于亚热带高原季风气候；甘肃气候类型多样，亚热带季风气候、温带季风气候、温带大陆性(干旱)气候和高原高寒气候横跨全省。(见表 5.2)

表 5.2　12 个样本省市地理环境情况

地区	地貌类型占本地区陆地总面积的比例	气候类型
浙江	山地和丘陵占 70.4%，平原和盆地占 23.2%，河流和湖泊占 6.4%	亚热带季风性湿润气候
广东	山地、丘陵、台地和平原面积分别占全省土地总面积的 33.7%、24.9%、14.2% 和 21.7%，河流和湖泊等只占全省土地总面积的 5.5%	亚热带季风气候
湖北	山地、丘陵和岗地、平原湖区各占总面积的 56%，24% 和 20%	亚热带季风性湿润气候

续表

地区	地貌类型占本地区陆地总面积的比例	气候类型
湖南	山地面积占全省总面积的 51.2%，丘陵及岗地占 29.3%，平原占 13.1%，水面占 6.4%	亚热带季风性湿润气候
江西	常态地貌类型以山地、丘陵为主，山地占全省面积的 36%，丘陵占 42%，平原占 12%，水域占 10%	亚热带季风气候
重庆	丘陵、低山为主	亚热带季风性湿润气候
广西	山地和丘陵占 70.8%，平原和台地占 27.1%，河流水面占 2%	亚热带季风气候
贵州	山地和丘陵占 92.5%	亚热带湿润季风气候
山东	山地约占全省总面积的 15.5%，丘陵占 13.2%，平原占 55%，洼地占 4.1%，湖沼平原占 4.4%，其他占 7.8%	暖温带季风气候
河南	山区丘陵面积占 44.3%，平原和盆地面积占 55.7%	大陆性季风气候
云南	高原山区为主，地貌类型多样	亚热带高原季风气候
甘肃	山地型高原地貌	类型多样，亚热带季风气候、温带季风气候、温带大陆性（干旱）气候和高原高寒气候

资料来源：中国政府网：http://www.gov.cn/test/2005-08/11/content _ 27116.htm。

中国地域广大，经济社会发展很不平衡，不同省份所面临的教育问题也形态各异。随着城镇化进程的不断推进，中西部地区作为人口外流大省，留守儿童数量较大；而东部地区作为人口流入大省，随迁子女数量众多。同时，在城乡教育发展不均衡的背景下，中西部地区大量农村孩子进城读书，县镇学校大班大校问题严重，这对城乡教育资源配置提出了新的挑战。从样本省小学和初中的布局情况可窥见一斑（见表 5.3 和表 5.4）。

表 5.3　12 个样本省市 2014 年小学情况

地区	学校数（所）	教学点数（个）	班数（个）	在校学生数（人）	专任教师数（人）	校均规模（人）	班均规模（人）
全国	201 377	88 967	2 525 626	94 510 651	5 633 906	325.51	37.42
浙江	3344	515	88 453	3 545 013	190 423	918.64	40.08

续表

地区	学校数（所）	教学点数（个）	班数（个）	在校学生数（人）	专任教师数（人）	校均规模（人）	班均规模（人）
广东	10 731	5 624	212 329	8 319 147	454 377	508.66	39.18
山东	10 770	2 229	151 495	6 484 744	389 080	498.86	42.81
湖北	5 513	3 550	83 858	3 211 598	199 172	354.36	38.30
湖南	8 560	7 716	113 937	4 738 403	248 118	291.13	41.59
河南	25 578	8 483	245 046	9 286 003	494 031	272.63	37.89
江西	9 764	7 144	110 045	4 129 817	210 329	244.25	37.53
重庆	4 586	575	50 321	2 034 165	116 360	394.14	40.42
广西	12 946	8 343	121 768	4 318 063	217 311	202.83	35.46
云南	12 608	3 566	109 189	3 826 943	225 874	236.61	35.05
贵州	9 275	3 581	96 862	3 463 056	192 850	269.37	35.75
甘肃	8 979	3 662	70 971	1 802 371	140 476	142.58	25.40

资料来源：中华人民共和国国家统计局编：《中国统计年鉴 2015》，北京：中国统计出版社 2015 年版；教育部发展规划司编：《2014 年中国教育事业发展统计简况》，内部资料 2015 年。

表 5.4　12 个样本省市 2014 年初中情况

地区	学校数（所）	班数（个）	在校学生数（人）	专任教师数（人）	校均规模（人）	班均规模（人）
全国	52 623	907 709	43 846 297	3 488 430	833.22	48.30
浙江	1 719	36 949	1 499 062	119 099	872.05	40.57
广东	3 387	81 278	3 767 505	278 511	1 112.34	46.35
山东	2 917	62 480	3 147 954	265 310	1 079.18	50.38
湖北	2 011	29 498	1 375 940	133 632	684.21	46.65
湖南	3 314	40 970	2 206 344	170 084	665.76	53.85
河南	4 566	71 314	3 993 606	283 462	874.64	56.00
江西	2 127	32 891	1 750 083	121 389	822.79	53.21
重庆	921	20 619	979 386	75 700	1 063.39	47.50
广西	1 843	33 506	1 950 844	117 805	1 058.52	58.22
云南	1 670	34 621	1 897 966	122 558	1 136.51	54.82
贵州	2 166	38 903	2 068 326	119 623	954.91	53.17
甘肃	1 538	21 178	970 919	84 838	631.29	45.85

资料来源：中华人民共和国国家统计局编：《中国统计年鉴 2015》，北京：中国统计出版社 2015 年版；教育部发展规划司编：《2014 年中国教育事业发展统计简况》，内部资料 2015 年。

综合以上五个指标，所选取的 12 个省（直辖市）均具有较好的代表性。

2. 县级样本的选择

县级样本选择的原则同我们以往在调研中县级样本选择原则基本类似，主要体现在三个方面：一是代表性原则。区县样本的选择要能够反映所在省的典型特点，经济社会教育发展情况接近本省的平均水平。二是互补性原则。所有区县样本能够反映我国教育发展类型的丰富性，从整体上代表全国情况。三是对比性原则。为了避免各地政策环境不同所带来的干扰，我们基本上是在某一地级市下选择一个城区、一个县（市）。基于此，我们在 12 个省份中共选出 23 个区县作为样本（见表 5.5）。

表 5.5　所调查的市、区、县分布表

省、直辖市	地级市	城区	县市
浙江	台州市	路桥区	玉环县
广东	东莞市	莞城区	—
山东	青岛市	李沧区	即墨市
湖北	孝感市	孝南区	大悟县
湖南	衡阳市	蒸湘区	耒阳市
河南	信阳市	平桥区	固始县
江西	萍乡市	安源区	芦溪县
重庆	重庆市	北碚区	酉阳县
广西	钦州市	钦南区	灵山县
云南	文山壮族苗族自治州	文山市	砚山县
贵州	毕节市	七星关区	织金县
甘肃	张掖市	甘州区	高台县

注：东莞市现辖 28 个镇、4 个街道办事处，不设县（区）。

3. 学校样本的选择

此次调研所选择的学校主要是义务教育阶段的公办学校，包括小学（含教学点）、初中和九年一贯制学校三种类型，学校所在地包括城区、县城、乡镇和乡村四级。原则上，在城区，抽取中心城区和城郊小学、初中各 1 所，也就是说在城区共抽取 4 所中小学；在县城，同城区一样，抽取中心城区和城郊小学、初中各 1 所；在县域，按经济社会综合发展因素，抽取好、中、差乡镇各 1 个，然后再在每个乡镇分别抽取中心校、初中、乡村小学各 1 所以及教学点 2 个。需要说明的是，一些地区没有教学点，我们在实地调研中用村小代替。按此逻辑，我们应当抽取 272 所中小学样本，但实际上一共调研了 246 所中小学。如果把 13 所九年一贯制学校分别算成 13 所小学和初中的话，共选取学校 259 所，然后对学校教师进行整群抽样，实施问卷调查和访谈。本次调研为控制题量，减少教师填答时间，教师问卷分 A 卷、B 卷两套（A 卷与 B 卷题量大致相当，基本信息部分题目相同），每所调研学校的教师随机填答 A 卷或 B 卷，但有些教学点教师数比较少，就全部填答了 A 卷或 B 卷。在调查的 41 个教学点中，有 30 个教学点使用了教师 A 卷和 B 卷，4 个教学点只使用了 A 卷，7 个教学点仅使用了 B 卷。最后总计，A 卷调查了 239 所学校，B 卷调查学校 242 所，具体分布情况见表 5.6。

表 5.6   所调查的学校样本分布   （单位：所）

学校所在地	A 卷				B 卷			
	小学（教学点）	初中	九年一贯制	合计	小学（教学点）	初中	九年一贯制	合计
城市	17	15	4	36	17	15	4	36
县城	21	23	2	46	21	23	2	46
乡镇	34	35	6	75	34	35	6	75
乡村	80(34)	1	1	82	83(37)	1	1	85
总计	152(34)	74	13	239	155(37)	74	13	242

（二）调研工具使用与方法

本次调研工具主要包括调查问卷及访谈提纲两种类型。在调研中，共回收教师 A 卷 3 728 份，其中有效问卷 3 722 份，有效率达 99.84%；回收教师 B 卷 3 747 份，其中有效问卷 3 741 份，有效率达 99.84%。基于本报告的研究主题，进一步对数据进行了分析处理。在 3 722 份教师 A 卷中，其中班主任教师样本 1 465 份；在 1 465 个班主任教师样本中，有 1 128 份能够完全或部分反映其所负责班级的信息，如班级学生数、留守儿童数、随迁子女数、寄宿学生数等，在此基础上形成了一个数据集。而在 3 741 份教师 B 卷中，班主任样本达 1 567 份，其中 1 219 份能够反映班主任所负责班级的信息，形成了另一个数据集。当分析中涉及班主任所带班级信息时，便在这两个数据集上进行分析。

本报告主题涉及的相关题目部分在教师 A 卷，部分在 B 卷，也有一些在 A 卷和 B 卷中均有。对于在 A、B 卷均有的题目，我们分别统计分析了 A 卷、B 卷、AB 合并版的结果，差别很小。因此，为使样本代表性更强，我们选择了 AB 合并版的结果。这也是在一些分析中有效样本差距比较大的原因，但并没有影响到研究结果。特此说明！

报告主要采用 SPSS19.0 和 Excel2007 统计分析软件对数据进行处理。

四、研究结果

学生道德品质的养成、学校育人目标的实现以及社会和谐文明的构建，需要一支道德水平高、业务能力强、奉献精神佳、身心素质优的班主任队伍。那么，在现实中，中小学班主任的岗位吸引力如何，中小学教师愿不愿意担任班主任？目前什么样的教师在担任班主任？班主任教师负担大不大、工作难不难、身心累不累？班主任是否满足现在的津贴待遇，什么样的津贴水平能够吸引教师当班主任？这些都是我们调查所关心的话题。

(一)中小学教师愿意做班主任吗？

任职意愿是衡量某一岗位吸引力的重要指标之一。在当前教师总体中，有多少教师愿意当班主任？多少不愿意当班主任？在班主任群体中，有多少是发自内心选择当班主任的？又有多少班主任虽然在岗但事实上并不情愿做班主任？他们对于担任班主任的具体态度又是怎样的？不同学校和班级背景（如中小学校、城乡学校、班额不同以及班级寄宿学生、留守儿童、随迁子女数量不同等）的教师或班主任在从事这一岗位上的意愿是否有差异？由此可以对中小学班主任岗位吸引力的总体状况做出基本判断。

1. 教师担任班主任的总体意愿如何？

第一，仅三成教师愿意担任班主任，六成在岗班主任并不情愿从事这一工作。2009 年教育部印发的《中小学班主任工作规定》中强调："班主任是中小学的重要岗位，从事班主任工作是中小学教师的重要职责"。那么，在现实中教师履行这一职责的意愿如何呢？调查显示，在教师群体中，仅有三分之一的教师愿意当班主任，而不愿意当班主任的比例高达 66.56%。若据此推算，在 916.08 万专任教师中，[①] 则大约有 609.74 万教师不愿意担任班主任。总体来说，教师担任班主任的意愿比较低。再从班主任群体看，39.01% 的班主任愿意从事这一工作，比教师总体高出 5.57 个百分点。但是，仍有 60.99% 的在岗班主任并不情愿承担这一工作，若以 347.34 万名中小学班主任基数进行估算，则将近有 211.84 万在岗班主任并不愿意从事目前的班主任工作，而如此高比例、大数量"身在心不在"的班主任，很难说不会影响到他们的工作质量。可以说，班主任岗位吸引力总体上还比较弱，提高班主任岗位吸引力已迫在眉睫（见表 5.7）。

---

① 教育部：《2015 年全国教育事业发展统计公报》，2015 年 7 月 6 日。

表 5.7 不同类型教师担任班主任的意愿情况

不同类型教师	统计量	愿意	不愿意	合计
教师总体	频　数（人）	1 186	2 361	3 547
	百分比（%）	33.44	66.56	100
小学教师	频　数（人）	635	1 152	1 787
	百分比（%）	35.53	64.47	100.00
初中教师	频　数（人）	551	1 209	1 760
	百分比（%）	31.31	68.69	100.00
城市教师	频　数（人）	248	607	855
	百分比（%）	29.01	70.99	100.00
县城教师	频　数（人）	273	660	933
	百分比（%）	29.26	70.74	100.00
乡镇教师	频　数（人）	490	938	1 428
	百分比（%）	34.31	65.69	100.00
乡村教师	频　数（人）	175	156	331
	百分比（%）	52.87	47.13	100.00
班主任总体	频　数（人）	598	935	1 533
	百分比（%）	39.01	60.99	100

注：教师总体：N＝3 547，有效百分比＝94.81%，缺失值＝194；班主任总体：N＝1 533，有效百分比＝97.83%，缺失值＝34。

第二，教师担任班主任的意愿受到班主任岗位内在特点和外部激励等多重因素影响，提高班主任津贴或能成为吸引教师担任班主任的潜在力量。在了解了教师担任班主任的总体意愿后，我们非常好奇，什么使得他们形成了这样的意愿？他们对担任班主任这一事情的具体态度究竟如何？这对于思考和分析班主任岗位吸引力有较大意义。调查显示，目前 51.01% 的在岗班主任喜欢这一岗位，秉持着积极主动的态度，比非班主任高出 12.13 个百分点。他们之所以喜欢这一岗位，主要原因是可以更多地接触学生，个案百分比达 26.52%；其次是可以锻炼自己的工作能力，个案百分比为 22.27%。即使是非班主任，他们主要也是因为这两个原因而喜欢担任这一岗位的。可见，班主任工作本身所具有的特性是这一岗位目前最大的吸引力。而班主任津贴并没有成为教师们喜欢担任班主任的重要原因，个案百分比不到 3%。究其原因，一方面可能是因为当前班主任津贴比较低，难以吸引教师担任班主任；另一方面可能与班主任的工作责任重、风险高有关，以至于有些教师宁可放弃经济待遇，也不愿承受这份"生命之重"（见表 5.8）。

表 5.8　不同教师群体对担任班主任的具体态度

具体态度		统计量	班主任	非班主任
主动	喜欢，因为津贴高	频　次（次）	34	47
		百分比（%）	2.22	2.52
	喜欢，因为可以更多接触学生	频　次（次）	406	336
		百分比（%）	26.52	18.05
	喜欢，因为可以锻炼工作能力	频　次（次）	341	341
		百分比（%）	22.27	18.31
被动	没办法，学校强迫担任	频　次（次）	327	226
		百分比（%）	21.36	12.14
	没办法，评职称需要有班主任经历	频　次（次）	164	286
		百分比（%）	10.71	15.36
	无论什么情况下都不愿意	频　次（次）	161	312
		百分比（%）	10.52	16.76
其他		频　次（次）	167	371
		百分比（%）	10.91	19.92
合计		频　次（次）	1 531	1 862
		百分比（%）	104.51	103.06

注：N=3 393，有效百分比=90.70%，缺失值=348。表格中的百分比为个案百分比，由于题目为多选题，故个案百分比之和大于 100%。

在岗班主任中，并不愿意当班主任的比例达 42.59%，当班主任只是一种消极被动的选择。其中，学校强迫担任班主任的个案百分比达 21.36%，是目前教师担任班主任排在第一位的因素；还有 10.71% 迫于职称评定需要班主任经历而勉强接受了这一岗位；另有 10.52% 的班主任无论在什么情况下都不愿意担任。非班主任群体和班主任群体对担任班主任持消极被动态度的比例基本相当（见表 5.8）。国内的相关研究中也印证了这一点。有研究者指出，在学校担任班主任的，通常是以下几类教师：需要评职称的教师；刚进校的年轻教师；学校强制要求有经验且擅长管理学生的班主任连任班主任等。[①] 这种不考虑教师胜任能力和个人意愿的做法，可能直接影响到班主任的工作质量。此外，"其他"作为问卷的一个选项，其个案百分比比较高。根据调查对象所填写的内容，主要包括"不喜欢，但可以锻炼自己的工作能力""没办法，身体情况不允许""又爱又恨，既可以亲近学生，又觉得工作烦琐"等几类，教师受班主任岗位积极特点和消极特点的双重影响，形成了他们矛盾纠结的心理。

通过以上分析可以看到，在班主任工作内容多、风险大的消极特点下，当外部激励如班主任津贴并没有高到能够对教师形成一定吸引力的情况下，班主任岗位本身所具有的可以和学生多接触、能锻炼工作能力等积极特点就成为目前这一岗位的最大吸引因素，情愿做班主任的教师也主要是因为班主任岗位的这些积极特点。所以说，班主任岗位吸引力受这一岗位的内在特点（积极与消极）和外部激励等多重因素影响，提高班主任津贴，或能成为吸引教师担任班主任的潜在力量。

2. 不同学校和班级背景教师担任班主任的意愿是否有差异？

不同学校类型和班级规模的教师（或班主任）面临的工作内容和责任风险各不相同，这可能会影响到他们担任班主任的意愿。为此，我们调查分析了中小学校教师、城乡学校教师、班级学生人数不同以及班级寄宿学生、留守儿童、随迁子女数量不同的班主任在担任班主任意愿方面的差异。这对于做好班主任的分类关注、重点激励、整体提升有一定的指导意义。

第一，小学教师愿意担任班主任的比例高于初中教师，学段越高教师越不愿意担任班主任。调查数据显示，小学和初中教师愿意担任班主任的比例都比较低，分别仅为 35.53％ 和 31.31％，远低于不愿意的教师比例。但中小学教师担任班主任的意愿仍表现出了显著性差异（$c_{(1)}^2 = 7.120$，$p = 0.008 < 0.05$），小学教师比初中教师更愿意从事班主任工作，或者说学段越高教师越不愿意担任班主任（见表 5.7）。这可能是因为担任班主任的教师需要同时做好班级管理和教育教学两类工作，而初中阶段的这两类工作比小学阶段更有挑战性。一方面，初中阶段的教学任务重、教学难度高，而且面临高中升学考试压力，班主任不仅要做好自己的教学工作，还要协同各科任教师提升班级成绩，所以挑战比较大；另一方面，初中学生普遍进入青春期，身心发展处于剧烈变化期，个性鲜明但不稳定，而且判断能力弱，更容易受到网络社会和现实社会中的不良影响，同时由于升学

---

① 付辉：《我国中小学班主任工作职责变迁研究》，南昌：江西师范大学 2012 届硕士学位论文，第 37～38 页。

压力，初中生承受着来自家庭和学校的巨大压力，容易产生心理和行为问题，[①]因而较之小学生，初中生更难管理。这直接影响到班主任工作本身所具备的能和学生多接触、可以锻炼工作能力等岗位特性对教师担任班主任的吸引力，可以看到，初中教师在这两项上的个案百分比分别为 19.26％、18.80％，比小学教师分别低 4.97、2.61 个百分点（见表 5.9）。

表 5.9　不同教师群体喜欢班主任工作的原因对比

类别		喜欢班主任工作，因为可以更多接触学生[a]		喜欢班主任工作，因为可以锻炼工作能力[b]	
		频次（次）	百分比（%）	频次（次）	百分比（%）
学校类别	小学	422	24.23	373	21.41
	初中	330	19.26	322	18.80
学校所在地	城市	163	19.88	115	14.02
	县城	175	19.06	189	20.59
	乡镇	295	21.27	299	21.56
	乡村	119	36.06	92	27.88
班级规模	25 人及以下	23	36.51	22	34.92
	26～35 人	34	36.96	27	29.35
	36～45 人	68	27.20	50	20.00
	46～55 人	75	24.12	69	22.19
	56～65 人	68	27.31	51	20.48
	66 人及以上	50	22.62	46	20.81

注：学校类别、学校所在地：N＝3 455，有效百分比＝92.35％，缺失值＝286；班级规模：N＝1 186，有效百分比＝97.29％，缺失值＝33。

ab 为多项选择题"您对担任班主任的态度"的两个选项，由于此处分析仅涉及这两个选项，故在表格中仅列出了这两个选项的频次和个案百分比，但标注的样本数量是针对多选题的。

第二，城镇化水平越高的地区，教师越不愿意担任班主任，乡村学校教师愿意担任班主任的比例最高。统计分析发现，不同学校所在地教师在担任班主任意愿方面存在显著性差异（$c^2_{(3)}$＝71.512，p＝0.000＜0.05）。乡村学校教师愿意担

①　阳德华、王耘、董奇：《初中生的抑郁与焦虑：结构与发展特点》，《心理发展与教育》2000 年第 3期，第 12～17 页。

任班主任的比例最高，为 52.87％，超过了不愿意从事这一工作教师的比例。随着学校所在地城镇化水平的不断提高，教师愿意从事这一工作的比例不断下降，在城市和县城学校，这一比例分别低至 29.01％和 29.26％，低于教师总体的平均水平（33.44％）。也就是说，高达 70％以上的教师不愿意担任班主任。乡镇学校教师担任班主任意愿的水平和平均水平基本相当，为 34.31％；相反，不愿意教师比例为 65.69％（见表 5.7）。可见，仅有乡村学校教师愿意担任班主任的比例超过一半，而城镇化水平越高的地区，教师越不愿意担任班主任。这可能是因为在城镇地区，包括一些乡，大班大校问题严重，寄宿学生较多，且城镇家长对班主任的要求可能更多，班主任工作量大且风险高，从而导致这些学校的教师更不愿意担任班主任；相反，乡村学校小班小校化，担任班主任可能并不会增加教师太多的工作量，相反还可能获得一定的津贴和奖励等。此外，班主任工作所具备的"可以更多接触学生""可以锻炼工作能力"等内在积极特性，对乡村教师的吸引力最大，个案百分比分别达 36.06％、27.88％，而对乡镇、县城和城市教师而言，这种吸引力基本呈逐渐下降趋势（见表 5.9 和图 5.1）。这也是乡村学校教师愿意担任班主任比例高的一个原因。

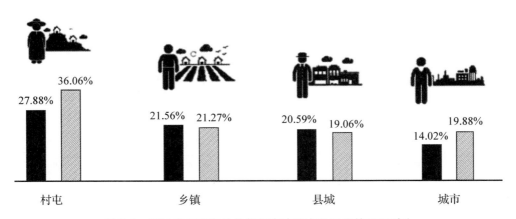

图 5.1　不同学校所在地的教师喜欢班主任工作的原因对比

第三，随着班级规模的增加，教师愿意担任班主任工作的比例在降低。1979年，在《教育部、财政部、国家劳动总局关于在全国普通中学和小学公办教师中试行班主任津贴的通知》中首次提出发放班主任津贴时，就体现出了依中小学分列、按班级学生数分层的津贴标准思想。其背后的基本假设是班级学生数不同，班主任的工作量也有大有小。据此，我们进一步假设班级规模也会影响教师担任班主任的意愿。为此，本研究调查了不同班级规模的在岗班主任从事这一工作的意愿。依据《中国教育统计年鉴》中关于班额的划分，将班主任所负责的班级规模分为 25 人及以下、26～35 人、36～45 人、46～55 人、56～65 人、66 人及以上。统计分析发现，不同班级规模的班主任在担任班主任意愿方面存在显著差异（$c_{(5)}^2 = 25.508$，$p = 0.000 < 0.05$）。所负责班级的规模在 25 人及以下的，愿意担任班主任的比例最高，达到 61.90%；但随着班级规模的不断增大，持愿意态度的教师比例开始逐渐降低，当班级规模达到 36～45 人时，愿意担任班主任的教师比例迅速下降到了 38.46%，而不愿意比例升至 61.54%。此后，持愿意态度的教师比例下降的速度开始放缓。负责 66 人以上超大班额的最不情愿担任班主任，仅有不到三分之一的班主任愿意从事这一工作（见表 5.10）。另外，因"可以更多接触学生""可以锻炼工作能力"而喜欢班主任一职的比例随着班级规模的增加也呈现出降低趋势（见表 5.9 和图 5.2）。由此可见，班级学生数越多，班主任的工作量越大，承担的风险也越高，班主任工作的内在积极特性所具备的吸引力就会被逐渐抵消，进而教师当班主任的意愿也会越低。所以，应当特别关注大班额学校班主任的岗位吸引力，一方面需要逐步破解城镇学校大班额问题，另一方面应适当增加大班额班级班主任的数量。

表 5.10　班级学生数不同的班主任担任班主任的意愿情况

班级规模	统计量	愿意	不愿意	合计
25 人及以下	频　数（人）	39	24	63
	百分比（%）	61.90	38.10	100.00
26～35 人	频　数（人）	48	45	93
	百分比（%）	51.61	48.39	100.00
36～45 人	频　数（人）	95	152	247
	百分比（%）	38.46	61.54	100.00
46～55 人	频　数（人）	118	194	312
	百分比（%）	37.82	62.18	100.00
56～65 人	频　数（人）	88	160	248
	百分比（%）	35.48	64.52	100.00
66 人及以上	频　数（人）	73	151	224
	百分比（%）	32.59	67.41	100.00
合计	频　数（人）	461	726	1 187
	百分比（%）	38.84	61.16	100.00

注：N=1187，有效百分比=97.37%，缺失值=32。

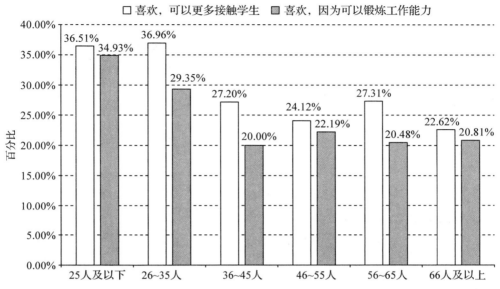

图 5.2　班级学生数不同的教师喜欢班主任工作的原因对比

　　第四，班级有学生寄宿，会降低教师从事班主任工作的意愿。学生寄宿意味着班主任需要参与学生的寄宿管理，尤其是在生活教师不足的情况下，班主任还在一定程度上扮演了生活教师的角色，较之非寄宿制学校，他们的工作内容更繁杂、工作量更大，而且学生的安全风险也更高，这可能会影响到教师担任班主任的意愿。为此，我们调查分析了寄宿生数量不同的班级，教师从事班主任工作的意愿。首先，我们对比了无寄宿生和有寄宿生两类班级的班主任意愿。调查结果显示，两者在担任班主任意愿方面存在显著差异（$c_{(1)}^2 = 4.398$，$p = 0.036 < 0.05$）。负责没有寄宿生班级的班主任，有意愿者的比例为 40.77%，比有寄宿生班级高出 6.49 个百分比。所以说，班级里有寄宿生，会降低教师从事班主任工作的意愿。那么，班级里寄宿生数量是否会影响教师担任班主任的意愿呢？我们对班级寄宿生数量进行了分段，分析了寄宿生数量不同班级的班主任承担意愿。统计检验显示，寄宿生数量不同的班级在从事班主任岗位意愿上的差异并不显著（$c_{(4)}^2 = 1.654$，$p = 0.799 > 0.05$）（见表 5.11）。也就是说班级里寄宿学生数量的多少和教师担任班主任意愿之间是独立的，关联不大。这可能是因为只要班级里有寄宿学生，他们都需要因学生寄宿承担更多的工作量，而寄宿学生的多少，虽然可能在一定程度上会影响到他们的工作量和工作时间，但对他们从事班主任工作的意愿并不会产生质的影响，都低于没有寄宿生班级的班主任。所以，对于担任寄宿生班级的班主任，无论寄宿生数量多少，都应当提高他们的班主任津贴和其他待遇。

表 5.11 不同类型班级的班主任担任班主任的意愿情况

不同类型班级		统计量	愿意	不愿意	合计
	无寄宿生	频 数（人）	340	494	834
		百分比（%）	40.77	59.23	100.00
	有寄宿生	频 数（人）	121	232	353
		百分比（%）	34.28	65.72	100.00
	1～5 人	频 数（人）	12	22	34
		百分比（%）	35.29	64.71	100.00
班级寄宿生情况	6～10 人	频 数（人）	10	28	38
		百分比（%）	26.32	73.68	100.00
	11～20 人	频 数（人）	25	42	67
		百分比（%）	37.31	62.69	100.00
	21～30 人	频 数（人）	16	26	42
		百分比（%）	38.10	61.90	100.00
	31 人及以上	频 数（人）	58	114	172
		百分比（%）	33.72	66.28	100.00
	无留守儿童	频 数（人）	197	271	468
		百分比（%）	42.09	57.91	100.00
	有留守儿童	频 数（人）	264	455	719
		百分比（%）	36.72	63.28	100.00
	1～10 人	频 数（人）	149	246	395
班级留守儿童情况		百分比（%）	37.72	62.28	100.00
	11～20 人	频 数（人）	51	102	153
		百分比（%）	33.33	66.67	100.00
	21～30 人	频 数（人）	35	44	79
		百分比（%）	44.30	55.70	100.00
	31 人及以上	频 数（人）	29	63	92
		百分比（%）	31.52	68.48	100.00

注：班级寄宿生情况、班级留守儿童情况：N=1 187，有效百分比=97.37%，缺失值=32。

第五，无留守儿童班级教师愿意担任班主任的比例比有留守儿童者高 5.37 个百分点。据教育部统计，2015 年，全国义务教育阶段在校生中有农村留守儿童 2 019.24 万人，大约占义务教育阶段在校生总数的 14.42%。[①] 学校中这些新的边缘化儿童的存在，是否会影响到教师担任班主任的意愿呢？为此，我们调查分析了班级留守儿童数量对教师从事班主任工作的意愿。统计检验显示，班级里有无留守儿童对班主任意愿影响所产生的差异并不显著（$c_{(1)}^2 = 3.450$，$p = 0.063 > 0.05$），但呈现出了合理趋势。班级没有留守儿童的班主任，他们愿意从事这一工作的比例为 42.09%，而一旦班级出现留守儿童，有意愿的比例就降至 36.72%，下降了 5.37 个百分点。一方面可能是因为这些学生的父亲或母亲外出打工，家庭结构不完整，他们在人身监护和亲情关爱上存在缺失，班主任需要在生活、学习、心理和安全等方面给予他们更多的关心和照顾，直接增加了班主任的工作量；另一方面，由于这些学生家长的缺场，学校和家长沟通不畅，家校合作面临新的挑战，这都直接或间接地影响到班主任工作，进而出现了愿意比例的下降。但没有达到显著程度，可能是因为留守儿童的监管和关爱工作由家庭其他人员、社区、志愿者等主体共同承担，班主任在留守儿童工作上责任有限，即使逃避不履，可能对班主任个人职业发展影响也不大，更为重要的是，在农村没有留守儿童的学校比较少见，只要做班主任就必须面对留守儿童问题，所以班级出现留守儿童并没有影响到他们从事班主任工作的意愿。另外，尽管统计检验显示，班级里留守儿童数量的多少，对班主任工作意愿的影响并不显著（$c_{(3)}^2 = 3.951$，$p = 0.267 > 0.05$），但教师从事班主任岗位意愿比例随着班级留守儿童的增加呈现出了有规律的下降趋势。从班级有 1～10 名留守儿童到 30 名以上，教师愿意坚守班主任岗位的比例由 37.72% 下降到 31.52%。但在留守儿童数量增加到 21～30 人时，愿意担任班主任的比例一改下降趋势，突升至 44.30%（见表 5.11）。经分析，这应该和样本的城乡分布有关。该组段 73.75% 的班主任为乡镇或乡村教师，高出其他组段 13.36 到 24.13 个百分点不等（见图 5.3），而在前面的分析中已经证明，乡镇和乡村教师担任班主任的意愿显著高于城市和县城教师，从而导致该组段教师愿意担任班主任比例的不规律提高。

第六，班级有随迁子女，会降低教师从事班主任工作的意愿。随着户籍制度改革的不断推进和随迁子女就学升学政策的日益完善，越来越多的农民工选择携带子女进城。2015 年，全国义务教育阶段在校生中有随迁子女 1 367.10 万人。[②]

① 教育部：《2015 年全国教育事业发展统计公报》，2015 年 7 月 6 日；留守儿童占在校生总数比例是依据《2015 年全国教育事业发展统计公报》中相关数据计算而得。

② 教育部：《2015 年全国教育事业发展统计公报》，2015 年 7 月 6 日。

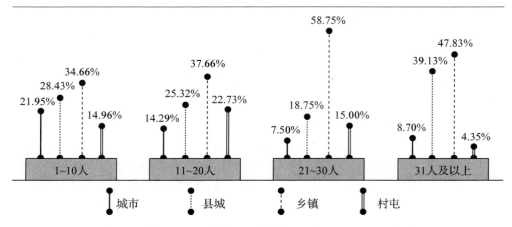

图 5.3 班级里留守儿童数量不同对教师是否愿意担任班主任的城乡地区比较

那他们的存在是否会影响到班主任从事这一工作的意愿呢？首先，我们从整体上对比了无随迁子女班级和有随迁子女班级教师担任班主任的意愿，差异达到显著程度（$c_{(1)}^2 = 4.842$，$p = 0.028 < 0.05$）。无随迁子女班级中有 41.19% 的教师愿意担任班主任，比有随迁子女班级高出 6.47 个百分点。然后，进一步对班级中随迁子女数量对从事班主任岗位意愿的影响进行了考察。统计检验显示，尽管不同随迁子女数量班级教师担任班主任意愿的差异并没有达到显著程度（$c_{(3)}^2 = 1.905$，$p = 0.592 > 0.05$），但还是呈现出了一些规律性的变化。随着班级随迁子女人数的增加，教师愿意担任班主任的比例一直在降低，当班级随迁子女数达 21～30人时，仅有 28.95% 的班主任愿意担任这一岗位（见表 5.12）。这可能是因为随迁子女在行为习惯、学习适应、家庭教育等方面存在一些问题，班主任需要在这些学生身上花费更多的时间和精力；同时，若班级随迁子女在 30 人以下，该班级则多为随迁子女和本地学生的混合班，班主任既要引导两个学生群体的理解和融合，还要在教学和管理中体现差异性，这种学生背景的非均质化，给教学和管理带来更大挑战，直接表现为班主任工作量的增加，而且随迁子女越多，班主任需要投入的时间和精力越大。因此，当班级随迁子女人数在 30 人以下时，随着随迁子女人数的增加，班主任岗位的吸引力在不断降低。但当班级随迁子女在 31人及以上时，教师担任班主任的意愿有所提高。一方面可能与规模效应有关，即随迁子女数量达到一定程度时，对班主任工作量的影响并不会太大；另一方面，当班级随迁子女在 30 人以上时，说明该班级学生以随迁子女为主，甚至均为随迁子女。学生背景的均质性，有利于班主任开展教学和管理工作。所以说，当班级随迁子女数量达到 30 人以上时，随迁子女数量对教师从事班主任岗位意愿的影响可能会由累加效应所带来的意愿降低变成规模效应所带来的意愿略有提高。

表 5.12　班级里随迁子女数量不同的班主任担任班主任的意愿情况

	统计量	愿意	不愿意	合计
无随迁子女	频数	311	444	755
	百分比	41.19	58.81	100.00
有随迁子女	频数	150	282	432
	百分比	34.72	65.28	100.00
1～10 人	频数	98	167	265
	百分比	36.98	63.02	100.00
11～20 人	频数	28	64	92
	百分比	30.43	69.57	100.00
21～30 人	频数	11	27	38
	百分比	28.95	71.05	100.00
31 人及以上	频数	13	24	37
	百分比	35.14	64.86	100.00
合计	频数	461	726	1187
	百分比	38.84	61.16	100.00

注：N＝1187，有效百分比＝97.37％，缺失值＝32。

(二)什么人在做中小学班主任?

　　班主任群体作为中小学教师队伍的重要组成部分，是班级工作的组织者，学校德育工作的实施者，关乎立德树人根本任务实现与学生成长，是学校教育中的主要力量支撑，因而一支健康的班主任队伍需要合理的群体结构。那么，在现今占义务教育阶段专任教师总数达三分之一以上的班主任群体中，究竟是什么人在做班主任? 班主任群体的结构构成又是怎样的? 城乡学校班主任的结构构成样态如何，是否存在差异? 本研究从性别、年龄、教龄、任职年限、毕业院校、所教学科、教师身份七个属性着手，剖析和解答班主任的群体结构问题。

　　1. 中小学班主任的性别结构特征

　　已有研究指出中小学教师的性别比例失衡，"阴盛阳衰"现象越来越严重。[①]那么班主任群体的性别结构是怎样的? 是否存在"阴盛阳衰"的现象? 城乡学校班主任的性别结构分布如何? 是否存在不同? 本部分针对上述问题进行分析，继而

――――――――――

　　① 邱晨辉、严航：《让男教师不再"逃离"中小学》，《中国青年报》2012 年 9 月 10 日第 003 版。

解读班主任群体的性别结构特征。

第一，班主任群体的性别比例不协调，女性化现象明显。调查数据显示，在 3 008 份班主任有效样本中，女性教师的样本量为 2 129 份，占班主任群体有效样本量的 70.78%（本次调查显示，全体专任教师中女性教师占比为 65.89%），与男性班主任相比，高出 41.56 个百分点（见表 5.13）。可以说，女性教师顶起了班主任队伍的大半边天。进一步分析发现，班主任群体的女性化现象在小学阶段比较明显。据数据显示，小学女性班主任占比为 81.51%，比初中女性班主任的比例（54.52%）高出 26.99 个百分点。这种现象一方面可能受到教师队伍女性比例较高的影响，另外一方面可能和班主任工作与性别之间的匹配性有关。

表 5.13　城乡中小学班主任群体的性别分布

			男	女	合计
初中	城市	频　数（人）	115	185	300
		百分比（%）	38.33	61.67	100.00
	县城	频　数（人）	170	184	354
		百分比（%）	48.02	51.98	100.00
	乡镇	频　数（人）	250	278	528
		百分比（%）	47.35	52.65	100.00
	乡村*	频　数（人）	9	5	14
		百分比（%）	64.29	35.71	100.00
小学	城市	频　数（人）	35	424	459
		百分比（%）	7.63	92.37	100.00
	县城	频　数（人）	62	328	390
		百分比（%）	15.90	84.10	100.00
	乡镇	频　数（人）	103	485	588
		百分比（%）	17.52	82.48	100.00
	乡村	频　数（人）	135	240	375
		百分比（%）	36.00	64.00	100.00
合计		频　数（人）	879	2 129	3 008
		百分比（%）	29.22	70.78	100.00

注：N＝3008，有效百分比＝99.21%，缺失值＝24。＊乡村中学的班主任样本较少，统计意义尚待考证，有可能影响数据规律，特此说明。

第二，班主任群体的性别比例受城镇化水平影响较大，城镇化水平越高，女性班主任的比例则越高，在小学阶段表现尤为明显。数据显示，城市中小学校男性班主任的比例明显低于乡村。在中学阶段，男性班主任在城市、县城、乡镇、乡村的比例分别为：38.33％、48.02％、47.35％、64.29％，呈波浪式上升趋势，其中城市与乡村中学男性班主任的比例相差 25.96 个百分点；在小学阶段，男性班主任在城市、县城、乡镇、乡村的比例分别为 7.63％、15.90％、17.52％、36.00％，呈直线式上升趋势，其中城市与乡村小学男性班主任比例相差 28.37 个百分点（见表 5.13）。这种受城镇化水平影响的班主任群体性别分布格局，一方面可能受教师队伍性别结构的城乡差异影响，另外一方面可能与地区间人力、财力的聚集能力差异存在着一定的关系。学校城镇化水平越高，人力与财力的聚集能力越强，学校对教师的选择权越大，获取经济报酬的途径和机会越多，而对于农村学校而言则正好相反。农村班主任群体趋于男性化的趋向，可能源于农村学校发展机会少，获得经济报酬的途径和机会有限，而社会赋予了男性更多的事业发展以及养家糊口的任务，选择当班主任一方面能够少许提高经济收入，另外一方面可能在事业上争取更多的发展机会，例如职称评聘、进修培训等。

　　2. 中小学班主任的年龄结构特征

　　班主任群体年龄结构的合理性影响着学校班级管理的效率和质量，更是衡量班主任队伍是否健康发展的关键所在。完美的教师年龄结构应该大致呈倒"U"型分布形态，即 30～50 岁的居多，30 岁以下和 50 岁以上的略少。[①]班主任作为教师队伍中的重要组成部分，年龄结构理论上应保持与教师总体分布情况一致。那么班主任年龄结构是如何分布的？是否呈现倒"U"型形态？城乡学校班主任的年龄结构如何？是否存在明显差别？针对上述问题，我们对班主任群体的年龄结构状况进行分析。

　　第一，中青年教师是班主任队伍的主力军，40 岁成为担任班主任工作的分水岭。就班主任群体内部而言，年龄在 40 岁以下的班主任所占比例高达 70.78％，成为班主任队伍的主要力量，其中 31～40 岁班主任群体所占比例较高，约是 30 岁及以下班主任群体的 2 倍。40 岁以后班主任群体的数量出现急剧下降的态势。我们发现，班主任群体年龄分布可拆分为三个部分，即 30 岁及以下，31～40 岁，41 岁及以上，各部分所占比例约为 1∶2∶1，形成了以年龄适中、经验丰富的中青年班主任为主，青年与中老年班主任为辅的年龄结构，基本上符合倒"U"型分布样态，这种年龄结构分布对于班主任队伍的建设和发展是相

---

　　① 邬志辉、秦玉友主编：《2012 年中国农村教育发展报告》，北京：北京师范大学出版社 2014 年版，第 230 页。

对合理的。除此之外，就班主任群体与非班主任群体年龄走势对比来看，二者呈叠山状分布，40 岁之前，班主任群体的组内百分比要高于非班主任，而 40 岁之后则正好相反，40 岁成为教师担任班主任工作的分水岭。这一方面源于班主任工作内容与工作强度的限制，年龄太大不适宜担任班主任工作，另外一方面可能由于教师职业倦怠的原因，40 岁以后工作积极性大大降低，担任班主任的意愿下降（见表 5.14）。

表 5.14　班主任群体与非班主任群体年龄分布

		25 岁及以下	26～30 岁	31～35 岁	36～40 岁	41～45 岁	46～50 岁	51～55 岁	56～60 岁	61 岁以上	合计
班主任	频数（人）	253	466	677	646	479	249	79	36	0	2 885
	百分比（%）	8.77	16.15	23.47	22.39	16.60	8.63	2.74	1.25	0.00	100.00
非班主任	频数（人）	242	522	765	802	687	507	241	53	2	3 821
	百分比（%）	6.33	13.66	20.02	20.99	17.98	13.27	6.31	1.39	0.05	100.00

注：N＝6706，有效百分比＝89.86％，缺失值＝757。

第二，小学班主任较为年轻。调查显示，在中学班主任群体中，比例最高的三个年龄阶段分别为 31～35 岁、36～40 岁、41～45 岁，占比为 25.66％、25.49％、18.69％。在小学班主任群体中，比例最高的三个年龄阶段分别为 26～30 岁、31～35 岁、36～40 岁，占比为 18.90％、22.04％、20.39％，并且小学班主任年龄在 30 岁以下的比例要高于中学 9.54 个百分点（见表 5.15）。可见，小学班主任群体的年轻教师占比要高于中学班主任，中学班主任群体的中年教师占比要高于小学，小学班主任群体的年龄结构与中学班主任相比要略显年轻。这一结构分布的差异一方面可能源于中小学教师队伍性别结构的内部差异，另外一方面可能源于不同层级班主任群体所面临的受教育对象的年龄差异，即"似母似父现象"。小学生天真烂漫，充满了童真与童趣，年轻班主任与小学生父母的年龄接近，因而有着年龄上和心理上的天然亲近感，有助于在师生之间建立紧密的情感联结；而在中学阶段，学生长大了，也需要有与这个年龄阶段父母大致相同的班主任教师，尽管中学生正处于青春期，人生观、世界观、价值观还处于懵懂状态，偶像、权威的力量对他们影响较大，处于中年的班主任教学经验丰富，看待问题更为成熟，容易获得学生的信赖与敬畏，班主任工作更容易收到积极的效果。

　　第三，乡镇中学班主任出现 30 岁现象，乡村小学班主任年龄结构中坚力量塌陷。对比城乡学校班主任群体的年龄结构发现：其一，乡镇中学 30 岁及以下班主任比例明显高于其他学校所在地的班主任。具体来看，乡镇中学在 30 岁及以下班主任的比例为 26.82%，比城市高 12.69%，比县城高 14.47%，比乡村高 12.53%（见表 5.15）。进一步对 30 岁及以下班主任群体的分析发现，特岗教师、代课教师在乡镇中学班主任中分布最多，比例分别为 91.43%、66.67%，明显高于在其他三类学校中的比例（见表 5.16）。由此可见，乡镇中学班主任 30 岁现象的出现与代课教师、特岗教师比例偏高有关，这种现象的存在整体上降低了乡镇中学班主任年龄，会在一定程度上影响乡镇中学班主任队伍的稳定性。尤其是在城镇化不断推进的进程中，乡镇中学大班额问题温度不减，班主任角色的重要性与班主任队伍稳定性的矛盾更加凸显。其二，与其他三类学校相比，乡村小学 31～40 岁班主任群体短缺，班主任队伍的中坚力量塌陷。数据显示，31～40 岁之间的乡村小学班主任比例为 26.62%，明显低于城市、县城以及乡镇小学，而 30 岁以下和 51 岁以上的班主任比例则要比城市、县城、乡镇小学偏高（见表 5.15）。这种局面的存在，一方面反映出乡村小学班主任队伍的非健康态的存在；另一方面，中坚力量塌陷严重制约乡村小学班主任队伍的成长与发展，影响乡村小学班主任队伍的建设，制约乡村小学班主任队伍的质量。造成乡村小学班主任年龄结构不合理的原因可能在于农村教师职业吸引力偏低，长期引不来、留不住优秀教师，继而恶性循环殃及了班主任队伍。

表 5.15　城乡学校中小学班主任的年龄分布

			25 岁及以下	26～30 岁	31～35 岁	36～40 岁	41～45 岁	46～50 岁	51～55 岁	56～60 岁	合计
初中	城市	频　数（人）	10	29	72	80	48	35	2	0	276
		百分比（%）	3.62	10.51	26.09	28.99	17.39	12.68	0.72	0.00	100.00
	县城	频　数（人）	10	33	107	89	62	40	5	2	348
		百分比（%）	2.87	9.48	30.75	25.57	17.82	11.49	1.44	0.57	100.00
	乡镇	频　数（人）	60	73	109	118	96	33	7	0	496
		百分比（%）	12.10	14.72	21.98	23.79	19.35	6.65	1.41	0.00	100.00
	村屯	频　数（人）	2	0	3	2	6	1	0	0	14
		百分比（%）	14.29	0.00	21.43	14.29	42.86	7.14	0.00	0.00	100.00
	合计	频　数（人）	82	135	291	289	212	109	14	2	1 134
		百分比（%）	7.23	11.90	25.66	25.49	18.69	9.61	1.23	0.18	100.00

续表

			25 岁及以下	26～30 岁	31～35 岁	36～40 岁	41～45 岁	46～50 岁	51～55 岁	56～60 岁	合计
小学	城市	频　数（人）	24	66	110	105	83	37	10	0	435
		百分比（%）	5.52	15.17	25.29	24.14	19.08	8.51	2.30	0.00	100.00
	县城	频　数（人）	18	50	119	91	64	30	5	1	378
		百分比（%）	4.76	13.23	31.48	24.07	16.93	7.94	1.32	0.26	100.00
	乡镇	频　数（人）	79	130	103	116	79	45	12	2	566
		百分比（%）	13.96	22.97	18.20	20.49	13.96	7.95	2.12	0.35	100.00
	村屯	频　数（人）	50	85	54	45	41	28	38	31	372
		百分比（%）	13.44	22.85	14.52	12.10	11.02	7.53	10.22	8.33	100.00
	合计	频　数（人）	171	331	386	357	267	140	65	34	1 751
		百分比（%）	9.77	18.90	22.04	20.39	15.25	8.00	3.71	1.94	100.00

注：N=2885，有效百分比=95.15%，缺失值=147。

表 5.16　年龄在 30 岁之下的初中班主任的身份构成

		本校在编教师	代课教师	特岗教师	交流（轮岗）教师	支教教师
城市	频数（人）	32	6	0	0	1
	百分比（%）	20	33.33	0	0	33.33
县城	频数（人）	40	0	2	0	1
	百分比（%）	25	0	5.71	0	33.33
乡镇	频数（人）	87	12	32	1	1
	百分比（%）	54.38	66.67	91.43	100	33.33
乡村	频数（人）	1	0	1	0	0
	百分比（%）	0.62	0	2.86	0	0
合计	频数（人）	160	18	35	1	3
	百分比（%）	100	100	100	100	100

注：N=714，有效百分比=99.30%，缺失值=5。

3. 中小学班主任的教龄结构特征

教师的教育理念、教学技能、育人策略等均与教龄有关。班主任是学校班级管理、学生习惯培养和道德教育的主力军，班主任从教时间的长短在一定程度上也会影响到班主任工作的质量。那么班主任群体的教龄结构是怎样的？城乡学校班主任的教龄结构又有什么样的区别？本部分尝试对上述两个问题进行回答。

第一，班主任群体的教龄结构相对合理，教龄在 11～20 年的班主任最多。数据显示，教龄在 11～20 年的班主任最多，占班主任群体总数的 42.06%；教龄在 10 年以下的次之，占班主任群体总数的 31.37%；再次是教龄在 21～30 年的班主任，占班主任群体总数的 22.83%；最少的是教龄在 31 年以上的班主任，仅为 3.74%（见表 5.17）。班主任群体的教龄结构分布相对均匀，呈倒"U"型。21～30 年教龄的班主任不仅熟悉学生特点，教育经验丰富，而且对其个体而言，工作和生活相对稳定，处于事业的黄金时期，作为班主任群体的支撑力量，与教龄在 10 年以下的班主任群体相比，经验丰富，应急能力和抗挫能力较强，对于班主任工作的掌握和处理相对游刃有余，不仅能够降低班主任工作成本，还能引领经验欠缺班主任的工作。与教龄在 21 年以上的班主任群体相比，工作热情相对饱满，精力相对充沛，职业倦怠感相对较低，相对适合复杂、烦琐的班主任工作。这种教龄结构的存在对于班主任队伍建设而言是相对合理的，在保证有新鲜血液注入的情况下，经验丰富的班主任发挥中流砥柱的作用，同时适度避免班主任群体老龄化、缺乏工作动力，保证班主任工作的质量和班主任队伍的健康发展。

第二，农村地区班主任教育教学经验相对不足，乡村小学班主任教龄出现两极化。通过对比城乡学校班主任群体的教龄结构差异发现，在初中阶段，教龄在 10 年以下的乡镇中学班主任群体比例最高，达 36.82%，超过了三分之一；在小学阶段，教龄在 10 年以下的乡村学校班主任群体比例最高，达 41.55%，这一比重远远高于乡镇以上小学（见表 5.17）。综合起来，我们能够发现，乡镇以下学校班主任群体的任教年限相对城市、县城而言较短，教学经验丰富的班主任有限，这可能会造成乡镇以下学校班主任投入在教学方面的时间和精力要大于城市学校，他们在教学上的压力会比较大。并且这样的教龄结构组合不利于班主任工作经验的相互交流与学习，一定程度上限制了班主任成长的速度，不利于乡镇以下学校班主任队伍的健康发展。进一步分析发现，乡村小学班主任的教龄结构存在两极化现象，一方面表现为教龄在 5 年以下的比例最高，达到 27.98%；另外一方面表现为教龄在 31 年以上的班主任群体较高，比例为 14.40%，排在组内第二（见表 5.17）。乡村小学班主任的教龄结构分布，容易造成育人经验不足与职业倦怠严重并存的局面，这对于乡村小学班主任队伍的建设以及人才培养目标的达成是一种潜在的威胁。

表 5.17　中小学城乡学校的班主任的教龄分布　　　　（单位：%）

		5 年及以下	6～10 年	11～15 年	16～20 年	21～25 年	26～30 年	31 年及以上
初中	城市	7.86	21.43	23.21	23.93	13.57	8.93	1.07
	县城	5.03	16.57	26.92	26.92	13.31	10.06	1.18
	乡镇	20.32	16.50	22.74	17.91	14.69	5.84	2.01
	乡村	7.69	7.69	23.08	7.69	46.15	7.69	0.00
	合计	12.50	17.64	24.11	21.99	14.36	7.89	1.51
小学	城市	12.87	11.72	19.08	24.14	19.08	10.11	2.99
	县城	7.96	12.47	27.32	25.46	13.26	11.14	2.39
	乡镇	27.01	12.88	16.10	20.75	11.63	8.77	2.86
	乡村	27.98	13.57	10.80	14.13	11.91	7.20	14.40
	合计	19.52	12.64	18.19	21.25	13.91	9.30	5.20
合计	城市	10.91	15.52	20.70	24.06	16.92	9.65	2.24
	县城	6.57	14.41	27.13	26.15	13.29	10.63	1.82
	乡镇	23.86	14.58	19.22	19.41	13.07	7.39	2.46
	乡村	27.27	13.37	11.23	13.90	13.10	7.22	13.90
	合计	16.75	14.62	20.52	21.54	14.09	8.74	3.74

注：N＝2 860，有效百分比＝94.33%，缺失值＝172。

4. 中小学班主任的任职年限特征

一支健康的班主任队伍不仅需要班主任任教经验丰富，还需要拥有较为丰富的班级管理经验。任职年限作为衡量个体工作经验的一把标尺，对于班主任而言，不同的班主任工作年限意味着班级管理、品德育人、家校沟通等方面方法和技巧的差异。那么班主任群体的任期结构是什么样的？中小学、城乡学校班主任之间是否存在差别，存在什么样的差别？本部分尝试通过上述问题对班主任的任职年限进行剖析。

第一，两轮以上完整带班经验的班主任群体约占一半，工作未达到一个周期的在 20% 左右。总体来看，任职期限在 3 年以下的占 21.46%，任职在 12 年以上的占到 42.23%，其中任职年限在 18 年以上的占到 21.66%。若把班主任的任职年限重新划分发现，3 年以下、3～12 年、12 年以上的班主任的任职年限分布基本呈现 2∶3.5∶4.5 的趋势，结构相对合理（见表 5.18）。也就是说，整体上，我国班主任群体呈现的是以班级管理经验丰富的"能手"班主任为主、"新手"班主任为辅的基本格局。但需要注意的是，在班主任群体中，任职年限在18年以上的班主任占总体的比例达到21.66%，虽然有着18年班级管理和育人经验的班主任属于班主任队伍中的"能手"，但是需要预防任职年限较长的班主任出现职业倦怠，继而影响到班级管理和育人工作的效率和质量。

第二，初中阶段6～12年任职年限的班主任比例较高，小学阶段任职年限在18年以上的占比较高。通过对中小学班主任任职年限的对比发现，初中班主任的任职年限集中在6～12年，按照初中三年的学制计算，初中班主任有近三分之一属于两轮至四轮完整的班级管理经验。小学班主任的任职年限在18年以上的比例最高，按照小学六年学制计算，小学班主任中有过三轮以上完整带班经历的群体比例为26.85%。进一步分析发现，初中阶段有过完整带班经历的班主任群体达到78.16%，小学阶段有过完整带班经历的班主任群体达到68.29%，初中比小学高出近10个百分点，也就是说，相对比而言，初中班主任群体的管理经验要优于小学班主任群体(见表5.18)。

第三，农村班主任的管理经验少于城市地区，乡村小学班主任管理经验相对不足。通过对班主任群体任职年限的城乡对比分析发现：初中阶段，乡镇初中班主任的管理经验少于城市、县城中学。具体来看，乡镇中学任职年限在3年以下的班主任群体比例为24.27%，略高于城市和县城。乡镇小学班主任任职年限不满6年的比例占36.8%，乡村小学为38.58%，比城市和县城小学高出十个百分点左右(见表5.18)。由此来看，农村地区中小学班主任的班级管理经验要少于城市(包括县城)地区，乡村小学班主任的管理经验明显不足。这种班主任管理经验差异的存在，一定程度上会影响到农村学校班主任队伍的建设，继而影响到农村学校内部班级管理和道德教育的质量，考验着农村学生习惯、品德的养成。

表5.18　不同学段城乡学校班主任的任职年限分布

			0～1年	1～3年	3～6年	6～12年	12～18年	18年以上	合计
初中	城市	频　数(人)	9	15	18	44	26	15	127
		百分比(%)	7.09	11.81	14.17	34.65	20.47	11.81	100.00
	县城	频　数(人)	9	23	23	48	30	23	156
		百分比(%)	5.77	14.74	14.74	30.77	19.23	14.74	100.00
	乡镇	频　数(人)	27	39	59	74	38	35	272
		百分比(%)	9.93	14.34	21.69	27.21	13.97	12.87	100.00
	乡村	频　数(人)	0	1	0	4	1	2	8
		百分比(%)	0.00	12.50	0.00	50.00	12.50	25.00	100.00

续表

			0～1年	1～3年	3～6年	6～12年	12～18年	18年以上	合计
初中	合计	频　数（人）	45	78	100	170	95	75	563
		百分比（%）	7.99	13.85	17.76	30.20	16.87	13.32	100.00
小学	城市	频　数（人）	16	16	26	43	55	68	224
		百分比（%）	7.14	7.14	11.61	19.20	24.55	30.36	100.00
	县城	频　数（人）	8	10	22	40	52	45	177
		百分比（%）	4.52	5.65	12.43	22.60	29.38	25.42	100.00
	乡镇	频　数（人）	35	46	32	50	76	68	307
		百分比（%）	11.40	14.98	10.42	16.29	24.76	22.15	100.00
	乡村	频　数（人）	26	35	15	35	24	62	197
		百分比（%）	13.20	17.77	7.61	17.77	12.18	31.47	100.00
	合计	频　数（人）	85	107	95	168	207	243	905
		百分比（%）	9.39	11.82	10.50	18.56	22.87	26.85	100.00
合计	城市	频　数（人）	25	31	44	87	81	83	351
		百分比（%）	7.12	8.83	12.54	24.79	23.08	23.65	100.00
	县城	频　数（人）	17	33	45	88	82	68	333
		百分比（%）	5.11	9.91	13.51	26.43	24.62	20.42	100.00
	乡镇	频　数（人）	62	85	91	124	114	103	579
		百分比（%）	10.71	14.68	15.72	21.42	19.69	17.79	100.00
	乡村	频　数（人）	26	36	15	39	25	64	205
		百分比（%）	12.68	17.56	7.32	19.02	12.20	31.22	100.00
	合计	频　数（人）	130	185	195	338	302	318	1468
		百分比（%）	8.86	12.60	13.28	23.02	20.57	21.66	100.00

注：N＝1 468，有效百分比＝93.68％，缺失值＝99。

5. 中小学班主任的毕业院校属性特征

班主任群体的毕业院校属性与班主任的专业性息息相关。《中小学班主任工作规定》（教基一〔2009〕12 号）中明确强调了"班主任是中小学日常思想道德教育和学生管理工作的主要实施者，是中小学生健康成长的引领者，班主任要努力成为中小学生的人生导师。"因而，是否为师范专业毕业在一定程度上影响着班主任作为德育实施者、学生人生导师等角色作用的发挥。那么班主任群体中师范专业毕业的比例是多少？城乡中小学班主任群体中师范专业毕业的比例有多少？是否存在差异？本部分通过对班主任群体毕业院校属性的分析，解答上述问题。

第一，超九成以上的班主任为师范专业毕业。调查数据显示：在班主任群体中，师范专业毕业的班主任占总体样本的90.79%，也就是说绝大部分班主任都受过师范教育的训练，师范基础比较好。这对于形成良好的教育观、开展教育性工作有一定的促进作用（见表5.19）。

第二，班主任群体的毕业院校属性存在城乡差别，农村学校班主任毕业于师范院校的比例低于城市及县城。通过对比城乡中小学班主任群体的师范专业毕业比例发现，乡镇、乡村中小学校班主任师范专业毕业的比例略低于城市、县城。总的来看，乡镇和乡村学校班主任毕业于师范院校的比例分别为89.69%、86.62%，而城市和县城学校班主任毕业于师范院校的比例均在90%以上。具体来看，在中学阶段，城市、县城、乡镇、乡村学校班主任师范专业毕业的比例分别为93.31%、96.07%、94.70%、78.57%，乡村学校比例最低，比城市中学低14.74%。在小学阶段，城市、县城、乡镇、乡村学校班主任毕业于师范专业的比例分别为90.67%、91.58%、85.18%、86.91%，同样存在乡镇与乡村学校比例偏低的现象。这在一定程度上反映了班主任队伍的专业性与城市、县城班主任队伍存在一定差距（$c_{(2)}^2 = 16.157$，$p = 0.001 < 0.05$），而这一差距可能会带来城乡学校班主任队伍整体素质上的差异，从而影响城乡学校的育人效果（见表5.19）。

表 5.19　城乡学校中小学班主任的师范专业分布

			师范	非师范	合计
初中	城市	频　数（人）	279	20	299
		百分比（%）	93.31	6.69	100.00
	县城	频　数（人）	342	14	356
		百分比（%）	96.07	3.93	100.00
	乡镇	频　数（人）	500	28	528
		百分比（%）	94.70	5.30	100.00
	乡村	频　数（人）	11	3	14
		百分比（%）	78.57	21.43	100.00
	合计	频　数（人）	1 132	65	1 197
		百分比（%）	94.57	5.43	100.00

续表

			师范	非师范	合计
小学	城市	频　数（人）	418	43	461
		百分比（%）	90.67	9.33	100.00
	县城	频　数（人）	359	33	392
		百分比（%）	91.58	8.42	100.00
	乡镇	频　数（人）	500	87	587
		百分比（%）	85.18	14.82	100.00
	乡村	频　数（人）	332	50	382
		百分比（%）	86.91	13.09	100.00
	合计	频　数（人）	1 609	213	1 822
		百分比（%）	88.31	11.69	100.00
合计	城市	频　数（人）	697	63	760
		百分比（%）	91.71	8.29	100.00
	县城	频　数（人）	701	47	748
		百分比（%）	93.72	6.28	100.00
	乡镇	频　数（人）	1 000	115	1 115
		百分比（%）	89.69	10.31	100.00
	乡村	频　数（人）	343	53	396
		百分比（%）	86.62	13.38	100.00
	合计	频　数（人）	2 741	278	3 019
		百分比（%）	90.79	9.21	100.00

注：N＝3 019，有效百分比＝99.57%，缺失值＝13。

6. 中小学班主任的学科结构特征

《中小学班主任工作规定》（教基一〔2009〕12 号）中指出："教师担任班主任期间应将班级工作作为主业。"但众所周知，目前在我国义务教育阶段公办学校尚未有专职人员从事班主任工作，班主任一般是由学校从班级任课教师中选聘，也就是说，班主任工作与教师的学科教学工作是重叠在一起的，班主任的角色属于"双肩挑"，那么班主任任教学科不同，所承担的教学任务和承受的教学压力也不尽相同。因而，有必要了解班主任群体任教学科的总体分布情况以及城乡之间存在的差别等问题。

第一，班主任群体的学科分布呈现初中班主任主科化、小学班主任语文化特点。调查数据显示：在中学阶段，语文、数学、外语传统的三大主科教师是班主任群体的主力军，比例达到 75.73%。在小学阶段，虽然班主任任教语文和数学的数量依旧是较大的，但任教语文学科的班主任比例最高，达到 68.94%，高出数学学科 35.87 个百分点，远远高于其他学科，城市小学尤为明显（见表 5.20）。由此可见，在中学阶段，学校面临较大的升学压力，而语文、数学、外语分数比重较大，当班主任能够将班级管理与学科教学融合在一起时，容易形成更加紧密的师生关系，提升学生对于该学科的重视程度，进而有助于学习成绩的提升。但也容易造成班主任老师为提升本学科成绩利用班主任特权挤占学生时间的现象。在小学阶段，语文教师比例较高的原因可能在于，语文学科本身充满了人文性、情感性，语文教师在人文知识储备和情绪情感表达方面的优势更易拉近和学生的关系，建立情感联系，也就比其他学科教师对于儿童心灵成长的帮助更大。除此之外，小学段的儿童，语言表达、思维发展尚处于初期阶段，语文学科教师做班主任能够有更多的机会与儿童进行沟通交流，无论是对于语文教学还是对于学生的认知发展都是比较适合的。

第二，小学班主任艺术类、实践类学科教师比例略高。我们发现虽然语文学科班主任是小学班主任队伍中的"主力军"，但担任音乐、体育、美术、综合实践、地方课程、校本课程等学科教师的比例均在 10% 以上。进一步挖掘数据发现，这种现象在乡村小学比较明显，原因可能在于乡村小学教师学科性缺编现象比较严重，艺术类、实践类相关课程由班主任代理的缘故（见表 5.20）。

表 5.20　中小学班主任任教学科分布

		小学				初中			
		城市	县城	乡镇	乡村	城市	县城	乡镇	乡村
语文	频　次（次）	327	252	376	248	63	92	131	4
	百分比（%）	74.15	65.97	66.90	68.70	23.16	27.06	26.41	28.57
数学	频　次（次）	115	123	173	167	91	95	132	4
	百分比（%）	26.08	32.2	30.78	46.26	33.46	27.94	26.61	28.57
外语	频　次（次）	12	10	47	53	48	83	91	2
	百分比（%）	2.72	2.62	8.36	14.68	17.65	24.41	18.35	14.29
物理	频　次（次）	0	0	0	0	16	11	40	0
	百分比（%）	0.00	0.00	0.00	0.00	5.88	3.24	8.06	0
化学	频　次（次）	0	0	0	0	3	10	20	1
	百分比（%）	0.00	0.00	0.00	0.00	1.10	2.94	4.03	7.14

		小学				初中			
		城市	县城	乡镇	乡村	城市	县城	乡镇	乡村
生物	频　次（次）	0	0	0	0	6	6	28	1
	百分比（%）	0.00	0.00	0.00	0.00	2.21	1.76	5.65	7.14
科学	频　次（次）	13	15	55	49	2	6	6	0
	百分比（%）	2.95	3.93	9.79	13.57	0.74	1.76	1.21	0
历史	频　次（次）	0	0	0	0	19	8	34	0
	百分比（%）	0.00	0.00	0.00	0.00	6.99	2.35	6.85	0
地理	频　次（次）	0	0	0	0	11	14	21	0
	百分比（%）	0.00	0.00	0.00	0.00	4.04	4.12	4.23	0
政治	频　次（次）	125	43	149	97	9	21	51	1
	百分比（%）	28.34	11.26	26.51	26.87	3.31	6.18	10.28	7.14
音乐	频　次（次）	31	54	86	129	1	6	20	0
	百分比（%）	7.03	14.14	15.3	35.73	0.37	1.76	4.03	0
体育	频　次（次）	36	49	59	117	9	10	40	1
	百分比（%）	8.16	12.83	10.5	32.41	3.31	2.94	8.06	7.14
美术	频　次（次）	23	40	82	111	4	4	14	2
	百分比（%）	5.22	10.47	14.59	30.75	1.47	1.18	2.82	14.29
社会	频　次（次）	7	10	16	38	0	1	1	0
	百分比（%）	1.59	2.62	2.85	10.53	0	0.29	0.20	0
心理	频　次（次）	9	4	17	10	0	2	4	0
	百分比（%）	2.04	1.05	3.02	2.77	0	0.59	0.81	0
信息技术	频　次（次）	11	11	28	43	4	4	17	0
	百分比（%）	2.49	2.88	4.98	11.91	1.47	1.18	3.43	0
综合实践	频　次（次）	73	46	91	68	3	4	15	0
	百分比（%）	16.55	12.04	16.19	18.84	1.1	1.18	3.02	0
地方课程	频　次（次）	32	37	87	83	0	3	13	0
	百分比（%）	7.26	9.69	15.48	22.99	0	0.88	2.62	0

续表

		小学				初中			
		城市	县城	乡镇	乡村	城市	县城	乡镇	乡村
校本课程	频　次（次）	59	37	82	45	6	2	15	0
	百分比（%）	13.38	9.69	14.59	12.47	2.21	0.59	3.02	0
其他	频　次（次）	111	49	91	80	14	11	24	2
	百分比（%）	25.17	12.83	16.19	22.16	5.15	3.24	4.84	14.29
总计	频　次（次）	441	382	562	361	272	340	496	14
	总计的（%）	25.26	21.88	32.19	20.68	24.24	30.3	44.21	1.25

注：$N=2\ 868$，有效百分比＝94.59%，缺失值＝164。表格中的百分比为个案百分比，由于题目为多选题，故个案百分比之和大于100%。

7. 中小学班主任的身份构成分析

构建一支稳定的班主任队伍是学校管理与发展的关键所在，班主任群体的任职身份一定程度上影响着班主任队伍的稳定性，同样关乎学校的班级管理与发展。那么班主任群体的身份构成是怎样的？城乡之间班主任身份有什么不同？存在哪些差异？本部分尝试回答上述问题，对班主任群体的身份构成进行考察。

第一，本校在编教师是构成班主任的主体。数据显示，班主任群体中任职身份是本校在编教师的数量最多，占比高达91.79%。其中，初中班主任身份是本校在编教师的比例为94.18%，小学为90.21%（见表5.21）。本校在编教师身份因其编制的影响，相对于其他教师身份而言，具有稳定性的优势，既大大降低了班主任临时"撂挑子"的风险，又相对降低了学校对班主任管理的成本，这对于稳定班主任队伍、促进班主任队伍的建设和成长是有益的。

第二，班主任群体身份构成存在城乡差异，乡村小学代课教师、特岗教师比例最高。通过城乡对比发现，城市学校（包括县城）班主任群体的本校在编教师略高于农村学校（乡镇和乡村）的比例，其中城市小学与乡村小学的对比最为明显，城市小学为93.23%，乡村小学为83.77%，相差约10个百分点。（$c^2_{(2)}=57.898$，$p=0.000<0.05$）相比之下，乡村小学代课教师、特岗教师的比例高于其他类别学校，其中班主任身份是代课教师的占9.16%，是特岗教师的占4.97%（见表5.21）。代课教师、特岗教师担任班主任一定程度上削减了乡村小学班主任队伍的稳定性，相对于其他类型学校而言，增加了班主任队伍管理的难度，不利于和谐健康的班主任队伍建设。

表 5.21 不同学段城乡之间班主任的身份分布

			本校在编教师	代课教师	特岗教师	交流(轮岗)教师	支教教师
初中	城市	频数(人)	286	9	0	3	3
		百分比(%)	95.02	2.99	0.00	1.00	1.00
	县城	频数(人)	356	0	2	0	1
		百分比(%)	99.16	0.00	0.56	0.00	0.28
	乡镇	频数(人)	478	15	34	1	1
		百分比(%)	90.36	2.84	6.43	0.19	0.19
	乡村	频数(人)	13	0	1	0	0
		百分比(%)	92.86	0.00	7.14	0.00	0.00
	合计	频数(人)	1 133	24	37	4	5
		百分比(%)	94.18	2.00	3.08	0.33	0.42
小学	城市	频数(人)	427	26	0	2	3
		百分比(%)	93.23	5.68	0.00	0.44	0.66
	县城	频数(人)	369	10	5	8	1
		百分比(%)	93.89	2.54	1.27	2.04	0.25
	乡镇	频数(人)	525	35	20	1	5
		百分比(%)	89.59	5.97	3.41	0.17	0.85
	乡村	频数(人)	320	35	19	2	6
		百分比(%)	83.77	9.16	4.97	0.52	1.57
	合计	频数(人)	1 641	106	44	13	15
		百分比(%)	90.21	5.83	2.42	0.71	0.82
合计	城市	频数(人)	713	35	0	5	6
		百分比(%)	93.94	4.61	0.00	0.66	0.79
	县城	频数(人)	725	10	7	8	2
		百分比(%)	96.41	1.33	0.93	1.06	0.27
	乡镇	频数(人)	1 003	50	54	2	6
		百分比(%)	89.96	4.48	4.84	0.18	0.54
	村屯	频数(人)	333	35	20	2	6
		百分比(%)	84.09	8.84	5.05	0.51	1.52
	合计	频数(人)	2 774	130	81	17	20
		百分比(%)	91.79	4.30	2.68	0.56	0.66

注：N=3 022，有效百分比=99.67%，缺失值=10。

（三）中小学班主任教师的工作状况如何？

班主任作为学科教师和班主任，具有双重角色，既要做好班级工作，也要承担学科教学任务。那么，他们的工作负担大不大，能否胜任当前的工作量？开展工作难不难，能不能顺利完成工作？在当前工作量和工作压力下，他们的工作状态和身心状态怎么样？从班主任教师的现实工作状况入手，对于我们思考班主任的责任边界和岗位待遇具有一定的启示意义。

1. 班主任教师工作负担大不大？

班主任教师工作负担大不大，一方面需要看班主任花在班级工作（不包括教学工作）上的时间和精力，另一方面也要看班主任的教学工作量。这就需要回答以下几个问题：班主任用在班级工作上的时间有多少，中小学校、城乡学校是否有差别，班级规模、寄宿学生、随迁子女和留守儿童对班主任工作时间的影响大不大？中小学班主任平均任教几门课，课时量有多大，和其他科任教师是否有差别，城乡学校教师是否有差别，他们能否胜任目前的教学工作量？

（1）班主任用在班级工作上的时间有多少？

第一，中小学班主任平均每天花在班级工作上的时间分别为 4.89、3.56 个小时，城乡学校班主任所花时间差异不显著。《中小学班主任工作规定》（教基一〔2009〕12 号）中指出："教师担任班主任期间应将班级工作作为主业。"而工作时间是判断是否作为主业的显性指标。调查结果显示，班主任平均每天用在班级工作（不包括教学工作）上的时间为 4.08 个小时。如果按照《中华人民共和国劳动法》中劳动者每日工作时间不超过八小时的工时制度，那么班主任教师则把超过一半的工作时间用在了班级工作上。所以，至少从平均工作时间来看，班主任教师的班级工作占一半多的时间。具体来看，花在班级工作上 2 个小时的教师最多，比例为 27.16%；另外，50% 以上的教师平均每天至少用 3 个小时处理班级工作，还有四分之一的班主任平均每天至少花 5 个小时（见表 5.22）。这说明因班级情况、班级工作能力和效率不同等，班主任花在班级工作上的时间也有差异。

分中小学来看，中小学班主任平均每天用于班级工作的时间存在显著差异（$t = 7.21$，$p = 0.000 < 0.05$）。初中班主任平均每天用 4.89 个小时处理班级工作，比小学班主任（3.56 个小时）多出 1.33 个小时。从四分位数来看，初中班主任也比小学班主任均多出 1 个小时。另外，还有 25% 的初中班主任每天需要在班级工作上花 5 个小时及以上（见表 5.22）。所以，中小学班主任津贴应当有差异，若简单粗略地从时间来看，初中班主任津贴标准应当是小学班主任的 1.37 倍；若同时考虑到初中班主任的工作风险和责任压力比小学更大，津贴标准还应当在1.5 倍比较合适。

再从城乡来看，城市、县城、乡镇、乡村和教学点的小学班主任平均每天花在班级工作上的时间分别为 3.52、3.71、3.79、3.28、2.75 个小时，总体差异并不显著（F＝2.105，p＝0.078＞0.05）。但村小和教学点的班主任所花时间较少，尤其是教学点，比其他学校的班主任平均少 1 个小时左右，而其他学校班主任所花时间均在平均水平（3.56 个小时）上下。从四分位数来看，教学点班主任也基本比其他类型学校班主任各少 1 个小时。这可能与教学点班级规模小，班主任需要处理的学生和班级事务少有关。城乡初中班主任在班级工作时间上的差异也不显著（F＝0.347，p＝0.792＞0.05），均在平均水平（4.89 个小时）上下浮动。而城市中学班主任平均花 5.13 个小时，比其他学校略高，这可能与城市学校班额较大有关（见表 5.22）。

中小学班主任每天分别将大约 60％、45％的工作时间用于处理班级工作事务，所以，中小学班主任的教学任务量也应当相应地减少 60％、45％左右；如果难以实现，就应当增加班主任津贴，而科学设定班主任津贴标准对于提高班主任岗位吸引力具有较大的实际意义。在前面的调查分析中已经说明，小学教师比初中教师、乡村教师比城镇教师愿意担任班主任的比例更高，再结合班级工作时间，可以说，班主任是否愿意从事这一岗位工作，与他们每天花在班级工作上的时间直接相关。因此，依据对班级工作时间的分析，科学提出班主任津贴标准，具有一定可行性。

表 5.22　不同类型班级的班主任每天用于班级工作的时间

（单位：小时/天）

类别		样本	均值	标准差	众数	第 25 百分位数	第 50 百分位数	第 75 百分位数
班主任总体		1 366	4.08	3.21	2.00	2.00	3.00	5.00
学校类型	小学	828	3.56	2.75	2.00	2.00	3.00	4.00
	城市小学	206	3.52	2.59	2.00	2.00	3.00	4.00
	县城小学	167	3.71	3.11	2.00	2.00	3.00	4.00
	乡镇小学	270	3.79	2.87	2.00	2.00	3.00	4.00
	乡村小学	134	3.28	2.37	2.00	2.00	2.00	4.00
	教学点	51	2.75	2.32	2.00	1.00	2.00	3.00
	初中	588	4.89	3.66	3.00	3.00	4.00	5.00
	城市中学	120	5.13	3.74	4.00	3.00	4.00	5.88
	县城中学	145	4.67	3.12	4.00	2.50	4.00	5.75
	乡镇中学	265	4.90	3.93	2.00*	2.00	4.00	5.00
	乡村中学	8	4.88	2.85	2.00*	2.25	4.5	7.25

续表

类别		样本	均值	标准差	众数	第25百分位数	第50百分位数	第75百分位数
班级规模	25人及以下	58	3.17	2.54	2.00	2.00	2.00	4.00
	26~35人	82	3.04	2.17	2.00	2.00	2.00	3.13
	36~45人	235	3.95	2.88	2.00	2.00	3.00	5.00
	46~55人	286	4.38	3.59	2.00	2.00	3.00	5.00
	56~65人	230	4.03	2.86	3.00	2.00	3.00	5.00
	66人及以上	204	4.07	3.07	2.00	2.00	3.00	5.00
	合计	1 095	3.99	3.07	2.00	2.00	3.00	5.00
班级是否有寄宿生	无寄宿生	760	3.74	2.84	2.00	2.00	3.00	5.00
	有寄宿生	335	4.57	3.47	3.00	2.00	4.00	5.00
	合计	1 095	3.99	3.07	2.00	2.00	3.00	5.00
班级是否有留守儿童	无留守儿童	417	4.16	3.00	2.00	2.00	3.00	5.00
	有留守儿童	678	3.89	3.11	2.00	2.00	3.00	4.63
	合计	1 095	3.99	3.07	2.00	2.00	3.00	5.00
班级是否有随迁子女	无随迁子女	679	4.11	3.20	2.00	2.00	3.00	5.00
	有随迁子女	416	3.80	2.82	2.00	2.00	3.00	4.00
	合计	1 095	3.99	3.07	2.00	2.00	3.00	5.00

　　注：班主任总体、学校类型：N＝1 366，有效百分比＝81.17％，缺失值＝201；班级规模、班级是否有寄宿生、班级是否有留守儿童、班级是否有随迁子女：N＝1 095，有效百分比＝89.83％，缺失值＝124。

　　＊代表有多个众数，此处为最小众数。

　　第二，35人以上班额和有寄宿生显著增加了班主任工作时间，而随迁子女和留守儿童对班主任工作时间影响并不显著。城镇学校大班大校化，以及寄宿学生、随迁子女和留守儿童等都是伴随社会发展和教育变革而出现的现象，它们给学校的教育教学管理带来不同程度的挑战。那么，这些新现象或者新的学生类型的存在，对班主任花在班级工作上的时间有无影响，有什么样的影响呢？统计检验显示，班额不同的班主任花在班级工作上的时间存在显著差异（F＝3.403，p＝0.005＜0.05）。通过多重比较发现，虽然班级规模从36~45人直至66人及以上，班级工作时间略有差异，但这种差异并没有达到显著程度，平均时间都在4个小时左右，而且从四分位数来看，也具有一致性。显著差异主要体现在35人及以下和36人以上的班级，所负责班级班额在25人及以下和26~35人的班主任，他们平均每天花3.17、3.04个小时处理班级事务，从第50和75百分位数来看，也比36人以上的班级少1个小时或以上（见表5.22）。35人抑或说36~45人中的某个数值，似乎成为影响班主任工作量和工作时间的分割点，35人以上班额显著增加了班主任工作时间。因此，不仅要对大班额或超大班额班级的班主任，也要对 35 人以上班级的班主任在津贴标准上予以倾斜。

有寄宿生和无寄宿生班级的班主任用于班级工作时间上的差异也非常显著（$t=-3.86$，$p=0.000<0.05$）。如果班级有寄宿生，班主任平均每天需要花 4.57 个小时在班级工作上，比无寄宿生班级的班主任高出 0.83 个小时，是其 1.22 倍。而且，前者所花时间的众数为 3 小时，而后者为 2 小时（见表 5.22）。那么，寄宿管理大概能占班主任工作时间的多大比例呢？数据显示，有寄宿生班级的班主任平均每周用于寄宿管理的时间为 4.04 个小时，按照一周 5 个工作日来计算，每天大约 0.81 个小时，与有寄宿生班级的班主任和无寄宿生班级的班主任的时间差值基本相当，寄宿管理约占班主任工作时间（4.57 个小时）的 17.72%。当然，也有一些班主任用于寄宿管理的时间比较短，50% 的班主任每周用时在 2 个小时以内（见表 5.23）。另外，从有寄宿生班级班主任的主观感受来看，有 59.43% 的班主任认为寄宿管理工作非常繁重或比较繁重，还有 30.29% 的班主任对此持一般繁重的态度，仅有 10.28% 的班主任认为管理寄宿生不太繁重或不繁重（见表 5.24）。所以，总体而言，寄宿生显著增加了班主任的工作量和工作时间，寄宿制学校的班主任津贴也应当显著高于非寄宿制学校的班主任，可能至少应当在 1.22 倍以上。

表 5.23　班主任每周用于不同工作内容的时间　（单位：小时/周）

工作内容	均值	标准差	众数	第25百分位数	第50百分位数	第75百分位数
寄宿管理	4.01	4.85	1.00	1.00	2.00	5.00
组织学生活动	3.59	3.50	1.00	1.00	2.00	5.00

注：寄宿管理：N=161，有效百分比=44.97%，缺失值=197；组织学生活动：N=1 426，有效百分比=47.03%，缺失值=1 606。

表 5.24　班主任对一些工作繁重程度的看法

工作内容	统计量	非常繁重	比较繁重	一般繁重	不太繁重	不繁重	合计
寄宿管理	频数（人）	53	51	53	10	8	175
	百分比（%）	30.29	29.14	30.29	5.71	4.57	100.00
组织学生活动	频数（人）	271	432	685	122	95	1 605
	百分比（%）	16.88	26.92	42.68	7.60	5.92	100.00
课时数	频数（人）	687	882	557	47	8	2 181
	百分比（%）	31.50	40.44	25.54	2.15	0.37	100.00

注：寄宿管理：N=175，有效百分比=48.88%，缺失值=183；组织学生活动：N=1 605，有效百分比=52.94%，缺失值=1 427；课时数：N=2 181，有效百分比=71.93%，缺失值=851。

有留守儿童和无留守儿童班级的班主任用于班级工作的时间分别为 3.89、4.16 小时，两者之间的差异并不显著（$t=1.39$，$p=0.166>0.05$）。同样，班级里有无随迁子女对班主任工作时间所造成的影响差异也不显著（$t=1.71$，$p=0.088>0.05$），有随迁子女和无随迁子女班级班主任每天用于班级工作的时间分别为 3.80、4.11 个小时。从四分位数来看，二者第 25 和 50 百分位数都一样，但在第 75 百分位数上，无农民工子女班级的班主任比有农民工子女班级的班主任在班级管理上所花时间分别高出 0.37、1 个小时，也就是说将数据升序排列，前者后 25% 的数据高于后者，这可能也是造成前者均值略高的原因（见表 5.22）。农民工子女虽然对班主任工作时间的影响没有达到显著程度，但从前面的研究中已知，他们影响到了班主任从事这一岗位的意愿。且 60.36% 的班主任表示，在帮助留守儿童方面，面临的最大问题就是工作负担重、时间有限（见图 5.4）。所以，在班主任津贴标准上还是应当给予班级有留守儿童和随迁子女的班主任以一定程度的倾斜或补偿。

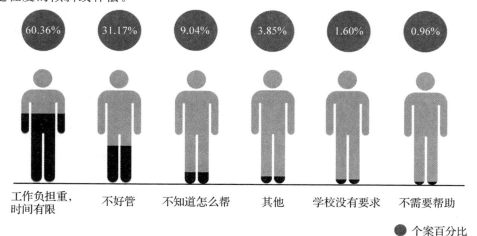

图 5.4　班主任帮助留守儿童存在的困难之处

第三，班主任平均每周花 3.59 个小时组织学生活动，五分之二以上的班主任觉得繁重。《中小学班主任工作规定》（教基一〔2009〕12 号）中指出，组织和指导开展形式多样的班级活动是班主任的重要职责之一，班主任分配在组织学生活动上的时间，能够反映出班主任履行该项职责的情况。调查数据显示，班主任平均每周用于组织学生活动的时间为 3.59 个小时，即每天约 0.72 个小时，占班主任用于班级工作时间（4.08 小时）的 17.65%。另外，也有 25% 以上的教师花了至少 5 个小时（见表 5.23）。可以说，总体上班主任较好地履行了该项职责。但从班主任的主观感受来讲，43.80% 的班主任认为这项工作非常繁重或比较繁重，仅有 13.52％的班主任认为组织学生活动不太繁重或不繁重（见表 5.24）。

（2）班主任的教学工作负担有多大？

第一，小学班主任平均任教 2.6 门学科，乡村小学班主任教授学科门数高于城镇小学；初中班主任大多任教 1 门学科。班主任除做好班级工作外，还需要做好个人的教学工作。通过上面的分析已经知道，当前小学班主任多为语文或数学教师，初中多为语文、数学和外语教师，也就是说班主任多为主课教师，教学责任和压力更为重大。除学科性质外，班主任任教学科门数也是反映教学工作负担的一个指标。调查数据显示，小学班主任平均任教 2.6 门学科，从四分位数来看，一半以上的班主任担任 2 门及以上学科的教学工作，还有四分之一至少任教了 4 门学科，任课科目比较多；而小学其他科任教师平均担任 1.96 门课，仅有 25％担任 2 门及以上，比班主任任教课程门数少。这可能与一些小学实行班主任包班制或者"半包班制"（如班主任仅任教本班语文、数学等学科），而其他教师同时担任几个班的同一学科教学有关。城乡小学班主任在任教学科门数上存在显著差异（F＝71.061，$p=0.000 < 0.05$），伴随学校所在地城镇化水平的不断降低，班主任任教学科门数呈增多趋势。具体来看，城市、县城和乡镇学校班主任平均任教学科门数分别为 2.23、2.04、2.56 门，相差不多，且均低于平均水平；这些学校的班主任担任 1 门学科教学任务的最多，比例依次为 39.50％、54.97％、31.91％；而且超过一半（具体比例分别为 63.21％、70.15％、57.62％）的教师担任的课程门数也在 2 门以内。而村小和教学点的班主任平均所教科目数量分别增至 3.29 和 4.79 门，村小班主任中担任 2 门课程教学任务的最多，一半以上的教师担任至少 3 门，还有四分之一的班主任教 5 门及以上；而教学点的班主任多承担班级几乎所有学科的教学工作，他们中有一半以上需要同时教 5 门以上学科（见表 5.25 和表 5.26）。这应当是乡村学校小班小校和乡村教师短缺双重影响的结果。值得注意的是，学校所在地城镇化水平越低，班主任任教科目就越多，但这并没有影响到他们坚守这一岗位的意愿，正如前面所证明，他们反而更愿意从事班主任工作，这可能是因为班级规模、班主任岗位积极特点等因素对班主任工作意愿的影响超过了任教学科数量的影响。

初中班主任平均教 1.32 门课程，从四分位数来看，应该说初中班主任主要教 1 门课，仅有 15.45％的班主任教 2 门及以上课程。从均值和四分位数来看，班主任任教学科门数和其他科任教师差别不大，城乡中学班主任任教课程门数差别也不大（见表 5.25）。这可能是因为初中课程专业性强，更具难度和深度，相应地也需要更加专业化的学科教师，因此，无论是否担任班主任、学校在城抑或乡，初中教师包括班主任多任教 1 门学科。

表 5.25　不同教师群体任教学科门数情况　　　　　　　　　　（单位：门）

不同教师群体	样本	均值	标准差	众数	第25百分位数	第50百分位数	第75百分位数
小学非班主任教师	1 602	1.96	1.44	1.00	1.00	1.00	2.00
小学班主任教师	1 752	2.60	1.77	1.00	1.00	2.00	4.00
城市小学	443	2.23	1.31	1.00	1.00	2.00	3.00
县城小学	382	2.04	1.47	1.00	1.00	1.00	3.00
乡镇小学	564	2.56	1.58	1.00	1.00	2.00	3.75
村小	267	3.29	2.08	2.00	2.00	3.00	5.00
教学点	96	4.79	2.48	6.00	3.00	5.00	6.75
中学非班主任教师	2 106	1.17	0.65	1.00	1.00	1.00	1.00
中学班主任教师	1 133	1.32	1.24	1.00	1.00	1.00	1.00
城市中学	273	1.13	0.44	1.00	1.00	1.00	1.00
县城中学	341	1.15	0.61	1.00	1.00	1.00	1.00
乡镇中学	505	1.52	1.74	1.00	1.00	1.00	1.00
乡村中学	14	1.29	0.61	1.00	1.00	1.00	1.25

注：N＝6 593，有效百分比＝88.34%，缺失值＝870。

表 5.26　不同学校小学班主任任教学科门数情况

学校所在地	统计量	0门	1门	2门	3门	4门	5门	6门	7门及以上
城市	频数（人）	1	175	104	85	48	24	4	2
	百分比（%）	0.23	39.50	23.48	19.19	10.84	5.42	0.90	0.45
县城	频数（人）	0	210	58	52	31	19	8	4
	百分比（%）	0.00	54.97	15.18	13.61	8.12	4.97	2.09	1.05
乡镇	频数（人）	1	180	144	98	69	48	10	14
	百分比（%）	0.18	31.91	25.53	17.38	12.23	8.51	1.77	2.48
村小	频数（人）	2	55	60	45	36	29	23	17
	百分比（%）	0.75	20.60	22.47	16.85	13.48	10.86	8.61	6.37
教学点	频数（人）	0	11	11	8	13	14	15	24
	百分比（%）	0.00	11.46	11.46	8.33	13.54	14.58	15.63	25.00
合计	频数（人）	4	631	377	288	197	134	60	61
	百分比（%）	0.23	36.02	21.52	16.44	11.24	7.65	3.42	3.48

注：N＝1 752，有效百分比＝95.84%，缺失值＝76。

　　第二，小学班主任能够胜任 2 门以内学科教学，近三分之二的教学点班主任承担了超过胜任能力的学科门数；初中班主任基本能够胜任目前被安排的学科门数。在了解班主任实际承担的学科门数后，我们还需要进一步追问班主任能够胜任几门学科的教学，现实情况有没有超过他们的实际承受能力。数据显示，小学班主任平均能够胜任 2 门学科的教学，而且能够胜任 2 门的占比也最高，为 52.70％；而 29.85％的班主任仅能胜任 1 门课程，也就是说，近 83％的小学班主任能够承受 2 门以内的学科教学；能够同时承担 3 门课程的将近 10％；仅有 7.69％的小学班主任可以同时任教 4 门及以上（见表 5.27 和表 5.28）。所以，教学点和部分村小由于教师短缺实行的完全包班制，超出了班主任的可承受范围；而实行班主任"半包班制"，即包教本班的语文和数学课，符合班主任的实际承受能力，同时能够在与学生的充分接触中做好教育和教学的有机融合；此外，班主任担任几个班的单一课程教学，也在其能力范围内。比较表 5.25 和表 5.27，小学班主任实际承担学科门数的平均值略高于胜任门数；第三、四分位数相差 2 门学科；四分之一的班主任至少任教了 4 门课程，但实际上仅有 7.69％的小学班主任能够胜任 4 门及以上。通过对比不同学校的情况，可以推断村小和教学点的班主任多承担了超学科门数的教学工作。再对小学班主任实际承担学科门数和可胜任学科门数的对比也得到了证明，40.54％的小学班主任实际承担的学科门数超过了他们所能够胜任的；其中，教学点班主任承担了超过胜任能力学科门数的最多，比例接近三分之二；其次是村小，达 46.32％（见表 5.29）。这与乡村学校教师短缺直接有关。一方面，由于村小和教学点学生人数比较少，按照"生师比"的教师编制配备标准所得到的实际教师数量难以满足教学实际需要，出现"表面超编，实质缺编"的现象，班主任不得不"包班教学""跨多个学科教学"，甚至"跨多个年级教学"；另一方面，农村教师编制配置存在严重的学科配比失衡，语文、数学科任教师占比过大，小科教师严重不足。[①] 这就造成多任教语文或数学的班主任，可能兼任音乐、美术和体育等课程。有研究者提出了以"工作量"为基准的乡村小规模学校教师标准测算标准，兼顾"科师比"，[②] 如此也能减轻乡村学校班主任的工作负担。

　　初中班主任能够胜任的学科门数平均为 1.68 门。具体来看，分别有 44.47％和 43.90％的班主任能够胜任 1 门和 2 门学科教学，推测这 2 门课程应当属于相近学科，如历史和政治、生物或化学等。从均值和四分位数来看，初中班主任实

---

　　① 刘善槐：《我国农村教师编制结构优化研究》，《教育研究》2016 年第 4 期，第 81～88 页。

　　② 邬志辉：《关于乡村小学课程开设状况的调查与思考》，《生活教育》2015 年第 15 期，第 5～8 页；周兆海，邬志辉：《工作量视角下义务教育教师编制标准研究》，《中国教育学刊》2014 年第 9 期，第 1～6 页。

际承担的学科门数和能够胜任的基本相当，甚至后者（1.68 门）还略高于前者（1.32 门），而且后者的第二和第三、四分位数比前者高出 1 门。通过比较每个初中班主任实际任教学科和可胜任学科的具体情况，仅 10.39% 的班主任承担了超过胜任能力的学科门数，比小学少 30 个百分点，而且城乡中学班主任在这个问题上没有显著差异（$c^2_{(3)} = 7.210$，$p = 0.066 > 0.05$）（见表 5.27、表 5.28 和表 5.29）。可以说，目前初中班主任能够胜任当前被安排的课程门数，在教育实践中也确实应当根据班主任的专业情况，尽量安排他们承担相应的单学科教学。

表 5.27 不同学校班主任能够胜任的学科门数 （单位：门）

学校所在地	样本	均值	标准差	众数	第 25 百分位数	第 50 百分位数	第 75 百分位数
小学班主任	871	2.02	1.14	2.00	1.00	2.00	2.00
城市小学	210	1.84	0.78	2.00	1.00	2.00	2.00
县城小学	168	1.85	0.83	2.00	1.00	2.00	2.00
乡镇小学	302	1.98	1.18	2.00	1.00	2.00	2.00
村小	141	2.31	1.40	2.00	2.00	2.00	2.00
教学点	50	2.82	1.65	2.00	2.00	2.00	3.25
中学班主任	533	1.68	0.93	1.00	1.00	2.00	2.00
城市中学	110	1.45	1.16	1.00	1.00	1.00	2.00
县城中学	153	1.80	0.94	2.00	1.00	2.00	2.00
乡镇中学	262	1.70	0.79	2.00	1.00	2.00	2.00
乡村中学	8	1.88	0.64	2.00	1.25	2.00	2.00

注：N=1 404，有效百分比=89.6%，缺失值=163。

表 5.28 中小学班主任能够胜任的学科门数

学校类别	统计量	0 门	1 门	2 门	3 门	4 门	5 门	6 门及以上	合计
小学	频数（人）	3	260	459	82	34	18	15	871
	百分比（%）	0.34	29.85	52.70	9.41	3.90	2.07	1.72	100.00
初中	频数（人）	9	237	234	40	6	3	4	533
	百分比（%）	1.69	44.47	43.90	7.50	1.13	0.56	0.75	100.00

注：N=1 404，有效百分比=89.60%，缺失值=163。

表 5.29　不同学校班主任实际任教学科门数和能够胜任学科门数对比情况

		统计量	实际任教学科门数 ＜能够胜任学科门数	实际任教学科门数 ≥能够胜任学科门数
小学	城市小学	频数（人）	123	81
		百分比（%）	60.29	39.71
	县城小学	频数（人）	113	54
		百分比（%）	67.66	32.34
	乡镇小学	频数（人）	177	115
		百分比（%）	60.62	39.38
	乡村小学	频数（人）	73	63
		百分比（%）	53.68	46.32
	教学点	频数（人）	17	30
		百分比（%）	36.17	63.83
	合计	频数（人）	503	343
		百分比（%）	59.46	40.54
中学	城市中学	频数（人）	97	5
		百分比（%）	95.10	4.90
	县城中学	频数（人）	134	12
		百分比（%）	91.78	8.22
	乡镇中学	频数（人）	219	35
		百分比（%）	86.22	13.78
	乡村中学	频数（人）	7	1
		百分比（%）	87.50	12.50
	合计	频数（人）	457	53
		百分比（%）	89.61	10.39

注：N＝1 356，有效百分比＝86.53%，缺失值＝211。

　　第三，小学、初中班主任平均每周课时数为 14.75、13.11 节，略高于其他科任教师。课程门数更多反映了班主任学科教学的难度，课时数直接表征着学科教学的任务量。《中小学班主任工作规定》（教基一〔2009〕12 号）中提出"教师担任班主任期间应将班级工作作为主业"，"班主任工作量按当地教师标准课时工作量的一半计入教师基本工作量"，以引导地方和学校重视班主任工作，适当减少班主任学科教学的工作量，使他们将更多精力用在育人上。《国务院关于统筹推进县域内城乡义务教育一体化改革发展的若干意见》（国发〔2016〕40 号）进一步强调了这一要求。那么，在现实中班主任的教学工作量有多少，和其他科任教师是否有差别？调查结果显示，小学班主任平均每周课时数为 14.75 节，并不比其他科任教师少，反而还高出 1.38 个课时。小学班主任多任教语文或数学，在语文和数学教师中，班主任也都高于非班主任 1～2 节/周。此外，城乡学校班主任的课时数也存在显著差异（F＝131.756，p＝0.000＜0.05）。城镇化水平越低的地区，班主任承担的课时量越大：城市和县城小学班主任每周课时数分别为 12.56、13.34 节，低于 14.75 节的平均水平；乡镇小学和平均水平基本相当；而村小和教学点大约高出平均课时数 3～6 节，分别为 17.91、20.86 节。这种情况和乡村学校教师短缺直接相关（见表 5.30）。

表 5.30　不同教师群体的每周课时数　　　　　　（单位：节/周）

不同教师群体			样本	均值	标准差	众数	第25百分位数	第50百分位数	第75百分位数
教师总体	小学	班主任	1 446	14.75	4.53	13.00	12.00	14.00	17.00
		城市小学	340	12.56	3.04	13.00	11.00	13.00	14.00
		县城小学	305	13.34	3.26	13.00	12.00	13.00	15.00
		乡镇小学	475	14.51	4.18	15.00	12.00	15.00	16.00
		村小	238	17.91	4.02	18.00	15.75	18.00	20.00
		教学点	88	20.86	6.06	17.00	17.00	20.00	24.00
		非班主任	1343	13.37	3.93	14.00	12.00	14.00	15.00
	初中	班主任	953	13.11	4.24	12.00	11.00	12.00	15.00
		城市中学	225	12.20	3.91	12.00	10.00	12.00	14.00
		县城中学	282	13.72	4.65	12.00	12.00	13.00	17.00
		乡镇中学	435	13.22	4.07	12.00	11.00	13.00	15.00
		乡村中学	11	11.50	3.38	10.00	10.00	10.00	13.50
		非班主任	1 820	11.85	4.09	12.00	10.00	12.00	14.00
小学语文教师		班主任	990	14.96	4.59	14.00	12.00	14.00	17.00
		非班主任	315	13.78	3.97	15.00	12.00	14.00	16.00
小学数学教师		班主任	471	15.49	5.20	13.00	12.00	14.00	18.00
		非班主任	552	13.36	4.05	14.00	12.00	13.00	15.00
初中语文教师		班主任	232	13.22	4.64	12.00	10.00	12.00	16.00
		非班主任	366	11.99	3.99	12.00	10.00	12.00	14.00
初中数学教师		班主任	281	13.51	4.27	12.00	10.00	13.00	15.00
		非班主任	290	12.01	4.00	12.00	10.00	12.00	14.00
初中英语教师		班主任	184	13.87	5.56	12.00	11.25	12.00	16.38
		非班主任	269	12.77	4.41	12.00	10.00	12.00	15.00

注：教师总体：N＝5 562，有效百分比＝74.53%，缺失值＝1 901；小学语文教师：N＝1 305，有效百分比＝80.11%，缺失值＝324；小学数学教师：N＝1 023，有效百分比＝

79.18%，缺失值＝269；初中语文教师：N＝598，有效百分比＝77.16%，缺失值＝177；初中数学教师：N＝571，有效百分比＝81.92%，缺失值＝126；初中英语教师：N＝453，有效百分比＝77.84%，缺失值＝129。

初中班主任每周课时数也不比其他科任教师少。数据显示，初中班主任平均每周上 13.11 节课，其他科任教师上 11.85 节。从初中教师任教最多的语文、数学和英语教师内部来看，在平均水平或四位分数上，班主任也比其他教师每周多出 1～2 节课。但城乡学校初中班主任的课时量并不像小学差别那么大，基本都在平均水平上下浮动（见表 5.30）。由以上分析可见，在现实的教育教学实践中，学校并没有因班主任需要承担班级工作而降低他们学科教学的工作量，更不是其他科任教师课时量的一半，71.94%的班主任反映课时量繁重（见表 5.24）。这一方面可能是因为学校一般会选择优秀的教师担任班主任，他们教学能力强，教育质量高，容易获得家长和学生的认可，所以学校也很难减少这些优秀教师的课时量；另一方面可能与教师数量短缺有关，班主任不得不和科任教师一样承担相同的课时量，甚至更多的工作量。前面已经说明，小学和初中班主任平均每天花在班级工作上的时间分别为 3.56、4.89 个小时，一周大约分别为 18、20 个小时，均超过了一个科任教师的课时时间。由于班主任教学工作量和其他科任教师相当，同时每天又把一半左右的时间放在班级工作上，可以说在现实中班主任教师将班级工作和教学工作均作为主业，工作负担比较大。

第四，小学和初中班主任平均每周能够胜任 13.96、13.02 节课，分别有46.56%、39.36%的班主任承担了超承受能力的课时量，乡村小学和县城中学尤为严重。在了解班主任实际承担的课时量后，我们还需进一步分析班主任能够承受的课时量。数据显示，小学班主任平均每周能够胜任的最大课时量为 13.96节，和班主任实际承担的相差不到 1 节；但从四分位数来看，二者差距在 1～2节/周（见表 5.31）。进一步对比分析，46.56%的班主任承担的实际课时量超过了他们可承受的最大课时量，其中超出范围在每周 5 个课时及以内的就有34.11%，也就是说将这些班主任每周课时减少 1～5 节，他们的课时量就控制在了可承受范围内（见表 5.32）。所以，可以说班主任每周实际承担的课时数略微超出了他们能够承受的范围，把班主任教学工作量减到他们可承受的范围内具有一定可行性。分城乡来看，比较表 5.30 和表 5.31 中的均值和四分位数，城市和县城小学班主任的实际课时量和可承受课时量在平均水平上基本相当，第 25 和50 百分位数超出可承受课时量 1～2 节/周；而乡镇小学、村小和教学点的班主任实际承担的平均课时量高出可承受课时量 1～2 节/周，四分位数更是差出 2～4节/周。可见，乡村小学班主任的教学工作任务超量比较严重，教学负担比较大。通过对小学班主任实际课时量和可承受课时量整理分析也说明了这一点，

58.87％和55.81％的村小和教学点班主任承担了超承受能力的课时量，教学点尤为严重，超5个课时以上的就有30.23％，远高于其他学校；此外，城市小学班主任超量承担课时量的占比也不低，为46.75％，但程度不如乡村学校严重，超出范围在每周5个课时及以内的有近40％（见表5.32）。

调研发现，初中班主任平均每周能够胜任的最大课时量为13.02节，和实际承担的课时量基本相当；除第25百分位数相差1节/周外，其他也一致，可以说初中班主任承担课时数的超量程度没有小学严重（见表5.30和5.31）。同时分析也发现，超量涉及的班主任范围也没有小学广泛，39.36％的班主任承担的实际课时量超过了他们可承受的最大课时量，比小学少7个百分点（见表5.32）。分城乡来看，县城初中班主任承担超承受能力课时量的现象最为严重，实际课时量的第50和75百分位数比胜任课时量分别高出1节/周、2节/周，同时超承受能力承担课时量涉及了44.99％的班主任，比其他学校的比例都高；其次是城市中学，有42.23％的班主任承担的课时量超过了他们的实际承受能力；而乡镇和乡村中学的比例低于平均水平（见表5.30、表5.31和表5.32）。另外，无论小学还是中学，班主任能够胜任的最大课时量都略高于其他科任教师。小学阶段班主任和其他科任教师分别每周能够胜任13.96、13.30个课时；初中阶段分别为13.01、12.62节/周（见表5.31）。班主任可承受课时量和实际课时量并不少于其他科任教师，因此，在无法做到中小学分别减少班主任60％、45％左右的教学工作量以保障班主任和其他科任教师总工作量一致的情况下，建议将班主任教学工作量控制在他们可承受范围内，设置班主任岗位津贴，而这也是教育实践中的基本做法——实行班主任津贴定额标准，"在岗即得"；还有一些地方不仅体现"在岗即得"，还进一步根据学生人数制定津贴标准，体现"多劳多得"。而《中小学班主任工作规定》（教基一〔2009〕12号）中提到的"班主任工作量按当地教师标准课时工作量的一半计入教师基本工作量"，"对于班主任承担超课时工作量的，以超课时补贴发放班主任津贴"，旨在以工作量作为班主任津贴标准的思想，并没有在实践中得到有效执行。这一方面可能是受1979年中小学班主任津贴政策实施以来的"岗位津贴"思想传统的影响；另一方面可能是因为班级工作和教学工作性质不同，以课时来量化核定班主任工作不够科学，因此相关规定在实践中也就化为泡影。所以，科学制定班主任津贴标准，提高班主任津贴水平，是提高班主任岗位吸引力的关键一环。

表 5.31　不同教师群体能够胜任的最大课时数　　（单位：节/周）

不同教师群体		样本	均值	标准差	众数	第25百分位数	第50百分位数	第75百分位数
小学	班主任	870	13.96	4.90	10	10	13	15
	城市小学	209	12.06	3.22	10	10	12	14
	县城小学	169	13.89	3.91	10	10	13	16
	乡镇小学	297	13.49	4.64	12	10	13	15
	乡村小学	145	16.03	5.74	15	12	15	18.5
	教学点	50	18.93	6.99	15	14	16	25
	非班主任	737	13.30	3.80	12	11	13	15
初中	班主任	540	13.02	4.47	12	10	12	15
	城市中学	118	11.92	4.03	12	10	12	14
	县城中学	151	13.25	4.21	12	10	12	15
	乡镇中学	263	13.38	4.71	12	10	12	15
	乡村中学	8	12.88	5.33	10	10	10	15
	非班主任	1 047	12.62	3.95	12	10	12	15

注：N＝3 194，有效百分比＝85.38％，缺失值＝547。

表 5.32　不同学校班主任实际课时数和能够胜任课时数对比情况

学校类型		统计量	可胜任范围内	超1节	超2节	超3节	超4节	超5节	超5节以上
小学	城市	频数（人）	90	21	18	11	6	11	12
		百分比（%）	53.25	12.43	10.65	6.51	3.55	6.51	7.10
	县城	频数（人）	89	8	11	11	10	5	9
		百分比（%）	62.24	5.59	7.69	7.69	6.99	3.50	6.29
	乡镇	频数（人）	133	14	19	15	16	14	25
		百分比（%）	56.36	5.93	8.05	6.36	6.78	5.93	10.59
	乡村	频数（人）	51	10	10	10	8	5	30
		百分比（%）	41.13	8.06	8.06	8.06	6.45	4.03	24.19
	教学点	频数（人）	19	0	1	3	4	3	13
		百分比（%）	44.19	0.00	2.33	6.98	9.30	6.98	30.23
	合计	频数（人）	382	53	59	50	44	38	89
		百分比（%）	53.43	7.41	8.25	6.99	6.15	5.31	12.45
中学	城市	频数（人）	52	6	15	1	6	2	8
		百分比（%）	57.78	6.67	16.67	1.11	6.67	2.22	8.89
	县城	频数（人）	66	7	13	3	7	4	20
		百分比（%）	55.00	5.83	10.83	2.50	5.83	3.33	16.67

续表

学校类型		统计量	可胜任范围内	超1节	超2节	超3节	超4节	超5节	超5节以上
中学	乡镇	频数（人）	143	12	17	7	10	6	26
		百分比（%）	64.71	5.43	7.69	3.17	4.52	2.71	11.76
	乡村	频数（人）	4	0	1	0	0	1	0
		百分比（%）	66.67	0.00	16.67	0.00	0.00	16.67	0.00
	合计	频数（人）	265	25	46	11	23	13	54
		百分比（%）	60.64	5.72	10.53	2.52	5.26	2.97	12.36

注：$N=1\,152$，有效百分比 $=73.52\%$，缺失值 $=415$。

2. 班主任教师开展工作难不难？

班主任教师每天既要花一半左右的时间来处理班级工作，同时还要承担和其他科任教师相当的课时量，整体工作负担比较大。那么他们在开展工作过程中存不存在困难，能否胜任工作？

第一，学生安全、心理和学习问题是班主任日常管理中最难的三项。班主任日常管理涉及学生安全、学习等多个方面，关联家长、科任教师等多个主体。调查显示，安全教育与管理是班主任日常管理中最难的工作，个案百分比为61.70%，这也是校长和班主任首要重视的问题。由于在学校保护儿童和发展儿童两方面的责任要求中，学校不会因为教学质量不高受到法律追究，却会因为儿童伤害事件而遭到责难。在当前实际生活中，不论伤害事件是学校过失还是意外事件，校长和班主任都会被首先追责。① 这就导致一些学校扭曲了教育的根本任务——将"育人"转为"保安全""不出事"，在一些乡镇寄宿制学校尤为严重。因此，厘清学校和班主任的责任和义务，避免责任无限化，同时加强依法治教，才有可能避免学校教育任务的扭曲，真正促进学生的成长和发展。在班主任日常管理中，学生心理教育和学习管理也相对比较难，个案百分比分别为48.47%、42.75%；另外，分别还有28.59%和26.46%的班主任将班级纪律和家校联系作为最难工作之一（见图5.5）。38.26%的班主任认为学生及家长要求比较多（见表5.33）。而多主体的期望和要求，可能直接导致班主任的职责扩展，加大班主任的工作难度和风险。

---

① 胡锋吉：《学校教育责任论——兼论三句教育口号》，《教育发展研究》2013年第6期，第80～84页。

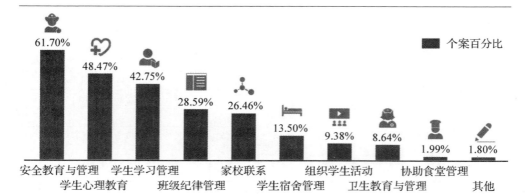

图 5.5　班主任日常管理中最难的工作

表 5.33　学生及家长是否要求多

选项	统计量	班主任	非班主任
是	频　数（人）	567	509
	百分比（%）	38.26	26.48
否	频　数（人）	915	1 413
	百分比（%）	61.74	73.52

注：N=3 404，有效百分比＝90.99%，缺失值＝337。

第二，几乎所有的班主任都能胜任教育教学，70.80% 的班主任能够胜任班级管理。数据显示，98.47% 的班主任能够胜任目前的教育教学工作，70.80% 在班级管理或处理学生问题时，能够得心应手，做好班级管理。在班级管理过程中，61.44% 的班主任偶尔或有时会出现情绪失控；17.16% 的班主任出现过言语羞辱，而 82.84% 的班主任从未出现过这种情况；另外，近 20% 的班主任对学生实施过"体罚或变相体罚"（见表 5.34 和表 5.35）。可以说，大多数班主任基本能够胜任教育教学和班级管理工作，但在班级和学生管理方法上还需进一步改善。因此，有针对地加强班主任专门培训，提高班主任管理的科学性、教育性和有效性，提升班主任队伍的专业化水平，有很大的必要性。

表 5.34　班主任胜任班级管理和教育教学的情况

胜任班级管理	频　数（人）	百分比（%）	能否胜任教育教学	频　数（人）	百分比（%）
非常符合	136	9.46	完全能	1 043	66.69
比较符合	882	61.34	基本能	497	31.78

续表

胜任班级管理	频 数（人）	百分比（％）	能否胜任教育教学	频 数（人）	百分比（％）
说不清	282	19.61	不太能	21	1.34
不太符合	121	8.41	完全不能	3	0.19
完全不符合	17	1.18	合计	1 564	100.00
合计	1 438	100.00	—		

注：胜任班级管理：N＝1 438，有效百分比＝98.16％，缺失值＝27；能否胜任教育教学：N＝1 564，有效百分比＝99.81％，缺失值＝3。

表 5.35　班主任出现下述情况的频率

	统计量	总是	经常	有时	偶尔	从不	合计
情绪失控	频 数（人）	2	17	302	557	520	1 398
	百分比（％）	0.14	1.22	21.60	39.84	37.20	100.00
言语羞辱	频 数（人）	1	6	24	206	1 144	1 381
	百分比（％）	0.07	0.43	1.74	14.92	82.84	100.00
体罚/变相体罚	频 数（人）	0	4	23	249	1 116	1 392
	百分比（％）	0	0.29	1.65	17.89	80.17	100.00

注：情绪失控：N＝1 398，有效百分比＝95.43％，缺失值＝67；言语羞辱：N＝1 381，有效百分比＝94.27％，缺失值＝84；体罚/变相体罚：N＝1 392，有效百分比＝95.02％，缺失值＝73。

3. 班主任教师工作和身心状态怎么样？

班主任教师工作负担重，同时也面临着一些工作难题。那么这些有没有影响到他们的工作状态？班主任的工作状态和身心状态与其他任课教师有没有不同？

第一，42.37％的班主任对自己的工作量并不满意，压力大，但工作状态依然积极。与科任教师相比，班主任教师除工作内容多、工作量大、工作时间长以外，还承担着巨大的工作压力。调查显示，班主任和其他科任教师在对工作量不满意这一项上的比例差别最大，42.37％的班主任对自己的工作量并不满意，比其他科任教师高出 10.97 个百分点（见图 5.6）。73.41％的班主任反映工作压力大，比其他科任教师高出 10 个百分点。如果班主任所负责的班级里有寄宿学生、随迁子女或留守儿童，他们的工作压力会更大，相比班级里没有这类学生的班主任，他们感到工作压力大的比例增加了 5 个多百分点（见表 5.36）。尽管如此，80.70％的班主任的工作状态还是积极向上的，仅有不到 3％的班主任工作状态消极，和其他科任教师并没有显著差异（$c^2_{(4)} = 7.892$，$p = 0.096 > 0.05$）（见表 5.37）。也就是说，大多数班主任能够做好调整，避免或减少压力对工作状态的影响。但这种高压力的工作，还是影响到了他们对工作的愉快感受度。41.73% 的班主任每天工作时感到愉快，比非班主任教师低 2.42 个百分点；相反，感觉不愉快的比例高出 4.41 个百分点；这种差异达到了显著水平（$c^2_{(4)} = 13.212$，$p = 0.010 < 0.05$）（见表 5.38）。如果班主任长期处于高工作压力和精神压力下，直接会影响到他们的身心健康，进而影响教育教学工作。所以，为班主任"减负""减压"是一件需要学校和社会共同关注和应对的事情。

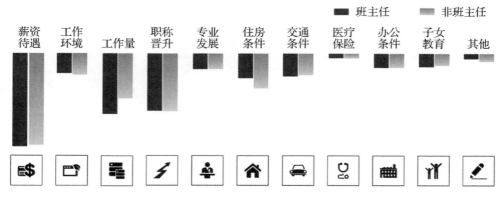

图 5.6　班主任与非班主任在工作生活中最不满意的内容

表 5.36　不同教师群体是否感到工作压力大

选项	统计量	是否为班主任		班级有无寄宿生		班级有无留守儿童		班级有无随迁子女	
		班主任	非班主任	无	有	无	有	无	有
是	频　数（人）	1 088	1 218	588	265	322	531	528	325
	百分比（%）	73.41	63.37	72.41	77.94	70.93	76.07	72.13	77.38
否	频　数（人）	394	704	224	75	132	167	204	95
	百分比（%）	26.59	36.63	27.59	22.06	29.07	23.93	27.87	22.62

注：是否为班主任：N＝3 404，有效百分比＝90.99%，缺失值＝337；班级有无寄宿生、班级有无留守儿童、班级有无随迁子女：N＝1 152，有效百分比＝73.52%，缺失值＝415。

表 5.37　班主任与非班主任的工作积极性

是否为班主任	统计量	非常积极	比较积极	一般	比较消极	非常消极	合计
班主任	频　数（人）	419	756	248	26	7	1 456
	百分比（%）	28.78	51.92	17.03	1.79	0.48	100.00

续表

是否为班主任	统计量	非常积极	比较积极	一般	比较消极	非常消极	合计
非班主任	频　数(人)	519	1 014	398	48	10	1 989
	百分比(%)	26.09	50.98	20.01	2.41	0.50	100.00
合　计	频　数(人)	938	1 770	646	74	17	3 445
	百分比(%)	27.23	51.38	18.75	2.15	0.49	100.00

注：N=3 445，有效百分比=92.56%，缺失值=277。

表 5.38　班主任与非班主任对工作的愉快感受度

是否为班主任	统计量	非常愉快	比较愉快	一般	不太愉快	很不愉快	总计
班主任	频　数(人)	118	533	495	383	31	1 560
	百分比(%)	7.56	34.17	31.73	24.55	1.99	100.00
非班主任	频　数(人)	132	770	689	413	39	2 043
	百分比(%)	6.46	37.69	33.72	20.22	1.91	100.00
总　计	频　数(人)	250	1 303	1 184	796	70	3 603
	百分比(%)	6.94	36.16	32.86	22.09	1.94	100.00

注：N=3 603，有效百分比=96.40%，缺失值=138。

第二，班主任比其他科任教师更容易感到"非常累"，班级规模、寄宿学生、留守儿童和随迁子女都会影响班主任的疲劳程度。尽管班主任教师工作比较繁忙，工作压力大，但工作状态还比较好。那么这些工作有没有影响到他们的身心状态呢？数据显示，超过70%的教师在每天工作结束后都会感到劳累，班主任群体更甚，他们中感到"非常累"的比例比其他科任教师高出12.62个百分点。可见，同时处理班级工作和教学工作，确实增加了他们的疲劳程度。调查还发现，班主任的疲劳程度会随着班级学生数的增加而递增。当班级学生数在25人及以下时，仅23.81%的班主任感到非常累，而当学生数达到45人及以上时，这一比例上升至37%以上。另外，当班级寄宿学生、留守儿童、随迁子女较多时，班主任也更容易感到疲惫。无寄宿生班级的班主任中，有34.82%的班主任在工作结束后会感到非常累；而对于班里寄宿生数在31人及以上，即寄宿制学校的班主任，这一比例达到了41.28%。同样，当班级里没有留守儿童时，班主任感到非常疲惫的比例为32.78%；而当留守儿童达到31人及以上，这一比例增加了5.26个百分点。班级随迁子女的数量也影响了班主任的劳累程度，随迁子女的出现使得班主任非常劳累的比例由32.34%升至39.36%；当班级随迁子女数量多到 31 人及以上时，一半的班主任都会感到非常疲惫。这些学生需要班主任相对特殊的管理和关注，增大了班主任的工作量，他们也就更容易感到疲惫。所以，应当关注这些班主任的身心健康，适当减轻他们的工作量，至少控制在他们可承受范围内（见表 5.39）。

表 5.39　不同教师群体工作劳累程度

不同教师群体		统计量	非常累	比较累	一般	不太累	不累	合计
是否为班主任	班主任	频　数（人）	555	665	219	36	84	1 559
		百分比（%）	35.60	42.66	14.05	2.31	5.39	100.00
	非班主任	频　数（人）	470	1 010	407	64	94	2 045
		百分比（%）	22.98	49.39	19.90	3.13	4.60	100.00
不同班级规模	25 人及以下	频　数（人）	15	33	8	4	3	63
		百分比（%）	23.81	52.38	12.70	6.35	4.76	100.00
	26～35 人	频　数（人）	25	47	17	4	2	95
		百分比（%）	26.32	49.47	17.89	4.21	2.11	100.00
	36～45 人	频　数（人）	86	117	32	4	15	254
		百分比（%）	33.86	46.06	12.60	1.57	5.91	100.00
	46～55 人	频　数（人）	117	134	43	3	18	315
		百分比（%）	37.14	42.54	13.65	0.95	5.71	100.00
	56～65 人	频　数（人）	94	92	42	6	19	253
		百分比（%）	37.15	36.36	16.60	2.37	7.51	100.00
	66 人及以上	频　数（人）	84	97	27	6	13	227
		百分比（%）	37.00	42.73	11.89	2.64	5.73	100.00
班级随迁子女情况	无随迁	频　数（人）	249	358	115	13	35	770
		百分比（%）	32.34	46.49	14.94	1.69	4.55	100.00
	有随迁	频　数（人）	172	162	54	14	35	437
		百分比（%）	39.36	37.07	12.36	3.20	8.01	100.00
	1～10 人	频　数（人）	105	99	29	12	24	269
		百分比（%）	39.03	36.80	10.78	4.46	8.92	100.00
	11～20 人	频　数（人）	35	38	12	1	6	92
		百分比（%）	38.04	41.30	13.04	1.09	6.52	100.00
	21～30 人	频　数（人）	13	12	8	1	4	38
		百分比（%）	34.21	31.58	21.05	2.63	10.53	100.00
	31 人及以上	频　数（人）	19	13	5	0	1	38
		百分比（%）	50.00	34.21	13.16	0	2.63	100.00

注：是否为班主任：N＝3 604，有效百分比＝96.34%，缺失值＝137；不同班级规模、班级随迁子女情况：N＝1 207，有效百分比＝99.02%，缺失值＝12。

(四)中小学班主任津贴有没有吸引力？

班主任津贴发放的责任主体转移到地方之后，部分地区、学校因地制宜地采取措施提高班主任津贴的发放标准。但受地区、城乡、校际发展水平差异的影响，班主任的津贴标准并不一致。那么，目前在全国范围内班主任津贴发放的实际情况如何？班主任的期望津贴又是多少？本部分依据班主任津贴发放的实际情况对上述问题进行解答。

1. 中小学班主任津贴实际有多少？

班主任津贴发放的总体情况如何？不同地区、城乡学校班主任津贴发放的具体情况是怎样的，是否存在差异？班主任津贴的发放是否受到班级规模以及班级寄宿生数、随迁子女数、留守儿童数的影响？以上都将在探究班主任津贴实际发放情况中予以回答。

第一，初中、小学班主任津贴平均为 351 元、173.90 元，分别占基本工资的 15.11%、7.82%，总体水平偏低。数据显示，全国范围内班主任津贴的平均水平为 244.57 元，仅为教师基本工资的 10.81%。虽然从绝对数字来看，现今班主任津贴的平均水平相当于 1979 年规定的班主任津贴（中学 5～7 元，小学 4～6 元）的 34.94～60.14 倍，但是与教师工资上涨的幅度相比，却相差甚远，1979 年教师的工资水平为 31.5～42.5 元，[①] 而现今教师基本工资的平均水平为 2 339.50元，[②] 上涨了 55.05～74.27 倍，二者之间相差近 14.13～20.11 倍。从相对数值来看，1979 年班主任津贴占教师工资的比例为 1/7～1/10 左右，但现行的班主任津贴还不到教师基本工资的十分之一（见表 5.40）。

由此可见，虽然目前地方上不同程度地上调了班主任的津贴标准，但事实上班主任津贴并没有本质上的提升，相反，从教师工资上涨的幅度以及货币的实际购买力来看，1979 年的国内生产总值为 4 062.6 亿元，2014 年的国内生产总值为 626 138.7 亿元，涨幅近 156.58 倍，相比之下，班主任津贴处于缩水状态，总体水平较低。具体来看：初中班主任实际津贴的平均水平为 351 元，小学班主任实际津贴的平均水平为 173.90 元，二者之间相差 177.1 元，对比班主任基本工资发现，小学班主任津贴仅占基本工资的 7.82%，较初中低了 7.29 个百分点。进一步分析发现，有二分之一的初中班主任的津贴在 200 元以下；二分之一的小学班主任津贴在 120 元以下。也就是说，无论是中学还是小学，均有一半班主任的津贴在平均水平之下。尤其是在小学阶段，还存在四分之一的班主任津贴在 50 元以下（见表 5.40）。而据上文的分析以及相关教育行政部门的人员反映看，

---

① 王鑫：《提高班主任津贴刍议》，《河北教育（综合版）》2009 年第 11 期，第 34～36 页。

② 此处的基本工资是根据本次调研的教师样本总量计算得出。

"班主任的工作量大，而且承担的风险大，孩子磕了碰了，班主任都有责任……"，由此来看，班主任的付出与回报并不对等。

表 5.40　东、中、西部地区中小学班主任津贴水平　　　　（单位：元）

	均值	标准差	占基本工资*比例(%)	第25百分位数	第50百分位数	第75百分位数
总体	244.57	245.97	10.81	80.00	180.00	360.00
初中	351.00	314.23	15.11	150.00	200.00	400.00
东部	635.99	351.94	19.27	400.00	500.00	1 000.00
中部	216.30	184.50	12.79	100.00	180.00	250.00
西部	194.71	120.00	9.37	140.00	160.00	200.00
小学	173.90	150.57	7.82	50.00	120.00	300.00
东部	360.09	110.01	12.07	300.00	400.00	400.00
中部	98.32	73.66	5.72	50.00	80.00	120.00
西部	101.84	95.67	4.78	26.25	52.00	165.00

注：N＝1 278，有效百分比＝81.56%，缺失值＝289。

　　* 基本工资为班主任群体的基本工资均值。

　　第二，班主任津贴的地区差异显著，东部地区班主任津贴水平最高。统计结果表明：从绝对数值上来看，在初中阶段，东、中、西部地区班主任津贴的平均水平分别为635.99元、216.30元和194.71元，东部与中、西部地区班主任津贴的差额达400元以上，其中，东部与西部地区差异最大，达441.28元，前者约是后者的3.27倍。在小学阶段，东、中、西部地区班主任津贴的平均水平分别为360.09元、98.32元、101.84元，东部比中、西部地区高出250元以上，而东部与中部地区的差异达到261.77元，约是中部地区的3.66倍。从相对比例来看，东部地区中小学班主任津贴占基本工资的比例明显高于中、西部地区，东、中、西呈阶梯状分布。东部地区初中班主任津贴的水平相当于基本工资的五分之一，而在中、西部地区仅有十分之一左右；东部地区小学班主任的津贴占基本工资的比例超过十分之一，而中、西部小学班主任的津贴仅占班主任基本工资的二十分之一左右，相差悬殊，这种差异达到了显著程度（$F=181.32$，$p=0.000<0.05$）（见表5.40）。由此可见，班主任津贴发放的具体金额与地方经济发展水平之间存在一定的关系，东部地区经济发达，地方政府能够支付的班主任津贴水平相对较高，而中、西部财力有限，难免会与东部地区存在一定差距。而这种差异的存在一定程度上造成了班主任津贴的地区不均衡，继而拉大了东、中、西部地区班主任群体的收入差距。透过东、中、西部班主任在工作意愿上的选择能够看

出，班主任津贴的高低与做班主任的意愿存在一定的关联性，东部地区班主任的津贴高，班主任在工作意愿的选择上也略高，反之，中、西部地区班主任津贴相对较低，班主任在工作意愿的选择上也略低（见表 5.41）。这种差异格局的存在并不利于东、中、西部地区义务教育的均衡发展。

表 5.41　东、中、西部地区中小学班主任工作意愿分布

			愿意	不愿意	合计
初中	东部	频　数（人）	86	113	199
		百分比（%）	43.22	56.78	100.00
	中部	频　数（人）	42	97	139
		百分比（%）	30.22	69.78	100.00
	西部	频　数（人）	86	169	255
		百分比（%）	33.73	66.27	100.00
	合计	频　数（人）	214	379	593
		百分比（%）	36.09	63.91	100.00
小学	东部	频　数（人）	114	135	249
		百分比（%）	45.78	54.22	100.00
	中部	频　数（人）	102	151	253
		百分比（%）	40.32	59.68	100.00
	西部	频　数（人）	168	270	438
		百分比（%）	38.36	61.64	100.00
	合计	频　数（人）	384	556	940
		百分比（%）	40.85	59.15	100.00

注：$N = 1533$，有效百分比 $= 97.83\%$，缺失值 $= 34$。

第三，班主任津贴城乡差异显著，县城中学班级规模最大，津贴最低，教学点班主任津贴垫底。通过对比发现，城乡学校班主任津贴的差异显著（$F = 23.866$，$p = 0.000 < 0.05$）。城市学校班主任的津贴最高，达到 556.76 元，其中有一半的班主任津贴在 400 元以上，四分之一的班主任津贴达到 1000 元以上。而县城中学班主任津贴最低，仅有四分之一的班主任津贴超过 300 元，另有一半的班主任津贴在 200 元以下，城市与县城学校的班主任津贴差异达到了显著程度（$p = 0.000 < 0.05$）。此外，乡镇与乡村中学的班主任津贴略高于县城，其中乡镇与县城之间的班主任津贴存在显著性差异（$p = 0.008 < 0.05$），乡村与县城之间的班主任津贴差异并不显著（$p = 0.453 > 0.05$）。然而，通过对比班级规模可以发现，县城中学班主任所带班级的平均规模最大，达到 60 人，明显高于其他三类学校（见表 5.42）。也就是说，对于县城中学的班主任而言，面临着班级规模最大、津贴最低的尴尬局面。这种工作收入与付出严重倒挂的现象对于县城中学班

主任工作的积极性无疑是一种打击，使县城中学班主任岗位吸引力遭遇危机。再从小学来看，不同学校所在地的班主任津贴存在显著性差异（$F=10.323$，$p=0.000<0.05$）。其中，乡村小学班主任津贴最低，仅 129.67 元，只占基本工资的二十分之一左右，有一半的班主任津贴在 50 元以下，还有四分之一的班主任津贴在 25 元以下。而其他三类学校有一半以上的班主任津贴在 130 元以上。由此我们可以看到，在乡村地区，有一半的班主任津贴与 20 世纪 80 年代的班主任津贴相比并无明显进步。对乡村小学内部班主任津贴的发放情况进行剖析发现，村小班主任的津贴水平为 161.36 元，教学点班主任的津贴水平为 37.6 元，不到村小班主任津贴的四分之一，仅占基本工资的 1.67%，也就是说，教学点班主任的津贴水平远远低于村小，是所有学校中津贴最低的班主任群体（见表 5.42）。据教育部统计：截至 2015 年年底，全国共有 93 035 个教学点，占小学总数（小学＋教学点）的 32.80%，[1] 由此可见教学点的数量之庞大；此外，部分教学点存在条件艰苦、资源匮乏、办学经费有限的窘迫局面。在这样的学校生态下，教学点的班主任工作之于学生成长、学校发展显得至关重要。班主任津贴实际上体现的是社会对个人价值的尊重，[2] 目前存在于教学点班主任身上的这种严重的同教不同酬现象，在某种程度上是对教学点班主任工作价值的一种否定。

表 5.42　城乡学校中小学班主任的津贴水平　　　　　　　（单位：元）

		均值	标准差	占基本工资比例（%）	第 25 百分位数	第 50 百分位数	第 75 百分位数
初中	城市	556.76	463.49	19.98	160.00	400.00	1 000.00
	县城	243.30	172.45	11.17	125.50	200.00	300.00
	乡镇	326.45	260.11	14.60	160.00	210.00	400.00
	乡村	323.75	182.83	19.74	190.00	255.00	500.00
小学	城市	189.38	158.80	9.09	80.00	160.00	300.00
	县城	149.97	114.96	6.62	50.00	137.50	200.00
	乡镇	203.03	158.84	8.97	58.50	150.00	400.00
	乡村	129.67	142.12	5.62	25.00	50.00	280.00
	村小	161.36	148.88	6.92	40.00	80.00	300.00
	教学点	37.60	56.62	1.67	0.00	25.00	50.00

注：N＝1 278，有效百分比＝81.56%，缺失值＝289。

　　第四，班主任津贴的发放并没有体现班级规模差异。班级规模不同，意味着

---

[1]　根据教育部发展规划司编著的《中国教育事业发展统计简况（2015）》中相关数据计算而得。

[2]　张晓震：《二十年不变的班主任津贴》，《教育》2008 年第 16 期，第 24～25 页。

班主任工作的难度、强度和风险度的不同。依据上文分析我们可以发现：随着班级规模的逐渐变大，班主任感到劳累的程度也在增加，然而对比不同班级规模的班主任津贴发现，无论是初中阶段还是小学阶段，班级规模的大小与班主任的津贴并没有正向关联。数据显示：班级人数在56人以上的大班额班级的班主任津贴并没有比班级人数为26~35人、36~45人以及46~55人的班主任津贴高，而且随着班级规模的变化，班主任津贴数额的变化也无规律可循（见表5.43）。据了解，目前国内大部分地区的学校对班主任津贴的发放是按照本地区的财力情况、教育情况制定统一的中小学班主任津贴标准，并没有体现差异性。以学校为单位来统计班主任津贴，可以发现：在此次调研的12个省221所学校中[①]，仅有6所学校是按照生均标准核定班主任津贴，其余绝大部分是地区教育行政部门或者学校统一规定班主任的津贴标准。由此可见，班主任津贴的发放没有照顾到班级规模差异的现象是普遍存在的，这种现象对于担任大班额班级的班主任而言是一种隐性的不公平。

表 5.43　班级学生数不同的中小学班主任实际津贴平均水平　（单位：元）

学校类别	班级规模				
	25 人及以下	26~35 人	36~45 人	46~55 人	56 人及以上
初中	—	385.56	438.55	404.52	212.54
小学	69.32	168.11	236.88	208.00	146.34

注：初中：N=385，有效百分比=88.91%，缺失值=48；小学：N=643，有效百分比=82.75%，缺失值=134。

第五，班主任津贴的发放并没有体现班主任所带学生群体的差异性。义务教育阶段学生有三类特殊群体：寄宿学生、留守儿童以及随迁子女。他们是伴随人口的空间流动、学校的布局调整而出现的学生群体。毋庸置疑，学生群体的多样性会增加班主任班级管理以及学生品德与行为教育的复杂性。然而，通过对有寄宿生、留守儿童以及随迁子女班级的班主任津贴分析发现，与中小学班主任津贴的平均水平相比，初中班级有寄宿生和小学班级有随迁子女班主任的平均津贴略高于全国中小学班主任津贴的平均水平，而其他均在平均水平之下。也就是说，有寄宿生、留守儿童、随迁子女班级的班主任可能需要付出额外的劳动和精力，但他们并没有因此获得更高的班主任津贴。此外，值得注意的是，在初中阶段，班级有寄宿生的班主任津贴要高于有留守儿童和随迁子女的班主任；在小学阶

① 此处使用了学校调查表中关于津贴部分的数据，以学校为单位描述班主任津贴的实际发放情况。在本次调研的246所学校中，有221所学校填写了学校调查表，所以，此处有效学校样本为221。

段，有随迁子女班级的班主任津贴要高于有留守儿童和寄宿生的班主任（见表5.44）。这种差异的存在可能是由中小学三类学生群体的不同分布样态造成的。但据文献查阅以及实地调研收集的班主任津贴材料来看，提及将班主任津贴与寄宿生、随迁子女、留守儿童管理挂钩的寥寥无几，这也在一定程度上证明了班主任津贴并没有体现因学生群体不同而带来差异性回报的思想。

表 5.44　不同类型班级的班主任津贴水平　　　　　（单位：元）

学段	类别	均值	标准差	第 25 百分位数	第 50 百分位数	第 75 百分位数
初中	寄宿学生	355.21	354.34	150.00	200.00	400.00
	留守儿童	210.64	156.93	100.00	160.00	240.00
	随迁子女	313.51	271.06	150.00	200.00	400.00
小学	寄宿学生	105.42	87.79	30.00	80.50	175.00
	留守儿童	111.99	96.48	49.00	80.00	200.00
	随迁子女	179.58	162.44	50.00	137.50	300.00

注：初中寄宿学生：N＝241，有效百分比＝89.93％，缺失值＝27；初中留守儿童：N＝237，有效百分比＝89.43％，缺失值＝28；初中随迁子女：N＝142，有效百分比＝92.81％，缺失值＝11；小学寄宿学生：N＝72，有效百分比＝80.00％，缺失值＝18；小学留守儿童N＝388，有效百分比＝83.98％，缺失值＝74；小学随迁子女：N＝250，有效百分比＝88.03％，缺失值＝34。

2. 中小学班主任期望津贴是多少？

通过上述分析，我们能够看到中小学班主任津贴总体水平不高，存在地区、城乡等差异，对班主任群体的吸引力并不大。那么，班主任群体期望的津贴是多少元？不同地区、不同类别学校的班主任对津贴的期望水平是怎样的，是否存在差异？班级有寄宿学生、留守儿童、随迁子女以及任职不同班级规模的班主任对津贴的期望水平又是怎样的？本部分从班主任群体的期望津贴入手，对上述问题进行分析和回应。

第一，班主任群体对津贴的期望值远高于现有的津贴水平，约是基本工资的三分之一。数据显示，从绝对数值来看，班主任群体期望的津贴平均水平为740.18 元，比实际津贴高出 495.61 元，是实际津贴的 3.03 倍。具体来看，中学班主任期望津贴的均值为 967.97 元，与实际津贴相差 616.97 元；小学班主任期望津贴的均值为 586.77 元，比实际高出 412.87 元，小学班主任对津贴的期望程度略高于中学。从相对数值来看，班主任群体的期望津贴水平相当于基本工资水平的三分之一。其中，中学班主任对津贴的期望值相当于基本工资的五分之二，小学班主任对津贴的期望值相当于基本工资的四分之一。由此可见，现有的津贴标准与班主任群体的期望津贴差距较大，这一方面证实了现行的班主任津贴标准存在吸引力危机，另外一方面体现了班主任对于津贴提升的诉求。此外，根据数据我们还可以看到，当初中班主任津贴达到 1 000 元、小学班主任津贴达到 800元时，有 75% 的教师愿意担任班主任工作（见表 5.45）。

　　第二，东、中、西部班主任期望津贴水平呈梯度分布，其中东部最高，西部最低。数据显示：初中阶段，东部地区班主任期望津贴的平均水平为 1 403.12元，是实际津贴的 2.21 倍，同比中、西部地区高出 600 元以上；中、西部地区班主任期望津贴水平相当，中部略高于西部，西部最低，为 750.50 元。小学阶段，东部地区班主任期望津贴的平均水平为 972.89 元，约为实际津贴的 2.70倍，超出中、西部班主任期望津贴 2 倍。中、西部地区差距较小，西部比中部低5.60 元。进一步分析来看，对于初中班主任群体而言，东部地区班主任津贴水平达到 2 000 元，中、西部地区达到 1 000 元，有 75% 的教师愿意担任班主任一职。对于小学班主任群体而言，东部地区津贴水平达到 1 000 元，中、西部地区津贴水平达到 500 元，有 75% 的教师愿意从事班主任工作（见表 5.45）。

表 5.45　东、中、西部中小学班主任期望津贴水平　　　　　（单位：元）

	均值	差值	指数*	标准差	占基本工资比例（%）	第25百分位数	第50百分位数	第75百分位数
总体	740.18	495.61	3.03	673.58	32.70	300.00	500.00	1 000.00
初中	967.97	616.97	2.76	858.04	41.66	800.00	500.00	1 000.00
东部	1 403.12	767.13	2.21	692.77	42.51	900.00	1 050.00	2 000.00
中部	780.43	564.13	3.61	692.94	46.15	500.00	600.00	1 000.00
西部	751.50	556.79	3.86	925.71	36.17	400.00	500.00	1 000.00
小学	586.77	412.87	3.37	453.47	26.37	300.00	500.00	800.00
东部	972.89	612.80	2.70	406.80	32.62	800.00	1 000.00	1 000.00
中部	435.81	337.49	4.43	314.75	25.37	200.00	300.00	500.00
西部	430.21	328.37	4.22	399.83	20.21	200.00	400.00	500.00

　　注：N=1 235，有效百分比=78.81%，缺失值=332。
　　　*指数指期望津贴与实际津贴的比率。

　　第三，城乡之间，县城学校班主任对津贴的期望程度最高；农村内部，乡村学校班主任对津贴的期望程度高于乡镇学校；乡村小学内部，教学点班主任对津贴的期望程度最高。通过对比城乡学校班主任津贴期望均值与实际均值的差额可以看到，县城学校对于班主任津贴的期望程度最高。其中，县城初中班主任期望津贴的均值相当于实际津贴均值的 3.04 倍，小学班主任期望津贴的均值相当于实际津贴的 3.77 倍，均高于其他三类地区的中小学校。通过上文城乡学校班主任实际津贴的对比，我们能够看到，县城中小学班主任津贴低于全国平均水平，甚至低于乡镇中小学校班主任的实际津贴水平。而随着城镇化进程的推进，县城学校逐渐成为农村地区教育需求的重要承载力量，大班额现象的存在加重了班主任工作的强度与难度，县城学校班主任群体面临着工作任务加重、难度加大，但津贴较低的尴尬局面。因此，提升县城学校班主任津贴成为当务之急。进一步分析发现，对于县城学校而言，初中班主任津贴达到 1 000 元，小学班主任津贴达到 800 元，有 75％ 的教师愿意担任班主任工作。此外，就农村内部而言，乡村学校对班主任津贴的期望程度高于乡镇学校，其中乡村中学班主任期望津贴是实际津贴的 2.90 倍，乡村小学班主任期望津贴是实际津贴的 3.22 倍，比例略高于乡镇中小学，但二者之间差别不大。具体来看，当乡镇和乡村中学班主任期望津贴提高 600 元左右，乡镇小学班主任期望津贴增加 400 元以上，乡村小学班主任期望津贴提高 300 元左右，达到 550 元，就有 75％ 的教师愿意担任班主任工作。进一步对乡村小学内部剖析发现，教学点班主任对津贴的期望程度最高，期望津贴约是实际津贴的 6.25 倍，但从均值来看，其期望水平最低，仅为 234.86 元（见表 5.46）。

表 5.46　城乡中小学班主任期望津贴水平　　　　　　　　（单位：元）

		均值	差值	指数	标准差	占基本工资比例（％）	第 25 百分位数	第 50 百分位数	第 75 百分位数
初中	城市	1 394.23	837.47	2.50	1 018.48	50.03	600.00	1 000.00	2 000.00
	县城	738.44	495.14	3.04	392.54	33.92	500.00	600.00	1 000.00
	乡镇	917.72	591.27	2.81	922.67	41.06	500.00	800.00	1 000.00
	乡村	937.50	613.75	2.90	377.73	57.16	700.00	800.00	1 250.00
小学	城市	702.19	512.81	3.71	560.02	33.72	300.00	500.00	1 000.00
	县城	565.29	415.32	3.77	363.40	24.94	300.00	500.00	800.00
	乡镇	613.68	410.65	3.02	399.51	27.11	300.00	500.00	1 000.00
	乡村	418.01	288.34	3.22	421.45	18.11	100.00	300.00	550.00
	村小	475.35	313.95	2.95	458.97	20.38	200.00	400.00	700.00
	教学点	234.86	197.26	6.25	172.62	10.42	100.00	200.00	400.00

注：N＝1 235，有效百分比＝78.81％，缺失值＝332。

第四，班级规模在 35 人以上的班主任期望津贴水平高于班主任群体的平均水平。通过对不同班级规模班主任的期望津贴分析发现：从绝对数值来看，虽然班主任对津贴的期望水平与班级规模之间不存在明显的正相关，但是我们可以发现，无论是初中阶段还是小学阶段，班级人数超过 35 人的班主任对津贴的期望水平略高于中小学班主任群体内部对于班主任津贴的平均期望水平。从期望津贴和实际津贴的相对倍率来看，班级人数在25人以下和56人以上的班主任对津贴的期望程度最高。具体来说，在初中阶段，随着班级规模的增大，班主任对津贴期望的程度逐渐提高，班级人数在56人以上的班主任对津贴期望程度最高，期望津贴约是实际津贴的3.71倍；进一步分析发现，当班主任津贴达到1 000元时，班级人数在56人及以上的班主任群体中有75％可以担任班级管理工作。在小学阶段，班级规模在25人及以下和56人及以上的班主任群体对津贴的期望程度偏高，其中班级人数在25人及以下的班主任对津贴的期望程度最高，而且当班主任津贴达到500元时，有四分之三的教师愿意担任班主任(见表5.47)。

表 5.47　班级学生数不同的中小学班主任期望津贴水平　　（单位：元）

		均值	差值	指数	标准差	第25百分位数	第50百分位数	第75百分位数
初中	25人及以下				—			
	26～35人	888.89	503.33	2.31	395.11	600.00	800.00	1 000.00
	36～45人	1 037.69	599.14	2.37	632.70	600.00	1 000.00	1 500.00
	46～55人	1 117.75	713.23	2.76	1 089.65	500.00	1 000.00	1 300.00
	56人及以上	788.05	575.51	3.71	882.04	500.00	500.00	1 000.00
小学	25人及以下	290.00	220.68	4.18	189.81	150.00	200.00	500.00
	26～35人	492.77	324.66	2.93	480.36	150.00	300.00	800.00
	36～45人	804.68	567.80	3.40	642.15	400.00	800.00	1 000.00
	46～55人	640.71	432.71	3.08	381.95	300.00	600.00	1 000.00
	56人及以上	514.19	367.85	3.51	302.64	300.00	500.00	600.00

注：N＝997，有效百分比＝81.79％，缺失值＝222。

第五，班级有寄宿学生、留守儿童、随迁子女的初中、小学班主任分别希望津贴能够提高550元以上和300元以上。数据显示：初中阶段，班级有寄宿生的班主任对津贴的期望水平最高，达到961.64元，比实际津贴高出606.43元；班级有随迁子女和留守儿童的班主任希望津贴能够上涨的幅度均在550元以上。如果从期望津贴和实际津贴的相对倍率来看，班级有留守儿童的班主任期望程度最高，有随迁子女的次之。在小学阶段，班级有随迁子女的班主任对津贴的期望水平最高，达到566.6元，比实际津贴高387.02元；班级有寄宿学生和留守儿童的班主任期望津贴水平相当，均在420元以上。而从相对数值来看，班级有寄宿生的班主任对津贴的期望程度最高，期望津贴约是实际津贴的4.03倍，有留守儿童班级的班主任次之(见表5.48)。

表 5.48　不同类型班级的班主任津贴期望水平　　　（单位：元）

		均值	差值	指数	标准差	第 25 百分位数	第 50 百分位数	第 75 百分位数
初中	寄宿学生	961.64	606.43	2.71	878.42	500.00	600.00	1 000.00
	留守儿童	768.32	557.68	3.65	756.00	500.00	600.00	1 000.00
	随迁子女	889.27	575.76	2.84	753.38	500.00	800.00	1 000.00
小学	寄宿学生	425.35	319.93	4.03	294.48	200.00	400.00	500.00
	留守儿童	443.66	331.67	3.96	315.77	200.00	400.00	500.00
	随迁子女	566.60	387.02	3.16	395.94	300.00	500.00	800.00

注：初中寄宿学生：N＝234，有效百分比＝87.31％，缺失值34；初中留守儿童：N＝233，有效百分比＝87.92％，缺失值32；初中随迁子女：N＝137，有效百分比＝89.54％，缺失值16；小学寄宿学生：N＝72，有效百分比＝80.00％，缺失值18；小学留守儿童：N＝377，有效百分比＝81.60％，缺失值85；小学随迁子女：N＝245，有效百分比＝86.27％，缺失值39。

五、政策建议

通过上面的研究分析可以发现，当前班主任教师工作负担重、责任多、压力大，但班主任津贴比较低，物质和精神奖励不足，整体上中小学教师担任班主任的意愿不高，班主任岗位缺乏吸引力。如何让班主任成为一个令人羡慕的有吸引力岗位，让优秀教师愿意当班主任，并且能够当好班主任，而且还当得有尊严，这不仅是教育领域而且是整个社会需要面对的问题。为此，我们提出如下政策建议。

(一)适度提高津贴标准，体现班主任工作价值

班主任津贴是对班主任工作价值肯定的物化表现，因而，提供能够匹配班主任工作付出、体现班主任工作价值的班主任津贴是破解"津贴水平总体偏低，地区、城乡之间差异偏大，干多干少都一样"等问题的当务之急，也是提升班主任岗位吸引力的关键所在。为此，我们提出以下几点建议。

第一，完善班主任津贴构成，实行"基础性津贴＋奖励性津贴＋浮动性津贴"的结构化津贴制度。其中，基础性津贴为岗位津贴。虽然《中小学班主任工作规定》(教基一〔2009〕12 号)中指出："教师担任班主任期间应将班主任工作作为主业"，但现实的逻辑是，班主任作为教师的身份并不弱于班主任身份，他们不仅要做好班主任工作，还承担着和其他科任教师同样甚至更多的教学任务，是一种"双肩挑"的工作状态。而结合学校现实情况，又难以将班主任教师的教学工作量减至教师标准课时量的一半，所以，针对班主任工作，应当坚持加法原则，即每

一个担任班主任工作的教师在完成班主任基本工作任务的基础上均可获得一份班主任岗位津贴，实现"在岗即得"。根据上文分析，初中班主任期望津贴水平为967.97元，小学班主任期望津贴水平为586.77元，可以作为基本性津贴的参考标准。奖励性津贴的性质相当于绩效津贴，主要依据班主任的工作量、工作强度、工作难度、工作风险度以及工作的优效度等进行综合判定，实现"多劳多得，优劳优酬"。浮动性津贴主要参照国家人均收入水平、消费水平以及教师工资水平对班主任津贴的标准进行合理的调整。

第二，制定科学的班主任津贴标准。科学的班主任津贴标准应当坚持以下几个原则：其一，生长性原则。为长期坚持在班主任工作岗位上的教师发放奖励性津贴，依据班主任工作年限的长短，设计班主任津贴的级差。其二，差异性原则。班主任群体因面临的工作环境、工作对象不同，所承担班主任工作的难度、强度以及风险度不甚相同，因此需要给付出额外工作量的班主任群体以更多的津贴补助，实现"按劳分配，多劳多得"，促进班主任群体的内部公平。具体办法是按照学校的地区、城乡分布，以及班级学生数、寄宿学生数、随迁子女数和留守儿童数的差异，合理设定班主任津贴的发放标准。其三，激励性原则。激励性原则区别于对班主任额外工作量的差异性补贴部分，是指给予认真负责、表现优异的班主任一定的奖励，如可以通过优秀班主任评比等活动，一次性向优秀班主任发放学期奖金或者学年奖金。

第三，明确班主任津贴的经费来源主体，合理确定中央和地方分担比例，将班主任津贴列入教育经费财政预算，设置班主任津贴专项经费，专款专用，切实提升班主任津贴的实际效价。

第四，加强对班主任津贴发放的监督和管理。科学设计班主任津贴的管理和监督机制，考察班主任津贴的实际发放情况，保证班主任群体的工作付出获得合理的经济回报。

(二)完善培训和发展机制，提升班主任专业化水平

尽管当前班主任能够基本胜任教育教学和班级管理工作，但在教育和管理方法上还需进一步完善，班主任专业素养还需进一步提升。班主任工作是一项专业性劳动，从个体角度而言，班主任要胜任班级工作，就需要通过学习和进修，在专业知识、专业技能、专业精神等方面不断成熟和完善；从班主任群体专业发展的角度看，还需要给予班主任专业发展以一定的制度保障。为此，我们提出以下几点建议。

第一，督查落实班主任培养和培训相关政策要求，进一步加大班主任培训力度，完善班主任培训方案。新世纪以来，国家在《教育部关于进一步加强中小学班主任工作的意见》（教基〔2006〕13号）、《教育部办公厅关于启动实施全国中小学班主任培训计划的通知》(教师厅〔2006〕3号)、《中小学班主任工作规定》(教基一〔2009〕12号)、《教育部、财政部关于实施"中小学教师国家级培训计划"的通知》(教师〔2010〕4号)等多个政策文件中对班主任培养和培训工作做出规定,涵盖了培训内容、培训组织、培训经费,以及教育硕士专业学位教育中设立中小学班主任工作培养方向等相关规定。但这些政策要求并没有得到很好的贯彻落实,直接影响到了班主任的专业化水平。所以,建议加强班主任培训的落实和督查工作,充分发挥"国培计划"——中小学教师示范性培训项目中"骨干班主任教师培训"的示范引领作用,引导省、市、县将班主任培训纳入教师全员培训整体规划,并进一步加大班主任培训力度。在培训内容上,还需着重注意以下两个方面:其一,不同于科任教师主要关注学生某方面或某学科的知识和能力,班主任工作的本质是育人,承担着更多的教育责任,所以要加强班主任对于学生作为"完整人"的关注,提高班主任整全性地了解学生的意识和能力,包括学生的过去和现在以及学生的个人、家庭等方方面面,并怀有学生是发展中的个体、学生可以越来越好的教育信念,努力做好学生的人生导师;其二,结合班主任在工作实践中的问题予以实用性技能培训,如教育和管理学生的知识和技能、和家长沟通的技术和技巧、利用现代信息技术优化管理的能力等。

第二,探索实施班主任职级制。发展激励是班主任专业化的动力,但在现实中,不同于专任教师有专业技术职称评定的动力,行政管理干部有副主任、主任、副校长、校长等级别晋升的目标,班主任是一个无层次、无级别的专业管理岗位,无论干好干坏,岗位津贴和发展机会差别不大,这直接影响到班主任工作的热情和动力。根据地方经验,可探索实施班主任职级制,根据班主任的任职年限、管理表现等将班主任分为不同级别,不同职级的班主任享受不同的津贴待遇和发展空间,同时还可以给予优秀班主任担任学校行政管理岗位的发展机会。通过以上机制完善班主任培训、拓展班主任发展机会,不断提高班主任的专业化水平,推动班主任工作更具教育性、科学性和有效性,使班主任工作的"主业"地位不仅在时间上得以体现,更在质量上得到保证。

(三)加强教育法治建设,依法保护班主任合法权益

党的十八届四中全会首次以"依法治国"为主题,开启了全面推进依法治国的新征程。而教育作为社会系统的重要领域,依法治教成为全面依法治国系统工程的重要组成部分。班主任在开展工作过程中面临的现实困境需要法律予以支持和保障。根据前面的调查分析,班主任在日常管理中最难做的工作是学生安全教育和管理。学生一旦发生意外事故,一些家长罔顾事实,首先会把责任推到学校,而班主任往往成为最主要的追责对象。加之,当前网络社会日益发达、新闻媒体片面宣传、舆情讨论纷繁充斥,更加激励了学生和家长在维护自己权利时采取不正当方式，直接影响到班主任的工作开展和工作质量，甚至侵害到班主任的合法权利。尽管《中小学班主任工作规定》（教基一〔2009〕12 号）中谈道："班主任在日常教育教学管理中，有采取适当方式对学生进行批评教育的权利"，但在调研中，很多班主任谈到，在这个片面强调学生个体权益的社会氛围下，他们不会管理学生、不敢管理学生了，担心学生"拍照、录音、录像，再上传网络"，然后被社会曲解、放大。如此，就出现了很多学校将"保安全""不出事"作为首要工作的尴尬现象。可以说，班主任在工作中承担了社会和家长赋予的太多责任，同时也承担了这些责任背后的压力和风险，但社会整体上对班主任履行责任所需要的权力和应获得的利益比较漠视，班主任岗位的责权利严重不对等。而造成这一现象的一个重要原因就在于当前教师权益尤其是班主任权益缺乏法律保护，教育部门领导干部、校长和班主任缺乏以法治思维和法律手段来解决问题的意识。

所以，为让班主任做好班级工作、履行教育责任，提供法律支持和保障至关重要。第一，出台《中华人民共和国中小学班主任保护法》，保护班主任的合法权益。2016 年教育部印发的《依法治教实施纲要（2016—2020 年）》（教政法〔2016〕1 号）中提出，健全完善教师申诉制度，完善教师权益保护机制。班主任作为与学生接触最多、对学生发展最为关键的教师群体，更需获得特别关注。所以，建议出台《中华人民共和国中小学班主任保护法》，明确规定班主任的权利和义务，厘清班主任的责任边界，为班主任的职权运用提供法律保障，让班主任成为有限的责任主体，避免责任的无限扩大化，从而保护班主任的正当合法权益。第二，加强教育部门领导干部、校长和教师法治培训，提高班主任依法对学生实施教育和管理的意识和能力，并使教育部门领导干部、校长和班主任学会运用法治思维和法律手段处理问题，遇事找法、解决问题靠法。第三，增强社会公民法律意识，构筑起依法解决问题的社会氛围，依法评价班主任，谨防曲解和扩大化，减少班主任工作的身心压力。总之，要通过加强法治建设，依法治教，让法律为班主任工作的正常开展保驾护航。

结　语

虽说中小学班主任是全国最小的"主任"，但他们却在从事着关乎国家未来人才道德素质培养的重大事业。他们承担着繁重的班级工作和教学工作，担负着家长和社会多样的要求和期望，承受着巨大的工作职责、工作压力和工作风险！但相应的薪酬待遇和发展空间却与他们的劳动付出不相匹配。他们虽然身心疲累，制度虽然激励不足，但他们的工作积极性依然不减，全身心投入，引领学生健康成长，努力做好学生的人生导师。所以，全社会都应当关注中小学班主任这一群体，给予他们与工作付出相匹配的物质待遇、发展空间和精神关怀，为他们创造一个理解、宽容、合作的社会氛围和工作环境，不断提高班主任岗位吸引力，吸引更优秀的教师从事班主任工作，落实好立德树人根本任务。

【本报告撰写人：邬志辉、李静美、王红。付昌奎、雷莎莎、李婷、许程姝、李静美等参与了数据的统计与分析。邬志辉对全文进行了统稿校对。李跃雪制作了图表。作者单位：教育部人文社会科学重点研究基地东北师范大学中国农村教育发展研究院】

第六章　城乡义务教育教师职称研究

概　要

　　义务教育教师职称是衡量教师能力的重要指标之一，对调动广大教师的积极性、提高教师队伍整体素质、促进教育事业发展具有重要作用。本研究基于全国12省23县(市)(另外还有一个市辖镇)义务教育教师的分层抽样数据，以教师职称的获得机会、评定标准、获得意义对义务教育教师职称进行分析。研究发现：(1)义务教育教师职称获得机会在城乡、学段和学科维度上存在差异，乡村学校尤其是村屯学校、小学和低利害科目教师在高级职称获得机会上处于不利地位；(2)关于教师职称评定标准，教师认为在硬性规定内容方面应主要包括岗位任教时间、学历、发表论文情况；在教育教学表现方面应主要包括教学工作业绩、思想道德和职业道德、教育教学工作量；(3)不同职称代表不同的意义，不同职称教师在工资待遇、社会地位、发展机会、工作情况和微观人文环境上存在显著差异。根据以上发现，本研究对改革和完善义务教育教师职称制度提出了建议。

引　言

　　1986年，中央职称改革工作领导小组印发《中小学教师职务试行条例》首次将中小学教师纳入专业技术人员队伍管理，确立了以中小学教师职务聘任制为主要内容的中小学教师职称制度，对调动广大中小学教师的积极性、提高中小学教师队伍整体素质、促进基础教育事业发展发挥了积极作用。随着中小学人事制度改革的深入推进、素质教育的全面实施和教师队伍结构的不断优化，现行的中小学教师职称制度存在的等级设置不够合理、评价标准不够科学、评价机制不够完善、与事业单位岗位聘用制度不够衔接等问题逐渐显现。2015 年 8 月，人力资源社会保障部和教育部印发《关于深化中小学教师职称制度改革的指导意见》，在全国范围全面进行中小学教师职称制度改革。中小学教师职称问题成为社会和学界关注的焦点问题。对当前中小学教师职称制度的现状进行调查研究，有利于深入了解当前职称制度实施情况、深化中小学教师职称制度改革、完善专业技术职务任职评价制度，从而最大限度地调动中小学教师的工作积极性、提高中小学教师队伍整体素质、加强教师队伍建设。为此，本研究拟从教师职称的获得机会、评定标准、获得意义三个方面对义务教育教师职称进行系统分析。

一、相关研究

当前，对中小学教师职称的研究主要侧重于现状、存在的问题和改进策略，其中包括对职称评审的主体设置、评审方式、标准、程序以及制度本身缺陷等方面的探讨。为了更好地从以往研究中获得相应的启示，本研究拟从三个方面对相关文献进行梳理。首先是教师职称的获得机会研究，这部分主要梳理了当前不同维度上教师职称的分布情况，建立起对中小学教师职称情况的初步认知；其次是教师职称的评定标准研究，影响教师对职称制度满意度的一个重要因素就是职称标准内容的设置，对该部分研究的回顾有益于我们更有针对性地了解当前教师职称制度存在的不足之处；最后是教师职称的获得意义研究，梳理分析了当前职称制度对教师产生的影响。

(一)教师职称的获得机会研究

关于教师职称的获得机会研究主要集中于获得机会的差异比较分析，多体现在年龄、学段、学科、城乡等维度方面。从年龄维度看，教师职称的获得机会不均衡主要体现在低年龄段和高年龄段。如井光进通过对潍坊市中小学教师的调查发现，职称任职资格在年龄之间分布不均衡，高级职称的教师依然集中在大龄教师，年轻教师晋升职称难度大，同时部分年龄偏大教师也无晋升职称机会[①]。温化民同样表示农村初级中学教师的年龄结构不合理，中青年教师中具有中高级职称的所占比例较少，高职称教师趋向老龄化。[②]

从学段维度上看，多数研究认为随着学段的降低，高职称指标分配比例也随之降低。如张泽芳通过分析《山东省中小学教师岗位等级结构比例》表示，高级职

---

① 井光进：《潍坊市中小学教师职称改革的现状、问题与对策》，济南：山东师范大学 2011 届硕士学位论文。

② 温化民：《从职称结构看农村初级中学教师队伍建设——以山西省运城市农村初级中学为个案》，《牡丹江教育学院学报》2008 年第 1 期，第 104～105 页。

称指标一般倾向高中教师，能够分配到初中的实质上很少。① 井光进也指出潍坊市中小学设岗比例明显偏低，尤其是小学。② 高丙成对近年来我国幼儿园教师职称结构变化情况的比较分析发现，虽然学历结构相似，但幼儿园教师中拥有中高级职称的教师所占比例明显低于小学教师，而拥有初级职称的教师和未评职称的教师所占比例明显高于小学教师，两者在职称结构上差异巨大。③

从学科维度上看，有的学者认为教师职称的学科差异大，主要表现在主科和副科教师之间的名额分配、晋升时间等方面。李应武表示教师职务晋升中有学科歧视的问题，语、数、外等"主课"教师较容易通过任职资格评定，而"副课"教师不容易，并指出职务晋升的"偏科"现象根源在于应试教育。④ 张泽芳同样认为，小学科教师职称评审常常较主科教师滞后、给主科教师让道。在同等条件下，这些学科教师在职称评定时一般较主学科教师滞后三至五年，尤其是在参评中级以上职称时。⑤ 朱惠平等人对甘肃省贫困地区农村中小学体育教师队伍的现状进行了实地调研，结果发现整个甘肃省贫困地区农村学校体育教师职称偏低，高级职称教师仅占 12.51%，而接近半数的体育教师是初级职称，职称结构很不合理。⑥ 但也有学者认为教师职称的学科差异并不明显。如邱佐江对影响教师职称评定的因素进行了调查，指出教师职称评定与所教学科相关不大，此项仅占 0.6%。⑦

教师职称间的城乡差异是现有研究关注的焦点。陈牛则等人认为教师职称评定重城市教师轻乡村教师，城市高职称教师的数量明显高于乡村高职称教师的数量。⑧ 黄建红以广西壮族自治区玉林市和钦州市的两个镇的农村小学教师为调查对象，发现两个镇的小学教师中无一人是高级职称，大多数停留在二级职称层面。⑨ 冯帮、王思勤的调查指出，城市和农村地区，由于教育资源的不均，职称

① 张泽芳：《我国中小学教师职称制度改革探讨》，《考试周刊》2014 年第 25 期，第 15～16 页。

② 井光进：《潍坊市中小学教师职称改革的现状、问题与对策》，济南：山东师范大学 2011 届硕士学位论文。

③ 高丙成：《我国幼儿园教师职称评聘的现状与对策》，《幼儿教育（教育科学）》2015 年第 3 期，第 26～30 页。

④ 李应武：《中学教师专业技术职务晋升问题研究——对上海部分地区的实证调查》，上海：华东师范大学 2007 届硕士学位论文。

⑤ 张泽芳：《我国中小学教师职称制度改革探讨》，《考试周刊》2014 年第 25 期，第 15～16 页。

⑥ 朱惠平、张爱军、朱有生：《贫困地区农村学校体育师资队伍现状及其发展对策——以甘肃省为例》，《湖州师范学院学报》2016 年第 6 期，第 1～5 页。

⑦ 邱佐江：《沈阳市中学教师职称评定存在的问题与对策》，兰州：西北师范大学 2008 届硕士学位论文。

⑧ 陈牛则、彭阳：《我国中小学教师职称评审制度变迁及思考》，《科教导刊》2016 年第 1 期，第 64～65 页。

⑨ 黄建红：《广西农村小学师资队伍的困局与破解——以玉林市 A 镇和钦州市 B 镇为例》，《玉林师范学院学报（哲学社会科学版）》2016 年第 4 期，第 133～138 页。

指标分配也是不均的。[①] 高丙成统计分析发现，2013 年我国城市、县镇、农村未评职称幼儿园教师所占比例分别为 68.79％、68.57％、76.57％，而拥有小学高级以上职称教师所占比例分别为 12.51％、12.57％、8.90％。教师职称评聘存在明显的城乡差异。[②] 肖华平也认为城镇与乡下学校、重点与一般学校之间差别大，城镇学校、重点学校分配的指标比例要高于乡下学校以及一般学校。[③] 但值得注意的是，造成教师职称城乡差异的原因是由机会分配的不均导致的还是城乡教师能力存在系统性差异引起的，当前研究并没有对此进行更深一步的探索。

(二)教师职称的评定标准研究

教师职称的评定标准是教师最为关注的内容之一，也是当前职称研究的热点所在。相关研究内容主要集中于教师职称评定标准的不足与对策建议。其中教师职称评定标准存在的问题主要有过于注重硬性条件、评定标准不合理，标准变化快、不稳定，英语、论文等要求过难等方面。如《中国教育报》对近 3 万名教师进行了教师职称评定的问卷调查，结果显示，指标少、评价标准和流程亟须改进、评价标准不够科学等，成为教师职称评聘的心头之痛。23％的教师认为改革评聘标准，应更多以教师的实际教学水平和能力作为依据；13％的教师认为职称评聘手续太烦琐，材料太多，占据教学时间；22％的教师认为，职称评定标准不合理，不够稳定，常变常新，有时不够清晰，让教师无所适从。[④] 邱佐江的调查发现影响教师职称评定的因素主要有工作年限(占 25.7％)、指标(占 21.6％)和业绩(占 19.6％)，这三项所占比例较大，并特别指出尤其在初中教师评职中，教师交流或支教的成分占有很大一部分。[⑤] 蒋瑛、张海洋指出，评聘标准条件过粗，量化少，普遍对学历、专业年限等任职条件规定较硬，而对业绩、水平等条件量化较少。[⑥] 周士强通过对某中学的职称评定标准的调查，发现存在过分重日常表现考核而不太重教学结果考核的问题，教师职称评定标准各个指标比例非常

① 冯帮、王思勤：《教育叙事研究：农村中学教师职称评定问题再审视》，《教师教育论坛》2014 年第 12 期，第 50～57 页。

② 高丙成：《我国幼儿园教师职称评聘的现状与对策》，《幼儿教育(教育科学)》2015 年第 3 期，第 26～30 页。

③ 肖华平：《中小学教师职称评定中应注意的几个问题》，《教学与管理》2000 年第 10 期，第 20 页。

④ 卫彦瑾：《近 3 万名教师参与中国教育报微信教师职称评定问卷调查——七成教师认为职称评聘不能反映真实水平》，《中国教育报》2015 年 7 月 6 日第 001 版。

⑤ 邱佐江：《沈阳市中学教师职称评定存在的问题与对策》，兰州：西北师范大学 2008 届硕士学位论文。

⑥ 蒋瑛、张海洋：《当前我国职称制度存在的问题及改革思路》，《党政干部论坛》2000 年第 8 期，第 41 页。

不合理。①

关于评定标准中的论文要求，学者们从不同的角度出发，所述观点有所不同。有的学者认为农村教师由于时间有限、资料匮乏、培训经费不足、学习机会少等原因很难写出论文，提出现阶段应取消农村中小学教师职称评定中在一定等级刊物上发表一定数量论文等硬性、刚化的要求。② 而有的学者则从论文写作的有益方面考虑，指出乡村教师论文写作不能停。乡村教师职称评审中的论文要求不应被弱化，而应正确对待。希望通过强化乡村教师的论文写作，让乡村教师关注其所处的独特时空，正视乡土境遇与城市环境的差异，把专业发展的目光投向农村，以此为基础全面提高乡村教育质量。③ 陆安的研究也认为论文写作不能取消，应多注重那些真正基于教学经验、基于教育感悟、有利于教师自身专业素养提升的教育写作。④

在探讨教师职称评定标准存在问题的基础上，学者们从不同角度提出了调整评定标准的对策建议。孙福兵在其研究中提出实行动态评审、开展考评结合、建立全国联网的教师电子档案、建立复核、仲裁制度等对策建议。⑤ 邱佐江强调完善职称评审条件，应加大教学态度、教育思想、教学工作量、教学效果、教书育人、教学研究成果等评价指标的权重，突出对教学能力和水平的要求，注重发展性教师评价，坚持教师进修培训学习与教师职称评定相结合。⑥ 彭春芸、林清玲认为要正确理解中小学教育的特点和教师的工作实际，建议将教学能力、教学效果作为职称评定的主要指标，正确对待教师职称评定与论文的关系。黄大龙、吴恒祥指出，弹性对待教师职称评定中各项证书的规定，经过民意调查、专家鉴定的方式对教师在教学方面的突出表现和贡献予以认可，以"替补制"的方式来代替某些证书的"硬性"条件。⑦

（三）教师职称的获得意义研究

关于教师职称的获得意义，研究内容较为分散，不同学者的研究视角也大相径庭。为此，我们对不同视角下的相关研究进行了梳理，发现当前对教师职称的

① 周士强：《教师职称评定问题研究——以四川省 CHN 县 D 中学为例》，上海：上海师范大学 2013 届硕士学位论文。

② 刘航：《农村中小学教师职称评定制度的问题与对策》，《小学校长》2007 年第 2 期，第 39～40 页。

③ 朱广兵、杜宏清：《乡村教师论文写作不能停》，《教育科学论坛》2016 年第 8 期，第 59～62 页。

④ 陆安：《中小学教师职称改革须谨慎推进》，《中国教育学刊》2012 年第 2 期，第 82～83 页。

⑤ 孙福兵：《高校教师职称制度研究》，济南：山东师范大学 2008 届硕士学位论文。

⑥ 邱佐江：《沈阳市中学教师职称评定存在的问题与对策》，兰州：西北师范大学 2008 届硕士学位论文。

⑦ 彭春芸、林清玲：《正确对待教师职称评定与论文的关系》，《当代教育科学》2003 年第 17 期，第 49 页。

获得意义研究主要从工资待遇、社会地位、发展机会、工作情况等方面展开。

1. 工资待遇

工资是激励教师评定职称的最直接因素。如李应武通过访谈得出，教师对职务之间的工资差距很看重，职务之间的工资差别是非常明显的。[①] 黄梅也认为"评职称"就是"评待遇"的观念没有根本改变。经调查发现，从动因上看，64.4%的专业技术人才认为参与职称评审的原因主要是为了"提高工资待遇"。其中科研/教学辅助人员对"提高工资待遇"的关注度最高，教学人员、科研人员对"提高工资待遇"的关注度排在前三位。[②] 宋叶姣、宋宇宁对某校教师工资结构的研究也指出，教师职称对工资总额影响最大。该校教师要想提高自身的工资水平，必须要评聘职称，从其他方面均不能显著提高工资。[③] 莫于川、肖永生的调查显示，4.7%的人认为专业技术职务与工资待遇挂钩太紧。82.23%的人认为，从近年来的实际情况看，工资平台这一不合理现象是影响专业技术人员积极性的重要原因之一；提出两条解决思路，一是增设专业职等工龄工资，二是将专业职等进一步细分为若干级并确立相应的起点工资标准。[④]

2. 社会地位

除影响工资待遇外，职称还会影响教师社会地位。邱佐江和许放明在其研究中均指出，中学教师有较为强烈的获得社会声誉、实现自身价值和提高社会地位的需求，对绝大部分中学教师而言，晋升专业技术职务是实现上述需求的途径之一。[⑤][⑥] 李应武通过实证调查也支持上述观点，认为教师对声誉认可的欲望大于对专业素养内涵的追求。指出在"评上了会提高自己在同行中的地位"这一选项上，其被选比例为 15.90%；在"评上了会加重自己在学校领导心中的分量"这一选项上，其被选比例为 8.49%，这两项在所有被选选项中位居第 3 和第 4 位。[⑦]

3. 发展机会

关于教师职称与培训的研究并不多见，现有相关研究多集中于二者之间的影

① 李应武：《中学教师专业技术职务晋升问题研究——对上海部分地区的实证调查》，上海：华东师范大学 2007 届硕士学位论文。

② 黄梅：《我国职称制度改革面临的突出问题与相关路径探析——基于 2013 年全国专业技术人才职称状况调查的分析》，《中国行政管理》2015 年第 11 期，第 36～40 页。

③ 宋叶姣、宋宇宁：《教师工资结构对薪酬的影响》，《辽宁工程技术大学学报（社会科学版）》2016 年第 6 期，第 866～869 页。

④ 莫于川、肖永生：《重庆市职称改革问卷调查与分析》，《探索》1991 年第 1 期，第 58～61 页。

⑤ 邱佐江：《沈阳市中学教师职称评定存在的问题与对策》，兰州：西北师范大学 2008 届硕士学位论文。

⑥ 许放明：《中学教师职称评定中观层面的合理性模式探讨》，《浙江师范大学学报（社会科学版）》2002 年第 5 期，第 111～114 页。

⑦ 李应武：《中学教师专业技术职务晋升问题研究——对上海部分地区的实证调查》，上海：华东师范大学 2007 届硕士学位论文。

响关系方面。如周文胜指出职称边缘化是影响农村中老年教师参加培训的一个重要因素。[①] 田果萍通过调查农村小学不同职称教师对培训的需求发现，在对新课程的关注度上，职称越高越关注课程的动态发展；在最想学习的内容方面，一级、二级职称的教师最需要的是典型课例，高级职称的教师则是理论需求最大；在培训形式方面，案例分析对低职称教师作用大，交流探讨对高职称教师作用大。[②] 刘文、朱沛雨的研究显示不同职称的教师对培训效果的认可程度存在显著差异，初级教师最为认可的是培训效果。进一步的访谈也发现，青年教师（尤其是青年男教师）更为认同培训效果。[③]

4. 工作情况

职称晋升后教师的工作状况是否有所变化？关于不同职称教师的工作情况的研究内容主要分为两类，一是聚焦于对教师的一线教学状况的调查分析，二是对不同职称教师工作积极性的研究。

高级职称教师的一线教学情况是当前研究的重点内容。如《中国教育报》的调查显示，在回答"评上高级职称的教师仍在一线教学吗"这一问题，58％的教师选择了"很少"，18％的教师选择了"几乎没有"。[④] 冯帮、王思勤在对农村中学教师的访谈中也了解到，该所初中有 14 个中学高级教师，而大多数高级教师都不再任教了。一些教师在学校办个提前退休内退下来。有几个到教育组了，真正在该校工作的只有两个人。[⑤] 钟和军的调查研究同样指出，当教师获得高级职称之后，往往缺乏向上发展的动力，教育教学从此停滞不前，甚至不再从事一线教育教学工作。不仅在教学上，其他活动的参与度也明显降低。[⑥] 徐慧卿通过对某校近两年来教师参与公开课、主题报告的情况分析来看，高级、一级教师的参与度最低，仅为 44.4％，低于管理者的 76.9％和其他教师的 100％。[⑦]

在职称与教师工作积极性的相关研究上，部分研究是从当前职称存在的问题

① 周文胜：《农村中老年教师培训的边缘化问题及其对策研究》，《内蒙古师范大学学报（教育科学版）》2006 年第 4 期，第 69～70 页。

② 田果萍：《"国培计划"农村小学数学教师培训的调查研究——以山西省为例》，《课程教学研究》2016 年第 7 期，第 53～58 页。

③ 刘文、朱沛雨：《苏北某市乡村小学教师培训现状的研究》，《中小学教师培训》2016 年第 8 期，第 14～18 页。

④ 卫彦瑾：《近 3 万名教师参与中国教育报微信教师职称评定问卷调查——七成教师认为职称评聘不能反映真实水平》，《中国教育报》2015 年 7 月 6 日第 001 版。

⑤ 冯帮、王思勤：《教育叙事研究：农村中学教师职称评定问题再审视》，《教师教育论坛》2014 年第 12 期，第 50～57 页。

⑥ 钟和军：《质疑教师职称终身制》，《教育探索》2009 年第 3 期，第 59 页。

⑦ 徐慧卿：《中学教师高级职称"星级（分等）"改革中的问题研究——基于 S 市树人中学专题改革的个案调查》，上海：华东师范大学 2010 届硕士学位论文。

入手探讨其对教师工作积极性带来的影响。如陈牛则、彭阳指出当前职称标准的不合理、指标分配的不均衡严重影响了教师工作积极性与创造性的发挥。[①] 肖丽琴同样表示，"不成文"的教师职称评定标准与教师期望、教育发展现实存在差异，并在一定程度上损害了教师职称评定标准和职称评定工作本身的公平性，不利于其积极作用的有效发挥。[②] 刘文、朱沛雨则指出当前部分地区出现高级职称的低龄化，可以预计相当比例的人不到 40 岁就可以达到高级职称。对于这部分教师而言，其职业生涯的后 20～25 年基本上没有升职空间，这或许是教师出现职业倦怠、缺少专业发展动力的重要原因之一。[③] 而有的研究则是探讨了不同职称教师间的工作积极性差异。如朱俊英、初奕剑对青岛市中学体育教师职业倦怠状况的调查研究，发现不同职称教师在情绪衰竭和去个性化方面存在显著差异。在情绪耗竭维度，中级职称的教师显著高于初级、高级职称的教师；在低成就感维度上，高级职称的教师显著低于初级和中级职称的教师。[④]

(四)研究不足与空间

纵观当前学界对义务教育教师职称状况的相关研究，主要表现出如下三个方面的特点。

一是在研究对象上，缺少对义务教育教师的聚焦，多以高等学校教师为主。中小学教师是我国现行职称系列中涉及人数最多、影响最大的两个重要系列，中小学教师的职称问题也是当前政府、社会最为关注的焦点所在。对义务教育教师职称状况的研究不仅具有重要的现实价值，也具有重要的理论研究意义。

二是在内容上，缺乏系统性、整合性的研究，多以单一维度展开。对义务教育教师来说，职称不仅是一种成就感的体现，也与其自身的工资待遇紧密相关。职称影响着教师生活、工作以及发展的方方面面。而现有研究只关注职称对教师某一方面的影响，忽略了对职称综合影响的考察。因此，只有将职称与多种相关因素进行交叉分析，才能更加全面地了解义务教育教师的职称状况。

三是在研究方法上，缺少跨地区和全国性的大样本实证调查研究，多停留在理论阐述层面。关于教师职称状况的研究，学者们多以理论分析或政策分析为主，所持观点缺乏实践的检验，而在仅有的一些调查研究中，调查样本也局限于

---

① 陈牛则、彭阳：《我国中小学教师职称评审制度变迁及思考》，《科教导刊》2016 年第 1 期，第 64～65 页。

② 肖丽琴：《初中教师职称评定苏准对教育质量的影响——以北京市 S 中学为例》，北京：首都师范大学 2013 届硕士学位论文。

③ 刘文、朱沛雨：《苏北某市乡村小学教师培训现状的研究》，《中小学教师培训》2016 年第 8 期，第 14～18 页。

④ 朱俊英、初奕剑：《对青岛市中学体育教师职业倦怠状况的调查研究》，《体育科技文献通报》2016 年第 9 期，第 87～89 页。

某一省或某一城市的数个县。因此，当前对义务教育教师职称状况进行全国大规模实证调查研究是十分必要的。

综合以上分析，尽管相关研究对义务教育教师职称的研究已经做了大量的工作，但是依然存在碎片化、小样本等问题。基于此，我们对义务教育教师职称的研究，采用全国 12 省 23 县（市）（另外还有一个市辖镇）的大样本调查数据，综合考察衡量教师职称的获得机会、评定标准、获得意义等内容，对当前义务教育教师的职称状况进行系统性探究。

二、数据来源及分析框架

（一）数据说明

1. 数据来源及抽样说明

本文采用我们开发的"义务教育阶段教师调查问卷（A 卷）"，对全国 12 个省份（分别是东部的浙江、山东、广东，中部的河南、湖南、湖北、江西，西部的重庆、甘肃、贵州、云南、广西）的 23 个县（市）（另外还有一个市辖镇）的中小学进行了分层抽样调查，调研组共计调查初中学校 74 所，小学 149 所，九年一贯制学校 13 所。本次调研共计发放教师问卷 3 728 份，回收 3 728 份，回收率为 100.00%，在剔除不合格问卷后，共计有效问卷 3 722 份，有效率为 99.8%。有效样本的分布在性别、年龄、学段和城乡等维度与中小学教师结构比例均十分接近，具有良好的代表性。

2. 数据整理

关于教师任教学段，我们将九年一贯制学校的初中和小学进行区分，九年一贯制学校初中部计入初中，九年一贯制学校小学部计入小学，按照二分类变量的惯例分别赋值为 1 和 0。依照学校所在地，我们将学校划分为四个等级，依次是村屯学校、乡镇学校、县城学校和城市学校，分别赋值为 1~4。值得说明的是，在进行义务教育教师职称的获得意义的城乡对比时，我们将县城学校、乡镇学校和村屯学校合并为农村学校，城市学校和农村学校分别赋值 1 和 2。关于年龄阶段划分，考虑到教师的工作性质，结合国家统计局对年龄阶段划分标准将教师的年龄阶段划分为 30 岁以下、30~39 岁、40~49 岁、50 岁及以上四个年龄段，分别赋值 1~4。教师性别按照二分变量的惯例分别赋值为 1 和 0。调研样本的总体分布情况见下表（见表 6.1）。

表 6.1　调研样本的总体分布情况

变量		人数	比例	变量		人数	比例
学段	初中(1)	1 836	49.33%	性别	男教师(1)	1 255	33.96%
	小学(0)	1 886	50.67%		女教师(0)	2 441	66.04%
城乡	村屯学校(1)	352	9.46%	年龄	30 岁以下(1)	524	14.87%
	乡镇学校(2)	1 497	40.22%		30～39 岁(2)	1 501	42.59%
	县城学校(3)	967	26.98%		40～49 岁(3)	1 152	32.69%
	城市学校(4)	906	24.34%		50 岁及以上(4)	347	9.85%

注：圆括号内的数字为该变量在数据分析中的赋值。

本研究主要调查分析义务教育教师职称问题，关于义务教育教师职称，由于调研学校中涉及独立小学、独立初中、涵盖小学和初中的九年一贯制学校，教师的职称涉及中学和小学不同职称。为方便统计与分析，本文按照 2015 年《关于深化中小学教师职称制度改革指导意见》中规定的中小学教师职称（职务）制度体系，将中学三级、小学二级和小学三级教师统一为三级教师，中学二级、小学一级教师统一为二级教师，中学一级、小学高级教师统一为一级教师，中学高级教师对应高级教师。[1] 考虑到部分教师入职即获得三级职称，本文剔除未评职称中的代课教师和特岗教师等，将未评职称的在编教师与三级职称教师合并。最后作为分析面板数据的有效样本为 3 525 个，其中未评与三级职称教师占 5.9%，二级职称教师占 35.6%，一级职称教师占 49.1%，高级职称教师占 9.4%。教师目前的职称为多分变量，按照从未评与三级、二级职称、一级职称到高级职称，分别赋值 1～4。

3. 统计方法

本文主要用描述性统计的方式来呈现数据。采用均值比较、列联表百分数比较来直观呈现数据，采用等级相关和差异性检验对数据之间的内在关系进行了细致分析。本文数据均在 SPSS 20.0 中生成导出。

(二)分析框架

职称，即专业技术职务，是指根据实际工作需要设置的有明确职责、任职条件和任期，并需要具备专门的业务知识和技术水平才能担负的工作岗位。[2] 教师职称作为衡量教师业务知识和专业水平的重要外在指标，从理论上来说不同级别职称是对教师不同专业能力水平的肯定，而且教师职称尤其是高级别职称可以看

---

① 人力资源社会保障部、教育部：关于印发《关于深化中小学教师职称制度改革的指导意见》的通知，人社部发〔2015〕79 号，2015 年 8 月 28 日。

② 《国务院关于发布〈关于实行专业技术职务聘任制度的规定〉的通知》，国发〔1986〕27 号，1986 年 2 月 18 日。

作是相对稀缺的荣誉和机会。那么，当前教师有没有机会获得相应的职称？教师职称是如何评定和获得的？教师获得相应的职称对教师的意义是什么？为此，本研究择取了职称获得机会、职称评定标准和职称获得意义这三个指标对义务教育教师职称进行调查分析。首先，关注教师获得不同级别职称的机会，考察不同群体教师获得职称的机会是否存在差异；其次，梳理当前教师职称的评定标准，分析教师认为应然的教师职称评定标准是怎样的；最后，分析教师职称对教师的现实意义，比较不同职称教师对职称意义的认识。

三、分析结果

（一）义务教育教师职称的获得机会

作为衡量教师业务知识和专业水平的重要外在指标，获得教师职称尤其是高级别职称被看作稀缺性的荣誉和机会；而且在教育实践中，教师职称与教师的物质待遇、发展机会等相挂钩，因此教师职称又被认为是竞争性的资源。教师职称的获得机会在不同城镇化水平学校、学段和学科间可能存在系统性差异，本部分将从城乡、学段、学科三个维度考察义务教育教师职称的机会差异。

1. 职称获得机会的城乡差异

总体而言，无论是在村屯学校、乡镇学校、县城学校还是城市学校，均呈现中间多、两头少的"纺锤形"，二级和一级教师所占比例均超过80%。具体来看，在村屯学校和乡镇学校中，未评与三级教师比例较高，分别达到14.56%、7.46%；而高级教师比例相对较低，尤其是村屯学校仅为2.85%。县城学校和城市学校则高级教师所占比例高、未评与三级教师所占比例较低。县城学校、城市学校中高级教师所占比例分别为11.02%、9.21%，而未评与三级教师所占比例分别仅为2.65%和3.73%，远高于村屯学校（见表6.2）。这说明，与县城学校、城市学校相比，乡村学校尤其是村屯学校中教师职称评定情况并不乐观，教师评高级职称的机会较少，而且未评与三级教师所占比例高，晋升职称难度也较大。村屯学校中之所以未评与三级教师所占比例较大，一方面可能是近年来新教师招聘较多，另一方面可能是由于晋升二级职称机会少、难度大而导致的累积。

表 6.2　不同城镇化水平学校中教师职称获得机会的描述分析

	村屯学校	乡镇学校	县城学校	城市学校
未评与三级	14.56%	7.46%	2.65%	3.73%
二级教师	42.41%	35.54%	37.39%	31.24%
一级教师	40.19%	47.19%	48.94%	55.83%
高级教师	2.85%	9.81%	11.02%	9.21%

　　值得注意的是，城乡教师职称机会分布不均早已受到政策的关注。2007 年《关于义务教育学校岗位设置管理的指导意见》中便提出"农村地区学校教师高级、中级岗位结构比例，应与本地城镇同类学校大体平衡。"①2009 年，人力资源和社会保障部《关于深化中小学教师职称制度改革试点的指导意见》中提出"中小学正高级教师、高级教师的评价标准要体现中学、小学的不同特点和要求，有所区别，并对农村教师予以适当倾斜。"②之后 2010 年《国家中长期教育改革与发展规划纲要(2010—2020 年)》③、2012 年国务院《关于加强教师队伍建设的意见》④、2012 年教育部、财政部、人力资源和社会保障部等《关于大力推进农村义务教育教师队伍建设的意见》⑤均强调"职务(职称)晋升向村小学和教学点专任教师倾斜"，但是城乡教师职称机会分布不均问题并未得到有效改善。2015 年国务院办公厅出台的《乡村教师支持计划(2015—2020 年)》中再次重申"职称(职务)评聘向乡村学校倾斜"⑥，未来解决教师职称机会分布的城乡差异、切实提高乡村学校教师职称评聘机会仍是职称制度改革完善的重点内容。

　　此外，值得思考的问题是，教师职称获得机会存在城乡差异，是城乡教师职称名额分配不均的问题，还是城乡教师在专业能力水平上存在差异？对于城乡教师之间的先天个体素质无法进行精确测评，但对于不同的专业发展环境所造成的后天专业能力方面的差异可以进行比较。为此，我们设计了"多数情况下，素质相当的两位教师在城市和农村工作一段时间后，与城市教师相比，农村教师_____(A. 好很多、B. 好一点、C. 基本相当、D. 差一点、E. 差很多)"一题，考察城乡教师是否因为城乡不同的专业发展环境造成了城乡教师在专业能力水平上的差异。调查结果显示，36.32％的教师认为农村教师与城市教师的能力基本相当；有 32.22％的教师认为与城市教师相比，农村教师差一点，甚至有15.79％的教师认为，与城市相比，农村教师差很多；而仅有 15.67％的教师认为农村教师比城市教师好。也就是说，有接近一半的教师认为城乡不同的发展环

　　①　人事部、教育部：《关于义务教育学校岗位设置管理的指导意见》，国人部发〔2007〕59 号，2007年 10 月 9 日。

　　②　人力资源和社会保障部：《关于深化中小学教师职称制度改革试点的指导意见》，人社部发〔2009〕13 号，2009 年 1 月 15 日。

　　③　中共中央、国务院：《国家中长期教育改革和发展规划纲要(2010—2020 年)》，中发〔2010〕12 号，2010 年 7 月 29 日。

　　④　国务院：《关于加强教师队伍建设的意见》，国发〔2012〕41 号，2012 年 8 月 20 日。

　　⑤　教育部、财政部、人力资源和社会保障部：《关于大力推进农村义务教育教师队伍建设的意见》，教师〔2012〕9 号，2012 年 9 月 20 日。

　　⑥　国务院办公厅：《关于印发〈乡村教师支持计划(2015—2020 年)〉的通知》，国办发〔2015〕43 号，2015 年 6 月 1 日。

境使得农村教师在专业能力水平上与城市教师产生差距，这可能是造成城乡教师职称获得机会存在差异的原因之一，同时也是当前实践中教师不愿意到农村去任教的原因之一。

2. 职称获得机会的学段差异

中小学职称制度设计之初，《中小学教师职务试行条例》提出"中小学各级教师职务的定额应根据学校事业发展和教育教学工作需要、教师队伍结构及编制来确定"，并分别制定了符合各自实际的教师职务试行条例。2009 年教育部《关于深化中小学教师职称制度改革试点的指导意见》提出，"改革原中学和小学教师相互独立的职称（职务）制度体系，建立统一的中小学教师职务制度"。为此，建立统一的中小学教师职务制度成为职称制度改革的重要内容。

表 6.3 不同学段教师职称获得机会的描述分析

	小学	初中
未评与三级	8.75％	3.20％
二级教师	37.20％	34.09％
一级教师	51.95％	46.46％
高级教师	2.10％	16.24％

当前，总体来看，无论是在小学还是初中，一级教师所占比例最高，其后是二级教师。小学阶段，一级教师、二级教师所占比例分别为 51.95％、37.20％；之后所占比例较高的是未评与三级教师，比例为 8.75％；而高级教师所占比例最低，仅为 2.10％。初中阶段，一级教师、二级教师所占比例分别为 46.46％、34.09％；与小学阶段不同，初中所占比例较高的是高级教师，比例达到 16.24％，远高于小学阶段中高级教师所占比例；初中未评与三级教师所占比例最低，仅为 3.20％（见表 6.3）。可见，义务教育教师在职称获得机会上存在学段差异，小学教师在高级职称的评聘上处于不利地位。

3. 职称获得机会的学科差异

由于不同学科在课程标准要求、考试评价中的地位等方面存在不同，不同学科教师在职称获得机会上可能存在差异。为此，本文比较了不同学科教师在职称分布上的情况。考虑到当前中小学科目众多，我们在对中小学各科课程标准和各年级课程表进行分析的基础上，综合考虑"是否必考科目""考试中的分值比例（或评价录取中的地位）"和"周课时数"三个维度，将中小学课程分为高利害课程、中利害课程和低利害课程三类。高利害课程指必考、在考试中的分值比例最大且每个教学日均有课时安排的科目，包括语文、数学、外语三门课程；中利害课程指必考且在考试中的分值比例次大，每周安排 2～3 课时的科目，包括物理、化学、生物、政治、历史、地理等六门课程；低利害课程指非必考且每周安排在 2 课时及以下的课程，包括音乐、体育、美术、科学、品德、社会综合实践，以及地方课程等科目。需要说明的是，为了分析的准确性，我们选取了只任教一门课程的教师样本，因而，此维度下的教师样本数为 2 864 个，少于总样本数。

表 6.4　不同学科教师职称获得机会的描述分析

	高利害科目	中利害科目	低利害科目
未评与三级	5.20%	3.28%	6.29%
二级教师	34.70%	34.66%	39.74%
一级教师	52.18%	41.69%	50.33%
高级教师	7.92%	20.37%	3.64%

统计结果显示，高利害科目和中利害科目中，教师所占比例最高的均是一级教师，其后依次是二级教师、高级教师、未评和三级教师。高利害科目中一级、二级、高级、未评和三级教师所占比例分别为 52.18%、34.70%、7.92%、5.20%；中利害科目中，其所占比例分别为 41.69%、34.66%、20.37%、3.28%。低利害科目中，所占比例最高的是一级教师，其后是二级教师，其比例分别为 50.33%、39.74%；但不同的是，低利害科目中未评和三级教师要多于高级教师，未评和三级教师所占比例为 6.29%，而高级教师仅占 3.64%（见表6.4）。这表明，低利害科目在高级职称评聘上处于最不利地位，在职称制度改革上应关注音、体、美等低利害科目教师的职称评聘问题。

专栏 6.1　高级职称名额少，打击了教师参评的积极性

在今年初召开的天津市教育工作会上，一条有关"本市中小学教师今年可以获评正高级职称"的消息，引发了各方的关注。提到我国已实施了 30 年的教师职称制度，许多老师都有着自己的一把辛酸泪。所以，对于即将到来的职称制度改革，老师们是盼了又盼。4 月 12 日，本市召开深化中小学教师职称制度改革工作部署会议，确定中小学教师职称制度改革路线图与时间表，这也标志着全市中小学教师职称制度改革工作正式启动。老师们曾经在评职称时遇到了哪些问题？新的改革有哪些特点？"正高"评选又有哪些"条件"？记者对此进行了采访。

改革前，教师眼里的职称

本市中小学教师职称评定改革今年将推出的消息发布后，本市一所小学的语文教师刘明明（化名）正焦急地等待着新制度的出台。她说，她现在是小高（中级）

职称，基本是摸到了职称的"天花板"，对职称已是无欲无求。该上的课一节都不少，上课还不能有倦怠，从内心讲，得对得起老师这份职业；从客观上讲，学校装置了摄像头，一直"盯着"教师上课，还不时发上"云端"传给家长看。已经太累了，不想去争"小中高"，争也争不上，个别教师（除了校领导）评上了也多不了几百元钱。评"小中高"无望，又有点知名度的老师偷着在外给学生补补课赚点外快，像她这样，对职称没追求、经济状况不算紧张的教师，有个健康的身体最重要。

改革前的职称真的像她说的那样成了"鸡肋"？近日，记者采访了本市几所中小学的校长和教师们，听她们讲讲职称评定中的那些"痛"。

中教副高职称：

几十人争一个，"慢慢就没了心气"

同样是语文教师张楠（化名），1997年入职，一直是区里一所知名中学的教学骨干。由于是专科学历，评中一就比同年入职的同事晚了几年，直到2009年才评上中一。这几年，市级优质课、优秀班主任、优秀班集体等荣誉拿了不少，除了教学论文，职称需要的硬件差不多备齐了，但冲击中教高级（副高）职称的念头只是偶尔冒出。她说，副高职称对她而言可望而不可即，时间长了就不望了。

对此，该中学的校长解释说，报评副高职称决定因素不仅是参评教师的条件是否达标，而是学校有没有副高职称指标。学校退休一个副高职称的教师，才有一个参评副高名额。常常是一个副高名额几十个人争，争到这个参评名额并不意味着就能评上副高职称，还得参加统一考试与全区参评教师一起竞争。因此，学校每年有了参评名额，在全校选拔参评教师时慎之又慎，生怕浪费了这来之不易的名额。该中学已经好几年没有副高指标了，又赶上这两年职称评定工作暂停，教师们对副高职称都"没有了心气"。

因为名额受限，中学教师评定副高职称的难度非常大，正因为难度太大，很多教师评过中一职称后就"到了站"，副高成了许多老师心中的痛。不想吧，这个职称真实存在；想吧，又有点遥不可及。

该校校长说，张楠的情况很具有代表性，虽然教师是一个良心职业，对教师的评价体系更侧重于学生和家长对老师的认可，但在职称晋升上太早地撞到"天花板"很容易产生职业倦怠。教师们看重副高职称不只是看重职称提升后的那点待遇，更把职称看作一种荣誉，对自己教学的认可，是一项职业激励，副高职称评定的惨烈会让老师产生挫折感。

张楠老师听说这次职称改革方向是中学要设正高职称，那就意味着副高职称名额增加。她表示自己开始准备教学论文，不然机会来了白白错过。她说，教师评定职称就应像医生职称晋升一样，应评尽评，不限名额，凭真本事竞争。

小中高职称：

看得见摸不着，"更像是个神话"

与中学的中高职称评定相比，小学的小中高职称更像是个神话，这在一些普通小学中表现得更加明显。

与知名小学相比，普通小学的教师在学校教研资源、业务竞争氛围、参加业务交流机会方面都处于劣势，教研平台的差距就会产生荣誉叠加效应，只不过知名学校是正向叠加，普通学校是负向叠加，而荣誉硬件又是当前职称评定的重要考核标准。

李莹(化名)老师在和平区一所普通小学工作17年了，一直从事低年级教学工作。她说，她所在的学校小中高职称仅校长一人，这个职称还是校长在另一所知名小学任教时评定的，一年前刚交流到她所在的学校。谈起与知名小学教师的教学平台的差距，李莹深有体会。几年前她被交流到区里另一所知名学校，该校一个年级十多个班，同一学科同一年级十几个教师在一起竞争切磋，还有教学带头人对年轻教师进行传、帮、带。而她所在的小学以前一年级只有两三个班，"教研氛围没法与大学校比"。但她与同事们的职业素养自觉也"不比知名学校的教师差"，她希望在校长教师校际交流的同时，中小学职称评定改革也应该向薄弱学校、偏远学校倾斜。

资料资源：刘耀辉：《高级职称名额少，打击了教师参评的积极性》，新华网天津，http：//www.tj.xinhuanet.com/campus/2016-04/15/c_1118633957.htm，2016-04-15/2016-10-18，有删减。

(二)义务教育教师职称的评定标准

中小学教师职称评定标准，是中小学教师职称评审的重要基础和主要依据。制定遵循中小学教师成长规律和职业特点、体现中小学教师能力水平的职称评定标准，有利于鼓励优秀人才脱颖而出、调动教师工作积极性，有利于激励教师提高教育能力和水平、促进教师全面发展。因此，梳理分析当前中小学教师职称评定标准，考察义务教育教师对教师职称评定标准的认识，有利于为进一步完善教师职称评定标准提供参考。本部分将从教师职称评定标准中的硬性规定内容、教育教学表现以及职称级别数量三个方面分析教师职称的评定标准。

中小学教师职称评定标准经历了一个不断发展、完善的过程。1986年2月国务院《关于发布〈关于实行专业技术职务聘任制度的规定〉的通知》中，对专业技术职务任职的基本条件进行了规定，主要包括：(1)热爱祖国，遵守宪法和法律，积极为我国四化建设贡献自己的力量。(2)具备履行相应职责的实际工作能力和业务知识。(3)担任高级、中级、初级专业技术职务一般应相应具备大学本科、大专、中专毕业的学历。各专业技术职务系列可以根据各自的特点，提出各级职务的不同学历要求。对虽然不具备上述规定学历，但确有真才实学、成绩显著、贡献突出、符合任职条件的专业技术人员，也可根据需要聘任相应的专业技术职务。① 之后 1986 年 5 月《中小学教师职务试行条例》对中学、小学不同职务级别教师的任职条件进行了详细的规定，并强调评审教师的任职条件在学校行政领导平时考核的基础上，从政治思想、文化专业知识水平、教育教学能力、工作成绩和履行职责等五个方面对教师进行全面考核，考核要重视政治思想品质、职业道德和教育教学工作的实绩。② 总结来看，任职条件主要包括思想政治要求、基本知识技能要求、学历和岗位任教时间以及教育教学表现的考核等，其中学历和任教时间为具体、可操作的条件，而思想政治要求、基本知识技能要求以及教育教学表现考核则缺乏具体可操作的评价标准。

在此基础上，相关部门先后出台一系列关于中小学职称制度以及涉及中小学教师职称制度的政策规定。2015 年人力资源和社会保障部、教育部《关于深化中小学教师职称制度改革的指导意见》中提出更加具体详细的中小学教师水平评价基本标准条件，在原有强调思想政治、基本知识和技能、学历和岗位任教时间的基础上，更加强调"重师德、重能力、重业绩、重贡献"等原则，强调中小学教师专业技术水平评价标准"要充分考虑教书育人工作的专业性、实践性、长期性，坚持育人为本、德育为先，注重师德素养，注重教育教学工作业绩，注重教育教学方法，注重教育教学一线实践经历，切实改变过分强调论文、学历的倾向，引导教师立德树人，爱岗敬业，积极进取，不断提高实施素质教育的能力和水平。"③2015 年出台的《乡村教师支持计划（2015—2020 年）》也强调"乡村教师评聘职务（职称）时不作外语成绩（外语教师除外）、发表论文的刚性要求"。④ 尽管以往的政策文件中并未明确提出教师职称评定对发表论文、外语成绩、培训时间等要求，但从《关于深化中小学教师职称制度改革的指导意见》《乡村教师支持计划（2015—2020 年）》等文件中对完善职称评定标准的规定可以推断，当前在实践中进行教师职称评定时除了思想政治要求、基本知识和技能、教育教学表现、学历、岗位任教时间等规定外，还强调发表论文、外语成绩和培训时间等其他评价标准。这和我们调研访谈中了解到的情况一致。

---

① 国务院：《关于发布〈关于实行专业技术职务聘任制度的规定〉的通知》，国发〔1986〕27 号，1986 年 2 月 18 日。

② 中央职称改革工作领导小组：《中小学教师职务试行条例》，职改字〔1986〕112 号，1986 年 5 月 19 日。

③ 人力资源社会保障部、教育部：《关于印发〈关于深化中小学教师职称制度改革的指导意见〉的通知》，人社部发〔2015〕79 号，2015 年 8 月 28 日。

④ 国务院办公厅：《关于印发〈乡村教师支持计划（2015—2020 年）〉的通知》，国办发〔2015〕43 号，2015 年 6 月 1 日。

1. 职称评定标准中的硬性规定内容

通过梳理分析关于中小学教师职称制度的政策规定，并结合对当前教育实际的调研情况，可以发现当前教师职称标准包括一些硬性规定，如学历、岗位任教时间、英语成绩、发表论文、培训等。那么，这些教师职称评定标准中的硬性规定是否合理呢？教师认为职称评定标准中应包括的硬性规定内容又有哪些呢？本文通过"在硬性规定内容方面，您认为职称评定标准应该包括什么"一题，考察义务教育教师对职称评定标准中硬性规定内容的看法。由于当前中小学教师职称制度除强调向农村适当倾斜外，未制定城乡不同的职称评定标准，故本部分未进行职称评定标准的城乡对比研究。

表 6.5　不同职称教师对职称评定标准中硬性规定内容的看法

	学历	岗位任教时间	计算机等级证书	英语等考试证书	发表论文情况	培训课时数	其他
未评与三级	68.23%	82.81%	28.12%	18.75%	42.19%	32.81%	4.69%
二级教师	67.06%	84.04%	26.28%	11.09%	36.95%	25.51%	7.00%
一级教师	67.99%	87.10%	26.06%	6.89%	33.78%	26.19%	8.73%
高级教师	75.76%	88.89%	32.32%	9.76%	37.04%	24.24%	10.77%
总体	68.38%	85.90%	26.84%	9.38%	35.72%	26.16%	8.05%

总体而言，在教师认为职称评定标准应该包括的硬性规定内容中，所占比例最高的是岗位任教时间，比例高达 85.90%，其后依次是学历（68.38%）、发表论文情况（35.72%）、计算机等级证书（26.84%）、培训课时数（26.16%），而英语等考试证书所占比例仅为 9.38%，这说明，在职称评定标准的硬性规定内容中，除了传统的岗位任教时间、学历外，许多教师认为发表论文情况、计算机等级证书、培训课时数等也很重要，而英语考试这种专业性较强的等级考试作为职称评定标准中的硬性规定内容并不受多数教师的认可。进一步的比较发现，不同职称教师对职称评定标准中硬性规定内容的看法略有差异。高级教师中选择学历、岗位任教时间和计算机等级证书的比例要略高于未评与三级教师，而未评与三级教师中选择英语等考试证书和发表论文情况的比例要略高于高级教师，这说明不同职称教师在判断职称评定标准中应该包括的硬性规定内容时既会考虑真正代表能力的方面，也会倾向于自己有优势的方面（见表 6.5）。此外，值得注意的是，认为职称评定标准中应包括计算机等级证书、培训课时数的教师比例较高，这说明教师认识到随着学校信息化建设和对教师专业发展要求的不断提高，教师职称评定标准也更应该注重教师的计算机等基本技能和有利于专业发展的培训。

除了教师职称评定标准中直接规定的硬性要求外，近年来为了解决农村师资短缺问题、提高农村教育质量，国家和地方在相关政策中强调城乡教师交流（轮岗/支教），并且为调动教师交流的积极性，将教师职称晋升与城乡教师交流相挂钩。2010 年出台的《国家中长期教育改革和发展规划纲要（2010—2020 年）》、2012 年《国务院关于加强教师队伍建设的意见》、教育部等《关于大力推进农村义务教育教师队伍建设的意见》等均明确提出："城镇中小学教师在评聘高级职务（职称）时，原则上要有一年以上在农村学校或薄弱学校任教经历。"[1][2][3] 2015 年出台的《乡村教师支持计划（2015—2020 年）》再次强调"城市中小学教师晋升高级教师职务（职称），要求在乡村学校或薄弱学校有任教一年以上的经历。"[4] 地方也制定了与教师职称晋升相挂钩的城乡教师交流政策。因此，参与教师交流到农村学校或薄弱学校任教成为城镇中小学教师晋升高级职称的硬性规定。为了了解当前教师对职称评定中教师交流这一规定的看法，我们对教师交流的原因进行了调查。由于与教师职称评定相挂钩的城乡教师交流政策涉及城乡不同学校，在此以城乡为维度进行比较分析。

表 6.6　不同学校教师对教师交流原因的看法

	晋升职称需要	末位淘汰	传递优秀教学理念	自愿申请支援农村建设	学习优秀教学经验	其他
村屯学校	32.51%	6.01%	15.90%	7.42%	25.80%	15.90%
乡镇学校	38.52%	7.26%	18.18%	10.55%	16.31%	12.19%
县城学校	42.94%	7.95%	14.68%	16.00%	13.91%	8.28%
城市学校	57.66%	2.99%	13.57%	6.85%	12.70%	8.22%
总体	43.83%	6.31%	15.92%	10.87%	15.59%	10.48%

调查结果显示，在本校教师参与教师交流的原因中，43.83% 的教师认为本校教师参与教师交流是出于职称晋升的需要，远高于传递优秀教学理念等其他因素。具体来看，村屯学校和乡镇学校中认为教师出于职称晋升需要而参与交流的比例分别为 32.51%、38.52%，而在县城学校，42.94% 的教师认为本校教师参

①　中共中央、国务院：《国家中长期教育改革和发展规划纲要（2010—2020 年）》，中发〔2010〕12 号，2010 年 7 月 29 日。

②　国务院：《国务院关于加强教师队伍建设的意见》，国发〔2012〕41 号，2012 年 8 月 20 日。

③　教育部、财政部、人力资源和社会保障部：《关于大力推进农村义务教育教师队伍建设的意见》，教师〔2012〕9 号，2012 年 9 月 20 日。

④　国务院办公厅：《关于印发〈乡村教师支持计划（2015—2020 年）〉的通知》，国办发〔2015〕43 号，2015 年 6 月 1 日。

与教师交流是出于职称晋升需要，城市学校中出于职称晋升需要的教师达到 57.66%，可见当前职称晋升需要是教师尤其是城市教师参与教师交流的主要原因之一（见表 6.6）。城乡教师交流的主要目的是提高农村教育质量，如果教师参与交流主要是职称晋升需要，那么教师交流的意义和实效性值得思考；同时，在教师职称评定标准中是否加入参与教师交流的强制性要求仍有待商榷。

2. 职称评定标准中的教育教学表现

除了学历、岗位任教时间等硬性规定内容外，教师职称评定还对教师的教育教学表现进行考核，包括师德、教学工作业绩等内容。本文设计了"在教育教学表现方面，您认为职称评定标准应该包括什么"一题，分析了当前义务教育教师对职称评定标准中教育教学表现要求的看法。由于当前中小学教师职称制度除强调向农村适当倾斜外，未制定城乡不同的职称评定标准，故本部分未进行职称评定标准的城乡对比研究。

表 6.7　不同职称教师对职称评定标准中教育教学表现的看法

	思想品德、职业道德	教学工作业绩	教育教学方法	教育教学工作量	年度考核	讲授过优质课等	其他
未评与三级	74.23%	87.63%	54.12%	70.62%	50.00%	34.02%	1.03%
二级教师	72.77%	82.61%	43.85%	69.89%	42.24%	30.20%	2.46%
一级教师	70.53%	84.51%	42.63%	67.70%	39.42%	28.59%	2.58%
高级教师	75.17%	91.50%	41.50%	71.09%	41.84%	31.97%	4.42%
总体	71.98%	84.64%	43.66%	68.97%	41.29%	29.80%	2.61%

在教师职称评定标准应该包括的教育教学表现中，所占比例最高的是教学工作业绩，所占比例高达 84.64%，其后依次是思想道德和职业道德、教育教学工作量、教育教学方法、年度考核、讲授过优质课等，其所占比例分别为 71.98%、68.97%、43.66%、41.29%、29.80%（见表 6.7）。就教师选择的教师职称评定标准中教育教学表现所包括的内容来看，这与 2015 年人力资源和社会保障部、教育部《关于深化中小学教师职称制度改革的指导意见》中所强调的"重师德、重能力、重业绩、重贡献"原则基本一致，也就是说当前教师职称制度改革的方向基本符合义务教育教师的诉求。进一步比较发现，不同职称教师对职称评定标准中教育教学表现的看法略有差异。高级教师选择教学工作业绩、思想品德和职业道德比例均高于其他职称教师，尤其是选择教学工作业绩的比例高达 91.50%；而未评与三级教师选择教育教学方法、年度考核、讲授过优质课的比例要略高于其他职称教师。

3. 职称评定标准中的职称级别数量

2015 年《关于深化中小学教师职称制度改革的指导意见》（以下简称意见）中明确提出我国实行统一的中小学教师职称（职务）制度，分为员级、助理级、中级、副高级和正高级五级，职称（职务）名称依次为三级教师、二级教师、一级教师、高级教师和正高级教师，分别对应事业单位专业技术岗位等级中的十三级。[①] 也就是说当前中小学教师职称级别共有五级。尽管我国实行事业单位专业技术岗位等级制度，将全国专业技术岗位划分为 13 个等级，并且与中小学教师职称（职务）制度相对应，但是教师的物质待遇、发展机会等主要与职称制度而非专业技术岗位等级相挂钩。国家对专业技术岗位中高级、中级、初级岗位内部等级结构比例进行了详细规定，但对于义务教育学校教师高级、中级、初级岗位之间的结构比例，政策规定"根据全国事业单位专业技术人员高级、中级、初级岗位之间的结构比例总体控制目标的要求，按照义务教育学校教师专业技术职务高级、中级、初级结构比例现状，结合义务教育事业发展需要和'十一五'人才发展规划纲要，合理确定义务教育学校教师高级、中级、初级岗位之间的结构比例"[②]，至于比例是多少并未明确说明。那么，当前教师职称评定标准中，职称级别数量以及数量之间的比例是否合理呢？为此，我们调查了教师对目前职称级别数量的看法。由于教师对职称意义的直观感受主要体现为工资的高低，因此将职称级别数量和各级别间工资差距一并调查说明。

表 6.8　不同职称教师对职称评定标准中职称级别数量的看法

	目前职称级别数量和各级别工资差距比较合理	级别数量保持不变，各级别间的工资差距小一些	级别再多一些，各级别间的工资差距小一些
未评与三级	22.84%	47.72%	29.44%
二级教师	12.53%	56.72%	30.75%
一级教师	20.32%	51.23%	28.44%
高级教师	39.40%	35.10%	25.50%
总体	19.38%	51.56%	29.07%

①　人力资源社会保障部、教育部：《关于印发〈关于深化中小学教师职称制度改革的指导意见〉的通知》，人社部发〔2015〕79 号，2015 年 8 月 28 日。

②　人事部、教育部：《关于印发〈高等学校、义务教育学校、中等职业学校等教育事业单位岗位设置管理的三个指导意见〉的通知》，国人部发〔2007〕59 号，2007 年 5 月 7 日。

统计结果显示，仅有 19.38% 的教师认为目前职称级别数量和各级别工资差距比较合理。有超过 80% 的教师则认为目前职称级别数量和级别间的工资差距应该进行调整，其中 51.56% 的教师认为教师职称级别数量保持不变、各级别间的工资差距小一些；29.07% 的教师认为教师职称级别数量再多一些、各级别间的工资差距小一些。进一步比较发现，不同职称教师对职称评定标准中职称级别数量的看法存在一定的差异。高级教师中，有 39.40% 的教师认为目前职称级别数量和各级别工资差距比较合理，其比例要高于认为目前职称级别数量和各级别间的工资差距不合理的教师所占比例。而在其他职称教师中，认为目前职称级别数量和各级别间的工资差距不合理的教师所占比例远高于认为合理的教师比例。具体来看，仅有 12.53% 的二级教师和 20.32% 的一级教师认为目前职称级别数量和各级别工资差距比较合理，有 56.72% 的二级教师和 51.23% 的一级教师认为当前的职称级别数量可以保持不变，但各级别间的工资差距小一些，而仅有 35.10% 的高级教师认同这一观点。之所以不同职称教师对职称评定标准中职称级别数量持有不同的看法，可能与不同职称教师目前获得的既得利益不同有关。目前教师职称级别数量少，但各级别间工资差距较大，对于高级教师来说其可获得较高的岗位基本工资。而对于二级教师、一级教师而言，其在教师职称评定标准的许多要求上与高级教师相差不大，但受多种因素影响而面临较大的职称评定压力；与高级教师相比，其付出较多但可获得的与职称相挂钩的回报较少，故其可能更倾向于改变的目前的职称评定标准，不改变职称级别数量以保证其顺利晋升到高级职称，同时职称各级别间的工资差距小一些以缩小其与高级教师间的回报差距。

专栏 6.2 中小学教师职称评聘之怪现状

"俺也不去想高级职称了，前边一群人排队呢！"山东"80 后"教师李虹"乐天知命"，"没有名额啊，论资排辈，干得再好，晋级还是没有希望！像我这么大年龄的，能评上中级已经很幸运了！"

"晋升上的高枕无忧，很多也不怎么努力了；中年教师名额少，没机会、没希望；年轻老师职称低、待遇差。"近日，济南某县区一中学教师蒋振告诉记者，自己 20 多年以来一直在一线教学，学生喜欢，成绩也不错，平时都是满工作量甚至超工作量，"但就是因为各种证书少、加分因素少，到退休也没晋升到高级职称！"

"不评不甘心，参评特累心，落评更灰心！"在山东采访调查时，不少中小学教师告诉中国教育报记者，职称评聘"评一次，打击一次"，似乎已经成了中小学老师心里"永远的痛"。

"教得再好，学生再喜欢，也不一定能评上职称"

"最糟心的是工作 11 年，还是拿最低档工资。"威海一名中学教师徐宏告诉记者，自己的工作越来越缺乏动力，"因为教师职称评聘不能体现实际教育教学水平，你教得再好，学生再喜欢，也不一定能评上职称。"

好多年评不上职称，相应的职称工资 10 年未涨，老师工作积极性受挫。"不仅对教师做好教育教学工作没有激励作用，反而更闹心。"徐宏说。

"问题是学校多年来根本就没有高级职称的晋级名额，七八年只给了一个指标，比 20 世纪 70 年代买自行车还难，无论你如何努力，也不可能有机会。"济南一位中学教师王明说。

职称评聘具体过程也有不少问题。李强 2003 年晋升到中学二级教师，满 5 年后，他年年参加晋级，但晋级标准年年变，如今七八年又过去了，还是没晋升上中学一级教师。"晋升上高级职称的教师一般都在领导岗位，一线教师很少。"李强告诉记者。

程平工作近 20 年，成绩突出，就是晋升不上一级教师。"因为每次晋级标准都在变，量身定做、名额分配，人为因素多，导致教师工作积极性不高。"程平说，"精力放在晋级上，哪还有心教学啊！不仅如此，还人为增加了教师之间不合理竞争的内耗，说起来是笑话，传出去丢人。"

"明明我的分数够了，却有人故意为难，把该得的等级分数降一个档次，少加了 3 分，最终让我少了零点几分，没评上职称！"杨青很郁闷，因为她觉得"这其中有个别人暗箱操作，不仅没有激励作用，反而让人怨气冲天，影响教学"。

"职称上去了，教学水平下来了，人也不教学了"

评不上职称的难受，评上的又怎么样呢？

"不少评上高级职称的'老'教师，既不愿意多承担教学任务，也不愿意损失一分钱的收入，而且把这一切都视作理所应当，因为他们是'高级教师'。"泰安一名中学教师王康说，"职称上去了，教学水平下来了，人也不在教学一线了。"

"教师职称与工资待遇紧密挂钩，聘上职称，万事大吉，脱离一线，或者找个清闲处，反正不影响工资待遇。"程平说，"高级职称教师很多都不教课了，工资又不少拿，只有晋不上级的，还在一线苦熬。"

"职称评聘已'异化'成学校领导管理教师的一个重要手段。"淄博一位教师孙明说，"比如，班主任劳累又费心，待遇比较低，很多人不愿干。领导便会在职称评聘中将班主任任职年限列为'硬杠杠'。"

事实上，很多老师并不认同这种做法。"职称是对专业技术人员技术水平、工作能力的反映，是其成就的等级称号。"王明说，"担任过班主任可以在同等得分的情况下优先考虑，但不能作为决定性因素、限制性因素。反之，就会出现只是有过班主任经历但工作上并无建树，反而比获得过省市优质课、基本功比赛一等奖的学科教师得分更高、机会更多的问题。"

职称评聘的具体要求围着荣誉、论文等"指挥棒"转，脱离教学实际，也是一个问题。"能得到高级荣誉的一般是学校领导、中层干部，一线教师勤勤恳恳工作多年，也不一定能获得个小小的区级荣誉。"孙明说，"此外，中小学教师职称评聘还要求发论文，绝大多数老师只有花钱、托关系了，实际教育教学水平倒在其次了。"

资料来源：魏海政：《中小学教师职称评聘之怪现状——"不评不甘心，参评特累心，落评更灰心"》，中国教育报，2016 年 6 月 24 日第 1 版，有删减。

(三) 义务教育教师职称的获得意义

职称对教师意味着什么？一方面，教师职称是衡量教师业务知识和专业水平的重要外在指标，较高的职称不仅意味着对教师专业能力和工作成就的认可；另一方面，在现实中教师的职称与其收入、发展机会、社会地位等挂钩，因此职称对于义务教育教师有更加广泛的意义。本部分将从工资待遇、发展机会、工作情况、微观人文环境和社会地位五个维度分析义务教育教师职称的获得意义。

1. 工资待遇

工资待遇主要是指教师从事教育教学工作所获得的报酬，这是保障教师基本生活的重要前提，也是教师职称的最重要外在表现。本文主要从教师的月总收入、基本工资和绩效工资对教师的工资待遇情况进行考察。

(1)月总收入

表 6.9　不同职称教师月总收入的描述分析　（单位：元/月）

		均值	标准差	F 检验
总体	未评与三级(a)	3 164.66	1 074.67	54.03***；a，b<c，d；c<d
	二级教师(b)	3 382.56	1 117.24	
	一级教师(c)	4 055.30	2 461.18	
	高级教师(d)	4 783.24	1 620.61	
	合计	3 830.87	1 985.25	
城市	未评与三级(a)	3 399.72	1 056.47	7.26***；a，b，c<d；b<c
	二级教师(b)	3 531.95	1 307.88	
	一级教师(c)	4 317.83	4 165.00	
	高级教师(d)	5 540.70	2 114.10	
	合计	4 149.53	3 319.34	

续表

		均值	标准差	F 检验
农村	未评与三级(a)	3 121.45	1 076.22	81.81***; a, b<c, d; c<d
	二级教师(b)	3 343.36	1 058.95	
	一级教师(c)	3 956.98	1 343.83	
	高级教师(d)	4 550.17	1 358.73	
	合计	3 730.59	1 294.70	

*. $p<0.05$；＊＊. $p<0.01$；＊＊＊. $p<0.001$

单因素方差结果显示，不同职称教师的月总收入存在显著差异（$F=54.03$，$p<0.001$）。结合均值比较发现，教师的月总收入随着职称的升高而逐渐增加。目前教师的平均月总收入为 3 830.87 元，其中高级教师的平均月总收入达到 4 783.24 元，显著高于其他职称教师，甚至有高级教师的月总收入达到 10 000 元；一级教师的平均月总收入为 4 055.30 元，比教师平均月总收入高 224.43 元，显著高于二级教师、未评与三级教师；二级教师、未评与三级教师的月总收入均低于平均水平，二级教师的月总收入为 3382.56 元，比高级教师少 1 400.68 元；未评和三级教师的月总收入仅为 3 164.66 元，比高级教师少 1 618.58 元。而就同一职称内部教师月总收入差距来看，一级教师内部月总收入差距最大，而未评和三级职称内部教师的月总收入差距较小（见表 6.9）。从城乡对比来看，无论是在城市还是农村，教师的月收入均呈现随职称升高而升高的趋势，不同职称间存在显著差异；同时，城市各级职称教师的月收入均高于农村同职称教师，但城乡教师在月收入上的差异并不显著（$t=1.939$，$p>0.05$）。

（2）月工资收入

表 6.10　不同职称教师月工资收入的描述分析　　（单位：元/月）

		均值	标准差	F 检验
总体	未评与三级(a)	2 721.39	1 045.94	51.33***; a, b, c<d; a, b<c
	二级教师(b)	2 817.31	1 188.26	
	一级教师(c)	3 337.29	1 349.13	
	高级教师(d)	4 024.62	1 695.25	
	合计	3 171.70	1 360.77	
城市	未评与三级(a)	3 557.69	1 192.96	12.61***; a, b, c<d
	二级教师(b)	3 359.99	1 181.36	
	一级教师(c)	3 509.49	1 349.42	
	高级教师(d)	4 767.47	2 057.71	
	合计	3 583.40	1 428.19	

续表

		均值	标准差	F 检验
农村	未评与三级(a)	2 577.51	953.76	41.46***； a，b＜c，d； c＜d
	二级教师(b)	2 680.48	1 151.24	
	一级教师(c)	3 271.28	1 344.13	
	高级教师(d)	3 759.32	1 465.76	
	合计	3 041.02	1 312.40	

＊．$p＜0.05$；＊＊．$p＜0.01$；＊＊＊．$p＜0.001$

　　总体来看，目前教师平均月工资收入为 3 171.70 元。单因素方差分析结果显示，不同职称教师间存在显著差异（$F＝51.33$，$p＜0.001$）。结合均值比较可以看出，职称越高教师的月工资收入越高。高级教师的月工资收入达到 4 024.62 元，显著高于其他职称教师，比教师平均月工资收入高 852.92 元；一级教师的月工资收入为 3 337.29 元，显著高于二级教师、未评与三级教师；二级教师、未评与三级教师的月工资收入均低于平均水平，分别为 2 817.31 元、2 721.39 元，显著低于高级教师和一级教师。而就同一职称内部教师月基本工资的差异来看，则呈现相反的趋势，高级教师间月基本工资差异最大，而二级教师间的月基本工资差异最小。至于为什么二级教师的月基本工资最低，其原因有待进一步探究。从城乡对比看，无论是在城市还是农村，教师的月工资收入均呈现随职称升高而升高的趋势，不同职称间存在显著差异；同时，城乡教师在月工资收入上存在显著差异（$t＝7.381$，$p＜0.001$），城市教师的月工资收入显著高于农村教师，城市各级职称教师的月收入均不同程度地高于农村同职称教师。

　　（3）主观收入差距

　　不同职称代表教师不同的专业能力，按照这一逻辑，高一级职称的教师工资理应比低一级职称教师的工资高，以激励教师不断提高自己的专业技术能力，所以教师主观感受职称级别之间工资差距大小在一定意义上代表教师对当前职称相对应的工资的认可度。因此，本研究通过考察教师如何看待比其高一级职称的相同学历、教龄的教师与其的收入差距，来了解与职称相对应的工资是否得到教师们的认可，选项划分为"非常大""比较大""一般""比较小""非常小"。分析时采用反向计分，选项划分为从"非常小"到"非常大"五个等级，分别赋值为1—5。

表 6.11 不同职称教师主观收入差距的描述分析

		M±SD	非常小	比较小	一般	比较大	非常大	F 检验
总体	未评与三级(a)	3.65±0.86	0.51%	9.69%	28.06%	47.96%	13.78%	25.70***; a<b, c; a, b, c>d
	二级教师(b)	3.86±0.84	1.30%	5.46%	19.15%	53.95%	20.13%	
	一级教师(c)	3.84±0.87	1.07%	6.71%	20.25%	50.95%	21.02%	
	高级教师(d)	3.42±0.86	1.93%	10.61%	39.23%	39.87%	8.36%	
	合计	3.80±0.87	1.20%	6.79%	22.03%	50.85%	19.13%	
城市	未评与三级(a)	3.59±0.95	3.45%	6.90%	31.03%	44.83%	13.79%	10.13***; b, c>d; a<c
	二级教师(b)	3.82±0.80	0.39%	5.49%	23.92%	52.16%	18.04%	
	一级教师(c)	3.93±0.85	1.09%	4.78%	18.70%	51.09%	24.35%	
	高级教师(d)	3.39±0.77	1.33%	6.67%	50.67%	34.67%	6.67%	
	合计	3.83±0.84	0.98%	5.25%	23.69%	49.69%	20.39%	
农村	未评与三级(a)	3.66±0.84	0.00%	10.18%	27.54%	48.50%	13.77%	17.86***; a<b, c; a, b, c>d
	二级教师(b)	3.87±0.85	1.54%	5.45%	17.90%	54.42%	20.68%	
	一级教师(c)	3.81±0.87	1.06%	7.43%	20.83%	50.90%	19.77%	
	高级教师(d)	3.43±0.89	2.12%	11.86%	35.59%	41.53%	8.90%	
	合计	3.79±0.87	1.27%	7.27%	21.51%	51.21%	18.74%	

*. $p<0.05$；**. $p<0.01$；***. $p<0.001$

统计结果显示，目前大约有70%的教师认为自己当前职称与高一级职称间的收入差距比较大或非常大。具体来看，不同职称教师的主观收入差距存在显著差异（$F=25.70$，$p<0.001$）。结合均值比较结果来看，主观收入差距最大的是二级教师，其后依次是一级教师、未评与三级教师，一级教师、二级教师的主观收入差距显著高于未评与三级教师；高级教师的主观收入差距最小，显著低于其他职称教师。一级教师、二级教师中有超过70%的教师认为自己当前职称与高一级职称的收入差距较大，而高级教师中仅有不足一半的教师主观收入差距较大（见表6.11）。进一步的城乡对比发现，无论是在城市还是农村，不同职称教师间的主观收入差距存在显著差异，农村教师的主观收入差距与总体趋势完全一致，城市不同职称教师间的主观收入差距略有不同，一级教师的收入差距最大，其次是二级教师，均显著大于高级教师；城市教师的主观收入差距略大于农村教师，但这种差异并不显著（$t=1.266$，$p>0.05$）。至于为什么高级教师的主观收入差距最低，可能的原因是中小学教师中正高级职称比例较少，高级教师对其比较对象正高级教师的收入不甚了解，因此高级教师的主观收入差距最低。相比之下，二级教师、一级教师有明确的对比对象，对高一级职称教师的收入相对更加了解。

2. 发展机会

发展机会是指教师有机会参加提高自身专业发展水平的一系列活动，包括培训、职称晋升、担任学校职务等情况，在一定程度上影响着教师当前和未来可获得的经济和社会地位，因此对于教师来说十分重要和必要。但由于发展机会的稀缺性，不同特征群体的教师拥有不同的发展机会。教师职称本身是教师发展机会的重要标志，同时也是影响教师发展机会的重要因素。本文主要通过教师的培训机会和担任学校职务的情况考察不同职称教师的发展机会。

（1）培训机会

培训机会主要反映教师继续学习、提高自身素质的情况。考察教师的培训机会一方面是参与培训的级别，一方面是参与培训的次数和时长。由于不同级别培训的培训时长不具有可比性，本文主要以教师的培训级别为指标考察教师的培训机会。当前教师参与培训的级别包括国家级、省级、市级、县级和校级培训，由教师直接填答。具体情况如下（见表 6.12）。

表 6.12 不同职称教师培训机会的描述性分析

		校级	县级	市级	省级	国家级
总体	未评与三级	55.78%	58.50%	35.37%	18.37%	9.52%
	二级教师	63.34%	51.38%	30.01%	20.93%	9.97%
	一级教师	71.39%	49.18%	33.52%	23.52%	13.11%
	高级教师	74.35%	40.00%	36.52%	21.30%	13.91%
	合计	67.84%	49.68%	32.64%	22.08%	11.84%
城市	未评与三级	69.57%	56.52%	52.17%	26.09%	30.43%
	二级教师	70.11%	40.23%	35.06%	20.69%	14.37%
	一级教师	72.67%	40.51%	37.30%	25.72%	22.83%
	高级教师	86.44%	25.42%	50.85%	10.17%	18.64%
	合计	73.19%	39.51%	38.62%	22.57%	20.11%
农村	未评与三级	53.23%	58.87%	32.26%	16.94%	5.65%
	二级教师	61.73%	54.05%	28.81%	20.99%	8.92%
	一级教师	70.96%	52.15%	32.23%	22.77%	9.79%
	高级教师	70.18%	45.03%	31.58%	25.15%	12.28%
	合计	66.27%	52.66%	30.88%	21.93%	9.42%

总体来看，当前教师拥有较多的培训机会，且呈现出级别越高、机会越少的金字塔状结构。有 67.84% 的教师参加过校级培训，49.68% 的教师参加过县级培训，32.64% 的教师参加过市级培训，而参加过省级和国家级培训的教师分别为 22.08% 和 11.84%，这也符合我们的日常认知。具体到不同职称来看，不同职称教师参加培训的机会存在差异，未评与三级教师中参加县级培训的比例最高，占到 58.50%，其次是校级培训；而其他职称教师均是校级培训所占最高，

其次是县级培训。同时，教师的职称越高，其参与培训尤其是高级别培训的机会越多。未评与三级教师中有 18.37% 的教师参加过省级培训，而有 23.52% 的一级教师参加过省级培训，比未评与三级教师高出 5 个百分点；就国家级培训来看，有 9.52% 的未评与三级教师参加过国家级培训，而分别有 13.11% 的一级教师和 13.91% 的高级教师参加过国家级培训，比例高于参加过国家级培训的未评与三级教师。进一步的城乡对比发现，无论是在城市还是农村，与总体趋势一致，不同职称教师参加培训机会存在差异，教师职称越高参加高级别培训的机会越多；具体来看，城市教师参加高级别培训的机会要多于农村同一职称教师，城市教师中参加国家级、省级、市级培训的比例分别为 20.11%、22.57%、38.62%，而农村教师这一比例分别为 9.42%、21.93%、30.88%，均低于城市（见表 6.12）。

（2）担任学校职务

表 6.13 不同职称教师担任学校职务情况的描述性分析

		科任教师	班主任	组长	主任	副校长	团委书记/少先队辅导员	生活教师
总体	未评与三级	74.63%	46.77%	7.46%	3.48%	1.00%	3.98%	1.00%
	二级教师	74.75%	44.95%	14.31%	3.28%	1.85%	3.28%	1.94%
	一级教师	71.80%	41.92%	15.47%	5.99%	1.81%	2.87%	1.43%
	高级教师	74.15%	26.19%	21.09%	8.16%	4.42%	0.68%	0.68%
	合计	73.25%	41.91%	15.06%	5.05%	2.01%	2.89%	1.52%
城市	未评与三级	93.10%	31.03%	10.34%	0.00%	0.00%	6.90%	0.00%
	二级教师	73.88%	50.20%	13.88%	3.27%	0.82%	1.63%	0.82%
	一级教师	75.58%	48.16%	15.90%	3.46%	0.69%	3.00%	0.23%
	高级教师	77.46%	29.58%	21.13%	2.82%	5.63%	0.00%	0.00%
	合计	75.87%	46.47%	15.53%	3.21%	1.16%	2.44%	0.39%
农村	未评与三级	72.35%	50.00%	1.18%	4.12%	1.18%	3.53%	1.18%
	二级教师	76.02%	44.19%	3.44%	3.33%	2.15%	3.76%	2.26%
	一级教师	73.29%	41.23%	4.27%	7.21%	2.32%	2.94%	1.96%
	高级教师	76.17%	26.17%	7.01%	10.28%	4.21%	0.93%	0.93%
	合计	74.52%	41.65%	3.98%	5.79%	2.34%	3.12%	1.93%

担任学校职务情况在一定程度上反映了教师在学校中的发展情况。总体来看，调研教师中 73.25% 的教师都要承担教课任务，41.91% 的教师担任班主任职务，同时不同比例地担任学科、年级组长等其他职务。除校长外，学校的主要职务可以分为几类：副校长、主任（包括教导主任、德育主任、总务主任）、组长

（年级组长、学科组长）、团委书记/少先队辅导员以及生活教师等。就副校长、主任、组长等学校管理类职务来看，教师职称越高，担任此类学校职务的教师比例越高。未评与三级教师中，仅有 7.46% 的教师担任组长职务，而高级教师中有 21.09% 的教师担任组长职务；未评与三级教师中有 3.48% 的教师担任主任职务，而高级教师中有 8.16% 的教师担任主任职务；担任副校长职务的未评与三级教师比例也低于高级教师。而就团委书记/少先队辅导员等学校服务类职务，则呈现相反趋势，这类职务多由职称较低的教师担任，如未评与三级教师中有 3.98% 的教师担任团委书记/少先队辅导员，而高级教师中仅有 0.68% 的教师担任该职务（见表 6.13）。对比城乡不同学校发现存在基本相同的趋势，无论是城市还是农村学校，教师职称越高，担任学校管理类职务的比例越高，而担任服务类职务的比例越低。这可能与职称较低的教师较为年轻有关，他们通常更加有精力和活力承担团委书记/少先队辅导员的活动。此外，城市学校中担任年级组长、学科组长的教师比例要高于农村同一职称教师所占比例，而担任副校长、生活教师等职务的教师比例要低于农村同一职称教师所占比例，这可能与城乡学校不同的现实状况有关，农村学校规模较小、寄宿制学校多，学校数量相对多，副校长、生活教师岗位多，同时农村学校规模较小、管理层级少，一般没有年级组长、学科组长等中层职务或这些职务更少。

3. 工作情况

教师工作情况主要是指教师在学校中的工作负担和工作状态。本文主要从教师的教学时间和工作状态对教师的工作情况进行考察。

（1）教学时间

教学时间是反映教师工作负担的直接指标。当前教育教学工作中，教师的教学工作时间包括班级面向的教学时间（如上课、备课时间）和学生面向的教学时间（如批改作业、课外辅导时间）。考虑到备课、批改作业、课外辅导具有一定个体差异，因此本文主要以上课时间为指标考察教师教学时间，即教师的周课时数，由教师直接填答。具体情况如下（见表 6.14）。

表 6.14　不同职称教师周课时数的描述分析　　（单位：节/周）

		均值	标准差	最小值	中位数	最大值	F 检验
总体	未评与三级（a）	15.02	4.29	3.00	15.00	31.00	32.81***；a＞b, c, d；b＞c, d；c＞d
	二级教师（b）	13.64	4.07	1.00	14.00	30.00	
	一级教师（c）	12.80	3.98	2.00	12.00	30.00	
	高级教师（d）	11.57	3.89	2.00	12.00	24.00	
	合计	13.11	4.09	1.00	13.00	31.00	

续表

		均值	标准差	最小值	中位数	最大值	F检验
城市	未评与三级(a)	12.13	3.83	3.00	13.00	18.00	4.04**； b，c>d
	二级教师(b)	12.67	3.55	1.00	12.00	28.00	
	一级教师(c)	12.49	3.47	2.00	12.00	29.00	
	高级教师(d)	10.95	3.98	4.00	12.00	24.00	
	合计	12.37	3.59	1.00	12.00	29.00	
农村	未评与三级(a)	15.51	4.18	5.00	15.00	31.00	29.56***； a>b，c，d； b>c，d； c>d
	二级教师(b)	13.86	4.15	2.00	14.00	30.00	
	一级教师(c)	12.92	4.14	2.00	12.75	30.00	
	高级教师(d)	11.78	3.85	2.00	12.00	23.00	
	合计	13.33	4.21	2.00	13.00	31.00	

*．$p<0.05$；＊＊．$p<0.01$；＊＊＊．$p<0.001$

总体来看，当前教师平均周课时数为13.11节，周课时数最少的教师平均每周仅有1节课，周课时数最多的教师平均周课时数达到31节课。以职称为因子进行单因素方差分析发现，不同职称教师在教学时间上存在显著差异（$F=32.81$，$p<0.001$）。同时，均值比较结果显示，随着职称的升高，教师的周课时数逐渐减少。未评与三级教师的平均周课时数为15.02节，显著多于其他职称教师；而高级教师的平均周课时数仅为11.57节，显著少于其他职称教师（见表6.14）。进一步的城乡对比发现，农村教师的平均周课时数显著多于城市教师（$t=-5.679$，$p<0.001$），城市教师的平均周课时数为12.37节，而农村教师的平均周课时数为13.33节，这说明农村教师的教学工作负担要高于城市教师。但无论是在城市还是农村，不同职称教师在教学时间上均存在显著差异，农村不同职称教师的周课时数分布趋势与总体趋势一致；而城市教师中三级教师的周课时数并不是最高，除此之外随着职称升高，教师平均周课时数逐渐减少。为什么教师的平均周课时数会随着职称的升高而减少呢？一方面可能是随着职称的升高，教师所要分担的其他重要性事务变多，挤占了教师的上课时间；另一方面可能是随着职称的升高，尤其是晋升到高级职称后，教师不太在意或重视在教学工作量方面的表现，教育教学积极性有所下降，这是值得我们注意的。

（2）工作积极性

教师的工作状态是教师个体对当前工作情况的自我感知。本文通过"您现在的工作状态如何？"一题直接考察教师的工作状态，从教师个体出发调查教师的工作状态可以直观反映当前教师的工作积极性状况。选项从"非常积极"到"非常消极"共五级，由教师直接作答。分析时采用反向计分，从"非常消极"到"非常积极"分别赋值 1—5。

表 6.15　不同职称教师工作积极性的描述分析

		M±SD	非常消极	比较消极	一般	比较积极	非常积极	F 检验
总体	未评与三级(a)	4.15±0.73	0.50%	2.00%	11.00%	55.50%	31.00%	5.55*; a, c, d>b
	二级教师(b)	3.96±0.79	0.75%	3.01%	20.07%	52.09%	24.08%	
	一级教师(c)	4.05±0.76	0.37%	1.50%	19.90%	49.03%	29.20%	
	高级教师(d)	4.06±0.71	0.66%	1.33%	14.62%	58.47%	24.92%	
	合计	4.02±0.77	0.55%	2.06%	18.94%	51.39%	27.06%	
城市	未评与三级(a)	4.28±0.53	0.00%	0.00%	3.45%	65.52%	31.03%	4.33**; a, c>b
	二级教师(b)	3.92±0.84	1.58%	3.16%	20.16%	51.78%	23.32%	
	一级教师(c)	4.11±0.75	0.00%	2.50%	15.23%	50.68%	31.59%	
	高级教师(d)	4.06±0.61	0.00%	1.41%	11.27%	67.61%	19.72%	
	合计	4.05±0.76	0.50%	2.52%	16.02%	53.09%	27.87%	
农村	未评与三级(a)	4.12±0.75	0.58%	2.34%	12.28%	53.80%	30.99%	2.67*; a>b
	二级教师(b)	3.97±0.78	0.53%	2.97%	20.04%	52.17%	24.28%	
	一级教师(c)	4.03±0.77	0.52%	1.12%	21.67%	48.41%	28.29%	
	高级教师(d)	4.06±0.74	0.87%	1.30%	15.65%	55.65%	26.52%	
	合计	4.01±0.77	0.56%	1.91%	19.86%	50.86%	26.80%	

*. $p<0.05$；**. $p<0.01$；***. $p<0.001$

　　总体而言，当前教师的工作积极性处于较高水平，接近 80% 的教师认为当前自己的工作状态非常积极或比较积极，而比较消极或非常消极的教师所占比例不足 3%，可见当前教师工作状态总体比较乐观。但单因素方差分析结果显示，不同职称教师在工作积极性上存在显著差异（$F=5.55$，$p<0.05$）。结合均值比较和等级百分比统计结果具体来看，目前工作积极性最高的是未评与三级教师，其中有 86.50% 的教师当前的工作状态非常积极或比较积极。其后工作积极性较高的依次是高级教师、一级教师，工作积极性最低的是二级教师，其工作积极性显著低于其他职称教师。进一步的城乡对比发现，城市学校教师与农村学校教师在工作积极性上并不存在显著差异（$t=1.232$，$p>0.05$），但无论是城市学校还是农村学校，不同职称教师在工作积极性上均存在显著差异，未评与三级教师的工作积极性最高，二级教师的工作积极性最低，显著低于未评与三级教师（见表6.15）。未评与三级教师的工作积极性最高，可能是由于其刚进入工作岗位，对教育教学工作抱有热情。但至于为什么二级教师工作积极性最低，我们认为可能的原因有两个：一是随着对教育教学工作熟悉程度的提高，熟悉的、重复的教育教学工作不能有效地调动其兴奋感，会在一定程度上降低其工作积极性；二是二级教师在教师职称晋升上面临的压力较大，晋升到上一级职称或者晋升到高级职称难度大、时间长，这可能也使得他们当前的工作状态稍差。

4. 微观人文环境

作为教师工作重要的人文环境，积极良好的上下级关系对教师积极认真工作、提高教学效果具有重要意义。本文主要从领导的关心程度、重视程度，即教师认为领导关不关心自己、重不重视自己两个方面来考察教师工作的人文环境。

（1）领导关心程度

本文从教师的角度，对教师感受到的领导关心程度进行了调查，采用五级评定的方法，进行反向计分，按照关心程度从"非常不关心"到"非常关心"分别赋值为1—5。

表 6.16　不同职称教师对领导关心程度的看法

		M±SD	非常不关心	不太关心	一般	比较关心	非常关心	差异检验
总体	未评与三级(a)	3.81±0.85	0.99%	3.94%	29.56%	43.84%	21.67%	12.12**；a>b, c, d
	二级教师(b)	3.43±0.96	3.67%	9.05%	41.27%	32.54%	13.46%	
	一级教师(c)	3.42±0.96	3.41%	10.17%	40.61%	32.72%	13.10%	
	高级教师(d)	3.33±0.98	5.77%	9.29%	41.67%	33.01%	10.26%	
	合计	3.44±0.96	3.57%	9.32%	40.29%	33.34%	13.48%	
城市	未评与三级(a)	4.18±0.72	0.00%	0.00%	17.86%	46.43%	35.71%	5.61**；a>b, c, d
	二级教师(b)	3.42±0.97	4.69%	8.20%	39.45%	35.55%	12.11%	
	一级教师(c)	3.48±1.01	4.18%	9.89%	36.04%	33.85%	16.04%	
	高级教师(d)	3.31±1.05	6.76%	12.16%	35.14%	35.14%	10.81%	
	合计	3.47±1.00	4.43%	9.23%	36.41%	34.93%	15.01%	
农村	未评与三级(a)	3.75±0.86	1.14%	4.57%	31.43%	43.43%	19.43%	8.29***；a>b, c, d
	二级教师(b)	3.43±0.96	3.40%	9.28%	41.75%	31.75%	13.81%	
	一级教师(c)	3.40±0.93	3.12%	10.27%	42.32%	32.29%	12.00%	
	高级教师(d)	3.33±0.94	5.46%	8.40%	43.70%	32.35%	10.08%	
	合计	3.43±0.94	3.31%	9.35%	41.50%	32.85%	13.00%	

＊. $p<0.05$；＊＊. $p<0.01$；＊＊＊. $p<0.001$

总体而言，当前有接近一半的教师认为领导比较关心或非常关心自己。就均值比较结果来看，教师的职称越高，教师认为领导的关心程度越低。进一步的单因素方差分析结果表明，不同职称教师对领导关心程度的看法存在显著差异（$F=12.12$，$p<0.01$），未评与三级教师认为的领导关心程度显著高于其他职称教师，而其他职称教师之间则没有显著差异。未评与三级教师中有75.51%的教师认为领导比较关心或非常关心自己，而其他职称教师中这一比例仅有45%左

右。进一步的城乡对比发现，无论是城市学校还是农村学校，不同职称教师对领导关心程度的看法与总体趋势完全一致，且城市学校教师与农村学校教师在领导关心程度的看法上并不存在显著差异（$t=1.003$，$p>0.05$）（见表 6.16）。至于为什么职称越高，教师认为领导越不关心自己呢？我们认为可能由教师的自我期待与现实之间的差距所致，教师的职称越高，其认为自己应该受到更多的关心，当领导给予其他职称相同程度的关心时，其感觉自己受到了冷落或不重视，认为领导不够关心自己。

（2）领导重视

通常情况下，当领导重视或信任一个人时，才会安排他做一些重要的事情。因此，领导安排重要事情的多少，在一定程度上反映了领导的重视程度。为了考察不同职称教师对于领导重视程度的看法，我们设计了"重要的事情学校领导会安排您做吗？"一题，选项为"总是""经常""有时""偶尔""从不"五级，分析时采用反向计分，从"从不"到"总是"分为五个等级，分别赋值 1—5。

表 6.17　不同职称教师对领导重视程度的看法

		M±SD	从不	偶尔	有时	经常	总是	差异检验
总体	未评与三级（a）	2.77±1.01	12.81%	21.18%	47.29%	13.30%	5.42%	2.87*；b<c, d
	二级教师（b）	2.73±1.02	13.18%	25.14%	40.76%	16.92%	3.99%	
	一级教师（c）	2.83±1.01	11.97%	20.53%	44.11%	19.15%	4.25%	
	高级教师（d）	2.87±1.00	11.04%	19.48%	45.45%	19.16%	4.87%	
	合计	2.80±1.01	12.37%	22.13%	43.21%	18.00%	4.28%	
城市	未评与三级（a）	2.68±0.86	14.29%	14.29%	60.71%	10.71%		3.17*；b<c, d
	二级教师（b）	2.62±1.00	13.95%	29.46%	40.70%	12.02%	3.88%	
	一级教师（c）	2.81±0.96	10.79%	21.59%	46.26%	18.06%	3.30%	
	高级教师（d）	2.95±0.92	8.11%	17.57%	48.65%	22.97%	2.70%	
	合计	2.76±0.97	11.67%	23.46%	45.21%	16.34%	3.32%	
农村	未评与三级（a）	2.79±1.04	12.57%	22.29%	45.14%	13.71%	6.29%	1.12
	二级教师（b）	2.76±1.02	12.98%	24.00%	40.78%	18.23%	4.02%	
	一级教师（c）	2.84±1.03	12.41%	20.13%	43.30%	19.56%	4.60%	
	高级教师（d）	2.85±1.03	11.97%	20.09%	44.44%	17.95%	5.56%	
	合计	2.81±1.03	12.59%	21.72%	42.59%	18.52%	4.58%	

*. $p<0.05$；＊＊. $p<0.01$；＊＊＊. $p<0.001$

总体来看，当前教师被重视程度处于中等状态，领导会安排一些重要的事情给教师做。以职称为因子进行的单因素方差分析结果显示，不同职称教师之间对领导重视程度的看法存在显著差异（$F=2.87$，$p<0.05$）。结合均值比较结果发

现，高级职称教师认为领导更加重视自己，其后依次是一级职称教师、未评与三级职称教师；二级职称教师认为领导重视自己的程度最低，显著低于高级教师和一级教师。进一步的城乡对比发现，城市学校不同职称教师对领导重视的看法与总体趋势完全一致，而农村学校尽管均值比较结果与总体趋势相同，但不同职称教师对领导重视程度的看法差异并不显著。此外，城市学校教师与农村学校教师在领导关心程度的看法上并不存在显著差异（$t = -1.135$，$p > 0.05$）（见表 6.17）。至于为何二级职称教师认为领导的重视程度显著低于其他职称教师，其原因仍有待进一步思考。

5. 社会地位

教师社会地位是衡量教师所得的重要标志。随着教师职称的变化，其所期望和感知到的社会地位也会随之变化。本文通过教师填答"您认为教师在当地的社会地位属于_____"来直接考察教师所感知的社会地位，选项划分为"上等""中上等""中等""中下等""下等"。分析时采用反向计分，从"下等"到"上等"分别赋值为 1—5。

表 6.18　不同职称教师对社会地位的感知情况

		M±SD	下等	中下等	中等	中上等	上等	F 检验
总体	未评与三级(a)	2.56±0.76	9.80%	30.88%	52.45%	6.86%	0.00%	13.77***；a>b, c, d
	二级教师(b)	2.18±0.85	23.16%	40.68%	31.15%	4.60%	0.40%	
	一级教师(c)	2.18±0.81	22.01%	41.22%	33.72%	2.75%	0.29%	
	高级教师(d)	2.18±0.79	20.43%	44.27%	32.20%	3.10%	0.00%	
	合计	2.20±0.83	21.56%	40.70%	33.77%	3.68%	0.29%	
城市	未评与三级(a)	2.72±0.73	3.12%	34.38%	50.00%	12.50%	0.00%	3.66***；a>b, c, d
	二级教师(b)	2.34±0.83	15.91%	40.15%	37.88%	5.68%	0.38%	
	一级教师(c)	2.25±0.81	18.49%	42.44%	34.66%	4.20%	0.21%	
	高级教师(d)	2.32±0.82	16.88%	38.96%	38.96%	5.19%	0.00%	
	合计	2.31±0.82	16.96%	41.11%	36.63%	5.06%	0.24%	
农村	未评与三级(a)	2.53±0.77	11.05%	30.23%	52.91%	5.81%	0.00%	11.99***；a>b, c, d
	二级教师(b)	2.14±0.86	25.13%	40.82%	29.33%	4.31%	0.41%	
	一级教师(c)	2.16±0.81	23.38%	40.75%	33.36%	2.19%	0.32%	
	高级教师(d)	2.13±0.77	21.54%	45.93%	30.08%	2.44%	0.00%	
	合计	2.17±0.83	23.05%	40.57%	32.84%	3.24%	0.30%	

*．$p < 0.05$；**．$p < 0.01$；***．$p < 0.001$

总体来看，当前教师认为教师的社会地位处于中等及以下水平，认为教师社会地位处于中下等的比例最大，占到 40.70%，甚至有 21.56% 的教师认为教师社会地位处于下等，仅有不足 4% 的教师认为教师的社会地位在当地处于中上等或上等。为对比不同职称教师对社会地位的感知，我们以职称为因子进行单因素方差分析发现，不同职称教师所感知的社会地位存在显著差异（$F=13.77$，$p<0.001$）。具体而言，未评与三级教师所感知的社会地位显著高于其他职称教师，而其他职称教师之间则没有显著差异。未评与三级教师中有 52.45% 的教师认为教师的社会地位在当地处于中等水平，仅有 9.8% 的教师认为教师的社会地位处于下等；而在其他职称教师中，均有超过 20% 的教师认为教师的社会地位在当地处于下等水平（见表 6.18）。具体进行城乡对比发现，城市和农村不同职称教师所感知的社会地位均存在显著差异，未评与三级教师所感知的社会地位显著高于其他职称教师，而其他职称教师之间则没有显著差异；不仅如此，城市教师感知的社会地位要显著高于农村教师（$t=4.087$，$p<0.001$）。为什么未评与三级教师所感知的社会地位更高呢？一方面可能与教师的社会期待有关，较高职称教师期待拥有更高的社会地位，当获得与其他职称教师相同的社会评价时其所感知到的社会地位更低；而未评与三级教师则相对更容易满足，其感知到的社会地位会高于其他职称教师；另一方面，未评与三级教师中大部分刚进入教师行业，对教师社会地位的实践感知较少。而二级、一级和高级教师已经有较充分的实践经验，对其社会地位的感知主要来源于实践。至于城市教师社会地位要高于农村教师的原因，可能与城市教师的工资待遇更高等有关。

四、研究发现与建议

（一）研究发现

本文从义务教育教师职称获得机会、评定标准和获得意义三个方面对义务教育教师职称情况进行考察。首先从城乡、学段和学科维度对比了教师职称的获得机会，在此基础上又进行了不同职称教师对职称评定标准和职称获得意义的比较分析。具体研究发现如下。

首先，义务教育教师的职称获得机会在城乡、学段和学科维度上存在差异，乡村学校尤其是村屯学校、小学和低利害科目教师在高级职称获得机会上处于不利地位。具体而言，在城乡维度，村屯学校中高级教师所占比例低于其他学校，尤其是远低于县城学校；在学段维度，初中学校中高级教师所占比例要高于小学，而未评与三级教师、一级教师所占比例则相反；在学科维度，中利害科目中高级教师所占比例最高，而低利害科目中高级教师所占比例低于中、高利害科目。

其次，关于教师职称评定标准，教师认为在硬性规定内容方面应主要包括岗位任教时间、学历、发表论文情况；在教育教学表现方面应主要包括教学工作业绩、思想道德和职业道德、教育教学工作量。关于教师职称级别数量，有超过

80％的教师认为目前职称级别数量和级别间的工资差距应该进行调整。

最后，对于义务教育教师而言，不同职称意义不同，不同职称教师在工资待遇、发展机会、工作情况、微观人文环境和社会地位上存在显著差异。具体而言，在工资待遇方面，随着职称的升高，教师的月收入、月工资收入显著提高，且城市教师的工资待遇要显著高于农村教师。在发展机会方面，随着职称的升高，教师的发展机会越多；且城市教师的发展机会要多于农村教师（类型变量无法检验差异是否显著）。在工作情况方面，随着职称的升高，教师承担的周课时数显著减少，且城市教师的周课时数显著少于农村教师；二级教师的工作积极性显著低于其他职称教师，但城乡教师在工作积极性上不存在显著差异。在微观人文环境方面，未评与三级教师被领导关心程度显著高于其他职称教师，二级教师被领导重视程度显著低于其他职称教师，但城乡教师在领导关心程度与重视程度方面均不存在显著差异。在社会地位方面，未评与三级教师所感知的社会地位要显著高于其他职称教师，城市教师所感知的社会地位要显著高于农村教师。

(二)政策建议

义务教育教师职称的研究为深化中小学教师职称改革提供了理论和实证支持。中小学教师职称制度是否合理不仅关乎教师的利益，更关乎国家教师队伍的质量和教育事业的发展，应该引起广泛关注。从宏观的政策设计，到微观的实践践行，各级教育相关主体均应为中小学教师职称制度改革和完善积极作为。

1. 坚持原则导向，正确认识职称制度

研究发现，将近一半的教师并不认为职称的晋升代表着能力的提升，尤其是作为教师队伍中中坚力量的中年教师。针对这一状况，国家相关部门及学校层面应明确中小学教师职称制度是以能力和业绩为导向。在职称评定过程中，城乡都全面贯彻坚持师德优先、专业能力本位、兼顾业绩的原则，严格贯彻落实政策精神，帮助教师正确认识到，职称是对教师个人专业能力水平的认定，职称级别越高代表着个体要具备更高的专业技能，承担更多的责任。

2. 完善职称评定标准，实行差异化的评定标准

职称在多大程度上能够代表教师的专业能力水平，首先取决于职称评定标准内容对教师专业能力水平的代表程度。据本研究结果，在硬性规定内容方面，虽然教师们倾向于岗位任教时间、学历和论文发表情况，但三者被选比例要低于教育教学表现方面的教学工作业绩、思想品德和职业道德、教育教学工作量，尤其是论文发表情况，仅占35.90％。因此，完善当前的职称评定标准，依据教师的实际情况实行差异化评定标准。硬性规定内容应有不应无，所占权重应小不应大。可采取本学科的知识技能考试代替英语职称考试，或将英语水平这些教师认为不直接反映教师实际专业水平与教学需要的考核内容必要时作为加分项，而不

做刚性要求。乡村教师职称评定要考虑乡村教师的小班教学、多学科教学、复式教学等教学特点。

3. 细化职称等级数量，缩小职称间意义差距

中小学教师职称制度的确立，其首要目的在于调动教师的工作积极性，提高教师的工作成就感。现有中小学教师职称制度中职称级别较少而且"封顶"，一些教师在中年便可晋升到最高级别，在接下来的教学工作中便没有职称晋升的压力，缺乏努力工作的动力，甚至产生职业倦怠。同时，已晋升到高级别职称的教师在短期内达不到退休年龄，而高级别职称名额有限，使得许多相对年轻的教师没有职称晋升机会或者两级职称之间的晋升时间间隔特别长，职称晋升制度逐渐沦为简单的论资排辈而非对教师个人能力的肯定。这样的制度设计不利于激发中小学教师的上进心、调动教师的工作积极性。因此，应完善职称制度，增加并细化教师职称等级，合理规划职称间晋升时间间隔，给予教师不断持续晋升的空间，让教师有持续晋升的发展目标；同时，缩小不同职称教师间与职称直接相挂钩的工资待遇及其他机会的差距，降低不同职称教师因工资待遇等差异过大带来的心理不平衡感。

4. 改革创新评价办法，保障程序公正

评审方式的多元化，评定主体的专业化，评审过程的透明化是保证职称评审工作有效开展的关键环节。采取材料评审与说课讲课、面试答辩相结合的多种评价方式；评定主体侧重于一线优秀教师、同行专家或中介学术组织，增强公信力；从个人申请到资格审查、考核、公示，每一环节都应公开透明、接受监督，公示参评教师的相关材料、证据及得分明细表，如发现有误，及时进行复核改正。对于聘用后的教师，实行定期与不定期检查，在动态管理中实现持续培养。

5. 完善职称相应意义表达，保障职称有名有实

完善评聘一体化，减少评与聘的矛盾。同时，要让所有专任教师都进入教学第一线，没有特殊原因退到二线不上课可以考虑采取相应工资降一级等措施，坚决防止评上高职称就不上课或少上课的风气在中小学蔓延。从城乡比较看，底线是保证城乡相同职称教师的工资、发展机会基本相当，坚决杜绝乡村教师工资比城镇教师工资低、发展机会少、工作量大的情况存在。保证在偏远艰苦地区工作的乡村教师比城镇同职称教师工资高，乡村教师的工作量得到有效控制。

【本报告撰写人：秦玉友、曾文婧、翟晓雪、许怀雪。许佳宾、郑美娟、杨柳参与了文稿校对。作者单位：教育部人文社会科学重点研究基地东北师范大学中国农村教育发展研究院】

第七章　县域内教师交流政策实施状况调研报告

概　要

2014 年 8 月，教育部、财政部、人力资源和社会保障部联合印发了《关于推进县(区)域内义务教育学校校长教师交流轮岗的意见》(以下简称《意见》)，推进教师优质资源的合理配置，重点引导骨干教师向农村学校、薄弱学校流动。在《意见》颁布实施以后，我国农村地区的教师交流政策实施现状如何？交流的教师数量够不够？质量高不高？教得好不好？教师有哪些诉求？教师对政策的认同感和意愿如何？校长和教师对交流评价如何？为回答这些问题，我们对全国 12 个省(自治区)、12 个市进行了抽样调查，样本覆盖全国东、中、西部地区。共调查 23 个县(区)，164 所农村学校，其中 29 所乡镇中心小学，6 所乡镇其他小学，35 所乡镇初中，1 所村级中学，45 所村级小学，41 个教学点，7 所九年一贯制学校。此外，由于教师交流还包括城市教师到农村参加交流，所以样本中包括了 38 所城市小学、38 所城市中学及 6 所九年一贯制学校。通过对调查数据的整理和深入分析，笔者发现如下问题：(1)交流教师在派出环节存在数量不达标、质量不合格的情况；(2)交流政策要求与教师意愿在中学教师职称和津贴方面存在差异；(3)教师对交流政策的认同感不高、交流积极性较差，但在满足离家近、有补贴、有周转住房等条件下，教师愿意参加交流；(4)教师交流评价体系不完善，交流效果不明显。

在新型城镇化背景下，为了建立城乡教师一体化发展机制，深入推进义务教育均衡发展，2014 年 8 月，教育部、财政部、人力资源和社会保障部联合印发了《关于推进县(区)域内义务教育学校校长教师交流轮岗的意见》。为缓解农村师资在数量、结构、质量等方面的问题，教师交流轮岗主张引导教师尤其是骨干教师向农村学校、薄弱学校流动，这是作为加强农村学校、薄弱学校教师补充配备，促进教育公平的重要举措。随着教师交流轮岗政策的逐步开展，在一些地区已经取得初步成效。然而，教师交流政策实施至今也出现了教师"下不去""教不好""管不了"等问题，这些问题阻碍了教师交流政策的实施，迫切需要解决。

一、研究背景

教师交流政策是均衡师资的重要途径和手段，也是近年来国家在多部文件中提及的重要举措，研究教师交流政策的实施现状有政策的、现实的及发展的多重背景。

（一）政策背景

在 2010 年 7 月出台的《国家中长期教育改革和发展规划纲要（2010—2020年）》（以下简称《规划纲要》）中提出，往后十年教育工作的重点之一是"促进义务教育均衡发展和扶持困难群体"，并指出其根本措施是"合理配置教育资源，向农村地区、边远贫困地区和民族地区倾斜"，以加快缩小教育差距。《规划纲要》特别指出要加强教师队伍建设，可见教师资源均衡分布对义务教育均衡发展的重要性。

因此，教育部、财政部、人力资源和社会保障部在 2014 年 8 月联合印发了《关于推进县（区）域内义务教育学校校长教师交流轮岗的意见》，在该意见中对工作目标等方面做出了指导性规定。

专栏 7.1　国家关于县（区）域内义务教育学校校长教师交流轮岗的具体规定

（一）工作目标：推进校长教师优质资源的合理配置，重点引导优秀校长和骨干教师向农村学校、薄弱学校流动。力争用 3 至 5 年时间实现县（区）域内校长教师交流轮岗的制度化、常态化，率先实现县（区）域内校长教师资源均衡配置，支持鼓励有条件的地区在更大范围内推进，为义务教育均衡发展提供坚强的师资保障。

（二）交流轮岗人员范围：城镇学校、优质学校每学年教师交流轮岗的比例不低于符合交流条件教师总数的 10%，其中骨干教师交流轮岗应不低于交流总数的 20%。

（三）交流具体年限：对于教师每次参加交流轮岗的具体年限由各地根据实际情况确定。教师在农村学校、薄弱学校连续任教时间可根据工作需要予以延长。

（四）交流轮岗的方式方法：根据各地经验和做法，校长教师交流轮岗可采取定期交流、跨校竞聘、学区一体化管理、学校联盟、名校办分校、集团化办学、对口支援、乡镇中心学校教师走教等多种途径和方式。各地也可结合本地实际，创新其他方式方法。各地要继续实施好农村教师特岗计划、"三支一扶"计划、"三区"人才支持计划教师专项等国家级专项计划，加强边远贫困地区乡村学校骨干教师配备。

（五）激励保障机制：在薪酬福利、评优表彰等工作中，要切实保障参加交流轮岗校长教师的工资待遇，在绩效工资分配中予以倾斜，优先使用教师周转房。要加强对交流轮岗校长教师的针对性培训，培训工作纳入各级校长教师培训计划和项目，并予以优先安排。对参加交流轮岗并做出突出贡献的校长教师，要在各级评优表彰工作中予以倾斜，按照国家有关规定予以表彰奖励。

资料来源：教育部、财政部、人力资源和社会保障部，《关于推进县（区）域内义务教育学校校长教师交流轮岗的意见》，教师〔2014〕4号。

此后，为进一步均衡配置教师资源、促进义务教育均衡发展，国家陆续出台了一系列相关政策法规。如2015年国务院办公厅颁布的《乡村教师支持计划（2015—2020年）》的第六条重申了促进城镇教师向乡村学校流动的要求，提出各地要"采取有效措施鼓励退休特级教师、高级教师、教学名师到乡村学校支教讲学，并给予一定经费补助"。

除了教育部门的专项政策外，在2016年3月新近出台的《中华人民共和国国民经济和社会发展第十三个五年规划纲要》（以下简称"十三五"规划）中，更是在宏观层面上把公共教育中的免费义务教育列入基本公共服务项目清单中，并要求"促进基本公共服务的标准化、均等化、法制化"。"十三五"规划的第十四篇第五十九章"推进教育现代化"中指出，要"全面提高教育质量，促进教育公平，优化教育布局，基本实现县域校级资源均衡配置"。

教育部还在2015年6月发布了《教育部关于确定首批义务教育教师队伍"县管校聘"管理改革示范区的通知》，以减少教师交流政策的实施障碍，为教师交流轮岗工作提供制度保障，以推进交流政策的顺利推行。

专栏7.2　教育部确定的首批义务教育教师队伍"县管校聘"管理改革示范区

为进一步贯彻落实关于义务教育学校实行校长教师交流轮岗的决策部署，按照《教育部财政部人力资源和社会保障部关于推进县（区）域内义务教育学校校长教师交流轮岗的意见》（教师〔2014〕4号），我部组织开展了首批义务教育教师队伍"县管校聘"管理改革示范区的申报工作，确定北京市东城区等19个申报单位为首批义务教育教师队伍"县管校聘"管理改革示范区。

资料来源：《教育部关于确定首批义务教育教师队伍"县管校聘"管理改革示范区的通知》，教师函〔2015〕3号，2015年6月11日。

从以上国家与地方为保证义务教育阶段教师交流所颁布的相关政策中可以看出，第一，国家层面上非常重视并积极推进教师交流轮岗的制度化、常态化实施；第二，教师交流轮岗将日益成为均衡区域教师资源最重要的途径和手段之一。教师资源作为义务教育资源的重要组成部分，其均衡配置的重要性不言而喻。因此，了解教师交流政策的实施现状，找出阻碍交流的问题，提出相应解决对策，对促进教师交流轮岗的制度化、常态化具有非常重要的现实意义。

(二)现实背景

我国实施教师交流政策是具有重要性和必要性的。我国教师总体数量上的不足，主要表现在两方面：其一是城乡相比较而言，农村教师数量的相对短缺；其二是受现行编制测算标准影响，农村教师的地理分布与农村学校的实际需求并不对应，总量超编但村屯小规模学校和县镇大规模学校同时"缺人"。[①] 教师交流作为均衡师资的有效手段，可以同时从促进师资队伍数量、质量、结构三方面实现教师的优化配置。

据悉，近些年已有 22 个省份（区、市）出台了校长教师交流轮岗的政策，在部分地区开展改革试点后逐步推行，教师交流政策的实施也取得了一定的成效。第一，教师的思想观念取得突破。由"学校人"变为"系统人"的改革观念逐渐被教师们所接受，不少教师自愿参加，积极促进交流。第二，教师队伍结构更加合理。通过交流和聘任，教师队伍进行了重组，化解了城乡之间、校与校之间教师队伍结构不合理、教学质量差异大的矛盾，增强了教师队伍的整体合力。第三，教师的专业素养得到提升。农村教师到城市交流学习了先进教学理念与方法，提升了教学水平；城市教师通过到农村任教也丰富了教学经验，促进了专业成长。

但是，教师交流政策在具体实施过程中也遭遇了许多困境和阻碍，影响了交流政策的进一步推行。第一，教师参加交流的意愿不强。老师往往因为家庭成员需要照顾、家校距离远产生的交通费用和时间成本大、担心工作量与回报不成正比等原因而不愿意参加交流。第二，派出的交流教师不符合接收学校需求。接收学校需要优秀教师来提高本校教育水平，然而部分学校把交流当作"惩罚"或者"下放"，派出的教师教学质量不高。第三，到岗人数与政策要求差距较大，交流效果不明显。

专栏 7.3　初到交流学校难适应　特级教师险遭"滑铁卢"

山东济南对高中阶段学校进行教师交流轮岗制度。从山东省实验中学交换到济南七中的特级教师邵丽云有着 30 年的教龄，可谓荣誉等身：2002 年被评为特

---

① 刘善槐：《我国农村教师编制结构优化研究》，《教育研究》2016 年第 4 期，第 81～88 页。

级教师；2004 年获"全国五一劳动奖章"，是"齐鲁名师"、济南市高中数学教研室中心组成员。

可这样一位名师，刚到七中却百般不适，险些遭遇"滑铁卢"。第一次期中考试，任课班的成绩反倒不如七中其他教师的成绩。"学生习惯、基础差异特别大。在实验中学，学生趴在桌子上，是因为太浅了、不愿意听。在七中，学生趴在桌子上，是因为听不懂。"邵丽云说，"再按照原来那套做法，肯定行不通，要放下身段，了解学生的需求，提高学习困难学生的兴趣。"

资料来源：李凌、宋全政、魏海政：《名师交流引发"蝴蝶效应"》，《中国教育报》2013 年 7 月 2 日第 001 版。

那么现在教师交流政策的实施状况是怎样的？参加交流的教师们究竟有哪些方面的诉求呢？此次我们通过对 12 个省份的大样本调查，来了解交流政策在全国范围内实施的真实样态，获得这些疑惑的解答，并了解政策实施的困境何在、原因何在，以提出针对性的解决方案。

(三)发展背景

20 世纪中后期开始，就有许多国家开始以教师交流的方式使教师资源进行优化配置。从先发型国家(如美国)和与我国文化同源的国家(如日本、韩国)来看，教师交流是促进区域内教师资源的有效举措。这些国家都经历过我国现阶段这种区域内教师资源不均衡发展的阶段，他们也都不同程度地运用了教师交流作为有效手段来改善这种状态，所以从发展的角度来说，我们国家也可以学习这样的方式来有效地推进我国县域内义务教育均衡发展。

美国的教师流动始于 20 世纪 80 年代末起对薄弱学校的改进。美国的薄弱学校通常是指那些学业成就在学区内表现最差，需要提供帮助的学校。美国对薄弱学校的改进所关注的对象只包括城市中师资相对较弱、学生生源质量较差的学校，而经济落后地区硬件条件差、师资短缺的薄弱学校则不在探讨之列。[①] 现在美国的教师流动计划有自愿的双向选择机制，使得学校和教师之间匹配率更高，进而满足了接收学校的需求，达到了改进效果。

20 世纪 60 年代，日本实施了"国民收入倍增计划"，使城市迅速发展，城乡

---

① 蔡永红、雷军、申晓月：《从美国教师流动激励政策看我国城市薄弱学校的改进》，《比较教育研究》2014 年第 12 期，第 68～73 页。

差距显著。①② 农村成为供给城市发展的后备军，越来越多的人离开农村涌向城市，导致生源减少、师资流失等现象日益加剧，严重背离了当时教育界所提倡的"教育机会均等"理念。为改变现状以促进教育公平，日本颁布了《偏僻地教育振兴法》，逐步实现教师定期流动常态化，使交流政策趋于完善，沿用至今。

韩国的农村在 20 世纪下半叶出现了优秀教师流失严重、教师数量不足、师资整体素质不高、老龄化严重等问题，进而直接或间接引起学生学业成绩偏低、城乡教育差距逐渐扩大等教育问题。对此，韩国政府从 20 世纪 70 年代开始推行"城乡教师轮岗制度"来促进区域教育均衡发展并取得了一定成效。

依据以上国家教师交流经验，教师交流在优化教师资源配置、实现教育公平、促进教师自身的专业发展方面发挥了重大作用，值得我们大力推广实施。因此，从未来发展的角度而言，研究如何推进教师交流政策的顺利实施有着非常重要的意义。

二、研究问题、对象与工具

(一)研究问题

教师是促进教育平等和教育公平的重要保证，是提高教育质量的关键因素，教师交流是促进教师资源优化配置的有效途径。基于此，本文将研究问题设定为我国义务教育阶段教师交流政策实施现状及存在问题。研究内容主要包括以下几个方面。

1. 目前参加交流的教师都有哪些？

义务教育阶段教师交流政策实施的主要目的是促进区域内师资的均衡，通过引导教师向农村学校和薄弱学校流动，以达到补充师资、提高教师质量和完善教师结构的目的。那么，目前参加交流的教师数量、比例是否达标？质量如何？参加交流的教师结构如何？这些对于我们了解教师交流政策的现状、分析政策走向具有重要意义。

2. 教师对当前交流政策意愿如何？

参加交流的教师作为教师交流政策的执行主体之一，对政策实施效果的影响是最为直接的，因此，政策是否符合教师的意愿就显得至关重要。交流时长是否合适？津补贴发放是否满足需求？教师的理想交流年龄和职称是怎样的？教师参

---

① 李文英：《战后日本振兴偏僻地区教育的措施及其启示》，《教育研究》2004 年第 12 期，第 76~79 页。

② 杨爽：《日本义务教育阶段教师流动制度研究——以北海道、岛根县、东京都三地为例》，长春：东北师范大学 2011 届硕士学位论文，第 11 页。

加交流的总体意愿如何？这些问题的研究都可以为完善相关政策提供依据。

3. 我国义务教育阶段教师交流政策实施的困境及突破路径何在？

依据对本次调研所覆盖的 12 省部分城区及各县数据的分析，了解校长、教师对交流政策的态度如何，导致政策实施困境的阻碍有哪些，有助于提出针对性的政策建议，有效改善义务教育阶段教师交流政策的实施效果，促进师资的均衡配置。

（二）调研对象与工具

1. 研究对象的选择

研究范围限定为部分城区及包括乡镇、村屯在内的农村地区。在调查参加义务教育交流教师的同时，也对教育局的教师交流政策制定者和负责派出、接收交流教师的学校校长进行调查。

2. 调查范围

采用分层抽样方法，依据人均 GDP、人均受教育年限、人口密度、城镇化率等指标对我国各地区进行聚类，依据聚类结果抽取了浙江、山东、广东、河南、江西、湖北、湖南、广西、重庆、甘肃、贵州、云南，共 12 个省（自治区）、12 个市，覆盖全国东、中、西部地区。并在每个省抽取了最具代表性的县（区）作为样本，共 23 个县（区）。调查共 246 所学校，其中有 164 所农村学校，包括 29 所乡镇中心小学、6 所乡镇其他小学、35 所乡镇初中、1 所村级中学、45 所村级小学、41 个教学点、7 所九年一贯制学校；城区有 38 所城市小学、38 所城市中学及 6 所九年一贯制学校。

3. 调研工具的开发

调研工具由中国农村教育发展研究院编制，共包括教育局调查表、学校调查表、教育局问卷、校长问卷、教师问卷、教育局访谈提纲、校长访谈提纲、教师访谈提纲 8 类。

4. 数据的整理与分析

此报告涉及的问卷有：教师 A 卷，有效问卷 3 722 份；教师 B 卷，有效问卷 3741 份；县教育局调查表，有效问卷 11 份；县教育局调查问卷，有效问卷 11 份；校长问卷，有效问卷 162 份；调查的结果用 SPSS 17.0 进行数据录入、编码、转换与分析，另对访谈进行文字转录与分析。

三、教师交流政策实施的现状与问题

教师交流政策的实施效果到底是好还是不好？现有的教师交流政策能否激励教师参加交流？为了深入了解教师交流政策的具体实施情况，本文拟从参加交流的教师的基本情况、交流政策的具体要求与教师的意愿、相关人员对教师交流政策的评价来进行梳理。

(一)参加交流的教师基本情况

要了解当前参加交流的教师基本情况是怎样的,主要可以分为以下三个方面,分别是:参加交流的教师数量够不够、结构是否合理、质量好不好。调查结果显示,当前的教师交流政策实施状况整体上呈现指标化、形式化倾向。

1. 参加交流的教师数量、比例情况

参加交流的教师人数和出勤状况与政策要求差距较大。首先,在 12 个样本省份 2014—2015 学年参加教师交流的人数和占符合交流条件教师的比例调查上,所调查的 12 个县教育局共有有效数据[①]9 个,其中有 4 个省份的调研县填写交流教师比例不符合国家政策规定的"城镇学校、优质学校每学年教师交流轮岗的比例不低于符合交流条件教师总数的 10%,其中骨干教师交流轮岗应不低于交流总数的 20%"这一比例要求。这 4 个省份的交流教师比例分别为 5%、5%、3%和 1.50%,另 5 个省份的调研县所填写的教师交流比例达标,达标率为 55.6%。其次,通过对教师问卷数据的分析得知,所调查的 7 463 位教师中,正在参加交流的只有 111 人,仅占总体比例的 1.5%。最后,在校长的访谈中,部分校长反映交流教师的实际到岗数量也存在与教育局备案的交流教师数量不符的现象。而且一部分交流教师或因为被政府借调,或因为原学校事务繁忙,存在根本没有到岗的情况,西部地区一些农村学校的校长希望这个政策可以继续实施并在更大范围内推广,但他们也表示目前政策实施仍存在较大的现实阻碍。

2. 参加交流的教师结构

在调查的 7 463 位教师中,有 1 173 位教师曾经或正在参加教师交流,占总体教师样本的 15.7%,以下将这些教师统称为交流教师。

第一,对交流教师的性别进行分析,结果显示,参加交流的以女教师为主。在 1 173 位交流教师中,共有女教师 730 人,所占比例为 62.2%,男教师 443人,所占比例为 37.8%。

第二,对交流教师的年龄分布进行分析,结果显示,交流教师以 36～45 岁为主。本次教师问卷的调查统计有关年龄的 1 118 个有效数据中,交流教师多在 36～45 岁年龄段,有 457 人,所占比例为 40.9%;其次为 26～35 岁教师,有 372 人,所占比例为 33.3%;46～55 岁教师有 215 人,所占比例为 19.2%;25岁及以下的教师有 53 位,所占比例为 4.7%;55 岁以上的教师有 21 位,所占比例为 1.9%。年龄最大的教师为 59 岁,最小为 20 岁。交流教师年龄均值为 38.4岁,也就是说,参加交流的教师以中青年教师为主(见图 7.1)。

---

① 本文中有效数据为答写此题的人数,比例均为有效百分比。

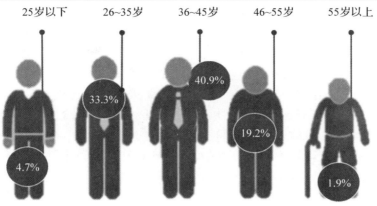

图 7.1　交流教师的年龄分布情况

第三，对交流教师的教龄分布进行分析，结果显示，交流教师的教龄区间以10～19年为主。在 1 100 个交流教师的有效数据中，10～19 年教龄区间人数最多，为 461 人，所占比例为 41.9％；其次为 20～29 年，有 335 人，所占比例为30.5％；10 年及以下有 203 人，所占比例为 18.5％；30～39 年有 93 人，所占比例为 8.5％；40 年及以上教龄教师有 8 人，所占比例为 0.7％（见图 7.2）。18 年教龄的人数最多，有 75 人，所占比例为 6.8％。平均教龄为 17.6 年，最大教龄为 43 年。

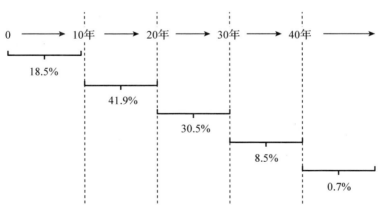

图 7.2　交流教师的教龄分布情况

3. 参加交流的教师总体质量

第一，对交流教师的学历分布进行分析，结果显示，在 1 167 个交流教师的有效数据中，交流教师第一学历以中专/中师为主。样本中交流教师第一学历为中专/中师有 470 人，所占比例为 40.3％；其次为大专学历 394 人，所占比例为

33.8%；本科学历 236 人，20.2%；高中学历 58 人、所占比例为 5%；初中学历为 8 人，所占比例为 0.7%；研究生学历，仅有 1 人，占全部交流教师的 0.1%。

第二，对交流教师的毕业院校分布进行分析，结果显示，在 1 158 个交流教师的有效数据中，交流教师的毕业院校以中师为主，大专其次。数据中，中师、大专院校毕业的交流教师分别有 346 人、343 人，所占比例分别为 29.9% 和 29.6%。有 192 人毕业于省属普通本科院校，占本科毕业（含独立学院或民办本科院校）交流教师人数的比例高达 59.4%，毕业于国家"211"高校或部属非"985"高校、省属重点非"211"本科高校和"985"高校的教师比例分别为 3.9%、3.7% 和 1.1%（见图 7.3）。

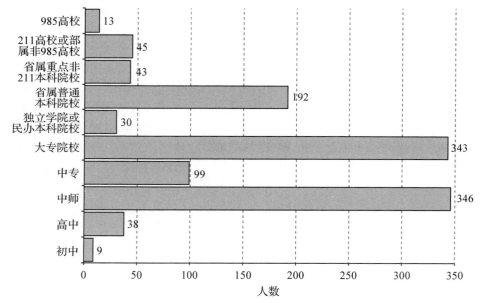

图 7.3 参加交流教师的毕业院校分布情况

第三，对交流教师的职称分布进行分析，结果显示，中学交流教师以中学二级职称为主，小学交流教师以小学高级职称为主。[①] 正在参加交流或支教的 111 位教师中，有效数据为 109。其中，中学二级职称人数最多，有 26 人，所占比例为 23.9%；其次是中学一级职称，有 22 人，所占比例为 20.2%；小学高级有 20

① 由于曾经参加过交流的教师可能会因为参加交流的经历或个人能力，在交流结束后获得职称的晋升，这就使得这部分教师填写问卷时选择的并不是其交流期间所处的职称等级。因此在对交流教师职称的数据进行分析时，笔者仅在问卷教师种类一题中选择自己为"正在参加交流的教师"和"支教教师"这两项的教师数据进行职称等级的分析，以保证分析结果的准确性。

人，所占比例为 18.3%；未评职称 17 人，所占比例为 15.6%；中学高级、小学一级各有 10 人，各所占比例为 9.2%；小学二级 3 人，所占比例为 2.8%；中学三级 1 人，所占比例为 0.92%（见图 7.4）。通过与教师所教班级信息匹配并进行进一步的分析，其中获得中学高级职称的 10 名教师有 8 人填写了任教班级信息，4 名任教年级为小学，3 名为中学①；中学一级职称的 22 名教师中 18 人填写了班级信息，其中 8 人任教年级为小学，8 人为中学；中学二级职称的 26 名教师中 22 人填写了班级信息，其中 9 人任教年级为小学，10 人为中学。因此得出，中学阶段交流教师的职称以中学二级职称为主，小学阶段交流教师的职称以小学高级职称为主。

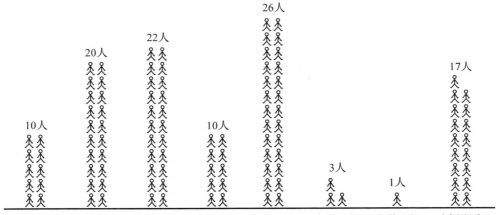

图 7.4 参加交流教师的职称分布

另外，部分地区选择交流教师是用"末位淘汰"方式。G 省某人事股股长在访谈中就提到："教师交流一个是促进城乡师资的均衡配置，另外一个是鞭策性的交流，如果教师在学校不好好工作，我们也可以把你交流到边远的学校。"在校长问卷中我们发现，校长普遍认为来交流的教师教学水平以一般为主。

（二）交流政策的要求与教师意愿对比

教师交流的政策对交流人员范围等条件都有要求，在国家的意见指导下，各地也根据具体实际设定要求，教师是交流主体，这些政策要求和教师自身意愿的相符程度也会影响交流效果。

---

① 填写任教班级信息教师人数和列出小学、中学任教年级信息教师人数的差额原因：对方填写的信息与题不符，为无效信息。

1. 政策要求的交流年限、年龄与教师意愿对比

通过实际交流的时长、年龄情况可以了解各地教师交流政策的具体要求有所不同，与教师意愿进行对比来了解教师的诉求情况，以便完善政策要求。对比可知在交流时长、交流年龄方面实际情况与教师意愿是比较符合的。

（1）交流时长

实际教师交流时长和教师对交流时长的意愿比较符合。对教师 A 卷中曾经参加过或正在参加交流的 351 个有效数据分析，结果显示，实际交流时长为 1 年的教师最多，有 178 人，所占比例为 50.7%；交流时长在半年及以下的教师有 66 人，所占比例为 18.8%；交流时长为 2 年和 4 年及以上的教师，分别有 41 人和 39 人，所占比例为 11.7% 和 11.1%；交流时长为 3 年的教师有 27 人，占比 7.7%。据教师 A 卷中 3 119 位教师调查，在参加交流的时间长度上，愿意参加时长为 1 年的交流的教师有 1 756 位，人数最多，所占比例为 56.3%；可以接受交流时长为两年的教师有 477 位，所占比例为 15.3%；可以接受交流时长为 3 年的教师有 486 位，所占比例为 15.6%；有 266 位教师表示可以接受 4 年及以上的交流，所占比例为 8.5%；有 130 位教师更倾向于参加半年及以下的短期交流，所占比例为 4.2%（见表 7.1）。

表 7.1　教师期望交流时长与实际交流时长比较情况

交流时长	期望		实际	
	频数（人）	百分比（%）	频数（人）	百分比（%）
半年及以下	130	4.2	66	18.8
1 年	1 756	56.3	178	50.7
2 年	477	15.3	41	11.7
3 年	486	15.6	27	7.7
4 年及以上	266	8.5	39	11.1
合计	3 119	100	351	100

对数据进行比较后发现：56.3% 的教师更倾向于参加时长为 1 年的交流，在具体政策实施过程中，也有高达 50.7% 的教师交流时长为 1 年，是符合教师意愿的；教师交流时间不宜超过 3 年，累计 91.5% 的教师更愿意交流时间在 3 年及以内。

（2）交流教师年龄

实际交流教师年龄和教师对交流年龄的意愿比较符合。从笔者所搜集的各地教师交流轮岗的政策文件来看，交流教师年龄要求以男教师 50 周岁及以下，女教师 45 周岁及以下为主。在此次调查中我们发现：第一，在同样没有晋升职称

压力的前提假设下，教师最愿意在31～35年龄段参加交流的人数最多，男教师有331人，占全体男教师的27.7%，女教师593人，占全体女教师的25.9%；第二，男教师其次选择的是36～40岁，有261人，所占比例为21.9%，且选择排序前三聚集在26～40年龄段；女教师其次选择为26～30岁，有569人，所占比例为24.9%，选择前三在25岁及以下到35岁年龄段，可知女教师的年龄段选择比男教师更为年轻化；第三，哪个阶段都不想交流的女教师有190人，所占比例为8.3%，远远高于男教师的40人（见表7.2）。

表7.2　教师最愿意参加交流年龄段情况

交流年龄	男教师		女教师	
	频　数（人）	百分比（%）	频　数（人）	百分比（%）
25岁及以下	93	7.8	337	14.7
26～30岁	253	21.2	569	24.9
31～35岁	331	27.7	593	25.9
36～40岁	261	21.9	323	14.1
41～45岁	105	8.8	159	7
46～50岁	52	4.4	58	2.5
51～55岁	26	2.2	33	1.4
56～60岁	25	2.1	10	0.4
哪个阶段都不想交流	40	3.4	190	8.3
多选无效数据	8	0.7	14	0.6
合计	1 194	100	2 286	100

注：教师A卷教师样本N＝3 722，有效百分比＝93.50%，缺失值＝242。其中，男教师＝1194，女教师＝2 286。

2. 政策关于交流职称、津贴的要求与教师意愿对比

通过交流职称和补贴的实际情况及教师在此方面意愿的比较，得知小学教师的职称意愿与实际相符，而中学教师的职称意愿较实际交流职称高；津贴实际所得远低于教师意愿。

（1）交流教师职称

小学教师意愿与实际相符，以小学高级职称为主；中学教师则更愿意在中学一级职称时参加交流，较实际交流职称高。在参加交流的教师基本情况中我们已知：小学交流教师以小学高级职称为主，中学参加交流的教师职称以中学二级职称为主。在教师A卷小学教师1 563个有效数据和中学教师1 210个有效数据中，如果没有晋升职称的压力，小学教师愿意在小学高级职称参加交流的人数最多，有 650 人，所占比例为 41.6%；中学教师更愿意在中学一级职称参加交流，有 530 人，所占比例为 43.8%（见图 7.5、图 7.6）。

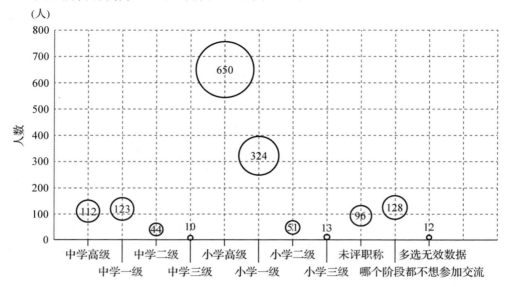

图 7.5　小学教师参加交流的职称意愿

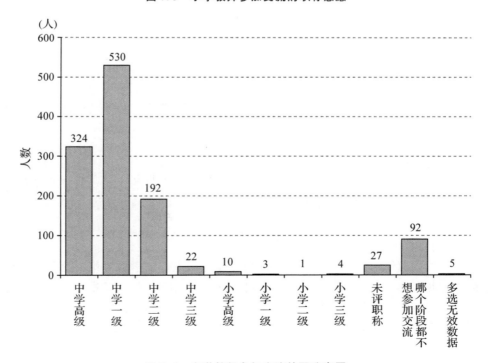

图 7.6　中学教师参加交流的职称意愿

（2）交流教师津贴

教师交流期间实际得到的津贴远低于教师的期望值。在教师 A 卷交流教师的 263 个有效数据中，62.7％的交流教师没有经济补贴，有 165 人，人数最多；其次是获得每月 200 元补贴的教师，有 19 人，所占比例为 7.2％。在教师 A 卷全体教师对参加交流希望获得额外津贴的调查中，共有 2620 个有效数据，其中希望每月额外获得津贴 1 000 元的人数最多，有 706 人，所占比例为 26.9％；其次为 500 元，有 475 人，所占比例为 18.1％；2 000 元的有 460 人，所占比例为 17.6％。当津贴达到 2 000 元时，共有 88.7％的教师愿意参与交流。而现有的交流教师实际获得津贴远远达不到教师期望津贴值。

3. 教师的政策认同感与交流意愿

教师是教师交流政策的参与者和执行者，教师对教师交流政策的看法以及教师参加交流的意愿对教师交流政策的实施至关重要。教师对"交流政策促进教育均衡发展效果程度"一题的选择，可以体现教师对交流政策的认同感。只有教师真正认同交流政策是行之有效的，并且愿意参与其中，才能在执行中积极发挥能量，达到交流效果，促进义务教育均衡发展。

（1）教师的政策认同感

教师对交流政策的认同感不佳。在教师 A 卷中教师对交流政策促进教育均衡发展效果的看法调查中，共有 3 563 个有效数据，认为效果一般的教师人数最多，有 1 315 人，所占比例为 36.9％；其次是认为比较有效的教师，有 1 033 人，所占比例为 29％；认为不太有效果的教师，有 661 人，所占比例为 18.6％；认为非常有效和完全没有效果的人较少，各有 319 人和 235 人，所占比例为 9.0％和 6.6％。通过分析教师对交流政策的总体评价，发现约占 62.1％的教师认为教师交流的效果一般或没有效果。未来需要进一步细化与精准落实教师交流政策，才能保证政策的执行效果。

（2）教师交流意愿

教师在满足离家近、有补贴、有周转住房等条件下，愿意参加交流。在教师 A 卷共 3 722 位教师中，无条件不想参加交流的教师比例为 10.3％，也就是说，只有一成左右的教师是无论给予何种条件都不愿参加交流的，而高达近九成的教师在基本保障和补偿等方面诉求得到满足的基础上，是愿意参加交流的。有 1 595 位教师选择"在家校距离能接受的范围内，可以参加交流"，所占比例为 42.9％；有 1 020 位教师选择"如果能给合适的补贴，可以参加交流"，所占比例为 27.4％；有 641 位教师选择"如果有教师周转房可以居住，可以参加交流"，所占比例为 17.2％（见表 7.3）。

表 7.3 教师总体交流意愿

交流意愿	频数（人）	百分比（%）
完全不能接受	384	10.3
如果想要晋升职称，只能去交流	598	16.1
如果能给补贴，可以接受	1 020	27.4
在家校距离能接受的范围内可以	1 595	42.9
有教师周转房等住的地方也可以	641	17.2
在同等水平学校交流，可以接受	636	17.1
能接受，不需要额外条件	311	8.4

注：由于问卷中调查教师总体意愿的题目为多选题，因此此处各项的百分比均为选择该项教师人数与该样本量之比，所以各选项百分比之和不是 100%。

（三）交流方式与评价

1. 教师交流方式

教师交流方式以学区内交流为主。在对各地方所采取的交流方式调查中，教师 A 卷共有 3 558 个有效数据，其中，有 1 995 名教师，占比 56.1% 的教师没有参与过交流；而参与过交流的教师中交流方式为学区内交流的比例最大，共计 398 人，所占比例为 11.2%；其次为学校联盟内部交流，有 278 人是以此方式参与的交流，所占比例为 7.8%；再次为对口支援，有 255 人参与了此种方式，所占比例为 7.2%（见图 7.7）。

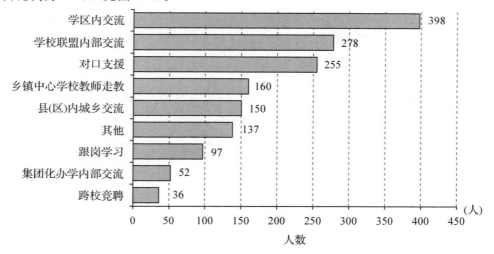

图 7.7 教师参加交流的方式情况

2. 交流评价

第一，对县教育局调查问卷进行分析，结果发现，教师交流效果的评价主体以校长为主。有校长反映：由于交流时间短，接收学校没有交流教师的考核权、财权等权利，派出学校及教师的人情社会关系等原因，一般都会给交流教师合格及以上评价等级。这样交流教师也就不会受制于接收学校，在交流过程中全靠自觉。

第二，农村学校的校长和教师对教师交流效果的评价并不满意。访谈中有的校长提到："教师交流只是一种形式，真正的交流没有，特别是缺少优秀教师的交流，因为城里学校不会派优秀教师来农村，派的都是要评职称的。"还有的教师说："交流一年你说对农村老师有多大的帮助，这个我不敢定论。然后农村的老师到我们这儿来，适应是一个过程，而且城里的学生和农村的学生，毕竟教学方式、管理方式是完全不一样的。那样对那个老师本身的成长有多大的帮助呢？还有，这一年对我们学生的影响到底有多大？"

四、教师交流政策实施困境的解决路径

在教师交流政策实施过程中，教师交流存在政策落实情况不佳，参加交流的教师数量不足、质量不达标，交流政策要求与教师意愿存在冲突，教师交流积极性较差，交流评价体系不完善，交流效果不明显等问题。因此，以下从统筹师资队伍、尊重主体意愿、建立健全评价体系及完善相关配套措施等方面提出针对性建议。

（一）统筹师资队伍，推进政策落实

交流的主体是教师，良好的师资队伍是交流顺利进行的有效前提。统筹师资队伍有利于解决参加交流教师在数量和质量方面的问题，确保交流政策的落实，推进教师交流常态化。

1. 推行"县管校聘"，创建教师交流信息平台

"县管校聘"打破了教师交流轮岗的管理体制障碍。"县管校聘"将教师关系统归于县，由学校聘任，使教师由"学校人"变为"系统人"，这样学校就不再拥有教师的人事"所有权"，只有"使用权"，而教师的"单位"也从某一所具体的学校变成了县级教育行政部门。这种人事管理权上收至县一级的政策，既有助于实现教师和学校更为透明和公平的双向选择，有助于县级教育管理部门从更为宏观的角度，均衡配置县域内的教师资源。

表 7.4　部分省、市、县"县管校聘"改革试点情况

省份	"县管校聘"改革试点情况
山东	**聊城市：** 2015 年 10 月，山东省教育厅公布了 26 个山东省中小学教师"县管校聘"管理改革实验区和 37 个义务教育学校校长教师交流轮岗实验区名单。2015 年，聊城市将在阳谷县、高唐县进行试点；2016 年，扩大试点范围；2017 年，在全市全面推行。"县管校聘"管理改革，实施范围为聊城市公办中小学在编在岗教职工。 **德州市：** 2016 年 3 月 19 日，德州市教育工作会召开，会上明确提出德州中小学教师将实现"县管校聘"。大力实施"名师、名校长"培养工程。出台《德州市名师、名校长培养方案》，建立市级名师、名校长后备人选库，通过组织"名师、名校长下乡送教"、挂职锻炼、跟岗培训等活动，统筹各类教育资源向农村倾斜，加强对农村和薄弱学校的智力支撑。 **滨州市博兴县：** 2016 年 6 月 15 日，博兴县"县管校聘"管理改革推进会议召开，安排部署下一步的改革工作，并现场解答了改革过程中遇到的一些疑难困惑，分享了"县管校聘"管理改革中的一些典型做法。 博兴县自启动"县管校聘"管理改革工作以来，按照"有信心、有恒心、有公心"的要求，稳步推进。目前，全县各学校摸底情况已经完成，各学校管理改革及调解机构都已成立。下一步，管理改革工作将进入实际操作阶段，各学校根据本校实际情况制定管理改革方案，并在教师代表大会通过后正式实施。全县教师竞聘上岗及交流轮岗工作于 8 月 15 日前全面完成。
江西	**南昌市南昌县：** 2015 年，南昌县在全省率先推出《义务教育阶段教师"县管校聘"工作实施办法》，使教师由"学校人"变为"系统人"。 早在 2013 年，南昌县就建立了全县教师基本信息数据库，拟于 2016 年 6 月开始，由各中小学依据学生、班级、学科等统计需配备教师岗位数量；7 月县教体局依此拟定交流轮岗人员名单并公示，8 月上旬组织教师到位上岗。南昌县教体局相关人士称，先对教师队伍实行统筹管理，再推进教师"无校籍管理"，最终实现教师由"学校人"向"系统人"转变。 南昌县将以三种方式推行"县管校聘"：推行教师片区交流，让县直的中学与中学、小学与小学实行教师双向交流，在乡镇中学与中学、村小与村小之间实行补缺交流；强化城乡交流，在县直学校与农村学校之间实行双向交流；试行跨片区交流，根据各乡镇中小学学生和班级情况，核定乡镇中小学所需教师数量，试行乡镇超编严重中小学教师向乡镇缺编中小学交流。而在教师交流期间，原学校保留其人事关系、所聘专业技术岗位和行政级别，其基础性绩效工资和福利由原学校发放，奖励性绩效工资划拨到交流轮岗学校发放。对于轮岗教师，发放生活、交通补助，其评优评先评职称同等条件下优先。

续表

省份	"县管校聘"改革试点情况
四川	**成都市邛崃市:** 2012 年,成都开始推进教师"县管校用"试点工作,从 2013 年开始,邛崃市通过教师全员公开竞聘上岗的形式,实现对教师的优胜劣汰。 所有学校,包括公办幼儿园的教师要进行"校内竞聘、学区竞聘与跨学区竞聘"。"校内竞聘"是第一步,教职工向学校提出书面申请,学校组织竞聘小组进行资格审查,现场打分,根据实际需求确定聘用人选。"校内竞聘"落聘的,再参加学区内的第二轮竞聘,可以选择到其他有名额的学校任教。再落聘的还有机会参加跨学区的农村学校校际间第三轮双向选择竞聘。特别强调,"三轮竞聘"后仍未上岗的人,邛崃教育局还将组织待(顶)岗培训,经培训和考核仍不能上岗的,再按程序进入解聘程序。 邛崃还进一步建立健全了教师交流常态机制,将交流经历纳入教师评优评先等,探索出紧缺学科教师跨校走课等新举措。 自 2013 年开始试点,直至 2015 年全面实施以来,邛崃教师在校级竞聘中共有 251 人落聘或转岗,其中 133 人转岗,65 人通过学区和跨学区竞聘后重新上岗,19 人进入待(顶)岗培训,仅有 34 人辞(解)聘——这 34 人和学校完全解除劳动关系。

　　教师交流信息平台使交流更加公开、公平、有效。创建教师交流信息平台,使教师信息公开化,将接收学校所需教师的职称、学科结构及派出学校符合交流条件的教师群体资料等相关信息都在平台中展现出来,鼓励教师自愿参加、与学校双向选择,提高匹配率,真正做到"所派为所需"。创建教师交流信息平台可以使交流过程透明化,从交流人员的选择、教师在交流期间的表现、交流评价到交流后的评优评先都公开展示,促进交流程序公平、合理,也起到有效监督作用。

　　2. 扩大交流教师范围

　　扩大交流教师范围,利于优化师资队伍,提高交流效果。适当鼓励优秀的老教师,甚至是退休教师在自愿的前提下参加教师交流;适当鼓励民办学校教师和公办学校编外教师参加交流。教师交流政策主要引导优秀教师向农村流动,促进教育均衡。若以职称和荣誉称号等条件作为优秀教师衡量标准,优秀教师较为普遍的分布在中老年教师当中。然而在对国家及地方教师交流政策的分析中我们发现,参加交流的教师范围普遍被限定为 45 周岁以下的女教师和 50 周岁以下的男教师,年龄超出这一范围的和已经退休的老教师就被排除在了教师交流之外,而年龄上满足条件的教师往往处于"上有老下有小"的状态,在工作之外还要扮演父母、儿女等多重家庭角色,这就难免引起这类教师对参加交流的抵触和排斥,不利于政策的顺利实施。近几年,部分地方政府开始尝试把自愿参加交流的退休教师纳入交流范围，有助于在减小政策实施阻力的同时，提高优秀教师有效参加教师交流的比例。

3. 灵活采取多种交流方式

各地可结合自身特点，灵活采用村小联盟、集团化办学内部不同学校的教师交流、乡村教师走教等多种方式来推进教师交流。相较于时间为 1—2 年甚至更久的"驻扎式"，这些交流方式更为灵活有优势，也更有助于调动交流教师的积极性。这些方式在一些地区已有的实践尝试中取得了可喜的成果，尤其是教师走教，"走"的特点具有同时兼顾两所甚至更多学校的优越性，在没有学校师资遭到削减的同时，起到了均衡师资的作用。

专栏 7.4　吉林农安：优秀教师走教，促进师资队伍均衡

"村小来了好教师，孩子成绩比中心校还好，我们再也不用往乡镇跑了。"吉林省农安县松花江村小的学生家长白红艳说。近两年，农安县打造"温馨村小"，让资金、教师向下流动，使本已冷清的村小重新焕发活力，生源出现回流。

松花江小学曾于 2011 年撤并，学生需要乘坐校车到青山乡中心校上课，家长徐忠发给记者算笔账，校车费每月 300 元，伙食费每天午餐 5 元，零花钱 2 元，按一年 195 天计算，每年要花 4 000 多元。"冬天孩子坐校车，5 点多就得起床，困得直打晃儿，连早饭都来不及吃。"

在家长的要求下，2014 年村小恢复。"村小好不好，关键看师资"，中心校为村小派去 9 名教师，其中 5 名是年轻的特岗教师。李莉就是其中之一，每天早上 6 点半，他们从中心校出发，由校长开车接送。中心校为教师提供每月 150 元的车补。"我们多折腾一点，孩子们就少折腾一点。"李莉说。

学校刚恢复时只有 13 名孩子。在全校教师的努力下，村小的学生成绩甚至超过了中心校，第二年学生增加到 38 名，有 9 名学生从中心校回流。在秦皇岛打工的白红艳将孩子送回村里读书后，发现"原来内向不敢回答问题的孩子，现在居然会抢答了，成绩也提升了不少。"

"今年，我们不愁招生了，家长们已经预定了一年级的学位。"校长薛志峰说，他决定今年再盖一栋新校舍，把功能教室添补齐全。

过去社团活动是村小孩子最"眼馋"的项目，"温馨村小"实行中心校与村小一体化管理。中心校有的社团，村小也能开设。青山口小学教师李艳峰擅长吹葫芦丝，他每周除了给中心校上课外，也为村小开办了葫芦丝社团。全县村小共建立了音乐、体育、美术、剪纸、书法、种植、养殖、科技等兴趣小组 15 类 238 个。

资料来源：李双溪：《"教师走起来，学生留下来"——吉林农安建设"温馨村小"》，《新华每日电讯》2016 年 7 月 26 日第 007 版。

（二）尊重主体意愿，构建激励机制

教师交流是均衡配置县域师资的有效举措。但现实中主体意愿往往被忽视，依照"道德绑架"的方式进行政策宣传，忽略相关主体的政策认同和动力激发。因此，尊重相关主体意愿、构建激励机制有利于提高主体对交流的积极性，促进交流发展，提高交流效果。

1. 尊重相关主体意愿

尊重相关主体意愿是政策成败的关键。教师交流政策的相关主体包括县教育行政部门、城镇派出学校、接收学校以及教师等。在制定政策前，应充分调查分析这些主体的利益诉求和真实意愿，为预判各主体价值目标激励相容的可能性，以及达到激励相容目标应克服的各类障碍奠定基础。[1]

首先，客观评估县级教育部门实施教师交流政策的资源基础、外部条件和教育发展水平。资源基础指的是可供教师交流政策支配的各类教育资源，包括了上级政府和本级政府的资源支持；外部条件包括地理与气候条件、基础设施建设情况、学校空间布局等；教育发展状况指的是教育的整体发展水平、教育均衡化程度和教师队伍的基本状况等。外部条件和教育发展状况决定了政策成本，如果县域内基础设施完善、学校分布相对集中，并且教育均衡化程度较高、教师数量充足，那么政策成本将较低，而如果县域内交通状况较差、学校布局分散或者学校之间的教育差距巨大，那么政策成本将较高。当政策成本在教育资源的可承受范围内，那么政策是可推行的，否则政策不能推行或只能部分推行。[2]

其次，综合研判实施教师交流对城镇学校带来的影响。对城镇学校而言，其影响主要是由师资队伍改变对学校教育教学水平、学校文化等方面带来的变化，影响的大小取决于教师的遴选方式和遴选比例。这些影响将在一定程度上决定城镇学校的主体意愿。

再次，深入调查农村接收学校对交流教师的需求状况。教师的需求状况包括具体数量和相应的性别、年龄和学科结构等。农村接收学校的价值期望是促进学校整体发展，因此，教师交流的政策安排在本质上与其发展需求一致，一致化程度取决于接收多少符合其需求的优秀教师。

---

① 美国著名经济学家里奥尼德·赫维茨（Leonid Hurwicz）于 1972 年提出了"激励相容"的概念。现代经济学假设，每个个体（包括个人、组织等）在主观上都追求个体利益，按照主观私利行事，如果能设计一种制度安排，使得社会生活中各个相关主体在追求自身利益最大化的行为，与全社会福利的最大化目标相吻合，那这一制度安排，就称之为"激励相容"。

② 张源源、刘善槐：《县域内教师交流的机制梗阻与政策重建》，《中国教育学刊》2016 年第 10 期，第 97～102 页。本小节及下一小节的内容均参照了本文的部分内容，特做说明。

最后，充分考虑教师个体的家庭状况、发展阶段和真实意愿。教师个体的决策受个体的成长经历、学历、职业、家庭以及社会文化等多重因素的影响。因而，在政策起草阶段，应广泛征求教师的建议，充分尊重教师需求，并保证教师代表参与政策的制定；在交流人员遴选时，应保证程序公正、公开和公平，杜绝教师交流成为教师惩罚的变相途径；在政策内容设计上，应考虑个体的发展阶段，保证交流形式多样、交流时间开放，给教师自主选择空间，使教师可以结合自己的实际情况，选择适合其需求的交流形式与时间阶段。

2. 构建激励机制

教师交流政策应具有激励相容效应、内化为所有教师认可的职业约束并且形成公平的全员轮换机制，只有当政策能够提供给每个参与主体某种激励，使得参与主体在追求个人利益的同时客观上也实现既定政策目标，也即达到激励相容的状态，这时政策才可能达到预期效果。

第一，对县级政府通过经费配套与奖励进行激励。县教育局是一个有着多重价值效用的行为主体，客观条件和政策成本决定了县教育局的执行方式，如果给予其充分的资源支持将可以保证其行为目标与交流政策一致。因此，应科学测算教师交流的政策成本并建立积极差异补偿机制，依据各县的经济能力，中央和省级政府按一定的分担比例给予经费支持。对于教师交流政策实施效果较好的省份，中央政府应该给予奖励。

第二，对城镇学校通过政策支持进行激励。城镇学校是一个追求学校发展、在意教育局与社会的综合评价的微观组织，派出优秀教师支援农村学校的发展并非其组织目标，因此，只有通过改变评价的方式，才能保证参与的动力。县级教育部门在考评城镇学校时应该将其派出的教师的数量与质量作为其考评指标，鼓励城镇学校积极派出优秀教师参与教师交流。

第三，对教师个体以初次补偿与评价奖励相结合的方式进行激励。前者为了弥补由交流带来的生活和工作成本的增加，可基于工作与生活条件的艰苦程度进行补偿；后者为了奖励交流教师的努力程度和贡献状况，可基于交流教师带来的教育教学的提升状况，如学生"成长量"、教师的综合带动作用等，进行分级评价奖励。

(三)健全评价体系，完善配套措施

健全的评价体系和完善的配套措施是对政策的实施效果的考核和顺利实施的保障。实际调查中，教师交流评价流于形式、配套措施也有待完善，因此提出如下建议。

1. 健全评价体系

评价是交流过程的重要环节。它不仅是对参加交流教师的考核，也是后期评优评先、职称评定的参考依据。要真正发挥评价环节的作用，而不是交流后的"人情分"，还需要健全评价体系，让评价起到考核、参考和约束效力。

首先，县级教育部门在考评城镇学校时应该将其派出的教师数量、质量与交流效果作为其考评指标，这样利于鼓励城镇学校积极派出优秀教师参与教师交流，引起学校对教师交流的重视。

其次，交流学校应该组织日常考评和定期考评，运用"360度考评"①方法进行考核评价，让评价结果真实有效。

最后，有效评价后，将各项评价结果公布在教师交流信息平台。既可以保证结果公平、公正，也为教师后续评优、评先、评职称提供参考。

教师交流并不是结束于完成交流时长后回到原学校，还有后续的奖评及再次参与。整个交流过程要发展成一个良好的循环模式，促进交流的常态化。

2. 完善配套措施

配套措施是交流有序进行的保障。从交流前的宣传，交流过程中教师对交流的适应以及交流后的问责，相关配套措施是贯穿交流始终的，完善配套措施利于促进教师交流政策的制度化发展。

（1）做好政策宣传工作

政策宣传对教师交流政策的顺利实施至关重要，它直接影响政策主体对该政策的价值、目标、实施方法和程序的认同程度和参与意愿。这是一个政策散播和政策内化的过程，直接决定了政策可获得的配合度和实施的顺利程度。做好宣传工作，让相关主体真正了解交流的意义，以发展的角度看待交流，重视交流。

（2）提高教师交流适应性

许多教师之所以对参加交流犹豫不决，就是担心生活条件的落差。由于较偏远地区的学校交通不便、没有教师周转房而导致的食宿和安全问题，以及教师因交流产生的额外支出，不利于教师安心工作，无法确保交流的顺利进行。教师周转房的建设、教师交通补贴等需要国家财政及当地政府统筹安排，使教师参加交流没有后顾之忧。

城乡学校的办学条件、学生生源、教学方法等都有一定的差异，在交流前教师能够了解所交流学校具体情况是很有必要的。在教师交流信息平台可以列有交流学校介绍，进而延展为区域统筹师资信息的网络大平台；在平台上列有学校信息、学校特色和示范课程；通过平台进行了解或者短期培训后再到岗交流，让教

---

① 360度考评：最早是由被称为"美国力量象征"的典范企业英特尔首先提出并加以实施的；其是指与被考核者在工作中有较多工作接触、对被考核者的工作表现比较了解的不同方面的人员，从不同的角度对被考核者进行绩效评估，评估完成后根据确定的不同评价者的权重得出一个综合的评价结果。

师更好地过渡、适应交流、融入交流。

（3）建立健全问责机制

问责机制是推进教师交流制度化、常态化的重要一环。有多大权就要承担多大责，正是由于各级部门没有明确自身在教师交流政策推行中的角色，才会有教师交流政策的实施存在做表面功夫、交流教师出勤和交流效果难以保证等问题，导致政策实施出现形式化的倾向，甚至有些地区教师交流基本处于半搁置状态。建立健全问责机制，提高相关主体责任意识，对政策落实情况差、效果不好等地区启动问责程序，追查责任。

结 语

教师交流政策颁布实施以来，虽然在一些地区取得了初步成效，但在具体实施过程中仍然暴露出了教师"下不去""教不好""管不了"等问题，这些都严重影响了教师交流政策的实施效果。此外，教师交流的异化更有可能使得政策执行偏离了政策制定的初衷，进而导致政策实施进入恶性循环。通过此次实地调研，以及对调查数据的整理分析，现对我国教师交流政策及其实施提出以下建议。首先，通过"县管校聘"制度和创建教师交流平台，将教师的人事管理权上收至县级教育行政部门，由教育行政部门根据各校师资分布状况统筹派遣交流教师。交流教师的甄选和派出应充分考虑接收学校的需求，做到按需供给；其次，内部激励和外部激励并用，从职业发展、经济补偿、人文关怀等多方面，有针对性的满足不同类型交流教师的合理诉求、兑现承诺，以提升教师参加交流的意愿、激发交流教师的工作热情。最后，政策执行过程中，各部门分清权责、各司其职。教育行政部门应加强对政策实施的宏观监管，接收学校也应承担起对教师交流期间工作公正评价、严肃监督的责任，从各环节确保交流政策的实施效果。

【本报告撰写人：张源源、李英玮、李梦琢。刘善槐、朱秀红、秦田田、吉慧、刘飞飞参与了文稿校对工作。李跃雪绘制了图表。作者单位：教育部人文社会科学重点研究基地东北师范大学中国农村教育发展研究院】

第八章　乡村教师多学科教学问题研究

概　要

　　乡村教师多学科教学主要指乡村教师同时承担两门及两门以上学科的教学行为，选择两门作为多学科教学的临界条件是源于对职前培养的单学科特征以及所教与所学的一致性问题的综合考虑，其潜在研究问题是对"教非所学"的探讨。由于目前我国教师职前培养的单学科特征，对于从事多学科教学的教师来讲，实现所教学科与所学专业的完全对口几乎不可能。因此，本研究选择广义的专业对口概念，即所教学科有一门与所学专业相符便称之为专业对口。乡村教师多学科现象是否明显？教师多学科教学是否符合所教与所学一致性的基本要求？乡村教师从事多学科教学是否感到压力？针对以上问题，我们对全国 12 个省市 23 个区县的 246 所学校进行了问卷调查，其中有效问卷 1 872 份，其中城区 476 份，县城 415 份，乡村 655 份，村屯 326 份。调查结果如下。

　　1. 在队伍组成上，第一，小学教师从事多学科教学情况明显，任教两门及以上的教师比例占 53.39%；村屯地区多科教师比例最高，达到 73.82%。第二，大部分小学教师从事单科、主＋副的任教形式，其中县城地区任教单科的形式最多，比例为 60.49%；村屯地区任教 1 主＋多副的形式最多，比例为 38.49%。第三，教师是否从事多学科教学与性别、教龄、年龄等自然因素关系不大。

　　2. 在学历的对口情况上，第一，无论按第一学历还是最高学历，乡镇教师的专业非对口率都高于全国平均水平；与第一学历非对口率，乡镇比例最高，为 34.33%，其次是村屯，为 30.17%。与最高学历非对口率，县城比例最高，为 42.94%，其次是乡镇，为 39.35%。第二，单科教师的非对口率都高于多科教师，村屯单科教师的非对口率最高，为 39.73％，其次是乡镇，为 38.55％。在多科教师中，县城的非对口率最高，为 31.61％，其次是乡镇，为 30.77％。第三，在第一学历中非对口率最高的是中部地区，单科教师和多科教师在中部地区的非对口率均最高，分别为 35.81％、31.23％，均高于全国平均水平 29.20％。在最高学历中非对口率最高的是西部地区，单科教师和多科教师的非对口率，分别为 47.57％、36.46％，均高于全国平均水平 37.21％。第四，无论是第一学历还是最高学历，乡、镇地区学校都表现出较高的非对口率。从第一学历来看，其中镇中心校的非对口率最高，比例达 37.34％；从最高学历看，乡中心校的非对口率最高，比例达 44.23％。

3. 在压力状况上，第一，83.50％小学教师认为任教多科会带来更大压力，其中乡镇和村屯地区感到压力更大的教师的比例要高于城区和县城，比例分别高达 86.37％、84.08％。第二，83.41％小学教师感觉任教多科压力会更大，女教师为 84.10％，男教师为 81.18％，村屯女教师认为压力更大的人数最多，比例高达 88.89％。第三，教师对任教多科的压力感受随着年龄的增加而降低，感到压力更大的人多集中在 21～30 岁、31～40 岁，分别为 85.50％、85.20％。第四，教师对任教多科的压力随着教龄的增加而降低，其中感到压力更大的教师的教龄多集中在 11～20 年、0～10 年，分别为 85.04％、84.92％。从城乡差异来看，乡镇和村屯地区，教龄在 21～30 年的人数比例最高，分别为 88.10％、86.79％。

基于此，本报告提出如下建议与启示：多学科教学合理地位的获得；以尊重乡村教育为根本的本土化发展；培养一专多能教师，关注师资职前培养和职后培训一体化整合；关注教师"教非所学"，尊重教师教学一致性；关注多科教师发展困境，缓解教师多科任教压力；实现课程整合与教材完善。

一、研究背景

(一) 教师配置标准的单一化导致乡村教师处于弱势地位

2001 年 10 月颁布的《国务院办公厅转发中央编办、教育部、财政部关于制定中小学教职工编制标准意见的通知(国办发〔2001〕4 号)》对教师配置标准进行了详细规定，教师配备主要依据师生比作为唯一衡量标准，规定城区初中 1∶13.5，县城初中 1∶16，农村初中 1∶18，城区小学 1∶19，县城小学 1∶21，农村小学 1∶23。以师生比为衡量标准的教师配置充分考虑到教师数和学生数这两项重要指标，但却忽略班额、师班比、师生比等一系列相关参考指标，而这些指标的综合衡量才能更加准确地判断是否能够开展正常的教育教学活动。我国农村小规模学校存在教师绝对数量超编但实际数量却不足的情况，为了满足开齐课、开足课、开好课的基本要求，农村小规模学校里存在大量教师同时教授多门学科的情况。仅依靠师生比作为师资配置的唯一指标，对于规模较小的学校来讲表现为一定的不公平特征。通常小规模学校表现为教师人数总体超编而实际不足的情况，虽然小规模学校也通过一些方式缓解教师数量不足带来的问题，如聘请代课教师、兼任教师等，但随着社会对农村教育水平期待的逐渐提升，这些体制外教师也常因教学质量无法保障而遭到存在歧视。因此，在未来很长一段时间内，农村小规模学校中教师多学科教学的现象将会比较突出。如果教育资源配备标准仍采取单一化的标准，那么教师同时教授多门学科的情况将在小规模学校中长期存在。

（二）职前分科培养与职后全科教学的现实矛盾造成乡村教师的知识困境

受学校规模、课程开设标准等因素的综合影响，乡村教师通常在教育教学过程中面临着同时教授两门及两门以上学科的教学任务。但对于大多数教师来讲，其职前培养阶段通常会接受分科式的培养模式，并且在教师资格证考取过程中也表现出明显的分科特征。分科培养模式关注于教师对于某一学科的专注，这符合城区和部分乡村地区的现实教学模式，但对于部分乡村教师来讲，他们同时教授两门及两门以上学科时会面临着知识困境，如学科知识、教育知识等。职前培养与职后实践的现实矛盾，本质上表现为职前职后衔接问题，职前培养对于职后实践的了解偏差，职后实践对职前培养的要求缺乏表达渠道，总之职前职后的沟通不利直接造成乡村教师的知识困境，表现为较强的无力感与发展迷茫。

（三）对教学一致性的专业尊重是提升教师质量的关键

教学一致的专业体验是对教师能力专业化的重要表现，教师教学不一致而导致的教师质量低下，不仅表现为专业知识和能力的缺失，同时也呈现出教师自身对于发展方向和动力的困境。我国城区和大部分乡村小学存在较多分科教学形式，因此在一系列配套制度中也以分科教学为主体，如职称评定的分科体现等。对于乡村小学教师来讲，其在教育教学过程中会面临着同时教授两门及两门以上学科的情况，此时他的身份选择和认同就会直接影响其发展趋向。当教师对身份选择缺乏定位时，则会出现归属感的缺失，在发展方向和发展动力方面都会表现出一定的迷茫和无奈，不利于农村教师队伍的整体发展。

二、研究对象与方法

（一）研究对象

1. 选样标准的确定

本研究主要采用问卷调查和访谈相结合的方式，对全国义务教育阶段公办学校的在岗教师进行抽样调查，尤其关注小学阶段教师从事多学科教学的情况。为了更真实地还原现实，在样本选择方面应体现出科学性和可操作性。

省级样本的选择标准。主要采用分层抽样的方法在全国范围内进行样本选择，省级指标的确定主要依据与教育及与其相关的若干因素。人口因素确定人口数、城镇人口比重两项基本指标，经济因素确定人均生产总值、城镇单位就业人员平均工资两项基本指标，地理因素确定区域类型、地貌特征和气候类型三项基本指标。指标确定的丰富性和科学性将直接影响到样本的代表力。

市县级样本的选择标准。主要采取分层抽样的方法在确定的省级样本中进行样本选择。指标确定标准为经济发展水平、人口数、地理环境。

学校样本的选择标准。主要采取分层抽样与随机抽样相结合的方法，市（区）域样本与县域样本的选择标准略有不同。市（区）域样本主要采取地域类型方式进行划分，包括中心城区和农民工聚集城郊两个维度指标。县域样本主要采取行政归属和地域类型方式进行划分，城关镇按照学校归属于中心城区还是城郊进行划分，其他乡镇按照经济发展水平好、中、差的基本原则，对小学中心校、小学村小、教学点、初中等各类型学校进行调研。

2. 筛选指标与样本省市的确定

人口因素确定人口数、城镇人口比重两项基本指标，经济因素确定人均生产总值、城镇单位就业人员平均工资两项基本指标，地理因素确定区域类型、地貌特征和气候类型三项基本指标。

从人口水平来看，样本省市人口数量排名分别处于全国的第 1、2、3、7、9、10、11、12、13、19、20、22 位。城镇人口比重比全国平均水平高的省市包括浙江、山东、湖北、广东、重庆 5 个省市，其中广东最高，比全国平均水平高13.23％。比全国平均水平低的省市包括江西、河南、湖南、广西、贵州、云南、甘肃 7 个省市，其中贵州最低，比全国平均水平低 14.76％。因此，从人口因素来看，12 个样本省市的分布较为合理。

从经济发展水平来看，选择人均生产总值、城镇单位就业人员平均工资作为筛选维度。从人均生产总值来看，高于全国平均水平的样本省市包括浙江、山东、广东 3 个省市，其中浙江最高为 73 002 元，比全国平均水平高 22 259 元。低于全国平均水平的样本省市包括江西、河南、湖北、湖南、广西、重庆、贵州、云南、甘肃 9 个省市（区），其中甘肃最低为 26 433 元，比全国平均水平低24 310 元。从城镇单位就业人员平均工资来看，高于全国平均水平的样本省市包括浙江、广东、重庆 3 个省市，其中浙江最高为 61 572 元，比全国平均水平高 6 354 元。低于全国平均水平的样本省市包括江西、山东、河南、湖北、湖南、广西、贵州、云南、甘肃 9 个省市（区），其中河南最低为 42 179 元，比全国平均水平低 13 039 元。在选择样本省市时，更加侧重于对经济发展欠发达地区的关注，因此呈现出处于全国平均水平以下的省市数量较多的现象（见表 8.1）。

表 8.1　样本省市人口数、城镇人口数情况

地区	人口数（万人）	排名	城镇人口比重（%）	排名	人均生产总值（元）	排名	城镇单位就业人员平均工资（元）	排名
全国	136 782		54.77		50 743		55 218	
浙江	5 508	10	64.87	7	73 002	5	61 572	4
江西	4 542	13	50.22	19	34 674	25	46 218	26
山东	9 789	2	55.01	13	60 879	10	51 825	16
河南	9 436	3	45.20	27	37 072	22	42 179	31
湖北	5 816	9	55.67	12	47 145	13	49 838	20
湖南	6 737	7	49.28	22	40 271	17	47 117	23
广东	10 724	1	68.00	4	63 469	9	59 481	7
广西	4 754	11	46.01	26	33 090	27	45 424	28
重庆	2 991	20	59.60	9	47 850	12	55 588	9
贵州	3 508	19	40.01	30	26 437	30	52 772	14
云南	4 717	12	41.73	28	27 264	29	46 101	27
甘肃	2 591	22	41.68	29	26 433	31	46 960	24

资料来源：中华人民共和国国家统计局编：《中国统计年鉴 2015》，北京：中国统计出版社 2015 年版。

从地理环境来看，重点关注区域类型的划分，其中东部包括浙江、山东、广东 3 个省市；中部包括江西、河南、湖北、湖南 4 个省市，西部包括广西、重庆、贵州、云南、甘肃 5 个省市（区），样本选择过程中对于中西部经济欠发达地区的关注也在此标准中有明显呈现。其余的地貌特征和气候类型也在考虑范围内（见表 8.2）。

表 8.2　区域类型、地貌特征和气候类型

地区	地貌类型占本地区陆地总面积的比例	气候类型
浙江	山地和丘陵占 70.4%，平原和盆地占 23.2%，河流和湖泊占 6.4%	亚热带季风性湿润气候
广东	山地、丘陵、台地和平原面积分别占全省土地总面积的 33.7%、24.9%、14.2% 和 21.7%，河流和湖泊等只占全省土地总面积的 5.5%	亚热带季风气候

地区	地貌类型占本地区陆地总面积的比例	气候类型
湖北	山地、丘陵和岗地、平原湖区各占总面积的 56%、24%和 20%	亚热带季风性湿润气候
湖南	山地面积占全省总面积的 51.2%，丘陵及岗地占 29.3%，平原占 13.1%，水面占 6.4%	亚热带季风性湿润气候
江西	常态地貌类型以山地、丘陵为主，山地占全省面积的 36%，丘陵占 42%，平原占 12%，水域占 10%	亚热带季风气候
重庆	丘陵、低山为主	亚热带季风性湿润气候
广西	山地和丘陵占 70.8%，平原和台地占 27.1%，河流水面占 2%	亚热带季风气候
贵州	山地和丘陵占 92.5%	亚热带湿润季风气候
山东	山地约占全省总面积的 15.5%，丘陵占 13.2%，平原占 55%，洼地占 4.1%，湖沼平原占 4.4%，其他占 7.8%	暖温带季风气候
河南	山区丘陵面积占 44.3%，平原和盆地面积占 55.7%	大陆性季风气候
云南	高原山区为主，地貌类型多样	亚热带高原季风气候
甘肃	山地型高原地貌	类型多样，亚热带季风气候、温带季风气候、温带大陆性（干旱）气候和高原高寒气候

资料来源：中国政府网：http://www.gov.cn/test/2005-08/11/content_27116.htm。

从小学布局看，人均 GDP 较高的浙江、山东、广东 3 个省市的总体校均规模远远高于全国平均水平，其中浙江最大为 918.64 人，是全国平均规模的 2.8 倍，是最小规模甘肃的 6.44 倍。按照总体生师比的基本情况，在选择过程中确定高于全国平均水平的样本省市，如广西、江西、湖北等，其中总体生师比最高的广西比全国平均水平高 3.09%。同时关注低于全国平均水平的样本省市，如甘肃、湖北、山东等，其中总体生师比最低的甘肃比全国平均水平低 3.95%。从特殊样态学校的存在状况来看，教学点占总学校数比例最高的是湖南，所占比例为 47.41%，比全国平均水平高 16.77%，此外高于全国平均水平的省份还包括江西、广西、湖北、广东 4 个省市。教学点占总学校数比例最低的是重庆，所占比例为 11.14%，比全国平均水平低 19.50%。此外低于全国平均水平的省份还包括浙江、山东、云南、河南、贵州和甘肃（见表 8.3）。

表 8.3　样本省市小学布局情况

地区	学校数（所）	教学点数（个）	教学点占总学校数（%）	在校学生数（人）	专任教师数（人）	总体校均规模（人）	总体生师比（%）
全国	201 377	88 967	30.64	94 510 651	5 633 906	325.51	16.78
浙江	3 344	515	13.35	3 545 013	190 423	918.64	18.62
江西	9 764	7 144	42.25	4 129 817	210 329	244.25	19.64
山东	10 770	2 229	17.15	6 484 744	389 080	498.86	16.67
河南	25 578	8 483	24.91	9 286 003	494 031	272.63	18.8.
湖北	5 513	3 550	39.17	3 211 598	199 172	354.36	16.12
湖南	8 560	7 716	47.41	4 738 403	248 118	291.13	19.10
广东	10 731	5 624	34.39	8 319 147	454 377	508.66	18.31
广西	12 946	8 343	39.18	4 318 063	217 311	202.83	19.87
重庆	4 586	575	11.14	2 034 165	116 360	394.14	17.48
贵州	9 275	3 581	27.85	3 463 056	192 850	269.37	17.96
云南	12 608	3 566	22.05	3 826 943	225 874	236.61	16.94
甘肃	8 979	3 662	28.96	1 802 371	140 476	142.58	12.83

　　资料来源：中华人民共和国国家统计局编：《中国统计年鉴 2015》，北京：中国统计出版社 2015 年版。

　　3.筛选过程与县市、学校样本的确定

　　按照人口、经济、地理环境、小学布局等核心筛选指标，基本确定 12 个省级样本。在县区样本确定过程中采取分层抽样的方法，抽取市和县各 1 个。遵循的基本原则如下：原则一，样本在本省范围内的代表性。由于在省级样本确定过程中充分考虑到众多关键性影响要素，因此在县级样本选择过程中应重点关注代表性，县区级样本能够反映出省级样本的特色。原则二，县市级样本属于同一区属管理，以避免因不同地区教育政策的差异而带来的干扰。根据以上原则，最终确定 12 个市级样本和 12 个县级样本（见表 8.4）。

表 8.4　市级样本、县级样本分布表

省（区）、直辖市	区域	县域
浙江	台州市	玉环县
江西	萍乡市	芦溪县
山东	青岛市	即墨县
河南	信阳市	固始县
湖北	孝感市	大悟县

续表

省(区)、直辖市	区域	县域
湖南	衡阳市	耒阳县
广东	东莞市	常平镇
广西	钦州市	灵山县
重庆	重庆市	酉阳县
贵州	毕节市	织金县
云南	文山州	砚山县
甘肃	张掖市	高台县

学校样本的最终确定主要分为区域和县域两种类型。在区域范围内选取中心城区初中 1 所、小学 1 所，农民工聚集城郊初中 1 所、小学 1 所。在县域范围内选取城关镇中心城区初中 1 所、小学 1 所，城关镇城郊初中 1 所、小学 1 所。另按经济发展水平好中差各 1 个乡镇，每个乡镇选取初中 1 所，小学中心校 1 所，村小 1 所，教学点 2 个。

(二)研究方法

1. 调研工具制定与调试

本次调研主要采用问卷和访谈的形式。其中调研问卷按主体分为以下类型，区县教育局调查问卷、校长调查问卷、教师调查问卷、学生调查问卷、家长调查问卷。访谈提纲主要包括区县教育局访谈提纲、校长访谈提纲、教师访谈提纲、学生访谈提纲、家长访谈提纲。调研工具基本制定完成后，课题组于 2015 年 12 月 2 日在长春市宽城区进行了试调研，汇总在试调研中出现的问题，又集中对调研工具进行了调整，形成最终调研工具。

2. 调研工具的使用

依据上文提及的调研原则，课题组于 2015 年 12 月 6 日至 15 日同时赴上述 12 个省市，开展大规模的调研活动。在实地调研中，本次调研工具使用的基本情况如下。回收有效教师调查问卷 1 872 份，其中城区 476 份，县城 415 份，乡村 655 份，村屯 326 份。

三、研究结果与发现

(一)小学教师从事多学科教学情况明显，尤以村屯更为突出

分析数据可知，任教 2 门及以上的教师比例占 53.39%，可见我国大部分小学教师从事着多科教学，支撑着我国基础教育的发展。从城乡来看，由城区到村屯单科教师比例总体呈现递减趋势，而多科教师比例总体呈现递增趋势，乡镇、

村屯地区多科教师人数比例高于城区和县城，其中村屯地区多科教师比例最高，达到 73.82％（见表 8.5）。乡村地区之所以存在如此高比例的多科教师主要是因为乡村地区师资匮乏，为了开齐国家规定的课程，许多教师被迫从事着多科教学。而在城区也出现了比例相对较高的多科教师，主要是因为城市小学教师受国际先进教育理念的影响，为了促进学生身心综合发展而主动选择多科教学。

表 8.5　小学教师任教门数的城乡差异

	任教 1 门（人）	百分比（％）	任教 2 门及以上（人）	百分比（％）	合计
城区	225	50.11	224	49.89	449
县城	246	60.59	160	39.41	406
乡镇	284	45.37	342	54.63	626
村屯	83	26.18	234	73.82	317
合计	838	46.61	960	53.39	1 798

注：N＝1 798，有效百分比＝96.05％，缺失值＝74。

（二）大部分小学教师从事单科、主＋副的任教形式，其中县城地区任教单科的形式最多，村屯地区任教 1 主＋多副的形式最多

教师的现实任教状态不仅可以反映教师任教学科的组合情况，更能反映学校需要具备什么知识结构的教师，这对教师的职前培养和职后培训有很大的参考价值。分析表格可知，从任教状态的类型看，无论是城区、县城、乡镇还是村屯的小学教师，从事单科教学的比例最高，其次是任教 1 主＋多副的情况较多，再次是任教 1 主＋1 副的情况，而从事其他类型教学的情况比较少。从不同类型任教状态的城乡差异来看，从事单科任教比例最高的是县城，比例为 60.49％，最低的是村屯，比例为 25.87％；从事 1 主＋多副比例最高的是村屯地区，达到 38.49％，此外村屯地区也存在一定比例的教师从事 2 主＋多副的情况，比例为 9.78％（见表 8.6）。

表 8.6　小学教师任教的现实状态

		单科	1 主科＋1 副科	1 主科＋多副科	2 主科	2 主科＋1 副科	2 主科＋多副科	多副科	其他
城区	人数（人）	222	92	107	4	1	0	20	3
	百分比（％）	49.44	20.49	23.83	0.89	0.22	0.00	4.45	0.67
县城	人数（人）	245	55	94	2	0	2	7	0
	百分比（％）	60.49	13.58	23.21	0.49	0.00	0.49	1.73	0.00

续表

		单科	1主科＋1副科	1主科＋多副科	2主科	2主科＋1副科	2主科＋多副科	多副科	其他
乡镇	人数（人）	284	118	173	7	1	5	38	4
	百分比（％）	45.08	18.73	27.46	1.11	0.16	0.79	6.03	0.63
村屯	人数（人）	82	47	122	5	5	31	22	3
	百分比（％）	25.87	14.83	38.49	1.58	1.58	9.78	6.94	0.95
总计	人数（人）	833	312	496	18	7	38	87	10
	百分比（％）	46.25	17.32	27.54	1.00	0.39	2.11	4.83	0.56

注：1. N＝1 801，有效百分比＝96.21％，缺失值＝71。2. 应然状况下，任教1门学科的人数（838人）与单科任教状态的人数（833人）相等，但实际上两者数据出现略微不一致，这是因为统计"任教门数"和"任教状态"时的标准不一样，但误差很小并不影响对数据所占百分比的解释。

（三）教师是否从事多学科教学与性别、教龄、年龄等自然因素关系不大

分析表格可知，从性别差异来看，无论是在单科教师中还是在多科教师中，女教师的比例都远远高于男教师，高出的比例都在50％左右，且单科和多科教师内部男女比例非常接近；从任教门数来看，在男教师内部，虽然从事单科教学的人数比例略高于从事多科教学的比例，但两者比例接近，在女教师内部尽管从事多科教学的教师比例略高于单科教师比例，但二者比例也非常接近。由此可见教师是否从事多科教学与教师的性别因素关系不大（见表8.7）。

表8.7　任教门数与性别之间的关系

		单科		多科		合计	
		人数（人）	百分比（％）	人数（人）	百分比（％）	人数（人）	百分比（％）
男		202	24.25	227	23.92	429	24.07
女		631	75.75	722	76.08	1353	75.93

注：N＝1 782，有效百分比＝95.19％，缺失值＝90。

分析表格可知，从总体来看，教龄集中在11～20年、0～10年、21～30年的人数最多，比例分别为38.06％、30.44％、24.65％；从群体差异来看，无论在单科教师中还是在多科教师中，人数同样也集中在以上三个阶段的教龄，与总体各个阶段教龄人数分布比例一致；从各个教龄阶段来看，单科教师和多科教师的比例接近并无显著差异。由此可见，教师是否从事多科任教与教师教龄关系不大（见表8.8）。

表 8.8　任教门数与教龄之间的关系

教龄	单科		多科		合计	
	人数（人）	百分比（%）	人数（人）	百分比（%）	人数（人）	百分比（%）
0～10 年	235	30.09	280	30.74	515	30.44
11～20 年	300	38.41	344	37.76	644	38.06
21～30 年	209	26.76	208	22.83	417	24.65
31～40 年	36	4.61	76	8.34	112	6.62
41～50 年	1	0.13	3	0.33	4	0.24

注：N=1672，有效百分比=90.38%，缺失值=180。

分析表格可知，从总体来看，大部分教师的年龄分布在 31～40 岁、41～50 岁、21～30 岁，比例分别为 39.21%、29.84%、23.09%；从教师群体差异来看，无论在单科教师中还是在多科教师中，教龄在以上三个阶段的人数也最多；从各个年龄阶段来看，单科教师和多科教师的比例差异不大。由此可见，教师是否从事多科任教与教师的年龄关系不大（见表 8.9）。

表 8.9　任教门数与年龄之间的关系

年龄	单科		多科		合计	
	人数（人）	百分比（%）	人数（人）	百分比（%）	人数（人）	百分比（%）
20 岁以下	2	0.25	1	0.11	3	0.17
21～30 岁	177	22.18	220	23.89	397	23.09
31～40 岁	307	38.47	367	39.85	674	39.21
41～50 岁	264	33.08	249	27.04	513	29.84
51～60 岁	47	5.89	84	9.12	131	7.62
60 岁以上	1	0.13	0	0.00	1	0.06

注：N=1 719，有效百分比=91.83%，缺失值=153。

（四）无论按第一学历还是最高学历，乡镇教师的专业非对口率都高于全国平均水平

从总体来看，小学教师任教学科与第一学历和最高学历的非对口率较低，分别为 29.20%、37.21%，可见大部分小学教师任教学科与所学专业对口。但是，其中最高学历的非对口率普遍高于第一学历的非对口率，主要是因为一些教师，尤其是任教理科的教师为了提升职后学历而选择相对容易的学科进修学习，比如任教数学的教师可能会选择教育学专业来提升自己学历，这就造成了任教学科与最高学历非对口的情况。从城乡区域差异来看，由城区到村屯，与第一学历非对口教师比例总体呈现递增趋势，其中乡镇比例最高，为 34.33%，其次是村屯，为 30.17%，两者的第一学历非对口率都高于全国平均水平；与最高学历非对口的教师中，县城比例最高为 42.94%，其次是乡镇为 39.35%，两者也都高于全国平均水平；由此可见无论按第一学历还是最高学历，乡镇教师任教的非对口率都高于全国水平（见表 8.10）。

表 8.10　小学教师任教非对口率的城乡差异

	第一学历		最高学历	
	人数（人）	百分比（%）	人数（人）	百分比（%）
城区	101	23.01	134	33.58
县城	108	27.55	155	42.94
乡镇	206	34.33	218	39.35
村屯	89	30.17	82	30.48
合计	504	29.20	589	37.21

注：1. 第一学历中的 N=1 726，有效百分比=92.20%，缺失值=146；最高学历中 N=1 583，有效百分比=84.56%，缺失值=289。2. 所学专业与任教学科中的任何一门对口，称之为对口，反之为非对口。如所学专业为数学，所教学科为数学和语文，则判定为对口。

（五）单科教师的非对口率都高于多科教师，村屯单科教师的非对口率高于全国平均水平，县城和乡镇多科教师的非对口率高于全国平均水平

从总体来看，单科教师任教学科与第一学历所学专业的非对口率高于多科教师。从群体差异来看，无论是城区、乡镇还是村屯，单科教师的非对口率均高于多科教师，只有县城地区的单科教师非对口率低于多科教师，可见，与第一学历非对口的教师中，单科教师的非对口率普遍高于多科教师。从城乡差异来看，在单科教师中由城区到村屯的非对口率呈现增加趋势，其中村屯单科教师的非对口率最高为 39.73%，其次是乡镇，为 38.55%，两者均高于全国平均水平；而在多科教师中，县城的非对口率最高，为 31.61%，其次是乡镇，为 30.77%，两者也均高于全国平均水平。由此可见，单科教师中村屯的非对口率最高，多科教师中县城的非对口率最高（见表 8.11）。

表 8.11 城乡不同地区小学教师任教与第一学历非对口率的群体差异

城乡	单科		多科		合计	
	人数（人）	百分比（%）	人数（人）	百分比（%）	人数（人）	百分比（%）
城区	59	26.82	42	19.18	101	23.01
县城	59	24.89	49	31.61	108	27.56
乡镇	106	38.55	100	30.77	206	34.33
村屯	29	39.73	60	27.03	89	30.17
合计	253	31.43	251	27.25	504	29.20

注：N=1 726，有效百分比=92.20%，缺失值=146。

从总体来看，单科教师的任教学科与最高学历所学专业的非对口率高于多科教师。从群体差异来看，无论是城区、县城、乡镇还是村屯，单科教师的任教学科与最高学历所学专业的非对口率均高于多科教师，其中村屯地区的单科教师显著高于多科教师。从城乡差异来看，在单科教师中，县城的非对口率最高，为43.52%，其次是村屯，为42.42%，两者均高于全国平均水平；在多科教师中，县城的非对口率最高为42.07%，其次是乡镇，为39.34%，两者也均高于全国平均水平。由此可见，无论是在单科教师中还是在多科教师中，与最高学历非对口率最高的地区是县城（见表8.12）。

表 8.12 城乡不同地区小学教师任教与最高学历非对口率的群体差异

城乡	单科		多科		合计	
	人数（人）	百分比（%）	人数（人）	百分比（%）	人数（人）	百分比（%）
城区	68	35.23	66	32.04	134	33.58
县城	94	43.52	61	42.07	155	42.94
乡镇	98	39.36	120	39.34	218	39.35
村屯	28	42.42	54	26.60	82	30.48
合计	288	39.78	301	35.04	589	37.21

注：N=1 583，有效百分比=84.56%，缺失值=289。

总之，无论是第一学历还是最高学历，单科教师的非对口率都高于多科教师。村屯单科教师的非对口率都高于全国平均水平；县城和乡镇多科教师的非对口率高于全国水平。

（六）在第一学历中非对口率最高的是中部地区，在最高学历中非对口率最高的是西部地区

从总体来看，大部分小学教师所教学科与第一学历所学专业对口，其中非对口比例占 29.20%。从东西区域差异来看，非对口比例最高的是中部地区，最低的是东部地区。其中无论是在单科教师中还是在多科教师中，中部地区的非对口率均最高，分别为 35.81%、31.23%，均高于全国平均水平。由此可见，小学教师任教学科与第一学历非对口率最高的地区在中部地区（见表 8.13）。

表 8.13　小学教师任教与第一学历非对口率的区域差异

区域	单科		多科		合计	
	人数（人）	百分比（%）	人数（人）	百分比（%）	人数（人）	百分比（%）
东部	76	28.36	61	24.30	137	26.40
中部	82	35.81	79	31.23	161	33.40
西部	95	30.84	111	26.62	206	28.41
合计	253	31.43	251	27.25	504	29.20

注：N＝1 726，有效百分比＝92.20%，缺失值＝146。

从总体来看，大部分小学教师任教学科与最高学历所学专业对口，其中非对口比例为 37.21%。从区域差异来看，由东部到西部，非对口比例呈现上升趋势，西部地区非对口比例最高为 41.01%。其中无论在单科教师中还是在多科教师中，西部地区的非对口率最高，分别为 47.57%、36.46%，均高于全国平均水平。可见，小学教师任教学科与最高学历所学专业非对口率最高的地区在西部（见表 8.14）。

表 8.14　小学教师任教与最高学历非对口率的区域差异

区域	单科		多科		合计	
	人数（人）	百分比（%）	人数（人）	百分比（%）	人数（人）	百分比（%）
东部	75	30.12	78	32.37	153	31.22
中部	86	41.35	83	35.47	169	38.24
西部	127	47.57	140	36.46	267	41.01
合计	288	39.78	301	35.04	589	37.21

注：N＝1 583，有效百分比＝84.56%，缺失值＝289。

总之，无论是第一学历还是最高学历，小学教师任教学科的最高非对口率要么集中在中部，要么集中在西部，东部地区相对最低。

(七)无论是第一学历还是最高学历,乡、镇地区学校都表现出较高的非对口率

从第一学历来看,镇中心校、村小、镇其他小学的非对口率高于全国平均水平,其中镇中心校的非对口率最高,比例达 37.34%;从最高学历看,乡中心校、县城小学、镇中心校的非对口率都高于全国平均水平,其中乡中心校的非对口率最高,比例达 44.23%。可见,无论是第一学历还是最高学历,乡、镇地区学校都表现出较高的非对口率(见表 8.15)。

表 8.15 小学教师任教非对口率的学校类型差异

	第一学历		最高学历	
	人数(人)	百分比(%)	人数(人)	百分比(%)
区所在小学	101	23.01	134	33.58
县城小学	108	27.55	155	42.94
镇中心校	143	37.34	147	41.41
镇其他小学	50	30.86	48	32.65
乡中心校	13	23.64	23	44.23
村小	71	31.56	64	30.77
教学点	18	25.71	18	29.51
合计	504	29.20	589	37.21

注:第一学历的 N=1 726,有效百分比=92.20%,缺失值=146;最高学历的 N=1 583,有效百分比=84.56%,缺失值=289。

(八)大部分小学教师认为任教多科会带来更大压力,其中乡镇和村屯的教师比例高于城区和县城,多科教师比例高于单科教师

分析表格可知,从总体来看,无论是在城区、县城、乡镇还是村屯,都有很高比例的教师认为同时任教多科压力更大,平均比例高达 83.50%,其中乡镇和村屯地区感到压力更大的教师的比例要高于城区和县城,比例分别高达 86.37%、84.08%。由此可见,与城区和县城相比,乡镇和村屯地区的小学教师认为多科任教会有更大的压力(见表 8.16)。

分析表格可知,无论是在任教单科的教师中还是在任教多科的教师中都有很高比例的人认为多科任教会带来更大的压力,平均比例高达 83.67%;从不同压力感受来看,认为多科任教会带来更大压力的教师中,多科教师比例要高于单科教师,而认为压力差不多、压力更小的教师中,单科教师的比例多于多科教师。由此可见,任教多科的小学教师认为多科任教带来了更大的压力(见表 8.17)。

表 8.16　城乡不同地区小学教师对任教多科压力感受的差异

	压力更大		差不多		压力更小		合计
	人数（人）	百分比（%）	人数（人）	百分比（%）	人数（人）	百分比（%）	人数（人）
城区	377	81.78	74	16.05	10	2.17	461
县城	327	80.54	74	18.23	5	1.23	406
乡镇	545	86.37	80	12.68	6	0.95	631
村屯	264	84.08	49	15.61	1	0.32	314
合计	1 513	83.50	277	15.29	22	1.21	1 812

注：N＝1 812，有效百分比＝96.79%，缺失值＝60。

表 8.17　任教不同门数的小学教师对任教多科压力感受的差异

	压力更大		差不多		压力更小		合计
	人数（人）	百分比（%）	人数（人）	百分比（%）	人数（人）	百分比（%）	人数（人）
单科	671	82.84	125	15.43	14	1.73	810
多科	794	84.38	139	14.77	8	0.85	941
合计	1 465	83.67	264	15.08	22	1.26	1 751

注：N＝1 751，有效百分比＝93.54%，缺失值＝121。

(九)从性别差异来看，女教师认为压力更大的人数比例高于男教师；从城乡差异来看，村屯女教师认为多科任教会带来更大压力的人数比例最高

　　分析表格可知，从总体来看，大多数小学教师感觉任教多科压力会更大，比例高达 83.41%；从性别差异来看，女教师认为压力更大的比例高达 84.10%，男教师为 81.18%，可见女教师认为多科任教压力更大的人数要多于男教师。从城乡内部的性别差异来看，城区和村屯女教师认为压力更大的人数比例要高于男教师，而县城男教师的比例略高于女教师，乡镇则比例相同，其中与所有地区的男、女教师相比，村屯女教师认为压力更大的人数最多，比例高达 88.89%。可见，从性别差异来看，女教师认为多科任教会带来更大压力的人数比例要高于男教师；从城乡差异来看，村屯女教师认为多科任教会带来更大压力的人数比例最高（见表 8.18）。

表 8.18 城乡不同地区小学教师对任教多科压力感受的性别差异

| 区域 | 性别 | 压力更大 | | 差不多 | | 压力更小 | | 合计 |
		人数（人）	百分比（%）	人数（人）	百分比（%）	人数（人）	百分比（%）	人数（人）
城区	男	47	73.44	15	23.44	2	3.13	64
	女	327	82.99	59	14.97	8	2.03	394
县城	男	62	82.67	12	16.16	1	1.33	75
	女	264	80.00	62	18.79	4	1.21	330
乡镇	男	139	86.88	20	12.50	1	0.63	160
	女	402	86.88	60	12.85	5	1.07	467
村屯	男	97	76.98	28	22.22	1	0.79	126
	女	160	88.89	20	11.11	0	0.00	180
性别	男	345	81.18	75	17.65	5	1.18	425
	女	1 153	84.10	201	14.62	17	1.24	1 371
总计		1 498	83.41	276	15.37	22	1.22	1 796

注：N＝1 796，有效百分比＝95.94%，缺失值＝76。

（十）教师对任教多科的压力感受随着年龄的增加而降低，感到压力更大的人多集中在 21～30 岁、31～40 岁，乡镇和村屯地区更为显著

分析表格可知，从总体来看，随着年龄的增长，小学教师对任教多科感到压力更大的人数比例在减少，其中年龄在 21～30 岁、31～40 岁的人数比例最高，分别高达 85.50%、85.20%。从城乡差异来看，在城区和村屯地区，年龄在 21～30 岁的教师感到任教多科压力更大的比例最高，其中村屯地区更加显著，而在县城和乡镇，年龄在 31～40 岁的教师比例最高，其中乡镇地区更加显著。由此可见，教师对任教多科的压力感受随着年龄的增加而降低，感到压力更大的人多集中在 21～30 岁、31～40 岁，乡镇和村屯地区更为显著。（见表 8.19）

表 8.19 城乡不同地区小学教师对任教多科压力感受的年龄差异

| | 年龄分段 | 压力更大 | | 差不多 | | 压力更小 | | 合计 |
		人数（人）	百分比（%）	人数（人）	百分比（%）	人数（人）	百分比（%）	人数（人）
城区	20 岁以下	1	100.00	0	0.00	0	0.00	1
	21～30 岁	71	84.52	11	13.10	2	2.38	84
	31～40 岁	166	84.26	27	13.71	4	2.03	197
	41～50 岁	105	77.78	30	22.22	0	0.00	135
	51～60 岁	14	70.00	3	15.00	3	15.00	20

续表

年龄分段	压力更大		差不多		压力更小		合计
	人数（人）	百分比（%）	人数（人）	百分比（%）	人数（人）	百分比（%）	人数（人）
县城 20 岁以下	1	100.00	0	0.00	0	0.00	1
21～30 岁	40	78.43	8	15.69	3	5.88	51
31～40 岁	151	82.97	30	16.48	1	0.55	182
41～50 岁	106	77.94	29	21.32	1	0.74	136
51～60 岁	11	64.71	6	35.29	0	0.00	17
乡镇 20 岁以下	0	0.00	1	100.00	0	0.00	1
21～30 岁	147	86.47	22	12.94	1	0.59	170
31～40 岁	200	88.50	24	10.62	2	0.88	226
41～50 岁	146	84.88	23	13.37	3	1.74	172
51～60 岁	26	78.79	7	21.21	0	0.00	33
村屯 21～30 岁	84	88.42	11	11.58	0	0.00	95
31～40 岁	70	83.33	14	16.67	0	0.00	84
41～50 岁	53	81.54	11	16.92	1	1.54	65
51～60 岁	49	80.33	12	19.67	0	0.00	61
合计 20 岁以下	2	66.67	1	33.33	0	0.00	3
21～30 岁	342	85.50	52	13.00	6	1.50	400
31～40 岁	587	85.20	95	13.79	7	1.02	689
41～50 岁	410	80.71	93	18.31	5	0.98	508
51～60 岁	100	76.34	28	21.37	0	2.29	131
总计	1441	83.25	269	15.54	21	1.21	1731

注：N＝1731，有效百分比＝92.47%，缺失值＝141。

(十一)教师对任教多科的压力随着教龄的增加而降低，其中感到压力更大的教师的教龄多集中在 11～20 年、0～10 年，但乡镇和村屯多集中在 21～30 年

分析表格可知，从总体来看，随着教龄的增加，教师对多科任教的压力感受在降低，其中教龄在 11～20 年、0～10 年阶段的人数比例最高，分别为 85.04%、84.92%。从城乡差异来看，乡镇和村屯地区，教龄在 21～30 年的人数比例最高，分别为 88.10%、86.79%。由此可见，感到任教多科压力更大的教师的教龄多集中在 11～20 年、0～10 年，但乡镇和村屯地区多集中在 21～30 年（见表 8.20）。

表 8.20　城乡不同地区小学教师对任教多科压力感受的教龄差异

	教龄	压力更大		差不多		压力更小		合计
		人数（人）	百分比（%）	人数（人）	百分比（%）	人数（人）	百分比（%）	人数（人）
城区	0～10 年	99	86.09	14	12.17	2	1.74	115
	11～20 年	155	82.89	28	14.97	4	2.14	187
	21～30 年	86	75.44	26	22.81	2	1.75	114
	31～40 年	14	82.35	2	11.76	1	5.88	17
县城	0～10 年	64	80.00	13	16.25	3	3.75	80
	11～20 年	143	84.12	26	15.29	1	0.59	170
	21～30 年	95	77.87	27	22.13	0	0.00	122
	31～40 年	10	66.67	5	33.33	0	0.00	15
乡镇	0～10 年	184	85.58	28	13.15	1	0.47	213
	11～20 年	199	87.67	25	11.01	3	1.32	227
	21～30 年	111	88.10	13	10.32	2	1.59	126
	31～40 年	21	75.00	7	25.00	0	0.00	28
村屯	0～10 年	98	84.48	18	15.52	0	0.00	116
	11～20 年	60	84.51	10	14.08	1	1.41	71
	21～30 年	46	86.79	7	13.21	0	0.00	53
	31～40 年	38	79.17	10	20.83	0	0.00	48
	41～50 年	3	75.00	1	25.00	0	0.00	4
合计	0～10 年	445	84.92	73	13.93	6	1.15	524
	11～20 年	557	85.04	89	13.59	9	1.37	655
	21～30 年	338	81.45	73	17.59	4	0.96	415
	31～40 年	83	76.85	24	22.22	1	0.93	108
	41～50 年	3	75.00	1	25.00	0	0.00	4
总计		1 426	83.59	260	15.24	20	1.17	1 706

注：N＝1 706，有效百分比＝91.13%，缺失值＝166。

四、政策建议与启示

(一)多学科教学合理地位的获得

　　以上调查的数据显示，我国乡村教师多学科教学的现象比较明显。但目前我国基础教育体系对于教师还表现为明显的分科评价特征，因此从事多学科教学的教师在评价环节则处于不利地位，这是教师多学科教学地位尚未被认可的重要表现。对我国教师多学科教学的地位进行合理化，主要存在两方面依据。依据一，我国乡村学生数量呈减少趋势，乡村教师从事多学科教学的现象很难在短期内缓解。受城镇化带来的人口向城镇流动影响，乡村小学出现小班化教学的趋势。但这种小班化并非追求教育质量提升的主动行为，而是学生数减少的被动应对。鉴于目前师资配备标准是以师生比作为最主要衡量标准的事实，因此，乡村教师从事多学科教学的现象不可能在短期内消失。面对这样的现实状况，无论在教师培训还是评价方面，赋予教师多学科教学地位的合理性势在必行。依据二，对小学教师全科教学的认可符合国际基础教育发展趋势。在小学阶段，以美国为代表的发达国家多采取全科教学的形式，基于小学生认知的整体化特点，教师打破学科限制，将各学科知识融会贯通。有研究显示在小学低年级阶段，全科教学更加符合学生的认知规律。总之，我们应该进一步端正对乡村教师全科教学的基本认识，对其存在价值和存在意义给予科学的肯定，当认识到全科教学不仅是短暂的代替形式时，我们必须对我国多学科教学地位给予合理化肯定，这是其发展的根本动力。

（二）以尊重乡村教育为根本的本土化发展

城乡教育是以学校所在地类型进行划分的结果，城乡教育活动本身也因此存在差距。目前我国教育体系呈现出较强的"向城"倾向，无论是在专业发展方面还是评价方面，都表现出较强的以城区为依据的衡量标准。以"向城"特点为依据的价值倾向，容易弱化对乡村教育的现实价值，不利于乡村教师的自我认同，从而导致乡村教师队伍的稳定性缺失。由于本土化缺失而造成的具体表现如下，第一，职前培养的分科形式不符合乡村教师多学科教学的现实需求。教师职前专业储备是以城区教学实际为标准，无法满足乡村教学实践中学生数少、学科多甚至复式教学的要求，因此会直接导致教育质量的降低。第二，职后培训内容缺乏乡村教育的特性，部分乡村缺乏归属感。乡村教师的培训目标通常是以否定现有教育教学活动为目标，教师身份的城乡跨越成为能力水平的体现，乡村教师的归属感会受到明显影响。第三，评价方式的"向城"特征，弱化了乡村教育的存在价值。与城区教师相比，乡村教师需要面临更多的挑战，因此教师需要更多的时间、精力解决现实教学中的矛盾。当评价方式无法对其工作量进行科学评价时，乡村教师便会依据评价内容进行工作重点的调整，但这样的工作调整可能与乡村教学实际存在偏差，事实上不利于教育质量的提升。总之，乡村教师在职前、职后、评价等各方面都需要打破原有的"向城"特点，以尊重乡村教育本土化发展为根本，实现乡村教育的特色化发展，这才是乡村教育得以持续发展的原动力。

（三）培养一专多能教师，关注师资职前培养和职后培训一体化整合

调查中发现，小学教师从事多学科教学情况明显，尤以村屯更为突出，其任教形式多为主＋副。因此，一方面小学教师的职前培养要回应现实需要，高等师范教育要根据现实需求培养小学教师—专多能的教学能力。另一方面，面对大量的多科任教的乡村教师，乡村小学教师培训需要调整既往模式，关注乡村多科任教教师的现实需求。在教师培训中，可以专门设立多科教师培训项目，开发多种学科组合形式的培训"套餐"，方便任教多科的教师可以根据自己任教的现实情况选择相应的培训。

　　教师进行的教育教学活动专业性较强，因此无论在职前还是职后都需要专业能力提升，形成系统化、完整化的职前职后专业发展体系就显得尤为重要。传统师资职前培养和职后培训分割较为明显，职前阶段侧重于知识的传递，包括学科知识、教育教学知识、通识性知识等，职后阶段侧重于教育教学实践，即解决教育教学活动中遇到的现实问题。但两者的衔接出现从知识到实践的不一致问题。多学科教学是教师职后可能会遇到的现实问题，而在职前培养阶段涉及的可能性不大，会出现知识储备的欠缺。同时，教师处理多学科教学中遇到现实问题时，只能依靠自身教学经验，而对其他途径带来的专业发展价值质疑，也直接导致职前职后的发展断裂。由于目前我国教师多学科教学的情况多出现在贫困、偏远的乡村地区，师范学生在接受多学科的职前培养后能否回到乡村学校开展多学科教学是一个急需解决的大问题。为了能够在最大限度上保证接受过职前多学科培养的师范生能够回到最需要的地方开展教育教学活动，通常职前定向培养的方式能够在一定程度上保障师范生的就业地点和就业方向。职前定向的培养模式，能够提升教师多学科教学的专业能力，为其进行多学科教学提供科学、系统的专业指导。教师职后培训能够为教师多学科教学提供实效性较强的发展路径。目前，我国乡村教师从事的多学科教学并非所有学科的教学，而只是任教多个学科，职前全科培养对于教师的更高要求增加了专业发展的难度，职后培训可针对实际任教科目情况进行有针对性的提升。针对教师的职后培训，不仅有利于培训出更适合于乡村学校需要的教师，而且也使专门针对乡村教育投入的有限资源得到更好的利用。

(四)关注教师"教非所学"，尊重教师教学一致性

　　调查中还发现中西部地区、乡镇、村屯地区的教非所学现象明显，主要原因之一是这些地区师资缺乏，一方面为了开齐国家规定的课程，很多老师兼任多门科，而目前教师职前培养多以单科为主，这就造成了多科教师所教与所学的矛盾，出现教非所学现象；另一方面，师资严重缺乏地区的教师很难有任教学科自由，教师不是学什么教什么，而是现实需要教什么教师就教什么，这更加剧了这些地区教非所学现象的严重性。对教师教学一致性的专业尊重是提升教师质量的关键，也是提升教育质量的前提保障。因此，首先要增加中西部地区、乡镇、村屯地区教师岗位吸引力，吸引更多的教师到这里任教，缓解这些地区师资匮乏的

现象；其次，面对既定非对口教师一方面进行考核，对不能胜任所教学科的教师进行岗位调整，使其任教擅长学科，另一方面对不得不教非所学的教师进行相应任教学科的专业指导和培训，尤其是对那些任教多门的教非所学的教师，帮助其顺利"转专业"。除此之外还要在评价机制上对这些"非专业"教师给予认可，使其找到任教身份的归属感，安心从教。

（五）关注多科教师发展困境，缓解教师多科任教压力

调查发现，大部分小学教师认为任教多科会带来更大压力，其中乡镇和村屯的教师比例高于城区和县城，多科教师比例高于单科教师，中青年教师比例高于老教师，女教师人数比例高于男教师，村屯女教师认为多科任教会带来更大压力的人数比例最高。大部分教师感到多科教学会带来更大压力，这既有专业发展方面困境使然，更有教学工作之外的其他原因。多科任教的现实需要使得职前接受单科培养的教师面临着学科知识上的困境，尽管小学不需要很深的专业知识，但是当面临不熟悉的领域，又缺乏相应的知识储备时，多科任教的"陌生"形式会无形增加任课教师的压力。另外，乡镇、村屯很多地区教育资源匮乏，当教师面临多科任教的困境时不能及时有效得到帮助和解决；有些乡村交通闭塞，与外界沟通困难，这对有理想、有抱负的中青年教师和未婚女教师来说会产生额外的压力；有的学校还有很多和教学关系不是很大的行政工作等，这些因素对多科教师的任教更是雪上加霜。适度的压力可以激发人的积极性和创造力，但是过度的压力反而会挫伤人的积极性，降低人们的工作效率。因此，对于多科教师一方面要关注专业知识上的发展困境，另一方面还要根据其年龄、性别、工作环境等方面给予关心和帮助。

（六）实现课程整合与教材完善

目前，我国乡村教师多学科教学是被动的教学补充，教师进行多学科教学通常采取学科叠加的方式。无论在教育教学实践中还是专业提升过程中，开展多学科教学的教师通常会根据实际需求进行学科的累加，而非学科间的整合，这与目前我国课程和教材的单学科取向有关。当教学实践和培养培训过程中的课程表现出明显的单学科倾向时，对于多学科教师来讲，其专业成长则需要面对多个学科的压力累加。多学科教学的教师需要同时完成多个单学科教学任务，这与目前我国小学课程的分科现状有关。美国各州教育情况虽各有不同，但美国小学教师进行全科教学的现象比较普遍，这与美国小学课程的综合性特点有直接关系。受20世纪80年代教育改革的影响，美国各州在课程组织形式方面，表现出综合性的特点。如语言艺术包含阅读、写作、文学、口语等知识；社会包括历史、地理、政治、法律等知识；科学包括物理、化学、生物等方面的知识；艺术包括音乐、体育、保健等知识。综合性课程不仅包括各类相关知识的共同呈现，而且强调各类知识在综合性课程中的融合。随着课程设置的综合性体现，教材作为教育教学活动的重要载体，能更好地体现出其综合性，而非简单的知识累加。为了进一步保障多学科教学存在的可行性，教育行政部门应该通过课程的整合体现出其存在价值，对小学教材进行整合与完善，为多学科教学与培训提供基本的可依赖载体。

当人们还在争论单学科教学和多学科教学孰优孰劣时，实际上人们的关注点已经偏离需要讨论的问题。无论是单学科教学还是多学科教学，只是对教育教学的外在表现形式进行呈现，而事实上值得我们关注的不应只是教育教学的外在表现，而更多应该是其本质的理解与关注。对于小学教育教学活动来讲，学生的身心发展应该是教育教学的重点关注对象，而在现实教育教学活动中则出现很多的派别争论，如强调教师重要性的"教师中心论"、强调课程为主的"课程中心论"，这些派别的争论忽视了教育教学活动中的重要组成部分，即学生的感受。作为一个教育教学实践者来讲，只有深入了解学生身心发展的现存状况和基本发展规律，才能开展有目的的教育教学活动，在有限的条件下发挥更加有效的作用。事实上，多学科教学之所以能够在欧美等发达国家长期存在，也主要源于其对学生身心发展的综合关注。尤其对于小学学生来讲，其认识世界的角度通常没有形成明确的学科视角。教育工作者若不考虑学生身心发展的综合特征，而只是根据学科对学生进行特定视域下的认知培养，实际上并不符合学生认知世界的基本规律，所学知识的碎片化形式也同样会造成认知的片面性，对于整体世界的认识缺乏综合性意识和联系能力。因此，无论我们选择怎样的教育形式，我们都需要从学生身心发展的角度出发，对儿童身心发展特点进行系统化学习和研究，使之成为开展教育教学的根本。

【本报告撰写人：孙颖、耿孟孟。刘万红、韩冬、张满莹、范静雅等参与了数据的统计与分析。作者单位：教育部人文社会科学重点研究基地东北师范大学中国农村教育发展研究院】

第九章 农村幼儿园教师生存状态调查

概　要

国家和全社会对农村学前教育的重视程度不断提高，农村幼儿园教师作为学前教育发展的核心力量，决定着农村学前教育质量的提升。自《国家中长期教育改革和发展规划纲要(2010—2020年)》颁布以来，特别是随后的第一、二期学前教育三年行动计划的实施，农村幼儿园教师的工资待遇、工作环境和专业发展机会等得到了很大的改善，但是仍然存在诸多问题。农村幼儿园教师的基本生活状态如何？还存在哪些需要解决的问题？哪些影响农村幼儿园教师生存状态的改善？针对以上问题，我们对全国12省市24个县108所幼儿园的1558名教师(农村幼儿园教师1036名)进行了问卷调查。调查结果如下。

1. 在教师薪资福利待遇方面：(1)农村幼儿园教师工资普遍较低，12省市中有6省市的教师月工资低于2550元；(2)不同地区的农村幼儿园教师工资待遇差异较大，具体表现为东部地区高于中、西部地区，且农村与城市幼儿园教师的工资待遇存在差异；(3)不同身份的教师同工不同酬现象较严重，高达78.05%的小学附属幼儿园教师月工资低于1500元，与同性质幼儿园在编教师月工资相差千元以上。(4)农村幼儿园教师月收支基本处于平衡状态，月支出一定程度上受教师的婚姻及家庭影响，尤其是农村公办幼儿园教师支出比例偏高；(5)农村与城市幼儿园教师的福利待遇差距较大，农村幼儿园教师无任何保险的比例为21.08%，比城市幼儿园教师高出近一半，且公办幼儿园教师的福利待遇远高于民办幼儿园。

2. 在教师专业化发展方面：(1)农村幼儿园教师培训形式单一，每年培训频次偏低。农村幼儿园教师每学期参加培训次数集中于 1～2 次，且参加培训的项目多为一到两项，而城市幼儿园教师参加培训项目的比例分布则较为均衡；(2)农村公办幼儿园教师的教育观念平均得分为 9.22，与农村民办幼儿园相比，其均值差为 0.43，即农村公办幼儿园教师的教育观念科学化水平显著高于农村民办幼儿园教师；(3)农村公办幼儿园教师反思能力的平均得分是 4.548，与农村民办幼儿园教师的反思能力相比，其均值差为 0.16，即农村公办幼儿园教师的反思能力显著高于农村民办幼儿园。

3. 在教师工作满意度方面：(1)农村幼儿园教师整体满意度较高，得分为 3.79，其中，内在工作满意度较高，得分为 4.08，外在工作满意度一般，得分为 3.33；(2)教师工作满意度各维度中，教师对于学习成长机会最为满意，平均数为 4.35，对于薪酬和福利待遇的满意度最低，平均数分别为 3.04 和 3.14。

基于上述三大方面出现的具体问题，本研究提出了有针对性地改善农村幼儿园教师生存状态的政策建议。

一、调研背景

(一)国家政策：惠及农村幼儿园教师

学前教育是基础教育的重要组成部分。学前教育质量的高低，直接影响着基础教育乃至整个教育质量的改善。

农村学前教育几经起落，发展曲折。[①] 新中国成立 60 多年来，学前教育整体得到了一定的发展，但是其发展状况仍不能满足人民群众的需要，与经济、社会和教育的发展需要相比也很不相适应。[②] 从目前总体状况来看，农村学前教育是我国学前教育事业发展的薄弱环节，具体体现在入园率低，办园条件和保教质量差，师资力量薄弱，中、西部农村地区更加落后，极大地影响了我国幼儿入园率的总体水平，制约着我国学前教育的普及水平的提高。近年来，国家政策不断向农村教育倾斜。2010 年 7 月《国家中长期教育改革和发展规划纲要(2010—2020年)》更是明确了到 2020 年基本普及学前教育的发展规划目标，提出"重点发展农村学前教育"是 2010—2020 年学前教育发展的三大任务之一。党的十八大报告提出要"办好学前教育"，十八届三中全会通过的《中共中央关于全面深化改革若干重大问题的决定》强调要"推进学前教育发展"。2016 年 3 月出台的学前教育第二

---

① 刘占兰：《农村学前教育是未来十年发展的重点——〈规划纲要〉确定普及学前教育的重点与难点》，《学前教育研究》2010 年第 12 期，第 3～6 页。

② 庞丽娟：《加快学前教育的发展与普及》，《教育研究》2009 年第 5 期，第 28～30 页。

个三年行动计划，聚焦于农村幼儿园教师的生存状态，提出完善幼儿园教师工资待遇的保障机制。这为改善农村幼儿园教师的生存状态，加快我国学前教育事业发展，进而促进各级各类教育协调发展提供了良好的发展契机。

国家相关政策法规的颁布与实施，是党中央、国务院为提升教师的经济和社会地位，改善教师的生存状况而做的有力尝试，表明国家正在逐步关注农村教师的发展，关注其生存状态，加快其整体素质的提高与发展。

(二)现实困境：农村幼儿园教师专业发展资源有限

农村幼儿园教师作为学前教育事业发展的重要资源，其教师编制长期短缺。已有研究表明，教师数量还不能满足农村学前教育的需求。近 10 年来，我国在园幼儿总数一直维持在 2 000 万人左右，幼儿园教师数量则一直处于持续减少状态。①教师数量也是农村学前教育发展和质量提升的关键。城乡二元结构形成的教育资源配置现状，导致农村幼儿园教师待遇的薪资低于城市，其薪酬待遇满意度很低。农村幼儿园教师数量不足，而且班额比较大，教师的工作任务与压力很大。

农村幼儿园教师专业生活空间有限，教师每日工作时间与工作量很大。正如叶澜教授所说："没有教师的生命质量的提升，就很难有高的教育质量；没有教师精神的解放，就很难有学生精神的解放；没有教师的主动发展，就很难有学生的主动发展；没有教师的教育创造，就很难有学生的创造精神。"从更广阔的视角关注教师的生存状态和教师的生活，注重对教师的人文关怀显得刻不容缓。②

生存状态是教师发展的根本性问题，是一个永无止境的实现历程，教师的生存状态表现为人与环境的共同生成，体现为一种主动的生活方式，是教师的生命表达。幼儿园教师的生存状态直接影响着教育质量，甚至决定着我国学前教育改革的成败。③

基于上述背景，我们进行了此次关于农村④幼儿园教师生存状态的大调研。教师的生存状态，从理论角度讲，目前还缺乏明确而具体的定义。虽然生存状态没有一个非常确凿的定义，但是学者们都尝试从不同维度揭示教师的真实生存状

---

① 秦旭芳、孙雁飞、谭雪青：《不同办园体制下幼儿园教师的生存状态》，《学前教育研究》2011 年第 10 期，第 28～33 页。

② 张培：《教师生存状态研究：走向生命关怀》，《中小学教师培训》2006 年第 5 期，第 10～12 页。

③ 李学书、金燕娜：《教师生存状态的内涵、特征及其研究价值》，《教育理论与实践》2016 年第 10 期，第 38～43 页。

④ 根据 2008 年国务院批复的《统计上划分城乡的规定》，我国的城乡划分为城区、镇区和乡村，《中国教育统计年鉴》也基本采用这一统计口径，但是，在教育部公布的一些资料以及《中国教育经费统计年鉴》当中，其城乡划分还是按照城市和农村来进行。结合上述，此处的城市对应于《统计上划分城乡的规定》中的城区，农村则包括了镇区和乡村。

态。在查阅相关资料基础之上，本研究认为教师生存状态是指教师在幼儿园生活中表现出来的状况或态势，包括年龄、学历、编制等要素，也包括教师专业发展过程中的情感要素，如工作压力及满意度等，涵盖教师履行教师职责、谋求事业发展和自身发展的各种状况。基于以上定义，本研究尝试从教师的薪资福利待遇、专业发展、工作满意度三方面了解农村幼儿园教师的实然生存状况。

二、调研方法

(一)研究路线

本次调研以问卷调查为主，同时，选取部分农村幼儿园教师进行深入访谈，并搜集园所相关资料，以对调查问卷进行补充。《农村幼儿园教师生存状态调查问卷》由东北师范大学教育学部课题组成员讨论编制。问卷编制完成后，选取了吉林省长春市周边若干幼儿园进行试调研，并对问卷不合理之处进行了修改。具体调查问卷发放和访谈均由学前教育专业及相关教育类专业研究生完成。具体调查方法如下。

1. 问卷调查法

课题组查阅教师生存状态的相关文献，参照已有研究成果，从教师的基本情况、工资福利待遇、专业发展、工作满意度等维度自行研发调研工具，形成《农村幼儿园教师生存状态调查问卷》和访谈提纲。

2. 访谈法

对于农村幼儿园教师和园长就相关问题进行个别访谈，深入了解农村幼儿园教师生存状况的实然状态，对客观的量化调查数据进行补充。

3. 资料收集法

对当地教育局和幼儿园的有关教师政策文本以及幼儿园相关资料进行收集。

(二)调研员的选取和培训

东北师范大学农村教育研究所和教育学部共召集118名调研员，其中硕士研究生91名，博士研究生17名，教授10名。招募条件限定专业为学前教育专业及相关教育学专业研究生，以便能够与教师及园长进行深入访谈。

(三)调研范围

本次调研采取分层抽样的方式，依据人均GDP、人均受教育年限、人口密度、城镇化率等指标对全国各地区进行聚类，根据聚类结果抽取了浙江、广东、山东、河南、湖北、湖南、江西、重庆、甘肃、贵州、云南、广西12省市(区)，以每个地区一所优质公办园对应一所薄弱公办园，一所优质民办园对应一所薄弱民办园的方式抽取样本，然后在每个省份中抽取最具有代表性的2个县(区)为代表，共调查了24个县(区)的1 036名农村幼儿园教师。在每个幼儿园，调研员平均访谈1名园长及2名幼儿园教师。问卷发放1 600份，其中有效问卷1 558份，有效回收率97.38%（见表9.1）。

表9.1　样本分布情况　　　　　　　　（单位：人）

省份	农村		城市		总数
	农村公办园	农村民办园	城市公办园	城市民办园	
广西壮族自治区	19	120	10	47	196
重庆市	56	75	0	23	154
贵州省	14	47	15	11	87
甘肃省	25	50	0	30	105
广东省	56	77	18	25	176
浙江省	20	68	15	35	138
湖南省	38	24	23	0	85
河南省	30	41	30	41	142
湖北省	24	36	19	20	99
山东省	12	59	25	30	126
云南省	19	63	40	25	147
江西省	0	63	20	20	103
总数	313	723	215	307	1 558
	1 036		522		

（四）调研工具

全部调研工具由东北师范大学教育学部课题组成员根据研究需要自行编制，包括以下几部分。

一是调研整体流程图：用于帮助调研员了解调研的整体过程。

二是县教育局访谈记录表：用于了解该县学前教育发展的整体状况，重点是教师的工资待遇、编制等信息。

三是园长访谈记录表：用于了解幼儿园的发展，以及幼儿园教师的相关情况。

四是幼儿园观察访问记录：用于了解幼儿园的整体环境。

五是幼儿园教师访谈记录表：用于了解幼儿园教师生存发展的实然状态。

（五）样本总体情况介绍

1.教师数量情况

关于农村幼儿园教师数量，本次调研主要从专任教师与幼儿比（师幼比），以及教职工与幼儿比来进行综合考察。从下表9.2中可以看出，城市与农村师幼比相差不大，分别为1：16.67和1：16.76，与2014年全国平均的1：18.7①相比，降低了大约2个百分点；对于不同性质的幼儿园来说，整体上民办园师幼比稍低于公办幼儿园，其中民办幼儿园专任教师与幼儿的比为1：17.05，比公办幼儿园低了0.47个百分点；民办幼儿园教职工与幼儿的比为1：9.33，比公办幼儿园低了0.28个百分点。

进一步对农村地区不同性质的幼儿园进行统计时发现，农村公办幼儿园的师幼比，普遍低于农村民办幼儿园。其中农村公办幼儿园师幼比为1：17.09，比民办幼儿园低了1.13个百分点；教职工与幼儿的比为1：10.07，比民办幼儿园低1.22个百分点。

因此，从城乡来看，城市地区师幼比要高于农村地区；从不同园所性质来看，整体上民办幼儿园的师幼比要低于公办幼儿园。但对于农村地区来说，农村公办幼儿园的师幼比要低于民办幼儿园（见表9.2）。

表9.2　城市和农村幼儿园教师数量情况

项目	城市幼儿园	农村幼儿园	公办幼儿园	民办幼儿园	城市公办园	城市民办园	农村公办园	农村民办园
幼儿园专任教师数（人）	730	1 405	1 438	697	441	289	997	408
幼儿园教职工数（人）	1 479	2 428	2 633	1 274	941	538	1 692	736
在园幼儿数（人）	12 169	23 549	23 837	11 881	6 801	5 368	17 036	6 513
专任教师与幼儿比	1：16.67	1：16.76	1：16.58	1：17.05	1：15.42	1：18.57	1：17.09	1：15.96
教职工与幼儿比	1：8.23	1：9.70	1：9.05	1：9.33	1：7.23	1：9.98	1：10.07	1：8.85

注：此数据来源于园长问卷。幼儿园总数N＝108，有效百分比＝96.29％，缺失值＝4；城市公办园N＝15，有效百分比＝93.33％，缺失值＝1；城市民办园N＝13，有效百分比＝100％，缺失值＝0；农村公办园N＝55，有效百分比＝94.55％，缺失值＝3；农村民办园N＝25，有效百分比＝100％，缺失值＝0。

①　邬志辉、秦玉友等著：《中国农村教育发展报告2015》，北京：北京师范大学出版社2016年，第13页。

2. 教师年龄情况

在教师年龄方面，不论城市还是农村，民办幼儿园教师都有 60% 以上的教师年龄在 26 岁以下。城市公办幼儿园教师年龄在 40 岁以下的占 80.60%，而 41 岁以上的教师占 19.40%，其中 45 岁以上教师占 8.22%，而城市民办园 40 岁以上教师占 3.26%，其中 45 岁以上教师占 1.86%；农村公办园 40 岁以下的教师占 81.96%，41 岁以上教师占 18.04%，其中 45 岁以上教师占 8.74%，农村民办园 40 岁以上教师占 3.56%，其中 45 岁以上教师占 2.27%。

整体上看，城市 41 岁以上教师所占的比例为 12.64%，其中 45 岁以上教师占 5.60%，农村 41 岁以上教师所占的比例为 13.69%，其中 45 岁以上教师占 6.80%；公办园 41 岁以上教师所占的比例为 18.44%，其中 45 岁以上教师占 8.59%，民办园 41 岁以上教师所占的比例 3.44%，其中 45 岁以上教师占 2.10%。

可以看出，民办幼儿园教师年龄集中在 26 岁以下，城市幼儿园 41 岁以上的教师所占比例均低于农村幼儿园，公办幼儿园 41 岁以上的教师所占比例均高于民办幼儿园。总之，四类性质幼儿园教师年龄普遍集中在 40 岁及其以下，结构相对较为合理，青年教师是幼儿园教育教学的主力（见表 9.3）。

表 9.3　城市和农村幼儿园教师年龄情况

幼儿园性质	26 岁以下	26～30 岁	31～35 岁	36～40 岁	41～45 岁	45 岁以上	合计
城市公办园	18.43%	17.43%	25.33%	19.41%	11.18%	8.22%	100%
城市民办园	62.33%	24.18%	7.44%	2.79%	1.40%	1.86%	100%
农村公办园	27.18%	25.10%	16.64%	13.04%	9.30%	8.74%	100%
农村民办园	64.08%	18.77%	10.03%	3.56%	1.29%	2.27%	100%

注：总体：N=1 558，有效百分比=99.36%，缺失值=10；城市公办园：N=307，有效百分比=99.02%，缺失值=3；城市民办园：N=215，有效百分比=99.53%，缺失值=1；农村公办园：N=723，有效百分比=99.53%，缺失值=2；农村民办园：N=313，有效百分比=99.53%，缺失值=4。

3. 教师学历情况

学历层次上，城市公办园教师学历均是初中以上水平，且大部分教师是本科或大专及其以上；城市民办园中，只有 0.54% 的教师是初中学历，其余教师均是高中及其以上学历；农村公办园 1.22% 的教师学历是初中及其以下学历，高中或中专以上学历教师占 98.78%；农村民办园初中学历教师占 3.25%，其余均是高中或中专及以上学历教师。

整体上看，城市幼儿园初中及以下学历教师占 0.21%，农村幼儿园初中及以下学历教师占 1.82%；公办幼儿园初中及以下学历教师占 0.84%，民办幼儿园初中及以下学历教师占 2.17%。

可以得出，城市幼儿园教师学历水平整体高于农村幼儿园教师学历水平，公办园教师学历水平整体高于民办园教师学历水平。总之，四类性质幼儿园教师学历水平普遍集中在高中或中专及以上学历，这与《幼儿园工作规程》规定的幼儿园教师学历应是中专及以上学历水平相符合（见表 9.4）。

表 9.4　城市和农村幼儿园教师学历情况

幼儿园性质	本科或大专及以上	高中或中专	初中	小学及以下	合计
城市公办园	95.59%	4.41%	0.00%	0.00%	100%
城市民办园	69.57%	29.89%	0.54%	0.00%	100%
农村公办园	83.89%	14.89%	1.07%	0.15%	100%
农村民办园	64.62%	32.13%	3.25%	0.00%	100%

注：总体：N=1 558，有效百分比=90.76%，缺失值=144；城市公办园：N=307，有效百分比=99.02%，缺失值=12；城市民办园：N=215，有效百分比=85.58%，缺失值=31；农村公办园：N=723，有效百分比=91.01%，缺失值=65；农村民办园：N=313，有效百分比=88.50%，缺失值=36。

4．教师所学专业情况

在教师所学专业方面，城市公办园教育学类专业教师占 80.54%，其中学前教育专业教师占 52.68%；城市民办园教育学类专业教师占 76.28%，其中学前教育专业教师占 63.72%；农村公办园教育学类专业教师占 69.99%，其中学前教育专业教师占 49.52%；农村民办园教育学类专业教师占 70.92%，其中学前教育专业教师占 59.42%。

整体上，城市幼儿园教育学类专业教师占 78.95%，其中学前教育专业教师占 57.69%；农村幼儿园教育学类专业教师占 71.65%，其中学前教育专业教师占 53.54%；公办幼儿园教育学类专业教师占 75.62%，其中学前教育专业教师占 52.27%；民办幼儿园教育学类专业教师占 73.11%，其中学前教育专业教师占 61.17%。

可以得出，城市幼儿园教育学类专业和学前教育专业教师所占比例均高于农村幼儿园，公办幼儿园教育学类专业教师所占比例略高于农村幼儿园，公办幼儿园学前教育专业教师所占比例明显低于民办幼儿园。但是，总体上，四类幼儿园教师均以教育学类专业为主，并且学前教育专业教师所占最多（见表 9.5）。

表 9.5　城市和农村幼儿园教师所学专业情况

幼儿园性质	学前教育	其他教育类	心理学	音乐	美术	其他	合计
城市公办园	52.68%	27.86%	0.71%	3.03%	1.43%	14.29%	100%
城市民办园	63.72%	12.56%	2.32%	1.40%	1.40%	18.60%	100%
农村公办园	49.52%	20.47%	0.83%	2.90%	2.90%	23.38%	100%
农村民办园	59.42%	11.50%	0.96%	2.24%	15.34%	10.54%	100%

　　注：总体：N＝1 558，有效百分比＝90.76%，缺失值＝144；城市公办园：N＝307，有效百分比＝90.88%，缺失值＝28；城市民办园：N＝215，有效百分比＝90.70%，缺失值＝20；农村公办园：N＝723，有效百分比＝91.42%，缺失值＝62；农村民办园：N＝313，有效百分比＝100%，缺失值＝0。

5. 教师身份情况

　　在教师身份方面，城市公办幼儿园在编教师占 74.26%，城市民办幼儿园在编教师占 9.23%，农村公办幼儿园在编教师占 49.23%，农村民办幼儿园在编教师占 5.16%。

　　整体上看，城市幼儿园在编教师占 47.51%，农村幼儿园在编教师占 35.93%，公办幼儿园在编教师占 56.74%，民办幼儿园在编教师占 6.86%。

　　可以看出，城市在编幼儿园教师多于农村，公办幼儿园在编教师明显多于民办幼儿园。总之，四类幼儿园中，幼儿园教师编制明显不足，尤其是农村和民办幼儿园教师编制极其短缺（见表 9.6）。

表 9.6　城市和农村幼儿园教师身份情况

幼儿园性质	在编教师	合同制教师	试用期教师	其他	合计
城市公办园	74.26%	24.76%	0.00%	0.98%	100%
城市民办园	9.23%	78.87%	3.76%	8.14%	100%
农村公办园	49.23%	34.59%	3.35%	12.83%	100%
农村民办园	5.16%	73.23%	9.03%	12.58%	100%

　　注：总体：N＝1 558，有效百分比＝99.42%，缺失值＝9；城市公办园：N＝307，有效百分比＝100%，缺失值＝0；城市民办园：N＝215，有效百分比＝100%，缺失值＝0；农村公办园：N＝723，有效百分比＝99.17%，缺失值＝6；农村民办园：N＝313，有效百分比＝99.04%，缺失值＝3。

6. 教师职称情况

　　在教师职称方面，城市公办幼儿园未评过职称的教师占 25.25%，城市民办幼儿园未评过职称的教师占 72.32%，农村公办幼儿园未评过职称的教师占

43.13%，农村民办幼儿园未评过职称的教师占91.28%。

整体上看，城市幼儿园未评过职称的教师占42.68%，农村幼儿园未评过职称的教师占57.63%，公办幼儿园未评过职称的教师占37.70%，民办幼儿园未评过职称的教师占84.21%。

可以看出，城市幼儿园未评过职称的教师少于农村，公办幼儿园未评过职称的教师明显少于民办幼儿园。总之，四类幼儿园中，未评过职称的教师居多，尤其是在民办幼儿园中(见表9.7)。

表9.7 城市和农村幼儿园教师职称情况

幼儿园性质	评职称	未评职称	合计
城市公办园	74.75%	25.25%	100%
城市民办园	27.68%	72.32%	100%
农村公办园	56.87%	43.13%	100%
农村民办园	8.72%	91.28%	100%

注：总体：N=1 558，有效百分比=94.16%，缺失值=91；城市公办园：N=307，有效百分比=98.05%，缺失值=6；城市民办园：N=215，有效百分比=82.33%，缺失值=38；农村公办园：N=723，有效百分比=95.57%，缺失值=32；农村民办园：N=313，有效百分比=95.21%，缺失值=15。

三、农村幼儿园教师工资待遇的调查与分析

教师的工资待遇决定着其衣食住行等基本生活水平甚至社会地位，并直接影响到教师队伍的稳定性。因此，本次调研以农村幼儿园教师的月工资、月支出、福利待遇三方面为横向指标，农村幼儿园教师所处的不同地区、不同身份为纵向指标，以反映农村幼儿园教师工资待遇的现实状态。

我国幼儿园教师工资待遇地区差异较大，不同园所性质也有不同，但随着国家对学前教育的重视程度的加大，颁布了一系列保障幼儿园教师权益的政策文件。2014年11月，教育部、国家发展改革委、财政部联合印发的《关于实施第二期学前教育三年行动计划的意见》提出，要完善幼儿园教师工资待遇的保障机制，通过生均财政拨款、专项补助等方式，解决好农村幼儿园在编教师、农村集体办园教师的工资待遇问题，逐步实现同工同酬。

(一)农村幼儿园教师工资待遇的总体情况

1. 不同地区农村幼儿园教师的工资待遇情况

我国地区跨度大，不同地区的农村幼儿园教师的工资待遇在一定程度上会受到所属省市的经济发展水平、政策价值取向的影响而呈现较大的差异。其中，不

同地区包括不同省市和城乡之分。

第一，不同省市教师的月工资存在差异。由表 9.8 的数据得出，农村幼儿园教师月工资水平最高的地区是浙江省，高达 81.83％ 的教师月工资在 2 500 元以上，其平均月工资约为 3 177 元；其次是广东省，月工资在 2 500 元以上的教师占 67.67％，其平均月工资约为 3 123 元。根据 2014 年各省市的人均 GDP 统计发现，广东省和江苏省人均 GDP 跨入 6 万元大关，广东省依然位居全国第一，可见，东部地区的省份人均 GDP 与教师薪资水平呈正比。同样，中部地区的各省市人均 GDP 处于全国较低水平，该地区教师工资待遇也相对较低。其中，河南省的农村幼儿园教师月工资最低，高达 92.96％ 的教师月工资低于 2 000 元，同处于中部的江西省和湖北省的教师月工资都在 2 001～2 500 元的区间内，分别约 2 014 元和 2 071 元，也就是说，农村幼儿园教师月工资最高的东部地区与教师月工资最低的中部地区相差了 1 100 元以上。而西部地区教师月工资则处于中等水平，云南省和甘肃省的农村幼儿园教师月工资在 2 501～3 000 元的人数比例分别占 42.68％ 和 36％，而贵州有 31.15％ 的教师月工资在 3 001～3 500 元，这三个省份因属于少数民族聚集地，有一定的补助津贴，所以部分教师收入相对可观。总之，东部地区的月工资明显高于中部、西部地区，而西部地区又高于中部地区，即东部地区高于中、西部地区。

从总体上看，我国 12 省市农村幼儿园教师的平均月工资约为 2 550 元，低于平均水平的有广西、重庆、湖南、湖北、江西、河南六个省市（区），占据调查省市（区）的一半。如表 9.8 所示，有 43.25％ 的教师月工资低于 2 000 元，而高达 78.96％ 的教师月工资低于 3 000 元。而教师月工资高于 3 001 元的教师比例为 21.04％，可见农村幼儿园教师的月工资普遍水平不高，集中在 3 000 元以下。

表 9.8　不同地区（12 省市）农村幼儿园教师月工资的情况

	≤1 500 元	1 501～2 000 元	2 001～2 500 元	2 501～3 000 元	3 001～3 500 元	3 501～4 000 元	4 001～4 500 元	4 501～5 000 元	≥5 001 元
广西	40.29％	17.99％	17.99％	13.67％	5.76％	3.60％	0.72％	0.00％	0.00％
浙江	0.00％	6.81％	11.36％	40.91％	19.32％	15.91％	3.41％	2.27％	0.00％
广东	7.52％	4.51％	20.30％	25.56％	12.03％	28.57％	0.00％	0.75％	0.75％
贵州	8.20％	19.67％	8.20％	4.92％	31.15％	21.31％	1.64％	1.64％	3.28％
云南	0.00％	4.88％	21.95％	42.68％	12.20％	17.07％	1.22％	0.00％	0.00％
重庆	32.06％	26.72％	8.40％	17.56％	4.58％	6.11％	2.29％	1.53％	0.76％
湖南	30.65％	43.55％	12.90％	9.68％	3.23％	0.00％	0.00％	0.00％	0.00％

续表

	≤1 500元	1 501~2 000元	2 001~2 500元	2 501~3 000元	3 001~3 500元	3 501~4 000元	4 001~4 500元	4 501~5 000元	≥5 001元
湖北	21.67%	45%	1.67%	25%	6.67%	0.00%	0.00%	0.00%	0.00%
江西	44.44%	14.29%	15.87%	17.46%	3.17%	4.76%	0.00%	0.00%	0.00%
河南	35.21%	57.75%	4.23%	1.41%	0.00%	0.00%	0.00%	1.41%	0.00%
山东	25.35%	25.35%	0.00%	39.44%	0.00%	5.63%	4.23%	0.00%	0.00%
甘肃	5.33%	24%	18.67%	36%	9.33%	2.67%	2.67%	1.33%	0.00%
合计	21.24%	22.01%	12.74%	22.97%	8.78%	9.75%	1.35%	0.77%	0.39%

第二,城乡之间教师月工资的不同。从图9.1中可以得出,12省市中城市幼儿园教师的平均月工资约为2 980.6元,而农村幼儿园教师的平均月工资约为2 423.3元,二者间相差了550元以上。同时,城市公办幼儿园教师月工资比农村公办园教师月工资高出约698.2元,而城市民办园教师月工资比农村民办幼儿园教师月工资高出约470.1元,差距最大的是农村民办幼儿园和城市公办幼儿园,其教师的月工资差值高达1 100元以上,可见城市与农村幼儿园教师收入差距较大。

图9.1 不同地区(城市、农村)幼儿园教师月工资的情况(单位:元)

虽然上述数据已看出农村与城市幼儿园间教师月工资存在很大差异,但通过SPSS 21.0能够进一步探究城市和农村教师月工资的差异性。因此,我们采用了差异性检验后得出不同性质幼儿园之间p值均小于0.001,这就说明城市与农村中不同性质的幼儿园教师的薪资水平存在显著差异。尤其是城市公办幼儿园与农村公办幼儿园相比较,均值差值为698.182,p值为0.000,说明二者间具有极其显著性差异,且城市公办幼儿园教师月工资明显高于农村公办幼儿园。同样,将城市民办幼儿园教师的月工资与其他性质的幼儿园相比较,其p值均小于等于0.001,说明存在极其显著的差异性(见表9.9)。

表 9.9　不同园所性质幼儿园教师的月工资的差异比较

不同园所性质（M，SD）	对比项	均值差值	标准误差	显著性水平
农村公办园（2 565.7，57.1）	城市公办园	−698.182	103.474	0.000***
农村民办园（2 097.9，86.3）	城市民办园	−470.107	135.254	0.001***
城市公办园（3 263.9，86.3）	农村公办园	698.182	103.474	0.000***
城市民办园（2 568.0，104.2）	农村民办园	470.107	135.254	0.001***

注：* 表示 $p<0.05$，* * 表示 $p<0.01$，* * * 表示 $p<0.001$。

相对于城市，农村幼儿园教师的工作环境和条件都很劣势，教师工资水平也相对较低。但我国国民生产总值（GDP）与教师工资待遇处于正相关关系，因此，提高教师工资并不是教育部门单方面的责任，需要多方配合，从而促进各地区、城乡平衡发展才是关键。

2. 农村幼儿园教师月工资与月支出的情况

在农村幼儿园教师队伍中，教师月工资不同，其月支出也就存在差异，而月支出不仅是个人的支出，还涉及家庭，二者间的关系是否平衡在一定程度上能够反映教师的生活水平，因此其主要作用因素是教师婚姻状况。

研究发现，农村公办园已婚教师占 65.7%，已婚有子的教师占 46.9%，而农村民办园已婚教师占 37.2%，已婚有子的教师占 23.4%。可见，农村公办幼儿园的已婚教师比例相对较高，其月支出包括家庭支出，增加了月支出金额，家庭负担之重使得教师工资收入满足不了生活的支出。同时，公办幼儿园教师年龄结构中，中年教师所占比重相对较大，已婚教师占一半以上，而月工资和月支出水平最低的是附属园非在编教师，均未达到 1 500 元，但收支平衡。公办幼儿园无论是城市还是农村，教师月支出普遍高于月工资，但差距不大。其中，公办幼儿园在编教师的月工资最高，约 3 108.6 元，而月支出约 3 208.9 元，公办幼儿园非在编教师月支出也高于月工资。附属幼儿园在编教师月工资为 2 896.4 元，月支出是 2 329.2 元，月工资高于月支出在 500 元以上，二者间差距最大。其他身份的教师收支基本持平（如图 9.2）。

访谈发现，重庆某乡的公办幼儿园教师对其收入和住房问题表示了强烈不满，她们表示："我们是县里的户口，但一直在农村任教，既享受不了城市的经济适用房政策，也得不到农村教师的补贴，我们上有老下有小，挣这点工资只能糊口，真是既无奈又寒心。"研究表明，有一半以上的教师因家庭因素而扎根农村，从事幼儿教育事业，因此她们的工资水平直接影响到一家人的生活水平，由此可见工资待遇对于农村教师的重要性。

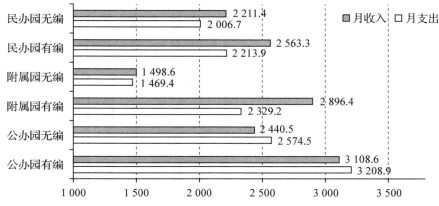

图 9.2 不同身份的农村幼儿园教师月工资与月支出的情况（单位：元）

3. 不同身份农村幼儿园教师的工资待遇情况

不同编制身份的教师无法在相同学历、同样工作量下享受工资待遇的平等性。长期以来，人们认为教师事业编制是教师身份的象征与标志，也是教师获得工资、福利等合法权益的根本保障。2012 年 6 月，教育部、中央编办、财政部、人力资源社会保障部联合发布的《关于加强幼儿园教师队伍建设的意见》中提出，公办幼儿园教师执行统一的岗位绩效工资制度，享受规定的工资倾斜政策，企事业单位办、集体办、民办幼儿园教师工资和社会保险由举办者依法保障。该文件表明了不同身份的教师工资保障的来源不同，也就是说，在同样的工作时长情况下，公办、民办幼儿园教师、在编和非在编幼儿园教师的工资待遇存在着很大的差异。

调研发现，幼儿园教师每周平均工作时长 5～5.2 天，无论城乡还是公民办教师均在同一工作时长之下。公办园包括独立公办园和小学附属园，小学附属园通常布局在镇中心小学或乡小院内或附近，都归同一教育行政部门管理。我们将公办幼儿园、附属幼儿园、民办幼儿园三种园所性质、六种身份的农村幼儿园教师的月工资进行了横向和纵向的比较（如表 9.10 所示），其中，高达 78.05％的附属幼儿园教师的月工资在 1 500 元以下，还有 25.81％的公办幼儿园非在编教师也是如此。在 1 501～2 000 元区间内，民办幼儿园非在编教师所占比例最高，占42.66％，其次是附属幼儿园非在编教师和公办幼儿园非在编教师，分别占15.85％和 15.32％。而附属幼儿园在编教师月工资集中在 2 001～3 000 元间的共占 61.91％，比其非在编教师的月工资高出 500～1 500 元不等，可谓差距悬殊。一半以上的公办幼儿园在编教师的月工资达到 2 501～3 500 元，3 501 元以上的教师占 25.17％。还有，民办幼儿园在编教师收入集中在 2 501～3 500 元间，总之，不论在何种园所，其在编教师与非在编教师在同等的工作时长下其月工资都存在很大的差距。

表 9.10　不同身份的农村幼儿园教师的月工资情况

月工资	公办在编	公办非在编	附属在编	附属非在编	民办在编	民办非在编
≤1 500 元	4.20%	25.81%	7.14%	78.05%	13.79%	13.66%
1 501~2 000 元	6.75%	15.32%	7.14%	15.85%	13.79%	42.66%
2 001~2 500 元	12.96%	12.90%	28.57%	2.44%	6.90%	15.94%
2 501~3 000 元	36.50%	20.43%	33.34%	2.44%	41.28%	15.94%
3 001~3 500 元	14.42%	10.48%	2.38%	0.00%	17.25%	5.59%
3 501~4 000 元	14.96%	14.25%	11.90%	1.22%	3.45%	5.80%
4 001~4 500 元	3.28%	0.54%	7.14%	0.00%	0.00%	0.00%
4 501~5 000 元	4.93%	0.27%	2.39%	0.00%	0.00%	0.41%
≥5 001 元	2.01%	0.00%	0.00%	0.00%	3.45%	0.00%

总之，近几年，我国幼儿教师队伍无论在数量上还是质量上都有积极的变化，但幼儿教师的工资待遇问题不容忽视。有研究显示，我国教师行业的工资水平在劳动力市场中处于中等偏下水平，其中幼儿园教师的劳动收入在整个教师行业中又是最低的，且与小学教师的差距有拉大的趋势，尤其是在农村地区，幼儿教师的工资相对于当地人均收入来说都偏低。

4. 农村幼儿园教师福利待遇的整体情况

如表 9.11 所示，农村幼儿园无保险的教师比例为 21.08%，比城市幼儿园教师比例高出近一半。无论在城市还是农村，民办幼儿园教师仅有社会保险的比例都在 50% 以上。在城市，城市公办幼儿园教师的医疗保险、养老保险、失业保险、工伤保险、生育保险和住房公积金这五险一金占有率均比城市民办幼儿园高出 30%~40%。而在农村，农村公办幼儿园有五险一金的教师占 40.39%；而农村民办幼儿园有五险一金的人数仅占 8.36%，有 51.77% 的教师仅有社会保险。此外，在重大疾病险的占有率上，城市公办幼儿园教师的比例最高，约占 22.48%；其次是农村公办园教师，占 14.11%。城市民办幼儿园教师占有比例最少，仅 4.19%。可见，农村与城市幼儿园教师的福利待遇差距较大，且公办幼儿师的福利待遇项目远多于民办幼儿园。

表 9.11 不同地区教师相关福利或保险的情况

项目	城市	农村	城市公办园	城市民办园	农村公办园	农村民办园
无保险	12.83%	21.08%	6.84%	21.40%	18.26%	27.65%
重大疾病险	14.94%	13.15%	22.48%	4.19%	14.11%	11.25%
社会保险	41.00%	36.27%	32.90%	52.56%	29.60%	51.77%
三险一金	37.55%	12.19%	58.96%	6.98%	13.42%	9.32%
五险一金	41.57%	30.75%	57.98%	18.14%	40.39%	8.36%

《关于幼儿教育改革与发展的指导意见》中明确提出了县级以上人民政府、劳动保障部门在研究探索农村养老保险制度时，要统筹研究农村幼儿园教师的养老保险问题。可见，国家对农村幼儿园教师福利待遇的重视程度在提高，但现实推进仍需要多部门的配合和努力。

由以上数据分析结果可以看出，农村幼儿园教师工资待遇情况存在以下几个问题：第一，教师工资水平普遍较低，12 省市中 6 个省市的教师月工资低于 2 550 元的平均工资水平；第二，不同地区的教师工资待遇差异较大，具体表现为东部地区高于中、西部地区，且农村与城市幼儿园教师工资待遇存在显著性差异；第三，不同身份的教师同工不同酬现象较严重，事业编制是主要影响因素；第四，农村幼儿园教师月收支基本处于平衡状态，月支出与教师的婚姻及家庭状况有关，尤其是农村公办幼儿园表现较明显；第五，农村与城市幼儿园教师的福利待遇差距较大，且公办幼儿园教师的福利待遇项目远多于民办幼儿园教师。

(二)农村幼儿园教师工资待遇的成因分析

近年来，我国各级政府对农村学前教育的重视程度大幅度提高，但作为农村幼儿园教师生存状态的分支问题——教师的工资待遇一直受到关注却未完全解决。形成农村幼儿园教师工资待遇问题的成因是多方面的，如教育资金来源及分配、政府权责分离、内部管理机制以及教师自身的一些因素等，这些因素同时也影响着幼儿园教师的生存状态。

1. 教育经费来源有限是导致教师工资总额不高的主要原因

自第一期学前教育三年行动计划实施以来，从中央政府到地方教育部门对农村学前教育的教育经费投入在不断增加，在调研中发现，尤其是西部地区的农村幼儿园基础设施得到了明显改善，如重庆的县、乡、镇的公办幼儿园中均配有多媒体教学设备。

但是，农村幼儿园教育经费的投入相对于基础教育的其他阶段仍然有差距，在一定程度上阻碍了教师工资总额的提高。对此，首先通过问卷调查了 12 省市幼儿园各类教育经费来源，主要包括政府拨款、家长缴纳、社会赞助、个人投资四种形式。从表 9.12 中得出，城市公办园和农村公办园的教育经费均主要来源于家长缴费，分别占 52.1％和 61.7％。城市公办幼儿园的政府拨款比农村公办园高出 10％以上。而城市民办幼儿园的经费主要来源分别是家长缴费和个人投资，分别占 59.5％和 40.3％，只有 0.2％的经费是政府拨款。相比之下，农村民办幼儿园因为保育费较低，所以经费来源的 60.4％靠个人投资，35％是家长缴纳，还有 4.6％是政府拨款。访谈各幼儿园园长和一些教师，普遍反映虽然政府拨款是公办幼儿园的主要经费来源，但直属于教育部门的公办园仅仅是一些乡镇中心幼儿园，其他幼儿园很难得到直接的政府拨款，同时，经费分配未达到预期也是普遍存在的问题。不少公办幼儿园尤其是小学附属幼儿园也强调其教师工资大部分靠家长缴纳，政府经费只负担在编教师的基本工资。可见，工资兑现难、兑现慢、究其根本，还是教育经费有限，分配不均所致。在访谈一名公办幼儿园的教师时，他表示："我中师毕业后就一直在这里的幼儿园工作，工作 16 年了。当年就因为工资少、条件艰苦，大家都不愿来，我是因为老家在这里，后来又在这结婚，就留下来了。现在我工资涨了不少，但我要是在城里干这么多年，工资肯定是现在的二倍。以前镇政府是没钱，现在国家开始重视了，政府有钱了，但是大部分都投入镇里的初中和小学了，幼儿园不是义务教育里的，所有资金都是最后才能轮到我们。"

表 9.12　不同园所的教育经费来源情况

项目	城市公办园	城市民办园	农村公办园	农村民办园
政府拨款	47.9％	0.2％	37.5％	4.6％
家长缴纳	52.1％	59.5％	61.7％	35％
社会赞助	0.0％	0.0％	0.0％	0.0％
个人投资	0.0％	40.3％	0.8％	60.4％

2. 政府权责分离是不同地区教师工资差异大的重要原因

学前教育管理体制实行地方负责、分级管理和有关部门分工负责。而实际上，有限的财政水平和人员配置的乡镇政府承担着城市教育行政部门的职责，[①]从而难以保证农村幼儿园足够的资金和教师数量的需求，而且各个地区学前教育管理制度的建立与辖区政府的重视程度有关，地方政府权责分离导致学前教育管理上的问题很多。

调研发现，由负责基础教育的干部监管幼儿教育工作的现象仍旧存在，而其

---

① 李辉：《内地幼儿园教师工资待遇存在的问题及其成因》，《幼儿教育：教育科学》2012 年第 12 期，第 6～10 页。

工作重心是义务教育，主要管理几所公办幼儿园，对大量民办幼儿园缺乏有力的监管。在访谈中，有园长这样表示："从整个教育管理体制里，我们能够感觉到，学前教育的地位并不是很高，对幼儿园的管理也就没有放在重点位置上，虽然一直在说要重视，但始终也没有健全管理体制。就各个区级教育部门内部的人员配备可窥一斑，就我们所在的区，小学、幼儿园的数量基本持平，文体教育局几十位工作人员，管理幼儿园工作的只有一位基础教育的教研员。"

总之，农村学前教育的发展从中央层面的政策颁布到地方各部门的实施，不仅需要人力、物力的多方配合和努力，更需要教育工作者和管理者的观念转变，这是一个漫长而艰巨的过程。

3. 幼儿园教师身份"双轨制"是形成同工不同酬现象的根本原因

长期以来幼儿园实行公办、民办分离和教师身份"双轨制"，不同性质的幼儿园教师的身份不同，其工资待遇等方面差异比较大。幼儿园教育经费来源差异较大，致使农村幼儿园教师工资水平普遍较低，难以满足其日益增长的生活和心理上的需要。而且，农村幼儿园教师超过半数以上没有编制。2015年《关于保障公办幼儿园非在编教师待遇的指导意见》要求，公办幼儿园非在编教师工资待遇遵循按劳分配原则，由幼儿园与被聘教师平等协商、合同约定，实行同工同酬。幼儿园按规定为教师缴纳社会保险和住房公积金。但这项政策并没有更多地惠及民办幼儿园教师的工资待遇问题。近些年，随着农村小学的撤并，原来小学中富余的教师直接转变为小学附属幼儿园的教师，也就是一些学者提到的转岗教师，这部分教师身份带来的问题，不仅是教学观念和理论的专业性不够，更多的是幼儿园教师身份所带来的同工不同酬现象。

没在编制的农村幼儿园教师，长期处于与在编教师同工不同酬的处境，难以享受养老保险、公费医疗等保障，从而导致这部分教师缺乏归属感，教师流动性大。针对非在编的小学附属幼儿园教师工资待遇低的问题，笔者对一位中年教师进行了访谈，她这样描述自己对工资待遇的感受："我四年前在这个岗位上工资是一个月1 000元，现在我工资是一个月1 600元，虽然涨了不少，但是物价上涨速度太快，根本不够我家庭开销的。我们和小学在一个院里，但是我们幼儿园就四个班，四个老师，编（制）都属于小学，我和两个小学转岗的教师干一样的活，但就因为她们在编制，我没在编制，我的工资和她差了近一千元，真觉得挺不公平的，我们这里已经没有编制的名额了，所以我也不打算在这长期工作了。"由此可见，农村小学附属园教师身份不明，月工资水平低，导致其产生职业倦怠和心理上的不平衡，是教师流动的主要诱因之一。

（三）改善农村幼儿园教师工资待遇的策略

根据美国劳工部统计局2004年的统计结果，美国幼儿园教师的收入远低于学前班及小学 1 至 3 年级教师的收入，虽然美国幼儿园教师的报酬有限，但他们的工作强度相对较低，而且近几年在不断提高教师工资待遇以稳定师资队伍。同时，也有部分国家幼儿园教师的工资待遇一直处于较高的水平，如韩国、日本、法国等国家，其幼儿园教师的社会地位、待遇水平同中小学教师一样普遍较高，从而使得幼儿园教师这一职业在这些国家具有较高的竞争力和吸引力。[1] 可见，在世界范围内，提高幼儿园教师工资待遇都是提高其职业声望和吸引力的重要途径。

1. 明确政府职责，建立教师工资保障制度

工资保障制度有助于幼儿园整体发展战略目标的实现，并对教师工作积极性的提高具有长期有效的激励作用。我国实行地方负责、分级管理和有关部门分工负责的幼儿教育管理体制，使得财政水平有限的县乡政府承担着城市教育行政部门的职责，这种不平衡成为提高农村幼儿园教师工资的瓶颈之一。

第一，要明确各级政府的职责，加大对农村学前教育的投入。我国当前是以县为主的教育管理与财政投入模式，要向中央、省级地方政府的投入为主、县乡政府投入为辅的教育经费投入模式转变，保证资金充足的同时减少县乡政府的负担，对入园幼儿给予相应补助。澳大利亚政府对学前教育的投入不仅是对公立机构的资金支持，还有一部分转变为对家庭的资助，这在一定程度上保证了入园率，是学前教育发展的根本。第二，构建分模块、共投入的农村学前教育经费投入的长效机制，即合理划分农村幼儿园经费投入比重，且不同级别的政府对农村幼儿园的经费投入分模块进行，如中央政府负责幼儿园园舍建设、基础设施配备和教师基本工资中 60% 的经费，[2] 省级教育部门负责发放教师基本工资其余部分和福利待遇等，地方和县乡政府则负责园所的日常开销等，同时对民办幼儿园的经费支持不容忽视。第三，要改善教师工资构成比，在保障教师基本工资的基础上，增加农村教师津贴。参考其他国家教师工资数据，使公办幼儿园教师的工资至少不低于小学教师的 75%。[3] 此外，在保证教师基本工资的前提下，增加各类津贴，突出农村幼儿园教师的"农村性"，力图使农村幼儿园教师津贴达到本人工资的 20%～30%。各类津贴可包括工作津贴、交通津贴、住房津贴、考评津贴等，借鉴浙江省的经验，以省级财政统筹为基准，将农村教师任教津贴统一从省级地方财政单独列支，不再将其与绩效工资捆绑。也就是说，对于非在编教师，

---

①　张钊：《探索平衡不同体制幼儿教师工资》，《中国教育报》2012 年 10 月 12 日第 3 版。

②　庞丽娟、范明丽：《"省级统筹以县为主"完善我国学前教育管理体制》，《教育研究》2013 年第 10 期，第 24～28 页。

③　朱长胜、姜勇：《国外幼儿园教师工资待遇与福利改革的比较研究》，《教育导刊月刊》2012 年第 4 期，第 89～92 页。

同样可以和在编教师一样，以工作量和定期评优结果为标准，给予教师激励性奖金，从而实现"同工同酬、按劳分配"的工资保障体制。

2. 推广普惠性理念，促进公办民办均衡发展

学前教育的实施直接影响到社会甚至整个国家的公共服务工程，应该以平等性、公益性、普惠性为标准或特征发展下去。随着我国对学前教育认识的不断提升，《国家中长期教育改革和发展规划纲要（2010—2020 年）》中指出：必须坚持公益性、普惠性的思想来发展学前教育。[①]

首先，要从建立优质公办幼儿园入手，以其为中心在县、镇、乡等其他地区建立与该优质园配套的幼儿园，统一管理制度和办园经费。对没有条件建立幼儿园的地区，充分利用社区资源，开展流动教学点，让就近的幼儿园教师进行定期教学，给予相应的交通津贴等。其次，鼓励多种形式办园，如地方教育局和政府合作办园。在调研中，发现广东省的部分城市将公办幼儿园和民办幼儿园的性质淡化，一并归当地教育局管理，给予相应的经费支持，其他省市可以借鉴该做法。但是，这需要以民办幼儿园能够成为"好而不贵"的普惠性幼儿园为前提，政府应增加对普惠性幼儿园的优惠政策，加大对教师工资的补贴和奖励额度，以吸引更多的民办幼儿园成为普惠性幼儿园，从而促进同一区域内的公办、民办幼儿园均衡发展，缩小不同性质的幼儿园教育经费的差异，为提高教师工资以及福利待遇提供经费保障，有助于减少因工资待遇问题引发的教师流失。最后，建立更广泛、更合理的幼儿园教师编制体制，乡镇政府可以将农村公办幼儿园和部分民办幼儿园列入当地事业单位统一管理之中，将所需教师编制从乡镇各事业单位的编制人员总体数量中分配，这样能够避免从上级部门到事业单位再到各教育部门的编制分配的烦琐环节，共同着力于解决农村幼儿园教师编制供需失衡的问题，尽可能提升社会对幼儿园教师身份的职业声望。

3. 优化考核体系，完善教师工资制度

幼儿园教师工作保教合一的特殊性，增加了其考核的难度，教育对象年龄特征导致的不稳定性，更是难以保证幼儿园的考核标准的公平性和客观性。因此，从入职前到入职后对教师的考核都尤为重要。

首先，对教师入职前的考核。要求教师通过专业学习获得幼儿园教师资格认证是保证农村幼儿园教师队伍质量的重要手段。在美国，农村幼儿园教师取得教师资格认证有两种方式，一种是正规的高等教育机构，然后是参加培训考试和幼儿工作时数累积，获得儿童发展副教师证书（CDA）。这种重视实践技能，具有高

① 国务院：《国务院关于印发国家基本公共服务体系"十二五"规划的通知》，国发〔2012〕29 号，2012年 7 月 11 日。

中学历，五年内有 480 小时工作经验的人都可申请的培训和资格认证体系，可以应用于对我国在职幼儿园教师队伍中，对通过该考核的教师给予奖励。其次，对于在职教师工作情况的考核。目前，不论城市还是农村幼儿园中大多采用的是自上而下的考核方式，由园长和一些管理人员组成考核小组，以教师的教学活动质量、工作量等作为考核标准，该考核模式使教师处于被动地位。而对教师教学活动质量的评定最有发言权的人应该是在幼儿园教育教学的主体——教师，还有一个不容忽视的受益群体——家长。优化考核体系，要从形式和内容两方面入手，首先是构建多样化的考核内容，注重教师间的互评，有效利用观察法、问卷调查法、专业知识测试法、考察教学档案袋等方法进行考核，尽量全方位对教师做出评价。此外，充分发挥家长这份特殊资源的力量，包括家园互动情况、教师与家长沟通次数、亲子活动组织等方面的考核，定期组织家长做出反馈，这不仅可以考核教师，也可以提高家长对幼儿园工作的配合，还可以减少教师的工作负担。

在考核形式上，可以采用日常考核与阶段性考核相结合的方式，防止一次性考核结果的绝对性。将每次考核结果统计成册，为教师建立考核成长档案，这样通过观察教师长期表现，使得绩效工资和奖金发放的依据更加合理，对幼儿园教师个人专业发展也能起到一定的激励作用。幼儿园管理人员与教师要及时地交流与互动，加大奖励力度，使教师考核机制不断完善和多元化。

总之，将教师工资与考核结果相挂钩不仅突破了教师身份的限制，保证了考核结果的公正性，而且还增加了教师获得奖励的机会。

四、农村幼儿园教师专业发展的调查与分析

教师专业化在本质上强调教师的成长和发展的历程。教师的专业化包括教师个体与教师群体的专业水平的提高，是教师职业的专业地位确立与提升的过程。教师专业化进程中，涉及社会学视角考虑从教师群体的和外在的因素促进专业性提升，还涉及教育学视角从教师个体观念与行为激发其专业自主性。本研究主要从多学科视角来分析农村幼儿园教师专业化发展进程，即从农村幼儿园教师培训、教师教育观念以及教育能力三方面来考察其专业性。

(一)农村幼儿园教师培训现状

教师职业专业化的发展过程，不仅依赖教师职前所接受的专业教育，而且还依赖于教师职后的专业培训。教师专业培训有助于帮助农村幼儿园教师获取前沿信息、更新教育理念、提高教学能力。

1.农村幼儿园教师培训次数

教师参加培训的次数，从某种程度上表明了幼儿园对教师专业发展的重视程度。通过图 9.3 发现，农村公办园和民办园每学期教师培训次数都主要分布在

1～2 次的范围内，公办园教师为 51.20%，民办园教师为 43.00%；每学期培训次数在 5 次及以上的，农村民办园教师占 22.80%，而农村公办园教师仅占 9.30%，与城市幼儿园教师每学期的培训次数相比低了将近 20 个百分点；每学期培训次数为 0 次的，农村公办园所占比例较大，为 23.00%，农村民办园为 9.10%，与城市幼儿园相比，从比例上来看相差不大。从整体的培训次数分布来看，农村幼儿园教师每学期的培训次数主要集中在 1～2 次的范围内，在五次及以上的所占比例较少，甚至依然存在一部分教师每学期没有接受过培训的现象。由此可见，农村幼儿园教师的培训次数普遍较少。一定程度上说明，相关培训政策还没有惠及农村幼儿园教师，将会影响教师对幼教职业的认同感与积极性。

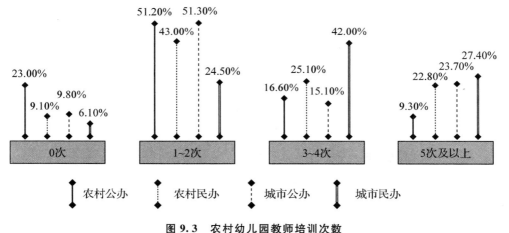

图 9.3　农村幼儿园教师培训次数

注：N＝1 558，有效百分比＝98.52%，缺失值＝23。

2. 农村幼儿园教师参与培训的项目

本次调查把教师参与培训的项目设为五个选项：园本教研、园所交流、国培等外出学习、专家讲座、名师指导，以多选题的形式发放问卷。调查结果如图 9.4 所示，在上述所列培训项目中，农村幼儿园教师只参与其中一项或两项的人数所占比例是较多的，分别为 31.70% 和 27.50%，而参加三项以上的人数仅占 18.60%。与其相比，城市幼儿园教师在参与培训的类型上，比例分布则较为均衡。通过对农村地区选一种培训类型的教师做进一步统计发现，36.90% 的农村幼儿园教师接受的培训形式为园本教研，其次，所占比例较多的是园所交流，占 28.3%，然后是专家讲座所占比例，占 19.10%，而国培计划等外出学习的培训形式和名师指导所占比例较少，分别为 9.20% 和 6.40%。

从以上调查结果可知，农村幼儿园教师参与的培训项目在类型上比较单一，主要集中在一项或者两项，且主要以近距离的短期培训和园本教研、园所交流形式为主，采取国培计划外出学习这样的方式较少；其次，同样可以作为短期培训的名师指导和专家讲座这样的培训形式所占比例较少，这将会对农村幼儿园教师教育观念的更新，教育理论的升华带来很大的阻碍。

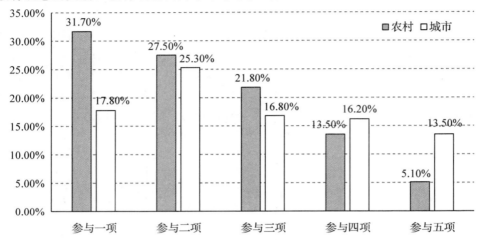

图 9.4　不同地区幼儿园教师参与培训项目情况

(二)农村幼儿园教师的教育观念

为了更好地考察农村幼儿园教师的教育观念，本次调研从教师的儿童观以及自身角色的认识出发，采用五分法的设题形式，分为完全不符合、比较不符合、不确定、比较符合、完全符合五项，并依次给予其赋值为 1 分、2 分、3 分、4分、5 分，然后用方差分析的方法，对农村公办幼儿园、农村民办幼儿园、城市公办幼儿园以及城市民办幼儿园教师的得分情况进行描述性统计及差异性分析，以此来了解农村幼儿园教师自身教育观念的整体情况。

通过表 9.13 的数据分析发现，农村公办幼儿园教师的教育观念平均得分为9.22 分，其与农村民办幼儿园相比均值差值为 0.43，p 值为 0.000，$p < 0.001$，这表明农村公办幼儿园与农村民办幼儿园在教师的教育观念上存在极其显著的差异性，且农村公办幼儿园教师的教育观念显著高于农村民办幼儿园；当农村公办幼儿园与城市公办幼儿园进行差异性比较时，其均值差值为 0.16，p 值为0.150，$p > 0.05$，即农村公办幼儿园与城市公办幼儿园相比教师的教育观念在统计学上没有显著的差异性；对农村公办幼儿园与城市民办幼儿园进行差异性比较时，其均值差值为 0.46，p 值为 0.000，$p < 0.001$，即农村公办幼儿园与城市民办幼儿园在教师教育观念上亦存在极其显著的差异性；城市公办幼儿园与城市民办幼儿园进行比较时发现，其均值差值为 0.30，p 值为 0.046，$p < 0.05$，即城市公办幼儿园与城市民办幼儿园相比，在教师的教育观念上存在显著差异性。以

上研究结果表明，总体来看，公办幼儿园教师的教育观念显著高于民办幼儿园教师，就农村地区来讲，农村公办幼儿园教师的教育观念显著高于农村民办幼儿园教师（见表9.13）。

表 9.13   不同园所性质幼儿园教师教育观念差异性比较

不同园所性质（M，SD）	对比项	均值差值	标准误差	显著性水平
农村公办园（9.22，1.358）	农村民办园	0.43	0.113	0.000***
	城市公办园	0.16	0.114	0.150
	城市民办园	0.46	0.130	0.000***
农村民办园（8.79，1.833）	农村公办园	−0.43	0.113	0.000***
	城市公办园	−0.27	0.135	0.048*
	城市民办园	0.03	0.148	0.835
城市公办园（9.06，1.972）	农村公办园	−0.16	0.114	0.150
	农村民办园	0.27	0.135	0.048*
	城市民办园	0.30	0.149	0.046*
城市民办园（8.76，1.928）	农村公办园	−0.46	0.130	0.000***
	农村民办园	−0.03	0.148	0.835
	城市公办园	−0.30	0.149	0.046*

注：* 表示 $p < 0.05$，** 表示 $p < 0.01$，*** 表示 $p \leqslant 0.001$。

（三）农村幼儿园教师的教育能力

教师的专业发展不仅需要不断地获取新知，而且还应该用自己的教育知识审视教育实践，分析解决问题，从而达到知、行、思的相互促进与统一。通过表9.14统计发现，农村公办幼儿园教师教育能力的平均得分是 4.548，与农村民办幼儿园教师的教育能力相比，其均值差值为 0.16，p 值为 0.001，$p \leqslant 0.001$，即农村公办幼儿园教师的教育能力与农村民办幼儿园相比存在极其显著的差异性，且显著高于农村民办幼儿园；而当农村公办幼儿园教师的教育能力与城市公办幼儿园和城市民办幼儿园相比时，其 p 值均大于 0.05，这表明农村公办幼儿园教师的教育能力与城市公办幼儿园和城市民办幼儿园相比没有显著的差异性。从数据结果来看，农村民办幼儿园教师的教育能力有待进一步的加强，只有充分提升民办幼儿园教师专业素质，才能从根本上实现农村幼儿园教师质量的提高（见表9.14）。

表 9.14 不同性质幼儿园教师教育能力差异性比较

不同园所性质（M，SD）	对比项	均值差值	标准误差	显著性水平
农村公办园（4.548，0.027）	农村民办园	0.16	0.041	0.001***
	城市公办园	0.03	0.053	0.997
	城市民办园	0.19	0.070	0.052
农村民办园（4.387，0.041）	农村公办园	−0.16	0.041	0.001***
	城市公办园	−0.13	0.059	0.130
	城市民办园	0.02	0.075	1.000
城市公办园（4.521，0.041）	农村公办	−0.03	0.053	0.997
	农村民办	0.13	0.059	0.130
	城市民办	0.16	0.082	0.281
城市民办园（4.363，0.049）	农村公办	−0.19	0.070	0.052
	农村民办	−0.02	0.075	1.000
	城市公办	−0.16	0.082	0.281

注：总体 N=1 558，有效百分比=95.89%，缺失值=64；* 表示 $p < 0.05$，** 表示 $p < 0.01$，*** 表示 $p \leqslant 0.001$。

综上所述，农村幼儿园教师的专业发展主要存在以下几个问题：第一，农村幼儿园教师的培训形式单一、频率较少；第二，农村民办幼儿园教师教学水平显著低于公办幼儿园教师；第三，农村幼儿园教师教育能力与城市幼儿园教师无明显差异。

（四）农村幼儿园教师专业发展问题的影响因素分析

幼儿园教师扮演着促进幼儿发展的指导者、启迪幼儿智力的开拓者、家园同步教育的宣传者及参与者等多重角色。幼儿园教师在教育儿童发展中的作用和地位，对幼儿园教师的专业化提出了更高的要求和挑战，而农村幼儿园教师专业发展仍旧存在问题，其主要原因有以下几点。

1. 社会环境因素

受地理位置、经济条件等因素的制约，农村幼儿园教师数量较为缺乏。从根本上来说，是受外部社会生活环境的影响。农村幼儿园教师生存于农村的地域环境中，外部的环境因素相较城市来看，交通与住房等条件差，而且教师工资待遇相对较低，影响教师内部发展的动力。而且，国家"国培计划"项目给予农村幼儿园教师的比重还比较小，农村幼儿园教师培训机会少，培训对幼儿园教师的专业成长有着重大的影响作用，给其专业知识的更新、专业理念的提升带来了阻碍，进而影响农村学前教育教师质量的整体提高。

2.幼儿园管理与支持

作为幼儿园的领导者和管理者，理应提供多种途径来促进教师职后的专业发展，而农村幼儿园对教师职后培训的重视显然是不够的。由上述分析结果可知，首先，大多数农村幼儿园只是组织教师进行园本教研和园所交流，而对名师指导、专家讲座等培训形式没有足够重视。其次，农村幼儿园对培训后教师的实践没有进行持续的监督。从对教师的访谈中可知，虽然不少幼儿园也组织教师参加培训，可是并没有要求参训教师在集体中汇报学习成果，更没有对参训教师的后续教学行为进行监督，这使教师的培训流于形式，并没有真正起到促进教师专业发展的目的。这也就意味着，农村幼儿园教师尤其是公办园教师，与城市幼儿园教师相比，承担着更大的工作量和工作强度，使教师没有更多的精力和时间去参加频繁的教师培训。根据此次调研发现，依然有25.4%的农村幼儿园的保教人员与幼儿比处在1：20～1：33的范围内，其中农村公办幼儿园出现此现象的比例为33.3%，民办幼儿园为10%，较高的师幼比也就意味着农村公办幼儿园的教师要承担更多的工作量，通过对农村幼儿园教师培训次数的统计发现，农村公办幼儿园教师每学期培训次数有51.2%的教师集中在了1～2次的范围内，参加培训次数在3次及以上的教师仅占25.9%。高强度的工作不仅使教师参与培训的机会减少，长期下去，对教师的职业认同以及工作积极性都将会是一个沉重的打击，最终影响的是农村教师队伍整体质量的提高。

3.教师自身因素

教师专业化发展从个体视角审视，教师作为专业人员，在专业思想、知识、能力等方面不断完善的过程，即由专业新手逐渐发展成为专家型教师的过程，是教师终身学习的过程，教师专业能力熟练程度由一般化到专业化的持续发展过程。同样，教师的专业成长既需要外部的支持，更重要的是需要教师注重自我反思、自身成长。由上述分析结果得知，农村公办幼儿园教师的教育能力与农村民办幼儿园相比存在极其显著的差异性，且显著高于农村民办幼儿园。与公办幼儿园相比，民办幼儿园更多追求的是办园利益，没有将幼儿的发展放在首位。因此，民办幼儿园的办园理念更多的是服务家长、满足家长的要求，对教师要求的满足也是建立在满足家长需求基础之上的。因此，身处这样园所氛围的教师更多的是为了服务好家长，进而可以追求更多的利益，而很少会考虑自身工作能力的提升。这些现象最终导致了教师专业发展自主性的缺失，更多习惯于按照固定的规范行事，在职业活动中失去了自我创造和自我选择的专业自主性。

(五)促进农村幼儿园教师专业发展的路径

1.保障师资有质量的供给

优先扩大农村幼儿园教师数量。由于城乡之间经济水平的差异，很大程度上决定了人才的流向，导致较多高学历的学前教育人才流向了经济较为发达的城市地区，从而进一步加大了城乡之间学前教育质量的差距。发展农村经济自然是缩小城乡差距、改变人才流向的根本途径，但经济的发展并不是一蹴而就的，它需要长时间的积淀。因此，要想在较短的时间内壮大农村幼儿园教师队伍需要依据一定的政策倾斜，比如采取定向培养、"特岗计划"、委托培养等多种途径相结合的形式，优先扩大农村教师规模，保障师资有质量的供给。这需要当地各级政府的部门相互合作、统筹规划，根据农村幼儿园教师的缺口情况，有目的、有计划地使用定向、委托培养等方式来为农村地区补充教师资源。另一方面，国家应设立"中西部农村幼儿园教师培养"专项经费，支持中西部省市建立中等幼儿师范学校，加大面向中西部农村的幼儿园教师培养和补充力度。

2. 加强对教师的培训

为教师提供较多长时间外出学习的机会，必将给幼儿园正常的保教工作带来一定的影响。因此，作为幼儿园园长应该立足于本园的实际情况，为教师提供多种形式的短期培训机会。首先，可以利用园本教研、园所交流这样简单易行的形式来丰富教师的实践经验。其次，还可以通过专家讲座、名师莅临指导等方式来提升教师的专业知识、更新教师的教育观念。根据本次调研发现，大部分幼儿园采取了园本教研、园所交流的方式，而专家讲座、名师指导这种对教师教育观念和专业理论更新有着重大意义的培训方式被大多数幼儿园园长所忽略。为此，园长应该给教师提供更多的机会去接触学术前沿，使教师能够与时俱进。再次，加强教师培训过程中各部门之间的协调配合。教师培训在实施中缺乏各级组织和部门的协调整合，进而导致了基层教师被培训的现象，不仅造成培训资源的浪费，也让教师陷入为培训而培训的疲劳应对之中，偏离了培训本身所追求的发展意向性。[1]

3. 增强教师专业成长的自主性

农村幼儿园教师生存状态的改善，更需要教师走向个体的自主发展。莱温的群体动力学研究认为，改变人的生活空间有两种力：一种是产生于人自身需要的自身力；另一种是来自周围环境的诱导力。而对社会变化影响最显著的，既有个体自身的力，又有来自外部影响个体的各种能量场的诱惑力。这就要求农村幼儿园教师必须明确，其自主发展需求和愿望是发自内心的真实想法，而不是为了达到所说的外在要求和规定，即个体发展的自觉主动性。首先，在观念上，教师要形成自觉的发展意识和树立正确的生存信念，要对自己的生存价值和意义认真思考和规划，明确自己的目标是什么，对人生有科学的定位。其次，教师还必须清

---

① 王海燕：《教师培训的意义回归》，《教育科学研究》2011 年第 12 期，第 70～73 页。

楚地认识到教育的过程并不是消费自己服务的过程，也不是一味地追求满足家长的需求，而是教师自身从实践中不断完善自己、获得成长的过程。再次，教师要正确处理好教与学之间的关系，善于从每日的教学活动中发现自身成长的契机。教师个人的发展愿望、生存意向来源于其活生生的教学现场，来源于其现实教学中肩负的期望和责任、遇到的挑战以及遭遇的矛盾冲突等，而这种生存和发展的要求对于教师来说才是最为切近的。最后，教师要自我监督，每天给自己规定任务，做好自身的反思，可以通过写每日反思、教育随笔等方式进行。

五、农村幼儿园教师工作满意度调查与分析

教师工作满意度是指教师对其工作与所从事职业，以及工作条件与状况的一种总体的、带有情绪色彩的感受与看法。它是预测教师工作绩效、教师离职倾向的重要指标。[①] 本研究要调查的问题是：当前农村幼儿园教师工作满意度的现状如何，影响农村幼儿园教师工作满意度的因素有哪些，如何提升农村幼儿园教师的工作满意度。

本研究主要采用了问卷调查法。自编的教师工作满意度情况调查问卷参考了徐志勇、赵志红设计的"教师工作满意度问卷"[②]。问卷包括内在满意度、外在满意度两个部分，共10个题项。其中教师工作内在满意度包括成长机会、稳定性、尊重、工作愉悦感、成就感、支持感6个题项，外在满意度包括工作负荷、薪酬、福利待遇、办公条件4个题项。问卷采用 Likert 5 点量表形式，1 分表示为相应题项的描述与实际情况"完全不符合"，5 分表示题项的描述与实际情况"完全符合"。

（一）农村幼儿园教师工作满意度的总体情况

本研究是关于农村幼儿园教师工作满意度的度量，主要包括内在满意度、外在满意度两个层面，总体满意度是对教师内、外工作满意度的整合，反映出教师对工作的整体感受与看法。幼儿园教师内在工作满意度的得分为 4.08，标准差为 0.66。教师的外在工作满意度得分为 3.33，标准差为 0.92。总体满意度为 3.79，标准差为 0.70（见表 9.15）。

① 潘新民、张燕：《教师工作满意度研究的发展概况》，《教育理论与实践》2012 年第 8A 期，第 16～19 页。

② 徐志勇、赵志红：《北京市小学教师工作满意度实证研究》，《教师教育研究》2012 年第 1 期，第 85～92 页。

表 9.15　农村幼儿园教师工作满意度的总体情况

教师工作满意度	平均数	有效问卷数	标准差
内在满意度	4.0880	625	0.66452
外在满意度	3.3257	624	0.91753
总体满意度	3.7849	603	0.69592

Likert 5 点量表计分法一般以 3、3.75、4.25 为判断得分高低的临界点，评分 3 分以下为差，3～3.75 为一般，3.75～4.25 为较高，4.25 以上为非常高。这说明农村幼儿园教师总体满意度和内在工作满意度较高，外在工作满意度一般。对问卷进一步探讨，发现教师工作满意度在各个题项上的得分情况不同（见图 9.5）。

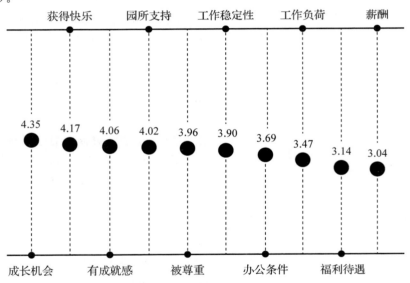

图 9.5　农村幼儿园教师工作满意度的各项指标情况

由图 9.5 可以看出，农村幼儿园教师对于工作所带来的学习成长机会最为满意，平均数为 4.35，对于薪酬和福利待遇的满意度最低分别为 3.04 和 3.14，此外教师对工作负荷的满意度也较低，为 3.47。

进一步统计教师工作生活不满意来源，79.1％的教师薪资待遇不满意，37.1％的教师对工作量不满意。18.8％的教师对职称晋升不满意，21.0％的教师对专业发展方面不满意，15.0％的教师对住房条件不满意，14.6％的教师对医疗保险不满意，8.1％的教师对交通不满意，9.8％的教师对工作环境不满意，6.7％的教师对子女教育不满意，5.9％的教师对办公条件不满意。可见，薪资待遇和工作量是教师对工作不满意的主要原因。

(二)农村幼儿园教师工作满意度的影响因素分析

教师工作满意度的影响因素是指对教师工作满意度产生直接影响的教师个人或与工作相关的因素。潘新民等将影响教师工作满意度的因素划分为人口学因素、与工作和外周环境有关的因素、人格因素和情绪因素四个方面。[①] 叶怀凡将影响教师工作满意度的因素划分为内部因素和外部因素。内部因素包括：性别、年龄、学历、职称等；外部因素包括：工作压力、组织氛围、薪酬福利、进修培训等。[②] 李梅指出，对于工作满意度的影响因素的分类方法主要有两分法和三分法。两分法认为教师个体因素和工作相关因素影响教师工作满意度。三分法认为个体背景因素，个体心理因素以及组织与环境因素影响教师工作满意度。[③] 在本研究中将影响教师工作满意度的因素分为主观因素和客观因素。

1. 影响教师工作满意度的客观因素

本研究中影响教师工作满意度的客观因素包括：教师的教龄、学历、工资、培训机会、园所性质、教师身份、职称、教师来源。

不同教龄的农村幼儿园教师内在满意度、总体满意度上不存在显著差异（$p > 0.05$），但外在满意度存在显著差异（$p < 0.05$）。在内在满意度层面，教龄在15年以上、3～5年和0～3年的教师，满意度最高为4.12、4.12和4.11，教龄5～10年的教师内在工作满意度最低，为4.01。外在工作满意度层面，0～3年教龄的教师外在工作满意度最高，为3.50，10～15年教龄教师的工作满意度最低，为3.04。总体满意度层面，0～3年教龄教师同样高于其他教龄教师，均值为3.87。事后检验（LSD）表明，外在满意度层面，0～3年教龄教师显著高于3～5年、5～10年、10～15年的教师，差值为0.33、0.24、0.45。

不同学历的农村幼儿园教师在内在满意度和总体满意度上存在显著性差异（$p < 0.05$），但在外在满意度上不存在显著性差异（$p > 0.05$）。内在满意度层面，本科以上学历的教师满意度最低，为3.08，中专教师的工作满意度最高，为4.18。外在满意度层面，本科以上学历的教师满意度最低，为3.09。大专教师的满意度最高，为3.38。总体满意度层面，本科以上学历的教师满意度最低，值为3.50。中专学历教师的满意度最高，值为3.85。进一步进行事后检验

① 潘新民、张燕：《教师工作满意度研究的发展概况》，《教育理论与实践》2012年8A期，第16～19页。

② 叶怀凡：《绩效工资背景下教师工作满意度的影响因素探析》，《内蒙古师范大学学报（教育科学版）》2013年第8期，第54～58页。

③ 李梅：《中小学新教师工作满意度影响因素的实证研究》，《教师教育研究》2013年第9期，第43～49页。

（LSD），在内在满意度层面，中专学历的教师满意度显著高于本科及以上、大专和高中及以下教师，差值分别为 0.37、0.16、0.17；在总体满意度层面，本科及以上学历的教师满意度显著低于中专和大专学历的教师，差值为 0.25 和 0.35。对我国农村幼儿园教师学历分布进行统计，发现学历为本科及以上的教师占6.5%，大专学历的教师比例为 28.4%，中专学历的教师占 53.1%，高中及以下学历的教师占 12%。可见，目前我国农村幼儿园教师整体学历偏低，本科以下学历的教师已经占教师整体比例的 90% 以上。

不同工资的农村幼儿园教师在内在满意度、外在满意度和总体满意度上均存在显著性差异（$p < 0.05$）。由于各省教师工资收入水平不同，以各省[①] 2015 年GDP 为准对教师工资进行调整。

调整公式：工资指数＝（教师月工资收入/本省 GDP）×10 000

根据调后工资指数，将教师收入划分为 400 以下、400～600、600～1 000、1 000 以上。

在内在满意度层面，发现工资指数在 600～1 000 的教师满意度最低，为3.94，工资指数在 400 以下的教师满意度相对较高，为 4.17。在外在满意度层面，工资指数为 400～600 的教师满意度最低，为 3.20，工资指数为 400 以下的教师满意度最高，为 3.45。总体满意度层面，工资指数为 600～1 000 的教师满意度最低，为 3.64。工资指数为 400 以下的教师满意度稍高，为 3.89。经事后检验（LSD），内在满意度上工资指数为 400 以下的教师满意度显著高于工资指数为 400～600 的教师，差值为 0.23。外在满意度层面，工资指数为 400 以下的教师满意度显著高于工资指数为 400～600、600～1 000 的教师，差值均为 0.25。就总体满意度而言，工资指数在 400 以下的教师满意度依然显著高于工资指数为400～600、600～1 000 的教师，差值分别为 0.18、0.24。对工资指数和身份进行交叉分析发现，工资指数在 400 以下的教师多集中在浙江、广东、山东等GDP 水平较高的省份。

不同培训机会的农村幼儿园教师在内在满意度、外在满意度和总体满意度上存在极其显著差异（$p < 0.01$）。在内在满意度和总体满意度层面，农村幼儿园教师培训机会越多，教师的满意度越高，每学期培训 5 次以上的教师满意度最高，分别是 4.21 和 3.86。外在满意度层面，每学期培训 3～4 次的教师满意度最高，为 3.35。进一步进行事后检验（LSD），内在满意度层面，没有培训的教师满意度

---

① 《甘肃省统计年鉴 2015》《广东省统计年鉴 2015》《广西壮族自治区统计年鉴 2015》《贵州省统计年鉴2015》《河南省统计年鉴 2015》《湖南省统计年鉴 2015》《湖北省统计年鉴 2015》《山东省统计年鉴 2015》《江西省统计年鉴 2015》《云南省统计年鉴 2015》《浙江省统计年鉴 2015》《重庆市统计年鉴 2015》。

显著低于每学期培训 1~2 次、3~4 次和 5 次以上的教师，差值为 0.33、0.29、0.20。外在满意度层面，没有培训的教师满意度显著低于每学期培训 1~2 次、3~4 次和 5 次以上的教师，差值为 0.30、0.42 和 0.28。总体满意度上，没有培训的教师满意度显著低于每学期培训 1~2 次、3~4 次和 5 次以上的教师，差值为 0.30、0.34 和 0.22。对教师培训机会分布进行统计，每学期培训 5 次以上的教师比例为 13.3%，每学期培训 3~4 次的教师比例为 22%，每学期培训 1~2 次的教师比例为 48.7%，没有培训的教师比例为 16%。

不同园所性质的农村幼儿园教师在外在满意度、总体满意度层面均存在极其显著差异（$p < 0.05$），在内在满意度方面存在显著差异（$p < 0.05$）。在内在满意度层面，公办幼儿园教师满意度稍高于民办幼儿园教师，均值为 4.08。外在满意度和总体满意度层面，民办幼儿园教师满意度高于公办幼儿园教师，均值分别为 3.29 和 3.77。

农村幼儿园教师工作满意度在教师身份、职前背景、职称分布上不存在显著差异（$p > 0.05$）。在教师身份上，无编教师占教师总人数的 66.7%，有编制教师仅为 33.3%。在教师来源分布上，61.0% 的教师是公开招聘或毕业分配进入幼儿园，39% 的教师来源于转岗或其他途径进入幼儿园工作。在教师职称分布上，59.3% 的农村幼儿园教师无职称，已经超过农村幼儿园教师总数的一半以上，有职称的教师只占 40.7%（见表 9.16）。

表 9.16　客观因素对农村幼儿园教师工作满意度影响情况

变量		教师内在满意度		教师外在满意度		总体满意度	
		分值	F/p	分值	F/p	分值	F/p
教龄	0~3 年	4.10	0.606 0.659	3.49	4.267 0.02*	3.87	1.843 0.119
	3~5 年	4.11		3.17		3.74	
	5~10 年	4.01		3.26		3.72	
	10~15 年	4.04		3.05		3.64	
	15 年以上	14.12		3.33		3.80	
学历	本科以上	3.81	5.744 0.001*	3.08	1.244 0.300	3.50	3.429 0.017*
	大专	4.02		3.38		3.75	
	中专	4.18		3.34		3.85	
	高中及以下	4.01		3.28		3.74	
工资指数	400 以下	4.18	3.823 0.010*	3.46	3.275 0.021*	3.89	4.180 0.006**
	400~600	4.034		3.21		3.71	
	600~1 000	3.95		3.21		3.65	
	1 000 以上	4.14		3.37		3.83	

续表

变量		教师内在满意度		教师外在满意度		总体满意度	
		分值	F/p	分值	F/p	分值	F/p
培训机会	5 次以上	4.21	4.949	3.35	4.264	3.86	4.825
	3～4 次	4.18		3.47		3.90	
	1～2 次	4.08	0.02*	3.33	0.005**	3.78	0.03**
	没有	3.88		3.05		3.56	
园所性质	公办幼儿园	4.08	5.622	3.29	11.413	3.77	10.559
	民办幼儿园	4.08	0.018*	3.40	0.001**	3.82	0.001**
教师身份	有编制	4.14	2.755	3.44	1.007	3.86	1.821
	无编制	4.04	0.098	3.21	0.316	3.71	0.178
职称	有职称	4.08	3.837	3.34	0.649	3.79	1.895
	无职称	4.08	0.051	3.31	0.421	3.78	0.169
教师来源	转岗	4.12	0.445	3.47	3.510	3.86	1.675
	公开招聘/毕业分配	4.09	0.641	3.33	0.30	3.79	0.188
	其他	4.04		3.17		3.69	

注：＊表示 $p<0.05$，＊＊表示 $p<0.01$，＊＊＊表示 $p\leqslant0.001$。

2. 影响教师工作满意度的主观因素

本研究中影响教师工作满意度的主观因素包括对自身社会地位和工作压力的感知。调查数据表明：

对自身社会地位感知不同的农村幼儿园教师，在内在满意度、外在满意度和总体满意度上存在极其显著性差异（$p<0.01$）。在内在满意度层面，对社会地位的感知越高，满意度越高。认为自身的社会地位属于上等的教师，在内在满意度层面得分最高，均值为 4.28。在外在满意度和总体满意度层面，中上等教师得分最高，分别为 3.58 和 3.96。经事后检验（LSD）发现，在内在满意度层面，社会地位认知属于上等的教师与中上等和中等的教师在内在满意度上差异不大，但与社会地位处于中下等、下等的教师间存在显著差异，差值为 0.32、0.63。外在满意度层面，社会地位认知处于中上等的教师与社会地位认知为中下等和下等的教师存在显著性差异，差值分别为 0.45 和 0.84。在总体满意度层面，社会地位认知为中上等的教师与社会地位认知为中下等和下等的教师满意度存在显著性差异，差值为 0.32 和 0.67。对教师社会地位认知分布进行分析发现，对自身社会地位认知为上等的教师比例为 3.6%，中上等的教师比例为 12.3%，中等的教师比例为 43.2%，中下等的教师比例为 29%，下等为 11.5%。

对工作压力感知不同的农村幼儿园教师，在内在满意度、外在满意度和总体满意度上存在极其显著差异($p<0.01$)。教师认为工作压力越小，教师工作满意度越高。认为工作压力较小的教师，在内、外和总体满意度上均呈最高，均值分别为 4.60、4.18 和 4.42。进一步进行事后检验（LSD），在内在满意度层面，认为工作压力较小的教师满意度显著高于压力感知为中等、较大和非常大的教师，差值为 0.38、0.52 和 0.90。外在满意度层面，同样压力感知为较小的教师满意度显著高于压力感知为中等、较大和非常大的教师，差值为 0.55、1.05 和 1.49。总体满意度层面，压力感知为较小的教师满意度仍然显著高于压力感知为中等、较大和非常大的教师，差值为 0.44、0.70 和 1.13。而目前农村幼儿园教师在压力感知上，认为压力适中的教师占 45.4%，认为工作压力较大的教师占 34.2%，工作压力非常大的教师占 17.3%。对农村幼儿园教师压力来源进行分析，48.6% 的教师认为工作压力来源于工作量大，49% 的教师认为福利待遇差是工作压力的主要来源，36.5% 的教师认为社会期望高，32.7% 的教师认为自身专业发展差，30.3% 的教师认为压力来自于竞争压力大，26.4% 的教师认为工作压力来源于家庭负担重（见表 9.17）。

表 9.17　主观因素对农村幼儿园教师工作满意度影响情况

变量		教师内在满意度		教师外在满意度		总体满意度	
		分值	F/p	分值	F/p	分值	F/p
社会地位认知	上等	4.29	13.548 0.000***	3.35	16.259 0.000***	3.92	17.190 0.000***
	中上等	4.20		3.58		3.96	
	中等	4.22		3.55		3.95	
	中下等	3.97		3.13		3.64	
	下等	3.66		2.74		3.49	
工作压力的认知	压力比较小	4.60	21.183 0.000***	4.18	42.705 0.000***	4.41	36.061 0.000***
	压力适中	4.21		3.63		3.98	
	压力较大	4.08		3.16		3.72	
	压力非常大	3.70		2.69		3.28	

注：＊表示 $p<0.05$，＊＊表示 $p<0.01$，＊＊＊表示 $p\leq0.001$

（三）提升农村幼儿园教师工作满意度的相关建议

1. 保障农村幼儿园教师的薪资和待遇

调查表明，农村幼儿园教师的总体工作满意度处于较高的水平，其中内在工作满意度水平较高，外在满意度水平一般。教师对工作不满意的主要来源是薪资待遇低和工作量大。为此，地方政府可以参照小学教师的工资标准，适当提高幼儿园教师的工资水平，建立符合幼儿园教师职业特点的社会保障制度，保障教师的薪资和待遇，让教师更安心在幼儿园工作，提升农村幼儿园教师的工作满意度。

2. 为农村幼儿园教师提供高质量的培训机会

调查表明，培训机会对农村幼儿园教师工作满意度具有重要影响。当前我国大部分农村幼儿园教师每学期都有相应的培训机会，但这些培训机会主要是园本培训（指个别幼儿园教师外出培训，返回园里对其他教师进行的分批培训）和园所交流。农村幼儿园教师能够外出参加高质量培训的机会还很少。

为此，国家应统筹安排不同层次的教师培训，保障农村幼儿园教师参加培训的权利。幼儿园在分配培训机会时，应综合考虑不同职称、学历和教龄等因素，让更多幼儿园教师有机会参与培训，提升教师的工作满意度。

3. 减轻教师的工作压力

调查表明，当前农村幼儿园教师的总体满意度较高，但大部分教师认为工作压力大是影响教师工作满意度的重要原因。为此，应减轻农村幼儿园教师的工作压力，使他们能更轻松地工作，并对工作感到满意。幼儿园除了通过提高教师薪资待遇来给教师减压外，还应多安排一些优秀教师指导他们的教育教学工作，帮助他们积累如何组织教育活动、如何处理幼儿冲突事件等的经验，使他们能从容自信地投入工作中，体验到工作带来的成就感，减少教师因为自身专业能力不足而产生的压力感。另外，幼儿园还可以从心理层面帮助教师缓解工作压力，如请专业人员讲解一些简单易行的缓解心理压力的方法，让教师在面对具体工作压力时能够及时疏导，保持身心健康。

结　语

农村幼儿园教师处于其社会环境中，其生存状态存在诸多问题。而且，农村幼儿园教师承受着相当大的工作职责、工作压力。但相应的薪酬待遇和发展空间却与他们的劳动付出不相匹配。全社会都应当关注农村幼儿园教师这一群体，在关注专业成长的同时，应给予农村幼儿园教师更多的人文关怀，关注她们的生存状态，倾听她们的心声，营造一个尊师重教、关心支持农村幼儿教育的良好氛围。

【本报告撰写人：于冬青、吴琼。鲁学明、杜新荣、高铭、张永慧、张琼等参与了数据的统计与分析。李跃雪制作了图表。作者单位：东北师范大学学前教育学院、教育部人文社会科学重点研究基地东北师范大学中国农村教育发展研究院】

第十章　滇西农村寄宿制与乡村小规模学校发展状况调查报告

——以楚雄州、永仁县为例

概　要

　　随着城镇化的深入推进，农村人口不断向城市聚集，农村寄宿制学校和乡村小规模学校在未来一定时期内将持续存在。如何建设农村寄宿制学校和乡村小规模学校已然成为实现教育治理现代化过程中必须面对和解决的一个重要而紧迫的课题。进入新世纪以来，农村小规模学校一直都是被撤并的主要对象，直到近年才有所放缓。本研究对国家的相关政策文本分析发现，我国农村寄宿制学校和乡村小规模学校发展大致经历了扩张期、建设期、恢复期三个阶段。以楚雄州、永仁县为例，本研究对滇西地区农村学校的生存状态进行了实地考察，发现2001年以来，楚雄州、永仁县寄宿制学校的办学综合资源得到了有效的整合，办学的规模效应得到了充分显现，办学的社会效应得到了有力的提升。但是，楚雄州和永仁县寄宿制学校改革与发展面临着诸多困境：安全教育意识和管理措施还存在盲区，学生身体健康还缺乏有效保障，食品安全仍然存在较多隐患，学生生活状况和质量还有待改善，课程建设和教育教学水平还不高效，学生还存在不同程度的心理问题，留守儿童、单亲儿童、孤残儿童占比较高。本研究认为这些问题的存在反映出目前寄宿制学校存在的主要困难，这些障碍也正是阻碍寄宿制学校发展的深层次原因。具体来看，滇西地区农村寄宿制学校存在着师资队伍建设落后、经费保障不够、安全责任过大、生源数量下降、硬件建设不足、质量要素不高六个方面的办学困境。在分析中研究发现滇西地区农村寄宿制学校的兴盛发展大大得益于小规模学校的撤并。同时，小规模学校的消失增加了学校的办学困难。本研究建议滇西地区农村教育改革发展应合理配置内、外部资源，加快推进寄宿制学校标准化建设，形成社会联动和合作机制，实行以需求为导向的资源配置和吸纳政策；按照科学规划、合理架构，分步实施、逐步推进，宜并则并、需增则增的原则，严格按照政策做好寄宿制学校和小规模学校优化工作。

导 论

　　百年大计，教育为本，教育是一个国家的文脉根基和发展兴旺的动力源泉，承载着实现民族复兴、国家富强、社会和谐、人民幸福的重任。改革开放以来，我国基础教育取得了辉煌成就，但我国基础教育总体水平还不高，发展不均衡，尤其是进入 21 世纪后，我国基础教育面临着新的挑战，改革与发展的任务仍十分艰巨。时下，党中央"四个全面"战略布局正全面实施，推进教育治理现代化显得更加迫切，而推进位于最底端的基础教育治理现代化又是基础中的基础，尤其是农村教育长期以来一直是我国教育发展的短板，这种"短"，已经从初期的硬件不足，逐渐演变成设施改善特别是大规模寄宿之后对学生的关爱不够上，改革任务重大而急迫。

（一）研究背景

　　进入 21 世纪后，为全面贯彻党的教育方针，大力推进我国基础教育的改革和健康发展，我们党和政府做出了一系列部署，其中优化农村义务教育学校布局就是一个重要举措。2001 年，国务院颁布的《国务院关于基础教育改革与发展的决定》（国发〔2001〕21 号）（以下简称《决定》）中提出，要"因地制宜调整农村义务教育学校布局。按照小学就近入学、初中相对集中、优化教育资源配置的原则，合理规划和调整学校布局……在有需要又有条件的地方，可举办寄宿制学校。"在该《决定》指导下，全国各地陆续开展了农村义务教育阶段学校布局调整工作。2004 年，教育部和国家发改委、财政部又联合颁布了《西部地区农村寄宿制学校建设工程实施方案》，为西部地区寄宿制学校的建设和发展提供了指南。2006年，教育部发布了《关于实事求是地做好农村中小学布局调整工作的通知》，要求各地认真落实科学发展观，按照"以人为本"的要求，立足本地实际，充分考虑教育发展状况、人口变动状况和人民群众的承受能力，按照实事求是、稳步推进、方便就学的原则实施农村中小学布局调整。随着撤点并校工作的全面铺开和教育结构的深度调整，我国农村教育格局呈现出"城镇大规模学校、农村寄宿制学校和乡村小规模学校"三种类型。据统计，2000 年以来关闭的农村学校数量超过 24万所，寄宿制学校已经成为县域教育，尤其是贫困边远山区县域教育格局的主体，是农村基础教育办学的主要形式。据教育部发展规划司 2011 年的数据显示，全国农村中小学生总体寄宿率达到 26.60％，2011 年全国农村初中生总体寄宿率达 52.88%。① 这一布局调整大大促进了教育资源的合理配置和区域内教育的均衡发展，提高了农村学校的规模效益及教育质量，但同时也导致了各种各样的问题：一方面，小规模学校大量减少和式微，发展价值正陷入尴尬的境地，社会各界论争不断，老百姓面临着门前无学可上的困境；另一方面，寄宿制学校又在办学过程中面临各种困难，包括设施不足、人员不够、学生心理问题凸显、安全压力倍增等。据教育部基础教育质量监测中心的检测报告显示，寄宿制学校学生的健康状况和学业成就远远低于走读生；与此同时，城镇中小学规模又越来越庞大，人数激增直接影响到教学质量和学习环境。显然，"村空、乡弱、城挤"已经成为我国农村基础教育发展面临的主要问题，而它的产生与我们对农村寄宿制学校的功能及小规模学校的价值定位不清、认识不够密切相关，唯有妥善处理好二者之间的关系才能促进农村基础教育的科学发展。

2012 年 9 月，国务院办公厅颁发《关于规范农村义务教育学校布局调整的意见》（国办发〔2012〕48 号），叫停盲目撤并农村学校，并提出恢复有需求的村小和教学点，农村学校发展进入"后撤并时代"。2015 年 11 月，国务院又发布《关于进一步完善城乡义务教育经费保障机制的通知》（国发〔2015〕67 号），第一次在中央文件里提出了"乡村小规模学校"概念，明确要"加快探索建立乡村小规模学校办学机制和管理办法"。2016 年 7 月，《国务院关于统筹推进县域内城乡义务教育一体化改革发展的若干意见》（国发〔2016〕40 号）又进一步强调"办好必要的乡村小规模学校。因撤并学校造成学生就学困难的，当地政府应因地制宜，采取多种方式予以妥善解决。"可见，如何建设农村寄宿制学校和乡村小规模学校已经成为实现教育治理现代化过程中必须面对和解决的一个重要而紧迫的课题。

一直以来，笔者都在关注这一问题，到永仁县挂职后，即跑遍了全县 34 所学校，专门就此问题进行了深入调研，并与楚雄州教育局相关领导及同批挂职干部进行了咨询访谈，发现这样的问题在楚雄且整个滇西同样存在，而这与小规模学校存废的价值定位是紧密相连的，切实解决这一问题对于滇西脱贫具有至关重要的意义。为此，本课题以楚雄为例，尤其以永仁县为重点，采取广泛的田野调查、问卷、文本分析等方式，就滇西地区农村寄宿制学校和乡村小规模学校的发展现状、困境、根源、关系、对策及其在滇西地区教育发展和社会变迁中的价值功能等问题进行了系统研究，探讨在"四个全面"战略布局下，农村教育发展的应有格局和模式。

（二）实践价值

教育是致贫与脱贫的关键要素，要阻断贫困代际传递，打赢扶贫开发攻坚

---

① 董世华：《寄宿制学校已成农村学校主体》，《中国教育报》2013 年 9 月 26 日第 005 版。

战，教育必须先行，前提是一定要把农村教育办得更好，而解决农村教育问题的关键是办好农村寄宿制学校和乡村小规模学校，这又有赖于如何正确定位好小规模学校的价值功能，如何构建寄宿制学校与小规模学校并存互补发展的科学格局，如何确立底部攻坚的合理方向，办好农村寄宿制学校和乡村小规模学校意义重大。

第一，具有重要的教育和文化价值。寄宿制学校已经成为农村教育的主体，解决好其面临的一系列问题直接关系整个基础教育的全局，而小规模学校在当今农村社会的基本格局中已不仅仅是个教育问题，它更主要的是个社会问题，是社会环境、社会结构、社会政策整体博弈的产物，它的妥善解决能最大限度地保障贫困偏远地区儿童接受教育的需要和权利，有利于促进乡村儿童身心的健康发展，传承乡村文化、建设人文滇西。

第二，具有重要的政治和社会价值。通过研究和实施寄宿制学校与农村小规模学校平衡建设方案，能大大优化滇西地区的学校布局，实现滇西地区教育事业的科学发展，加快滇西脱贫致富进程，维系滇西地区社会稳定，为滇西地区与全国同步奔小康提供充足的智力和人才支撑，把教育扶贫、人才扶贫、科技扶贫落到实处。

(三)研究现状

如何对农村寄宿制学校和乡村小规模学校的价值功能进行合理定位，一直是学术界讨论和争论的话题，并产生了很多理论观点。客观地讲，二者是一个此消彼长的关系，寄宿制学校的扩张意味着小规模学校的撤并，而看似随着撤并而消失的小规模学校问题实际上又转嫁和演化为寄宿制学校的一系列新问题。所以，在后撤并时代，我们需要思考两个层面的问题：一是现有小规模学校是"撤并"还是"存留"的问题；二是寄宿制学校和小规模学校如何互补并存发展的问题。事实上，对于农村学校不能完全以"大好还是小好"来区分，无论从世界经验还是我国实际看，农村小规模学校的存在都依然有其重要价值，从理论上说有以下几种支撑性视角：一是教育公平理论的视角，"办好每一所学校，教好每一个学生"是城乡义务教育均衡发展的必然之义；二是外部关系理论的视角，小规模学校对农村社区非常重要，学校不仅是乡村的标志性建筑，而且还是乡村的精神象征。英国在 2000 年《农村白皮书》中就提出"学校是所在农村社区的心脏"的观点；三是规模效益的理论视角，学者马克·贝磊（Mark Bray）认为，全面的成本考量将对小规模学校有利，它的存在节约了学生的交通成本和寄宿成本。克莱格·豪利（Craig Howley）和赫伯特·沃尔伯格（Herbert J. Walberg）则认为，一所小规模学校提供的优质核心课程更容易带来学生的高成就水平，所有的学生都能获得优质的教学。

一、农村寄宿制学校和乡村小规模学校的含义及撤并历程

(一)农村寄宿制学校和乡村小规模学校的界定及价值特征

对于如何界定农村寄宿制学校和乡村小规模学校的特征和边界，怎样定位和认识二者之间的关系及其价值，不同的人有着不同的认识。

1. 农村寄宿制学校和乡村小规模学校的界定

顾名思义，农村寄宿制学校即举办在农村地域，需要学生寄宿在学校接受教育的学校形态。在我国，广义的农村寄宿制学校涵盖县域内所有的寄宿制学校，是基础教育的主体。2001 年《国务院关于基础教育改革与发展的决定》中最早提倡兴办寄宿制学校，2004 年相继公布的《2003—2007 年教育振兴行动计划》《西部地区农村寄宿制学校建设工程实施方案》中强调"以实施'农村寄宿制学校建设工程'为突破口，加强西部农村初中、小学建设"，自此农村寄宿制学校尤其是中西部地区农村寄宿制学校得到了迅速的发展和扩张。在这一过程中，乡村小规模学校也相伴而生，既相互关联、相互补充，又此消彼长、相互影响，对乡村小规模学校的价值定位和存废之争也日益凸显，而不同的价值定位直接决定了乡村小规模学校的发展命运，同时又反过来影响农村寄宿制学校的发展和建设质量。显然，我们并不难理解农村寄宿制学校的意涵和范畴，难的是如何来界定乡村小规模学校和农村寄宿制学校在整个基础教育建设发展中的价值和功能。

在我国，对乡村小规模学校的界定通常使用两个标准：一是以教学点统称，对其具体判定标准和涵盖类别，不同的学者和机构又有不同的看法。《中国基础教育统计指标解释》认为，"小学教学点是指为方便学龄儿童就近入学，在小学校本部以外设置的教学单位(含巡回点和下伸点)"[1]；有的认为是普遍存在于农村山区的小建制简易办学单元[2]；还有的认为是指对不同年级的孩子实施复式教学的一师一校[3]；也有的认为是指那些地处偏远、规模小、教学形式灵活、办学条件差、隶属中心校管理的农村学校[4]。二是以规模为界限，界定的参数包括学生数、教师数、班级数以及学校面积等，如杨东平先生就从学生规模来界定小规模学校，他认为 200 人以下的乡村小学和教学点称为乡村小规模学校；浙江省教育厅将 6 个班级以下建制的学校归为小规模学校。在国外，不同的学者和管理机构对小规模学校的界定也有不同，如印度使用 25 人、50 人、100 人作为三类小规

① 《中国基础教育统计指标解释》。

② 漆茂喜：《对教学点管理工作的几点思考》，《甘肃教育》2010 年第 16 期。

③ 邬志辉：《中国农村学校布局调整标准问题探讨》，《东北师大学报(哲学社会科学版)》2010 年第 5 期，第 140～149 页。

④ 赵丹：《农村教学点问题研究》，武汉：华中师范大学 2011 年硕士学位论文，第 22 页。

模学校的临界点；英国、德国、芬兰等欧洲国家将小规模学校的定额人数定在150 人左右；韩国、美国分别以 60 人、100 人为最低标准。近年来，很多学者和机构开始倾向于将 300 人以下作为小规模小学的标准，600 人以下为小规模中学的标准。综合起来看，乡村小规模学校通常有两个基本特征：一是环境特征，包括学校类别、地理位置、学校规模、生源情况、发展潜力；二是资源特征，包括师资水平、经费数量、软硬件设施。笔者认为，对乡村小规模学校的界定不能简单、机械地从人数和距离远近上来认定，而应综合量和质两个维度来进行分类。正如克莱格·豪利所言，学校规模大小在研究中应作为一个连续变量而非类别变量，小规模学校的界定不能依赖某一特定的在校生数量或其范围，在校生数可能在 20～1 000 人不等，称其为较小规模学校更为合适；罗伯特·布洛姆（Robert Blum）也认为对于学校规模的争论都是无用的，重要的是学生推开教室大门之后会进入一个怎样的学习环境[1]。据此，在我国，小规模学校重点是指那些散落乡村、远郊和偏远等地区，便宜学龄儿童就近入学，规模较小的学校或教学点，而走读是其主要办学形式。

2. 价值功能

作为一个文化符号，小规模学校除了育人功能外，还凸显了其他价值特征，通常包括经济功能、文化功能、政治功能和社会功能，并会在不同程度上体现出正负效应。一般来看，负向功能主要体现在小规模学校办学本身导致的一些困境，比如成本、质量等，而其对当地教育、经济、社会、文化方面的功能则主要是正向的，即小规模学校的合理存在对于育人育才、促进地方经济发展、维系家庭和社会稳定、传承乡土文化等具有重要的作用，而对如何权衡小规模学校的这两种价值功能的利弊，各界的论争更显歧义。一般来看，行政管理者更加重视其负向功能，即认为小规模学校办学成本高、竞争环境差、办学质量低，要加以撤并；而学者则更加重视其正向功能，即认为小规模学校在方便学生就学、传承乡村文化、涵养村民素养等方面具有重要的社会功能。也正是这种论争和不同的价值定位，决定了农村寄宿制学校和乡村小规模学校的价值关系和二者的发展命运。

（二）农村寄宿制学校建设和乡村小规模学校撤并历程

就我国来看，进入新世纪以来，农村小规模学校一直都是被撤并的主要对象，直到近年才有所放缓，而且模式主要有政府主导、村民自发、社会组织介入三种。从国家的政策文本分析看，我国农村寄宿制学校和乡村小规模学校发展大致历经了扩张期——建设期——恢复期三个阶段。

---

[1] 张雪燕：《农村小规模学校发展政策研究》，武汉：华中师范大学 2012 年博士学位论文，第 11 页。

1. 农村寄宿制学校扩张期

扩张期主要是 2001 年至 2005 年，乡村小规模学校遭到大规模撤并，寄宿制学校日渐兴盛（见表 10.1）。

表 10.1　我国农村寄宿制学校扩张期（乡村小规模学校撤并期）

文　件	内　容
1. 教育部、财政部关于报送中小学布局调整规划的通知（2001.3）	通过调整中小学网点布局，合理配置教育资源，减少中小学校数量，扩大校均规模，提高教学质量和教育投资效益，逐步实现学校布局合理、教育结构优化和学校用人机制健全、经费使用高效的目标，促进基础教育事业持续、稳步、健康发展。……小学布局调整要在坚持学生就近入学的前提下，重点调整村小和教学点。要打破村村办学的"小而全"的办学方式，除交通十分不便的地区继续保留必要的低年级教学点外，有计划、有步骤地撤并一些村小和教学点，积极推动村与村联办完全小学，发展乡镇示范性中心小学。平原和交通方便的地区，要尽可能扩大小学的规模。山区和其他交通不便的地区要积极创造条件，在考虑群众经济承受能力的前提下，举办小学高年级寄宿制学校。初中布局调整要充分考虑城镇化进程，以满足城镇人口增长对初中办学的需求。原则上一个乡镇举办一所初中，人口特别多的地方可增办一所，人口稀少的地方由县统筹布点，也可举办九年制学校。要有计划、有步骤地撤并规模小、质量低、效益差的初中，扩大乡镇所在地的初中办学规模；交通不便地区的农村初中要积极创造条件，实行寄宿制。
2. 国务院关于基础教育改革与发展的决定（2001.5）	按照小学就近入学、初中相对集中、优化教育资源配置的原则，合理规划和调整学校布局。农村小学和教学点要在方便学生就近入学的前提下适当合并，在交通不便的地区仍需保留必要的教学点，防止因布局调整造成学生辍学。学校布局调整要与危房改造、规范学制、城镇化发展、移民搬迁等统筹规划。调整后的校舍等资产要保证用于发展教育事业。在有需要又有条件的地方，可举办寄宿制学校。
3. 中小学布局调整专项资金管理办法（2003.6）	各地要根据布局调整的需要，加大资金投入，促进中小学布局调整工作的顺利实施。……人口稀少且居住分散的地区，可考虑建寄宿制学校。撤并规模小、办学条件差的学校和教学点，扩大办学规模，提高项目学校的规模。
4. 教育部关于进一步推进义务教育均衡发展的若干意见（2005.5）	要适应各地加快推进城镇化建设、调整乡村建制和人口变动等新的形势，合理配置好公共教育资源，在新建、扩建和改建学校时，适当调整和撤销一批生源不足、办学条件差、教育质量低的薄弱学校，并解决好人口集中的乡镇、县城及周边学校的大班额问题。

2. 建设期

建设期主要是 2006 年至 2010 年，国家从政策层面进一步规范和收紧了对小规模学校的撤并力度和节奏，突出强调和加大对新建寄宿制学校建设力度（见表10.2）。但有相当一部分基层政府，在落实政策的过程中仍显滞后，在执行和理解上也存在偏差，有些地方实际的撤并力度依然很大，尤其是中西部地区由于经济落后，地方政府为了节约办学成本，撤并小规模学校的步伐和数量依然很大。

表 10.2　我国农村寄宿制学校建设期（乡村小规模学校撤并收紧期）

文　件	内　容
1. 教育部办公厅关于切实解决农村边远山区交通不便地区中小学生上学远问题有关事项的通知（2006.6）	各地教育行政部门要进一步加强对农村边远山区、交通不便地区中小学校布局调整、寄宿制学校建设等方面的调查研究工作，慎重对待撤点并校，确保当地学生方便就学。
2. 教育部关于实事求是地做好农村中小学布局调整工作的通知（2006.6）	农村小学和教学点的调整要在保证学生就近入学的前提下进行，在交通不便的地区仍须保留必要的小学和教学点，防止因过度调整造成学生失学、辍学和上学难问题，并积极运用现代远程教育手段，满足教育教学的需求。
3. 教育部关于当前加强中小学管理规范办学行为的指导意见（2009.4）	各地要按照国家规定的基本办学要求，统筹城乡学校建设和改造规划。在优先方便学生就近入学、不加重农民负担的前提下，根据学龄人口变化，合理布局农村义务教育阶段学校，因地制宜地科学配置教育资源。撤点并校要十分慎重，坚持一切从实际出发，防止"一刀切"和"一哄而起"。采取有效措施，认真解决城镇化以及学校布局调整过程中出现的大班额现象和农村校舍闲置等问题。
4. 中共中央国务院关于加大统筹城乡发展力度进一步夯实农业农村发展基础的若干意见（2010.1）	农村学校布局要符合实际，方便学生上学，保证学生安全。
5. 教育部关于贯彻落实科学发展观进一步推进义务教育均衡发展的意见（2010.1）	对条件尚不成熟的农村地区，要暂缓实施布局调整，自然环境不利的地区，小学低年级原则上暂不撤并。对必须保留的小学和教学点，要加强师资配备，并充分利用现代远程教育手段传送优质教育资源，保证教育教学质量。对已经完成布局调整的学校，要改善办学条件特别是寄宿条件，保障学生的学习生活。要进一步规范学校布局调整的程序，撤并学校必须充分听取人民群众意见，避免因布局调整引新的矛盾。
6. 国家中长期教育改革和发展规划纲要（2010—2020年）（2010.7）	适应城乡发展需要，合理规划学校布局，办好必要的教学点，方便学生就近入学。……加快农村寄宿制学校建设，优先满足留守儿童住宿需求。

经过近十年撤并，很多农村小规模学校被削减。据统计，"2001 年新一轮学校布局调整令教学点数量大幅下降，从 2000 年的 15.8 万所减至 11.0 万所，减幅达 30.0%。同年，农村初中的减幅为 10.9%，农村小学的减幅为 5.5%。从 2000 年到 2010 年十余年间，农村教学点数量的年平均减幅为 5.7%，远远超过农村小学和初中。"[①]

3. 恢复期

恢复期主要是 2011 年起至今，国家明确提出和强调要建设小规模学校。随着小规模学校撤并改革的深入，其两面性价值也日益凸显，尤其是负面影响日益加重。正如《国务院办公厅关于规范农村义务教育学校布局调整的意见》所指出的，"随着我国进城务工人员随迁子女逐年增加、农村人口出生率持续降低，农村学龄人口不断下降，各地对农村义务教育学校进行了布局调整和撤并，改善了办学条件，优化了教师队伍配置，提高了办学效益和办学质量。但同时，农村义务教育学校大幅减少，导致部分学生上学路途变远、交通安全隐患增加，学生家庭经济负担加重，并带来农村寄宿制学校不足、一些城镇学校班额过大等问题。有的地方在学校撤并过程中，规划方案不完善，操作程序不规范，保障措施不到位，影响了农村教育的健康发展。"[②]此后，我国乡村小规模学校建设进入了回归期，即不仅撤并的步伐大大放缓，而且一些被撤并的学校还逐步得以恢复（见表 10.3）。

表 10.3　我国乡村小规模学校恢复期（农村寄宿制学校办好期）

文　件	内　容
1. 国务院办公厅关于规范农村义务教育学校布局调整的意见（2012.9）	坚决制止盲目撤并农村义务教育学校。多数学生家长反对或听证会多数代表反对，学校撤并后学生上学交通安全得不到保障，并入学校住宿和就餐条件不能满足需要，以及撤并后将造成学校超大规模或"大班额"问题突出的，均不得强行撤并现有学校或教学点。已经撤并的学校或教学点，确有必要的由当地人民政府进行规划、按程序予以恢复。……对保留和恢复的村小学和教学点，要采取多种措施改善办学条件，着力提高教学质量。
2. 国务院关于进一步完善城乡义务教育经费保障机制的通知（2015.12）	加快探索建立乡村小规模学校办学机制和管理办法，建设并办好寄宿制学校，慎重稳妥撤并乡村学校，努力消除城镇学校"大班额"，保障当地适龄儿童就近入学。

---

① 张雪燕：《农村小规模学校发展政策研究》，武汉：华中师范大学 2012 年博士学位论文，第 7 页。

② 《国务院办公厅关于规范农村义务教育学校布局调整的意见》，国办发〔2012〕48 号，2012 年 9 月 7 日。

续表

文 件	内 容
3. 国务院关于统筹推进县域内城乡义务教育一体化改革发展的若干意见（国发〔2016〕40 号）（2016.7）	加快推进县域内城乡义务教育学校建设标准统一、教师编制标准统一、生均公用经费基准定额统一、基本装备配置标准统一和"两免一补"政策城乡全覆盖，到 2020 年，城乡二元结构壁垒基本消除，义务教育与城镇化发展基本协调；城乡学校布局更加合理，大班额基本消除，乡村完全小学、初中或九年一贯制学校、寄宿制学校标准化建设取得显著进展，乡村小规模学校（含教学点）达到相应要求；城乡师资配置基本均衡，乡村教师待遇稳步提高、岗位吸引力大幅增强，乡村教育质量明显提升，教育脱贫任务全面完成。义务教育普及水平进一步巩固提高，九年义务教育巩固率达到 95％。县域义务教育均衡发展和城乡基本公共教育服务均等化基本实现。……办好必要的乡村小规模学校。因撤并学校造成学生就学困难的，当地政府应因地制宜，采取多种方式予以妥善解决。……推动城乡教师交流，城镇学校和优质学校教师每学年到乡村学校交流轮岗的比例不低于符合交流条件教师总数的 10％，其中骨干教师不低于交流轮岗教师总数的 20％。

总之，小规模学校不仅仅存在于我国，在西方发达国家也一直存在，并且国内外经验都证明，小规模学校虽然有其局限性，但是有着其他学校不可替代的重要价值，并且将是现代化的必然趋势。时下，寄宿制学校已经成为我国基础教育的主体，其发展过程必然离不开小规模学校的支撑，我国已经认识到小规模学校的突出价值，小规模学校建设开始重新得到重视和回归。不过由于观念的偏差和政策实行的滞后性，有很多地方在执行和认识的时候仍存在着偏颇，深入分析农村寄宿制学校与乡村小规模学校发展现状及其价值，对于避免和矫治我们在农村基础教育改革发展中的误识观念具有重要意义，而对于重中之重、弱之又弱的滇西地区来讲又显得更加刻不容缓。

二、滇西地区农村寄宿制学校发展现状及其双向功能

以楚雄州为代表和典型的滇西边境片区，是我国目前最贫困的地区之一，集少数民族地区、边境地区于一体，贫困面广、程度深，是边境县和世居少数民族最多的集中连片特困地区，也是教育发展的薄弱地带。面对当前农村小学校点分散，边远山区条件艰苦，经济、文化差异很大，民族双语教学地区提高质量难等特点，自 2000 年以来，各地都相继加快了校点撤并集中办学步伐。通过划片设点、以乡镇设点的方式，一大批学生人数在五六百人甚至上千人的寄宿制小学出

现。这一布局调整，大大盘活了办学资源，激发了办学活力，有力地推动了滇西边境片区教育的持续科学发展，同时也暴露出诸多问题。老百姓和当地政府都面临一系列难处：一方面，一些儿童不得不进入寄宿制学校，有的儿童上学路程超过 10 公里，寄宿儿童与父母亲情割离引发诸多心理问题，家长接送困难，安全风险增大，等等，而且还造成了幼儿园缺失的连带负效应，众多幼儿无园可入，能入园的也需要寄宿。另一方面，学龄人口日渐减少，很多小规模学校师生数量稀少、地域偏远、教学质量落后、优质教师难以匹配、政府维系成本大、父母选择更大规模学校意愿强烈，寄宿制学校的需求仍然旺盛，小规模学校被撤并的"选项"依然存在。

（一）楚雄州、永仁县寄宿制学校概况及其正向功能

楚雄彝族自治州位于云南省中部偏北，属云贵高原西部、滇中高原的主体部位，东靠昆明市，西接大理白族自治州，南连普洱市和玉溪市，北临四川省攀枝花市和凉山彝族自治州，西北隔金沙江与丽江市相望，是省会昆明市西出滇西 7 州（市）及缅甸的必经之地，自古为"省垣屏障、滇中走廊、川滇通道"，故有"迤西咽喉"之称。全州行政区域总面积 29 258 平方千米，设九县一市（楚雄市、双柏县、牟定县、南华县、姚安县、大姚县、永仁县、元谋县、武定县、禄丰县），103 个乡镇，1 099 个村民委员会和社区居民委员会。2014 年末，全州常住人口 272.80 万人，其中：城镇人口 105.68 万人，占总人口的 38.74%，乡村人口 167.12 万人，占总人口的 61.26%。户籍人口中少数民族人口 93.49 万人，占户籍人口 35.50%，少数民族中彝族人口 75.45 万人，占户籍人口 28.60%，占少数民族人口 80.70%[①]。

楚雄州山区面积大，中小学校点布局呈现多、小、散、弱、差五大特点，基础教育资源布局不尽合理，办学质量和效益不高。自 20 世纪 80 年代以来，楚雄州为改善办学条件、提高教育质量，开始实施学校撤并工作，撤并了一批区位不合理、服务半径偏低、规模过小的学校，全州有少部分地区基本实现了一个乡镇一所初中、一个行政村一所小学的格局，农村教育资源得到一定程度的优化整合。到 2000 年，全州有普通初中 171 所，校均 665 人；小学 3 285 所（含教学点），校均 73 人。经过近 10 年的校点布局调整，村中小学数量大幅减少，至 2007 年，全州有普通中学 163 所，其中，完全中学 14 所，高级中学 10 所，初级中学 132 所，九年一贯制学校 7 所；有教学班 2 915 个班，其中，初中 2 141 个班，高中 774 个班。有普通小学 1 980 所，其中，完全小学 925 所，独立设置的

---

① 楚雄彝族自治州人民政府：《楚雄彝族自治州州情简介》，http：//www.cxz.gov.cn，2016 年 3 月 28 日。

少数民族学校 24 所，教学点 907 个①。中小学校点比 2000 年减少 1 539 所(个)，平均每年撤并 192 所(个)。

2008 年之后，撤并工作进一步深入和加大，全州按照"因地制宜、科学规划，适当集中、适度超前，分级负责、分步实施，优化资源、提高质量"的原则，围绕"小学办到乡、村，初中办到县、乡，高中办到县、市"的工作要求，按照"加速做大城区，积极巩固坝区，逐步优化山区"的布局思路，采取撤并、新建、扩建以及办寄宿制学校等途径，深入推进中小学布局调整优化工作，直至 2012 年国家叫停盲目撤并工作后，才有所放缓。截至 2015 年，全州有普通中学 134 所，其中：完全中学 21 所，初级中学 113 所；有教学班 2 913 个班，其中，初中 2 055 个班，高中 858 个班；在校生 144 947 人，其中，初中 100 824 人，高中 44 123 人；在校学生中：女生 74 391 人，少数民族 56 346 人；初中进城务工人员随迁子女 3 123 人，农村留守儿童 14 046 人。有普通小学 816 所，其中，教学点 146 个，班数 6 152 个，在校生 166 346 人，其中，进城务工随迁子女 8 624 人，农村留守儿童 25 651 人，女学生 81 256 人；少数民族学生 78 537 人。这其中，普通初中寄宿生 79 481 人，占 78.83％，小学生寄宿生 80 349 人，占 48.32％②。

以 2000 年为基数，我们从数据统计中看到，经过 15 年的布局调整，寄宿制学校已经成为办学的主体，城市大规模学校也相伴而生，农村小规模学校则大幅度削减。如果以教学点来衡量，小规模学校的占比已经非常低，在 816 所小学中，只有 146 个教学点，只占 14.89％。而撤并的学校主要为初中和小学，由于高中几乎都集中在县城，所以高中的布局调整规模不大，初中和小学的撤并率则非常高，初中撤并率为 66.08％(113/171)，小学撤并率为 24.84％(816/3285)，整个撤并率为 26.88％(929/3456)，15 年间，共减少初中和小学 2 527 所，平均每年撤并 168.4 所。显然，寄宿制学校和寄宿生已经成为楚雄州教育格局的主体，而这里面有相当一部分是留守儿童。

在这一过程中，作为楚雄州人口最少的县——永仁县的教育布局调整和优化力度走在了全州的前列。永仁县地处滇中北部，是出滇入川的重要门户，东临金沙江，与四川省会理县隔江相望，东南同元谋县毗邻，西南和大姚县接壤，北连四川省攀枝花市，西部接丽江市华坪县，山区占 97％，坝区占 3％。2014 年，全县常住人口 11.09 万，户籍人口 106 132，其中农业人口 77 419，少数民族人口

① 楚雄州教育局：《楚雄州 2007/2008 学年教育事业统计公报》，http：//xxgk.yn.gov.cn，2008 年 8 月 26 日。

② 楚雄州教育局：《楚雄州 2015/2016 学年教育事业统计公报》，http：//xxgk.yn.gov.cn，2015 年 12 月 18 日。

67 497，占 63.60%①，是一个集山区、边界、贫穷、民族等为一体的国家级贫困县，由于人口少、山区多、少数民族多，分散办学难度大，所以永仁县在中小学撤并过程中力度比较大。自 2008 年以来，永仁县根据全县的经济、社会发展实际情况，按照"因地制宜，科学规划，一乡一策，高中办在县城，初中集中到县城，小学集中到乡镇政府所在地"的思路认真开展了中小学区域布局调整工作。至 2012 年，全县共撤并乡镇（不包括县城）初级中学 6 所，小学 55 所，乡镇（不包括县城）中学撤并率为 100%，小学撤并率为 67.9%。截至 2015 年，全县有各级各类公办学校 32 所，其中完全中学 1 所，职业高级中学 1 所，教师进修学校 1 所，初级中学 2 所，小学 26 所（含 4 个教学点），县直属幼儿园 1 所；有公办幼儿园 20 所，民办幼儿园 7 所。在 26 所小学中，24 所是寄宿制学校，占 92.31%。全县有小学在校生 7 061 人，其中寄宿生有 4 792 人，占 67.87%；有初中在校生 4 116 人，其中寄宿生有 3 341 人，占 81.17%。与全州的数据相比，永仁县的寄宿制学校比例和学校撤并率比例都很高，寄宿生的占比率更高。

寄宿制学校主体地位的确立，对优化农村地区学校布局，促进城乡教育均衡，提升教育质量，体现出了巨大的优势和正向功能，同时也产生和面临着一些负向效应。为此，本课题组以 2015 年 7 月国家教育行政学院在云南省永仁县举办的"2015 年中小学管理人员能力提升专题培训班"为契机，对来自永仁县及楚雄州其他县市的 350 多名中小学管理干部就滇西地区寄宿制学校的现状进行了问卷调查，调查围绕学生安全状况、人员编制状况、学生学习状况、学生心理健康状况、办学条件、教育教学质量、社会效应等核心要件，同时深入永仁县 32 所学校及幼儿园，以及大姚一中、姚安光禄中学、楚雄鹿城中学、楚雄开发区小学等周边县市的中小学进行广泛实地调研。

调研过程中，对寄宿制学校的优势主要采取开放式问答的方式进行，被访对象从不同的角度罗列和表达了诸多观点，包括有利于学校管理、有利于教师发展、有利于学生成长、有利于教育均衡、有利于设施改善等。综合起来，突出表现在以下三个方面。

1. 办学的综合资源得到有效整合

通过撤并，一批区位不合理、服务半径偏低、规模过小的学校，尤其是人数特少、年级不全的教学点得到了削减，全州有少部分地区基本形成了一个乡镇一所初中、一个行政村一所小学的格局，农村教育资源得到一定程度的优化整合，软件硬件条件得到了明显改善，规避了教育投资浪费，实现了优质教育资源的共享。一方面，师资队伍得以壮大和优化，从各个撤并学校补充进来的教师看，大

---

① 《永仁年鉴 2014》，昆明：云南民族出版社 2015 年，第 37 页。

大充实了寄宿制学校师资实力，同时，学校的撤并也为那些常年一个人躬耕于偏远地区的教师走出大山、进入城镇提供了机会，有效地疏导和消解了他们的职业倦怠和消极心理，大大提升和激发了他们的教学热情。另一方面，教学设施得到了大幅度改善，由于中小学校点的布局调整大都与实施校舍安全工程进行了有机结合，办学点的校舍等教育设施得到了明显改善，在广大农村，初步呈现出最优美的环境是校园，最漂亮的建筑是学校，一批中小学的校舍已建设成为最牢固、最安全、家长和群众最放心的地方，甚至有些学校的硬件设施与发达的中东部地区无异。以楚雄州为例，从 2009 年开始将中小学校点布局调整与实施校舍安全工程有机结合起来，截至 2013 年全州累计投入中小学校安工程建设资金 117 324.45 万元，累计竣工验收并交付使用面积 133.06 万平方米，项目 2 242 个。与 2009 年相比，2013 年全州中小学危房率小学由 58.14％ 下降到 17.25％，中学由 47.74％ 下降到 10.19％。生均安全校舍面积，小学由 2.94m² 增加到 6.88m²，中学由 5.13m² 增加到 9.62m²，全州中小学办学条件得到了极大改善。同时，由于学校教学仪器、图书、音体美器材等设施设备的配备和体育场地建设、校园绿化等工作的同步推进，使中小学办学条件更上一层楼，学校面貌发生了翻天覆地的变化。

2. 办学的规模效应得到充分显现

由于实现了软硬件资源充分整合和提升，各寄宿制学校办学的规模效应日渐形成和显效。一是校均学生规模增加。在适龄少年儿童逐年减少的情况下，校均学生规模得以增加，避免了原来举办复式班或一个班只有几个学生的教学弊端。二是竞争机制得以形成。原有的小规模学校，往往是师生都比较少，难以形成竞争效应，而有效的竞争是提升教育质量的一个重要动力。学校布局调整后，充分实现了教师和学生的规模性聚集，对于打破原有小规模学校的僵化机制和固化习惯，在教师之间、学生之间形成充分的竞争和交流机制，具有重要的作用。三是榜样作用更加突显。学校规模扩大之后，无论是教师和学生，都置身于一个榜样更多的圈子。由于城乡的差距，优质的教师和学生大都会选择条件更好的学校任教和求学，留给村小的优质资源就自然偏少甚至是极度缺乏。撤点并校之后，原有学校的师生接触优秀教师和优质学生的数量更多、机会更大、层次更广，竞争的起点更高，以优带劣，以强扶弱，模仿、示范和带动效应就会充分显现。四是管理运行更加高效。规模化办学，使学校的管理更加制度化、程式化，维系学校正常的教学秩序有了更强更好的保障，为师生员工的成长发展创造和更新了条件。一方面，提升了广大教师和管理队伍的职业素养和业务素质，工作的积极性和热情得以激发和提高。另一方面，准封闭式的统一管理，使学生能接受规范和系统的生活教育，活动的自主空间增多，更能安心读书，避免社会不良风气对他们的影响，提高了学生的自理能力，对养成学生自立、自理、自强、自信、自省等独立自主的行为习惯，历练坚决的毅力和个性，实现个性的全面发展具有重要作用。同时，学校的统一配餐，有利于优化学生的就餐环境，改善膳食结构，促进学生健康成长。

3. 办学的社会效应得到有力提升

十多年的实践充分证明，学校布局的调整，大大改变了原有的教育格局和条件，对促进当地经济社会发展起到了重要作用。一是满足了人民群众的需求。一方面，义务教育均衡发展格局得以显现，教育更均衡，教育质量得到了提升，使人民群众让子女有学上、能上学、上好学的意愿得以实现，让农村学生享受了更多更平等的教育权。同时，寄宿制学校的举办还大大减轻了家长的负担，解放了家长看护孩子的重任，家长不必一日三餐为孩子操心，并且"两免一补"、学生营养餐、寄宿生补助的推行和覆盖，大大减轻了家庭的经济负担，对于老百姓脱贫起到了重要的支撑。二是为当地政府排忧解难，学校的撤并，大大节省了政府的办学成本，而且充分实现了办学资金的整合，政府可以精准发力、精准办学。三是促进了城镇化进程。随着乡村校点的撤销，很多父母为方便小孩读书，自然选择到乡镇或县城工作或居住，提升了城镇化率，这不仅顺应了乡村和县域教育发展的需要，也充分契合了国家和省新型城镇化的战略需要。

总之，通过校点布局调整形成的寄宿制学校，有效地整合了教育资源，有力地改善了基础教育的办学条件，促进了城乡义务教育的均衡发展，实现了集中办学、优化教育资源、强化学校管理、提升教师素质、促进学生成长、服务地方发展、满足人民需求等目的，教育教学质量和办学效益明显提高，群众对教育的满意度大幅提升。

(二) 楚雄州、永仁县寄宿制学校改革发展面临的负向困境

寄宿制学校虽然对推进地方教育跨越式发展起到了重要作用，同时也面临着一些发展困境。调研结果表明，撤并还是保留小规模学校，壮大还是控制寄宿制学校规模，正陷入两难境地：一方面，小规模学校大量减少，现存小规模学校的发展境遇和价值正陷入尴尬的境地；另一方面，作为主体的寄宿制学校，在办学过程中又遭遇着各种困境，生活设施不配套、生活条件艰苦、教师编制不足、学生情感缺乏、安全压力倍增等已经构成了制约寄宿制学校发展的重要瓶颈。具体表现如下。

1. 安全管理上：安全教育意识和管理措施还存在盲区

安全责任大如山，校园安全向来是"一票否决"的重大问题，尤其是寄宿制学校存在住宿、食品、往返学校等诸多安全隐患，相比普通走读学校，安全压力更大。数据显示，近年来，随着国家和社会对校园安全重视力度的加大，绝大部分学校在这方面做了大量的防控和教育工作，取得了不小的改进和进展，但是成效上并没有达到合理状态，在工作规程、工作机制和具体措施上并没有实现100%的无缝、无死角覆盖和衔接，而这也构成了寄宿制学校当下存在的一个主要问题（见表10.4）。

表 10.4 学校安全教育和管理措施状况

题目	是	基本是	不是
是否配备专职或兼职的安全保卫人员	44.44%	25.93%	29.63%
能否对学生开展法制、青春期、交通安全、禁毒及防火防震等安全教育	90.12%	9.88%	0.00%
是否定期检查各类教学和活动设施、器材、化学实验危险品	87.65%	9.88%	2.47%
是否定期组织应急疏散演练	97.53%	2.47%	0.00%
是否禁止社会闲杂等人员或者车辆进入校园	96.30%	3.70%	0.00%
对群体性安全事故防范能否做到严密组织和精心安排	88.89%	8.64%	2.47%
能否组织学生乘坐经检验合格的交通工具并派专人负责学生安全离校	67.90%	27.16%	4.94%

一是专职安保人员普遍缺乏。由于经费和编制的原因，绝大部分的学校没有配备专门的安保人员，有的也是以门卫兼职替代，调查显示，有44.44%的学校基本具有安保人员，25.93%的人员勉强具备，29.63%学校没有任何安保人员。

二是安全教育有待进一步增强。有90.12%的学校能对学生开展法制教育、青春期教育、交通安全教育、禁毒教育及防火防震教育等安全教育，只有9.88%的学校是基本做到。但由于寄宿学生远离父母或其他监护人，父母的安全意识和监管责任难以尽到，学生自主性安全防范意识还不足，防地震、防火、防溺水、防毒、防暴力侵害、防常见传染病等知识还依然欠缺。

三是安全检查主动性还不够。87.65%的学校能定期检查各类教学和活动设施、器材、化学实验危险品，9.88%的学校能基本做到，还有2.47%的学校没有开展类似活动。

四是定期安全演练活动还需增强。调查显示，97.53%的学校会定期组织应急疏散演练，但也有2.47%的学校还不能达到定期组织的要求。

五是对外来安全隐患的防患能力和意识需要进一步增强。由于学校大都在乡镇和大的行政村，是监管的薄弱环节，所以学校周边环境的安全隐患较多，又加之自然灾害频发，安全意识需要时刻紧绷。调查表明，96.30%的学校会采取措施禁止社会闲杂等人员或者车辆进入校园，同时，也有 3.70％的学校对此只能勉强做到，对进出人员听之任之，安全隐患依然存在。

六是对群体性安全事故防范还存在麻痹思想。调查显示，遇有集体教学、实践或文体活动时，88.89％的学校能做到严密组织和精心安排，但依然有 8.64％和 2.47％的学校在此方面的主动性意识不够。

七是在组织学生安全往返上还存在薄弱环节。调查表明，只有 67.90％的学校能组织学生乘坐经检验合格的交通工具，并安排专人组织路队，负责学生安全离校，34.10％的学校还不能在此方法采取有效措施。

2. 卫生管理上：学生身体健康还缺乏有效保障

一是医护人员严重缺乏。配备一定的医护人员，是保护学生健康、促进寄宿制学校有序运行发展的基本保障，尤其是小学阶段寄宿制学校，学生生病的概率更高，有足够的医护人员就显得尤为重要，但是现实情况是，绝大部分学校达不到这样的要求。调查表明，60.49％的学校没有配备具有从业资格的专职或者兼职医务（保健）人员，3.70％的学校勉强具有，只有 35.80％的学校具备相关人员（表 10.5）。

二是健康体检不能定期进行。只有 30.86％的学校能定期对学生进行常规性的体检，40.74％的学校不具备组织条件，28.40％的学校基本能组织实施。

三是学生健康教育工作还比较薄弱。调查显示，只有 48.15％的学校能经常对学生进行健康咨询及个人健康保健知识教育，38.27％的学校基本能做到，13.85％的学校则根本没有进行此项活动。

四是健康预防活动还有待拓展。调查表明，有 85.19％的学校能主导定期开展流行病预防活动，同时也有 2.47％的学校没有开展，有 12.35％的学校基本能进行。

表 10.5　学生身体健康保障状况

题目	是	基本是	不是
是否配备医务（保健）人员	35.80％	3.70％	60.49％
是否定期对学生进行常规性体检	30.86％	28.40％	40.74％
是否经常进行健康咨询及个人健康保健知识教育	48.15％	38.27％	13.38％
是否定期开展流行病预防活动	85.19％	12.35％	2.47％

3. 饮食管理上：食品安全依然存在较多隐患

食品安全直接关乎学生的身心健康，有时甚至威胁学生的生命。近年来导致学生死亡的食品安全事件频频发生，给学校食品安全工作敲响了警钟。活生生的案例引起了社会各界和政府的高度重视，各项保障和监管措施也陆续出台。在此背景下，滇西地区寄宿制学校的食品安全工作也得到了很大改善，但由于食品涉及采购、加工、监管以及食堂管理等诸多环节，隐患和不到位问题依然较多，相关环节也还存在着一定的问题，没有达到零事故的要求（见表 10.6）。

一是大规模流行性疾病和食物中毒事件依然时有发生。调查显示，只有85.19％的学校没有出现过上述问题，11.11％的学校曾出现过这类现象，3.70％的学校能基本避免不发生这样的事故。

二是学生的营养餐搭配还需要改进。调查表明，只有 73.42％的学校食堂在学生伙食营养上能做到合理搭配，24.05％的学校勉强做到，2.53％的学校则根本做不到。

三是缺乏开设满足特殊饮食需要学生食堂的条件。由于经费及特殊少数民族学生数量较少等原因，还有相当一部分学校不能单独为他们开设专门的食堂和窗口。比如，只有 45.57％的学校能尊重少数民族的饮食习惯，开设清真灶，45.57％的学校不能开设。

四是学生饭菜的可口程度还有待提升。调查表明，77.72％的受访者认为其学校食堂能让学生满意，21.52％的学校能勉强让学生满意，还有 1.26％的受访者认为，该校的学生对学校食堂不满意。

表 10.6　学校食品安全保障状况

题目	是	基本是	不是
是否出现过大规模流行性疾病或食物中毒事件	11.11％	3.70％	85.19％
学校食堂伙食营养是否合理搭配	73.42％	24.05％	2.53％
是否尊重少数民族学生的饮食习惯、开设清真灶	45.57％	8.86％	45.57％
学生对学校食堂的饭菜是否满意	77.72％	21.52％	1.26％

4. 宿舍管理上：学生生活状况和质量还有待改善

一是专职生活老师不足。由于学生都住在学校，按照这一特点和实际，学校必须配备足够的专职生活老师，而现有的教师在编人数没有把宿舍管理员和后勤服务管理人员充分纳入正常编制，同时由于经费的原因，大部分学校购买不起社会服务，所以在滇西地区的绝大部分学校不能解决这一问题，大部分是由班主任老师或值班老师兼职顶替。调查显示，只有 34.21％的学校配备了专职的生活教师，47.37％的学校没有专职生活老师，18.42％的学校勉强能凑足相关教师（见表 10.7）。学生的课外生活、午休、晚睡不能得到有效监管。比如食堂人员，尽管各县市已通过各种方式充实后勤人员，但按照食堂从业人员与就餐学生人数的最低比例要求 1：100 来算，全州食堂后勤人员还缺近千人。为了保证寄宿制学校和营养改善计划工作的顺利实施，绝大部分学校只能通过加大教师工作量，抽调部分教师转岗或由任课教师同时兼任食堂后勤工作，这一方面影响了任课教师的正常教育教学活动，另一方面外聘临时人员流动性较大、随意性较强，很难保证对全部人员进行业务培训、健康体检、持证上岗等，食品安全隐患大。

二是学生宿舍还不充足。调查显示，还有相当一部分学校还存在校舍不够的现象，仍有 18.42％的学校存在男女生混住一个宿舍楼的问题，10.53％的学校勉强能做到男女分楼住宿。

三是学生午睡不能充分保障。调查显示，只有 72.37％的学校学生能入宿舍进行午休，有 17.10％的学校学生不能午睡，10.53％的学校学生能得到基本午休。

四是学生卫生状况欠佳。由于是寄宿制学校，学生一般需要在学校住宿 5 天，长的则是两周才能回家一次，所以必须给学生提供洗澡的机会，但是限于经费等各种因素，滇西地区仅有 19.74％的学校能给学生提供浴室。

表 10.7　学生生活质量保障状况

题目	是	基本是	不是
学校是否配备了专职的生活教师	34.21％	18.42％	47.37％
宿舍楼是否男女生混住	18.42％	10.53％	71.05％
学生中午是否都能进入宿舍休息	72.37％	10.53％	17.10％
学校是否都建有浴室	19.74％	36.84％	43.42％

5. 教学管理上：课程建设和教育教学水平还不高效

一是课程开设还有不足。调查显示，依然有 20％的学校还不能开足、开齐所有学习课程，而其原因则是多方面，既有经费不足的原因，也有师资力量不够的因素，同时也有一部分是教育管理者不作为所致。

二是教学资料管理方面还有提升的空间。调查表明，随着学校标准化建设和管理精细化水平的提升，99％的学校都能对教材和学习资料等进行统一的规范化管理，有的学校还有很多的创新，同时也有 1％的学校还不能完全做到，这主要是一些条件较差的教学点存在。

三是学生学习管理还有待加强。由于撤并力度过大，寄宿制学校的大班额现象非常突出，使寄宿制学校的学生管理和教学质量难以有效跟进。同时，相比于走读学校，寄宿制学校在学生学习管理上的要求更高，由于学生一周都是寄宿在学校，除了课余时间，学生大部分时间都是在教室和寝室中度过的，也给学生管理带来新的挑战。所以，如何保证学生的学习作息有序安全，直接关系到寄宿制学校的教育质量。对此，绝大部分学校都认识充分、措施到位，能对学生进行有效管理，比如在学生午间休息和晚自习时都有教师随堂进行管理和辅导。同时，由于教师编制不足，管理人员不够，有5％的学校不能做出有效管理。比如，笔者就在实地调研中发现，有的学校为了省事，竟然在午休时间不让学生到宿舍就寝，而是全部关在教室，让学生趴在桌子上午睡，这对于正处于发育和成长期的少年儿童来讲，将严重影响他们的身体健康。

四是课外活动开展不多。开展丰富多彩的课外活动，是寄宿制学校封闭式管理的有益调节和补充，但在滇西地区，由于条件的限制，很多学校在开展这项活动方面还存在困难，只有19.74％的学校能定期开展劳动教育、夏令营、社会实践等课外活动。

表10.8　学校课程开设与教育教学水平保障状况

题目	是	基本是	不是
是否开足开齐了所有规定的课程	80.00％	0.00％	20.00％
对教材和学习资料是否实行了统一管理	99.00％	0.00％	1.00％
午间休息和晚自习是否有老师在教室管理和辅导	95.00％	0.00％	5.00％
是否定期组织学生开展劳动教育、夏令营、社会实践等课外活动	19.74％	36.84％	43.42％

6. 德育管理上：学生的心理问题还不同程度存在

由于寄宿学校的学生远离父母，心理上的孤单和隔离感都或多或少地在学生身上存在。与此同时，城镇化的加剧，在给城乡尤其农村居民改善生活的同时，也带来了大量的留守儿童、单亲儿童、孤残儿童等弱势群体，尤其值得注意的是，在滇西地区，单亲儿童的比例远远超过了留守儿童的比例。比如在永仁县永兴乡500多个学生中，有近50个是单亲儿童，他们的父母要么离婚，要么因病早逝，要么父母因犯罪服刑，等等。当这些学生进入寄宿制学校之后，其心理健康问题更加凸显，而单亲和父母双亡儿童的问题更加突出。事实也充分证明，这一现象已经成了制约寄宿制学校发展的一个重要症结。调查显示，55.56％的受访者认为，留守儿童、单亲儿童的心理健康问题普遍存在，而针对此现象和问题，只有少部分学校建立了相关疏导机制和教育实践活动，绝大部分学校都缺乏有效的心理辅导机制和专业队伍。调查表明，只有40.74％的学校有学生心理健康疏导机制，67.90％的学校思想教育活动能对学生的言行起到约束作用，1.23％的学校学生不愿意参加学校组织的德育活动，8.64％的学校还会出现经常打架的现象。

表 10.9　学生心理健康及其干预状况

题目	是	基本是	不是
留守儿童、单亲家庭儿童的心理健康问题是否普遍	55.56%	27.16%	17.28%
是否有对留守儿童等学生的心理健康疏导机制	40.74%	35.80%	23.46%
是否愿意参加学校组织的德育活动	80.25%	18.52%	1.23%
学校的思想政治教育是否起到了约束、规范学生言行的作用	67.90%	32.10%	0.00%
是否经常出现打架、骂人等现象	8.64%	17.28%	74.08%

7. 生源结构上：留守儿童、单亲儿童、孤残儿童占比较高

留守儿童等弱势群体的增加，使得学校的生源结构也发生了较大变化，主要是留守儿童、单亲儿童、孤残儿童等占比较高，有些地区单亲儿童的比例甚至超过了留守儿童。同时，另一个更加值得我们高度关注和反思的问题也随之正日益凸显，那就是寄宿学生的低龄化现象呈增加趋势，突出表现在幼儿园的入园儿童也是寄宿的，其根本原因在于乡村附近的幼儿园严重不足。近年来，由于政府对幼儿园的投入不足，幼儿园的建设严重滞后，很多幼儿园只能依托在乡村小学，当小规模学校撤并的时候，依附其上的幼儿园也一并撤销，要入园的儿童就不得不变成更小的学生，让幼儿过着寄宿的生活。仍以永仁县为例，课题组在调研中发现，除县城的幼儿园外，乡镇幼儿园的幼儿几乎全部寄宿，更有甚者，在永兴傣族乡那软村幼儿园和万马傣族乡万马幼儿园，竟然有寄宿一年的幼儿，让人揪心不已。寄宿学生的低龄化现象也呈增加趋势，突出表现在幼儿园的入园儿童需要寄宿。

可以想象，当这些正需要父母呵护，甚至需要天天躺在妈妈怀里撒娇的学生和孩童被圈囿、搁置和封闭在学校，他们的心理会遭受什么样的冲击和感受。一是容易成为"情感孤儿"。过早地离开父母或失去父母，过早地隔断了与父母的交流和情感融合，享受不到父母贴心的关爱、感受不到家庭的温馨，亲子教育空白阙如，最易使他们成为没有责任感、没有道德感、没有价值观、没有同情心、没有孝心，以自我为中心的"空人"和心灵上、情感上极其贫乏的"情感孤儿"。比如，有的学生就对其父母缺乏足够和应有的感恩之心，他们认为自己的长大不是父母养育的结果，而是学校教育和自己自立的结果，加之现在国家实行免费义务教育和各种补助补贴计划，学生上学不但不用出钱，相反还能享受"免吃免住"的福利和实惠，这就容易使学生心理形成父母在他的成长过程中既没有费神费力，也没有费钱费物的思维错觉，自然不会有感恩父母的心理。再比如，一到周末临近，学生们都显得非常的亢奋和狂躁，因为可以回家见到父母了，而留守儿童的

心理则同样显得异常狂躁和冲动，他们则是因为回家后见不到父母，失望情绪会被自然点燃和加重。二是容易形成逆反和挫败等心理。学生寄宿后，他们的学习环境、生活方式、交往范围、交流对象等比走读时发生了非常大的变化和不同，一些学生出现了环境适应障碍，产生了一系列消极情绪反应，有的心理烦躁、抑郁、孤僻；有的不习惯新任老师的授课方式和学校的规章制度；有的不能正视新的竞争和分化；有的自理自控能力差，行为随意性大；有的逆反心理严重，倔强固执；有的失落感、挫败感强；有的性格内向，寡言封闭；等等。这些都对学生的健康成长带来巨大伤害，而且在单亲和留守儿童中变得尤为凸显。比如，一到五六年级他们的叛逆心理就会凸显，破坏公物、不听指挥、行为怪异等。更为值得注意的是，"应试教育"现象和痕迹依然在各个学校不同程度地存在，由于应试的要求，寄宿在学校的学生不是寄宿在"宿舍"，而是寄宿在"教室"，他们的绝大部分时间需要与各种复习、自习、考试等打交道，缺少走读时每晚回到家中的缓解和放松渠道，缺少放纵儿童天性的休闲和放松时空，久而久之，与其他学生相比，他们的求胜心更切、心理压力更大、心灵更敏感脆弱。显然，这种教育模式无疑进一步加重了寄宿生的健康成长困难，破坏了他们的健康成长空间，也给学校管理及教师教学增加了难度和困扰，造成了管理、安全的瓶颈。

三、滇西地区农村寄宿制学校的办学困境及其矛盾逻辑

学校管理中遇到的上述问题，充分反映了目前寄宿制学校存在的主要困难，也构成和累加了学校发展的障碍，而这些障碍实际上也正是阻碍寄宿制学校发展的深层次根源。综合起来看，这些障碍主要是经费不足和师资队伍不强，分别占33.33%，排在其后的是安全责任大，占23.46%，生源数量下降也成为一个主要因素，占4.94%，另有3.70%的受访者认为是硬件设施不够，排在最后面的教育质量不高，占1.24%。这充分表明，经过这么多年的大规模投入，国家在教育硬件建设上已经取得了长足发展，教育质量也得到了明显提升，但在软件建设上还存在一定的差距，改革发展工作还任重道远。与此同时，不同的因素又存在不同的表象和内因，不同地域的寄宿制学校之间也存在不同的差距。

(一)滇西地区农村寄宿制学校的办学困境

1. 队伍建设滞后

调查发现，大部分受访者认为最主要的是教师专业结构不合理，占35.80%；其次是教师职业倦怠，占24.69%；再次是教师编制不够，占22.22%。目前，各个学校教师编制越来越制度化、精细化，按1∶19的标准分配小学教师，理论上够了，但从实际来看，缺口还比较大，比如专职教师还要兼职其他工作、班额较大等；随后是专业教师缺乏，占12.35%，很多学校音乐、

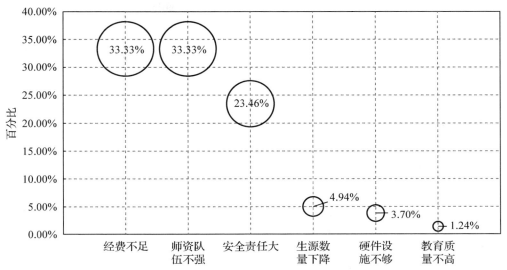

图 10.1　办学过程中遇到的主要障碍

体育、美术、心理学教师数量不足，专业化程度低，学生在校生活枯燥无味；位于最后的是骨干教师缺失，占 4.94%。此外，由于学校安全管理人员缺乏，很多专业教师都沦为保姆型、全能型教师，既要给学生上课，又要管理学生的日常生活，充当生活教师，甚至还要轮流准备早餐，扮演后勤职工角色。更让教师为难的是，由于是寄宿制学校，教师也必须像学生一样全天候食宿在学校，全天服务于学生的学习、生活、安全，难以抽空备课、批改作业、阅读自己喜欢的书籍，造成教师思想落后，教学方法手段陈旧，教师们的价值观难以统一，工作量很大、身心压力重。

　　另外，一些教师的生活得不到妥善的安置，最突出的有三个方面：一是没有独立的住房，很多教师需要两三人甚至三五人挤在一个房间里；二是没有自己的厨房，由于现在实行学生营养餐和寄宿生补贴，学生吃饭都不用花钱，如果教师到学生食堂去用餐，会造成教师蹭学生饭的嫌疑，招致学生和学生家长非议，很多学校为避免这种矛盾就只能让教师自己生火做饭，而学校又没有资金建设教师厨房，所以很多教师都是每个人在户外自己支个灶自己做，或者是几个教师联合起来轮流做饭；三是教师的个人婚事难以解决，主要是偏远乡村的教师，特别是男教师，找对象非常困难，教师精神空虚。这些因素都严重影响了教师的工作积极性和工作热情，并导致了校长无人愿当的"怪现象"，教学质量难以提高，这对于实现寄宿制学校学生"进得来、留得住、学得好"的办学理念和办学目标构成了巨大的瓶颈和障碍。

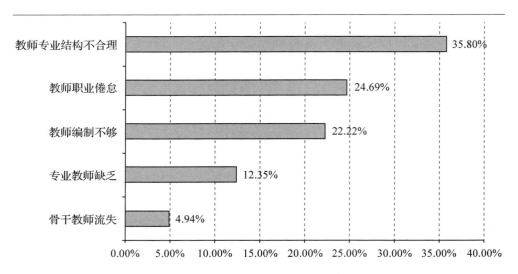

图 10.2 最主要的师资队伍建设问题

2. 经费保障不够

近年来，为办让人民满意的教育，国家对义务教育的投入力度持续加大、力度空前，实施了包括薄弱学校改造、校安工程、营养餐、两免一补等一系列重大惠民工程，使我国义务教育的整体条件和水平发生了翻天覆地的变化。以楚雄州2014 年教育经费投入为例，2014 年，全州国内生产总值 701.78 亿元，同年全州财政性教育经费 37.48 亿元，占国内生产总值的比例为 5.34%。全州普通小学生均公共财政预算教育事业费支出为 6 846.46 元，比上年增长 5.40%；全州普通初中生均公共财政预算教育事业费支出为 7 977.09 元，比上年增长 8.57%；全州普通高中生均公共财政预算教育事业费支出为 7 777.10 元，比上年增长 17.89%。全州公共财政教育支出增长高于财政经常性收入增长 0.68 个百分点。全州公共财政教育支出为 30.12 亿元，占财政支出的比例为 14.69%[①]。数据显示，无论是公共财政教育支出、各类学校生均公共财政预算教育事业费支出、各类学校生均公共财政预算公用经费支出，还是国家财政性教育经费占国内生产总值及公共财政教育支出占公共财政预算支出的比例，都实现了增长。但是对于滇西地区来说，由于地方财力薄弱，发展和建设任务又繁重，支持教育发展的自主和配套资金依然存在较大缺口，资金筹措日显困难。以中小学校安工程为例，因为这类资金筹措实行中央、省、州、县四级分担，连续多年使州、县级配套资金

① 楚雄州教育局：《楚雄州 2014 年度教育经费统计公报》，http://xxgk.yn.gov.cn，2015 年 4 月28 日。

筹措日渐困难，尤其是县级财政较薄弱的县压力更大，部分项目只能私下通过压缩面积、降低总造价来实施，或是在项目实施中出现新的欠账。再比如，楚雄州去年开始的教育信息化建设资金大都是通过贷款融资的方式筹集的。

3. 安全责任过大

由于实行寄宿制，学生的吃穿住行全部交给了学校，安全的隐患自然增加，一是来源于校内，二是来源于校外，这种风险既有寄宿制本身的原因，也有管理上的原因。以上分析表明，很多安全管理和防范措施还不完善，无疑增加了安全事件的发生率，又反过来增加了管理者的安全压力，而吃穿住行中，最大的是行，而且是校外的行，即寄宿学生往返学校途中是最容易出现安全问题的环节。寄宿之后，学生每月至少四次在学校和家庭之间往返，具有极大的交通安全隐患，需要极好的措施来保障和关注，但是由于滇西地区大部分是集边疆、山区、贫穷、少数民族等为一体的地区，而且小规模学校撤并之后，绝大部分学生，尤其是边远山区的孩子往返寄宿制学校的距离大大增强，必须通过交通工具才能解决上学较远的问题，但由于农村客运缺位，一些家长或营运人员以低速货车、三轮汽车、拖拉机、微型面包车、摩托车、农用车等接送学生的现象时有发生，并且部分车辆为"三无"甚至报废车辆，驾驶人又属无证驾驶，安全意识、责任意识、守法意识淡薄。另外，由于山路多、家庭贫穷等原因，许多学生乘车回到乡镇或村组后，还要跋山涉水、蹚河过桥才能回到家中，非安全和不确定因素大大增多。很多现象既让人捏着一把汗，又让人牵肠挂肚，甚至是胆战心惊，但很多学校在这方面都显得束手无策，全州各地农村都不同程度地存在学生上学交通安全隐患问题。

4. 生源数量下降

学校生源数量下降正成为部分学校办学面临的一个尴尬境地，这除了与自然人口减少及进城务工人员增多导致的自然减少有关外，还与学校布局调整有一定的关联。我们看到，学校布局调整的一个重要动力是源于部分学校，尤其是小规模学校生源数量的稀少，同时，学校布局调整后又会反过来形成新的生源数量下降，而根本原因就是新学校离家远、成本大，这对于学校来讲，与之相随的除了影响办学质量外，就是控辍保学的任务和压力增大。控辍保学工作是确保适龄儿童完整享受义务教育权利的基本手段，是现代教育的重要内容，尤其对于农村中学来说更是重中之重。从调研情况看，经过当地政府和社会的多方努力，学生的辍学现象得到了有效控制，辍学率也没有因为学校布局调整而新增，辍学也已经开始变成个别现象，但是布局调整和社会转型还是在一定程度上增加了辍学的不稳定，增大了学校和政府控辍保学工作的强度和压力，需要高度重视和持续用功。

一是学校布局调整给学生和家长带来了双重挑战。一方面，学生及家长经常要往返于家校之间，无形中增加了家庭的接送成本和生活花销。另一方面，寄宿学生远离父母，尤其是劳务输出在农村已经形成了潮流，父母外出务工越来越多，家中只留下了老人和孩子相依为命，父母对子女的监护不到位，孩子的心理健康、快乐成长受到阻碍，学生的思想健康受到压抑，而学校又缺乏足够的专职生活教师，学生心理问题难以得到有效纾解，加之现行教育体制下学生学业压力重，久而久之，必然导致厌学情绪，以致辍学。

二是社会不良风气的影响。一方面，由于寄宿制学校大都在城镇，学生面临的不良诱惑增加。伴随着城镇化进程的加快，大量的网吧、游戏机室、歌舞厅充斥在学校周围，尤其是一些经营业主无视国家法律法规，甚至采取各种手段引诱未成年人消费，让学生沉迷其中，不能自拔，最终选择逃学甚至辍学，因网络成瘾而导致的辍学，在所有辍学原因中占有相当大的比例。另一方面，伴随着进城务工"时尚潮"的涌现和大学生就业严峻形势的加剧，新一轮"读书无用论"观点有所兴起，部分学生在此影响下过早离开学校，走上务农或"打工"之路，用稚嫩的肩膀扛起了谋生甚至养家的重担。

5. 硬件建设不足

由于学校布局调整步伐超过了校舍建设步伐，部分学校还存在硬件设施建设不足的情况，除缺乏教学大楼之外，相当一部分学校最缺的是教师宿舍、学生宿舍和教师厨房等生活设施。比如，在永仁县莲池乡查利么小学，还是四个教师住一间房；而莲池乡班别小学的学生则是四个学生挤一张铺；永兴乡立溪冬小学的教师则没有自己的厨房，需要自己单独在户外搭灶做饭；等等。与此同时，由于政策上的真空，一些学校在硬件设施建设上，正在遭遇日常生活设施需求不能得到满足的困境和尴尬，诸如教学楼、学生宿舍、学生食堂等大楼、大设备可以通过立项向上争取国家专项资金的方式逐步解决，但一些诸如卫生间、浴室、围墙等涉及金额很小的建设项目却难通过向国家立项的方式解决，而当地政府的财力又不足，难以完全支付这项发展资金，从而形成了"大钱好找、小钱难觅"的尴尬现象。所以目前还有相当一部分学校基础设施建设不足、生活设施匮乏的现象，包括无安保室、医疗室、卫生间、洗漱室、沐浴房；厨房简陋，无排气、排水、进水、消毒、冷藏、储存等设施；学生就餐无固定场所，文体活动没有场地或器材，阅读没有图书室或有图书室却没有图书；一些学校的语音室、实验室、图书室仍是"空壳"，更有一些学校甚至大门、围墙都没有，等等。而另一方面，由于小规模学校撤并，很多被撤并学校的校舍闲置，其中不乏新楼、新房，如招商银行在永仁县援建了很多"招银楼"，就有一部分因为撤并而闲置了。

6. 质量要素不高

受访者认为，寄宿制学校设立和壮大的最核心目的就是为了提升教育质量，也正因如此，教育质量的好坏和优劣直接构成了决定寄宿制学校发展的一个核心因素，是所有问题的根源所在，所有工作的目的所在。从寄宿制学校办学以来的实际效果看，这一实践是成功的，滇西地区的义务教育水平得到了很大提升，但也存在着诸多制约教育质量提高的因素。调查显示，主要因素分别是城乡教育环境差距大、评价机制不合理、激励机制不健全、教师水平不够和敬业精神不强、教材不科学及其他，依次占 38.27%、34.57%、14.81%、8.64%、2.47%和 1.24%。

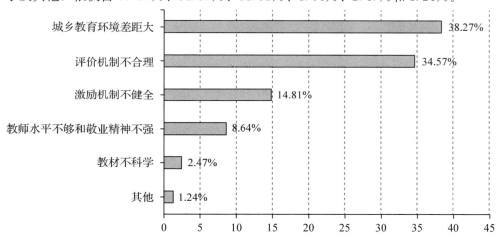

图 10.3　制约教育质量提高的最主要问题

由于不同县市、乡镇、村寨之间对学校布局调整在思想上、认识上、理解上有差距，过于简单地认为中小学布局调整就是学校撤并和收缩，而未考虑到这是一项旨在优化教育资源、办人民满意教育的系统性、全局性工程，从而导致了学校布局调整工作进展存在着较大的随意性、理想性和不平衡性，有的太过超前，比如永仁县，有的太过滞后，比如牟定县，使得城乡之间、地区之间、不同的寄宿制学校之间存在不同的差距，制约着全州教育质量的提高和基础教育的均衡发展，尤其是城乡间寄宿制学校的差距较大。受访者认为，在农村和县城寄宿制学校之间，这些差距表现最主要的依次是师资差距，占 53.09%；设施差距，占 25.93%；待遇差距，占 16.06%；卫生和饮食差距，均占 2.47%。显然，首要的还是教师差距，突出表现在两个方面：一是乡镇教师思想价值观难以统一，教师敬业精神不强，懈怠思想严重，调配进来一年就想着如何走出去。二是县局部门及城区学校选调人才中，把各个乡镇有活力、有潜力的教师都招考或借调到条件优越的学校工作，使得乡镇学校教师老龄化，工作没有"领头雁"，相互观望，难以管理。

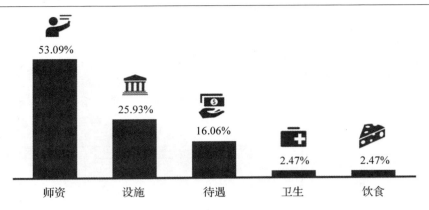

图 10.4　农村寄宿制学校与县城的寄宿制学校最主要的差距

(二)滇西地区农村寄宿制学校发展的矛盾逻辑

上述优势和原因种种，归结起来看，无论是正向功能还是负向困境，都与小规模学校撤并紧紧相连。

1. 寄宿制学校的兴盛大大得益于小规模学校的撤并

从正向功能看，寄宿制学校的兴盛大大得益于小规模学校的撤并，正是由于小规模学校的削减，使政府得以在办学成本上减压、降耗、甩负，实现了减员增效。据统计，学校布局调整之前，楚雄州存在着相当数量的小规模学校，其中不乏只有一个教师、几个学生的教学点或微型学校，仅 2008 年，楚雄全州有小学教学点 729 个，其中"一师一校"教学点就有 561 个，这些教学点在校学生大多在 60 人以下；有初级中学 147 所，其中规模在 8 个班及以下的学校有 41 所，占 27.89%。学校布局分散虽然方便了学生就近入学，保证了九年义务教育的巩固提高，但也在很大程度上造成了教育资源浪费，增加了政府的办学成本，制约了教育质量的提升。一方面，资源战线太长，由于 70% 以上的中小学危房分布在山区，校舍建设改造成本高昂，给加强学校管理、提升师资素质、优化办学环境、改善办学条件、实施素质教育等全面开展都带来很大困难。另一方面，随着城镇化步伐加快，农村劳动力向城镇逐步转移，人口流动速度加快，农村适龄学生随父母进城务工而要求进城上学的愿望强烈，农村学校在校学生人数逐年减少，而城区学校上学难、择校问题却日益突出，大班额教学的现象比较普遍。这一社会变化和转型趋势，使得过去以行政区划为基础，强调"读小学不出村、读初中不出大队、读高中不出乡镇"的布局方式已不能适应现代教育发展的需要，"县办高中、乡办初中、村办小学"的学校布点格局也受到了城镇化的冲击，不均衡、不协调、不合理的现象日益显现，对全州新一轮中小学布局调整提出了新的更高要求。此外，那些没有随父母进城就读的留守儿童大部分是跟爷爷奶奶或外公外婆生活在一起，虽然是就近入学，但得到的依然不是父母的教育，而是隔代教育，所以与其如此，还不如让其寄宿，和更多的小伙伴在一起。显然，科学地撤并一些小规模学校，是社会发展所然、形势变迁所致，是促进现代教育科学发展、顺应时代潮流、满足人民需求的关键一步，也是必然趋势。

2. 小规模学校的消失增加了寄宿制学校的办学困难

从负面功能看，之所以会出现这样那样的问题，尤其是学生的心理问题，又是和小规模学校的消失分不开的。比如，有的地方，乡镇已经没有中学，大大增加了学生的就学难度和成本，如在永仁县永兴乡，由于乡村班车实行限额、限班次运营，很多学生"一周往返一次家"的要求难以保障，有的挤不上回家的车，好不容易回家了，又挤不上上学的车，有些家长就不得不开几个小时的摩托车送，学生和家长都非常辛苦，尤其在雨雪天的时候，久而久之，坚持不下来的学生就干脆选择辍学了，等等。正是由于小规模学校的消失，使得原本可以在家门口就能入学的适龄儿童甚至入园儿童不得不离开父母，赴远求学，早出晚归的走读模式也变成了周日去、周五回的寄宿模式，与父母的一天几见变成了一周一见，亲情疏隔，监护缺失，矛头指向教师，等等，各种问题必然接踵而至。调查结果也充分证明了这一点，在问及农村小规模学校是否具有存在的价值及对撤点并校的看法时，有 65.43% 的人认为有存在价值，53.09% 的人认为必须适度保留，12.35% 的人认为要辩证对待，只有 29.63% 的人认为无存在必要，另有 4.94% 的人没有发表意见。显然，绝大部分人认为目前寄宿制学校的种种问题在相当大的程度上与小规模学校的撤并是紧密相关的，他们都看到了小规模学校存在的价值所在，并罗列了一系列正面功能和保留建议，摘其要者有：①有一个班规模的校点还是要保留；②生源较少的学校建议办一、二年级及幼儿园；③校点有两个好处：一是方便家长和方便学生，二是学生流失少；④从学生的身心健康角度看，孩子应尽量留在父母身边，这样才有利于学生的身心健康，让家长履行第一责任人职责，让孩子有个快乐自由的童年；⑤三年级以下适龄儿童不宜住校，要保留一、二、三年级；⑥10 人以下的学校可以考虑撤并；⑦并校规模不宜超过1 000人。

需要指出的是，除上述根源外，制约寄宿制学校发展的还有社会和文化等方面的原因，如经济的贫穷、不同少数民族对教育认同的观念差别、地域偏远、边境地带不同文化交错及本国文化陶冶的盲点，等等，需要我们全方位去分析和考量。

四、滇西地区农村教育改革发展的政策建议

综上分析，我们看到，寄宿制学校已经成为滇西地区义务教育的主要办学形

式和载体，虽然寄宿制学校在发展过程中遭遇了一定的困境，但却为地方教育的科学发展起到了至关重要的作用，并仍然有着旺盛的需求，是时代和潮流发展的必然。当下，我们要做的是如何通过一系列有针对性的改革或治理措施来加以矫正、更新和完善。为此，课题组还专门就"您期望的寄宿制学校应该是什么样的"进行了开放式调研，被访者从不同的角度进行了勾画，包括：一日三餐有可口多样的饭菜、有宽敞舒适的就餐环境；课程开齐、师资标配、硬件统一配齐、制度完善、评价公平、有竞争机制、有共同的理想追求；一流的教师、一流的校长、一流的硬件；干净舒适的宿舍、优美的环境、有文体活动和劳动实践；有利于释放儿童的天性，有更多的娱乐性、益智性设施，有方便学生动手动脑健身的实践基地；有完善的设施、专业的心理和教辅团队，让寄宿生过得充实快乐；课堂有任课教师、宿舍有生活老师、课余有社团辅导老师，有家长探访和沟通机制，让家庭教育和学校教育实现新结合，等等。

显然，要实现这些美好的愿景，必须以科学解决寄宿制学校前述存在的一系列问题为前提，建立有效的治理体系。《国务院关于进一步完善城乡义务教育经费保障机制的通知》（国发〔2015〕67 号）明确提出，要"加快探索建立乡村小规模学校办学机制和管理办法，建设并办好寄宿制学校，慎重稳妥撤并乡村学校，努力消除城镇学校'大班额'，保障当地适龄儿童就近入学"。

（一）实行以需求为导向的资源配置和吸纳政策

1. 合理配置内部资源，加快推进寄宿制学校标准化建设

经过此轮大规模学校撤并，滇西地区学校布局调整的整体工作已经完成，主体格局也已经确立，成效显著，问题也伴随而生，可以说是收获与矛盾同时显现，喜悦与烦恼同时并存，而这些问题归结到一点就是寄宿制学校的标准化建设问题，或者说，寄宿制学校遭遇的诸多问题都是由于标准化建设、保证和投入不够造成的。所以，当前和今后工作的当务之急，是放慢学校布局调整步伐，把工作的重心放在构建义务教育均衡发展格局、加大学校标准化建设力度上，关键是以实现教育治理现代化为目标，转变政府职能和简政放权为重点，深化教育管理体制改革，明确政府责任，建立健全公共教育服务体系，提高公共教育服务水平，深入推进人才培养、考试招生制度、办学体制、管理体制、保障机制等方面的改革，唯有这样，很多问题才能迎刃而解。当前，应重点推进以下四个方面的工作。

一是优化评价标准。此前，云南省分别于 2010 年和 2014 年颁发了《云南省教育厅关于印发普通中小学校办学行为若干规定的通知》（云教〔2010〕8 号）和《云南省教育厅关于印发云南省农村寄宿制学校管理办法（试行）的通知》（云教基〔2014〕1 号），对云南省寄宿制学校的发展提供了指南，同时，也有一些新面临

的问题没有涉及，所以上级教育主管部门还要根据寄宿制学校发展面临的系列问题，促进管办评分离，推进政事分开、权责明确、统筹协调、规范有序等，要适时修订和调整学校建设发展的相关评估、验收和建设标准，做好顶层设计，改进教育管理体制，比如增加安保、后勤、校医、心理辅导等人员编制，使各个学校都能按照学校规模配足专职的宿舍管理员、炊事员、生活教师、安保人员和校医等；增加专业教师的编制和培养力度，规范学校的办学行为。

二是保障经费投入。《国务院关于进一步完善城乡义务教育经费保障机制的通知》(国发〔2015〕67号)中明确提出，从2016年1月起，在义务教育经费投入上要"建立城乡统一、重在农村的义务教育经费保障机制"，核心是"整合农村义务教育经费保障机制和城市义务教育奖补政策，建立统一的中央和地方分项目、按比例分担的城乡义务教育经费保障机制"，并专门指出"县级人民政府要加强县域内教育经费的统筹安排，保障规模较小学校正常运转。"《国务院关于统筹推进县域内城乡义务教育一体化改革发展的若干意见》(国发〔2016〕40号)又进一步强调"财政部门和教育部门要积极建立和完善城乡统一、重在农村的义务教育经费保障机制。"对滇西贫困地区来说，地方财力都普遍不足，如何贯彻好这一通知，盘活资金，千方百计地保障经费的投入是头等大事，也是难事。为此，国家和省州政府要用好国家政策，进一步完善经费投入机制，继续加大教育的财政投入力度，尤其是对地方的转移支付力度，增加专项经费的投入，除了保证教学楼、学生宿舍、体育场馆、学生食堂、信息化设施、配备校车等"大件"建设有充足的资金外，还要特别考虑到教师和学生其他基本生活设施的投入，即把教师周转房以及诸如安保室、医务室、娱乐室、浴室、教师厨房等不能通过立项争取到建设基金的小项目设施建设纳入经费支持范畴。同时，还要从构建义务教育均衡发展格局的战略高度，加强对"弱校""小校"的资金投入和扶持力度。

三是完善教师队伍建设机制。教师素质是决定寄宿制学校能否办好的关键。为此，要按照国务院颁布的《乡村教师支持计划(2015—2020年)》积极谋划和落实，建立合理有效的激励机制，让教师能看到发展的希望，生活的舒心，安心从教。首先，要建立长效的教师培训机制，给教师搭建成长发展的空间和平台，切实提高寄宿制学校师资的业务能力。其次，要建立科学的人才招聘机制，把更多更年轻、更有为、更富有活力的教师引进来，优化教师队伍结构。再次，要建立温情的教师关怀机制，切实关心教师的生活和身心健康，针对教师的住宿难、吃饭难、成家难、进城难、评职称难、待遇低等问题，逐一加以改善。最后，要建立合理的交流机制，扩大优质教育资源覆盖面，发挥优质学校教师的辐射带动作用，合理调配老、中、青教师比例，使优秀校长和骨干教师在城乡之间、校与校之间能合理流动，为优秀校长和骨干教师搭建更加广阔的发展平台，消除他们永远要待在山沟或偏远乡镇的顾虑，让教师们有盼头。

四是改革创新学校管理机制。与以往的走读制学校不同，寄宿制学校是一种全新的办学模式，管理和办学的方式也自然不同，所以必须剔除过去的陈旧观念，创新和实施新的管理模式，把改革和完善相关管理机制贯彻始终，围绕寄宿学生的吃、住、行、学、乐等，制定和完善一系列规章制度和管理办法，完善学校目标管理和绩效管理机制，各地除了要主动出台落实国家、省、州各项制度的配套实施办法外，还应针对自身实际，出台和创新自己的制度，比如针对学生心理问题，建立有效的心理疏导机制；针对教师问题，建立有效的培养和激励机制；针对教辅人员不足问题，建立灵活的用人机制；针对校园环境不足，建立有效的校园美化和提升机制，形成良好的校风；针对教育质量不高的问题，建立教学方法改革创新机制，多方位、多层次开展自主学习和教学互动，调动教师和学生的积极性；等等，这样才能实现管理的科学化、合理化、属地化，为学生提供良好的学习和生活环境，提升办学水平。

2. 积极吸纳社会资源，加快形成社会联动和合作机制

教育向来是个系统工程，事关全局，决定着社会发展的动力和方向，也需要全社会的支持和配合，所以要解决寄宿制学校面临的诸多难题，必须建立起有效的社会联动和合作机制，依靠社会各界的力量，整体构建，系统推进。为此，国家和各级地方政府应该尽快出台和完善相关制度，让更多的社会力量来参与和支持教育事业的发展。

一是大力推进家庭教育。父母是孩子的第一任老师，家庭是孩子的第一所学校，要解决寄宿制学校面临的育人困境，必须依靠和重视家庭教育，让家庭教育成为学校教育的重要补充和延伸。在调研中，我们常常遗憾和揪心地发现，诸多发生成长障碍甚至成长危机的学生，究其原因，固然有多种因素，但绝大部分都与家庭教育缺失或误导密切相关：一方面社会结构的迅速变迁，使得传统的家庭结构快速解构，大量的单亲家庭、孤残家庭、隔代家庭、贫困家庭、富人家庭产生，随之而来的是单亲儿童、留守儿童、孤残儿童、自闭儿童等日益增多，这种家庭对儿童的教育天然地不完整，而寄宿制学校的学习，无疑又进一步加大了这些儿童与父母的疏隔和界限。另一方面，在社会发展大潮和各种观念流的推动下，一些即使是完整的家庭，也失去了教子的方向，有的迫于生计，无暇顾及子女教育；有的虽然富足，却忽略父母的责任，把子女仍在一边，以物质"化"之；有的虽然职位和文化高显，却缺乏科学的育人观念，让小孩过分追求变异或扭曲的"成功"；更令人遗憾的是，这其中有相当一部分父母，正好抓住寄宿制学校的便利条件，把孩子一扔了事。与此同时，现行法律法规中又没有就政府在家庭教育中的主导责任做出明确规定，政府在家庭教育工作中责任缺失现象较为普遍，

没有真正形成齐抓共管的工作格局。显然，教育改革、社会转型、家庭变迁等内外部环境的变化，使滇西地区乃至整个国家的家庭教育面临诸多不容忽视的问题和新的挑战，合力解决这一问题对寄宿制学校来讲更是重中之重、当务之急。首先，国家要尽快出台《家庭教育法》，从法律上确认家长的主体责任和政府的主导作用，明确政府、社会、学校、家庭在家庭教育中的责任和义务，明确违反相关法律规范应承担的法律责任，对特殊儿童和特殊家庭规定特别措施，提供更有针对性的指导、支持和服务等。其次，各级政府要大力构建家庭教育服务体系，配置丰富的教育资源，比如，举办稳定的家庭学校、召开常态的家长会、建立现代的通信沟通平台、形成科学的监督管理机制，等等。

二是形成多方参与、多元合作的联动机制。解决寄宿制学校面临的一系列问题，是推进教育治理现代化的重要表现和关键一环，而实现教育治理现代化的一个核心抓手，就是政府、社会、市场等多元主体的互动和参与。第一，大力培育社会机构参与学校管理。引进和确保社会组织的充分而广泛参与是破解难题的新方向，也是必然方向。就当前的情况看，至少可以在以下几个方面进行尝试和试点：首先，把校外的管理交给社会中介机构，比如积极探索客运车辆服务学生的良好机制，让第三方参与校车运营；其次，把课后的第二课堂交给专业性机构，如让社会心理咨询机构参与学生业余生活的引导；再次，把教辅后勤人员等的评聘、培养交给社会培训结构，通过专业化培训后再输送给学校，大力提高寄宿制学校的专业化管理水平，减轻教师的兼职负担；最后，把校园管理和宿舍监管，通过购买服务的方式让社会有资质机构参与，等等。第二，形成有效的联动机制。要在管理的各个环节，联合各个部门构建立体的联动网络，尤其是在交通安全、食品卫生、疾病健康、防灾避险等方面，发挥教育系统之外部门的作用。比如，构建与交通和公安部门的合作机制，加大道路交通安全执法检查力度，严禁农用车、载货汽车违规运送学生；在规模较大的寄宿制学校，商请公安机关设立学校派出所或警务室，协助学校治理周边环境等；进行应对和预防校园暴力教育，提高学生的自卫能力和学校的监控能力。构建与食监、药监和市场监督管理部门的联合机制，加强学校食品安全管理，严格食堂进货渠道和索证管理，落实餐饮具清洗消毒保管措施；坚持食堂从业人员持证上岗制度和食品留样制度；严禁"三无"食品进入校园，严防投毒、食物中毒等事故的发生。构建与消防、地震、气象、环保等部门的合作机制，充分利用讲座、演练、报告会等方式向师生员工传授防火、防水、防震、防雷等各种应对自然灾害的自防、自救技能，切实提高师生员工的自我保护能力。

（二）严格按照政策做好寄宿制学校和小规模学校优化工作

推行乡村小规模学校与农村寄宿制学校的互补策略，办好和保留好一批乡村小规模学校。当前工作的重中之重不是进一步加大撤并力度，而是探讨如何放慢撤并脚步，如何查漏补缺，进一步优化和改善既有格局及后续的学校布局调整工作。而一个关键点就是重新审视和全面认识乡村小规模学校的价值功能，对小规模学校进行科学定位，保留和发展好一批小规模学校，以对寄宿制学校形成积极补充，使寄宿制学校和小规模学校平衡互补发展。

国际经验表明，小规模学校并非中国独有，直到 21 世纪初，全世界仍有约 30％的学校为不到三个班的小规模学校，小规模学校在发达国家与发展中国家都广泛存在。在韩国，小规模学校占农村学校的 33.5％；在美国，农村学生中超过 45％就读于小规模学校；在英格兰，有 2 600 多所小规模小学，其中约 600 所不足 50 名学生。2005 年，印度约 78％的小学只有不到三名老师，55％的学校里学生不足 100 人；根据秘鲁 1998 年的官方数据，有 89.2％的农村小学采用复式教学，37.4％的学校为一师校；在斯里兰卡，有 12％的初等学校(1 252 所)教师不超过四名；而在美国百余年的学校合并历程中，小规模学校也经历了"小是自然生成的"—"小是低效的"—"小是不可取代的"—"小的就是好的"等变化历程①。可见，小规模学校绝对不是我们教育改革发展过程中的过渡形式，相反必然是教育现代化的一个主要载体和未来趋势，而这一价值定位已经得到了党中央的高度肯定和认可。

为此，从 2012 年至今，国家和云南省陆续颁布了《国务院办公厅关于规范农村义务教育学校布局调整的意见》(国办发〔2012〕48 号)、《云南省人民政府办公厅关于规范农村义务教育学校布局调整的实施意见》(云政办发〔2013〕91 号)、《云南省教育厅关于做好农村义务教育学校布局专项规划编制工作的通知》(云教发〔2013〕17 号)、《国务院关于进一步完善城乡义务教育经费保障机制的通知》(国发〔2015〕67 号)、《国务院关于统筹推进县域内城乡义务教育一体化改革发展的若干意见》(国发〔2016〕40 号)等文件。这些文件为我们如何发展和定位小规模学校提供了立体性的政策指南，下一步的工作是如何深入而有针对性地加以落实。就滇西地区来看，主要应从以下几个方面入手。

1. 科学规划、合理架构

楚雄州要以县为单位、县要以乡镇为单位编制农村义务教育学校布局专项规划，充分考虑地方实际，使中小学校布局调整依法依规，有序合理进行。

2. 分步实施、逐步推进

学校布局调整虽然要进行统一规划，但政府绝不能只从方便自己管理、节省

---

① 张雪燕：《农村小规模学校发展政策研究》，武汉：华中师范大学 2012 年博士学位论文，第 8～9 页。

成本的单向度考虑来决策，搞"一刀切"、强行撤并，尤其在撤并工作已经进入尾声和部分"后遗症"已经出现的情况下，更应慎之又慎，每撤并一所学校都必须科学论证、充分考虑各种因素，按条件成熟的先撤并，条件暂不成熟的待条件成熟后再行撤并，或是分年级段撤并的原则进行，着力避免因学校布局调整不当而造成新的辍学现象，力求既推动工作，又维护稳定。

3. 宜并则并、需增则增

《国务院办公厅关于规范农村义务教育学校布局调整的意见》明确要求"原则上每个乡镇都应该设置初中，人口相对集中的村寨要设置村小或教学点"；"已经撤并的学校或教学点，确有必要的由当地人民政府进行规划，按程序予以恢复。"这是一个非常必要和及时的重大政策调整，这么多年的撤并经验表明，学校布局调整不是简单的撤并，而是一个因地制宜、实事求是的不断调整的动态过程，也即是说，并与增是互补的，而不是并了就不动了，对撤并之后带来的问题远远超过好处的学校，则要适时进行恢复，该增加的要果断增加，一定不能把撤并看成是一成不变的事情。从滇西地区目前的情况看，既要审慎地对待每一所想要撤并的学校，也要理性地观察甚至反思每一所已经撤并掉的学校，有些校点需要恢复，有些校点需要通过保护性的投入和建设，使之保留下来。

当然，要办好小规模学校并非易事，是一种"底部攻坚"。为此，必须充分明确小规模学校的办学标准：确定基本价值导向，分类布局调整学校，科学对待小规模学校，建立农村小规模学校基本办学标准。

结　语

教育是阻断代际贫困的关键。我们看到，自学校布局调整以来，滇西地区的寄宿制学校为滇西地区经济社会发展做出了巨大贡献，满足了人民的教育需求，而这都和小规模学校的撤并息息相关。正如教育部《关于实事求是地做好农村中小学布局调整工作的通知》（教基〔2006〕10号）所指出的："近年来，各级政府和教育行政部门高度重视农村义务教育工作，根据各地不同情况，加大了对农村中小学的布局调整。从总体上看，布局调整工作取得明显成效，农村中小学的办学条件、办学效益和教育质量有了进一步提高。但是，也出现了一些新情况、新问题，需要引起高度重视。有的地方工作中存在简单化和'一刀切'情况，脱离当地实际撤销了一些交通不便地区的小学和教学点，造成新的上学难；有的地方盲目追求调整的速度，造成一些学校大班额现象严重，教学质量和师生安全难以保证；有的地方寄宿制学校建设滞后，学生食宿条件较差，生活费用超出当地群众的承受能力，增加了农民负担；有的地方对布局调整后的学校处置不善，造成原有教育资源的浪费和流失等。这些问题，造成了一些边远山区、贫困地区农民群众子女上学的不便，违背了布局调整的初衷，需要认真加以解决。"①所以办好既有的寄宿制学校，保留甚至恢复好一部分小规模学校，形成二者相互补充的发展格局，是努力办好人民满意教育的基本要求，更是当前和今后一个时期滇西地区中小学校布局调整的重点方向。我们相信，经过各级政府、各个学校和全社会的共同努力，滇西地区基础教育的"底部攻坚"一定能取得突破性成果，义务教育的治理现代化一定能如期实现，一定能为打赢脱贫攻坚战提供强大的智力资源，使美丽中国梦的云南篇章同全国一样粲然夺目。

【本报告撰写人：胡锐军。李跃雪制作了图表并进行了校对。作者单位：国家教育行政学院教授、社会科学教研部副主任，云南省永仁县人民政府挂职副县长】

---

① 《教育部关于实事求是地做好农村中小学布局调整工作的通知》，教基〔2006〕10 号，2006 年 6 月9 日。

2016

经典个案报告

"发现经验""读懂实践"是近年来我们关注农村教育发展问题的一个重要取向。过去，人们较多地倾向于"发现问题""干预实践"，这一取向的逻辑假设是作为理论工作者的我们最能透视实践中存在的问题，并能为他们开出妙手回春的药方。事实证明，站在教育实践场域之外的我们并不完全具有解决实践性问题的地方性知识和情境性智慧，恰恰相反，在这方面我们必须谦卑地躬下身来，向实践者请教，向实践者学习！典型个案就是我们向实践者学习的一种途径和方式。

　　阆中教育的最神奇之处是在平凡中见伟大、在朴素中见真理。在城镇化快速发展的今天，"城市"几乎成了"现代"的代名词，"农村"几乎成了"落后"的象征。然而，就是在这片被视为落后的"教育土地"上，阆中教育人"扎根农村教育大地"，创造了发展现代农村教育的奇迹。阆中教育人敢于面对农村教育真问题、敢于真面对农村教育问题，以"遇问题则喜"的心态、以"朴素而幸福"的逻辑、以"创新促发展"的精神，把"不可能"变成了"可能"，把"落后"变成了"新潮"，成为全国各地争相效仿学习的榜样。阆中的教育实践再一次向我们印证了"教育是农业而非工业"的道理。这里所说的农业，强调的不只是把教育视为一个生长的慢过程，彰显地方实践者的主体性，更重要的是只要思想对头、方向正确、尊重规律，无论在城市还是乡村，都可以开创出富有诗意的现代性教育。

　　阆中经验给我们的启示是：我们要确立乡村教育自信！只有建立乡村教育自信，才会唤醒乡村教育人沉睡的主体性，才能认清和激活乡村教育的内在优势，才能回归教育最朴素的本质，实现教育最美好的理想。我们有幸记录今天的阆中教育，并愿为阆中教育的明天作证！

第十一章 朴素而幸福的教育

——阆中市乡村教育改革发展调查报告

概 要

四川省阆中市是国家新型城镇化综合试点城市，同时也是秦巴地区贫困农业县，农村教育基础薄弱，问题繁杂。当地教育管理部门一直致力于解决突出的农村教育问题，促进农村教育发展，经过十几年的探索，逐步形成了朴素而幸福的乡村教育发展理念。近两年，多家媒体对阆中朴素而幸福的乡村教育进行了深度报道，众多教育专家学者相继到阆中考察，朴素而幸福的乡村教育在农村教育领域引起了积极关注，产生了强烈影响，甚至被誉为"乡村文明复兴的希望"。2016年9月，教育部人文社会科学重点研究基地东北师范大学中国农村教育发展研究院调查人员来到四川省阆中市，对这里进行的朴素而幸福的乡村教育开展实地调研。调查人员对朴素而幸福的乡村教育发展背景、基本内涵、主要做法、取得成效和实践经验等进行了概况总结，试图呈现一个地方乡村教育改革发展的完整图景。

阆中朴素而幸福的乡村教育是在 10 多年探索思考的基础上逐步形成的一种乡村教育发展理念。它不是先提出理念进而落实到教育实践中的"植入式"理念，而是在不断的实践尝试中逐步总结凝练出的"内生性"理念，是一个来自教育实践一线的原生态乡村教育发展思想。该思想主张要践行朴素教育理念，追寻幸福教育目标，推进教育内涵发展，让师生过一种快乐而幸福的教育生活。其主要做法包括：用乡村学校原有的底子建设学校；用乡村能给的尊重留住教师；用有乡村特色的社团活动吸引学生；用绿色评价来管好学校；用乡村的"土办法"美化布置校园；用乡村的撂荒土地培育学生的乡土情怀。这些做法取得了丰硕成果，朴素而幸福的教育已经成为中国乡村教育的一张亮丽名片，引导当地的乡村教育迈入了一种稳定向好的乡村教育生态。他们对陶行知生活教育理论进行了现代尝试，获得中国陶行知研究会的高度认可，并获得了全国教育改革创新典型案例优秀奖等多项荣誉。阆中乡村教育发展的主要经验包括努力争取地方政府的大力支持；确立适合的教育理念；形成恰当有效的落地机制；制定周密的推进路径。当然，这些工作的开展都离不开一位有情怀、有智慧、有魄力的教育局长。

　　阆中乡村教育发展的实践探索启示我们，在城镇化大背景下，乡村教育发展要一改待援、追赶、模仿的传统发展范式，应建立乡村自信，走有乡村特色的发展道路。农村教育研究要重视实践智慧的采集，用乡村教育的实践智慧来弥补理论研究的乏力。同时要认识到对乡村教育改革必须抓住核心症结，精准发力，实现乡村教育的自主创新发展。

　　2016 年阆中"立足乡土的乡村幸福教育"荣膺"有根的乡村教育创新奖"，阆中教育被誉为"乡村文明复兴的希望"。在城镇化的大背景下，阆中的乡村教育靠什么吸引了人们的目光？又是靠什么点燃了人们对乡村教育的希望？带着这些好奇和疑问，教育部人文社会科学重点研究基地东北师范大学中国农村教育发展研究院调查人员于 2016 年 9 月专程来到四川省阆中市，对这里开展的朴素而幸福的乡村教育开展实地调研。我们试图通过描述和介绍，带领大家走进地方实践者如何认识乡村、思考乡村教育和改革乡村教育的心路历程，并呈现一幅基于自主思考的创新性教育改革实践的完整图景。

一、阆中教育缘何引发热烈关注？

　　学校租种校园附近的土地，让学生在田地里体验劳动教育；老师和学生一起种菜养猪，校园食堂里就能吃上自家的笨猪肉和有机菜；校园里摆放的是竹板做成的书架、饮料瓶子种的花、树皮做成的花坛；孩子们玩的是易拉罐和木条做成的积木、用稻草编成的跳绳……在这些令人耳目一新的乡村学校里，孩子们是快乐的、老师们是幸福的、家长们是放心的。自 2005 年就在阆中做教育局（教育和科学技术局）局长的汤勇欣慰地说道："11 了，我们倡导和施行的朴素而幸福的乡村教育终于初见成效，并得到了越来越多的关注和认可。"

　　2015 年 5 月 4 日，《中国青年报》以《让乡村学校朴素而体面地活着》为题整版报道了阆中的乡村教育；2016 年《教育家》杂志 1 月刊以近 80 页的篇幅对阆中乡村教育进行了深度报道；2016 年 1 月 27 日《中国教育报》头版、2016 年 2 月 3 日《中国教师报》头版，分别报道《教育的"乡愁"在这里安放》《阆中：办朴素而幸福的乡村教育》，新闻媒体的集中报道引发教育界对阆中乡村教育的高度关注。

2015 年 12 月 26 日，阆中"改善乡村教育生态，为农村孩子未来奠基"案例，获评第四届全国"教育改革创新典型案例优秀奖"；2016 年 1 月 7 日至 10 日，中国陶行知研究会专门就阆中所倡行的朴素而幸福的乡村教育召开了全国现场推介会。会议以"阆中朴素而幸福的乡村教育"为主题，吸引了来自全国 18 个省（市、自治区）的 500 多名会议代表和十几家媒体参会。会议通过专题汇报、成果展示、实地考察等方式向与会的教育行政官员、农村教育研究学者、中小学一线校长和教师们立体地呈现了阆中朴素而幸福的乡村教育。那么阆中到底干了什么？朴素而幸福的乡村教育到底是什么样的呢？

（一）阆中与阆中乡村教育

1. 阆中市简介

阆中市是四川省省辖市，由南充市代管。阆中位于四川盆地东北部，在成都市东北方向，距成都市约 250 公里，在重庆市正北方向，距重庆市约 280 公里。阆中地处巴山山脉和剑门山山脉之间，属于低山丘陵地貌，境内有嘉陵江自北向南穿过。全市辖区面积 1 878 平方公里，共辖 21 个乡、25 个镇、4 个城区街道办事处。2015 年年末，全市总人口 861 237 人，其中农业人口 621 211 人，非农业人口 240 026 人。境内以汉族人口为主，散乱分布着回族、蒙古族、满族、苗族、彝族等 18 个少数民族。阆中属亚热带湿润季风气候区，气候温和，雨水充沛，阳光充足。

阆中历史悠久，文化底蕴深厚，水路陆路交通便利。春秋战国时期就已形成城区，曾是战国时巴国的国都。后来一度做过四川省的省会，现在是全国历史文化名城、世界千年古县、中国优秀旅游城市、国家 5A 级旅游景区。阆中有着重教兴学的优良传统，阆中是川北道乡试的地点，现在仍然保存着全国目前唯一能看到全貌的中国古代乡试贡院——川北道贡院。这里共出过 116 位进士、404 位举人，而且还出现过唐代的尹枢、尹极和宋代的陈尧叟、陈尧咨两对状元兄弟，造就了阆中的科举传奇，为阆中赢得了"科举圣殿，状元之乡"的美称。阆中拥有中国保存最完好的"四大古城"之一——阆中古城，该城立于山环水绕的穴场吉地，其建筑布局也严格遵循风水穴法规划布局，嘉陵江画个圆弧绕城而过，形成了一幅天然的太极图，是中国的风水之都。蜀汉名将张飞在这里镇守长达七年，后被下属杀害，埋葬于阆中古城。

阆中是四川扩权强县改革试点县、国家新型城镇化综合试点城市，同时也是秦巴地区贫困农业县，计划到 2018 年才能摘掉"国贫县"的帽子。盆地边缘的低山丘陵地貌，使得这里的农业不能实现大面积机械化耕作，只能延续传统农耕生产方式，而且地势平坦的耕地面积少，人均耕地较少，农村家庭除了依靠有限的农业产出收入外，大多数年轻人选择了外出务工来增加收入。

图 11.1   阆中鸟瞰

图 11.2   汉桓侯祠

图 11.3   川北道贡院

图 11.4 状元坊

2. 阆中乡村教育概况

阆中市下辖 21 个乡、25 个镇和 4 个街道办事处。2011 年前后基本完成了学校布局调整工作，截至 2016 年年初，全市共有 139 所学校，其中农村学校 101 所，占学校总数的 72.66%。101 所农村学校包括幼儿园 22 所、单设小学 11 所、单设初中 2 所、九年一贯制学校 58 所、高中 8 所。目前全市学生人数不足 300 人的小规模学校有 32 所，占全市中小学总数的近三分之一；不足 200 人的小微学校有 18 所，其中最小的袖珍学校仅有学生 57 人。

全市共有农村班级 1 332 个，占全市 2 308 个班级的 57.71%。其中幼儿园有 362 个班，小学有 623 个班，初中有 264 个班，高中有 83 个班。

全市共有农村学生 41 410 人，占全市学生总数 91 761 人的 45.13%。其中幼儿园在园儿童 10 004 人，小学在校生 19 788 人，初中在校生 8 281 人，高中在校生 3 337 人。

全市共有农村教职工 3 623 人，占全市教职工总数 6 496 人的 55.77%。其中幼儿园有公办教职工 145 人，小学有教职工 1 645 人，初中有教职工 1 422 人，高中有教职工 411 人。农村共有专任教师 3 386 人，占全市专任教师总数 6 037 人的 56.09%。其中公办幼儿园教师 101 人，小学教师 1 615 人，初中教师 1 307 人，高中教师 363 人。

阆中外出务工人员较多，随之形成的农村留守儿童也较多。阆中市教科局提供的数据显示，2016 年阆中市在小学和初中学生中共有留守儿童 18 323 人，其中，小学阶段的留守学生 12 970 人，初中学校里的留守学生 5 353 人。全市义务教育阶段共有学生 50 868 人，其中留守学生占比达到 36.02%。农村义务教育阶段学生共有 28 069 人，而留守学生占到 65.28%。其中，小学留守学生 12 970 人，占农村小学生总数 19 788 人的 65.54%；初中留守学生 5 353 人，占农村初中学生总数 8 281 人的 64.64%。随着布局调整中撤校并点工作的完成,农村寄宿学生显著增多。截至 2016 年,义务教育阶段农村学校寄宿学生共 20 835 人,其中,小学 13 429 人,初中 7 406 人,寄宿生比例为 74.2%。[①]

(二)朴素而幸福的乡村教育的提出历程

朴素而幸福的乡村教育并非是先提出理念进而落实到教育实践中的"植入式"教育理念,从它的提出历程上看,是一个纯粹来自教育实践一线的原生态"内生型"教育理念,即先有近十年的相关教育实践探索,后有对实践的总结升华和概念提炼,形成初步理念后又进一步指导实践三四年,在此基础上再进一步地完善和凝练。

1. 正视乡村教育发展问题

2005 年汤勇任阆中市教科局局长,有着 12 年乡村教育一线工作经历的他深知乡村教育工作的艰难,也深知乡村教育工作的重要意义,所以他上任之后就开始探索如何有效推动乡村教育的发展。

阆中是国家重点扶持的贫困市(县)。全市总人口 85.83 万,其中农业人口 67.52 万,2006 年全市国内生产总值 4.72 亿元,本级财政收入 10 828 万元,农民人均年纯收入 2 889 元。当时,全市有各级各类学校 302 所,在校学生总数 122 929 人。其中单设初中 8 所、九年一贯制学校 60 所、乡镇级以上小学 17 所、村小学 133 所。全市外出务工农民达 20 余万人,有近四分之一的人口在外务工。留守学生占中小学生总数的 63%,在校食宿的寄宿制学生初中为 68%、小学为 41%。[②] 在这种背景下,当时阆中乡村教育发展面临着诸多问题,例如乡村学校生源萎缩、优秀生源流失严重。乡村学校的校舍、教学基础设施设备条件差,平房教室漏风漏雨,寄宿制学校缺少学生食堂、宿舍条件差,很多学校也没有配套的教师宿舍,有宿舍的也是条件特别简陋,教师们都不愿意在学校里住。教师队伍老化、新教师招聘困难、优秀教师流失严重等。

2. 形成有针对性的教育发展思路

面对这些教育问题,2005 年阆中教育部门提出了"一二三四五六"的阆中教育发展总体思路,即弘扬一种精神(忠诚、勤勉、敬业、奉献),突出两个重点(突出教师素质的稳步提升,突出教育教学质量的稳步提升),树立三种观念(树立正确的选人用人观,树立科学的教育发展观,树立辩证的素质教育观),建立四种机制(建立实绩考核机制,建立工作激励机制,建立督导评估机制,建立内

---

① 以上数据资料由阆中市教科局提供。

② 数据资料来自 2007 年阆中市文化教育局报告《扎实推进义务教育均衡发展,努力开创素质教育新境界》。

部监督机制)，采取五种措施(塑造先进典型，强化教育宣传，培育竞争对手，规范招生秩序，整合教育资源)，打造六种教育(打造和谐教育，打造平安教育，打造均衡教育，打造公平教育，打造特色教育，打造实力教育)。

3. 展开朴素而实用的实践探索

在总体发展思路的指导下，阆中开始对如何解决乡村教育中的突出问题开展实践探索。比如在校舍改造问题上，他们结合国家学校布局调整和寄宿制学校建设工程，开始大力改善乡村学校的校舍条件。鉴于经费和土地资源紧张，阆中的学校改造没有像很多地区那样大拆大建、推倒重来，而是确立了因地、因校制宜，宜建则建，宜改则改，宜整合则整合的朴素实用思路。他们创造性地采用了"九个一点"的办法筹措资金，即上级补助一点(含义务教育工程、危房改造工程)、市财政调集一点、承建方垫支一点、乡镇政府投入一点、社会捐资(含浙江教育帮扶)一点、向银行借贷(含世行贷款)一点、撤销后的闲置校产置换一点、学校后勤经费补充一点。2007年前后相继为55所农村义务教育学校新建改扩建校舍20余万平方米、排危12万平方米，总投资9 500余万元，建成寄宿制学校65所，占乡镇级学校的76.4%。2008年"5.12"汶川特大地震后，阆中作为重灾区，获得国家、省灾后恢复重建资金27 800万元，这些资金的注入进一步使阆中城乡绝大部分学校校舍面貌焕然一新，设备设施得到极大的改善。

面对乡村学校撤并闲置和学校周边因农民外出务工撂荒的土地较多的实际情况，2006年开始，阆中又探索了乡村学校建劳动实践基地的做法。其实这么做就是一种很朴素的想法：这么好的土地闲置着多浪费啊，租来随便种点庄稼种点菜，既能有点收成，也能锻炼学生。在这种朴素想法的基础上，阆中确立了"五个一"的目标：建好一片实践基地、办好一个学生食堂、资助一批贫困学生、培育一代四有新人、服务一方经济发展。到2007年，全市乡村学校已经成功创建劳动实践基地82个，总面积129亩，其中种植基地62个，面积88亩；养殖基地20个，面积40亩；科技制作基地1个，面积1亩，形成了阆中中学、天宫中心校、柏垭镇初级中学校、龙坪中心校、朱镇太华基点校、城北小学等一批规模较大、辐射较强、效益较好的示范性劳动实践基地。现在，阆中几乎每所乡村学校都有或大或小的劳动实践基地，坚持了10年之久的劳动实践基地建设已经成为阆中乡村教育的鲜明特色。

面对如何激发乡村学校活力的问题，阆中探索了学校特色活动建设的做法。阆中市教科局发布了《关于打造教育特色的实施意见》，要求乡村学校要结合乡村农业资源、乡村风俗习惯、乡村生活特点等，探索各学校自己的特色社团活动，打造"现代德育特色、真爱教育特色、艺体教育特色、科技教育特色、劳技教育特色、教育管理特色、教学教研特色、队伍建设特色、现代教育技术特色、职业教育特色"等。

4. 形成朴素而幸福的乡村教育理念

经过十多年的探索实践，阆中对如何搞适合自己的乡村教育、搞活乡村教育、搞好乡村教育逐渐形成了一套有特色的做法。在怎么建好学校、怎么吸引学生、怎么留住教师、怎么赢得家长认可等一系列问题上都取得了不错的成绩。2013 年，阆中市教科局局长汤勇对自己实践探索背后的经验进行总结时首次提出了"朴素的教育""幸福的教育"等概念，其后朴素而幸福的乡村教育经常被放在一起使用，随着汤勇《做朴素的教育》《做一个卓越而幸福的教育者》《回归教育常识》等著作的出版，《中国青年报》《中国教育报》《中国教师报》等媒体的采访报道，朴素而幸福的教育理念逐渐成熟，经过加工锤炼后的朴素而幸福的教育理念又成为指导阆中乡村教育再发展的指导思想。

在十多年的实践探索基础上，经过阆中教育管理和实践者的不断反思总结，朴素而幸福的乡村教育已经有了稳定而丰富的内涵，即践行朴素教育理念，追寻幸福教育目标，推进教育内涵发展，让师生过一种快乐而幸福的教育生活。朴素的教育最美，做朴素的教育就是要做一种"远离浮躁，回归宁静""遵循规律，回归常识""顺其自然，回归人性""着眼成长，回归本真"的真教育。[1] 幸福教育是能够让人感受幸福、享受快乐、获得尊严、得到发展的教育。办一所溢满幸福的学校，做一个有幸福感的教育人，为孩子未来幸福人生奠基，让每一个孩子在快乐而幸福的学习生活中健康成长，这就是幸福教育的追求。[2]

二、阆中教育的乡村味道：朴素而幸福的乡村教育实践

阆中的乡村教育为什么会引发那么多的关注？朴素而幸福的教育到底是什么样的？我们通过阆中乡村教育的学校建设、教师留任、学生活动、学校评价和劳动实践基地建设等活动就可以感受到阆中乡村教育朴素而幸福的气息。

(一)用乡村学校原有的底子建好学校

近年来，阆中的农村学校基础设施建设有了很大改观，各项基础设施配备齐全。但是走进这些校园，我们并没有看到耸立的高楼、漂亮的围墙和大气的校门，我们看到的还是一排一排的平房，甚至是木桩稻草搭起来的草房，这与传统认识里贫穷落后的乡村学校看起来并无差异。然而这表面看起来的"简陋"甚至是"破败"丝毫不影响阆中现代乡村学校的丰富内涵，甚至在一定程度上确认了什么才是真正的现代乡村学校。

---

① 汤勇著：《做朴素的教育》，北京：教育科学出版社 2014 年，第 4 页。
② 此部分内容引自阆中市教科局局长汤勇的大会发言稿。

在乡村学校建设问题上，阆中教育管理部门在建设乡村学校时并没有简单模仿城市学校，对薄弱的乡村学校进行大拆大建、推倒重来，而是从乡村教育实际出发，走出了一条用乡村学校原有底子建好学校的发展之路。他们对全市各地的农村中小学幼儿园进行实地考察，对改造方案进行系统设计和周密论证，坚持"因地、因校制宜，宜建则建，宜改则改，宜整合则整合"的整体思路，使全市各地农村学校得到了有效的升级改造。与简单的大拆大建、推倒重来相比，虽然费一番功夫，但是节省了大量的资金，而且保留了乡村学校应有的意味，学校改造的同时兼顾了文化的传承、情感的延续。正如阆中市科教局局长汤勇所说，推倒重来或许简单省事，但那样学生们的母校就成了回不去的从前。

2012年红土中心校学生没有地方就餐，学生食堂问题越来越突出。学校为解决学生就餐问题，准备新建一栋食堂，起初规划推倒校内的一排平房，然后在原址上建一栋新式食堂。但是这个方案遭遇了预算资金短缺的问题，食堂建设几度搁置。一次教科局汤勇局长到该校考察，谈及食堂问题时，汤局长问道："为什么一定要建那种具有高大顶棚的通透大厅做食堂呢？食堂是学生吃饭的地方，只要能为学生提供安全舒适的就餐环境，建什么样的食堂真的不重要。所以改善学生就餐环境不一定非要新建一栋食堂，就算是新建的话也不一定非要建成那种高大顶棚的大厅食堂。根据学校现在的情况，完全可以将现在的这一排小平房改造成一间一间的小餐厅，学生们按照班级或者分成小组在小餐厅里吃饭不也一样吗？就像人们去饭店吃饭，是在大厅的就餐环境好？还是包房的就餐环境好呢？我们不能看别的学校食堂都是大厅式的，我们就把自己包房式的餐厅推倒了重建大厅食堂，那样岂不是既浪费资源，又降低质量吗？"循着这样的思路，红土中心校很快在原有平房的基础上通过装修改造，建成了一排一间一间的学生餐厅。原有的筹措资金不仅没有用完，还有结余，学校又用这部分资金给各个小餐厅配备了消毒柜和电风扇等设备。干净雅致的小餐厅很快就投入了使用，学校根据就餐人数将这些餐厅分配到不同年级和小组，同学们还对自己的餐厅进行了进一步的布置和美化，有的还给自己的餐厅起了别致的名字。经过这样的改造，学生的就餐环境得到了很大改善的同时还衍生出新的餐厅文化，更重要的是这种小型餐厅食堂能够有效避免大厅食堂经常遇到的学生疯跑抢餐、排队拥挤乱闹、端着饭菜来回穿梭相撞等安全问题。后来，他们给这样的学生食堂取了雅致的名字——雅间食堂。

云台学校在20世纪80年代末曾经是在校生近千人的大学校，随着阆中一直严格执行国家计划生育政策（阆中是全国计划生育先进县），人口出生率逐渐呈零增长甚至负增长，加上最近几年很多学生随务工父母到外地读书，还有部分学生寄宿到市区学校读书，云台学校已经变成仅有76人的小规模学校。随着学生和教学班级的减少，很多教室闲置下来，校园旁边的一块运动场地也因长期不用而杂草丛生。2013 年进行学校修缮改造时，原本想将多余的两排平房教室推倒，新建学生宿舍楼，并把学校旁边的运动场进行翻新。但是在规划论证时，有人提出将平房改造为宿舍，可以节约很多资金，也能满足学生的住宿需求。这个方案很快得到大家的支持。现在，云台学校校内的两排平房改造成了学生宿舍和教师宿舍，两排平房中间围出了一个小院落，院子里摆满了学生和老师种植的花木，老师和学生同住一个小院，方便监督管理，也更有利于师生课余时间的沟通交流。校园旁边的老运动场经过清理后，改造成了菜地，成为学生体验劳动教育的实践场地。

金城中心校在半山腰上，当时修建校园的路面时运送石料很不方便，学校就地取材，在校园南边的石堆处通过爆破切割等方式采挖大量石板，为学校建设提供了充足的石料，原来的存在潜在危险的石堆也顺势被处理掉，形成了一个有点低洼的石坑。石坑地势低洼，总有积水，存在潜在危险，学校准备将此处填平修建绿色景观带。但是这种建设方案同样遭遇运送填平土方和建筑石料困难的问题。在教科局和学校领导的多次协商论证后，他们将石坑继续爆破深挖，形成了一个水塘，清理出的石料在周围铺上了石板路，还在水塘旁边建起了一个小亭子。现在水塘能够养鱼垂钓，亭子成为住校老师周末休闲娱乐的场所。近几年学校围绕水塘和楼阁打造的"兰亭"文化也已经初见成效。学校将水塘命名为洗砚池，周围随形就势建设兰亭广场、兰亭书苑、兰亭书壁、兰台，形成校园文化的主体和灵魂；建设以梅、兰、竹、菊命名的四个读书园，以阅读书香作为校园文化的内核；配以墙面文化、门板文化、舞台文化、食堂文化等专题，全面渗透主题文化，全面体现育人功能。原本是存在安全问题的石堆、石坑就这样一步一步地演变成了学校的特色景观区和校园文化建设成果。

类似的学校建设还有很多，洪山镇小学学生大量减少后就把空余的教室改为了功能教室，为学校的每一个社团都配备了专门的活动教室。玉台镇中心校原本在一座叫"禹王宫"的老建筑里，另址迁建后，当地本要将宫殿推倒新建其他校舍，但是教育局出面协调，将宫殿的前殿修缮改造为教师宿舍，后院扩建为幼儿园，节约了一大笔资金。

(二)用乡村能给的尊重留住教师

乡村学校招不来优秀教师、留不住优秀教师是乡村教育发展的全国性困境。阆中在乡村教师问题上也探索了一些朴素的做法，他们用乡村所能给的一切尊重尽力去挽留教师，过去 10 年，阆中全市补充了近 3 000 名教师，大部分都安排到了农村学校。自 2010 年该地区实施农村义务教育阶段学校教师特设岗位计划以来，农村教师得到大量补充，现在全县农村教师中近三分之一都是特岗教师。

2011 年到 2015 年，全市通过特岗教师渠道补充农村教师 901 人，2011 年到 2013 年，三年里招募的 596 名特岗教师，服务期满后有 520 人转正留下，期满转正留在农村工作的比例高达 87%。①

阆中的农村教师都是有宿舍的，教师宿舍几乎成为阆中乡村学校的标配，全市农村地区 3 300 多名专任教师，只要是有住宿需求的，都有教师宿舍。这些宿舍有的是由多余的教室改造而成，有的是新建的教师周转楼房。2010 年以来，全市陆续建成农村教师周转房 1 000 余套。无论是教室改造的平房宿舍还是新建的教师周转房宿舍，都保证一人一间，这些宿舍水电设施齐全，大部分都配有独立卫生间，夫妻双方都是教师的双职工宿舍还是套房，一间客厅，一间卧室。教师宿舍免费住宿，有的象征性收取一些水电费用，有的则完全免费。2014 年在阆中市委市政府倡导的惠民惠教政策支持下，阆中市教科局多方筹措资金 500 万元，为全市乡村教师免费配置了桌、椅、床、柜"四件套"，彻底改善了 3 300 多名农村教师的办公生活条件。这里的很多乡村教师都是周一到周五吃住在学校，周末回家。他们形象地称之为"乡村学师寄宿制"。

由于在学校寄宿的时间较长，教师们和学校附近的村民成了相互帮扶的邻居。村民们经常把自家种的瓜果蔬菜送给寄宿在这里的教师，有时村民家里做农村的土鸡、笨猪肉和野生鱼时，还会把教师叫到家里去吃饭，有的干脆做好送到教师宿舍。教师们也会在利用往返于城市和农村的机会给村民们捎带他们想购买的东西，他们还帮村民在网上买东西，让快递送到他们所在城区，并在周一回来时把这些快递送到村民家里。一些刚从城里分来的特岗教师还会在放学之后到村民家里聊聊天，帮忙干干农活，这不仅更深刻地了解他们的孩子，还更真实地体验了农村生活。

为了留住招聘来的特岗教师，阆中教育系统还在关心教师个人问题上下了很大功夫。他们发现，很多教师不愿意到农村工作就是受限于家庭问题，导致特岗教师期满后离开的主要因素也集中在找对象结婚和避免与爱人两地分居等问题上，年轻教师一旦能在从教的乡村成家立业，工作也就稳定下来，离开的概率会大大降低。为此，阆中市教科局、阆中市教育工会每年都会举行阆中市青年教师联谊活动，参加的对象主要是新招聘来的特岗教师。2015 年阆中市教育工会就举办了以"相约阆中教育·奉献青春智慧·牵手美好明天"为主题的阆中市青年教师联谊活动。来自全市学校的 300 余名青年教师欢聚一堂，共话教育理想，共叙朋友情谊，展示个人风采，展望美好人生。阆中市教科局党委书记、局长、副局长、局纪委书记、各股室及直属单位负责人、各督导责任区相关同志几乎全数到

---

① 此处数据由阆中市教科局提供。

场，充分体现了阆中教育系统对类似活动的重视。另外，他们还利用网络组建了阆中特岗教师工作 QQ 群，借助这些平台经常搞一些书画比赛、诗歌比赛、春游踏青等联谊活动，通过这样的活动给青年教师创造牵手相爱的平台。除此之外，各农村学校还专设一名主管领导和工会主席专门协调解决特岗教师的个人问题，他们通常都会及时了解新来特岗教师的择偶需求，发动周围所有力量帮助介绍对象。局领导有时甚至会对不重视这项工作和未能有效留住特岗教师的学校进行问责。当地教育系统的一位老校长被称为教育红娘，他已经成功地为 5 位特岗教师介绍了对象，并对此项工作乐此不疲。

在努力促成青年教师稳定成家的同时，阆中还实行了一些人性化的关怀，比如将分隔较远的恋人或夫妻调到同一个片区工作，为夫妻双职工提供套房式的教师宿舍。木兰中心校现有教师 40 多人，其中竟然有 11 对教师夫妻，他们大部分都住在学校新建的教师周转房宿舍中。80 后的特岗教师夫妇，去年和前年相继期满转正留校，在学校的帮助下，他们把自己的套房宿舍改造成了一套两室一厅的小房子，新买的轿车停在校园里，3 岁的孩子在附近上幼儿园。他们说这里空气清新、环境优美、没有城市的喧闹嘈杂，还能吃到放心的水果蔬菜，能吃到河里打来的野生鱼，更能吃到家鸡下的土鸡蛋，而且他们认为周围淳朴的民风乡俗更有利于孩子的成长，没有那么多功利的竞争，也没有那么多不想送还不得不送的课后补习班、特长训练班⋯⋯总之，一家三口对现在的生活感到非常满意，甚至在假期里他们也只是短暂回到老家去看看父母就又到学校。

(三) 用有乡村特色的社团活动吸引学生

阆中的乡村学校总是显得很有活力，因为这里的学生和老师除了上课、做操等常规活动之外，还有一项社团活动。阆中乡村学校的社团活动是全市深入推进素质教育的重要探索。"素质教育"已经推进了近三十年，过去很多学校在学生中组织过兴趣小组、第二课堂活动等多种形式的活动，但效果都不明显。往往是检查来时就搞一搞，检查一过就荒废了。另外，伴随着外出务工潮流的兴起，乡村学校对学生的吸引力下降，学生厌学厌校的情况越来越严重，农村学校生源流失加剧。家庭条件逐渐宽裕的农村家长们也希望自己的孩子除了文化课学习之外也能像城里的孩子那样，学些音乐、美术之类的特长。

面对这种新形势，阆中教育管理部门发布了《关于打造教育特色的实施意见》，推出了学校特色社团活动计划，即在乡村学校大搞社团活动，一方面要求学校成立丰富多样的特色社团，将乡村特色和地区特色纳入社团活动，力争使所有学生都至少参加一个特色社团；另一方面教育管理部门采取多种方式为学校搞社团活动提供资金、场地、设施设备以及人员培训等方面的支持。与此同时，教育管理部门将学校社团活动开展情况纳入每学期期末督导评估，考核学校时，社团活动占很大比重。随着社团活动的深入开展，阆中素质教育的推进也获得了长足进步，开始告别"形式化""迎检式"的表面素质教育，进入有内容、有活力的实质素质教育。学生们都很期待每天下午的社团活动时间，家长们也因为孩子们在学校学到了类似特长班的"特长"而感到欣慰。阆中乡村学校社团活动在吸引学生、征服家长的同时，也为搞活乡村教育探索了一条崭新道路。

洪山镇小学是一个偏僻的山村小学，很多学生因为这里的偏僻而转学离开。学校领导到市教科局诉苦，说越来越多的学生转学离开，学生流失严重。市教科局鼓励他们立足乡村，想办法留住学生，建议他们多开展一些适合学生需求的活动。在教科局的引导和支持下，考虑到很多家长和学生都有特长学习的教育需求，洪山镇小学决定在学校开展乡村艺体特色社团活动。

为了能最大限度地满足孩子们的需要，学校调查了学生们的兴趣爱好，最后在调查结果的基础上，结合本校的传统特色和师资优势择优确定了 17 个社团项目。为了保证活动效果，每个社团都选定了有专项特长的教师担任辅导老师，充分利用学校所有的校舍和设备，每天下午的第三节课定时、有效地开展社团活动，并要求社团负责人务必提前安排好活动的内容和形式，认真备课。在准备的过程中，学校遇到的最大困难并不是活动应该怎样有序开展，而是现有的师资条件根本难以满足学生的需求。

比如学生迫切希望学习的古筝和二胡，整个洪山镇小学竟然没有一个老师接触过这两样东西。怎么办？要避开它们吗？可这两项却在学生中有较高的支持率，放弃似乎并不妥。最后，学校决定出钱让有音乐专长的老师利用周末和节假日去城里学习这两门乐器，边学习边教授！技术要自己花钱学，乐器要自己花钱买，虽然付出特别多，但老师们觉得学成后能够和自己的学生一起分享也是值得的。在这样的劲头指引下，很快，洪山镇小学的 17 个特色社团都有了专门的指导老师。虽然是专门的指导老师，但这些老师并不专业，他们往往也是根据自己的兴趣爱好选择担任某个社团的指导老师，开展社团活动时老师和学生一起学，一起进步，教学相长。已经学会的高年级学生还承担了指导低年级学生的任务，依稀再现了当年陶行知倡导的"小先生制"。现在，洪山镇小学的特色活动已经全市闻名，洪山的特色活动社团已经先后斩获省市各级比赛、展览中的多项大奖。

从 2013 年开始，阆中市清泉中心学校在学校原有兴趣小组的基础上陆续建起了"雕刻版画""剪纸""手工制作""泥塑""器乐""阅读""排球""足球"8 个社团，并为每个社团都安排专门的指导老师，配备了相应的活动场所和活动材料，制订出详细的活动方案。学校要求学生全员参与，首先班主任在学生中摸底，让学生根据自己的兴趣爱好报名，然后报给社团活动指导教师，保证每个学生都至少参加一个社团。学校则规定周一到周五的下午最后一节课全校各社团集中开展社团活动。

雕刻版画社团已经成为清泉中心学校的特色项目，在阆中市农村学校中小有名气。学校的围墙文化布置中有两个版面是用雕版装饰的，雕版的主题一是历史名人，二是花草系列。整个教学楼的楼道主要是雕版装饰，主题是名人肖像画。学生食堂的对面围墙也是雕版画，主题是国家领导人。学校还有很多温馨提示语也是用版画制作。2014 年，汤局长到学校检查工作时提出了一个创意，用雕刻版画给教科局的工作人员做一组画像，因为大家工作比较多，不能专门把他们集中起来照相，那样形式也比较呆板，雕版画的指导老师赵云带领学生从网上找到教科局工作人员的照片，主要是工作照和生活照，从制作初稿到刻板，一共做了53 幅肖像版画，很成功，教科局的大楼里专门用这些肖像版画布置了一个墙面供客人参观。

这样的特色社团活动训练的是儿童喜欢的特长，不同于城里孩子的特长班训练，尤其不同于城里孩子带着考级、拿证等诸多功利诉求的所谓特长训练。

（四）用绿色评价来管好学校

评价是一支指挥棒，阆中乡村教育改革与发展就抓住了这支指挥棒。在学生评价和学校发展评价问题上，阆中推出了绿色评价体系。如果说前面实行的特色社团活动是落实朴素而幸福的乡村教育实践的巨大推力的话，那么阆中所推出的绿色评价体系就是落实朴素而幸福的乡村教育的强大引力。在学生评价问题上，阆中市经过多年的探索，结合国家相关政策和本市实际，制定了《阆中市义务教育阶段学生综合素质评价实施方案（试行）》。该方案确立了学生评价的发展性原则、激励性原则、客观性原则、科学性原则以及主体性原则等基本评价原则，建立了包括学生品德发展水平（行为习惯、公民素养、人格品质、理想信念），学业发展水平（知识技能、学科思想方法、实践能力、创新意识），身心健康发展水平（身体形态机能、健康生活方式、审美修养、情绪行为调控、人际沟通），兴趣特长养成（好奇心求知欲、爱好特长、潜能发展）4 大领域的评价指标体系。其中传统评价最为看重的学业发展水平指标所占的比例仅占整体评价的 40％，兴趣特长养成指标则占到了整体评价的 10％。在这样的综合素质评价体系下，所谓学生的好成绩不再是单纯的考试高分的好成绩，而是一种反映学生全面素质的真正好成绩。

绿色评价体系还体现在对学校的导向上。教育管理部门会将对学生的综合评价结果纳入对学校的考核中来。例如《阆中市教育和科学技术局关于组织 2016 年学生综合素质抽样评价工作的通知》中就将操行评定、文化学科质量监测、体质检测、动手实践操作能力测试、艺术素养测试及特长展示五个方面列入评价项目。最后测试的综合成绩呈现时按照体质检测成绩×15％＋动手实践操作能力测试成绩×10％＋艺术素养测试及特长展示成绩×20％＋文化科测试成绩×55％的方式进行计算。这里艺术素养测试及特长展示部分的比例已经占到20％。而且对于这种综合评价成绩的使用上，文件明确指出该成绩将作为评价学校的重要依据。在这样的绿色评价体系指引下，各学校应试教育的压力得到有效缓解，也为学校大搞特色社团活动提供了更多的时间和空间。

用绿色评价体系管好学校还体现在普通高中的管理方面。阆中市教育管理部门发现，过去几年中，农村高中生考取大学本科的比例都不到10％，有的农村高中甚至一个本科也没有。在这种形势下，为了这不到10％的学生让整个农村高中都去拼高考就显得有些不值得。高强度和严要求下的农村高中不仅没有逼出来好的高考成绩，反而使学校陷入了一种死气沉沉的氛围中。面对渺茫的升学希望，老师和学生都显得疲惫不堪，有的学生干脆放弃了努力奋斗，开始混日子，于是滋生了很多思想和行为的偏差问题。面对这种教育现实，阆中市教科局大胆提出了不给农村学校设定高考指标，学校考试成绩仅占学校考核整体比重的20％的全新评价政策。这项政策一出，农村高中的高考升学压力顿时缓解了很多，他们再也不用担心完不成高考指标任务了，当然，也不用逼着老师和学生们去拼希望渺茫的高考了。农村高中柏垭中学高三班主任覃老师谈到了这项政策给自己学校带来的一些变化时，他说学校没有那么大的升学压力后就开始在高中生中间搞一些特色社团活动，学生们根据自己的兴趣爱好加入了各自的社团，老师们也根据自己的专业特长和兴趣担任社团的指导老师。每天下午的最后一节课，全校各个社团都开始搞自己的活动，广播社团在校园里开始播音、灯谜社团忙活着在食堂里挂灯谜灯笼、话剧社团舞弄着他们的服装和道具排练节目、健美操社团则在动感的音乐里伸展跳跃，整个校园的氛围也逐渐活跃起来。最令人意想不到的是，这两年学校的高考成绩不仅没有下滑，反而出现了一定程度的提高。有些农村高中还因为特色社团活动搞得好而受到市教科局的表彰。

(五)用乡村的"土办法"美化布置校园

阆中乡村学校的校园给人一种朴素的美感。因为校园里的很多东西都是用所谓"土办法"制作的，大到房屋书架，小到花盆、标志牌，很多东西都是使用当地特有的材料或者废弃的材料，经过周密设计加工而成。所以阆中的乡村校园布置和美化有三个方面的特点：一是材料方面凸显了就地取材，二是制作方面凸显出师生自己动手，三是风格方面凸显了乡土风味。

红土中心校有一面种植墙，墙上镶嵌了木板，木板上摆放着一排一排各式各样的花盆植物。这些花盆都是用各种废弃瓶子做成的，比如把大桶的饮料瓶子的上半段剪掉，下面就成了花盆，把洗衣液瓶子上面剪掉做成花盆，废弃的罐头盒子、奶粉盒子都做成了花盆。而且每个花盆上都标着学生的姓名和年级，里面种上他们自己喜欢的花草，学生们对自己的花盆植物精心呵护，课间经常会跑去看看自己的花长没长大，什么时候开花，学生中间还经常评比谁的植物照料得更好。整个一面墙的布置都体现了阆中乡村教育的土办法，墙上的木板就是木桩锯成的，没有经过精细的加工，有的树皮和树洞还清晰可见。木板上的花盆更是五颜六色，各式各样花盆里的植物也凸显了乡土特色，学生们种的并不是名贵花草，除了当地常见的花草外，还有很多同学种的就是菜园里常见的大葱、辣椒、菠菜之类的蔬菜。

师生一起用手绘墙体画来美化校园也是阆中的一大特色。校园的围墙、操场的围墙都被布置了精美的墙体画。与很多学校不同的是，这些墙体画不是雇人喷画的，而是学校的老师和学生一起创作、一起画成的。天宫中心校结合学校租种周边农田开展劳动教育、创编劳动操等特点，想在学校操场的围墙上喷涂一些凸显劳动教育特色的墙体画。学校联系了两三家文化创意公司，说了他们的想法，这些公司最便宜的报价也在 4.5 万元以上，学校一致认为太贵了，花这个钱不值得。校长张克楠决定发动师生们来自己美化这面围墙，他带人利用一个暑假创作了十几幅以天宫学校师生劳动场景为主题的画。有的是画学生围在一起看他们生出的豆芽，有的是画学生们去猪圈里给猪喂食，还有一幅画的是学生们正在做学校编制的劳动操。这些画立刻引起全校师生的兴趣，张校长看到高涨的师生情绪后，决定也不雇人往墙上喷涂了，而是继续发挥广大师生的聪明才智，以学校的美术老师为核心，大家都动手帮忙，把这些他们自己创作的画自己又画上了围墙。就这样，一面反映天宫学校劳动教育特色的墙体画围墙就布置完了，这不仅为学校节省了大量资金，还锻炼了学生和老师，墙体画的创作制造过程充满了师生的欢声笑语，充分反映了乡村学校的原生态场景。而且师生们在校园里经常能看到自己创作、自己涂画又反映自己劳动场景的墙体画，也增添了他们对学校的热爱。

红土中心校也收集了很多传统的儿童游戏，把每个游戏的场景创作成简笔画，并配上游戏的玩法说明，也组织师生一起动手把这些简笔画和文字涂画到学校操场的围墙上，制作了一面传统儿童游戏墙。还有很多学校是用学生自己创作的各种画作挂在围墙上做成学校的景观墙。比如有的是十字绣画、有的是用谷物粮食粘成的画、有的是用废旧纸张做的纸浆画、有的是用山上捡来的各种形状和颜色的树叶做成的树叶粘贴画……总之，阆中乡村学校的围墙上几乎看不到广告公司喷制的彩画装饰，甚至连一些文字材料的宣传板和标示牌也基本都是由学校师生自己刻画。比如金城中心校全校各处的标示牌基本都是学校师生自己动手制作的。他们把树桩截成一片一片的薄木板，在木板上沿钻孔穿绳就做成了可悬挂的标示牌，然后再把标示内容用毛笔写在木板上。

还有一点值得注意的是这些装饰的主题。无论是画画还是雕刻，或者是手工制作，在主题的选择上都凸显了鲜明的乡土风味。他们的作品主题首先是较多地集中在动物、植物以及自然场景、生活场景等方面，不像城市学校里，学生们绘画、手工制作的主题往往集中在汽车、火车、高楼大厦、太空火箭、宇宙飞船之类主题上。其次是作品主题往往跟乡土乡情有关。比如同样画房子，这里的孩子画出的房子是平房灰瓦、木梁角楼式的古代风格建筑，而城里孩子则喜欢画高楼大厦；画生活场景时也是，这里的孩子画的最多的是农业劳作和乡土风俗活动。

　　这样的校园布置和美化工作不仅节约了大量资金，还保留了鲜明的乡土特色，最重要的是学生和老师们亲自动手，积累经验和激发智慧的同时也在学校里留下了美好的回忆，学生们对自己参与美化和布置的校园会有强烈的归属感。爱校、护校的情感从小就获得了很好的培养。

(六)用乡村的撂荒土地培育学生的乡土情怀

　　阆中的乡村学校很多都有自己的劳动实践基地，大到 50 亩左右的大片农田，小到十几平方米的菜园子，总之几乎每个学校都有一块可供师生种植劳作的劳动实践基地。阆中的乡村学校为什么这么重视劳动实践基地建设呢？原来这跟他们对乡村教育的认识有关。正如阆中市教科局局长汤勇所说："乡村教育不是一个地域概念，而是一个文化概念。要有乡土气息、乡村味道，要培养孩子们对农村的感情。"农村学校搞农业劳动教育不是要教孩子们做农民，更不是要把孩子们留在农村，而是要培养他们的乡土情怀。在这样的认识下，阆中的乡村学校大搞劳动实践基地建设，在劳动实践基地的支撑下，阆中农村地区的劳动教育搞得有声有色，逐渐成为阆中乡村教育的一大特色。

　　天宫中心校是阆中最早探索劳动实践基地建设的学校。随着外出务工人员的增多，阆中很多乡村的土地没人种植管理，有的干脆就撂荒无人耕种。2006 年新上任的教科局局长汤勇在天宫学校考察时看到学校前面有一片撂荒的农田，他感慨道："乡村教育还是要有乡村自己的办法，你们能不能联系村委会，把这片荒地租种过来，把它变成孩子们的劳动实践基地？"时任学校校长唐继松随即就和学校领导班子研究了这一动议，并很快落实了租种学校附近土地建设学生劳动实践基地的事情。学校立足实际，统筹规划，先后建起了蔬菜种植场、生猪养殖场和农副产品加工房以及蔬菜大棚，从最初的 10 余亩到现在的 50 多亩，劳动实践基地已经成为孩子们最喜欢的育人场所。2014 年 10 月，阆中市依托天宫中心校劳动实践基地建成农耕文化教育体验园，近两年这里迎来了全国各地的中小学生和教师前来体验、参观，现在又在农耕文化教育体验园基础上建成了阆中农耕文化教育博物馆。博物馆占地 3 500 平方米，建筑面积 1 000 余平方米，辟有农耕历史文化长廊、农耕工具馆、农舍设施馆、生活用品馆、丝绸文化馆、匠铺作坊馆、农耕艺术馆等展区，荟萃农耕工具用品五千余件。正如博物馆题记写到，该馆立足阆中本土，放眼巴蜀大地，可望过往田野家园，可闻旧时鸡鸣犬吠，可见昔日炊烟缭绕，可忆远古逸闻农事，可感岁月沧桑、物是人非，让人顿生一股浓浓乡绪情怀。①

现任校长张克楠对他们的劳动实践基地建设做出如下总结：参与田间劳作的过程是快乐的，茄子、萝卜、白菜，孩子们呵护着自己栽种的作物一天天长大；对丰收的期待是甜蜜的，孩子们在陪伴等待中收获着劳动的经验与智慧，收获着师生间、同学间的情感交流与相互关怀；对成果的分享是幸福的，吃着自己动手种植出来的绿色食品，看着自己的劳动成果帮助了学校里需要帮助的同学，大家的心里充满了温暖。如今，劳动实践基地不仅成了孩子们学习劳动技术的生动课堂，成了他们农业生产的体验场，更是他们亲近农村农业的"开心农场"。劳动成果体现在餐桌上，更深深融入每个孩子的血液中。②

天宫中心校的劳动实践基地建设越搞越大，也越搞越深刻，很多学校都来参观学习。2007 年 12 月，汤勇把全市校长都请到天宫中心校来，一起来观看师生们表演的从种到收的"劳动模拟操"，听一听用快板传唱的"农技、农谚三字经"，到种植养殖基地这个独特的课堂里亲身体验劳动实践带给孩子们的技能、学养和快乐，到食堂里品尝学校自产的新鲜蔬菜、放心肉……为了进一步深化劳动实践教育，学校开始积极研发校本教材，将原来的劳动实践教育课程化、校本化。目前该校已经结合自己的劳动实践基地建设和劳动实践教育，开发了《农村实用技术读本》《食用菌种植技术》《天宫旅游》等校本教材和校本课程。该校师生还在劳动实践中自主创制了"创垎种植"法，有效解决了部分作物在特殊环境中的生长难题，受到了来校参观考察的各级领导、专家的高度评价。全国政协副秘书长、民进中央副主席朱永新教授参观学校实践园地后欣然题词："手脑并用，德才兼具"。

随着天宫中心校劳动实践基地建设的有序开展和显著成效，教科局在全市乡村学校中提出了"五个一"要求，即"建好一个实践场所、办好一间学生食堂、资助一批贫困学生、培育一代社会新人、帮助一方农民致富"，并通过"起用原有学农园地、租用农民撂荒土地、利用并校空置土地、与农业示范基地挂牌合作"等途径，引导阆中地区的农村学校建立自己的劳动实践基地。除了劳动教育实践外，他们还将劳动教育向乡土文化、农业文明等方向进行了拓展，开展了农具展览、乡土艺术保护等方面的活动。

---

① 此处部分数据文字引自《阆中农耕文化教育博物馆题记》。
② 部分文字来自天宫中心校校长张克楠的工作总结报告。

彭城中心校傍着"生态农耕园"的围墙建了一条茅草覆顶的长廊，陈列有耕作的犁头、耙、钉耙、锄头、锹，灌溉用的木桶、木瓢、粪舀子，收割用的镰刀、拌桶、挡席，运输用的背篼、背架子、扁担、棕披肩……并用壁画图解各种农具的名称、用途和使用方法。劳动之余，孩子们就到这里来休息休息，瞧瞧摸摸这些物件，围绕农具展开交流讨论。

红土中心校在师生生活区建起了"农具科普园"，收藏的农具颇为丰富，有的年代久远，有的簇新铮亮。校长介绍说，这其中既有农户捐赠的，也有集市收购的，还有师生自制的。已经"失传"了的，就请老农回忆描述，师生们加工"复原"；体量太大的，就做成"缩微"模型。那段时间，"农艺园"内叮叮当当好不热闹，做木工，当篾匠，老师们做师傅，孩子们跑前跑后做学徒——测量尺寸、比例缩小、绘制图形、打下手，增长了不少见识。

三、阆中教育的丰硕果实：朴素而幸福的乡村教育影响与成效

阆中自 2005 年开始探索朴素而幸福的教育，11 年间，他们从当初的默默无闻到如今的小有名气和颇具成效，阆中乡村教育发展已经取得了丰硕的果实。

（一）打造了一张亮丽的中国乡村教育名片

中国乡村教育给人留下的整体印象往往是面临诸多问题，发展困难重重。这样的刻板印象给中国乡村教育带来的是输血式的帮扶，投钱、招人、给政策……这其实并不利于乡村教育的长远健康发展，尤其不利于办出乡村教育特色。阆中正是在这样的中国乡村教育背景下走出了一条凸显中国乡村教育特色的发展道路，打造了一张记录中国乡村教育通过自身的实践智慧谋变、谋强的亮丽名片。

现在我们提到阆中教育、提到汤勇就会想到朴素而幸福的乡村教育。2005年开始，汤勇走上阆中市教科局局长的工作岗位，有过十多年乡村教师经历的他开始带着他的团队探索"朴素而幸福的"乡村教育发展之路。十多年过去了，他们的探索给阆中乡村教育带来了全新的变化。这里乡村学校校园不再简陋破败，而是雅致清新；乡村学校的学生不再迷茫无助，而是快活阳光；乡村学校的老师不再望城兴叹，而是乐得其所；乡村学生的家长不再失望欲走，而是放心愿留。

阆中用乡村教育发展诠释了什么是朴素而幸福的乡村教育的同时，这张乡村教育名片也获得了更广泛的传播。汤勇和他的团队以"朴素而幸福的乡村教育"为主题陆续出版了《做朴素的教育》等十几部著作，获得了"全国教育改革创新典型案例优秀奖"等荣誉，在乡村教育领域已经产生了重要影响。《中国青年报》《中国教育报》《中国教师报》等主流媒体都对这里朴素而幸福的乡村教育做过专访和报道。每年都有大量来自全国各地的教育管理团体考察学习，中国陶行知研究会还在这里专门就阆中所倡行的朴素而幸福的乡村教育召开了全国现场推介会，并把

中国陶行知研究会下面的农村教育实验专业委员会秘书处搬到了阆中市。

十届全国人大常委会副委员长、中国关心下一代工作委员会主任顾秀莲，全国政协原副主席李蒙、张梅颖，全国人大常委、教科文卫委员会主任委员、国家新闻出版总署原署长柳斌杰，北京大学原校长周其凤，全国政协副秘书长、民进中央副主席朱永新，21世纪教育研究院院长、国家教育咨询委员会委员杨东平，国家总督学顾问陶西平等，以及全国各地乡村教育考察团纷至沓来，人们在这里看到了乡村教育今天依旧旺盛的生命力和不竭的生长力，看到了陶行知生活教育、平民教育在新时期的样板和典范，更看到了这一方教育人对朴素教育的执着坚守、对幸福教育的不懈追求、对乡村教育的一往情深。21世纪教育研究院院长、著名教育学者杨东平先生2013年来到阆中，在考察了十几所乡村学校后，他评价道："阆中的农村学校犹如山野乡间汁液饱满、生动鲜活的奇葩，是第一线的教育家写在大地上的色彩斑斓的答卷"，并题赠四个字"妙不可言"。中国陶行知研究会副会长孟凡杰称赞阆中教育"为中国农村教育把脉、定向提供新鲜经验，阆中的实验成果能够为全国农村教育探索起到引领、推动、带动作用"，中国陶行知研究会会长朱小蔓教授认为："阆中教育很大程度上为破解我国当前'素质教育推进''教育均衡发展''乡村教育出路'三大难题闯出了一条既适合自己也具有很大普遍意义和借鉴价值的路子"。

(二)形成了稳定的乡村教育生态

在乡村教育凋敝挣扎的时候，阆中的做法为乡村教育开辟了一条新路，逐步形成了一种稳定的乡村教育生态。这里乡村教育体系里的校园、学生、教师、教学活动等基本要素运行有序，特色鲜明，而且获得了周围乡民的广泛支持。

在这里，乡村校园找回了乡村教育的自信，他们不与城里学校比高楼大厦、流光溢彩，他们用乡村特有的自然去建好乡村学校，他们重视校园应有的朴素纯真和丰富内涵。这里的乡村教师队伍有效克服了流失，教师编制的灵活管理、教师岗位的合理调整以及对特岗教师的大范围招聘有效地补充补强了乡村教育的师资力量，对各种教师人才情真意切的留用则稳定了教师队伍，他们在这里安心地工作、朴素地生活。教师们在校园里的条件和环境都不输城里的宿舍，便捷的交通和发达的网络让他们不再感到偏远。乡村教师能够按时足额拿到国家和地方给予的补助，也能领到不少的工资，乡村明显低于城里的消费水平让他们感觉自己的收入也不是那么低。阆中的绿色评价体系和大规模的校园特色社团活动让老师们也感觉不到工作压力，至少他们不用像很多城市学校那样总纠结于学生的成绩和学生喜欢的活动如何取舍。这里乡村学校的学生心态阳光、笑容灿烂，他们不眼馋大城市里的车水马龙，偶或燃起的对城里务工父母的依恋也会很快被校园里的欢声笑语冲淡，与其他的学生喜欢周六、周日不一样，寄宿在这里的学生更喜欢周一到周五，校园俨然成了他们快乐的家园。虽然和城里学校的学生环境不一样，但他们在这里也不断地收获着所有孩子童年应有的快乐和成长。这里的教学活动形式新颖、内容丰富、特色鲜明。阆中乡村学校的教学活动早已不再是传统农村教育中那种老教师站在旧黑板前刻板讲授的"老模式"。这里有先进的电子白板、宽敞的功能教室，还有很多乡村特色的教材教具，更为城里学校所艳羡的劳动实践基地，活动式、体验式、探究式、小先生制等各种形式的教学活动每天都在上演，教学内容也不是考试指挥下的语文、数学、英语三大科，体育活动类、乐器训练类、绘画手工类、科学探究类的教育内容随着校本课程和特色社团活动进入了校园，进入了学生绿色评价体系。他们把城里孩子业余时间上的特长班也搬进了校园，音乐、舞蹈、绘画、书法等特长训练都融进了学校每天下午最后一节课的校园特色社团活动中。

这个稳定的教育生态里除了学校内部的校园、学生、教师和教学活动外，还有校园之外的学生家长，他们也是深刻影响教育发展的重要力量。阆中乡村学校的一系列改革赢得了周边村民和学生家长的支持。看到学校搞得热火朝天的特色社团活动，看到很多招来的特岗教师在这里成家立业扎根工作，看到很多外地的客人来参观学习，尤其是看到自己的孩子每天都在欢声笑语里成长发展，家长们开始发自内心地支持本地的学校。那些原本认为乡村学校教育质量低，耽误孩子发展的想法开始转变了，想方设法把孩子带到外地或者送进县城的家长越来越少，这几年甚至开始有人又把原本带到外地的孩子送回来了。家长们的外部支持显著减少了外流的生源，他们放心地把孩子送回了乡村学校，这不仅维持了乡村教育的稳定生态，也让费心劳力地办乡村教育的教育人感到欣慰，这也能鼓励他们为了乡村教育的发展做出更多的贡献。

（三）对陶行知的生活教育理论进行了现代尝试

20世纪20年代，人民教育家陶行知在开展平民教育和乡村教育时创立了著名的生活教育理论，其核心主张包括"生活即教育""社会即学校""教学做合一"等基本命题。面对当时盲目的乡村教育目标，他形象地批判当时的乡村教育"他教人吃饭不种稻，穿衣不种棉，住房子不造林"，"他教人有荒田不知开垦，有荒山不知造林"，强调生活与教育的一致性、共通性，主张教育要与社会生活相联系，与生产实践相结合，为人民大众服务。[①] 面对薄弱的乡村教育条件，他创造性地提出了"小先生制"并创建"工学团"，提倡用穷办法去普及穷人所需要的教育。[②]

---

① 金林祥、李庚靖：《20世纪90年代陶行知教育思想研究综述》，《教育研究》2001年第6期，第78～80页。

② 胡国枢：《生活教育理论的当代价值与世界意义——兼论陶行知生活教育理论的"三全"功能》，《教育研究》1997年第10期，第36～40页。

针对当时浮夸的教学风气，他提出"做中学、做中教、做中求进步""事情怎么做就怎么学，怎么学就怎么教"等务实的教学主张。

陶行知的教育思想为当时的中国教育发展做出了重要贡献，直到今天人们还在探索借鉴陶行知的教育思想。阆中教育就浮现了很多陶行知教育思想的影子，是对陶行知生活教育理论的一种现代尝试。例如阆中要求各个学校重视利用学校周边的荒地、荒山建设劳动实践基地，让学生们在劳动实践中体验乡村情感、锻炼劳动技能、学习农业知识，大搞与乡风、乡俗相关的社团活动，培育学生的乡村情感，这些都是在强化乡村教育与社会生活之间的联系。阆中面对乡村教育的薄弱条件时，也总是进行多种创造性的尝试，例如学校社团活动缺少专业指导教师时，学校就提倡老师和学生一起学习探索，老师边学边教，学生也自己探索学习，老师用自己的学习经历和体验去教学生，自然而然地用到了"怎么学就怎么教"的教学主张。阆中的学校社团里还探索使用了"小先生制"，安排社团内的高年级学生指导刚入社团的新学生，老师自己学会了去指导学生，学会了的老生又指导刚来学习的新生，真正实现了老师和学生一起教、一起学、一起做的"教学做合一"。

阆中的这些做法引起了中国陶行知研究会的注意，很多学会里的专家学者到这里参观考察。2016 年 1 月 7 日至 10 日，中国陶行知研究会专门就阆中所倡行的朴素而幸福的乡村教育召开了全国现场推介会。会议以"阆中朴素而幸福的乡村教育"为主题，吸引了来自全国 18 个省（市、自治区）的 500 多名会议代表和十几家媒体参会。2016 年 7 月，经全国各地专家、学者的推荐，中国陶行知研究会研究决定，由阆中市教科局局长汤勇担任中国陶行知研究会农村教育实验专委会理事长，中国陶行知研究会农村教育实验专委会秘书处设在四川阆中。中国陶行知研究会副会长孟凡杰对专委会挂牌阆中表示热烈祝贺，并给出"学陶师陶六十载，唯有阆中真活新"的高度评价。

（四）取得一系列的发展成绩

阆中乡村教育悄然发生的变革也渐渐引起了更多的注意，陆续受到国家、地方等各级政府的表彰，也迎来了很多学术团体的参观考察和研究报道。

2012 年 5 月，鉴于阆中在义务教育均衡发展、农村薄弱学校建设等方面的优异表现，阆中被四川省委、省政府表彰为"四川省教育工作先进县"。2012 年 9 月又被国务院表彰为"全国'两基'工作先进地区"。2013 年 12 月，二十一世纪教育研究院、中国陶行知研究会发起以"发现美丽乡村教育"为主题的公益评选，阆中凭借特色鲜明的乡村教育理念和实践从参选的全国 75 个地区和学校中脱颖而出，获评"中国 2013 美丽乡村教育"。2015 年 9 月，阆中义务教育均衡发展顺利通过国家验收。2015 年 12 月 5 日，阆中市报送的"县域乡村教育创新发展机制"

参展了北京师范大学举办的首届中国教育创新成果公益博览会，引起观展者的极大兴趣。2015 年 12 月 13 日，阆中受邀参加二十一世纪教育研究院举办的"第一届中国农村小规模学校联盟年会"，并在大会上就阆中市治理小规模学校问题做了大会经验交流。2015 年 12 月 28 日，阆中参加了以"教育奠基中国，创新引领未来"为主题的第四届全国教育改革创新典型案例推选活动，阆中市报送的"改善乡村教育生态为农村孩子未来奠基"案例从全国报送的 1 200 多个案例中脱颖而出，荣获全国教育改革创新典型案例优秀奖，全国政协副秘书长、民进中央副主席朱永新为阆中颁奖。2016 年 11 月 19 日，以"乡村文明复兴与有根的乡村教育"为主题的第四届中国乡村文明发展论坛在国家行政学院举行，阆中"立足乡土的乡村幸福教育"荣膺"有根的乡村教育创新奖"。2016 年 12 月 18 日，由二十一世纪教育研究院等多家单位发起的"第五届地方教育制度创新奖"公益评选活动中，阆中荣获"第五届地方教育制度创新优胜奖"。

四、阆中乡村教育发展的经验：怎么让乡村教育朴素而幸福

阆中的乡村教育发展是怎么实现的？朴素而幸福的乡村教育理论怎么才能落到实处？阆中乡村教育发展过程中的很多实践经验值得我们借鉴思考。

（一）争取地方政府的大力支持

阆中的乡村教育发展离不开当地政府的大力支持。乡村教育发展用钱、用人、用政策，有了这些基本保障，乡村教育才能甩开各种束缚，谋求特色发展。在当地教育系统的积极争取下，阆中教育确实获得了当地政府的大力支持。用当地的话说就是阆中市委、市政府始终坚持对教育"高看一眼，厚爱三分"，始终坚持发展规划优先安排教育、财政资金优先保证教育、公共资源优先满足教育、解决困难优先考虑教育，把"教育优先"变成了实实在在的教育行动。甚至他们开玩笑说，阆中市对待教育有三个"再怎么"：再怎么重视都不为过，再怎么投入都不算多，再怎么支持都不会错。

这些大力支持的背后除了有当地政府对教育工作的重视之外，还有教育系统的努力争取。为了获得政府的大力支持，阆中教育系统经常主动承担市里的大事、难事。"大事、难事看担当"，教育系统主动承担这些任务，用心去帮助政府解决问题，大事、难事扛过去了，教育事业发展了，政府也显得有面子、有成绩，所以教育系统的领导在政府里说话就硬气，就能争取来更多的支持。比如阆中参加全省的合唱比赛，先前文化系统负责，结果阆中成绩排在倒数第一。第二年的比赛在阆中市举办，市里非常重视，教育局艺术团就主动承担了这项任务。他们精选人员、周密策划、认真排练，结果在比赛中获得了第一名。从原来的倒数第一变成正数第一，是教育系统为阆中争了光。所以阆中对教育系统的支持力

度也比较大。2015 年阆中市为进一步优化城区学校布局，全市开启了思源小学、南池小学、凌家坝小学、南池幼儿园等新城区学校建设项目，开启了阆中师范附属幼儿园新建、保宁中学、阆中师范学校扩建等老城区建设工程，在当地土地资源非常紧张的情况下，阆中市还是坚决地为这些工程的建设用地、资金安排给予了最有力的保障。实际上，阆中教育和阆中发展已经形成了一种良性互动。阆中教育为阆中发展贡献力量，发展壮大的阆中则拿出更大资金支持阆中教育发展，获得大力支持的阆中教育也就更有能力为阆中发展做出更大的贡献。

(二)任命一位有情怀、有智慧、有魄力的教育局长

到阆中考察学习的某地领导开玩笑说："你们阆中的经验我们学不了，因为我们找不到一个汤勇这样的局长……"这虽然是玩笑话，但也确实反映出在阆中教育发展中汤勇局长的关键作用。阆中乡村教育发展实践告诉我们，一方教育的健康发展离不开一位有情怀、有智慧、有魄力的教科局局长。

1. 割舍不下的教育情怀

汤勇，1966 年 5 月出生，四川阆中人，1984 年 8 月开始在阆中市共和乡小学校工作，成为一名乡村教师。他在这所乡村小学一干就是 12 年，从普通乡村教师干到教导主任、副校长。1996 年开始到阆中市委组织部工作，汤勇开始了他的行政生涯，从阆中市委组织部干部科副科长、科长，到阆中市人民政府办公室副主任；再到阆中市委组织部副部长、市委党建办主任，2003 年任正科级组织员，并在 2004 年挂职南充市委组织部任政策研究室副主任。正当所有人都以为汤勇要在党政体系里继续高升发展时，2005 年 9 月他选择了回到阆中做阆中市教科局局长。据他本人讲，当时他是有机会选择更大的城市和更热门的领导岗位工作的，但是他选择了教育局这个"清水衙门"，因为干过 12 年乡村教育的他始终放不下改变乡村教育、发展乡村教育的情怀。从文化教育局到教育和科学技术局，有着出色政绩的汤勇同样有多次机会高升其他领导岗位，但他一直割舍不下心中的那份教育情怀，在教科局局长的位置上一干就是 11 年。

2. 日积月累的教育智慧

如果引导人坚持干教育的是教育情怀，那么指导人干好教育的则是教育智慧。汤勇局长用日积月累的方式不断地积累自己的教育智慧。自任教科局局长以来，他始终坚持阅读、思考和写作，以几乎每年出版一部专著的频率锤炼他的教育智慧。2006 年出版了《心灵盛宴》，2007 年出版了《每天给心灵放个假》，2008 年出版了《管理心智》，2009 年出版了《修炼校长力》，2010 年出版了《我的教育心旅》，2011 年出版了《素质教育突围》，2012 年出版了《做一个卓越而幸福的教育者》，2014 年出版了《做朴素的教育》，2016 年出版了《回归教育常识》，11 年共出版了 9 部个人专著。需要指出的是，这不是读者们想象中的局长领头、下面人编写拼凑的文字，而是个人亲自写的著作。这里并未列出他任主编、下面人编写的《特色教育理论与实践：区域性推进特色教育研究》《岁月如歌》等几部作品。

这9部著作都是汤勇一个人每天晚上写一点，积累下来的个人专著。而且这些著作的出版在教育界、学术界产生了不错的反响。《心灵盛宴》《每天给心灵放个假》面市后深受读者欢迎，先后多次再版、重印，并被中共四川省委宣传部、四川省新闻出版局评为优秀川版青少年图书；《做一个卓越而幸福的教育者》一书荣登《中国教师报》"2012年度教育图书价值榜"，并被中国教育新闻网评为"2012年影响教师的100本书"；《做朴素的教育》被《中国教育报》推荐为2014年教师暑期必读书，并入选教育部《2015年全国中小学图书馆（室）推荐书目》；新作《回归教育常识》2016年4月出版面世，深受广大读者欢迎，不到一月便再版印刷。现在，汤勇局长仍保持着每天晚上阅读写作的习惯，因为在QQ群里经常看到他在深夜发出的对教育的感悟，对阅读的分享。

3. 务实躬行的领导魄力

汤勇做局长还有一点比较难得，就是经常下到学校去考察，从教科局网站上的资料看，从2006年到现在，每年都有很多汤勇到全市各地考察学校的新闻报道。阆中属低山丘陵地貌，山路崎岖，早几年道路状况不好时去一所学校坐车加步行就要花上一天的时间，即使是现在道路状况得到大幅改善了，有的学校开车走山路也要一上午的时间。11年间汤勇跑遍了阆中市的所有学校，那些最偏远、最薄弱的学校每隔一两年就会去一次。

他不是走马观花地看学校，而主要是为了了解学校的实际问题，进行现场办公，能解决的当时就解决，不能解决的记下来回去想办法解决。比如他到一些小规模学校考察后，了解到学校因为学生人数少，按学生数发放的教育经费不够用问题。他凭借阆中市被确定为四川省义务教育均衡改革试点县（市）的契机，马上研究制定了适当提高小规模学校公用经费拨付标准，实行公用经费保底拨付措施。2011年不足300人的学校按300人拨付经费，保证每所学校每年的经费不低于15万元，从2014年起又提高到20万元。实际上，国家2014年才出台针对小规模学校"不足100人按100人拨付经费"的指导意见，而阆中类似的政策已经执行了5年之久。在一些偏远学校考察时，他了解到农村学校"招不来、留不住"教师的主要原因是教师们嫌条件差，外面来的教师在这里连基本的生活问题都解决不了，还有就是因为找对象结婚而不得不离开。回去后，他马上研究改善全市乡村学校教师住宿生活条件的方案，千方百计筹措资金，为全市乡村教师配备了包括桌椅床柜的"四件套"，并要求各个学校安排主管领导专门负责年轻教师的个人问题，帮助介绍对象，同时在市教育局层面定期组织青年教师联谊活动，建立特岗教师工作群、网络交流群，定期开展教学竞赛、书画展览、文艺会演等活动，为广大青年教师提供解决个人婚恋问题的联谊平台。

(三)确立适合的教育理念

面对错综复杂的乡村教育问题，阆中树立了三个重要的教育理念，并以此指导整个教育改革发展实践，即一是要认识到没有乡村教育的发展就没有区域教育的公平与均衡；二是没有对朴素教育的践行就没有乡村教育的返璞归真；三是没有对幸福教育的追求与向往就没有乡村孩子的快乐成长。[①]

1. 重视乡村教育

随着城镇化进程的不断推进和城市教育的快速发展，乡村教育日渐衰落甚至有的地方十分凋敝与破败，这是一个不争的事实。乡村学校校舍差，生源逐年递减，小规模学校不断增多，教师队伍难以稳定，办学经费捉襟见肘，学校发展动力不足，缺乏生机活力，教育教学质量低下也的确令人担忧。相比于城市教育，乡村教育处于弱势地位，常常被忽视、被冷落，甚至被遗忘、被边缘化，正因如此，我们更应该正视和重视乡村教育发展。

乡村教育的生存与发展既是乡村孩子与家庭的希望，也是乡村的希望，没有乡村教育的发展，就没有乡村的美好未来。乡村教育的生存与发展能够阻断贫困的代际传递，没有乡村教育的发展，就没有精准扶贫的有效推进。中国广袤大地在乡村，中国教育的希望在乡村，没有乡村教育的发展，就没有教育的真正公平与均衡。

2. 实施朴素的教育

教育本色是朴素的。就如同这个世界上的真理永远都是朴素的一样，就好像太阳每天从东边升起、从西边落下一样；就犹如农作物春天要播种、秋天要收获一样。阆中一直践行朴素的教育思想，就是要做一种"远离浮躁，回归宁静""遵循规律，回归常识""顺其自然，回归人性""着眼成长，回归本真"的真教育。

朴素的教育应该让教育远离浮躁、回归宁静。社会可以浮躁，其他行业可以浮躁，唯独教育不能浮躁。教育是农业，是慢的艺术，是人的事业，需要春风化雨，无声润物；需要不急不躁，从容不迫；需要潜下心来，静等花开，守住一颗朴素而宁静的教育心。

朴素的教育应该让教育遵循规律、回归常识。教育中所蕴含的往往都是一些常识，就像农民种庄稼一样，什么时候播种、施肥、收割，都是基本常识。做教育其实并不需要很多高深的理论，只要遵循相应的常识就够了。教育最基本的常识就是按教育规律办事，遵循孩子身心发展规律，备好每一节课，上好每一堂课，改好每一本作业，做好每一次思想工作，善待每一个日子，呵护每一个孩

[①] 此处部分内容引自阆中市教科局局长汤勇的大会发言稿。

子，守住每一个孩子，过好日子。

朴素的教育应该让教育顺其自然、回归人性。人才不是"培养"出来的，而是像庄稼禾苗一样自己"生长"出来的。教育者能够做到的，就像老农一样，只不过是给他们提供自由生长的土壤、空气、阳光、水分和养料而已。教育应该美好，应该具有美好的人性，应该时刻闪耀着人性的光辉。教育必须充分关注人，关注人性，坚持以人为本，人文关怀，做到目中有人、心中有人。

朴素的教育应该让教育着眼成长、回归本真。反观当下教育，我们的孩子也许成绩很好，然而身体素质却急剧下降，我们的孩子也许分数考得很高，但人文素养严重缺失，我们的孩子也许各个方面能争第一，但却没有了合作精神，我们的孩子也许通过拼时间、拼体力获得名校入场券，最终却付出了失去兴趣与爱好、失去快乐与幸福的代价，当我们静下心来审视教育行为时，一个不得不承认的事实是教育的功利与短视行为，完全远离了教育的本质。教育的本真是发展人，教会人学会做人，让人成为服务社会的人，成为自食其力的人，而不仅仅是对孩子的一味控制，也不仅仅是单纯的灌输知识，更不仅仅是得到一时的片面成绩。

3. 追求幸福的教育

幸福，是一个人真切的内心感受。一个人可以不优秀，也可以不卓越，但不能不幸福。幸福永远比优秀重要。

当下的教育，孩子的升学、就业、成人、成才、成功，这些压力通过应试教育完全压在了无辜的孩子、无助的教师、无奈的校长身上，压在了脆弱而又必须坚挺的教育身上，但最终结果是孩子不幸福，老师不幸福，教育更不幸福。

孩子的成长离不开幸福快乐。对于农村孩子而言，大部分都是留守儿童，父母常年不在身边，亲情与温暖的缺失，心灵与精神的孤单，隔代监护与家教失当，更需要我们给孩子们提供一种快乐而幸福的学习生活，这不仅是教育的需要，也是弥补孩子亲情缺失、抚慰孩子心灵的需要。作为教育人，更不能没有幸福。因为没有幸福的教师，就培养不出幸福的学生，没有幸福的校长，就办不出幸福的学校，没有师生的幸福，就没有幸福的教育。

幸福教育是能够让人感受幸福、享受快乐、获得尊严、得到发展的教育。办一所溢满幸福的学校，做一个有幸福感的教育人，为孩子的未来幸福人生奠基，让每一个孩子在快乐而幸福的学习生活中健康成长。追求幸福的教育一直是阆中永恒的目标追求和永远的价值取向。①

---

① 此处部分内容引自阆中市教科局局长汤勇的大会发言稿。

（四）形成恰当有效的落地机制

一些地区的教育发展也有先进的教育理念、完善的教育政策，但是这些理念和政策都停留在了领导的讲话里、政策的文本里，并没有形成落实到教育实践中的有效机制。阆中朴素而幸福的乡村教育则不然，他们通过一套恰当有效的落地机制确保了先进的理念和政策落到实处，在教育实践中看到实效。对于阆中是如何把朴素而幸福的乡村教育理念落到实处的，阆中市教科局的汤勇局长谈了他的五点认识。

1. 培育教育情怀

要让教师们有奉献教育事业的精神，有为农村教育贡献力量的情怀。阆中的很多教师都是有乡村教育情怀的，他们工作都很投入，把乡村教育当事业做，不是为了谋生、为了当跳板，而是为了丰富人生阅历。现在有的地方教师批改作业很不认真，就是应付检查的，在这种情况下，校长就是傻子，老师就是骗子。他们根本没什么教育情怀。所以，他觉得对教育的引领归根到底还是思想的引领。

2. 领导干部以身示范

汤勇说："我们局长、校长、科长就是最好的教育示范，我们的工作态度就是一个标杆。"各级领导都在亲身践行朴素而幸福的教育理念，各个场合、各种机会反复地谈这个思想，因此在教师、学生和学校的评价上大家也都认这个理。一线的老师理解的可以自己探索着做，不理解的可以模仿着领导做，时间长了，这理念就落地生根了，新来的老师看到领导和同事们都在这么做，他们也就会学着这么做，这就成了一种有根的传统。

3. 对校长和教师进行人文关怀

朴素而幸福的教育倡导教育要回归人性，关爱和尊重我们的校长和教师也是回归人性，我们对他们表彰、给他们买"四件套"、改善他们的生活条件，我们给校长很多权力，尊重他们的意见，尽力帮他们解决困难。校长老师们感到自己责任重大，受到重视，得到尊重，被给予较高的期望，他们就会选择用心来回馈，哪怕自己吃点苦，受点委屈也要把乡村教育的工作干好，所以他们是发自内心地要把我们提倡的朴素而幸福的教育落到实处。

4. 要有策略性的手段和科学的机制

看似不可能完成的工作，如果有了策略性的手段就会顺利完成。同样，再难的工作如果有好的机制，就会很容易推动。阆中落实朴素而幸福的教育时就动用了很多策略性的手段。例如阆中在筹集乡村学校建设资金、落实小规模学校保底经费时，就动用很多策略性的手段获得经费支持。首先是带领教育系统在大事难事上敢担当，主动为市委、市政府分忧，获得了领导的好评与教育投入的话语权；其次是汤勇局长利用个人魅力、人脉资源、当地社会资源，争取资金，为乡村学校发展助力；最后是不搞大拆大建，多利用原青瓦屋面的旧校舍进行仿古改造，既古色古香，又节约了资金。在校园特色活动的开展方面则充分体现了科学的机制设计。一方面从正面引导，要求各个学校大搞特色社团活动，形成落实政策的推力；另一方面从侧面吸引，将学校社团活动组织情况和学生社团活动成绩纳入考核体系，形成政策落实的引力。

5. 要做好沟通协调和舆论宣传

新的理念只有被理解和接受才能落到实处。所以要多同相关人员做沟通，做好宣传。阆中虽然是个县级教育局，但他们创办了自己的杂志《名城教育》，每月一期，刊发一些朴素而幸福的教育文章和较好的实践做法。这些杂志会免费送给当地的校长、老师，还有部分流入家长那里。同时他们还有自己的网站，在阆中电视台还建起了一个科教频道，自办9个栏目，播出各种相关主题节目。借助这些杂志、网站、电视等舆论宣传工具推动工作和宣传造势，朴素而幸福的教育很快就家喻户晓了。

(五)制订周密的推进计划

落实朴素而幸福的乡村教育理念要在实践层面有周密的全盘布局，布局的核心是要让乡村学校走上一条走得通、走得快、走得远的发展道路。如何让乡村学校办得有质量、有品位、有特色、有魅力？阆中的回答是走内涵发展之路。乡村学校的内涵发展，是成就朴素而幸福的乡村教育的重点和关键。为此，阆中提出了践行朴素而幸福的教育，促进学校内涵发展的八大路径，即一是凭借教育质量引领为之开道，二是强化校园文化浸润为之铸魂，三是推广书香阅读为之着色，四是深化课堂教学改革为之筑底，五是推进课程研发为之助力，六是拓展社团活动为之添彩，七是推行绿色评价为之护航，八是保障教师发展为之奠基。①

1. 坚持教育质量引领

教育质量是教育的生命线，没有质量的教育不是真教育。质量不只是分数和成绩，它应是全面的质量、和谐的质量、绿色的质量、整体的质量。他们坚持不唯分数、不唯升学率，不把学校办成应试工厂、不把班级变成应试车间、不把学生搞成应试机器，而是始终坚持追求全面的、健康的、和谐的、可持续的质量——"教育的绿色GDP"，让学生除了学到相应的文化科学知识、获得相应满意的分数和良好的成绩外，还要拥有善良的品质、高尚的情操、顽强的毅力、健全的人格、阳光的心态、良好的习惯、健康的身体、科学的思维、创新的能力。

阆中坚持教育不仅要立足当下，而且要着眼长远，不仅要对孩子眼下的学习负责，而且要为孩子未来幸福人生奠基，不仅要注重对孩子知识的传授与掌握，

---

① 此处部分内容引自阆中市教科局局长汤勇的大会发言稿。

而且要充分关注孩子对知识的创造与运用，不仅要把办学的视野放在为考试而准备方面，而且要把教育的重心放在孩子的成长与成人之上。他们认为教育绝不能办成"世界杯"，而要办成"奥运会"。世界杯以其他队伍的牺牲或者失败为代价，最后造就了一个世界杯的获得者，除了冠军以外，其他球队都是含泪离开赛场的。对于教育，我们更要提倡奥运会，奥运会有300多块金牌，每一个选手都可以根据自己的特长、爱好，选择适合自己的项目参加比赛，展示特长，展现自我，教育需要这样一种百花齐放、成全每一个人的生动局面。

在对待分数问题上，阆中倡导"君子爱分，取之有道"。围绕立德树人目标，深化教育教学改革，规范办学行为，开齐上好每门课程，切实减轻课业负担，强化教育教学常规管理，既为学生成长打基础，又为升学做准备，带着镣铐也要跳出优美的舞蹈。

2. 推行校园文化建设

文化是学校的灵魂。文化对于管理者，是最高境界的管理，对于育人，那就是影响改变、熏陶浸润、潜移默化。学校的一墙一壁，一砖一瓦，一草一木，一廊一道，教室、寝室、食堂、厕所、天花板等，都弥漫着文化的芬芳，都是表达文化的载体。阆中乡村学校里创新的门板画、笑脸墙、种植墙、节日庆典、实践基地等，点亮的是师生的精神世界，书写的是教育的感动与传奇。

阆中市校园文化建设倡导由师生动脑动手参与，对学校的历史沿革、文化传统、办学理念、地域资源等进行深度挖掘整合、积淀创新，充分体现师生味道，彰显独特的文化基因和个性，坚决反对那种劳民伤财、得不偿失的匠人文化、商业文化和形式主义，不断实现从环境文化、参观文化到生活文化、生存文化、生命文化的华丽转身。浓郁而朴素的校园文化既装点了校园，美化了环境，又成为一门生动的课程、一本鲜活的教材、一堂灵动的课堂、一张亮丽的名片，使文化人的育人效应得到充分发挥。

3. 建设书香校园氛围

阅读能够成就不一样的孩子、成就不一样的老师、成就不一样的校园。改变乡村孩子、乡村教师、乡村学校、乡村教育的最好路径是阅读。

阆中坚持用书香唤醒生命中沉睡的潜能，强力推进书香校园建设，营造浓厚的阅读氛围，让书香滋养乡村孩子的精神发育与乡村教师的专业成长，改变师生的形象气质，提振师生精神风貌，改善乡村的教育生态。通过建开放式书屋、书角、书柜、书橱、书架、书壁，把学校里一本本藏书"请"出来，做到师生随手可拿、随地可取、随时可读。通过举办读书班，开设阅读课，开展奖书赠书、分类荐书、经典诵读、师生共读、生生共读、亲子共读、同读共写、读书论坛、读书沙龙、读书成果展评、创办读书手抄报等一系列读书活动，评选表彰"读书人物""读书之星""书香校园""书香班级""书香寝室""书香门第",让阅读走进师生、走进家庭、走向乡村社区,让阅读逐渐成为乡村学校师生的一种生活方式、一种生命状态、一种生存必须、一种高雅风尚。

4. 深化课堂教学改革

课堂是解决教育一切问题的关键所在。阆中市以"有效课堂""幸福课堂"为抓手,深入推进课堂教学改革,把课堂还给学生,突出学生的主体地位,让学生在主动学习、生动学习、能动学习、合作学习、探究学习中,收获知识、能力和幸福。

汤勇局长讲述了他在课堂改革方面提倡的"四有""四动"和"四变"。"四有"即"课前有期待、课中有创造、课后有回味、师生有成长";"四动"即"教师能动、学生主动、师生互动、课堂生动";"四变"即"教师变地位、教育变简单、课堂变有效、学习变轻松"。他们希望在这样的课堂状态之下,最终实现"学讲结合、关系和谐、气氛融洽、质量不错、负担不重"的效果。

随着课堂教学改革的不断深化,孩子们成了学习的主人,课堂变成了孩子们探求真知、放飞希望的生动学堂,讲台成了师生心灵互动、心灵对话、学生展示精彩、师生共同成长的舞台。"有效课堂""幸福课堂"的生成,提升了乡村教育的整体品质。

5. 推进校本课程研发

课程是学校教育的灵魂,是学校教育理念的载体。办适合孩子们的教育,就必须有适合他们成长的课程。阆中市立足国家课程拓展、地方课程实施,激发乡村学校积极研发孩子们成长需要的校本特色课程,包括微课程。如经典诵读课程、孝德教育课程、传统节庆课程、文明礼仪课程、手工制作课程、民间艺术课程、民间体育课程、乡土民俗课程、劳动实践课程、农耕文化课程等,课程体系得到了丰富和发展。

特别是乡村学校劳动实践课程与农村生产生活对接,把农民荒废的土地变成学校素质教育的良田。孩子们在劳动中学会了劳动技能,在劳动中了解了劳动知识,在劳动中品尝到了劳动的喜悦和成果,在劳动中得到了快乐幸福的成长。

6. 开展特色社团活动

没有活动,就没有教育;没有丰富多彩的社团活动,就没有幸福的教育。让学生在社团活动中动起来,让学生有身心成长的空间,有与大自然亲近的时间,有与社会接触的机会,有各种各样的活动可以参与,有自己的节日可以尽情享受,他们身心投入其中,无拘无束,天真烂漫,兴高采烈,其乐融融,他们在每一次活动中,都获得了重新发现自己的机会,都感受到了成长的快乐与愉悦,都享受到了生命在润物无声中的拔节与风采。

阆中的每一所学校都根据自身实际，为学生们提供了丰富多彩的社团活动，辅导老师不专业没关系，老师学生一起学；设备不完善没关系，有活动就有快乐；没有固定功能教室也没关系，食堂、教室也能一室多用。社团活动的常态开展，既丰富了校园生活，使校园生机勃勃，又培养了孩子们的兴趣爱好和个性特长，既让孩子们爱上了学校，爱上了学习，又让他们找到了志同道合的伙伴，在活动中共同参与、共同成长，既迸发了他们的智慧与活力，又让每一个孩子都变得阳光与自信。

7. 实行绿色评价制度

多年来，考试这一唯一的评价方式，让教育教学的一切行为完全指向于分数，让学校与社会、师生与家长一起捆绑在应试教育的战车上，无情地拼杀，哪怕金戈铁马，血肉横飞。如果一个人全部的生命被考试排名所遮蔽，如果我们的教育最终剩下的只有考试，那是十分可怕的事情。虽然考试能够反映学生对相关知识点的学习与掌握情况，但是考试不能考出一切，也不能反映一切，更不能决定一切，因为许多东西是无法从考试中知道的。多一个标准多一个机会，多一把尺子多一批人才。只有多元的评价，才能真正实现个性化的教育，也才能有真正的教育，才能让每一个孩子都能自信地抬起头来。

阆中市正是认识到评价的重要性和问题后，才开始实行绿色评价制度的。实施统一的综合素质评价，统一集中逐生测评，统一发布综合成绩。评价内容包括操行评定、学科质量监测、体质检测、动手实践操作能力测试、艺术素质测评、个性特长测评六个项目。操行评定通过学生自评、同学互评、班主任考评、学校审定几个环节完成；学科质量监测评价测试由全市统一制卷、阅卷；体质检测的项目参照《国家学生体质健康标准》设定；动手实践操作能力测试依据国家课程标准，对学生的实践操作能力进行测试；艺术素质测评根据课程开设"软笔书法、绘画、唱歌"三项必选并逐一现场展示；个性特长测评让学生自选一个特长项目进行展评。

绿色的教育评价，催生出好的教育，给了每一所乡村学校绽放异彩的契机，给了每一个乡村孩子展示精彩的机会，同时也让阆中倡导的朴素而幸福的教育构架得以生动地实施。

8. 加强教师队伍建设

高质量的师资队伍是学校内涵发展的有力保障。发展教育，必先发展教师。从某种意义上说，教育的所有问题都和教师有关，都与教师的素质有关，都跟教师的工作状态有关。

在过去的十年里，阆中市按需补充了 3 000 余名新教师，主要安排到乡村学校、缺编缺科学校任教。新鲜血液的及时注入，为乡村教育的发展带来了生机与活力。为巩固优化农村教师队伍，阆中市及时兑现了农村教师补贴，在绩效工资、职称评定、评优评先等方面向农村教师倾斜，还实行了城乡学校结对帮扶、管理干部上挂下派、城区教师定向支教、乡村教师到城市学校交流学习等制度，使教师产生了对乡村教育、对乡村学校、对乡村学生的眷恋与牵挂，让教师们在提升自己的同时，还能潜心乡村、用心育人。阆中实行了教师全员免费培训，成功举办了"全国教师阅读与专业成长高峰论坛""关爱启蒙者流动课堂"等全国性培训交流活动，促进了乡村教师的专业成长。①

五、阆中乡村教育改革发展带来的启示

（一）乡村教育发展要建立乡村自信

在现代城市文明的冲击下，中国乡村社会被贴上了贫穷、落后的标签，附庸其上的乡村教育自然也难逃落后、薄弱、混乱的刻板印象。然而，纵观人类社会发展的历史长河，乡村社会的落后只是社会发展到特定阶段的暂时表现，乡村社会不会持久地落后。随着社会整体的进步发展，产业结构的转型升级、互联网络的普及提速、交通条件的便捷顺畅，乡村社会与城市社会之间的界限将被逐渐打破，乡村社会将凸显属于自己的优势。乡村教育也将迎来崭新的发展时代。在这个新的时代里，乡村教育与城市教育一样也可以使用社会进步带来的各种便利条件，又可以发挥城市教育所没有的独特教育优势，从而为造就一种新的乡村教育形态提供了坚实的基础。有人说阆中教育发展是奇迹，但是深入剖析阆中教育发展后，我们也许可以说，阆中教育的发展成就是一种必然。因为阆中教育的发展就是恰当地运用了社会进步带来的各种便利，同时又充分发挥了乡村社会的独特优势。阆中的教育发展非常具有前瞻性地迎合了这个时代。为此，我们应更新传统的乡村教育认识，建立起乡村教育的自信，推动乡村教育新时代的到来。

建立乡村教育发展前景自信。乡村教育发展的前景是什么？是持续的破败落后，还是干脆完全消失？显然都不是，结合社会整体进步的大背景和欧美发达国家乡村社会的实践经验，可以预测中国的乡村社会和乡村教育也会迎来新的发展机遇。乡村学校完全可以按照现代的教育理念，利用乡村的自然、社会、产业和文化等特色资源优势，探索出符合乡村社区和儿童特点的现代化教育模式，培养个性全面发展的现代新人。② 当乡村社会的交通、网络、卫生等条件大幅改善后，乡村社会将不再是教育的贫困区。试想是高楼林立、车水马龙、远离自然的城市更适合开展教育活动？还是环境优美、宁静雅致、亲近自然的乡村更适合开

---

① 此处部分内容引自阆中市教科局局长汤勇的大会发言稿。

② 邬志辉：《乡村教育现代化三问》，《教育发展研究》2015年第1期，第53～56页。

展教育活动？所以我们应该建立起乡村教育的发展前景自信，随着乡村社会的全面改观，乡村或许会成为比城市更适合办教育的地方。

建立乡村教育发展道路自信。乡村教育城市化不是乡村教育的正确方向，中国教育西方化也不是中国教育的正确方向。乡村教育发展不能盲目地走城市教育的发展道路，更不能仅仅依靠追赶城市教育而前进，而应在乡村教育自己的道路上探索前行。乡村有办教育所需的丰富资源，有塑造教育特色的文化积淀。获得充分的经费支持，我们就能改善乡村学校的基础设施，完善交通、覆盖网络、美化校园。获得充分的政策支持我们就能招来数量够用、素质够硬的乡村教师。着力解决好乡村教师生活环境、工资待遇等问题，我们就有希望留住好教师，甚至吸引来好教师。充分挖掘乡村社会的文化资源就有可能办出最有特色的乡村教育。乡村教育走出自己的特色道路后，同样可以引领教育发展，甚至引来城市教育的追赶。

(二)农村教育研究要重视实践智慧

破解乡村教育难题不能仅靠外围智慧的帮扶，还应发动乡村教育的一线实践工作者，调动他们的积极性、主动性和创造性，让乡村教育者用自己的实践智慧去完善乡村教育。乡村教育研究要走进乡村、深入学校，采集乡村教育的实践智慧。

这些年中国的农村教育研究关注了很多问题，取得了丰硕的研究成果，为我国农村教育发展做出了巨大的贡献。随着农村教育的深入发展，那些普遍性的农村教育问题基本上得到了揭示，对于普适性地解决对策也初步形成了共识，但是农村教育问题并未得到全面有效的解决。尤其是面对那些具有区域特征和个案特殊性的农村教育问题时，依据外围的普适性教育研究很难提出有效的应对策略，甚至连根本问题是什么都未能准确揭示。面对这些困境，农村教育研究应及时做出调整，由重问题揭示和对策建议的宏观研究转向发现典型和读懂实践的微观研究，重视对区域性独立教育生态的全方位研究。正如有研究者对中国乡村教育研究进行回顾与总结时指出的那样，当前中国乡村教育研究中规范的学术研究越来越多，研究设计受到重视，但是大多数研究还属于"泛乡村教育研究"抑或"泛农村教育研究"，没有研究背景、研究设计和研究过程的说明，停留现象层面的列举、针砭和对策层面"应然"想象，泛泛而论，基于特定学科和理论视角的深度观察、思考和解释的研究还比较缺乏。[①]

传统的农村教育研究大多遵循着"发现问题—分析原因—提出对策"的传统研

---

① 巴战龙：《中国乡村教育研究进程的回顾与评论》，《湖南师范大学教育科学学报》2009年第9期，第37～42页。

究范式。这里面问题的界定、原因的探析和对策的设计基本上都被教育理论研究者把持，很少有来自教育实践一线的问题解决智慧参与进来。加之城市教育发展被作为教育发展的标杆，客观上造成了乡村教育需要模仿和追赶城市教育的发展压力。这样的研究生态面临复杂的乡村教育实践时显然是无法进行有效应对的。从乡村教育的性质和发展目标上看，乡村教育研究应走出"趋城市性"的惯性轨道，而将现代意义的"乡村性"重建作为重点，[①]强调立足于乡村社会和乡村教育的自主性探索。乡村教育研究要寻找乡村教育发展的优秀个案，看乡村教育自身是如何应对困境、实现发展的。乡村教育研究者应锁定更多的乡村教育发展个案，采集提炼原生态的乡村教育发展实践智慧，丰富乡村教育研究成果。

（三）乡村教育改革要着眼精准发力

乡村教育的问题往往不是单一的教育问题，很多情况下是整个区域性的乡村教育生态圈的问题，通过投钱、进人、盖校舍等粗放式建设往往只能在表面上应对教育问题，但无法从根本上改革乡村教育积弊，让乡村教育重新恢复自身的活力。解决乡村教育问题，要实施精准改革、创新发力，确保针对乡村教育发展症结，建立起适合乡村教育特点的、简单而朴素的教育机制，实现乡村教育的自组织和新活力。

乡村教育发展受到很多因素的制约和影响，各个要素之间又存在相互影响。教师的问题不解决就无法推进课程教学改革，而教师宿舍条件得不到改善就解决不了教师问题，而课程与教学没有显著改善就无法有效提高教育质量，教育质量上不去就会导致生源流失，生源的流失，尤其是优秀生源流失又会反过来加剧课程与教学改革的难度。很多问题是环环相扣、相互影响的，应对乡村教育问题显然不能依照"头疼医头、脚疼医脚"的简单思路进行"对症下药"式的治疗，而应从教育生态圈的视角看乡村教育发展的问题症结所在，对各个出问题的环节实施精准改革方能真正收到预期的效果。阆中在解决人才招聘和教师留住问题时就抓住了几个关键点进行了精准发力、改革创新，从而收到了很好的效果。比如在改善乡村教师队伍问题上，他们找到的症结所在就是教师的生活和工作环境差、个人婚育问题牵绊、工作收入偏低等。找准这些症结，阆中人开始组织力量进行精准改革，通过大力改善乡村学校教师宿舍的住宿条件让其居有所安，通过安排专门人员积极帮助年轻教师择偶成家让其心有所属，千方百计增加乡村教师收入让其劳有所得。这些成体系的教师政策精准地打在了乡村教师人才流失问题的症结上，而且相互呼应，所以收到了很好的效果。

---

① 耿涓涓：《乡村教育研究的转向》，《广西师范大学学报（哲学社会科学版）》2015年第4期，第110～114页。

需要指出的是，这里的精准改革不限于乡村教育内部，还牵涉乡村教育生态圈的稳定运转，各个环节都应得到必要的政策支持。正如阆中市教科局局长汤勇谈到的，一方的教育局局长不仅要懂教育，还要懂经营、懂管理、懂社交，也要会为人处世，这样才能为教育改革发展积累一些好的人脉。处理好这些乡村教育发展的内部因素和外围因素，才能保障乡村教育的持续健康发展。

【本报告撰写人：杨清溪。邬志辉、李伯玲等参与了报告的修改。作者单位：长春师范大学教育科学学院副教授、教育部人文社会科学重点研究基地东北师范大学中国农村教育发展研究院博士后】

参考文献

一、著作类

[001]陈桂生著：《中国德育问题》，福州：福建教育出版社 2006 年版。

[002]范忠有、蔺素琴编著：《班主任工作概论》，太原：山西教育出版社 2012 年版。

[003]高时良、黄仁贤编：《中国近代教育史资料汇编——洋务运动时期教育》，上海：上海教育出版社 2007 年版。

[004]顾明远：《教育大辞典》（第三册），上海：华东师范大学出版社 1991 年版。

[005]贾馥茗总编纂、国立编译馆主编：《教育大辞书 6》，台北：文景书局 1989 年版。

[006]江西省教育学会编：《苏区教育资料选编（1929—1934）》，南昌：江西人民出版社 1981 年版。

[007]刘福国编：《班主任工作概论》，重庆：重庆出版社 1991 年版。

[008]璩鑫圭、唐良炎编：《中国近代教育史资料汇编——学制演变》，上海：上海教育出版社 2007 年版。

[009]陕西师范大学教育研究所编：《陕甘宁边区教育资料（小学教育部分）上册》，北京：教育科学出版社 1981 年版。

[010]宋恩荣、章咸选编：《中华民国教育法规选编（修订版）》，南京：江苏教育出版社 2005 年版。

[011]宋恩荣：《梁漱溟教育文集》，江苏：江苏教育出版社 1987 年版。

[012]汤勇著：《做朴素的教育》，北京：教育科学出版社 2014 年版。

[013]陶行知：《中国教育改造》，北京：人民出版社 2008 年版。

[014]邬志辉、秦玉友等著：《中国农村教育发展报告 2015》，北京：北京师范大学出版社 2016 年版。

[015]邬志辉、秦玉友主编：《2012 年中国农村教育发展报告》，北京：北京师范大学出版社 2014 年版。

[016]吴敬琏：《供给侧改革：经济转型重塑中国布局》，北京：中国文史出版社 2016 年版。

[017]《中国教育年鉴》编辑部编：《中国教育年鉴（1949—1981）》，北京：中国大百科全书出版社 1984 年版。

二、论文类

[001]巴战龙：《中国乡村教育研究进程的回顾与评论》，《湖南师范大学教育科学学报》2009 年第 9 期。

[002]班华：《论班主任的职责与德育的关系》，《小学德育》2009 年第 18 期。

[003]毕诚：《小班化是教育现代化的必经之路》，《中国德育》2016 年第 8 期。

[004]毕婷：《宜宾县班主任津贴"新政"》，《教育》2009 年第 22 期。

[005]蔡永红、雷军、申晓月：《从美国教师流动激励政策看我国城市薄弱学校的改进》，《比较教育研究》2014 年第 12 期。

[006]曹晶：《利益相关者视角下的"异地高考"政策执行研究》，《教育理论与实践》2016 年第 11 期。

[007]曹晶：《农村学校布局调整政策执行偏差及改进对策研究——以县级政府为执行主体的视角》，《教育理论与实践》2015 年第 19 期。

[008]常虎温：《对课堂教学改革理论与实践的认识》，《教育理论与实践》2015 年第 35 期。

[009]陈国华、袁桂林：《学校联盟：农村小规模学校发展的新探索》，《中国教育学刊》2016 年第 6 期。

[010]陈杰：《增加班主任津贴的探索》，《教育》2008 年第 16 期。

[011]陈牛则、彭阳：《我国中小学教师职称评审制度变迁及思考》，《科教导刊》2016 年第 1 期。

[012]陈向阳：《京师同文馆组织结构探析》，《华东师范大学学报（教育科学版）》2005 年第 2 期。

[013]程龙：《高中综合素质评价综合性的缺及其矫正》，《教育理论与实践》2015 年第 29 期。

[014]储朝晖：《重振农村小规模学校需走简政之道》，《中国农村教育》2016 年第 3 期。

[015]褚宏启：《城镇化进程中的户籍制度改革与教育机会均等——如何深化异地中考和异地高考改革》，《清华大学教育研究》2015 年第 6 期。

[016]褚宏启：《新型城镇化与教育行政职能转变——城镇化进程中的教育行政改革》，《教育学报》2015 年第 6 期。

[017]崔丽莉、陈明昆：《农村职业教育适应新型职业农民培育对象之论》，《职教通讯》2015 年第 34 期。

[018]崔玉婷：《北京市普通高中学校的特色类型——以 70 所特色项目学校为例》，《教育科学研究》2016 年第 3 期。

[019]单大圣：《更加注重公平，切实办好人民满意的教育》，《延安大学学报（社会科学版）》2015 年第 4 期。

[020]单丽卿：《"强制撤并"抑或"自然消亡"——中西部农村"撤点并校"的政策过程分析》，《河北学刊》2016 年第 1 期。

[021]丁玉祥、李雪梅：《区域性高中跟进式学科研训的实践与探索》，《教学与管理》2016 年第 7 期。

[022]董树梅：《"后撤点并校时代"农村文化困境突围中农村学校的担当》，《河北师范大学学报（教育科学版）》2014 年第 1 期。

[023]段会冬、王泰宇：《废止抑或转型——普及化进程中高中精英教育的合理性及其出路》，《当代教育科学》2016 年第 10 期。

[024]范先佐、郭清扬：《我国农村中小学布局调整的成效、问题及对策——基于中西部地区 6 省区的调查与分析》，《教育研究》2009 年第 1 期。

[025]范先佐：《农村中小学布局调整的原因、动力及方式选择》，《教育与经济》2006 年第 1 期。

[026]范晓婷、曲绍卫、纪效珲、周哲宇：《我国普通高中学生资助政策执行效果评估——基于 2014 年全国 38 个省级单位的实证分析》，《教育科学》2015 年第 4 期。

[027]冯帮、王思勤：《教育叙事研究：农村中学教师职称评定问题再审视》，《教师教育论坛》2014 年第 12 期。

[028]傅欣：《面向高考综合改革的校本评价认识和策略研究》，《全球教育展望》2016 年第 3 期。

[029]高丙成：《我国幼儿园教师职称评聘的现状与对策》，《幼儿教育（教育科学）》2015 年第 3 期。

[030]葛孝亿：《农村学校布局调整的政策选择：公共理性的视角》，《教育发展研究》2013 年第 15 期。

[031]葛新斌：《关于我国农村教育发展路向的再探讨》，《中国农业大学学报

（社会科学版）》2015 年第 2 期。

[032]耿涓涓：《乡村教育研究的转向》，《广西师范大学学报（哲学社会科学版）》2015 年第 4 期。

[033]郭志明：《从美国"高考"看高中与大学的衔接》，《外国中小学教育》2015 年第 8 期。

[034]何仁毅：《高中集体备课实施难的原因与对策》，《教学与管理》2015 年第 34 期。

[035]何善亮：《江苏省高中课程基地建设的实践探索与理论思考》，《教育科学研究》2015 年第 12 期。

[036]胡锋吉：《学校教育责任论——兼论三句教育口号》，《教育发展研究》2013 年第 6 期。

[037]胡国枢：《生活教育理论的当代价值与世界意义——兼论陶行知生活教育理论的"三全"功能》，《教育研究》1997 年第 10 期。

[038]胡红杏、陈琳：《课程改革对教师观念与教学行为的影响探析——基于甘肃省普通高中研究性学习实施现状的调查研究》，《当代教育与文化》2015 年第 4 期。

[039]胡娇：《义务教育均衡发展关键在于教师发展——基于教育供给侧改革的研究》，《中国教育学刊》2016 年第 10 期。

[040]胡晓娟：《福建省普通高中国家资助政策实施现状及对策研究》，《教育评论》2016 年第 5 期。

[041]黄建红：《广西农村小学师资队伍的困局与破解——以玉林市 A 镇和钦州市 B 镇为例》，《玉林师范学院学报（哲学社会科学）》2016 年第 4 期。

[042]黄梅：《我国职称制度改革面临的突出问题与相关路径探析——基于2013 年全国专业技术人才职称状况调查的分析》，《中国行政管理》2015 年第 11 期。

[043]贾勇宏：《找回农村教学点的必要性与可行性——基于全国九省（区）教师和家长的调查》，《华中师范大学学报（人文社会科学版）》2016 年第 1 期。

[044]蒋瑛、张海洋：《当前我国职称制度存在的问题及改革思路》，《党政干部论坛》2000 年第 8 期。

[045]蒋园园：《构建一个分析异地高考政策执行的新框架：复杂性视角》，《现代教育管理》2016 年第 6 期。

[046]蒋园园：《随迁子女就地高考政策执行复杂性再分析——以北京市为例》，《教育科学研究》2016 年第 5 期。

[047]金林祥、李庚靖：《20 世纪 90 年代陶行知教育思想研究综述》，《教育

研究》2001 年第 6 期。

[048]柯政：《构建统一高中课程体系初论》，《全球教育展望》2016 年第 6 期。

[049]黎光明、牛端：《中美高中教师工作的比较研究》，《上海教育科研》2015 年第 11 期。

[050]李宝庆、吕婷婷、樊亚峤：《高中学业水平考试的阻力与化解》，《中国教育学刊》2016 年第 3 期。

[051]李宝庆、吕婷婷：《高中学业水平考试的制度化困境及应对策略：新制度主义的视角》，《教育发展研究》2015 年第 20 期。

[052]李辉：《内地幼儿园教师工资待遇存在的问题及其成因》，《幼儿教育》2012 年第 36 期。

[053]李佳、袁艳平：《我国农村职业教育发展模式和对策探析》，《继续教育研究》2016 年第 5 期。

[054]李静、王秀兰：《以考试改革与课程设置助推高中"文理合科"》，《教学与管理》2015 年第 22 期。

[055]李梅：《中小学新教师工作满意度影响因素的实证研究》，《教师教育研究》2013 年第 9 期。

[056]李涛：《农村学校布局调整须加速重心转移》，《中国民族教育》2015 年第 1 期。

[057]李文静、徐赟：《改革开放以来我国普通高中学校评价政策的回顾与分析》，《现代教育管理》2016 年第 3 期。

[058]李文英：《战后日本振兴偏僻地区教育的措施及其启示》，《教育研究》2004 年第 12 期。

[059]李向东：《"后撤点并校时代"的应对路径》，《教育评论》2013 年第 5 期。

[060]李学书、金燕娜：《教师生存状态的内涵、特征及其研究价值》，《教育理论与实践》2016 年第 10 期。

[061]李颖、谢思诗：《中德两国高中生数学能力的分析及比较》，《教育探索》2015 年第 12 期。

[062]李跃雪、邬志辉：《城镇化背景下乡村教育发展策略：国际经验与启示》，《比较教育研究》2016 年第 3 期。

[063]林智中、张爽：《从课程实施看香港新高中课程的设计》，《全球教育展望》2016 年第 2 期。

[064]刘翠航：《美国精英高中课程架构个案研究——以西德威尔友谊学校为

例》，《比较教育研究》2015 年第 12 期。

[065]刘航：《农村中小学教师职称评定制度的问题与对策》，《小学校长》2007 年第 2 期。

[066]刘华：《普通高中推行生涯技术教育的瓶颈及其突破——基于中美生涯技术教育比较的启示》，《中国教育学刊》2015 年第 10 期。

[067]刘惠：《我国"异地高考"问题的网络舆情格局分析》，《上海教育科研》2016 年第 6 期。

[068]刘利民：《普及高中阶段教育是一项重大民生工程》，《云南教育（视界时政版）》2015 年 12 期。

[069]刘茂祥、何精华：《论普及高中阶段教育视阈下普通专门高中的建构——基于现代教育善治的分析》，《教育科学》2016 年第 2 期。

[070]刘茂祥：《示范性普高与中职示范校沟通的课程建构初探：高阶技术技能型人才早期培育的视角》，《教育发展研究》2015 年第 18 期。

[071]刘启迪：《高中课程改革如何强化学生的核心素养》，《当代教育科学》2016 年第 12 期。

[072]刘善槐：《我国城镇义务教育学校布局调整研究》，《教育研究》2015 年第 11 期。

[073]刘善槐：《我国农村教师编制结构优化研究》，《教育研究》2016 年第 4 期。

[074]刘文、朱沛雨：《苏北某市乡村小学教师培训现状的研究》，《中小学教师培训》2016 年第 8 期。

[075]刘希伟：《"高考移民"的新动向与治理策略》，《教育发展研究》2015 年第 15 期。

[076]刘欣：《"后撤点并校"时期农村教育资源的重组与利用——基于对湖北省郧西县的调查》，《中国教育学刊》2013 年第 10 期。

[077]刘秀峰：《论新型城镇化背景下我国基础教育均衡发展的四大命题》，《教育与教学研究》2015 年第 1 期。

[078]刘园园：《浅谈高中学生空间思维能力的培养》，《教育理论与实践》2015 年第 35 期。

[079]刘越：《浅析我国城镇义务教育阶段学校大班额问题的现状及对策》，《教育观察》2016 年第 4 期。

[080]刘占兰：《农村学前教育是未来十年发展的重点——〈规划纲要〉确定普及学前教育的重点与难点》，《学前教育研究》2010 年第 12 期。

[081]柳夕浪：《综合素质评价引导学生成为他自己》，《人民教育》2016 年第

1 期。

[082]陆安：《中小学教师职称改革须谨慎推进》，《中国教育学刊》2012 年第
2 期。

[083]陆璟：《综合素质评价推动学校深度变革——上海市普通高中学生综合
素质评价试点解读》，《上海教育科研》2015 年第 12 期。

[084]罗祖兵、秦利娟：《将学业水平考试纳入高考的困境与对策》，《课程·
教材·教法》2015 年第 8 期。

[085]罗祖兵、突出个性：《普通高中综合素质评价的应然价值取向》，《中国
教育学刊》2015 年第 9 期。

[086]马玉芳：《基于职级管理的班主任激励机制探索》，《中国教育学刊》
2014 年第 1 期。

[087]莫于川、肖永生：《重庆市职称改革问卷调查与分析》，《探索》1991 年
第 1 期。

[088]倪娟、马斌：《"课程结构"与"课程管理"转变的相关思考——"江苏省
普通高中课程基地"研究》，《教育研究与实验》2015 年第 4 期。

[089]倪娟、马斌：《课程设计："课程基地"实践视域下的反思——以江苏省
为例》，《课程·教材·教法》2015 年第 9 期。

[090]潘新民、张燕：《教师工作满意度研究的发展概况》，《教育实践与研究
（A）》2012 年第 8 期。

[091]庞丽娟、范明丽：《"省级统筹 以县为主"完善我国学前教育管理体
制》，《教育研究》2013 年第 10 期。

[092]庞丽娟：《加快学前教育的发展与普及》，《教育研究》2009 年第 5 期。

[093]彭春芸、林清玲：《正确对待教师职称评定与论文的关系》，《当代教育
科学》2003 年第 17 期。

[094]浦桂华：《超大班额中学生编排座位的方法》，《文学教育（下）》2015 年
第 8 期。

[095]漆茂喜：《对教学点管理工作的几点思考》，《甘肃教育》2010 年第
16 期。

[096]亓昕、姚晓迅：《边缘化的农村小微学校：现状与反思》，《南京农业大
学学报（社会科学版）》2015 年第 5 期。

[097]齐原：《固始县义务教育阶段区域内择校问题研究》，《学理论》2015 年
第 7 期。

[098]秦俊巧、朱雅琴、赵斌：《河北城镇小学大班额状况调查与分析》，《教
育实践与研究（A）》2015 年第 10 期。

[099]秦旭芳、孙雁飞、谭雪青：《不同办园体制下幼儿园教师的生存状态》，《学前教育研究》2011 年第 10 期。

[100]秦玉友：《农村学校撤并的社会代价反思》，《教育发展研究》2014 年第 10 期。

[101]邱伟光：《以爱与责任践行〈中小学班主任工作规定〉》，《思想理论教育》2009 年第 22 期。

[102]任春荣：《城镇化进程中教学点问题与建设策略》，《华中师范大学学报（人文社会科学版）》2015 年第 4 期。

[103]沈之菲：《高中导师制进一步深化探究》，《上海教育科研》2016 年第 2 期。

[104]施洪亮：《"综合素质评价"改革朝哪里去？——关于"综合素质评价"的冷思考》，《教育科学研究》2016 年第 4 期。

[105]时利民、孟金萍、王宋芳：《优质高中心理活动课存在的问题及其改进》，《教学与管理》2016 年第 19 期。

[106]史宁中、孔凡哲、严家丽、崔英梅：《十国高中数学教材的若干比较研究及启示》，《外国教育研究》2015 年第 10 期。

[107]宋德龙：《高中英语学科关键能力的实证调查与模型研究》，《上海教育科研》2015 年第 7 期。

[108]宋叶姣、宋宇宁：《教师工资结构对薪酬的影响》，《辽宁工程技术大学学报（社会科学版）》2016 年第 6 期。

[109]孙艳霞：《我国台湾小规模学校价值定位与特色发展研究》，《课程·教材·教法》2014 年第 9 期。

[110]田果萍：《"国培计划"农村小学数学教师培训的调查研究——以山西省为例》，《课程教学研究》2016 年第 7 期。

[111]万伟：《普通高中课程基地建设中学习方式变革策略分析》，《全球教育展望》2016 年第 2 期。

[112]汪明帅：《高中综合实践活动的问题透视与路径选择——基于十五位高校专家的访谈报告》，《全球教育展望》2015 年第 10 期。

[113]汪卫平：《后撤点并校时代的农村义务教育的困境及其治理》，《现代中小学教育》2016 年第 5 期。

[114]王爱民：《农村学校布局合理化路径研究——以江苏为例》，《教育导刊》2015 年第 7 期。

[115]王定华：《关于我国农村义务教育学校布局调整的调查与思考》，《华中师范大学学报（人文社会科学版）》2012 年第 6 期。

[116]王定华：《我国义务教育均衡发展之进展》，《课程·教材·教法》2015年第11期。

[117]王凤羽：《农村职业教育经费投入国际比较》，《会计之友》2016年第3期。

[118]王海兵、胡德刚：《高中英语写作教学需培养的三种意识》，《教学与管理》2016年第7期。

[119]王海燕：《教师培训的意义回归》，《教育科学研究》2011年第12期。

[120]王红光、王红、王彦光：《互联网时代背景下京津冀地区农村职业教育发展模式》，《民营科技》2016年第2期。

[121]王洪席：《高中学生综合素质评价：误读与澄清》，《中国教育学刊》2016年第3期。

[122]王建：《论普通高中特色课程建设的理论依据及实践意义》，《教育探索》2015年第8期。

[123]王建磐、汪晓勤、洪燕君：《中、法、美高中数学教科书中的数学文化比较研究》，《教育发展研究》2015年第20期。

[124]王立华、李增兰：《我国中小学班主任工作的历史考察与当代发展》，《当代教育科学》2007年第Z2期。

[125]王立华：《中小学班主任工作改革三十年的回顾与展望》，《班主任之友》2009年第1期。

[126]王丽燕、王星晨：《21世纪以来日本推进"高大合作"的经验及其启示——以广岛县为例》，《外国中小学教育》2016年第3期。

[127]王润、周先进：《高中生综合素质评价监督机制的构建——基于新一轮高考改革的思考》，《教育理论与实践》2015年第26期。

[128]王绍林、彭金祥：《从考试语文到素质语文——试论高考改革背景下的语文综合改革》，《教育探索》2015年第9期。

[129]王树涛：《农村学校布局调整政策逻辑的反思与重构》，《教育发展研究》2015年第10期。

[130]王小明、丁念金：《历史与嬗变：普通高中学生综合素质评价改革十年》，《现代教育管理》2015年第11期。

[131]王欣宇：《高中全面导师制模式探索》，《教学与管理》2015年第28期。

[132]王鑫：《提高班主任津贴刍议》，《河北教育（综合版）》2009年11期。

[133]魏冬月：《义务教育均衡发展与农村教学点的建设研究》，《西部素质教育》2016年第8期。

[134]温化民：《从职称结构看农村初级中学教师队伍建设——以山西省运城

市农村初级中学为个案》，《牡丹江教育学院学报》2008 年第 1 期。

[135]邬志辉：《关于乡村小学课程开设状况的调查与思考》，《生活教育》2015 年第 15 期。

[136]邬志辉：《乡村教育现代化三问》，《教育发展研究》2015 年第 1 期。

[137]邬志辉：《中国农村学校布局调整标准问题探讨》，《东北师大学报（哲学社会科学版）》2010 年第 5 期。

[138]吴根洲、刘菊华：《美国大学先修课程考试性别差异研究》，《教育学术月刊》2016 年第 3 期。

[139]吴宏超：《农村教学点的发展之路》，《教育发展研究》2015 年第 12 期。

[140]吴绚灿、李国强：《高中学科带头人培训需求调查分析》，《教学与管理》2015 年第 36 期。

[141]肖汉：《浅议国外农村职业教育问题》，《新疆职业教育研究》2015 年第 4 期。

[142]肖华平：《中小学教师职称评定中应注意的几个问题》，《教学与管理》2000 年第 10 期。

[143]谢明辉、李学红、史峰等：《纲举则目张——关于〈中小学班主任工作规定〉的讨论》，《思想理论教育》2009 年第 22 期。

[144]刑星：《用"一体化"回应新型城镇化教育热点难点问题——教育部就统筹推进县域内城乡义务教育一体化改革发展等答记者问》，《人民教育》2016 年第 15 期。

[145]熊万曦：《美国公立学术性高中使命陈述的文本分析——基于对〈美国新闻与世界报道〉排名前 100 位高中的研究》，《教师教育研究》2016 年第 2 期。

[146]徐志勇、赵志红：《北京市小学教师工作满意度实证研究》，《教师教育研究》，2012 年第 1 期。

[147]许爱红、彭其斌、李永东：《从经验走向科学：普通高中教学改进的探索与实践——以章丘五中"SCE"项目教学系统为例》，《当代教育科学》2016 年第 8 期。

[148]许放明：《中学教师职称评定中观层面的合理性模式探讨》，《浙江师范大学学报（社会科学版）》2002 年第 5 期。

[149]旭红：《农村小规模学校不能突破底线要求》，《中国教育学刊》2015 年第 11 期。

[150]严虹：《中、新、韩、日四国高中数学课程目标的比较研究》，《外国中小学教育》2015 年第 1 期。

[151]阳德华、王耘、董奇：《初中生的抑郁与焦虑：结构与发展特点》，《心

理发展与教育》2000 年第 3 期。

[152]杨东平：《建设小而优、小而美的农村小规模学校》，《人民教育》2016 年第 2 期。

[153]杨东平：《农村小规模学校的价值和建设》，《中国教师》2016 年第 3 期。

[154]杨东平：《未来农村教育的新图景》，《思想者》2015 年第 22 期。

[155]杨培明：《高中作文教学的语境变迁与视觉美学反思》，《中国教育学刊》2015 年第 11 期。

[156]杨卫安：《当前我国城市义务教育承载力现状与解困之策》，《现代教育管理》2016 年第 4 期。

[157]叶怀凡：《绩效工资背景下教师工作满意度的影响因素探析》，《内蒙古师范大学学报（教育科学版）》2013 年第 8 期。

[158]尹阳红、张建荣：《我国农村职业教育研究文献统计分析》，《成人教育》2016 年第 2 期。

[159]袁贵仁：《以新的发展理念为引领 全面提高全国教育质量 加快推进教育现代化——袁贵仁部长在 2016 年全国教育工作会议上的讲话》，《人民教育》2016 年第 Z1 期。

[160]岳伟：《农村中小学布局调整的公正性反思》，《湖南师范大学教育科学学报》2015 年第 3 期。

[161]曾水兵、万文涛：《农村"小微学校"面临的困境与出路》，《教育发展研究》2015 年第 24 期。

[162]曾新、付卫东：《内生发展视域下农村小规模学校教师队伍建设》，《教育发展研究》2014 年第 6 期。

[163]翟雪辰、汪露露、巨琛琛：《西北地区大班额问题的成因与对策分析》，《基础教育研究》2016 年第 13 期。

[164]张聪、于伟：《高中班主任的教育责任及其限度——责任伦理的视角》，《基础教育》2014 年第 6 期。

[165]张建东：《高中英语课堂评价的有效性再探》，《教学与管理》2016 年第 13 期。

[166]张培：《教师生存状态研究：走向生命关怀》，《中小学教师培训》2006 年第 5 期。

[167]张婷婷：《美国高中大学先修课程的发展及启示》，《教育科学研究》2015 年第 11 期。

[168]张晓震：《二十年不变的班主任津贴》，《教育》2008 年第 16 期。

[169]张旭:《悖论边缘的界定:农村小规模学校发展路径探析》,《中国人民大学教育学刊》2015 年第 2 期。

[170]张旭:《农村小规模学校师资队伍建设的成效与困境——基于全国 1032 名农村小规模学校教师的调查》,《苏州大学学报(教育科学版)》2015 年第 2 期。

[171]张学军、郭梦婷、李华:《高中信息技术课程蕴含的计算思维分析》,《电化教育研究》2015 年第 8 期。

[172]张亚丽、徐辉:《我国义务教育资源配置效率初探》,《教育评论》2016 年第 6 期。

[173]张永久、孙玉丽、陈洁琼:《普通高中必修课程实施分层教育的思考——基于浙江省部分高中的实践》,《教育理论与实践》2016 年第 11 期。

[174]张宇:《我国异地高考面临的困境及政策选择》,《教学与管理》2015 年第 9 期。

[175]张源源、刘善槐:《县域内教师交流的机制梗阻与政策重建》,《中国教育学刊》2016 年第 10 期。

[176]张泽芳:《我国中小学教师职称制度改革探讨》,《考试周刊》2014 年第 25 期。

[177]张正中:《中小学班额超负问题的初步研究》,《云梦学刊》2015 年第 5 期。

[178]张志勇:《改革体制机制促进高中阶段教育健康发展》,《云南教育(视界时政版)》2015 年第 12 期。

[179]张紫屏:《论高考改革新形势下高中教学转型》,《课程·教材·教法》2016 年第 4 期。

[180]赵丹、闫晓静:《农村小规模学校教师资源的现实困境与均衡配置策略——基于河南西部山区两所小学的个案研究》,《教育学术月刊》2015 年第 3 期。

[181]赵慧:《发达地区提升普职分流层级的路径探析》,《教育发展研究》2015 年第 19 期。

[182]赵亮:《后撤点并校时代:重振农村小规模学校》,《中国教育学刊》2015 年第 12 期。

[183]赵鹏程、赵智兴:《山区农村小学"撤点并校"之思——以四川省通江县麻石学区为例》,《教育发展研究》2016 年第 4 期。

[184]赵贞、邬志辉:《撤点并校带来的农村文化危机》,《现代中小学教育》2015 年第 1 期。

[185]赵忠平、秦玉友：《农村小规模学校的师资建设困境与治理思路》，《教师教育研究》2015 年第 6 期。

[186]浙江省温州市梧田第二中学：《班主任职级制实施方案的案例》，《河南教育（基教版）》2009 年第 6 期。

[187]钟和军：《质疑教师职称终身制》，《教育探索》2009 年第 3 期。

[188]周华：《大班额"瘦身"良方何在》，《发明与创新（大科技）》2016 年第 6 期。

[189]周文胜：《农村中老年教师培训的边缘化问题及其对策研究》，《内蒙古师范大学学报（教育科学版）》2006 年第 4 期。

[190]周序、莫丽娟：《精英教育战略背景下新加坡高中项目制课程政策探析》，《比较教育研究》2016 年第 5 期。

[191]周雪涵、张羽：《高中阶段家庭教育成本及其影响因素分析》，《清华大学教育研究》2015 年第 5 期。

[192]周兆海，邬志辉：《工作量视角下义务教育教师编制标准研究》，《中国教育学刊》2014 年第 9 期。

[193]朱广兵、杜宏清：《乡村教师论文写作不能停》，《教育科学论坛》2016 年第 8 期。

[194]朱华伟、李伟成：《特色课程建设推动学校特色化发展——以广州市普通高中特色课程建设实践为例》，《中国教育学刊》2015 年第 9 期。

[195]朱惠平、张爱军、朱有生：《贫困地区农村学校体育师资队伍现状及其发展对策——以甘肃省为例》，《湖州师范学院学报》2016 年第 6 期。

[196]朱俊英、初奕剑：《对青岛市中学体育教师职业倦怠状况的调查研究》，《体育科技文献通报》2016 年第 9 期。

[197]朱沛沛：《高考鼓励性加分项目转入综合素质评价析论》，《上海教育科研》2015 年第 12 期。

[198]朱卫国：《高水平普及 15 年基础教育实证研究——以江苏省发展基础教育战略选择为例》，《中国教育学刊》2015 年第 10 期。

[199]朱益明：《论我国高中生涯教育与指导的原则立场》，《基础教育》2015 年第 5 期。

[200]朱长胜、姜勇：《国外幼儿园教师工资待遇与福利改革的比较研究》，《教育导刊（下半月）》2012 年第 4 期。

[201]朱卓君：《"三高合作"：学校优质教育资源开发的实践探索》，《中小学管理》2016 年第 2 期。

三、报纸类

[001]柴葳：《普及高中阶段教育意味着什么》，《中国教育报》2015 年 10 月 31 日第 001 版。

[002]冲碑忠：《期待专项经费保障班主任工作》，《中国教育报》2013 年 7 月 29 日第 002 版。

[003]储朝晖：《农村小规模学校急需改善和发展》，《中国教育报》2016 年 1 月 6 日第 005 版。

[004]董世华：《寄宿制学校已成农村学校主体》，《中国教育报》2013 年 9 月 26 日第 005 版。

[005]耿建扩：《张家口班主任津贴提高 13 倍》，《光明日报》2010 年 10 月 25 日第 001 版。

[006]郝文婷：《呼和浩特增加中小学班主任津贴》，《中国教育报》2008 年 10 月 22 日第 001 版。

[007]何琳娣、王子阳：《提高中小学班主任津贴标准》，《吉林日报》2015 年 3 月 16 日第 004 版。

[008]胡彦辉：《要提高义务教育阶段学校班主任津贴标准》，《红河日报》2009 年 2 月 8 日第 A01 版。

[009]黄会清、吴晶：《人大代表建议提高中小学班主任津贴》，《中国教育报》2007 年 3 月 7 日第 011 版。

[010]刘盾：《广东提前实现高中阶段教育全面普及》，《中国教育报》2015 年 11 月 25 日第 003 版。

[011]刘利民：《普及高中阶段教育座谈会发言摘登》，《中国教育报》2015 年 11 月 12 日第 003 版。

[012]刘文彧：《12 元班主任津贴令学校很"囧"》，《中国教育报》2013 年 7 月 17 日第 003 版。

[013]庞丽娟：《学前教育经费占同级财政性教育经费比例应不低于 7％》，《人民政协报》2011 年 3 月 2 日第 B06 版。

[014]秦玉友：《乡村小规模学校办学成本解决之道》，《中国教育报》2015 年 11 月 19 日第 005 版。

[015]邱晨辉、严航：《让男教师不再"逃离"中小学》，《中国青年报》2012 年 9 月 10 日第 003 版。

[016]田慧生：《推进考试招生制度改革保障教育公平》，《中国教育报》2016 年 6 月 23 日第 001 版。

[017]万玉凤：《19 省市高考新方案落地，都有哪些门道?》，《中国教育报》2016 年 4 月 26 日第 004 版。

[018]王建国：《狠抓落实做好高考改革和高校毕业生就业创业工作》，《中国教育报》2015年11月28日第002版。

[019]王婷：《新高考选考：打破壁垒文理兼容》，《浙江日报》2015年10月30日第006版。

[020]卫彦瑾：《近3万名教师参与中国教育报微信教师职称评定问卷调查——七成教师认为职称评聘不能反映真实水平》，《中国教育报》2015年7月6日第001版。

[021]熊丙奇：《"普及高中阶段教育"并非延长义务教育》，《中国教育报》2015年11月3日第001版。

[022]杨东平：《农村小规模学校彰显教育创新性》，《社会科学报》2016年1月14日第001版。

[023]杨时：《特级班主任享受特级教师待遇》，《江苏教育报》2009年11月16日第003版。

[024]翟帆、赵秀红：《提高中小学班主任津贴》，《中国教育报》2006年3月14日第001版。

[025]张婷、杨学杰、李海燕：《激励机制激热班主任岗位》，《中国教育报》2009年4月17日第008版。

[026]张钊：《探索平衡不同体制幼儿教师工资》，《中国教育报》2012年10月15日第003版。

四、学位论文类

[001]陈茜：《村校消失后的农村女化建设研究——浙江省L村的个案研究》，京华：浙江师范大学2015届硕士学位论文。

[002]付辉：《我国中小学班主任工作职责变迁研究》，南昌：江西师范大学2012届硕士学位论文。

[003]井光进：《潍坊市中小学教师职称改革的现状、问题与对策》，济南：山东师范大学2011届硕士学位论文。

[004]李应武：《中学教师专业技术职务晋升问题研究——对上海部分地区的实证调查》，上海：华东师范大学2007届硕士学位论文。

[005]邱佐江：《沈阳市中学教师职称评定存在的问题与对策》，兰州：西北师范大学2008届硕士学位论文。

[006]孙福兵：《高校教师职称制度研究》，济南：山东师范大学2008届硕士学位论文。

[007]王宁：《后布局调整时期农村教育资源的重组与合理利用》，武汉：华中师范大学2015届硕士学位论文。

[008]文康：《新型城镇化进程中农村职业教育发展研究》，南昌：东华理工大学 2016 届硕士学位论文。

[009]肖丽琴：《初中教师职称评定标准对教育质量的影响——以北京市 S 中学为例》，北京：首都师范大学 2013 届硕士学位论文。

[010]徐慧卿：《中学教师高级职称"星级（分等）"改革中的问题研究——基于 S 市树人中学专题改革的个案调查》，上海：华东师范大学 2010 届硕士学位论文。

[011]杨爽：《日本义务教育阶段教师流动制度研究——以北海道、岛根县、东京都三地为例》，长春：东北师范大学 2011 届硕士学位论文。

[012]张晓东：《黑龙江省农村职业教育发展影响因素及对策研究》，哈尔滨：东北农业大学 2016 届硕士学位论文。

[013]张雪燕：《农村小规模学校发展政策研究》，武汉：华中师范大学 2012 年博士学位论文。

[014]赵丹：《农村教学点问题研究》，武汉：华中师范大学 2011 届硕士学位论文。

[015]周士强：《教师职称评定问题研究——以四川省 CHN 县 D 中学为例》，上海：上海师范大学 2013 届硕士学位论文。

五、文件类

[001]《国务院办公厅关于规范农村义务教育学校布局调整的意见》，国办发〔2012〕48 号。

[002]《国务院办公厅关于加快中西部教育发展的指导意见》，国办发〔2016〕37 号。

[003]《国务院办公厅关于同意建立农村留守儿童关爱保护工作部际联席会议制度的函》，国办函〔2016〕30 号。

[004]《国务院办公厅关于印发〈乡村教师支持计划（2015—2020 年）〉的通知》，国办发〔2015〕43 号。

[005]《国务院关于发布〈关于实行专业技术职务聘任制度的规定〉的通知》，国发〔1986〕27 号。

[006]《国务院关于基础教育改革与发展的决定》，国发〔2001〕21 号。

[007]《国务院关于加强教师队伍建设的意见》，国发〔2012〕41 号。

[008]《国务院关于进一步完善城乡义务教育经费保障机制的通知》，国发〔2015〕67 号。

[009]《国务院关于统筹推进县域内城乡义务教育一体化改革发展的若干意见》，国发〔2016〕40 号。

[010]《国务院关于加强教师队伍建设的意见》，国发〔2012〕41 号。

[011]《国务院关于印发国家基本公共服务体系"十二五"规划的通知》，国发〔2012〕29 号。

[012]《教育部 财政部 人力资源和社会保障部关于大力推进农村义务教育教师队伍建设的意见》，教师〔2012〕9 号。

[013]《教育部办公厅 财政部办公厅关于做好 2016 年农村义务教育阶段学校教师特设岗位计划实施工作的通知》，教师厅〔2016〕5 号。

[014]《教育部办公厅关于进一步规范中小学生学籍管理相关问题处理的通知》，教基一厅〔2016〕2 号。

[015]《教育部办公厅关于开展农村留守儿童教育关爱情况自查工作的通知》，教基一厅函〔2015〕38 号。

[016]《教育部办公厅关于农村义务教育学校布局调整有关问题的通报》，教基一厅〔2016〕5 号。

[017]《教育部关于贯彻落实科学发展观进一步推进义务教育均衡发展的意见》，教基一〔2010〕1 号。

[018]《教育部关于加强家庭教育工作的指导意见》，教基一〔2015〕10 号。

[019]《教育部关于加强乡村教师生活补助经费管理有关工作的通知》，教财函〔2013〕153 号。

[020]《教育部关于进一步做好全面改善贫困地区义务教育薄弱学校基本办学条件有关工作的通知》，教督函〔2015〕1 号。

[021]《教育部关于切实做好中小学节粮教育和管理工作的通知》，教基一函〔2016〕4 号。

[022]《教育部关于实事求是地做好农村中小学布局调整工作的通知》，教基〔2006〕10 号。

[023]《教育部关于实事求是地做好农村中小学布局调整工作的通知》，教基〔2006〕10 号。

[024]《教育部关于印发〈完善中华优秀传统文化教育指导纲要〉的通知》，教社科〔2014〕3 号。

[025]《人力资源和社会保障部关于深化中小学教师职称制度改革试点的指导意见》，人社部发〔2009〕13 号。

[026]《人力资源社会保障部、教育部关于印发〈关于深化中小学教师职称制度改革的指导意见〉的通知》，人社部发〔2015〕79 号。

[027]《人事部、教育部关于义务教育学校岗位设置管理的指导意见》，国人部发〔2007〕59 号。

[028]《人事部、教育部关于印发〈高等学校、义务教育学校、中等职业学校等教育事业单位岗位设置管理的三个指导意见〉的通知》，国人部发〔2007〕59 号。

[029]《山东省人民政府办公厅关于解决城镇普通中小学大班额问题有关事宜的通知》，鲁政办字〔2015〕152 号。

[030]《中共教育部党组关于教育系统深入开展爱国主义教育的实施意见》，教党〔2016〕4 号。

[031]《中共中央、国务院关于印发〈国家中长期教育改革和发展规划纲要（2010—2020 年）〉》，中发〔2010〕12 号。

[032]《中央职称改革工作领导小组中小学教师职务试行条例》，职改字〔1986〕112 号。

后　记

　　2016 年是国家第十三个五年规划的开局之年，是全面建成小康社会、实现《国家中长期教育改革和发展规划纲要（2010—2020 年）》"基本实现教育现代化，基本形成学习型社会，进入人力资源强国行列"战略目标的关键一年。为了确保上述战略任务的如期实现，中共中央全面深化改革领导小组多次研究农村教育重大问题，并做出全面的战略部署和切实的政策安排。从本年起，本报告将全面跟踪未来五年中国农村教育改革发展进程，忠实记录中国迈向人力资源强国的国家意志、民间智慧和社会关切，为 2020 年科学评估"十三五"期间中国农村教育进展提供全面科学的数据支撑和证据支持。

　　《中国农村教育发展报告 2016》延续了以往的报告风格和特色。在关注一年来国家宏观政策、事业发展、学术研究和实践探索新进展的同时，我们在 2015年 11 月和 2016 年 10 月进行了两次涉及全国 18 个省份的大规模调查，根据国家农村教育改革发展中的热点、重点、难点问题，2016 年我们先后投入 160 余人次参与大调查的全过程，其中既包括中国农村教育发展研究院的教师、博士后、博士生、硕士生，还包括教育学部有志于农村教育问题研究的老师和同学。在这里，我要真心地向为本报告付出辛勤劳动的所有人员表示衷心的感谢，同时向一直以来对我们的调研工作给予帮助和支持的县级教育管理者、农村校长和老师表达诚挚的敬意！

　　报告遵循分工撰写、文责自负的原则，在终稿完成后，又分工对每一章进行了校对。最后，邬志辉撰写了年度进展报告、专题调研报告和经典个案报告导语及后记，并最终对整个年度报告进行了统稿。秦玉友、邬志辉共同撰写了前言。李跃雪制作了各章的图表，王红整理了参考文献。

　　由于时间所限，加上任务量相当庞大，尽管我们努力控制疏漏，但是不足之处依然在所难免，恳请读者批评指正。同时，为了进一步创新发展报告研究模式，我们衷心期待读者如果有好的选题或议题，请与我们联系，我们愿意与您一起合作开展调查研究。我们的联系电话是：0431－85099422，我们的邮箱是1245376561@qq.com。

邬志辉　谨识
2016 年 12 月于长春